国际工程实务丛书

国际工程承包常用文案手册

左　斌　编著

中国建筑工业出版社

图书在版编目（CIP）数据

国际工程承包常用文案手册/左斌编著. —北京：
中国建筑工业出版社，2013.10
（国际工程实务丛书）
ISBN 978-7-112-15736-5

Ⅰ.①国… Ⅱ.①左… Ⅲ.①国际承包工程-文件管
理-手册 Ⅳ.①F746.18-62

中国版本图书馆 CIP 数据核字（2013）第 191959 号

本书根据作者十几年来从事国际工程承包业务管理工作的经验，从承包企业的实际出发，以国际工程承包为主线，向读者提供了国际工程承包管理所需要的常用文案与表式。并逐篇阐述基本概念，撰写的内容与格式，有的常用文案提供了范例。其中许多文案和表式是作者在工作实践中撰写与设计的，并被实践证明是切实可行的。本书从实际应用出发，具有较强的实用性和可操作性。

本书可供从事国际工程总承包业务的企业领导和项目经理、技术、商务等管理人员参考使用。

* * *

责任编辑：封 毅
责任设计：董建平
责任校对：肖 剑 刘梦然

国际工程实务丛书
国际工程承包常用文案手册
左 斌 编著
*
中国建筑工业出版社出版、发行（北京西郊百万庄）
各地新华书店、建筑书店经销
北京红光制版公司制版
北京市密东印刷有限公司印刷
*
开本：787×1092 毫米 1/16 印张：40¾ 字数：1010 千字
2014 年 1 月第一版 2014 年 1 月第一次印刷
定价：**88.00** 元（含光盘）
ISBN 978-7-112-15736-5
（23152）

本书编写委员会

主　编： 左　斌

副主编： 左莹郁　齐　飞

参　编： 周　鑫　王　磊　周　波　张景国

张秦秦　毛少华　高　原　姚博林

左莹晶　毕　然　左　军　于秀荣

前　言

当我完成这本书稿时，望着案头的全部打印稿和翻箱倒柜找出来的十几年来积累的文案与资料，我不由顿生感慨，悠然而来的思绪，使我想起了这本书的由来与写作初衷。

2012年5月，我应邀参加了“全国建筑业‘走出去’研讨会”，会议期间中国建筑业协会的一位老领导深有感触地对我说：“我国建筑企业在国际工程承包中，暴露出来的问题，集中反映了项目管理上的缺陷。”“再加上教育体制与人才培养上的衔接性较差，现在是讲理论的书多，讲实际操作层面的少。”随即，语重心长地说：“老左啊！你能否领衔操刀，总结一下这方面的经验和教训，为我们行业留点财富。”我微笑地回答：“财富嘛，谈不上，教训还是有的。这事我考虑一下，再答复你。”会后我认真地进行了检索和查阅，其结果让我大吃一惊：近十多年来国内竟然连一本具有针对性、实用性，侧重于国际工程实务操作的工具书都没有出版过。这显然，与我国工程承包企业“走出去”步伐加快的形势，极不匹配。于是，我深感责任重大，意义深远。毅然领命，接受了领导的委托，开始策划这部书的写作提纲，同时也萌发了编辑一套国际工程承包丛书的构思与创意。当然，也深感自己人单力薄。真是“无巧不成书”，一次偶然的机会，与中国建筑工业出版社封毅编辑闲谈，无意中谈起了对此丛书的构思与建议。万万没有想到的是，封毅编辑十分爽快地说：“左老师，你来编写，我们全力支持你。但愿这部丛书能为我国工程承包企业走出去提供有益的帮助！”随后，在封毅编辑的全力协助下，这部书稿的提纲通过了审查，进入了编写实施。从而，奠定了本书成稿与出版的基础和动力。

我是在恢复高考后的1977年考入学校学习的，毕业后一直在建筑业工作，干遍了这个行业的所有岗位。搞过设计，做过施工；从事过技术管理与企业管理。走过了从一个技术员成长为教授级高级工程师；从设计室主任、工程处主任工程师到企业总工程师、副总经理、总经理的人生历程。特别是在1999年8月，组织上调任我到中建吉林公司工作，从此涉足于国际工程承包业务。先后组织和领导了科威特、伊拉克、菲律宾等国家的工程项目的施工建设。在国际工程承包业务的实践中，积累了经验和教训，也为我编写这本书提供了丰富的素材。当然，我更要感谢的是中国建筑工程总公司为我提供了展示才智的舞台。

年届耳顺之年，从一定意义上说，这部书稿恰恰是我十几年来从事国际工程承包工作的总结，这每一篇文案正是工作的缩影，每一篇范例正是工作的体会和感悟，它凝结了经验教训与苦辣酸甜，饱含着成功的喜悦和失败的苦恼，也记载了我和同事们共同团结、奋斗的历程与结晶。这些感悟尽管在深度和广度上，还很不成熟，许多还有待于探索、商榷。但抛砖引玉，却可以告诫同行规避风险，这正是我良好的愿望。

“深谋远虑，企划得当，可自由博击商品经济的海洋。决策失误，策划欠周，亦可饮恨市场大潮的湍流。”从企业管理学的角度认识，企划与策划的表达形式就是文案，国际工程承包常用文案从不同程度上涵盖了其企业与项目管理的全部内容，它使国际工程承包业务的各项工作纳入有序、规范、高效的轨道，从而强化企业与项目管理的指挥功能，使上行下达操作运行有序，效率倍增。当然反之的教训也是不言而喻的。基于如此，我将这些文案及其设计思路、使用方法，奉献给同仁，给予一个工作中的参照。如果这些点滴的体会及尚不完美的文案，能给同行及朋友们以一点补益，我则深感欣慰。

需要说明的是，国际工程承包业务管理涉及的范围较多，本书仅侧重于实际操作层面，深度和广度还很欠缺，难免挂一漏万，甚至还有许多不当乃至谬误，诚恳得到专家、学者及同行的批评与不吝指正。本书在编写的过程中得到了中建海外事业部、中国机械设备工程股份有限公司等单位许多同事和朋友们的大力支持和鼎力相助。在此，一并致以衷心的感谢。

“千里之行，始于足下。”当这本书奉献给社会时，我和广大同仁一样共同分享这智慧的乳汁。我衷心地希望，大家一起携手，踏着改革的节拍，努力耕耘“走出去”的事业，为实现伟大的“中国梦”，为我国建设事业的蓬勃发展作出更大的贡献。

2013年10月1日于北京

目　录

第1章　基本概念

1.1　国际工程与国际工程承包

1.1.1　国际工程

一、工程与国际工程

“工程”，通常意义上是指工程建设工作。包含了三个含义：一是指某一项具体的建设工作。例如：建设工程；土木工程；道路桥梁工程；钢结构工程等。二是指某一种特定项目的建设工作。例如：工业工程；水利工程；电站工程；住宅工程等。三是指工程建设生命周期内的可行性研究；规划设计；建筑设计以及工程咨询等工作。

国际工程是指参与的主体来自不同的国家，并且按照国际上通用的工程管理的理念、方式与方法（也称国际惯例）进行管理的工程。即面向或通过国际性公开招标、投标竞争进行发包承建的工程项目。根据国际金融组织的规定及国际惯例，凡是利用国际金融组织的贷款、各国政府之间的赠款、贷款或优惠贷款作为建设资金的工程项目，都必须进行国际性的公开招标（或议标），通过公开的投标报价竞争，选定中标单位，并签订工程合同（或称工程承包合同）。从而，使该国际工程项目进入工程实施阶段。并在中标单位（工程承包商）的努力下，完成工程施工与竣工验收任务，达到交付业主使用，实现正式的生产运营。

在我国通常也将国际工程称为对外承包工程，对外承包工程是指依法取得中国政府批准的、具有对外承包工程资格的中国企业或其他单位，以投标、洽商或采取与境外企业以合资、合作等方式按照国际通行做法，在境外承揽和实施各类工程项目的经济活动。

二、国际工程的内容与工作范围

按照国际工程的定义，我们可以从两个方面理解国际工程的内容。一是国际工程分为国内和国外两个市场，即国际工程包括我国承包企业去海外参与投资和实施工程建设的项目以及国际组织或国外公司到我国投资和实施工程建设的项目。二是按国际工程项目分为国际工程咨询与国际工程承包两个领域。国际工程咨询是指对工程项目前期的投资机会研究、预可行性研究、可行性研究、项目评估、勘察、设计、招标文件编制、监理、管理、后评价等。国际工程承包是指对国际工程项目进行调查研究、投标、施工、设备采购及安装调试、竣工验收的全部工作内容与过程。

按照国际工程的内容与工作范围，国际工程的参与主体详见表1-1。

国际工程的参与主体一览表 表1-1

序号	名称	职责与业务范围	备注
1	业主（或称发包人）	业主（或发包人）是工程项目的投资决策者、资金筹集者、项目实施组织者（常常也是项目的产权所有者）	业主正式授权任命的代表人称业主代表
2	承包人/总承包商	承包人通常指承担工程项目设计、施工及设备采购的公司或其联合体。 总承包商是指与业主签订合同，将整个工程或其中一个阶段的工作全部承包下来的公司和联合体。总承包商可以分为施工总承包商；设计－建造总承包商；EPC交钥匙总承包商；设计、建造及运营总承包商和管理总承包商	
3	工程师/建筑师	工程师是指为委托人（业主）提供有偿的技术与管理服务，对某一工程项目实施全方位的监督、检查和协调工作的专业工程师。其主要服务内容一般包括：项目的投资机会研究与可行性研究、工程各阶段的设计、招标文件的编制、施工阶段的监理、竣工验收、试车和培训、项目后评价以及各类专题咨询。 建筑师是指按合同规定的拥有建筑师专业注册资格的个人或实体，是工程项目的设计者。AIA合同文件中规定建筑师不仅是工程项目的设计者，也是受业主委托的项目管理负责人。但是，在美国的工程项目中，建筑师首要的职责是工程设计任务	在我国通常指承担规划、设计以及承担工程监理业务的公司
4	分包商	分包商是指那些直接与承包人或总承包商签订合同，分担一部分承包人或总承包商与发包人签订合同中的任务的公司	分包商一般为专业公司或劳务公司
5	供应商	供应商是指为工程实施提供工程设备、材料和建筑机械的公司和厂商	
6	工料测量师	工料测量师是英国、英联邦国家以及香港地区对工程造价、经济管理人员的称谓。在美国叫做造价工程师或成本咨询工程师，在日本称为建筑测量师。主要任务是为委托人（一般是发包人，也可以是承包人）进行工程造价管理，协助委托人将工程成本控制在预定目标之内	在我国通常指造价师事务所或造价咨询公司
7	管理承包商	项目管理承包是近几年发展起来的一种项目管理模式，是业主通过招标或委托方式聘请有实力的项目管理承包商（或咨询公司），对项目的全过程进行集约化的管理。其管理的内容和工作范围由项目管理咨询合同确定	

三、国际工程项目各阶段的划分与工作任务

当然，任何一项国际工程项目的建设都要在一定的时间和空间内展开，再加上项目本身的系统性和项目自身的逻辑构成及其组织管理的整体性，更加突出的表现在时间、空间上的阶段性、连续性和节奏性。一般情况下，将国际工程项目划分四个阶段：即项目调研决策阶段、项目前期准备阶段、项目实施阶段和项目试生产及竣工验收阶段。

（一）项目调研决策阶段

项目调研决策阶段的主要目标是：通过调查研究，对国际工程的市场以及项目建设的可行性、必要性等战略目标，从技术上、经济上，宏观与微观的角度，进行科学的论证和多方案的评估，并经过国际工程承包商企业总部领导层决策批准后，下达项目任务书。这一阶段虽然工作量不大，但在国际工程项目周期中却是极为重要的，它是企业战略方向与国际工程项目效益选择的关键性的环节，具有决定性的作用。通常该阶段的工作节点从提出《市场调研计划书》开始，到《可行性研究报告》通过论证，企业下达《项目任务书》终结。一般情况下所称的国际工程管理，则不包括项目调研决策阶段，而仅包括项目前期准备阶段、项目实施阶段和项目试生产及竣工验收阶段。

项目调研决策阶段工作实施的模式见表 1-2。

项目调研决策工作的模式一览表 **表 1-2**

序号	工作模式	定　义	适用条件	备　注
1	企业团队型	调查研究与项目可行性研究的业务由国际工程承包企业内部团队来完成，此类业务模式也称为团队内业型	企业从事国际工程承包的时间较长，有成熟的管理团队、丰富的海外工程经验和成功的国际工程项目调研与可行性研究的案例	
2	业务外包型	将调查研究与项目可行性研究的业务，以合同的形式，委托国际工程咨询顾问公司或咨询工程师来完成	企业从事国际工程承包的时间较短，没有成熟的管理团队和海外工程经验，没有国际工程项目调研与可行性研究的能力，首次进行项目拓展	

（二）项目前期准备阶段

项目前期准备阶段是国际工程项目战役性决策阶段，它对于项目实施的成败起决定性作用，直接关系到项目的实施能否高效率地实现预期的目标的关键性工作。这一阶段的主要工作任务是根据可行性研究报告，开展项目前期准备工作。对于业主而言，要组建团队或委托咨询工程师（或工程咨询机构），将业主对项目的需求或简单的描述进行谋划，编写项目策划书或拟定初步方案；咨询工程师（或工程咨询机构）要会同建筑师将业主的需求转化成更加详细的书面设计描述（我国称为项目建议书）；建筑师据此会同专业设计师将业主关于拟建项目的功能和需求具体化，编制出项目的概念设计（我国称为初步设计）、基础设计和技术设计（我国称为扩初设计）、详细设计（我国称为施工图设计）；业主选配项目代表、组织项目管理团队或委托咨询工程师；进行项目的招标投标与签订工程承包合同。对于承包商而言，要根据业主或招标代理机构发布的招标文件，组织编写投标文件，报送投标书。中标后，选聘项目经理，组建项目部，项目经理组织编制项目管理策划书以及项目管理计划（或称施工组织设计）和总体进度计划；进行人员派遣前的培训、组织设

备机具进场等准备工作。

（三）项目实施阶段

项目实施阶段的主要任务是国际工程承包商对建筑师和专业设计师的详细设计进行深化设计，取得工程师的批准，将深化设计的图纸变成项目实体。即：通过建筑施工，在规定的工期、质量标准、工程造价的范围内，按施工图设计的要求，高效率的实现项目建设的目标。该阶段是国际工程项目周期中，工作量最大，投入的人力、财力、物力最多，管理协调与配合难度最大、参与实施单位较多的阶段。

需要说明的是，对于国际工程项目的设计过程，不同的国家和地区有不同的做法。而英国皇家建筑师协会（RIBA）对工程设计工程的规定得到了广泛的应用。根据 RIBA 的流程，工程设计一般分为：设计描述、初步设计（概念设计）、详细设计和技术设计。在我国设计院提供的设计成果（称设计文件或施工图），可以用来指导施工。承包商不承担设计责任，只要按图施工就可以了。而在国际工程中则不然，建筑师和设计师提供的详细设计图纸还没有达到直接施工的需要，承包商要根据建筑师和设计师提供的详细设计和技术设计，在施工中对详细设计进行最后的深化设计，而深化设计要经过工程师（或业主委派的授权人）批准后，才可以按图施工。其中，建筑师和设计师的技术设计，一般比较详细地规定了该项目的技术规范，对工作范围、材料要求、工艺、设计、试验、工作程序、质量控制等提出要求等，这一点也是与我国国内做法不同之处。

（四）项目试生产及竣工验收阶段

国际工程项目试生产及竣工验收阶段需要完成的主要任务是：项目的竣工验收、调试和联动试车，试生产正常、业主验收认可并接收、签发接收证书；保修期满并合格，业主签发最后完工证书，释放履约保函，合同终止。

国际工程项目各阶段按建设周期所发生的事件节点与时间顺序，如图 1-1 所示。

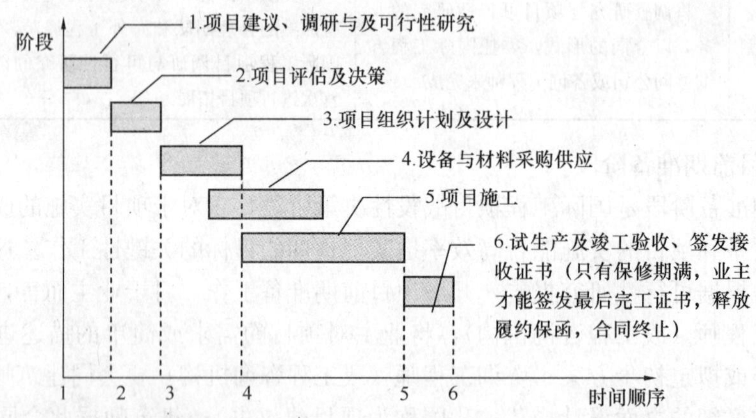

图中，按时间顺序的节点描述如下：

1～3 为项目调研决策阶段。其中：1 节点为项目建议书的提出；2 节点为可行性研究报告提出；3 节点为计划任务书下达。

3～4 为项目前期准备阶段。其中：4 节点为开工令下达；

4～5 为项目实施阶段。其中：5 节点为竣工验收；

5～6 为项目试生产及竣工验收阶段。其中：6 节点为项目试生产及竣工验收。

图 1-1　国际工程项目各阶段示意图

本书所涉及或介绍的国际工程承包常用文案与表式，就是指国际工程项目按生命周期所形成的各个阶段内，承包商所经常使用的文案与表式。

综上可见，国际工程具有合同主体的多国性、货币与支付方式的多样性、国际政治、经济影响因素的权重明显增大以及规范标准庞杂，差异较大的特点。因此从事国际工程建设，参与国际性工程承包市场的竞争，这是一个风险大、要求高、竞争激烈的工程承包事业。这就要求参与国际工程承包的竞争者必须具备先进的技术，雄厚的经济实力，良好的企业管理能力和丰富的国际工程施工经验，才能圆满地完成工程承包的任务。

1.1.2 国际工程承包

一、基本概念

国际工程承包是一国企业跨国承揽设计、建造或经营工程项目的经济活动，是国际商品交换、跨国资本输出和输入的必然产物。它是一国企业跨国输出技术、设备材料、劳务以及资本的重要载体，是国际经济技术合作的主要方式之一。

在国际工程承包中，发包人与承包人通过相互之间的这种经济合作关系，以招标、投标、议标或其他协商途径，由国际工程承包人（简称承包商或公司）以提供自己的技术、资本、劳务、管理、设备材料、许可权等方式，按发包人（也称业主）的要求，为其营造工程项目或从事其他有关的经济活动，并按事先商定的合同条件收取费用的国际经济技术合作的方式。国际工程承包既是一种综合性的国际经济合作方式，也是国际技术贸易的一种方式。之所以将这种方式作为国际技术贸易的一种方式，是因为国际承包工程项目建设过程中，包含有大量的技术转让内容，特别是对于工业项目，在项目建设期，承包人要培训业主的技术与劳务人员，提供所需的技术知识（专利技术、专有技术），以保证项目竣工移交后的正常运行。

国际工程承包业务的范围包括：建筑项目的咨询、工程设计、技术转让等技术服务；材料、设备的采购、能源的供应或资金的供给；工程施工、设备安装、试车；人员培训（使业主今后能管理工程，也有在施工中就培训）；建成项目的运营管理、技术指导、供销等。

在我国，通常将国际工程承包项目称为对外承包工程项目。对外承包工程项目是指依法取得中国政府批准的对外承包工程资格的企业或其他单位，承包境外建设工程项目，包括咨询、勘察、设计、监理、招标、造价、采购、施工、安装、调试、运营、管理等活动。

二、国际工程承包项目的分类与承包方式

（一）国际工程承包项目的分类

（1）按行业标准划分

按行业标准划分，国际工程承包项目可分为：交通运输项目；房屋建筑项目；电力工业项目；石油化工项目；电子通信项目；制造与加工项目；供水排水项目；矿山建设项目；环境保护项目或其他项目。

（2）按产业划分

由于国际工程承包是一个跨行业、跨地域、具有多种业务模式的产业范畴。因此，也可以划分为：

1）基础设施（交通、能源、通信、水利、农业工程等）和土木工程（包括办公、学校、医院、科研机构、演剧院、住宅房产等）。

2）以资源为基地的工程。

3）制造业工程。

（3）按合同模式划分

按合同模式可以划分为：传统承包合同模式项目；设计—采购—施工EPC交钥匙工程项目；BT、BOT等。

（4）按资金来源划分

按资金来源可以划分为：国际金融组织机构和外国政府贷款项目；当地政府自有资金和私人投资项目以及中国进出口银行和其他银行的出口信贷项目。

（5）按发包方式划分

按发包方式可以划分为：招标投标工程项目；议标工程项目（通过直接谈判签订合同）。

（二）国际工程项目的承包方式

我国承包商承担国际工程项目的承包方式（见表1-3）。其中：国际工程总承包的方式和以投融资方式承包国际工程已经成为主要的方式和发展趋势。

（1）国际工程总承包

国际工程总承包是指从事工程总承包的企业（以下简称"工程总承包企业"）受业主的委托，按照合同约定对工程项目的勘察、设计、采购、施工、试运行（竣工验收）等实行全过程或若干阶段的承包。工程总承包企业按照合同约定对工程项目的质量、工期、造价等向业主负责。工程总承包企业可依法将所承包工程中的部分工作发包给具有相应资质与能力的分包企业；分包企业按照分包合同的约定对总承包企业负责。工程总承包的具体方式、工作内容和责任等，由业主与工程总承包企业在合同中约定。工程总承包主要有如下方式：

① 设计、采购、施工（EPC）交钥匙总承包。

设计、采购、施工总承包是指工程总承包企业按照合同约定，承担工程项目的设计、采购、施工、试运行服务等工作，并对承包工程的质量、安全、工期、造价全面负责。交钥匙总承包是设计、采购、施工总承包业务和责任的延伸，最终是向业主提交一个满足使用功能、具备使用条件的工程项目。

② 设计—施工总承包（D—B）。

设计—施工总承包是指工程总承包企业按照合同约定，承担工程项目设计和施工，并对承包工程的质量、安全、工期、造价全面负责。根据工程项目的不同规模、类型和业主要求，工程总承包还可采用设计—采购总承包（E—P）、采购—施工总承包（P—C）等方式。

（2）投融资方式承包国际工程

近年来随着国际工程承包市场的变化，我国承包商以投融资方式承包国际工程已经成为一种趋势。该承包方式主要是将发包方式与资金来源紧密相结合，如图1-2所示。

综上所述，由国际工程承包的概念与项目分类可见，国际工程承包项目内容复杂广

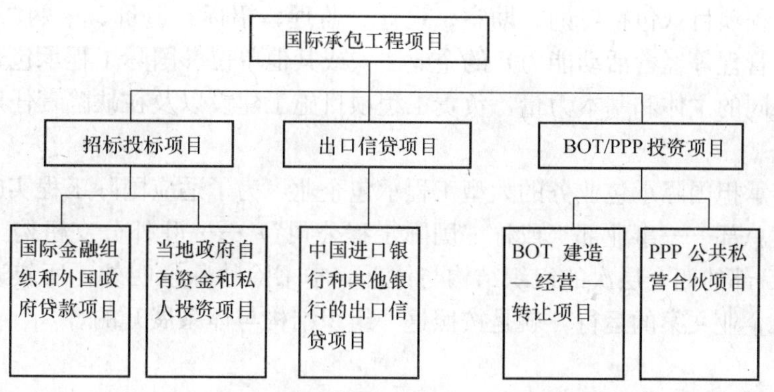

图 1-2 国际工程项目的承包方式（按发包方式与资金来源分类）

泛，工程周期长、风险大，对项目的管理水平要求比较高，是典型的国际服务贸易。

国际工程承包方式一览表 表 1-3

序号	承包方式	工 作 任 务	备 注
1	单独承包	承包商（也称公司）从外国业主那里独立承包某项工程。承包商（也称公司）对整个工程项目负责，工程竣工后，经业主验收合格才结束整个承包活动。工程建设所需的材料、设备、劳动力、临时设施等全部由承包商（也称公司）负责	
2	总承包	总承包是指一家承包商（也称公司）总揽承包某项国际工程，并对整个工程负全部责任。但是它可以将部分工程分包给其他专业承包商（也称公司），该分承包商只对总承包商（也称公司）负责，而不与业主直接发生关系，这是国际工程承包中普遍采用的总承包的方式	
3	联合承包	几家承包商（也称公司）根据各自所长，联合承包一项国际工程。各自负责所承包的那一部分建设任务，并各自独立向业主负责	

三、国际工程承包的特征

国际工程承包与通常意义上的工程承包具有共同的特征：一是工程承包合同的客体“工程”，只能或基本上需要在工程所在地实施。二是工程项目具有不可移动性。三是工程项目履约时间长或称施工周期具有长期性。四是工程合同履约具有渐进性和连续性。

除此之外，国际工程承包还具有自身的特征：一是国际工程合同主体的国际性。二是货币和支付方式的多样性。三是受国际政治、经济影响的权重明显增大。四是标准与规范使用比较庞杂。

1.2 国际工程承包企业与管理

1.2.1 国际工程承包企业

国际工程承包企业通常是指在国际工程承包市场上的竞争性招标的中标人，也称国际工程承包商。在我国，通常指依法取得中国政府批准的对外承包工程资格、具有承包和完成境外建设工程项目（包括咨询、勘察、设计、监理、招标、造价、采购、施工、安装、调试、运营、管理等经营活动能力）的企业法人或其他单位。国际工程承包企业是实施国际工程承包合同的主体和基本力量，负责工程项目施工建设以及在缺陷责任期届满以前的全部工作。

我国许多承担国际承包业务的大型工程承包企业，为了适应国际工程实施的需要，都设置了承包商总部——事业部（或称“国际工程公司”）——驻外分支机构（或称“分公司”）——项目部的四个层次的组织结构与体系。本书除特殊说明外，所叙述的国际工程承包业务以及企业文案的运行，就是按照这一组织结构与体系展开的。

1.2.2 国际工程承包企业的管理

国际工程承包企业的管理是对国际工程承包企业的生产经营活动进行计划、组织、指挥、协调和控制等一系列职能的总称。而国际工程项目管理是在一定的、有限的资源条件约束下，运用系统的观点、方法和理论，对项目涉及的全部工作进行有效地管理，以最优化地实现工程项目建设目标为目的，按照其内在的逻辑规律对工程项目从投资决策到项目结束的全过程进行有效的计划、组织、协调、控制、监督和评价的系统管理活动。

因此，国际工程承包企业的管理与国际工程项目管理的特征、范围也完全不同，两者的区别见表1-4。

国际工程承包企业管理与国际工程项目管理区别一览表 **表1-4**

序号	区别名目	国际工程承包企业管理	国际工程项目管理	备注
1	管理对象	企业管理的对象是一个持续稳定的经济实体，即企业本身	项目管理的对象是一个具体的一次性活动的工程项目	
2	管理目标	企业管理的目标则是以持续稳定的利润为目标，其目标是长远的、稳定的	项目管理具有明确的项目目标（进度、质量、造价）和时间限定等较强的约束条件，具有管理的一次性、单件的独特性、目标确定性、活动整体性、组织的临时性和开放性，以及成果的不可挽回性特征	
3	管理内容	企业管理则是一种实体型管理，包括企业发展过程的全部业务管理和行为管理的工作内容	项目管理是一种任务型的管理，是以该项目任务的完成为目标的一个项目生命周期内的全过程的业务与行为的综合性管理	设计、施工总承包企业，就是适应工程项目管理的范围与内容的产物
4	实施主体	企业管理实施的主体仅是企业自身	项目管理实施的主体是项目管理者（即项目经理），同时具有参与的多元性与多方面性	
5	运行规律	企业管理的规律性是以现代企业制度和企业经济活动内在规律为基础	项目管理的规律性是以项目发展周期和项目内在规律为基础	

1.2.3 国际工程项目管理

一、基本概念

国际工程项目管理属于工程项目管理的范畴，是按客观经济规律对国际工程项目建设的全过程进行有效的计划、组织、控制、协调的系统管理活动。从内容上看，它是国际工程项目建设全过程的管理，即从项目立项、可行性研究、设计、施工到竣工投产全过程的管理。任何一个项目的建设都需要这个过程，它是分阶段进行的。从性质上看，项目管理是固定资产投资管理的微观基础，其性质属于投资管理范畴。工程项目管理根据管理主体的不同，可分为建设方的项目管理、承包商的项目管理、咨询方的项目管理等。本书所讲的国际工程项目管理，则是指承包商的项目管理。

国际工程项目管理模式是指国际上从事工程建设的工程公司或管理公司将管理的对象作为一个系统，通过一定的组织和管理方式，使系统能够正常运行，并确保其目标的实现，而对该项目管理的运作方式。

二、国际工程项目管理的模式

在国际工程项目中，由于业主会采取不同的工程承包方式与合同模式发包，因此国际工程项目管理模式具有多样化的特征。国际工程项目管理模式是指一个工程项目建设的基本组织模式以及在实施过程中的各干系人（按合同涉及业主、建筑师、工程师、承包商、分包商、供应商、咨询工程师等当事人）的作用及其相互之间的关系。项目管理模式决定了项目管理的总体框架，项目各干系人的职责、义务和风险分担，在很大程度上决定了国际工程合同的形式、合同价格以及项目管理的运行模式。

近年来，为了适应国际工程项目大型化、大规模融资及分散风险的需求，国际工程项目管理呈现了集成化、信息化的趋势。因此，国际工程项目管理模式的选择，一方面要符合市场经济规律和国际惯例。另一方面基于工程项目的一次性与管理活动约束性强的特征，决定了项目管理过程中出现的失误，很难有机会加以纠正。同时，工程项目管理与项目建设目标能否实现、项目建成后的运行能否取得既定的社会效益和经济效益息息相关。因此，了解并选择恰当的国际工程项目管理模式，意义极为重大。

目前，在国际上，特别是欧美等发达国家，国际工程公司的运作一般以项目管理为中心，其组织机构的设置以有利于项目管理和技术水平的充分发挥为出发点，具备项目管理、设计、采购、施工、试运行全部功能，能完成工程建设总承包任务，并能适应各类项目管理的需要。其主要的国际工程项目管理模式有：

（一）传统的项目管理方式（简称 DBB 模式）

在国际工程项目中，传统的管理模式是指业主承担设计工作，并通过招标投标方式选择承包商，然后由中标的承包商实施项目管理的一种模式（DBB 模式），即设计一招标、投标一建造（Design-Bid-Build）模式。这种模式在国际上使用广泛，最为通用，世行、亚行贷款项目及以国际咨询工程师联合会（FIDIC）的合同条件为依据的项目均采用这种模式。该模式最突出的特点是，强调工程项目的实施必须按照设计一招标、投标一建造的顺序方式进行。只有一个阶段结束后另一个阶段才能开始。

在 DBB 模式中，参与项目的主要三方是业主、建筑师/工程师、承包商。它具有通用性强的优点，因而长期而广泛的在世界各地应用，管理方法较为成熟，各方都对有关程序较熟悉；可自由选择咨询、设计、监理方；各方均熟悉使用标准的合同文本，有利于合同管理、风险管理和减少投资。缺点是：工程项目要经过规划、设计、施工三个环节之后才移交给业主，项目周期长；业主管理费用较高，前期投入大；变更时容易引起较多的索赔。这种方式在我国国内已经被大部分人所接受，并且已经在实际中应用。

（二）设计—施工合同管理模式

设计—施工合同管理模式是指由承包商负责工程项目的设计和施工总承包的一种管理模式。它适用于建筑工程、大中型土木工程、机械和电力工程项目。

在设计—施工工程项目中，业主通常委托建筑师或咨询工程师完成项目的前期可行性研究、概念设计和初步设计工作，编制完成业主需求或工程项目功能需求的文件。然后，业主通过招标程序或议标程序选择承包商，由中标的承包商负责设计和施工工作。在设计—施工合同中，业主通过聘用的咨询工程师，或派出业主代表的方式进行项目的设计与施工管理工作。一般情况下，设计一施工合同采用总价合同方式，承包商承担合同的大部分风险。

1999年版的FIDIC合同新黄皮书适用于设计—施工合同模式。设计—施工管理模式还有其他变种形式，如设计—管理（design-manage）模式等。

（三）设计—采购—施工（EPC）交钥匙合同管理方式

设计—采购—施工（EPC）交钥匙合同管理方式是指承包商向业主提供设计、施工、采购、安装、调试直至竣工移交的全部工作的合同管理模式。设计—采购—施工（EPC）交钥匙合同管理方式与设计一施工管理模式相类似，但承包商承担了更大的责任与风险，由业主代表对项目进行直接的宏观管理，通常业主不再设置工程师对项目进行监督与管理。设计—采购—施工（EPC）交钥匙管理方式主要适用于大型工业项目，也适用于建筑和土木工程项目。

1999年版的FIDIC《设计采购施工EPC交钥匙合同条件》银皮书适用于该种项目管理模式。

（四）建造—运营—移交方式（简称BOT模式）

BOT模式（Build-Operate-Transfer）是20世纪80年代在国外兴起的一种将政府基础设施建设项目依靠私人资本的一种融资、建造的项目管理方式，或是基础设施国有项目民营化。其特征是：政府开放本国基础设施建设和运营市场，授权项目公司负责筹资和组织建设，建成后负责运营及偿还贷款，协议期满后，再无偿移交给政府。BOT方式优点是：不增加东道主国家外债负担，又可解决基础设施不足和建设资金不足的问题。BOT方式缺点是：项目发起人必须具备很强的经济实力（大财团），资格预审及招标投标程序复杂。

（五）项目承包方式（简称PMC模式）

PMC模式（Project Management Contractor）。即业主聘请专业的项目管理公司，代表业主对工程项目的组织实施进行全过程或若干阶段的管理和服务。由于PMC承包商在项目的设计、采购、施工、调试等阶段的参与程度和职责范围不同，因此PMC模式具有较大的灵活性。总体而言，PMC有三种基本应用模式：

（1）业主选择设计单位、施工承包商、供货商，并与之签订设计合同、施工合同和供货合同，委托PMC承包商进行工程项目管理。在这种模式中，PMC承包商作为业主管理队伍的延伸，代表业主对工程项目进行质量、安全、进度、费用、合同等管理和控制。这种情况一般称为工程项目管理服务，即PM（Project Management）模式。

(2) 业主与PMC承包商签订项目管理合同，业主通过指定或招标的方式选择设计单位、施工承包商、供货商（或其中的部分），但不签合同，由PMC承包商与之分别签订设计合同、施工合同和供货合同。

(3) 业主与PMC承包商签订项目管理合同，由PMC承包商自主选择施工承包商和供货商并签订施工合同和供货合同，但不负责设计工作。这种模式下，PMC承包商通常保证项目费用不超过一定限额（即总价承包或限额承包），并保证按时完工。此模式下的PMC承包商类似于传统意义上的施工总承包商。

国际上有的也将项目划分为两个阶段，即前期阶段和实施阶段。项目前期阶段，PMC承包商的任务是代表业主对项目前期工作进行管理。主要工作包括：项目建设方案的优化；项目风险的优化管理；审查设计文件，组织完成设计；协助业主完成政府各环节审批；提出进口设备、材料清单及其供应商；提出项目实施方案，完成项目投资估算；编制招标文件，进行资格预审，完成招标、评标等。

项目实施阶段，由中标的承包商负责执行详细设计、建设工作，PMC承包商在这个阶段代表业主负责项目的全部管理协调和监理作用，直到项目完成。主要工作包括：编制并发布工程统一规定；设计管理，协调技术条件，确保各承包商之间的一致性和互动性；采购管理；施工管理及协调；同业主配合进行运营准备，组织试运营，组织验收；向业主移交项目全部资料等。

PMC模式一般具有以下特点：

① 把设计管理、投资控制、施工组织与管理、设备管理等承包给PMC承包商，把繁重而琐碎的具体管理工作与业主剥离，有利于业主的宏观控制，较好地实现工程建设目标。

② 这种模式管理力量相对固定，能积累一整套管理经验，并不断改进和发展，使经验、程序、人员等有继承和积累，形成专业化的管理队伍，同时可大大减少业主的管理人员，有利于项目建成后的人员安置。

③ 通过工程设计优化，降低项目成本。PMC承包商会根据项目的实际条件，运用自身的技术优势，对整个项目进行全面的技术经济分析与比较，本着功能完善、技术先进、经济合理的原则对整个设计进行优化。

(六) Partnering模式

Partnering模式是指项目参与各方为了取得最大的资源效益，在相互信任、相互尊重、资源共享的基础上达成的一种短期或长期的相互协定。这种协定突破了传统的组织界限，在充分考虑参与各方的利益的基础上，通过确定共同的项目目标，建立工作小组，及时地沟通以避免争议和诉讼的发生。培育相互合作的良好工作关系，共同解决项目中的问题，共同分担风险和成本。

目前，我国理论界对于Partnering模式的研究还很少，已有的研究成果对于Partnering模式的研究深度也不够，对Partnering模式的理解还或多或少的存在偏差。

Partnering模式的特点之一就是建立了项目的共同目标，使项目参与各方以项目整体利益为目标，弱化了项目参与各方的利益冲突。由于目标决定了组织，因此Partnering模式的组织既要遵循组织论的原则，又要有它的特色。

一般说来，一个工程项目的建设阶段包括决策阶段、前期工程准备与建设实施阶段、保修期与使用维护阶段。在现在的工程建设实践中，Partnering模式一般都集中在项目的建设阶段。而业主的需求是推动建筑业发展的原动力。近年来，业主越来越倾向于项目管理单位为其提供全方位、全过程的服务，以减少业主方的负担。因此，今后Partnering的组织模式也将会贯穿项目建设的全过程，向前向后分别延伸至项目的决策阶段和项目的使用维护阶段。

国外建筑业界的不同公司与机构向业主推荐的方法，往往只是他们最擅长或对他们最有利的方法，在实际应用中，各种模式的划分也并不总是十分明确，往往是根据项目的实际情况综合不同的方法，从而产生出各种各样的“变体”。

综上所述，结合表1-4，我们不难看出：国际工程项目管理与施工管理也具有一定的区别，国际工程项目管理的对象是一个具体的建设项目，而施工管理的对象虽然也是一个具体的建设项目，也具有一次性的特点，但管理的范围与内容仅限于工程项目的施工阶段（即工程建设实施），而不是项目建设的全过程。同理，国际工程承包企业的管理对象是整个企业，管理的范围和内容涉及企业生产经营活动的各个方面，一个国际工程项目仅仅是其中的一个组成部分，且施工管理仅是一个国际工程项目中的阶段性工作。

因此，本书中所指的“项目”均指国际工程项目；所指“国际工程承包”均指国际工程项目的承包；所指“国际工程承包企业”均指已经依法取得中国政府批准的对外承包工程资格、具有承包和完成境外建设工程项目的企业法人（或称国际工程承包商）。

三、项目管理的组织结构

项目管理组织的组织结构与合同、业主的要求以及项目规模有直接的关系，典型的项目管理组织结构如图1-3所示。

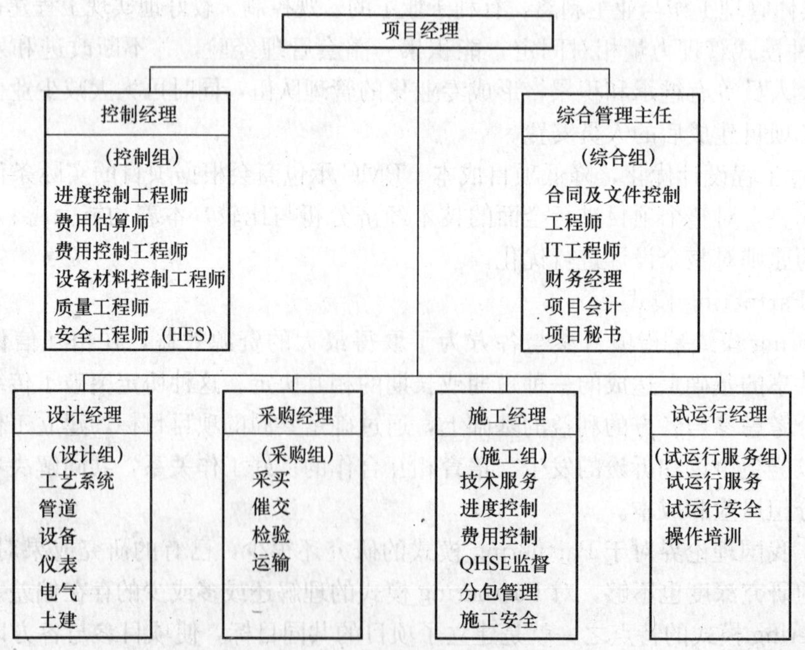

图1-3 典型的项目管理组织结构

项目部人员的配置编制，通常按工程规模与合同额配置，人员配置见表1-5。

项目部人员配置一览表 **表1-5**

住宅工程			
序号	建筑面积(m^2)	合同额(万元人民币)	定编人数(人)
1	5 000以下	800以下	8以下
2	5 000～10 000	800～1 500	10以下
3	10 000～30 000	1 500～4 000	15以下
4	30 000～50 000	4 000～6 000	18以下
5	50 000～70 000	6 000～8 500	25以下
6	70 000以上	8 500以上	30以下
公建工程			
序号	建筑面积(m^2)	合同额(万元人民币)	定编人数(人)
1	5 000以下	1 000以下	10以下
2	5 000～10 000	1 000～1 500	15以下
3	10 000～30 000	1 500～5 000	18以下
4	30 000～50 000	5 000～9 000	25～30
5	50 000～70 000	9 000～12 000	30～35
6	70 000～90 000	12 000～16 000	35～40
7	90 000以上	16 000以上	35以上

注：1. 定编人数是指项目经理部最大编制人数，原则上不得突破；

2. 表中建筑面积和合同额为双控指标，当二者套算出不同编制时，按照就小不就大的原则执行。

1.3 国际工程承包企业常用文案与表式

1.3.1 国际工程承包企业常用文案的概念与作用

一、概念

如前所述，国际工程承包企业是指已经依法取得中国政府批准的对外承包工程资格、具有承包和完成境外建设工程项目的企业法人（或称“国际工程承包商”）。因此，国际工程承包企业常用文案是指国际工程承包企业在国际工程项目承包实施建设的经济活动与生产过程中，按照其内在的逻辑规律对工程项目的全部工作实行有效地计划、组织、协调、控制、监督和评价的系统管理时，所使用的经济实用文案和企业管理中纵向、横向传递的公文或文书及表格样式。

本书所称的国际工程承包企业常用文案，也泛指国际工程承包企业常用的公文或文书及表式（即表格样式）。

二、作用

企业管理的理论与实践已经证明，国际工程承包企业的差异性体现在一个企业外部要素资源的控制技术（简称“外控”）和自身团队内部控制技术（简称“内控”）的掌握，它直接关系到企业发展的稳健性、营利性和成长性，因此，“外控”与“内控”技术是关系到一个国际工程承包企业是否能成为“百年老店”的核心因素。而“内控”技术就是通过“内控”管理工具，以简明易懂的流程语言，快速指引团队的各个成员的行动，完成企业内部批准、授权、验证、协调、复核、盘点、记录、检查核对、绩效考核等工作内容。而体现“内控”技术水平与执行力的管理工具，就是企业常用文案与表式。

国际工程承包企业常用文案与表式是一种简约的语言表达，嵌入了国际工程项目承包过程中企业控制活动的节点、构架设置、管理层级及管理权限等企业内部控制的基本内容。同时又是一种格式化的管理流程，流转于企业内部各个管理层之间，或流转于不同合同利益方之间，或流转于涉及该国际工程项目所在国政府、业主和国际承包商所属国政府与有管辖权的部门之间。所以，国际工程承包企业常用文案与表式是国际工程承包企业内部控制技术的基本要素，其文本制度、流程、表格是企业管理内部控制的三大措施。它决定了国际工程承包企业团队的运营效率与执行力。

1.3.2 国际工程承包企业常用文案的种类和特点

一、常用文案的种类与特点

根据国际工程承包与国际工程承包企业的管理的定义，可知国际工程承包是一项综合性的商务、技术、经济、管理活动和国际经济交往活动。国际工程承包企业的管理就是对国际工程承包企业的生产经营活动进行计划、组织、指挥、协调和控制等一系列职能的总称。所以，国际工程承包企业常用文案属于一种经济应用文体，其种类与特点见表1-6。

国际工程承包企业常用文案的种类与特点一览表　　表1-6

序号	文体类别名称	定　义	特点与用途
1	信息情报类	承载国际工程承包经济信息情报的各种文体。例如：经济信息、经济文摘、情况简报、经济综述、统计报表、月报等	内容具有真实性、科学性、及时性的情报功能。有利于了解国际工程的经济活动，搞好国际工程项目的承包与建设
2	调查研究类	反映国际工程承包的经济活动的现状、性质、功能等情况的文体。例如：调查报告、经济分析、工作总结等	内容（包括数据、方法、措施、经验、教训与问题）真实可靠、分析得当、揭示规律，叙述为主，就事论理
3	决策计划类	对未来一定时期的经济与管理活动作出预定的目标、对策等安排的文体。例如：预测报告、可行性研究报告、经济决策报告和计划等	有强烈的实用性，明显的针对性与可行性。有翔实的资料和科学的分析，对未来的经济活动具有指导性意义
4	行政公文类	在企业的经营活动中用以处理行政工作事务的通用性公文。主要指下行文（决定、决议、批复、公告、通告、通知、通报等）、上行文（报告、请示）、平行文（函、会议纪要）	行文有规范规定，是国家、政府、企业管理的重要工具

续表

序号	文体类别名称	定 义	特点与用途
5	法规制度类	在经济活动中规范人们行为的各类文体。主要指章程、细则、规定、办法、条例等	具有规范性、期限性和权威性
6	协调监督类	在经济与社会工作交往中起协调、监督作用的各种公文书。例如：合同、协议书、审计报告、诉状（上诉、申诉状）以及社交礼仪等	有固定的格式，通常协商后成文。以政策、法律为依据，道德为准绳，规范人们经济与社会活动的行为道德
7	宣传推广类	在企业经济与社会活动中起宣传、推广作用的文体。例如：企业画册与介绍、通信报道、产品说明、广告等	内容真实，具有时效性和鼓动性。

二、常用表式的种类与特点

按照本章第1.3.1节的定义，国际工程承包企业常用表式是指国际工程承包企业在国际工程项目承包实施建设的过程中，按照其内在的逻辑规律对工程项目的全部工作进行有效地计划、组织、协调、控制、监督和评价的系统管理所使用的企业管理表格的样式。

在我国，基于国际工程承包企业管理的可控性角度分类，国际工程承包企业管理的表格分为“主动型表格”和“管理型表格”。“主动型表格”是国际工程承包企业在表格的设计上有主动的控制权，是企业根据自身的组织构架与管理模式进行设计和优化后使用的表格。此类表格适用于企业内部流转使用，或在国际承包企业与合同单位之间流转使用。“管理型表格”是指我国政府及相关职能部门（承包商会、银行、信保等）按照行政许可的权利设计出来的各类申报、备案、审批管理的管制类表格。从国际工程承包企业管理的表格的流转路径的角度分析，在我国国际工程承包企业常用表格种类与特点见表1-7。

国际工程承包企业常用表格种类与特点一览表 表1-7

序号	类型	表格设计人	表格用途	特 点
1	管理型表格	中国政府及相关职能部门	申报、备案、审批	国际工程承包企业按国家及相关职能部门的规定，填写表格，按规定程序申报
2	主动型表格	国际工程承包企业	国际工程承包企业内部管理用表	在国际工程承包企业内部流转使用，不准向企业外部传递
3		国际工程承包企业	国际工程承包企业外部管理用表	传递给国际工程承包企业以外的合同单位或政府及职能部门，代表企业法人的文件
4		具有合同关系的单位	合同单位管理用表	由具有合同关系的单位向第三方签发的表格，其中没有国际工程承包企业审批的栏目，只表示告知作用
5		具有合同关系的单位	合同单位管理用表	由具有合同关系的单位向国际工程承包企业签发的表格，此表格中有国际工程承包企业审批签署意见的栏目

1.3.3 国际工程承包企业常用文案的写作与表式的设计

一、常用文案写作的要求

国际工程承包企业常用文案属于经济实用文的范畴，其适用对象、性质、功能，决定了具有政策性、目的性、时效性和规范性的特点，其写作的基本要求必须符合党和国家的方针、路线、政策和法规，必须遵循客观经济规律，必须理论联系实际和行文规范化。

但是，由于现代企业管理制度的要求以及国际工程承包业务的特殊性。通常国际工程承包企业常用文案和表式都是以企业管理的规章制度的形式下发给企业的各个部门，以满足企业管理的规范化、标准化、程序化开展各项工作的需要。特别是随着电子计算机技术的发展，办公自动化已经成为企业管理的工具，国际工程承包企业常用文案和表式也常常以电子模板的形式来固定，以方便企业团队各类管理人员使用。所以，了解与研究国际工程承包企业常用文案和表式，也必须知晓国际工程承包企业常用文案模式与管理表格样式的设计依据和原则。

二、常用文案与表式设计的依据

作者根据十几年来对国际工程承包企业管理的理论和实践的研究表明：国际工程承包企业常用文案模式（或称“文案模板”）与管理表格样式（或称“表格模板”）的设计与该企业的团队构架、授权体系和业务流程密切相关。这是因为国际工程承包企业常用文案模式与管理表格样式必须与企业所从事的核心业务，即国际工程承包项目的生产经营活动为导向，构建适应其核心业务的团队，建立满足核心业务需求的各类生产经营活动的任务流程，确定企业管理的界面，创建企业各项工作的流程路线图。只有在完成这些企业管理的基础工作后，才能编制设计出国际工程承包企业常用文案模式与管理表格样式，并将其转化成电子文档，适合于国际工程承包企业办公自动化的需要。

如前所述，国际工程承包企业的“内控”技术就是通过“内控”管理工具，以系统化的快速指引团队的各个成员的行为。而国际工程承包企业常用文案与管理表格，则是“内控”管理工具的重要组成部分，是在企业团队构建的基础上，按业务流程，编制设计的国际工程承包企业常用文案模式与管理表格的样式。而国际工程承包业务流程的设计和工作界面的划分，是文案模式与管理表格的样式设计的基本要素，这是由业务流程的基本内涵与企业界面管理的划分息息相关。表1-8及表1-9分别给出了国际工程承包业务流程的基本内涵和工作界面的划分。

国际工程承包业务流程的基本内涵一览表 **表1-8**

序号	内涵	定义	内容说明
1	流程主题	用于表达某个工作任务或业务控制活动的主要意思	语言精练，高度概括
2	路径长度	指企业管理控制活动的工序的起始点到结束点之间的总长度	路径越长，工作效率将越低，管理成本也越高，但控制的效果越好。在工作流程设计中应考虑流程路径长度的合理性

续表

序号	内涵	定义	内容说明
3	管理跨度	指企业管理控制的业务从活动的开始到活动的结束时。需要经过的部门或授权岗位的批准、评审、审查、验证或备案等控制环节幅度	在业务流程设计中管理跨度越长，则管理效率越低
4	工序节点	工作流程中节点之间的逻辑关系，部门或岗位之间的关联点	节点越多，控制效果越好，风险小，但工作效率下降。所以，工作任务流程设计中要合理设置控制节点的数量
5	串联与并联工序	作业工序中存在前后必然逻辑与空间关系的叫做串联工序。而作业工序之间是平行的、可同时进行的逻辑与空间关系的叫做并联工序	合理的确定工序，减少重复用工
6	主子程序	根据企业管理工作控制活动的大小、重要性和共同的逻辑关系，可分为“主程序”与“子程序”	主程序中可内嵌多个“子程序”

国际工程承包业务工作界面划分一览表 **表 1-9**

序号	界面名称	定义	说明
1	职能界面	企业内部团队、岗位之间的工作界限与范围	以劳动合同为纽带形成的管理团队，企业内部职能分工具有相对性。由于企业内部团队构架设置的可变性，会导致界面分割具有相对性、非强制性，团队或部门的层级导致非对等性
2	合同界面	以业务合同为依据形成的企业与企业（或称法人与法人）之间的工作界限与范围	一般随管理制度、经营范围的变化而变化，具有界面管理相对固定性，界面控制主体的对等性
3	管制界面	依据国家行政许可法而形成的管理界限与范围	边界属性具有强制性和不可逾越性

从表 1-8、表 1-9 可见，国际工程承包业务工作的三个界面的划分，将国际工程承包业务也分成了国际工程承包企业内部管理控制体系、资源合同外部管理控制体系和政府管制体系，这样就可以比较容易的界定，国际工程承包企业业务工作流程的界面见表 1-10。

三、常用文案与表式设计的步骤

在前述前提条件具备和完成的情况下，我们就可以按照企业常用文案与表式设计的步骤（详见图 1-4），进行国际工程承包企业常用文案模式与管理表格样式的设计，并加以创新和优化。

为了使国际工程承包企业的核心业务体系化、信息化。一般情况下，都需要对编制设计完成的国际工程承包企业常用文案模式与管理表格样式，按照不同的使用用途或使用人进行编码规则的约定（国家规范与标准规定的除外），编码的方法和原则，视企业管理与项目管理的情况，自行确定企业文案与表式的符号、名称、设置的目的、使用指引和作用等。

至此，便可以使编制设计的国际工程承包常用文案模式与管理表格样式，做到与企业本身的组织构架、业务流程、规章制度实现管理上的统一。

国际工程承包企业业务工作流程的界面一览表　　表 1-10

流程与类别、业务主体	定义与说明
国际工程承包商 → 授权人 → 分公司或项目部	根据项目的规模设立团队，董事会对其授权，进行项目管理
国际工程承包商 → 授权人 → 公司总部或事业部	公司总部或事业部管理层与项目部或分公司之间，进行集权与分权的分配
国际工程承包商 → 授权人 → 各专业委员会	公司总部根据专业设置常设或临时专家、专业委员会，进行专项事务的控制活动
国际工程承包商 → 各部门 → 主控部门	公司总部或事业部承办具体任务的部门，定义为“主控部门”或“主控人”、主要责任人
国际工程承包商 → 各部门 → 评审部门	承担次要责任的评审部门，定义为“评审部门”“评审人”或“审查人”
国际工程承包商 → 合同单位	以经济合同约定的合作单位，合同当事人是平等的主体
国际工程承包商 → 政府部门	国际工程承包商作为被管理者，必须接受企业所属国和项目所在地国家与政府主管或相关部门的业务管制

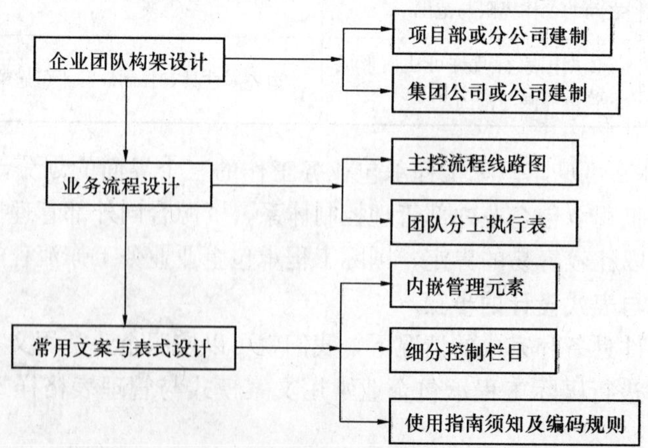

图 1-4　国际工程承包企业常用文案与表式设计的步骤简图

第2章 调研决策

2.1 概 述

国际工程承包市场调查研究是国际工程承包企业获取市场信息，了解和认识市场的方法与途径之一。也是国际工程承包商进入国际工程承包市场的第一步，是在获取市场信息的基础上，进行市场预测和企业决策的基础，是企业制订计划的依据和改进经营管理的工具。

在国际工程承包业务中，项目调研决策阶段的主要任务是基于企业发展战略和发展规划的要求，对拟开发或计划开拓的国际工程市场，提出市场调研的课题、计划、方案或市场调研提纲，系统地搜集、分析有关政治、经济、社会以及项目建设的信息和资料，组织调查研究与分析，编制市场调查报告，对拟进入的国际工程市场以及拟投标的国际工程项目的可行性，进行技术、经济、宏观与微观的科学论证、评估，为企业领导层决策提供依据。

一个成熟的国际承包商，通常进入一个区域或某一个国家的工程承包市场，都必须通过市场调研，准确及时地掌握市场情况，使决策建立在坚实可靠的基础之上。只有通过科学的项目调研，才能减少项目的不确定性，使市场决策更有依据，降低开拓与进入国际市场的风险程度。另一方面，即使在项目策划或实施过程中，也往往通过调研，检查企业决策的实施情况，及时发现决策中的失误或根据外界条件的变化，为进一步调整和修改企业决策方案提供新的依据。可见，调查研究与可行性研究是国际工程承包企业拟定企业战略决策的重要辅助工具。

国际工程承包企业的决策，主要是企业经营战略决策。企业经营战略决策是以国际工程承包市场战略分析为基础，其研究分析的主要内容包括：①对项目所在国或地区市场资金供应能力的分析；②对市场招标投标与贸易条件的分析；③对市场工程类型构成的分析；④对市场竞争对手及其优势的分析；⑤对本企业在该市场的比较优势进行分析等。通过这些分析与研究，企业才可以制定本企业承包市场的选择与决策。并在此基础上确定市场开发战略，制定企业市场开发战略规划或计划。其中企业市场开发战略规划决定了企业对某一国家或地区国际工程承包市场开发的战略与方向，以及采取的策略。特别是企业只有通过对已经获得的招标投标信息的研究与分析，才能作出组织实施投标的决定和进入项目所在国或地区承包市场所采取的策略。

通常在国际工程承包业务中，项目调研决策阶段的工作节点从提出《市场调研计划书》或《市场调研提纲》开始，到《可行性研究报告》通过论证，制定企业市场开发战略规划、计划或企业市场选择决策为终结。其中市场调研和可行性研究工作的作业模式有两种，一种是企业自身组织完成的“团队内业型”；一种是以合同的方式委托给工程咨询或顾问公司完成的“业务外包型”；两种工作模式的定义与适用条件，详见本书第1章中表

1-2 所列。本章将对国际工程项目调研决策阶段常用文案、“业务外包型”工作模式使用的合同和常用表式作一介绍。

2.2 常 用 文 案

2.2.1　市场调研计划书

【基本概念】

市场调研计划书又称为市场调研方案、市场调研策划书或市场调研大纲。

市场调研是指有目的地对某一市场进行一系列资料、情报、信息的收集、存储、筛选和分析，以了解现有的、潜在的市场，通过进行调查研究，以便使企业领导层作出是否进入该市场的决策。达到进入市场、占有市场和获取最大利益的目的。市场调研包括市场调查和市场研究，前者的主要目的是收集有关市场的信息资料，后者主要是分析市场变化原因，找出内在规律，进行合理预测，为进行正确的项目决策提供可靠依据。

市场调研计划书则是确定市场调研的课题，市场调研的方法和步骤，并对市场调研的活动作出具体的安排等。市场调研计划书是指导具体调研工作的指南，同时也是控制调研工作的一种重要的工具。

在国际工程承包业务中，市场调研是一个跨国界的调查研究，费用高、时间长。所以，拟定市场调查计划书就显得十分重要。为此，必须做好以下各项工作：

1. 确定市场调研的课题

市场调研课题的确定过程实质上是发现机会的过程，只有当整个调研课题清楚明白地界定出来，市场调研工作才能顺利开展，并获得项目决策所需要的重要信息。在确定市场调研课题时，可从以下三个方面入手：

（1）与行业内专业人士进行讨论。选择行业内工作时间较长、对行业的历史发展过程有连续经验的专业人士，因为他们能凭借自身的专业素质较为系统和全面地了解市场的发展趋势，较为敏锐地发现市场机会。在讨论时，在场人员包括研究者和专业人士在内以不超过 3～5 人为宜，人数太多不易控制论题范围，而太少则不易产生激发效应，达不到应有的效果。

（2）分析二手（次级）资料。相对而言，一手资料或初级资料是研究者为了解决具体问题而按特定目的收集整理形成的。而二手资料则是指并非为解决现有的问题而收集的资料，即这些资料没有特定的指向性。二手资料的主要来源大致有：企业、行业协会和政府部门、各种营利性的市场调研机构、各种正式出版物（如专业书籍、报纸、杂志等）。

（3）进行定性调研。市场调研的困难往往在于信息来源匮乏，如在某市场不发达、拥有相关市场信息的机构进行信息封锁、专业人士提供的信息不足等。为了明确市场调研主题，这时往往需要进行一次规模较小的试验性研究，即以少量样本为基础，了解与市场调研相关的问题及各类潜在因素。

2. 确定市场调研的方案

一个完整的市场调研方案通常包括研究目标、研究范围、研究方法、研究时间安排、研究经费预算、研究人员预算和研究实施计划等主要内容。

(1) 研究的目标。

研究的目标实际上就是研究课题确定后的简洁表述。就是要说明调查研究的来龙去脉，以及调查研究方案的局限性和需要与委托方协商的内容。

(2) 研究的范围。

调查研究范围的大小涉及在给定的时间内和预定的条件下，调查研究工作可能达到的深度和广度，也决定了调查研究结果可提供的信息范围。一般情况下，调查研究的范围要具体、明确，运用定量指标来表述。

(3) 研究方法。

为了顺利地完成市场调研任务，必须初步拟定市场调查研究的方式与方法。解决的主要问题是"在何处"、"由何人"、"怎样做"获取资料的调查和研究。

(4) 时间安排。

调查研究的时间安排就是按市场调研过程展开，估计各阶段可能耗费的时间。根据工作经验和实践，一般情况下市场调查研究各阶段工作所占用时间的比重大致见表 2-1。

市场调研各阶段所占时间比重 **表 2-1**

调查研究阶段	所占时间比重（%）	调查研究阶段	所占时间比重（%）
1. 调查研究目标的确定	5	6. 数据收集整理	40
2. 调查研究方案设计	10	7. 数据分析	10
3. 调查研究方法确定	5	8. 市场调研报告的写作	10
4. 调研表式的制作	10	9. 市场调研反馈	5
5. 试调研	5	10. 合计	100

(5) 调查研究经费预算。

市场调研经费大致包括资料费、专家访谈顾问费、专家访谈场地费、交通费、调研费、报告制作费、统计费、杂费、税费和管理费等，一般而言，比重较大的费用为交通费、调研费、报告制作费、统计费。有时，为保证市场调查问卷的回收量及采用其他调研方式时被调查者的配合度，往往还要支付一定的礼品费。但应注意，礼品的发放不应使被调查者改变自己的态度，不能影响调研结果的可信度。

(6) 调查研究人员预算。

市场调查研究人员预算，是指不同类型研究人员的配比问题。通常国际工程承包市场的调研涉及的专业性较强，主要需要市场分析、财务分析、建筑经济与工程技术以及管理等专业人士。在实际操作中，可以根据具体的项目适当调配各类人员的比例关系。

(7) 研究实施计划。

市场调研的实施计划就是市场调研过程的再现，只不过要根据国际承包市场调查研究工作具体情况确定具体的安排。

3. 市场调查的方法

在国际工程承包业务中，市场调查的主要方法有：

(1) 询问法。

询问法是向调查研究指定目的地的被访者（业主或工程咨询公司、代理人等）提出一些问题或拟定询问提纲、表式等，由被访者回答，研究者根据这些回答进行归类统计分析而获得相关的市场数据。通常，根据询问对象及使用工具的差异，可以将询问法细分为邮寄询问法、电话询问法和网络（聊天）询问法等。

(2) 直接调查法。

直接调查法就是通过现场踏查直接询问，或直接搜集来自市场或政府等相关部门的权威资料。

国际工程承包市场的资料获得的渠道主要有：①可以从各国报纸、杂志和有关专业书刊中获得；②委托代理人或国际、国内较大的咨询、资讯部门进行调查获得；③通过我国驻外机构、本企业驻外机构或客户赴现场考察获得；④通过组团临时派员出国、实地考察，或通过我国有关机构以及相关团体、商会不定期的报告等获取。在激烈竞争的国际工程承包市场中，市场信息的获得是成功的第一步，获得有价值、准确或大量的信息与资料，才能捷足先登，取得项目开发的先机，占据国际工程项目开发的主动权和制高点。

4. 市场调查的数据分析

市场调查获得的数据和资料要进行整理和分析，主要运用两种基本的统计方法来分析数据：一是描述性统计；二是统计推断。前者是采用数值方法提炼、汇总数据，形成表格、图形。后者则是利用从一个样本获得的数据对总体的特征进行估计或假设检验的过程。

综上可见，搞好国际工程承包市场的调查，正确地编制市场调研计划书（也称市场调研方案或市场调研策划书）是国际工程承包业务中，市场调研活动取得成功的基础。

【内容与格式】

市场调研计划书的内容与格式如下：

1. 调研背景

调研背景是对本次调研工作开展的原因和必要性的大致介绍与总体概括。

2. 调研目的

调研目的主要是针对特定的建筑市场或建筑产品而进行的，它包括调研涉及的各个细节点。简而言之，就是解释为什么调研，即通过调研所获得的信息将主要用来解决什么样的问题。

3. 调研内容

调研内容的确定必须服务于调研目的，它主要解决为达到调研目的，必须收集哪些方面的信息的问题。

一般而言，调研的内容主要有：建筑行业市场的环境调研、建筑材料与消费行为模式的调研、工程技术与经济等信息与社会、政策等调研。

4. 调研方法

调研方法主要说明从什么地方、什么人、用什么方法来收集有关的信息。它一般要明确调研区域、调研对象、调研方法。

(1) 调研区域要说明城市的数目及名称。调研区域可根据企业发展战略与规划以及调研工作的要求，根据各城市的代表性来选择，也可以用抽样的方法来选择。如果用抽样来选择的话，则必须对抽样的过程予以说明。

(2) 调研对象要说明样本的数量、限制条件及选择原则。如果调研对象的选择是以抽样来决定的话，则应对抽样过程进行详细说明。

(3) 调研方法要说明以何种调研方式来对相关的调研对象收集资料。常用的调研方法有文案调研、问卷（或表格）调研、电话访问、深度访谈、座谈会等形式。

5. 调研实施

这一节主要对调研流程、调研组织、人员培训三个方面进行简单说明。

(1) 调研流程：可用一个简单的图对整个的调研流程进行说明。

(2) 人员要求：对该项目的组织情况进行简单说明。

(3) 人员培训：它包含人员的素质要求、人员的培训内容进行简单说明。

6. 质量控制

对整个调研流程的质量控制是保证客观、科学地收集市场信息的前提。本节一般可对企业的整个质量控制系统进行简单说明。

7. 日程安排

要有计划地安排调研工作的各项日程，用以规范和保证调研工作的顺利实施。按调研的实施步骤与调研工作，从时间上具体安排：调研方案、问卷（或调查表式）的设计；调研方案、问卷的修改、确认；项目准备阶段（包括网络、人员安排）；实地访问阶段；数据预处理阶段（编码、输入）；数据统计分析阶段；调研报告撰写等各个阶段的工作。

8. 调研预算

市场调研项目的预算分为两个方面：一是调研经费的预算，二是投入的人力预算。

【文案范例】

××商业项目调查研究计划书

一、项目背景

××有限公司是美国纽约的上市公司，隶属于××公司旗下之全资子公司，成立于1997年6月，注册资本6000万美元。主要从事房地产开发经营、建筑工程总承包、物业管理等业务。目前，正在筹备建设××项目，该项目位于纽约市中心，北起××街，南至××绿化带；东至××路，西至××路。规划用地总面积为87.16hm^2，其中建设用地64.38hm^2。地上规划总建筑面积136万m^2，其中住宅110万m^2，公建26万m^2。其中一期已获批准规划建筑面积53万m^2。本工程中××商业项目，建筑面积为24万m^2，规划为2～16层、沿街布置。拟定在××年12月采用国际竞争性招标的方式，选择建筑承包商。

本次调研主要针对该××商业项目前期基本情况的调查研究，以便确定本企业是否参与该项目的投标。

二、调查研究的思路

（一）调查研究的范围

本次调研范围包括：本项目业主与销售情况的研究；商业投资者、经营者研究；本项目商业总体市场定位（业态、档次、价格/租金等）以及该项目所在地建筑材料、设备、建筑市场管制、劳动力市场以及管制；建筑经济、社会、自然气象等情况的调查研究。

根据本项目所处位置以及地块特征，本次研究调研界定的范围如下：

（略）

（二）调查研究思路

根据本项目的基本情况，本次研究将分如下两个层次展开：

第一层次：主要侧重了解本项目的基本信息、建设模式、建筑规模、建筑技术与施工条件，业主目前的运营状况、存在的问题，为本项目提供可以借鉴意见与投标建议；针对与该项目有关的建筑经济的研究，主要采用深度访谈的方式，访问相关项目的主管运营的负责人。

第二层次：本项目辐射范围内相关产业的经营者、消费者，以及投资者；对本项目的承包方式作出判断。研究内容包括对本项目的需求意向、效益以及可能存在的投标人有所了解。另外，针对业主的研究可以为企业的投标与承包方式提供一定的参考意义，从而指导项目总承包的总体定位。

（三）调查对象

本次调查的研究对象包括4类群体：

1. 本商业项目运营者或负责人。

2. 本项目的投资人、投资用户。

3. 本项目所在地建材商、承包商、工程咨询机构或设计公司。

4. 本项目所在地政府等相关部门负责人。

（四）调查方法

从研究方法上看，一是采用定性深度访谈的方式；二是采用定性深度访谈和定量问卷、面访相结合的方式进行。

三、研究内容

针对上述不同研究对象，研究内容如下：

1. 针对本商业项目基本情况的调查研究，侧重了解业主的基本情况与该项目“业态形式、建筑规模、经营状态、管理方式、租金水平”等内容。

（详细叙述，略）

2. 针对本项目投资人的调查研究，侧重了解业主和投资人的投资模式，投资能力与资金情况等。

（详细叙述，略）

3. 针对本项目所在地自然与社会、经济、法律政策以及建筑市场的调查研究，侧重了解建筑材料价格、劳动力、运输、政府管制等。

（详细叙述，略）

四、调查研究方案

本项目调查方法拟采用深度访谈与定性访谈相结合的方法进行。

1. 深度访谈。

深度访谈就是由本项目的专业研究人员持设计好的定性深度访谈提纲，进行面对面访问。访问持续60～90min，访问结束后支付访问对象礼金1份。

(详细叙述，略)。

2. 定性深度访谈。

(详细叙述，略)

五、项目调研工作流程图

(略)

本项目的调查研究工作，大致分为整体工作方案设计；访问提纲及问卷设计；实地访问执行；征询意见；座谈讨论；资料整理及报告撰写与论证修改；报告提交。

(详细叙述与工作流程图，略)

六、研究成果

在所有调查研究工作结束后，调查研究小组将提交《××商业项目调研报告》中文版word或者ppt格式一式两份，并附电子拷贝1份。报告包括：项目方案设计、访问对象基本背景资料、主要调查发现、结论和建议、附件（问卷及深访提纲)。

七、研究期限

本项研究需要××个工作日，项目结束以最终报告移交为标志。调查研究小组将随时向主管领导或主管闭门汇报进程。项目的具体日程安排如下：

(略)

八、费用预算

本次研究共需要预算为人民币×××元。

××××年×月×日

2.2.2 市场调查报告

【基本概念】

市场调查报告是经济调查报告的一个重要的种类，它是以科学的方法对市场的供求关系、购销状况以及消费情况等进行深入细致地调查研究后所写成的书面报告。其作用在于帮助企业了解掌握市场的现状和趋势，增强企业在市场经济大潮中的应变能力和竞争能力，从而有效地促进经营管理水平的提高。

市场调查报告的写作要点主要体现在以下三个方面：

(1) 以科学的市场调查方法为基础。

(2) 以真实准确的数据材料为依据。

(3) 以充分有力的分析论证为杠杆。

【内容与格式】

市场调查的主要内容是按照市场调查提纲，对国际工程承包项目所在国、所在地市场宏观政治、经济和环境的调查，包括政治形势、该国与邻国的关系、与我国的关系以及政策的开放性，项目所在国经济状况和形势；法律与法规；金融环境；大宗建筑材料的市场供应情况；建筑行业的情况；自然环境条件；当地人力资源情况。对工程项目所在地的环境和工程现场进行考察，考察及调查的内容包括：自然条件；施工条件等其他条件。对业主和竞争对手也要进行调查，调查的内容包括：项目资金的来源、落实情况、进度款支付的可靠性以及竞争对手的能力、业绩、特点、优劣势以及正在实施的项目情况。全面进行以市场环境、项目、业主情况、竞争情况、市场商情为主要内容的调查。

一、市场调查提纲

国际工程承包市场调查提纲是市场调查报告的基础，一般而言，市场调查提纲的内容与格式包括如下内容：

1. 概况

要详细了解项目所在地国家政治、经济形态及其对拟获得项目的影响；社会现状及发展状况；风险分析；政府履约和支付信用程度；政府的作为与办事效率、运行方式；当地安全和治安状况；常见疾病等。

2. 市场情况

项目所在地政府发展规划及前景；近十年来该地区建筑市场发展概况；与拟建项目相同类工程建设的情况与发展规划；项目建设资金的来源、额度与贷款情况；国际金融组织对该国家贷款的限制情况；项目获准程序以及现实或后续情况；中国企业在当地的数量、竞争度和经营状况等。

3. 基本法律制度状况

法律制度、体系对项目的影响；法院及司法体系的公平性；项目所在地仲裁机构的规则与公平性；法律、法规对外国承包商的限制措施以及对当地承包商的优惠政策；对外国企业设立办事处或代表处的条件、手续和时间等规定。

4. 银行、保险和外汇管制情况

银行、保险的现状与发展状况；资金汇入与汇出的限制、货币兑换规定以及外汇管理、管制情况；保险公司的规模、能力以及险种、费率；近五年当地货币走势和未来趋势。

5. 竞争对手调查

中国与外国公司以及当地承包商在当地的数量、经营状况以及竞争手段与情况；与当地承包商寻求合作的可能性。

6. 项目调查

项目地理位置、气候、水文、地震等自然条件；项目规模、数量、图纸与技术难点等；业主情况与业主支付、履约情况；监理工程师情况；项目资金来源、保障和标前答疑以及项目考察情况。

7. 分包市场调查

了解分包市场的力量、能力、专业化程度、材料和设备供应状况；分包商承担类似工程的业绩、能力、财务状况、机械装备水平、人员配置和经验等；当地分包价格、工效、人员工资等；社会风俗、习惯、节假日和宗教情况，总承包商与分包商之间税务关系等事宜。

8. 代理人调查

了解当地代理制度与有实力的代理人名单；代理人的能力、收费标准以及拟选择建议。

9. 材料、设备与施工环境调查

了解建筑材料、钢材、木材、水泥、砂石料、沥青、油料等来源与价格；供水、供电、通信条件及价格；设备、材料进口手续、税费规定；当地材料、设备和零（配）件供应与价格；政府对进口原材料、设备的管制情况等。

了解自然环境对施工的影响程度；施工对当地居民干扰的可能性与社会治安情况。

10. 劳动力、工资、人员调查

了解项目所在国劳工政策以及当地劳动力资源、工资标准、支付方式、技术水平、工作效率、工作时间、加班规定及报酬计算方式等；对外国劳务人员签证许可的限制以及比例限制、个人所得税等规定，当地工会的影响力等。

11. 税务

了解当地的税务政策与制度；税种、税率和缴纳方式以及对财务的要求等。

12. 对未来市场发展和趋势的分析

重点描述企业进入项目所在国的优势、劣势；对竞争对手采取的策略；进入该国市场的机会与风险。

二、市场调查报告

按照上述市场调查提纲，对国际工程承包市场进行以市场环境、项目、业主情况、竞争情况、市场商情为内容的调查后，就可以整理、汇总、分析，撰写市场调查报告。

市场调查报告的结构主要包括：调查的目的与范围；调查使用的方法；调查的结果；建议和附件。

市场调查报告的内容、格式，一般由如下几部分组成：

1. 标题

标题是市场调查报告的题目，一般有两种构成形式：

（1）公文式标题。

公文式标题由调查对象和内容、文种名称组成。例如，《××国家建筑市场情况的调查报告》。值得注意的是，实践中常将市场调查报告简化为“调查报告”，也是可以的。

（2）文章式标题。

文章式标题就是用概括的语言形式直接交待调查的内容或主题。例如，《××国家城镇化建设的动向》。实践中，这种类型市场调查报告的标题多采用双标题（正副题）的结构形式，更为引人注目，富有吸引力。例如，《竞争在今天，希望在明天——××国家住房建设情况的分析报告》等。

2. 引言

引言又称为导语，是市场调查报告正文的前置部分，要写得简明扼要，精炼概括。一般应交待出调查的目的、时间、地点、对象、范围、方法等与调查者自身相关的情况，也可概括市场调查报告的基本观点或结论，以便使读者对全文内容、意义等获得初步了解。然后用一过渡句承上启下，引出主体部分。也可以用简要的文字交待出了调查的主体身份，调查的时间、对象和范围等要素，并用一过渡句开启下文，写得合乎规范。这部分文字务求精要，切忌啰嗦繁杂；要视具体情况，有时亦可省略这一部分，以使行文更趋简洁。

3. 市场调查报告的主体

这部分是市场调查报告的核心，也是写作的重点和难点所在。它要完整、准确、具体地说明调查的基本情况，进行科学合理的分析预测，在此基础上提出有针对性的对策和建议。具体包括以下三方面内容：

（1）情况介绍。

市场调查报告的情况介绍，即对调查所获得的基本情况进行介绍，是全文的基础和主要内容，要用叙述和说明相结合的手法，将调查对象的历史和现实情况，包括市场占有情况，生产与消费的关系，产品、产量及价格情况等表述清楚。在具体写法上，既可按问题的性质将其归结为几类，采用设立小标题或者撮要显旨的形式；也可以时间为序，或者列示数字、图表或图像等加以说明。无论如何，都要力求做到准确和具体，富有条理性，以便为下文进行分析和提出建议提供坚实充分的依据。

（2）分析预测。

市场调查报告的分析预测，即在对调查所获基本情况进行分析的基础上对市场发展趋势作出预测，它直接影响到有关部门和企业领导的决策行为，因而必须着力写好。要采用议论的手法，对调查所获得的资料条分缕析，进行科学的研究和推断，并据以形成符合事物发展变化规律的结论性意见。用语要富于论断性和针对性，做到析理入微，言简意明，切忌脱离调查所获资料随意发挥。

（3）建议。

这是市场调查报告写作目的和宗旨的体现，要在上文调查情况和分析预测的基础上，提出具体的建议和措施，供决策者参考。建议要有针对性和可行性，能够切实的解决问题。

4. 结尾

结尾是市场调查报告的重要组成部分，要写得简明扼要，短小有力。一般是对全文内容进行总括，以突出观点，强调意义；或是展望未来，以充满希望的笔调作结。视实际情况，有时也可省略这部分，以使行文更趋简练。

【文案范例】

关于菲律宾建筑市场的考察报告

根据中国建筑工程总公司菲律宾公司（简称“中建菲律宾公司”）的邀请，受××省建设厅、交通厅的委派，我们于2001年12月4日～12月14日，对菲律宾建筑市场进行了考察，并就C5-B ONI SERRANO大道立交桥项目的合作与承包进行了商洽，同时亲自参与了另外三个项目的投标工作。为了便于有关领导同志了解和掌握情况，及时决策，现将有关情况报告如下：

一、菲律宾的基本情况

菲律宾是一个群岛国家，共有7000余个岛屿，面积30万km^2，人口7800万人，整个国家分三大片，一块是吕宋岛，一块是VISAYAS群岛，一块是棉兰老岛，前二片以天主教为主，棉兰老岛则以穆斯林为主。

目前，产生不安定的地区就是棉兰老岛（即南部）。

菲律宾是一个民主国家，政治体制与美国相似，采用三权分立制度，经济比较不发达，没有太明显的产业支持国民经济，国家主要收入来源为外劳汇款（菲律宾的佣人劳务输出遍布世界各地），电子业也占一定的比重。

菲律宾是一个私有制国家，贫富悬殊较大。根据统计，约有10%的富人占有国家财富的60%以上，60%的穷人只占国家财富的10%，30%的人没有解决温饱问题，由于贫富差距太大，由此引发出很多的社会问题，如民族问题、治安恶化、官场腐败等问题。

表面看来菲律宾是一个具有十分完整的法律体系的国家，但执行过程中却十分的走板和走样，政府部门普遍存在着办事效率低下，行贿受贿成风的现象。这一点在工程承包中反映尤其突出。

二、菲律宾的国民经济情况

受1997年亚洲金融风暴的袭击，从1997年开始至2000年菲律宾的国民生产总值一直为负数。新总统阿罗约上台后，推行了一系列经济改革的政策，并利用其与美国、日本上层良好的私人交往和关系，寻求国际金融机构的支持。仅2001年11月22日，菲律宾政府与世界银行签署了2001年追加3000万美元基本项目贷款的协议，用以解决农村供水问题；与日本国际合作银行签订了5500万美元的风力发电贷款计划。

根据调查及菲律宾有关资料报道，截至2001年10月底，菲律宾国民经济主要指标情况如下：

(1) 国民生产总值增长为2.9%。

(2) 通货膨胀为4.4%。

(3) 债务与生产总值之比为12.2%。

(4) 进口下降22%；出口下降为15.9%；进出口逆差为−2.6亿美元。

(5) 据菲律宾政府劳动调查报告，2001年1～8月份全国有43028人失业，失业率从2000年7月的11.2%和2001年4月的13.1%下降到5.5%。造成失业的主要在制造业、分销业和金融服务上，就业不足主要集中在工程建造业和运输业。

三、菲律宾建筑市场概况

(一) 基本情况

菲律宾工程项目主要资金来源，有四个方面：一是国际机构资助项目，二是外国投资的BOT项目，二者主要集中在大的基础设施建设上。三为政府投资项目，分布在小的基础设施建设及房屋住宅建设上。阿罗约上台以后，也实行了解决贫困人住房问题的专项投资工程。四是私人项目，主要集中在楼堂馆所及娱乐设施方面。由于1997年金融风暴的袭击，这几年菲律宾经济一直萎靡不振，政府项目和私人项目明显减少，外商私人投资项目也明显减少。目前还能够有一定市场份额的就是国际机构资助的项目。支助菲律宾的国际金融机构主要有三个，即日本国际合作银行、亚洲开发银行（亚行总部在菲律宾）、世界银行，这三大机构每年给菲律宾政府的贷款约为10.20亿美元之间。主要项目集中在道路、桥梁、防洪等方面。

在菲律宾从事经营活动的本国建筑承包商及外国建筑承包商约在10000家左右，具有AAA和大B资格（相当一级资质）的约400家。按照菲律宾政府规定，有资格从事5000万比索以上单体项目的公司必须具有AAA和大B资格，这个资格对本地承包商来说是每年核定一次，对外国承包商而言，则是每个项目申报审批一次。根据菲律宾政府的规定，外国承包商具有AAA资格可以承担国际金融机构资助的项目。但不得从事当地投资项目的承包。

在菲律宾投标国际资助的项目，一般是两个步骤，先是资格预审，一般衡量承包商的资金能力、施工经验、管理能力和机械设备情况。通过资审后是公开投标，但资审和投标过程中外部干扰会比较多，由于竞争过于激烈，很多时候承包商会利用政客来通过资审及左右投标结果，某种程度上可以说，在菲律宾承包工程项目，不是本来意义上的公平竞争，而是斗智斗勇，谁有良好的社会关系，谁能找到好的政客作背景，谁就可能拿到好的项目，政客也因此从中得到相当的好处。否则靠硬拼得来的项目，只会给承包商实施项目带来桎梏。

目前，在菲律宾从事工程承包的中国公司共有六家，即中国建筑工程总公司（1984年初进入菲律宾）；中国港湾建设总公司（1993年进入菲律宾）；中国路桥总公司（1995年进入菲律宾）；中国水利工程总公司（1996年进入菲律宾）；中国电力建设总公司（1996年与中国水利工程总公司一同进驻菲律宾）；中国地质建设总公司（1998年进入菲律宾）。这六家公司各有成功与失败的教训，目前经营情况最好的是中建公司。

（二）中建菲律宾公司的基本情况

中建是1984年进入菲律宾的，先是由中建总公司海外业务部派人，后改为委托中建福建分公司经营，1988年福建分公司以中建菲律宾公司的名义承接了亚行投资的两条公路项目（即32C和32D)。这两个项目直到1994年施工完毕，经济效益不太理想。1996年中建总公司决定在该年度委托经营期满后收回经营，并由中建南洋公司派人接管，中建南洋公司派出两名专业人员到菲律宾（当时只携带1.5万美金），先进行了市场调查研究，认真总结了福建分公司的教训。认为福建分公司的教训主要有：①经营机制仍属国内企业的办法，机制不灵活，大锅饭。②对菲律宾政府的国情、政策和体制没有进行很好的研究和利用，在对待政府官员及咨询工程师的关系上处理不当，不能为我所用。③与当地分包商不能很好地合作，老大自居，结果成了甩手掌柜，让菲人反客为主，造成矛盾。没有充分利用菲人信仰天主教，心地善良，容易满足的特征，为我服务。在总结经验的基础上，中建菲律宾公司调整了经营思路，协调处理了外部关系，与菲律宾公造部建立了稳定的工作关系，组成了精干的投标班子，建立了材料信息，设备信息、定额单价等建设经济信息的专用通道。从1998年开始正式参与菲律宾建筑市场工程项目的投标竞争。从1998年5月份开始，截至2001年12月，中建菲律宾公司平均每年施工规模为1500万～2000万美元。目前总分包单位共三家，分别是青岛建设集团（在施项目为大坝)；福建武夷山建筑公司（在施项目为公路)；北京五建（2001年9月进入施工东部机场和污水厂)。中建总公司委托福建分公司经营时，其注册资金为福建分公司投入2000万比索，其资金由福建分公司从事32C和32D项目时投入使用，并全部亏损，致使中建菲律宾公司资产为负值。1996年，中建总公司派付玉成（现任中建菲律宾公司总经理）等二人接管时，只自带1.5万美元，则以此资金为经费，参与项目投标，在总公司没有投入一分钱情况下，截至2000年底，中建菲律宾公司平均每年要向总公司上缴纯利润50万～80万美元。成为中建总公司南洋地区经营效益最好的公司。

（三）建筑市场的基本规则

菲律宾建筑市场的运行规则，由菲律宾公造部（相当于我国的建设部）管理，其中菲律宾公告部项目局，统管国际金融机构资助的项目和政府投资项目的招标投标的领导工作，其招标投标的具体工作由具有菲律宾政府颁发资格的咨询工程师事务所负责发布招标投标等文件，并组织招标、投标、评标、揭标等具体工作。而菲律宾公造部的施工局负责承包商的资格审查工作。因此，在菲律宾承接工程项目，就必须从以上三个方面做好协调与疏通工作，则是取得项目的根本保证。在菲律宾投标国际金融机构投资的项目，使用的方式、方法和程序，一律按国际上通用的惯例进行，使用国际咨询工程师联合会（FIDIC）的条款。由具有资格的咨询工程师事务所承担，监理费在工程投标书中编入，在工程拨付预付款时，由业主直接付给咨询工程师，但提供给咨询工程师的办公设备及工具，则由承包商采购，如实际采购价与标书价发生增减，一律归承包商所有。编制投标书工程量清单的单价，一律按菲律宾公造部发布的材料单价和价格指数编制。在项目实施过程中，可按季度，依据发布的新的材料单价和价格指数予以调整，材料单价和价格指数则由菲律宾公造部施工局每季度公布一次。编制投标书时，允许材料报价按市价上浮6%（其中已含调遣费0.8%），标书报价的费率组成如下：

① 税金＝（人工＋机械费）×10%

② 社保关税＝直接费×1.5%

③ 管理费＝直接费×10%

④ 利润＝直接费×5%

其中税金则按工程进度报表，逐月在业主支付工程款时由银行代扣，社保关税则不管承包商是否投保，如承包商没有发生投保和进口关税，则业主照常支付。人工费和机械费在价格指数的范围内，随行就市。一般情况下，市场价格均低于政府发布的价格。

在菲律宾考察期间，先后走访了两家公司和二手设备市场，菲律宾的工程设备市场相当活跃，而且价格相当低。人工费、设备价格、设备租赁价及部分常用建材市场价见表1～表4。

菲律宾工程项目使用材料为美国标准，其中货币现行汇率为$100美元等于5190比索，人民币1元等于6.31比索。工程质量验收标准为菲律宾政府制定的标准，该标准低于国际标准。在考察已竣工的或正在施工的项目中，则比较清楚看到，工程质量比较粗糙，相当于我国20世纪70年代末期至80年代初期的水平。

人工费情况一览表 **表1**

种类	单位	金额（比索）	备　注
秘书	天	180	每天按8小时计
工程师	月	15 000	有资格证书
工程师	月	12 000～14 000	无资格证书，但实际能力和水平已达到
汽车司机	天	180	主要指翻斗车司机
重型机械司机	天	220～250	
保安人员	月	6000	
民工	天	100～120	有地区差别，此价为马尼拉地区市场价

设备售价一览表 **表2**

设备名称	型　号	单位（台）	价格（比索）	备　注
推土机（卡特）	D82-2909	1	220万	美国产
推土机（卡特）	D7-三推	1	150万～180万	美国产
挖掘机（小松）6型	PC200/0.9m^3	1	230万	日产
挖掘机（小松）5型		1	150万	日产
装载机（小松）	M35	1	230万	日产
装载机（卡特）	9666/3.5m^3	1	170万～180万	美国产
振动式压路机	25t	1	140万～150万	德国产
振动式压路机	25t	1	180万	英国产
平地机（卡特）	12尺中型	1	140万	美国产
自卸车	10t	1	50万	美国产
翻斗车（日本）	15t	1	100万	日产
混凝土罐车	5m^3	1	100万	

设备租赁价格一览表 **表3**

设备名称	单　位	计　量	价格（比索）	备　注
300马力推土机	台	小时	1600～1800	
200马力推土机	台	小时	1100～1200	
挖掘机0.9m^3	台	小时	1600	现场开封的新设备
装载机3～3.5m^3	台	小时	1000～1200	
装载机2.5m^3	台	小时	900	
平地机中型	台	小时	800	
压路机2.5t	台	小时	1200	
打桩机35t	台	月	10万～12万	
吊车35t	台	小时	1000	
吊车35t	台	月	10万～12万	

常用建材市场价格表 **表4**

材料名称	单　位	单价（比索）	备　注
钢材	t	1.1万～1.25万	综合价格
沥青	t	1.2	
碎石	t	300～380	
水泥	包	130～140	每包为40kg
砂子	t	150～200	
商品混凝土	m^3/km	1850	
椰子木	根	700	直径为ϕ25的9m长模板材
板材	立方英尺	9	椰木模板材
胶合板	张	480～500	1.2m×2.4m×10层、涂防水层
柴油	L	11.5	
汽油	L	18	
机油	桶	1.1万～1.4万	每桶220升

四、风险分析

（一）政治风险

菲律宾是一个私有制国家，贫富相差悬殊，30%的人没有解决温饱问题，所以引发出很多社会、民族等问题，造成某些地区治安恶化，南部岛屿地区伊斯兰暴乱等问题至今没有解决，整个国家尚没有摆脱亚洲金融风暴带来的经济危机，政治气候令人感到不安。

（二）贸易风险

菲律宾自阿罗约总统上台以来，实行了一系列经济改革的政策，开辟特殊经济区，加大基础设施的建设投入，降低税率，承包建筑工程的税率为10%。该国对外国公司没有税收歧视政策，承担国际金融机构的资助项目，尚能按时支付工程款，债务清偿能力较好。

（三）产业风险

菲律宾政府鼓励外国人投资，但具体政策措施少。一般来说设立建筑施工企业手续相当复杂，由于该国政府只允许外国有资格的大公司承担国际金融机构资助的项目，而政府投资和个人投资的项目，则统由本国公司承担，这种环境不利于投资设立建筑施工企业。另外，外国公司在该国融资也几乎是不可能的。但是，承担国际金融机构资助的项目，菲律宾政府没有外汇管制，所以，在菲律宾进行工程承包资金转移，尚无困难。

从菲律宾情况看，该国的工程技术人员并不十分缺乏，工人的素质尚可以，劳动力价格较便宜。但是，工人工作惰性大，效率较低。

（四）财政风险

由于亚洲金融风暴的袭击，从1997年以来，菲律宾财政很困难。1997年以前该国情况较好，是整个东南亚地区的金融中心，亚行总部设在马尼拉。2000年以来，情况稍有好转，2001年10月底前国民生产总值出现了增长趋势，增长2.9%。

长期以来，菲律宾政府一直与美、日保持良好的关系，特别是该国地处太平洋中心位置，在整个亚洲的战略位置非常重要。而且气候宜人，常年气温为25～30℃左右，且有海风荡过，虽气候温度高，但不觉得热。每到周五均有大量的日本人、韩国人、美国人到菲律宾度假。因而，尽管菲律宾政府财政情况不是很好，但仍然每年获得大量的国际援助。

（五）分析与建议

经过对菲律宾建筑市场的考察，认为在菲律宾从事国际工程承包有以下利弊：

1. 有利因素

(1) 菲律宾国民生产总值比较稳定，尽管连续4年来该国的国民生产总值由下降转为增长。特别是截至2001年10月底，国民生产总值增长2.9%。说明其国民生产总值还是比较稳定。离国际公认的警戒线，增长率小于或等于－4.5%相差甚远。这表明，该国国民生产是增长偏慢，经济发展有望。

(2) 截至2001年8月底，菲律宾的通货膨胀率为4.4%，明显优于国际公认的警戒线（大于或等于50%），表明该国通货膨胀属于正常情况，不足以令人担忧。

(3) 获得国际金融机构援助或资助的渠道畅通，表明该国可借助国际援助发展经济。如果承包菲律宾的国际资助项目，可解除承包商对于业主支付能力方面的顾虑。

2. 不利因素

虽然有上述有利因素，但是也存在很大的风险和不利因素。

(1) 菲律宾进出口连续下降，进出口逆差截至2001年10月底为－2.6亿美元，说明该国不能依靠外贸出口获取外汇用以支付承包商的工程款。但承包国际援助的项目，则可除外。

(2) 尽管菲律宾截至2001年10月底，债务与国民生产总值之比为12.2%，低于国际公认的警戒线50%的水平，但是1997年亚洲金融风暴的袭击带来的货币贬值的因素，也不容忽视。

(3) 政治风险较大，政局不稳，菲律宾国内的暴乱和治安问题对于承包工程项目而言，完全有可能受到政治变化的影响。

综上，在菲律宾进行国际工程承包风险很大，但尚有一定的可取之处：

(1) 承包国际金融机构支持的项目，资金来源还是有保证的，可以得到较好的工程款支付。

(2) 菲律宾地处亚洲太平洋之滨，气候宜人，平均温度为25～30℃，台风期每年为5～9月末，可常年施工，自然条件风险较小。另外，工程设备市场及劳务市场活跃，对建筑工程施工是有利的。

(3) 由于菲律宾政府规定，只有大AAA的公司方可承包国际金融机构资助的项目，一般情况下，该国内的公司不容易夺标。中建菲律宾公司目前在当地已有一定社会基础和比较良好的社会关系，夺标相对容易，有足够的条件可以利用。

但是，建议进入菲律宾建筑市场，应该做好以下工作：

(1) 签约前一定要确保生产流动资金的落实，一般情况下，在菲律宾的国际金融和投资的项目，日本国际合作银行工程预付款为15%，亚行和世行为30%。在减去支付的投标活动费用和某些菲律宾主管部门的好处之后，仅靠工程预付款很难实现良好的生产流动资金的运行。因此，从福建等几家公司的情况调查看，一般在进入菲律宾前，均从国内带入工程总价10%的流动资金。

(2) 避免承揽工程工期长的项目

(3) 要组成精干的项目班子，国内派出的技工一定要一专多能，多面手，尽可能从菲国当地招用工人。

(4) 抓紧回收工程款。

(5) 工程采取自营一部分，分包一部分的经营方式，而且分包这部分必须采取菲律宾本国建筑施工企业带资承包和垫款抵押的方式。

(6) 采取各种方式的可能进行国际避税。

2.2.3 市场调研报告

【基本概念】

市场调研报告是通过对某一市场、行业、产品或客观实际情况的调查了解，对调查了解到的全部情况和材料，通过数据统计分析研究，揭示本质，寻找规律，总结经验，提出调研结论和建议，最后以书面形式作出陈述。所以，市场调研报告是整个市场调研活动过程中的最终产品。

市场调研报告与市场调查报告不同之处在于，市场调研报告由两部分构成：一是调查，二是研究。调查，就是深入实际，准确、实事求是地反映和分析客观事实，不凭主观想象，按事物的本来面目了解事物，详细地占有材料。研究，就是在掌握客观事实的基础上，认真分析，透彻地揭示事物的本质。至于对策，调研报告中可以提出一些看法，但不是主要的。因为，对策的制定是一个深入的、复杂的、综合的研究过程，市场调研报告提出的对策是否被采纳，能否上升到决策层面，一般要经过政策预评估后决定。

1. 市场调研报告的特点与作用

市场调研报告可以为市场预测提供科学的依据，它是制定企业经济政策的依据。它的作用体现在均衡供需、指导生产经营、合理确定价格和了解信息。由于市场调研具有针对性、新颖性、真实性、时效性的特点，所以市场调研报告的写作要有明确的目的性，要针对实际工作的需要。实践证明：市场调研报告的针对性越强，其指导意义、参考价值和社会作用就越大。

2. 市场调研报告的写作要素

市场调研报告在写作上，要求有明确的主题、清晰的条理和简捷的表现形式。一份完整的市场调研报告应当全面准确地向企业管理决策层说明市场调研的基本情况，系统的表达调查研究的目标、背景、研究方案、研究方法、结论和建议，以及研究的局限性和应用的建议等。

3. 市场调研报告写作要注意的事项

一份合格而优秀的市场调研报告，不仅要有清晰的构架，简洁、清晰的数据，还应该结合企业本身特性、战略要求等及市场环境对数据表现出的现象进行一定的分析、判断和建议。同时，也应该根据不同项目的不同需要，对报告的形式、风格加以调整，使市场调研报告能够有更丰富的内涵。

4. 市场调研报告编制的工作流程

一般情况下，国际工程承包市场调研报告编制的工作流程如下：

(1) 确定市场调研的必要性；

(2) 定义问题；

(3) 确立调研目标；

(4) 确定调研设计方案；

(5) 确定信息的类型和来源；

(6) 确定收集资料；

(7) 问卷或表式的设计；

(8) 确定抽样方案及样本容量；

(9) 收集资料；

(10) 资料分析；

(11) 撰写报告。

【内容与格式】

市场调研报告的内容、格式、基本结构如下，也可以根据具体的市场调研项目对其进行调整。

1. 扉页

（1）调查研究报告的标题；

（2）调查研究单位的名称、地址、电话及网址等；

（3）研究完成的日期。

2. 目录页

（1）章节标题和副标题，页码；

（2）表格目录，标题和页码；

（3）图形目录，标题和页码；

（4）附录，标题和页码。

3. 内容摘要

（1）调查研究目标的简要陈述；

（2）调查研究方法的简要陈述；

（3）调研主要发现的简要陈述；

（4）结论和建议的简要陈述；

（5）市场主要趋势的简要陈述；

（6）其他有关信息。

4. 正文部分

（1）概况；

（2）调研目标；

（3）调研方法；

（4）市场调研的类型和基本方法；

（5）分析和主要发现；

（6）结论和建议；

（7）局限性和应注意事项。

5. 附录部分

（1）调研问卷与使用的表式；

（2）资料及来源；

（3）统计技术资料；

（4）其他相关资料。

【文案提纲】

现将某公司编制的《关于××国家建筑业情况的调研报告》提纲简要介绍如下。

关于××国家建筑业情况的调研报告

第一章　基本概况

第一节　行业介绍

第二节　行业发展历程

第三节　当前产业政策

第四节　产业生命周期

第五节　市场竞争程度

第二章 建筑产品的调查
第一节 建筑业产值统计
第二节 地域与产出结构
第三节 企业市场集中度
第四节 生产成本
第五节 近期项目投资建设情况
第三章 建筑产品的消费调查
第四章 市场调查
第五章 典型企业与品牌调查
第六章 重点城市行业调查
第七章 细分市场调查
第八章 市场上下产业调查
第一节 原材料市场
第二节 消费市场
第三节 产业链运行分析
第四节 产业发展前景预测
第九章 本调研报告主要结论与建议
附件

2.2.4 项目策划书（业主）

【基本概念】

本节所说的项目策划书是指在国际工程项目的构思策划初期，根据业主的建设意图进行项目的定义和定位的构思策划，全面构思和设想的一个待建的项目系统。项目定义是指对项目的用途、性质作出明确的界定（例如，住宅项目、工业项目、公共项目、房地产开发项目等），具体的描述该项目的主要或综合用途、目的。项目定位是根据市场需求，综合考虑投资能力和最有利的投资方案，决定项目的规格和档次。例如，设想建造一幢高层写字楼，根据需求和建设条件，可以建成普通办公大楼，也可以建成具有多功能的现代化办公楼，必须通过构思、定位、策划，作出选择。在明确项目定义和定位的基础上，提出项目系统构建的框架，进行项目功能分析，确定项目系统的组成结构，使其形成完整的配套能力。例如，要建造一个现代化的钢铁联合企业，其系统构成应包括从原料投入到各类钢材产品的产出全过程的若干单项工程子系统——原材料输送系统，炼铁系统，炼钢系统，轧钢系统，产成品包装、储存和销售系统等。应在项目定位的基础上，对项目的系统构成规模、建设资金及融资等进行策划，从而使项目的基本设想变成具体而明确的建设内容和要求。

项目策划书是指经过调查研究，对某一个项目或建筑产品进行定义和定位，充分利用自身或有关资源，达到和实现项目或建筑产品的目标所形成的文案。一个项目只有经过精心的策划才能推向市场，并取得成功。

在国际工程承包市场中，业主最初产生开发工程项目的初衷和想法，需要由咨询工程师或建筑师将业主的想法或简单的口头描述，转化成详细叙述的文字材料和初步方案。这个文字材料和初步方案就称为项目策划书。该项目策划书是咨询工程师或建筑师根据经验、按照类似工程的实例与数据对拟建的工程项目、规模、标准作出的粗略的构思、估计。

一般情况下，在 EPC、BOT、BT 等投融资项目的前期开发阶段，业主都会要求国际工程承包商通过调查研究后编制和提交项目策划书，用以指导该项目的开发立项前的构思、定位工作。

然而，国际工程承包商在项目投标、中标以及项目实施阶段的初期，也要编写《项目策划书》，该《项目策划书》与本节所叙述的业主在项目构思期间编写的项目策划书具有本质的不同。请详见本书第 4 章第 4.2.1 节及第 4.3.1 节的内容。

【内容与格式】

业主编制或在 EPC、BOT、BT 项目模式中，业主委托承包商编制的项目定义和定位，构思和设想的项目策划书内容与格式如下：

1. 项目策划书的内容

项目策划书的主要内容包括：

(1) 项目的定义和定位。

项目的定义和定位即描述项目的性质、用途和基本内容；项目的建设规模、建设水准；项目在社会经济发展中的地位、作用和影响力，并进行项目定位依据及必要性和可能性分析。

(2) 项目的系统构成。

项目的系统构成就是要描述系统的总体功能，系统内部各单项工程、单位工程的构成，各自作用和相互联系，内部系统与外部系统的协调、协作和配套的策划思路及方案的可行性分析。

(3) 项目目标系统。

项目目标系统指项目的质量标准、投资估算、建设工期的论证分析。在分析论证时应充分考虑并权衡项目利益相关者对项目的期望和需求。确定项目的质量目标、造价目标和进度目标，它们是项目管理的前提。而这三大目标的内在联系和制约，使目标的设定变得复杂和困难。要同时达到质量高、造价低、工期短，往往不现实。只能在项目系统构成和定位策划的过程中做到项目投资和质量的协调平衡，即在一定投资限额下，通过策划，寻求达到满足使用功能要求的最佳质量规格和档次，然后再通过项目实施策划，寻求节省项目投资和缩短项目建设周期的途径和措施，以实现项目三大目标的最佳匹配。

(4) 其他。

与项目实施及运行有关的重要环节的策划，均可列入项目策划的范畴。

2. 项目策划书的格式

项目策划书的格式、基本结构如下所示，也可以根据项目的性质等对其进行调整。

(1) 扉页

1) 标题；

2) 编制单位的名称、地址、电话及网址等；

3）完成的日期。

(2) 目录页

(3) 正文部分

1）项目概况；

2）基本情况分析（社会与经济环境分析、市场与竞争分析、建筑产品分析等）；

3）目标市场；

4）项目与建筑产品的定位；

5）营销策略；

6）传媒战略；

7）财务分析；

8）其他。

(4) 附录部分

【文案范例】

（略）

2.2.5 项目建议书

【基本概念】

项目建议书又称立项申请书。普遍适用于我国建设单位就建设项目新建、扩建事项向项目所在地省、市发改委或国家发改委项目管理部门申报的书面申请文件。目前广泛应用于我国国家有关部门和各级政府立项审批工作中，是项目建设筹建单位或项目法人，根据国民经济的发展、国家和地方中长期规划、产业政策、生产力布局、国内外市场、所在地的内外部条件，提出的某一具体项目的建议文件，是对拟建项目提出的框架性的总体设想。它要从宏观上论述项目设立的必要性和可能性，把项目投资的设想变为概略的投资建议。往往是在项目早期，由于项目条件还不够成熟，仅有规划意见书，对项目的具体建设方案还不明晰，市政、环保、交通等专业咨询意见尚未办理。项目建议书主要论证项目建设的必要性，建设方案和投资估算也比较粗，投资误差为±30%左右。对于大中型项目和一些工艺技术复杂、涉及面广、协调量大的项目，还要编制可行性研究报告，作为项目建议书的主要附件之一。对涉及利用外资的项目，只有在项目建议书批准后，才可以开展对外工作。因此，项目建议书是项目发展周期的初始阶段基本情况的汇总，是选择和审批项目的依据。项目建议书的呈报可以供项目审批机关作出初步的决策。它可以减少项目选择的盲目性，为下一步可行性研究打下基础，也是编制可行性研究报告的依据。

在国际工程承包业务中，项目建议书主要适用于我国工程承包企业在承担国际工程承包项目的过程中，通过调查研究，根据工程的性质、规模、工期与特点，为满足工程的需要和降低成本，投资建设构件厂、商品混凝土搅拌厂、水泥厂等配套项目或需要采取投融资方式（EPC、BOT、BT）承包工程项目。就此向该工程承包企业主管部门或决策机构和相关有管辖权的涉外投资项目管理部门申报的书面申请文件。项目建议书的主要作用是推荐一个拟建的项目，论述其建设的必要性、建设条件的可行性和获利的可能性，供主管部门审核、批准。

在我国国内，由于受项目所在细分行业、资金规模、建设地区、投资方式等不同影响，项目建议书均有不同侧重。对于国有企业或国有控股企业，为了保证项目顺利通过地区或者国家发改委批准完成立项备案，项目建议书的编制必须由有专业经验的咨询机构协助完成，一些大型项目立项所提交的项目建议书及可行性研究报告必须附带相应等级的咨询机构的公章，其中最高一级为国家甲级。对于企业不使用政府资金投资建设的项目，政府不再进行投资决策性质的审批，工程项目实行核准制或登记备案制。企业不需要编制项目建议书，而可直接委托项目管理单位或工程咨询单位编制可行性研究报告。

通常政府主管部门对项目建议书的批复是可行性研究报告的重要依据之一；可行性研究报告是项目建议书的后续文件之一。此外，在可行性研究阶段，项目至少有方案设计，市政、交通和环境等专业咨询意见也必不可少。对于规模较大的项目，一般还要有详规或修建性详规的批复。此阶段投资估算要求较细，原则上误差在±10%；相应地，融资方案也要详细，每年的建设投资要落到实处，有银行贷款的项目，要有银行出具的资信证明。

在我国很多项目在报立项时，条件已比较成熟，土地、规划、环评、专业咨询意见等基本具备，特别是项目资金来源完全是项目法人自筹，没有财政资金，并且不享受什么特殊政策，这类项目常常是项目建议书与可行性研究报告合为一体。

一般情况下，一个项目要获得政府有关扶持，首先必须先有项目建议书，项目建议书通过筛选通过后，再进行项目的可行性研究，可行性研究报告经专家论证后，才最后审定。这实际上也是一种常见的审批程序，是列入备选项目和建设前期工作计划决策的依据。项目建议书和初步可行性研究报告经批准后，才可进行以可行性研究为中心的各项工作。

综上所述，项目建议书是国有企业或政府投资项目单位为推动某个项目上马，根据国民经济的发展、国家和地方中长期规划、产业政策、生产力布局、国内外市场、所在地的内外部条件，提出的具体项目的建议文件，是专门对拟建项目提出的框架性的总体设想，该报告的核心价值是：作为项目拟建主体上报审批部门审批决策的依据；作为项目批复后编制项目可行性研究报告的依据；作为项目的投资设想变为现实的投资建议的依据；作为项目发展周期初始阶段基本情况汇总的依据。

为此，在编制项目建议书之前，建设单位或业主需要准备和提供的资料主要有：

(1) 项目初步设想方案：总投资、产品及介绍、产量、预计销售价格、直接成本及清单（含主要材料规格、来源及价格）。

(2) 技术及来源、设计专利标准、工艺描述、工艺流程图，对生产环境有特殊要求的说明（如防尘、减震、防辐射、降噪、防污染等）。

(3) 项目厂区情况：厂区位置、建筑面积、厂区平面布置图、购置价格、当地土地价格。

(4) 企业近三年设计报告（包含财务指标、账款应收预付等周转次数、在产品、产成品、原材料、动力、现金等的周转次数）。

(5) 项目拟新增的人数规模，拟设置的部门和工资水平，估计项目工资总额（含福利费)。

(6) 提供公司近三年营业费用、管理费用等扣除工资后的大致数值及占收入的比例。

(7) 公司享受的增值税、所得税税率，其他补贴及优惠事项。

(8) 项目产品价格及原料价格，按照不含税价格测算，如果均能明确含税价格请逐项列明各种原料的进项税率和各类产品的销项税率。

(9) 项目设备选型表（设备名称及型号、来源、价格、进口的要注明，备案项目耗电指标等可不作单独测算，工艺环节中需要外部协助的请标明)。

(10) 其他资料及信息，根据工作进展需要随时沟通。

【内容与格式】

项目建议书的内容包括进行市场调研、对项目建设的必要性和可行性进行研究、对项目产品的市场、项目建设内容、生产技术和设备及重要技术经济指标等分析，并对主要原材料的需求量、投资估算、投资方式、资金来源、经济效益等进行初步估算。

1. 项目建议书编制的深度

根据项目建议书的作用，一般情况下，项目建议书要满足如下深度的要求。

(1) 投资建设必要性和依据

① 阐明拟建项目提出的背景、拟建地点，提出或出具与项目有关的长远规划或行业、地区规划资料，说明项目建设的必要性。

② 对改扩建项目要说明现有企业的情况。

③ 对于引进技术和设备的项目，还要说明国内外技术的差距与概况，以及进口的理由，工艺流程和生产条件的概要等。

(2) 对产品方案、拟建项目规模和建设地点的初步设想

① 产品的市场预测，包括国内外同类产品的生产能力、销售情况分析和预测、产品销售方向和销售价格的初步分析等。

② 说明（初步确定）产品的年产值，一次建成规模和分期建设的设想（改扩建项目还需说明原有生产情况及条件)，以及对拟建项目规模经济合理性的评价。

③ 产品方案设想，包括主要产品和副产品的规模、质量标准等。

④ 建设地点论证，分析项目拟建地点的自然条件和社会条件，论证建设地点是否符合地区产业布局的要求。

(3) 资源、交通运输以及其他建设条件和协作关系的初步分析

① 拟利用的资源供应的可行性和可靠性。

② 主要协作条件情况、项目拟建地点水电及其他公用设施、地方材料的供应情况分析。

③ 对于技术引进和设备进口项目应说明主要原材料、电力、燃料、交通运输、协作配套等方面的近期和远期要求，以及目前已具备的条件和资源落实情况。

(4) 主要工艺技术方案的设想

① 主要生产技术和工艺。如拟引进国外技术，应说明引进的国别以及国内技术与之相比存在的差距、技术来源、技术鉴定及转让等情况。

② 主要专用设备来源。如拟采用国外设备，应说明引进理由以及拟引进设备的国外厂商的概况。

（5）投资估算和资金筹措的设想

投资估算根据掌握数据的情况，可进行详细估算，也可以按单位生产能力或类似企业情况进行估算或匡算。投资估算中应包括建设期利息、投资方向调节税和考虑一定时期内的涨价影响因素（即涨价预备金），流动资金可参考同类企业条件及利率，说明偿还方式、测算偿还能力。对于技术引进和设备进口项目应估算项目的外汇总用汇额以及其用途，外汇的资金来源与偿还方式，以及国内费用的估算和来源。

（6）项目建设进度的安排

① 建设前期工作的安排，应包括涉外项目的询价、考察、谈判、设计等。

② 项目建设需要的时间和生产经营时间。

（7）经济效益和社会效益的初步估算（可能的话应含有初步的财务分析和国民经济分析的内容）

① 计算项目全部投资的内部收益率、贷款偿还期等指标，以及其他必要的指标，进行盈利能力、偿还能力初步分析。

② 项目的社会效益和社会影响的初步分析。

（8）初步结论和建议

对于技术引进、输出和设备进出口的项目建议书，还应有邀请外国厂商来华或出国考察与技术交流的计划，以及可行性分析工作的计划（如聘请外国专家指导或委托咨询的计划）等附件。

2. 项目建议书的主要内容

项目建议书的主要内容视项目的不同而有繁有简，但一般应包括以下几方面内容：

（1）建设项目提出的必要性和依据。

（2）产品方案、拟建规模和建设地点的初步设想。

（3）资源情况、建设条件、协作关系和设备技术引进国别、厂商的初步分析。

（4）投资估算、资金筹措及还贷方案设想。

（5）项目进度安排。

（6）经济效益和社会效益的初步估计，包括初步的财务评价和国民经济评价。

（7）环境影响的初步评价，包括治理“三废”措施、生态环境影响的分析；交通影响评价、日照影响评价、地震影响分析等多项专业评价。

（8）结论。

（9）附件。

3. 项目建议书的格式

（1）扉页

1）标题；

2）编制单位的名称、地址、电话及网址等；

3）完成的日期。

（2）目录页

（3）正文部分，以××工程项目建议书为例。

××项目建议书

第一部分　总　　论

一、项目概况

（一）项目名称

（二）项目的承办单位

（三）项目报告撰写单位

（四）项目主管部门

（五）项目建设内容、规模、目标

（六）项目建设地点

二、立项研究结论

（一）项目产品市场前景

（二）项目原料供应问题

（三）项目政策保障问题

（四）项目资金保障问题

（五）项目组织保障问题

（六）项目技术保障问题

（七）项目人力保障问题

（八）项目风险控制问题

（九）项目财务效益结论

（十）项目社会效益结论

（十一）项目立项可行性综合评价

三、主要技术经济指标汇总

在总论部分中，可将项目立项报告中各部分的主要技术经济指标汇总，列出主要技术经济指标表，使审批者对项目作全貌了解。

第二部分　项目发起背景和建设必要性

一、项目建设背景

（一）国家或行业发展规划

（二）项目发起人以及发起缘由

（三）……

二、项目建设必要性

（一）……

（二）……

（三）……

（四）……

三、项目建设可行性

（一）经济可行性

（二）政策可行性
（三）技术可行性
（四）模式可行性
（五）组织和人力资源可行性

第三部分 项目市场分析及前景预测

一、项目市场规模调查
二、项目市场竞争调查
三、项目市场前景预测
四、产品方案和建设规模
五、产品销售收入预测

第四部分 建设条件与厂址选择

一、资源和原材料
二、建设地区的选择
三、厂址选择

第五部分 工厂技术方案

一、项目组成
二、生产技术方案
三、总平面布置和运输
四、土建工程
五、其他工程

第六部分 环境保护与劳动安全

一、建设地区环境现状
二、项目主要污染源和污染物
三、项目拟采用的环境保护标准
四、治理环境的方案
五、环境监测制度的建议
六、环境保护投资估算
七、环境影响评价结论
八、劳动保护与安全卫生

第七部分 企业组织和劳动定员

一、企业组织
二、劳动定员和人员培训

第八部分　项目实施进度安排

一、项目实施的各阶段

二、项目实施进度表

三、项目实施费用

第九部分　项目财务测算

一、项目总投资估算

二、资金筹措

三、投资使用计划

四、项目财务测算相关报表

财务测算参考《建设项目经济评价方法与参数》，依照如下步骤进行：

1. 基础数据与参数的确定、估算与分析

2. 编制财务分析的辅助报表

3. 编制财务分析的基本报表估算所有的数据进行汇总并编制财务分析的基本报表。

4. 计算财务分析的各项指标，并进行财务分析从项目角度提出项目可行与否的结论。

第十部分　财务效益、经济和社会效益评价

一、生产成本和销售收入估算

二、财务评价

三、国民经济评价

四、不确定性分析

五、社会效益和社会影响分析

第十一部分　附　　件

【文案范例】

（略）

2.2.6　可行性研究报告

【基本概念】

可行性研究报告（简称可研报告）是从事一种经济活动（投资）之前，从经济、技术、生产、供销直到社会各种环境、法律等各种因素进行具体调查、研究、分析，确定有利和不利的因素，对项目是否可行，成功率如何，对经济效益和社会效果程度作出判定，并作为企业或投资机构呈报给决策者和主管机关审批的文件。也就是说，可行性研究报告是在制订生产、基建、科研计划的前期，通过全面的调查研究，分析论证拟建设或改造工程项目、某项科学研究、某项商务活动切实可行而提出的一种书面材料。

1. 可行性研究报告的性质与作用

由于可行性研究是运用多种科学手段（包括技术科学、社会学、经济学及系统工程学

等）对一项工程项目的必要性、可行性、合理性进行技术经济论证的综合科学。而可行性研究报告是在可行性研究的基础上，通过对项目的主要内容和配套条件（如市场需求、资源供应、建设规模、工艺路线、设备选型、环境影响、资金筹措、盈利能力等），从技术、经济、工程等方面进行调查研究和分析比较，并对项目建设的投资作出估算，对项目建成以后可能取得的财务、经济效益及社会影响进行预测，从而提出该项目是否值得投资和如何进行建设的咨询意见，为项目决策提供依据的一种综合性分析方法。可行性研究具有预见性、公正性、可靠性、科学性的特点。

一般来说，可行性研究是以市场供需为立足点，以资源投入为限度，以科学方法为手段，以一系列评价指标为结果，它通常处理两个方面的问题：一是确定项目在技术上能否实施，二是如何才能取得最佳效益。可行性研究的工作程序是：①了解研究的意图；②明确研究范围；③组成项目团队；④搜集资料；⑤调查研究；⑥方案比选和评价；⑦编写可行性研究报告。

可行性研究报告是建立在可行性研究基础上的书面报告，是确定建设项目具有决定性意义的工作，是在投资决策之前，对拟建项目进行全面技术经济分析论证的科学方法，在投资管理中，可行性研究是指对拟建项目有关的自然、社会、经济、技术等进行调研、分析比较以及预测建成后的社会、经济与环境效益。

2. 可行性研究报告的分类

根据用途，可行性研究报告可分为审批性可研报告和决策性可研报告。审批性可研报告主要是项目立项时向政府审批部门申报的书面材料。根据国家投资体制改革的要求，在我国属于企业投资类项目采取项目备案制和项目核准制（编制项目申请报告）；政府性项目，使用财政资金的项目需要编制可研报告。

可行性研究报告可以细分为：

（1）用于企业投融资、对外招商合作的可行性研究报告。此类研究报告通常要求市场分析准确、投资方案合理，并提供竞争分析、营销计划、管理方案、技术研发等实际运作方案。

（2）用于国家发展和改革委立项审批的可行性研究报告。此文件是根据《中华人民共和国行政许可法》和《国务院对确需保留的行政审批项目设定行政许可的决定》而编写，是大型基础设施项目立项的基础文件，发改委根据可行性研究报告进行核准、备案或批复，决定某个项目是否实施。另外，医药企业在申请相关证书时也需要编写可行性研究报告。

（3）用于银行贷款的可行性研究报告。商业银行在贷款前进行风险评估时，需要项目方出具详细的可行性研究报告，对于国家开发银行等国内银行，该报告由甲级资格单位出具，通常不需要再组织专家评审，部分银行的贷款可行性研究报告不需要资格，但要求融资方案合理，分析正确，信息全面。另外，在申请国家的相关政策支持资金、工商注册时往往也需要编写可行性研究报告，该文件类似于银行贷款的可研报告。

（4）用于申请进口设备免税。主要用于进口设备免税用的可行性研究报告，申请办理中外合资企业、内资企业项目确认书的项目需要提供项目可行性研究报告。

（5）用于境外投资、融资项目核准或在境外设立项目公司的可行性研究报告。企业在实施“走出去战略”，对国外矿产资源和其他产业投资时，需要编写可行性研究报告报给国家发展和改革委或企业所在地省发改委，需要申请中国进出口银行境外投资重点项目信贷支持时，也需要可行性研究报告。

上述五种用途的可行性研究报告，其中（1）～（4）种需要项目建设单位委托具有国家发展和改革委员会颁发的工程咨询资质（我国工程咨询资质分为甲级、乙级、丙级三个等级）的工程咨询机构编制。本章节所指的可行性研究报告，主要是指用于境外投融资（EPC、BOT、BT）项目核准使用的项目可行性研究报告。

3. 可行性研究报告撰写要点

可行性研究报告的基本内容就是报告的正文部分所要体现的内容。它是结论和建议赖以产生的基础。要求以全面、系统的分析为主要方法，经济效益为核心，围绕影响项目的各种因素，运用大量的数据资料论证拟建项目是否可行。当项目的可行性研究完成了所有系统的分析之后，应对整个可行性研究提出综合分析评价，指出优缺点和建议。

为了结论的需要，往往还需要加上一些附件，如试验数据、论证材料、计算图表、附图等，以增强可行性报告的说服力。可行性研究报告一般由一个总论和几个专题构成。可行性研究报告撰写的要点是：

（1）总论

总论，即项目的基本情况。在可行性研究报告的编制中，这一部分特别重要，项目的报批、贷款的申请、合作对象的吸引主要靠这一部分。总论的内容一般包括项目的背景、项目的历史、项目概要以及项目承办人四个方面。总论的实质是对项目简明扼要地作一个概述，对项目承办人的形象和思想作相应的描述。在许多情况下，项目的评估、审批、贷款以及对合作者的吸引，其成败在一定程度上取决于总论写作质量的好坏。因此，写作时一定要尽心尽力，既要保证总论的内容完整、重点突出，又要注意与后面内容相照应。

（2）基本问题研究

可行性研究报告的基本问题研究，是对各个专题研究报告进行汇总统一、平衡后所作的较原则、较系统的概述。项目不同，基本问题研究的内容也就不同。

目前较有代表性的有三个：工业新建项目的基本问题研究、技术引进项目的基本问题研究和技术经济政策基本问题研究。其中，工业新建项目的第一方面是市场研究，着重解决项目新建的必要性问题；第二方面是工艺研究，着重解决技术上的可能性问题；第三方面是经济效益研究，着重解决项目的合理性问题。在具体写作过程中，人们常把这三个问题分成十个专题来写。这十个专题为：市场情况与企业规模；资源与原料及协作条件；厂址选择方案；项目技术方案；环保方案；工厂管理机构和员工方案；项目实施计划和进度方案；资金筹措；经济评价；结论。

【内容与格式】

1. 可行性研究报告的主要内容与要求

一般情况下，可行性研究报告的主要内容和要求如下：

（1）基本情况：中外合资经营企业名称、法定地址、宗旨、经营范围和规模；合营各方名称、注册国家、法定地址和法定代表人姓名、职务、国籍；企业总投资、注册资本、股本额（自有资金额、合营各方出资比例、出资方式、股本交纳期限）；合营期限、合营方利润分配及亏损分担比例；项目建议书的审批文件；可行性研究报告的负责人名单；可行性研究报告的概况、结论、问题和建议。

（2）产品生产安排及其依据。要说明国内外市场需求情况和市场预测的情况，以及国内外目前已有的和在建的生产装备能力。

（3）物料供应安排（包括能源和交通运输）及其依据。

（4）项目地址选择及其依据。

（5）技术装备和工艺过程的选择及其依据（包括国内外设备分批交货的安排）。

（6）生产组织安排（包括职工总数、构成、来源和经营管理）及其依据。

（7）环境污染治理和劳动安全保护、卫生设施及其依据。

（8）建设方式、建设进度安排及其依据。

（9）资金筹措及其依据（包括厂房、设备入股计算的依据）。

（10）外汇收支安排及其依据。

（11）综合分析（包括经济、技术、财务和法律方面的分析）。要采用动态法和风险法（或敏感度分析法）等方法分析项目效益和外汇收支情况。

（12）必要的附件。如合营各方的营业执照副本；法定代表人证明书；合营各方的资产、经营情况资料；上级主管部门的意见。

2. 可行性研究报告基本构架、格式与内容

可行性研究报告基本构架、格式与内容如下：

（1）扉页

1）标题；

2）编制单位的名称、地址、电话及网址等；

3）完成的日期。

（2）目录页

（3）正文部分，以××项目可行性研究报告为例。

××项目可行性研究报告

第一部分 项目总论

（总论作为可行性研究报告的首要部分，要综合叙述研究报告中各部分的主要问题和研究结论，并对项目的可行与否提出最终建议，为可行性研究的审批提供方便。）

一、项目概况

（一）项目名称

（二）项目承办单位介绍

（三）项目可行性研究工作承担单位介绍

（四）项目主管部门介绍

（五）项目建设内容、规模、目标

（六）项目建设地点

二、项目可行性研究主要结论

（在可行性研究中，对项目的产品销售、原料供应、政策保障、技术方案、资金总额及筹措、项目的财务效益和国民经济、社会效益等重大问题，都应得出明确的结论）

（一）项目产品市场前景

（二）项目原料供应问题

（三）项目政策保障问题

（四）项目资金保障问题

（五）项目组织保障问题

（六）项目技术保障问题

（七）项目人力保障问题

（八）项目风险控制问题

（九）项目财务效益结论

（十）项目社会效益结论

（十一）项目可行性综合评价

三、主要技术经济指标表

在总论部分中，可将研究报告中各部分的主要技术经济指标汇总，列出主要技术经济指标表，使审批和决策者对项目作全面的了解。

四、存在问题及建议

对可行性研究中提出的项目的主要问题进行说明并提出解决的建议。

第二部分　项目建设背景、必要性、可行性

这一部分主要应说明项目发起的背景、投资的必要性、投资理由及项目开展的支撑性条件等等。

一、项目建设背景

二、项目建设必要性

三、项目建设可行性

（一）经济可行性

（二）政策可行性

（三）技术可行性

（四）模式可行性

（五）组织和人力资源可行性

第三部分　项目产品市场分析

（市场分析在可行性研究中的重要地位在于，任何一个项目，其生产规模的确定、技术的选择、投资估算甚至厂址的选择，都必须在对市场需求情况有了充分了解以后才能决定。而且市场分析的结果，还可以决定产品的价格、销售收入，最终影响到项目的盈利性和可行性。在可行性研究报告中，要详细研究当前市场现状，以此作为后期决策的依据）

一、项目产品市场调查

（一）国际市场调查

（二）国内市场调查

（三）价格调查

（四）上游原料市场调查

（五）下游消费市场调查

（六）市场竞争调查

二、市场预测

（市场预测是市场调查在时间上和空间上的延续，是利用市场调查所得到的信息资料，根据市场信息资料分析报告的结论，对本未来市场需求量及相关因素所进行的定量与定性的判断与分析。在可行性研究工作中，市场预测的结论是制订产品方案，确定项目建设规模所必需的依据）

（一）国际市场预测

（二）国内市场预测

（三）价格预测

（四）上游原料市场预测

（五）下游消费市场预测

（六）项目发展前景综述

第四部分 项目产品规划方案

一、项目产品产能规划方案

二、项目产品工艺规划方案

（一）工艺设备选型

（二）工艺说明

（三）工艺流程

三、项目产品营销规划方案

（一）营销战略规划

（二）营销模式

在商品经济环境中，企业要根据市场情况，制定合格的销售模式，争取扩大市场份额，稳定销售价格，提高产品竞争能力。因此，在可行性研究中，要对市场营销模式进行研究。

（三）促销策略

……

第五部分 项目建设地与规划

一、项目建设地

（一）项目建设地地理位置

（二）项目建设地自然情况

（三）项目建设地资源情况

（四）项目建设地经济情况

（五）项目建设地人口情况

二、项目规划

（一）项目厂址及厂房建设

(1) 厂址

(2) 厂房建设内容
(3) 厂房建设造价
(二) 总平面布置图
(三) 场内外运输
(1) 场外运输量及运输方式
(2) 场内运输量及运输方式
(3) 场内运输设施及设备
(四) 项目土建及配套工程
(1) 项目占地
(2) 项目土建及配套工程内容
(五) 项目土建及配套工程造价
(六) 项目其他辅助工程
(1) 供水工程
(2) 供电工程
(3) 供暖工程
(4) 通信工程
(5) 其他

第六部分　项目环保、节能与劳动安全方案

(在项目建设中，必须贯彻执行国家有关环境保护、能源节约和职业安全卫生方面的法规、法律，对项目可能对环境造成的近期和远期影响，对影响劳动者健康和安全的因素也要在可行性研究阶段进行分析，提出防治措施，并对其进行评价，推荐技术可行、经济，且布局合理，对环境的有害影响较小的最佳方案。按照国家现行规定，凡从事对环境有影响的建设项目都必须执行环境影响报告书的审批制度，同时，在可行性研究报告中，对环境保护和劳动安全要有专门论述)

一、项目环境保护方案
(一) 项目环境保护设计依据
(二) 项目环境保护措施
(三) 项目环境保护评价
二、项目资源利用及能耗分析
(一) 项目资源利用及能耗标准
(二) 项目资源利用及能耗分析
三、项目节能方案
(一) 项目节能设计依据
(二) 项目节能分析
四、项目消防方案
(一) 项目消防设计依据
(二) 项目消防措施
(三) 火灾报警系统

（四）灭火系统

（五）消防知识教育

五、项目劳动安全卫生方案

（一）项目劳动安全设计依据

（二）项目劳动安全保护措施

第七部分　项目组织计划和人员安排

（在可行性研究报告中，根据项目规模、项目组成和工艺流程，研究提出相应的企业组织机构，劳动定员总数及劳动力来源及相应的人员培训计划）

一、项目组织计划

（一）组织形式

（二）工作制度

二、项目劳动定员和人员培训

（一）劳动定员

（二）年总工资和职工年平均工资估算

（三）人员培训及费用估算

第八部分　项目实施进度安排

（项目实施时期的进度安排也是可行性研究报告中的一个重要组成部分。所谓项目实施时期亦可称为投资时间，是指从正式确定建设项目到项目达到正常生产这段时间。这一时期包括项目实施准备，资金筹集安排，勘察设计和设备订货，施工准备，施工和生产准备，试运转直到竣工验收和交付使用等各工作阶段。这些阶段的各项投资活动和各个工作环节，有些是相互影响的，前后紧密衔接的，也有些是同时开展，相互交叉进行的。因此，在可行性研究阶段，需将项目实施时期各个阶段的各个工作环节进行统一规划，综合平衡，作出合理、切实可行的安排）

一、项目实施的各阶段

（一）建立项目实施管理机构

（二）资金筹集安排

（三）技术获得与转让

（四）勘察设计和设备订货

（五）施工准备

（六）施工和生产准备

（七）竣工验收

二、项目实施进度表

三、项目实施费用

（一）建设单位管理费

（二）生产筹备费

（三）生产职工培训费

（四）办公和生活家具购置费

（五）其他应支出的费用

四、项目投资使用计划

（一）投资使用计划

（二）借款偿还计划

五、项目财务评价说明 & 财务测算假定

（一）计算依据及相关说明

（二）项目测算基本设定

六、项目总成本费用估算

（一）直接成本

（二）工资及福利费用

（三）折旧及摊销

（四）工资及福利费用

（五）修理费

（六）财务费用

（七）其他费用

（八）财务费用

（九）总成本费用

七、销售收入、销售税金及附加和增值税估算

（一）销售收入

（二）销售税金及附加

（三）增值税

（四）销售收入、销售税金及附加和增值税估算

八、损益及利润分配估算

九、现金流估算

（一）项目投资现金流估算

（二）项目资本金现金流估算

第九部分　项目不确定性分析

（在对建设项目进行评价时，所采用的数据多数来自预测和估算。由于资料和信息的有限性，将来的实际情况可能与此有出入，这对项目投资决策会带来风险。为避免或尽可能减少风险，就要分析不确定性因素对项目经济评价指标的影响，以确定项目的可靠性，这就是不确定性分析。

根据分析内容和侧重面不同，不确定性分析可分为盈亏平衡分析、敏感性分析和概率分析。在可行性研究中，一般要进行的盈亏平衡分析、敏感性分析和概率分析，可视项目情况而定）

（一）盈亏平衡分析

（二）敏感性分析

(1) 分析和确定可行性研究报告敏感性因素和不敏感性因素。所谓敏感性因素即稍有变动就会引起投资效益指标的明显变动的因素；不敏感性因素则是变动时只能引起投资效

益指标的一般性变动，甚至看不出什么变动的因素。

(2) 了解可行性研究报告投资项目的风险程度，为使项目决策人员了解项目的风险程度，需从不确定因素中找出那些对项目投资效益有重大影响，并在前期和投产期可能发生较大变动的敏感性因素，再根据敏感性因素的变动幅度，分别计算净现值或内部收益率指标，以便决策者通过各方案敏感性程度的对比，采取对策给予控制，选择敏感性小或风险小的方案为项目投资方案。

(3) 明确影响可行性研究报告决策者要素间的关系，由于在敏感性分析时，要假定除敏感性因素存在依赖关系的要素，应在分析计算过程中充分注意到诸要素间的依存关系，对与敏感性因素存在依赖关系的要素，应在分析计算过程中充分反映出来。

(4) 分析可行性研究报告投资项目的临界承受力，即通过分析评价指标对该因素的敏感程度，来分析该因素达到临界值时项目的承受能力。

在此，可行性研究报告对某种因素的敏感程度一般常用两种方法表示：

① 列表法：把敏感性因素按一定比例变动时引起评价指标的变动幅度用数据列表显示出来。

② 敏感性分析图：用曲线表明评价指标达到临界点（如内部收益率等于基准收益率）时允许某个因素变化的最大幅度，即极限变化（若超过此限项目不可行情况）。

通常人们将产品价格、产品产量、主要原材料或动力价格、建设投资、汇率、固定资产投资、建设工期等作为考察的不确定因素，对其有影响的经济指标有净现值、折现值、还本期和内部收益率等。

第十部分 项目效益评价

（在建设项目的技术路线确定以后，必须对不同的方案进行财务、经济效益评价，判断项目在经济上是否可行，并比选出优秀方案。本部分的评价结论是建议方案取舍的主要依据之一，也是对建设项目进行投资决策的重要依据。本部分就可行性研究报告中财务、经济与社会效益评价的主要内容作一概要说明）

一、财务评价

财务评价是考察项目建成后的获利能力、债务偿还能力及外汇平衡能力的财务状况，以判断建设项目在财务上的可行性。财务评价多用静态分析与动态分析相结合，以动态为主的办法进行。并用财务评价指标分别和相应的基准参数——财务基准收益率、行业平均投资回收期、平均投资利润率、投资利税率相比较，以判断项目在财务上是否可行。

（一）财务净现值

财务净现值是指把项目计算期内各年的财务净现金流量，按照一个设定的标准折现率（基准收益率）折算到建设期初（项目计算期第一年年初）的现值之和。财务净现值是考查项目在其计算期内盈利能力的主要动态评价指标。

如果项目财务净现值等于或大于零，表明项目的盈利能力达到或超过了所要求的盈利水平，项目财务上可行。

（二）财务内部收益率（*FIRR*）

财务内部收益率是指项目在整个计算期内各年财务净现金流量的现值之和等于零时的折现率，也就是使项目的财务净现值等于零时的折现率。

财务内部收益率是反映项目实际收益率的一个动态指标，该指标越大越好。一般情况下，财务内部收益率大于等于基准收益率时，项目可行。

（三）投资回收期 P_t

投资回收期按照是否考虑资金时间价值，可以分为静态投资回收期和动态投资回收期。以动态回收期为例：

1. 计算公式

动态投资回收期的计算在实际应用中根据项目的现金流量表，用下列近似公式计算：

P_t＝(累计净现金流量现值出现正值的年数－1)＋上一年累计净现金流量现值的绝对值/出现正值年份净现金流量的现值

2. 评价准则

(1) $P_t \leqslant P_c$（基准投资回收期）时，说明项目（或方案）能在要求的时间内收回投资，是可行的。

(2) $P_t > P_c$ 时，则项目（或方案）不可行，应予拒绝。

（四）项目投资收益率 R_{OI}

项目投资收益率是指项目达到设计能力后正常年份的年息税前利润或营运期内年平均息税前利润（*EBIT*）与项目总投资（T_I）的比率。总投资收益率高于同行业的收益率参考值，表明用总投资收益率表示的盈利能力满足要求。$R_{OI} \geqslant$部门（行业）平均投资利润率（或基准投资利润率）时，项目在财务上可考虑接受。

（五）项目投资利税率

项目投资利税率是指项目达到设计生产能力后的一个正常生产年份的年利润总额或平均年利润总额与销售税金及附加与项目总投资的比率，计算公式为：

投资利税率＝年利税总额或年平均利税总额/总投资×100%

投资利税率≥部门（行业）平均投资利税率（或基准投资利税率）时，项目在财务上可考虑接受。

（六）项目资本金净利润率（*ROE*）

项目资本金净利润率是指项目达到设计能力后正常年份的年净利润或运营期内平均净利润（*NP*）与项目资本金（*EC*）的比率。项目资本金净利润率高于同行业的净利润率参考值，表明用项目资本金净利润率表示的盈利能力满足要求。

（七）项目测算核心指标汇总表

二、国民经济评价

国民经济评价是项目经济评价的核心部分，是决策部门考虑项目取舍的重要依据。建设项目国民经济评价采用费用与效益分析的方法，运用影子价格、影子汇率、影子工资和社会折现率等参数，计算项目对国民经济的净贡献，评价项目在经济上的合理性。国民经济评价采用国民经济盈利能力分析和外汇效果分析，以经济内部收益率（*EIRR*）作为主要的评价指标。根据项目的具体特点和实际需要，也可计算经济净现值（*ENPV*）指标，涉及产品出口创汇或替代进口节汇的项目，要计算经济外汇净现值（*ENPV*）、经济换汇成本或经济节汇成本。

三、社会效益和社会影响分析

在可行性研究中，除对以上各项指标进行计算和分析以外，还应对项目的社会效益和社会影响进行分析，也就是对不能定量的效益影响进行定性描述。

第十一部分 项目风险分析及风险防控

一、建设风险分析及防控措施

二、法律政策风险及防控措施

三、市场风险及防控措施

四、筹资风险及防控措施

五、其他相关风险及防控措施

第十二部分 项目可行性研究结论与建议

一、结论与建议

根据前面各节的研究分析结果，对项目在技术上、经济上进行全面的评价，对建设方案进行总结，提出结论性意见和建议。主要内容有：

(1) 对推荐的拟建方案建设条件、产品方案、工艺技术、经济效益、社会效益、环境影响的结论性意见

(2) 对主要的对比方案进行说明

(3) 对可行性研究中尚未解决的主要问题提出解决办法和建议

(4) 对应修改的主要问题进行说明，提出修改意见

(5) 对不可行的项目，提出不可行的主要问题及处理意见

(6) 可行性研究中主要争议问题的结论

二、附件

(凡属于项目可行性研究范围，但在研究报告以外单独成册的文件，均需列为可行性研究报告的附件，所列附件应注明名称、日期、编号)

(1) 项目建议书（初步可行性报告）

(2) 项目立项批文

(3) 厂址选择报告书

(4) 资源勘探报告

(5) 贷款意向书

(6) 环境影响报告

(7) 需单独进行可行性研究的单项或配套工程的可行性研究报告

(8) 需要的市场预测报告

(9) 引进技术项目的考察报告

(10) 引进外资的各类协议文件

(11) 其他主要对比方案说明

(12) 其他

三、附表

(财务分析报表，是可行性研究报告重要内容，也是一篇优秀的可行性研究报告的标志。以下是项目可行性研究报告必须具有的几个主要财务报表)

(1) 基本报表

1）主要经济技术指标表

2）各年损益分配表

3）自有资金财务现金流量表

4）投资者（整体）财务现金流量表

5）全投资财务现金流量表

6）资金平衡节余（银行存款）表

7）资产负债表（缴税偿债分利后）

8）资产负债表（税后偿债分利前）

9）外汇平衡节余累积表

10）投资构成、资金投入与来源计划表

11）注册出资方式比例与年度出资计划表

12）借款还本付息计划表

（2）辅助报表

1）生产销售既定目标

2）进口设备“原值”估算表

3）购买国产设备“原值”估算表

4）作价出资设备“原值”估算表

5）房屋及建筑物“原值”估算表

6）无形资产与递延资产用汇“原值”估算表

7）生产办公设备日生产耗能（外购）指标

8）单位产品原辅材料消耗定额与产品产量计划目标

9）各产品原辅材料年消耗计划目标

10）原辅材料年支出与进项税额既定目标（一）

11）原辅材料年支出与进项税额既定目标（二）

12）原辅材料年支出与进项税额既定目标（三）

13）各产品的原辅材料年进项税额

14）内销产品年应纳增值税与出口产品抵退税、关税

15）各产品的原辅材料（含运费）年支出

16）机构设置、人员编制、工资总额估算

17）部分管理费用、销售费用估算表

18）年经营成本估算表

19）流动资金估算表

20）固定资产折旧、无形资产递延资产摊销估算表

21）总成本费用与销售税金及附加计算表

22）各产品成本费用价格构成与调整统计分析表

（3）财务敏感分析成果表

财务敏感性分析成果表主要根据固定资产投资、销售收入、经营成本，分析全部投资财务内部收益率、较基本方案增减率等。

四、附图

（1）厂址地形或位置图

（2）总平面布置方案图

（3）工艺流程图

（4）主要车间布置方案简图

（5）其他

3. 境外投资项目可行性研究报告

（1）总说明：项目名称、项目责任人、项目发起人、合作方情况、项目描述等

（2）项目提出的依据和必要性

（3）企业简况

1）新设企业：项目生产规模的选择和确定、厂址的选择、建设条件等。

2）非新设企业：企业现有生产规模、主要产品经营状况、人力资源状况、固定资产状况、财务状况等。

（4）市场及竞争能力预测

（5）总体方案

1）新建企业：

① 技术方案、设备方案、土建工程方案及费用估算；

② 对原有固定资产的利用情况；

③ 运营和生产管理方案

2）非新建企业：股权收购、兼并和重组方案

（6）项目实施计划

（7）总投资估算和资金筹措：包括资金来源组成、资本金来源说明、资金运用计划等。

（8）经济分析

1）财务预测：对投资成本、销售收入、产品成本、利润、现金流量、资产负债状况等进行预测。

2）财务分析

① 盈利性分析：财务内部收益率、投资回收期、财务净现值、投资利润率等；

② 清偿能力分析：主要包括借款偿还期；

③ 不确定性分析：盈亏平衡分析、敏感性分析。

（9）环境评估

（10）风险分析

（11）结论及建议

4. 境外项目公司设立的可行性研究报告

境外项目公司设立的可行性研究报告的基本格式与内容如下：

（1）境外项目介绍

（2）中国驻项目所在国使馆对设立执行境外项目公司的意见函

（3）设立执行境外项目公司的法律意见书或尽职调查报告

主要内容应包括：

1）项目所在国的政治、经济、法律、税收、外汇等风险分析；

2）设立执行境外项目公司的目的和原则；

3）公司的形式比选方案；

4）公司经营范围；

5）公司股东结构；

6）公司注册资本及来源和注资方式；

7）公司的管理（决策和执行机构及其人事安排）；

8）公司的退出机制；

9）公司注册登记的程序和所需文件；

10）设立执行境外项目公司的税收咨询报告，内容为执行境外项目公司涉及的税种、税率和税收方面的规定。

（4）公司章程

执行境外项目公司章程主要内容应包括：

1）公司的形式；

2）公司名称；

3）公司经营范围；

4）办公地点；

5）存续时间；

6）注册资本及注资方式；

7）公司运作的规定。

【文案范例】

（略）

2.2.7 项目申请报告

【基本概念】

根据我国商务部规定，在我国依法取得对外承包工程资格的企业或其他单位以投标或议标方式承包合同报价金额不低于500万美元的境外建设工程项目（包括咨询、勘察、设计、监理、招标、造价、采购、施工、安装、调试、运营、管理等活动），应当在对外投标或议标前按规定办理对外承包工程项目投标（议标）核准。国家商务部负责对外承包工程项目的核准工作，并建立了对外承包工程项目数据库系统，管理对外承包工程项目的核准。对外承包工程的单位或称国际承包商通过对外承包工程项目数据库系统申请对外承包工程项目核准。

申请核准时，对外承包工程的单位（或称国际承包商）应当提供以下材料：

（1）项目情况说明；

（2）中国驻项目所在国使馆（领馆）经商机构出具的意见；

（3）有关商会出具的意见；

（4）需境内金融机构提供信贷或信用保险的项目，需提交境内金融机构出具的承贷或承保意向函。

申请办理的程序：

（1）中国驻项目所在国使馆（领馆）经商机构，在对外承包工程的单位提出申请后通过对外承包工程项目数据库系统提出明确意见。中国驻项目所在国使馆（领馆）经商机构在提出意见时应当综合考虑外经贸政策、驻在国安全风险、项目环保与可能涉及的多国利益以及企业业务开展情况、突发事件报送和项目外派劳务人员等问题。

（2）我国有关商会应在中国驻项目所在国使馆（领馆）经商机构出具意见后通过对外承包工程项目数据库系统提出明确意见。有关商会在提出意见时应当综合考虑企业公平竞争和行业自律等有关情况。

（3）国家商务部在收到完备材料之日起3个工作日内予以审查。符合条件的，予以网上核准，并向申请单位颁发《对外承包工程项目投标（议标）核准证》（以下简称《核准证》）。

获得对外承包工程项目核准的单位，可以凭《核准证》等相关文件，就项目向境内金融机构申请办理保函、信贷或信用保险，向境内金融机构申请项目保函、信贷或信用保险。

获得对外承包工程项目核准的单位应当在项目评标结果公布后10个工作日内，在对外承包工程项目数据库系统上填报评标结果。中标单位要在开工后每个月在对外承包工程项目数据库系统上填报项目实施进展情况，直至对外承包工程项目合同义务终止。

中国对外承包工程商会发布的《对外承包工程项目投（议）标协调办法实施细则》也规定：对外承包工程项目合同金额在500万美元以上（含500万美元）的或亚洲开发银行出资的工程项目，均需要进行投（议）标协调。

协调方式与程序是：企业进入新的市场或在国外开始跟踪对外承包工程项目时，应在事后30个工作日内向承包商会进行前期登记备案。企业在跟踪项目取得重大进展时，应在事后的30个工作日内向承包商会更新备案。承包商会以企业备案的先后顺序、项目进展情况作为项目协调依据。参加对外承包工程项目投（议）标，需要办理投（议）标协调意见函的，应遵照规定的时限要求，向承包商会申请项目投（议）标登记备案。向承包商会申请项目投（议）标登记备案的企业应提交如下材料：

（1）项目申请报告；

（2）对外承包工程项目投（议）标申请登记表（见附表）；

（3）我驻外使、领馆经商参处（室）对企业参与该项目投（议）标的书面意见；

（4）企业不以低价参与竞标，维护行业正常经营秩序的承诺书；

（5）企业上一年度经审计的财务报表（每年度的第一次申报时提供或更新）；

（6）承包商会认为需要提供的其他材料。

根据上述规定，凡是在我国依法取得对外承包工程资格的国际工程承包商以投标或议标方式承包合同报价金额不低于500万美元的境外建设工程项目或亚洲开发银行出资的工程项目，均需要先到中国对外承包商会办理进行投（议）标协调，然后在对外投标或议标前按规定，通过对外承包工程项目数据库系统，向国家商务部申请办理对外承包工程项目投标（议标）核准，申办投（议）标协调与投标（议标）核准时，均需提交项目申请报告。

可见，项目申请报告是我国国际工程承包商向国家对外工程承包主管部门和对外承包商会申请项目核准、备案登记的重要文件。只有取得国家商务部颁发的《对外承包工程项目投标（议标）核准证》（以下简称《核准证》）的国际工程承包企业，才能凭《核准证》等相关文件，就该项目向我国境内金融机构申请办理保函、信贷或信用保险。才能使项目进入实施阶段。

【内容与格式】

项目申请报告的格式与内容，包括：

（1）对外承包工程经营资格、专业资质、相关业绩、企业实力（每年度的第一次申报时提供或更新）。

（2）项目的基本情况、合作方式及企业前期跟踪情况。

（3）项目的融资方案及初步的施工组织方案。

（4）项目所在国（地区）的安全状况。对于安全形势不佳的国家和地区，需提供安全应急预案。

（5）其他。

（6）附件：

1）对外承包工程项目投（议）标申请登记表。

2）我驻外使、领馆经商参处（室）对企业参与该项目投（议）标的书面意见。

3）企业不以低价参与竞标，维护行业正常经营秩序的承诺书。

4）企业上一年度经审计的财务报表（每年度的第一次申报时提供或更新）。

5）需要提供的其他材料。

【文案范例】

（略）

2.2.8 商务（或技术）谈判方案书

【基本概念】

商务（或技术）谈判是指不同的经济实体的各方为了自身的经济利益和满足对方的需要，通过沟通、协商、妥协、合作、策略等各种方式，就商业贸易或技术问题进行洽商，把可能的商机确定下来的活动过程。

在国际工程承包业务中，商务（或技术）谈判属于国际商务谈判的范畴。谈判中利益主体的一方，通常是外国的政府、企业或公民（也包括中国香港、澳门和台湾地区的企业和商人），另一方，是中国的政府、企业或公民。国际商务谈判是对外经济贸易工作中不可缺少的重要环节。在现代国际社会中，许多交易往往需要经过艰难烦琐的谈判，尽管不少人认为交易所提供的商品是否优质、技术是否先进或价格是否低廉决定了谈判的成败，但事实上交易的成败往往在一定程度上取决于谈判的成功与否。在国际商务活动中，不同的利益主体需要就共同关心或感兴趣的商务、技术等问题进行磋商，协调和调整各自的经济利益或政治利益，谋求在某一点上取得妥协，从而在使双方都感到有利时达成协议。所以，我们可以说，国际商务谈判是一种对外经济贸易活动中普遍存在的一项十分重要的经济活动，是调整和解决不同国家和地区政府及商业机构之间不可避免的经济利益冲突的必不可少的一种手段。

国际商务谈判既具有一般商务谈判的特点，又具有国际经济活动的特殊性，主要表现为：

1. 政治性强

国际商务谈判既是一种商务交易的谈判，也是一项国际交往活动，具有较强的政策性。由于谈判双方的商务关系是两国或两个地区之间整体经济关系的一部分，常常涉及两国之间的政治关系和外交关系，因此在谈判中两国或地区的政府常常会干预和影响商务谈判。因此，国际商务谈判必须贯彻执行国家的有关方针政策和外交政策，同时，还应注意国别政策，以及执行对外经济贸易的一系列法律和规章制度。

2. 以国际商法为准则

由于国际商务谈判的结果会导致资产的跨国转移，必然要涉及国际贸易、国际结算、国际保险、国际运输等一系列问题，因此，在国际商务谈判中要以国际商法为准则，并以国际惯例为基础。所以，谈判人员要熟悉各种国际惯例，熟悉对方所在国的法律条款，熟悉国际经济组织的各种规定和国际法。这些问题是一般国内商务谈判所无法涉及的，要引起特别重视。

3. 要坚持平等互利的原则

在国际商务谈判中，要坚持平等互利的原则，既不强加于人，也不接受不平等条件。我国是社会主义发展中国家，平等互利是我国对外政策的一项重要原则。所谓平等互利，是指国家不分大小，不论贫富强弱，在相互关系中，应当一律平等。在相互贸易中，应根据双方的需要和要求，按照公平合理的价格，互通有无，使双方都有利可得，以促进彼此经济发展。在进行国际商务谈判时，不论国家贫富，客户大小，只要对方有诚意，就要一视同仁，既不可强人所难，也不能接受对方无理的要求。对某些外商利用垄断地位抬价和压价，必须不卑不亢，据理力争。对某些发展中国家或经济落后地区，我们也不能以势压人，仗势欺人，应该体现平等互利的原则。

4. 谈判的难度大

由于国际商务谈判的谈判者代表了不同国家和地区的利益，有着不同的社会文化和经济政治背景，人们的价值观、思维方式、行为方式、语言及风俗习惯各不相同，从而使影响谈判的因素更加复杂，谈判的难度更加大。在实际谈判过程中，对手的情况千变万化，作风各异，有热情洋溢者，也有沉默寡言者；有果敢决断者，也有多疑多虑者；有善意合作者，也有故意寻衅者；有谦谦君子，也有傲慢自大盛气凌人的自命不凡者。凡此种种表现，都与一定的社会文化、经济政治有关。不同表现反映了不同谈判者有不同的价值观和不同的思维方式。因此，谈判者必须有广博的知识和高超的谈判技巧，不仅能在谈判桌上因人而异，运用自如，而且要在谈判前注意资料的准备、信息的收集，使谈判按预定的方案顺利地进行。

国际商务谈判的特殊性，决定了国际商务谈判又具有如下的重要性：

（1）国际商务谈判是国际货物买卖过程中必不可少的一个很重要的环节，也是签订买卖合同的必经阶段。国际商务谈判的内容，不仅包括商务与技术方面的问题，还包括法律与政策问题，它是一项政策性、策略性、技术性和专业性很强的工作。国际商务谈判的结果，决定着合同条款的具体内容，从而确定合同双方当事人的权利和义务，故买卖双方都很重视商务谈判这项重要的活动。

（2）在国际货物买卖中，商务谈判是一项很复杂的工作，它比国内贸易中的洽谈交易复杂得多。因为，交易双方分属不同的国家或地区，彼此有着不同的社会制度、政治制度、法律体系、经济体制和贸易习惯，有着不同的文化背景、价值观念、信仰和民族习惯，而且还有语言和文字沟通方面的困难。

（3）在国际商务谈判过程中，由于交易双方的立场及其追求的具体目标各不相同，故往往充满尖锐复杂的利害冲突和反复讨价还价的情况。参加商务谈判人员的任务是，根据购销意图，针对交易对手的具体情况，施展各种行之有效的策略，正确处理和解决彼此间的冲突和矛盾，谋求一致，达成一项双方都能接受的公平合理的协议。由于交易双方达成的协议不仅直接关系着双方当事人的利害得失，而且具有法律上的约束力，不得轻易改变，所以是否拍板成交和达成协议，彼此都应持慎重态度。如果由于失误而导致磋商失败，就会失掉成交的机会。如果由于我方人员急于求成、疏忽大意或其他原因，作了不应有的让步，或接受了不合理的成交条件和有悖于法律规定的条款，致使交易磋商中出现一些错误和隐患，往往事后难以补救。这不仅会使我方在经济上蒙受不应有的损失，而且还可能给履约造成困难，进而影响双方关系，对外造成不良的政治影响。

综上所述，足见国际商务（或技术）谈判是国际工程承包业务中一个很重要的环节，做好国际商务（或技术）谈判的准备工作，显得十分重要了。一般情况下，国际商务（或技术）谈判的准备工作包括：

（1）商务谈判信息准备。包括搜集整理对方的资料，市场资料，交易条件资料，竞争对手资料，相关的环境资料，相关货单样品资料。

（2）信息资料的搜集与整理。

① 信息资料的要求必须符合准确性（即真实性），全面（即完整性，系统性，连续性），适用（要适合商贸谈判工作的实际需要），及时（时效性）；

② 资料搜集的方法：检索周研法，直接观察法，专题询问法；

（3）信息资料的加工整理。包括筛选、审查、分类、评价。

（4）商务谈判的组织准备。包括谈判小组成员的结构和谈判小组的规模；一般谈判小组的人员构成：①原则上知识具有互补性，性格具有互补性，分工明确；②构成人员的类别要有商务人员、技术人员、财务人员、法律人员和翻译人员等。

（5）制定商务谈判方案书。商务谈判方案书的制定要简明扼要、明确，富有弹性。

国际商务（或技术）谈判的准备工作中制定切实可行的商务（或技术）谈判方案书是十分必要的。它是准备工作的核心内容，是妥善处理商务与技术谈判中出现的各种问题，在平等互利的基础上达成公平合理和切实可行的协议或合同，具有十分重要的指导性意义。

商务（或技术）谈判方案书是指国际工程承包企业最高决策层（或上级领导）与参加谈判的代表就本次商务、技术谈判的内容，所拟定的谈判主体目标、准则、具体要求和规定。商务（或技术）谈判方案书的制定可根据谈判的规模、重要程度的不同而定。内容可多可少，可简可繁，可以是书面形式的也可以是口头交代的谈判提纲。

【内容与格式】

商务（或技术）谈判方案书的内容与格式如下：

1. 基本概况

包括谈判对方情况、产品市场情况、竞争者情况、本企业自身情况以及调研情况。

2. 谈判计划

包括谈判目标、谈判策略、谈判议题、谈判议程，以及谈判人员的分工职责，谈判地点等。

3. 谈判接待方案

4. 项目预算

（此预算为整个项目的预算）

5. 谈判工作的实施

谈判工作各环节完成的时间、资源使用（如需要公司哪些部门配合）。

6. 效果及反馈

【文案范例】

关于采用EPC模式修建××国家××体育馆的谈判方案书

一、谈判主题

解决修建××国家××体育馆有关问题的谈判事宜。

二、谈判双方背景

1. 业主（××国家体育局以下简称甲方）分析

（略）

2. 总承包商（中国××公司以下简称乙方）分析

（略）

三、双方谈判团队人员的组成

1. 甲方

主谈：××为谈判全权代表

决策人：××负责重大问题的研究分析及最终决策

技术顾问：××负责技术工作

法律顾问：××负责相关法律资料及争议处理

财务顾问：××负责项目的费用计算，提供相关财务数据

秘书代表：××负责组织介绍、文件管理及相关服务

2. 乙方

主谈：王×为中国××公司×分公司谈判全权代表

决策人：刘×负责重大问题的研究分析及最终决策

财务顾问：李×负责项目费用、提供相关财务数据

技术顾问：周×负责技术工作

法律顾问：邓×负责相关法律资料及争议处理

秘书代表：王×负责组织介绍、文件管理及相关服务

四、谈判内容

1. 本项目采取EPC模式的价格、支付形式

2. 设计标准与技术措施

3. 商务与合同条款

五、谈判的安排

1. 谈判地点：中国××市××大酒店

2. 谈判时间：2009年×月×日

3. 谈判方式：正式小组谈判

六、相关资料信息

1. 甲方提交的可行性研究报告、概念设计与体育馆工程造价评估

2. 乙方提交的项目所在地市场调查报告、体育馆方案设计及投资估算书

七、谈判形式（双方优劣势及利益）分析

1. 我方优势与劣势：（略）

2. 对方优势与劣势：（略）

八、谈判议题的确定（即谈判可能涉及重点问题分析）

问题1.（略）

分析：（略）

（以下相同分别列出问题与分析）

九、谈判目标

1. 最理想目标

a. 总投资费用不低于2亿8千万美元，场馆建筑标准不得高于方案设计和投资估算。

b. 争取获得该场馆广告经营权20年；广告利润划分不得少于七成，对方负责我方的宣传，场内场外都应带有明显的本公司标志。

2. 可接受目标

（略）

3. 最低目标

（略）

目标可行性分析：一般的场馆建设费用不高于2亿美元，近3亿美元的建设投资相对来说是一个非常高的，这在国际市场上先例不多，我方开出这个价钱，对未来的收益也是值得考虑的。为了使双方都受益，我方应该从场馆修建后有一定实际的广告回报，这对于我公司开拓海外市场有百利而无一害。

十、谈判程序及具体策略

1. 开局

感情交流式开局策略：通过谈及双方合作情况，形成感情上的共鸣，把对方引入较融洽的谈判气氛中。

2. 中期阶段

(1) 红脸白脸策略：由两名谈判成员其中一名充当红脸，一名充当白脸辅助协议的谈成，适时将谈判话题从罢工事件的定位上转移交货期及长远利益上来，把握住谈判的节奏和进程，从而占据主动。

(2) 层层推进，步步为营的策略：有技巧地提出我方预期利益，先易后难，步步为营地争取利益。

(3) 把握让步原则：明确我方核心利益所在，实行以退为进策略，退一步进两步，做到迂回补偿，充分利用手中筹码，适当时可以退让赔款金额来换取其他更大利益。

(4) 突出优势：以资料作支撑，以理服人，强调与我方协议成功给对方带来的利益，同时软硬兼施，暗示对方若与我方协议失败将会有巨大损失。

(5) 打破僵局：合理利用暂停，首先冷静分析僵局原因，再可运用把握肯定对方形式，否定对方实质的方法解除僵局，适时用声东击西策略，打破僵局。

3. 休局阶段

如有必要，根据实际情况对本谈判方案进行调整。

4. 最后谈判阶段

(1) 把握底线：适时运用折中调和策略，严格把握最后让步的幅度，在适宜的时机提出最终报价，使用最后通牒策略。

(2) 埋下契机：在谈判中形成一体化谈判，以期建立长期合作关系。

(3) 达成协议：明确最终谈判结果，出示会议纪要和合同范本，请对方确认，并确定正式签订合同时间。

2009 年×月××日

2.2.9　商务（或技术）谈判纪要

【基本概念】

商务（技术）谈判纪要是国际工程承包业务中经常使用的，用于记载商务、技术谈判情况和谈判的主要内容及议定事项的带有一定协约性的文书。商务或技术谈判纪要是在谈判记录的基础上整理而成的，集中反映了谈判的基本精神和议题结果。它是相当于谈判各方共同对前阶段谈判进行总结。商务谈判纪要是下一步签订协议或合同的依据，也是向有关领导和部门汇报谈判情况和成果的载体。有些谈判纪要经过会谈双方签字确认后，还可以作为意向书出现，从而起到法律依据的参考作用。

商务谈判纪要具有如下特征：

1. 纪要性与契约性

所谓纪要，是记录要点的文字，并非原原本本的记录。同时，商务谈判纪要必须经双方或谈判各方都认可才行，因此带有一定的契约性。

2. 契约性而非法律性

作为商务协约性文书，谈判纪要是双方协商的产物，并经双方同意认可共同签署。对双方有一定的约束性，主要是商业道德的约束性，但没有直接的法律约束力。

商务或技术谈判纪要的写作是一项非常严肃的工作，写作中要注意：一是忠于谈判记录，真实、准确反映谈判情况，不可随意更改记录内容。二是突出中心、明确重点，对谈判中的实质问题、敏感问题、有争议的问题的表述明确无误。三是语言简练准确，不可模棱两可，以至发生歧义，层次要清晰，避免杂乱无章，前后矛盾。

【内容与格式】

商务（技术）谈判纪要的内容与格式如下：

1. 标题

由谈判事由和文件名称构成。如《关于筹建××项目的会谈纪要》。

2. 正文

开头是对谈判的情况予以综述。具体包括：谈判时间、地点、谈判双方国别、单位名称或谈判代表姓名、谈判目的、议题、取得的主要成果或就哪些问题达成了初步协议。要求简洁、概括。例如，“中国××总公司××分公司（甲方）与新加坡××控股公司（乙方）就建设××项目司一事于 2010 年 8 月 17～19 日在北京建国饭店举行洽谈，并取得圆满成功。会谈就以下几个问题达成了一致意见。”

3. 主体

按相互之间的逻辑关系分条列项，概括列出谈判的主要议题，在每一议题下写明谈判双方经谈判协商后取得的一致意见。

具体包括：

（1）双方取得一致意见的主要目标及其具体事项。

（2）双方的权利和义务。

（3）需要进一步磋商的问题。或者为了留有余地，写明“对未尽事宜，另行协商”字样，以便会后具体化或更趋完善。

作为契约性文书，商务（技术）谈判纪要写作时常使用“双方同意”“双方认为”“双方一致表示”“双方商定”等习惯性用语。

4. 落款

包括双方谈判代表签名、日期。

【文案范例】

商务与技术谈判会议纪要

时间：2011年11月28日13：00～13：40

地点：中国××总公司三楼会议室（中国北京）

主持人：××

参会人员：××

记录人：××

会议内容：

本次会议双方比较详细地讨论了乌干××综合社区（Comprehensive Community in Kampala，Uganda）项目技术措施，为项目设计任务书的编制提供了依据，就以下几个问题达成了一致意见。

1.（略）

2.（略）

3.（略）

4. 对未尽事宜，双方一致同意另行协商解决。

5. 本会议纪要一式四份，双方各执两份。

附件：乌干达××综合社区项目技术措施

甲方：　　　　　　　　　　　　　　　　　　乙方：

签署时间：　　年　　月　　日　　　　　　　签署时间：　　年　　月　　日

2.2.10　项目意向书

【基本概念】

1. 意向书的含义

意向书是当事人双方或多方之间，在对某项事物正式签订条约、达成协议之前，表达初步设想的意向性文书。意向书为进一步正式签订工程合同或协议奠定了基础，是“协议书”或“合同”的先导，多用于经济技术的合作领域。意向书也是国家、单位、企业以及经济实体与个人之间，对某项事务在正式签订条约、达成协议之前，由一方向另一方表明基本态度或提出初步设想的一种具有协商性的应用文书。在国际工程承包业务中，项目意向书是业主与承包商双方当事人就工程承发包经济、商务、技术活动的某个问题，通过初步洽商，就各自的意愿达成一致认识，表达合作意向的书面文件，是双方进行实质性谈判的依据，是签订协议、合同的前奏。

2. 意向书的作用

意向书的主要作用是传达“意向”，提请对方注意或供参考，可以约束双方的行动，保证双方的利益；意向书能反映业务工作上的关系，能保证业务朝着健康有利的方向发展；意向书可为正式签订协议或合同打下基础。

3. 意向书的特点

意向书具有如下特点：

（1）协商性。写意向书多用商量的语气，不带任何强制性。有时还用假设、询问的语气。

（2）灵活性。意向书的灵活性主要在两个方面：

一是可以随口改变自己的主张。意向书发出后，对方如有更好的意见，可以直接采纳，部分改变或全盘改变都是可能的。

二是在同一份意向书里可以提出多种方案供对方选择。或者对其中的某项某款同时提出几种意见或调查，让对方比较和选择。

（3）临时性。意向书是协商过程中各方基本观点的记录，一旦达成正式协议，便完成了意向书的使命。意向书不像协议、合同那样具有法律效力。

可见，在国际工程承包业务中，意向书只是表达将在未来签订合同的意向，没有法律的约束力，但特殊情况除外。

【内容与格式】

1. 意向书形式

（1）单签式：只由出具意向书的一方签署，但文件一式两份，由合作的另一方在副本上签字盖章，交付对方。

（2）联签式：由当事人双方签署的意向书。

（3）换文式：即以交换信件的形式表达合作的意向。

2. 意向书的格式、内容和结构

意向书主要内容包括标题、双方出席代表、时间、地点，以及协商经过，协商的主要事项，最后署名及具体日期等。无论采用哪种方式写作意向书，它的基本格式和内容与协议书大体相同，仍然是回答“为什么”“做什么”“怎么做”的问题。一般由标题、立约单位、正文、落款四部分组成。

（1）标题：标题一般由意向项目和文种组成。

（2）正文：

① 引言（开头）：写明订立意向书的依据或指导思想，以及双方当事人在何时何地由何人就何事进行洽谈，然后用“达成意向如下”引出主体。

② 主体：分条归纳双方的意愿。对实现意愿的条件、形式、可行性的看法以及意向目标和相应措施，进一步商谈的时间、内容、级别、任务等加以说明。如果是单签式，还应申述己方意图，征询对方的意见。

③ 结尾：写明意向书的份数和报送单位。

(3) 落款：落款写在正文右下方，写上签署意向书单位全称和代表姓名，并签名盖章。再在下方写明日期。

3. 意向书写作注意事项

(1) 注意态度要端正。不要以为意向书没有约束力就可随意签订，损害自己的形象。

(2) 注意慎重行事。撰写意向书时对关键性问题不宜贸然作出实质性承诺，以免被动。

(3) 注意原则性。意向书不要写有违政策法规的内容，也不要承诺属于上级部门和其他部门才能解决的问题。

【文案范例】

(略)

2.2.11 谅解备忘录

【基本概念】

谅解备忘录是国际协议一种通常的叫法。“谅解备忘录”的英文表达为“memorandum of understanding”，有时也可写成“memo of understanding”或简称“MOU”，直译为谅解备忘录。谅解备忘录是指“双方经过协商、谈判达成共识后，用文本的方式记录下来”。“谅解”旨在表明“协议双方要互相体谅，妥善处理彼此的分歧和争议”。日常生活中，memorandum (memo) 常用来形容“为防遗忘而写的便条”，如 memopad (记事本)。此外，与其搭配的词组有 engagement memorandum (业务备忘录)，audit memorandum (查账备忘录) 等。

【内容与格式】

谅解备忘录的内容，一般包括：

(1) 合作机会。

(2) 保密。

(3) 协议语言。

(4) 协议期限。

(5) 不可变更。

(6) 终止。

(7) 法律适用。

(8) 其他细节。

【文案范例】

谅 解 备 忘 录

(甲方名称) 与 (乙方名称) 签订于2011年×月××日在北京签署本谅解备忘录。

(甲方名称) 是根据中国法律成立并存续的中国企业法人 (甲方组织形式)，法定地址位于（甲方法定地址）（以下简称“甲方”）；

（乙方名称）是根据（乙方所在国）法律成立并存续的（乙方组织形式），法定地址位于（乙方法定地址）（以下简称“乙方”）。甲方和乙方以下单独称为“一方”，合称为“双方”。

前言

(A)［甲方情况简介］

(B)［乙方情况简介］

(C)［双方拟从事的交易与实施的项目情况简介］

(D) 双方同意，在本项目实施前，双方需各自取得公司及所在国政府有关部门所有必要的批准文件后，双方签订具有约束力的合同（称“项目合同”）。项目合同的具体条款，待双方协商达成一致。

(E) 双方希望通过本备忘录记录本项目目前的状况；本项目具体内容，经过随后进行的技术、商务谈判由双方签署的项目合同最终确定。

因此，双方特此协议如下：

1. 双方已达成初步谅解的事项

〔列举双方已经达成初步谅解的事项〕

2. 双方拟进一步磋商的事项

〔列举双方拟进一步磋商的事项〕

3. 双方在签署本备忘录之后应采取的行动

（双方应本着诚实信用的原则，在本备忘录签署后×天内就项目合同条款开始进行谈判，以在〔日期〕当日或之前完成本项目技术与商务的谈判工作，并签署项目合同。

说明双方需采取的其他行动）

4. 保密资料

本备忘录签署前以及在本备忘录有效期内，一方（“披露方”）曾经或可能不时向对方（“受方”）披露该方的商业、技术、科学或其他资料，这些资料在披露当时被指定为保密资料（或类似标注），或者在保密的情况下披露，或者经双方的合理商业判断为保密资料（“保密资料”）。在本备忘录有效期内以及随后（ ）年内，受方必须：

(a) 对保密资料进行保密；

(b) 不为除本备忘录明确规定的目的之外的其他目的使用保密资料；

(c) 除为履行其职责而确有必要使用本保密资料的该方雇员（或其关联机构、该方律师、会计师或其他顾问的雇员）外，不向其他任何人披露，且上述人员须签署书面保密协议，其中保密义务的严格程度不得低于本规定。

上述条款对以下资料不适用：

(a) 受方有在披露方向其披露前存在的书面记录证明其已经掌握。

(b) 并非由于受方违反本备忘录而已经或者在将来进入公共领域。

(c) 受方从对该信息无保密义务的第三方获得。

本备忘录期满或终止后，（或经披露方随时提出要求）受方应向对方归还（或经对方要求销毁）包含对方保密资料的所有材料（包括其复制件），并且在对方提出此项要求后×日内向对方书面保证已经归还或销毁上述材料。

5. 独家谈判

在〔日期〕之前，任何一方不得直接或间接与第三方就本备忘录标的事项进行任何磋商、谈判，达成谅解或任何形式的协商或作出安排。

6. 本备忘录内容保密

除非按照法律规定有合理必要，未经另一方事先书面同意，任何一方不得就本备忘录发表任何公开声明或进行任何披露。

7. 知识产权

双方确认乙方并未因本备忘录从另一方获得该方任何知识产权（包括但不限于著作权、商标、商业秘密、专有技术等）或针对该知识产权的权利。

8. 本备忘录的修改

对备忘录进行修改，须双方共同书面同意方可进行。

9. 本备忘录具有/不具有约束力的条款

双方确认，除第（　）条、第 4 条至第 13 条（包括第 4 条及第 13 条）对双方具有约束力之外，本备忘录不是具有约束力或可强制履行的协议或项目合同，也不在双方之间设定实施任何行为的义务，无论该行为是否在本备忘录中明确规定应实施还是拟实施。

10. 本备忘录的转让

未经对方事先书面同意，任何一方不得转让本备忘录。

11. 各方承担各自费用

除非本备忘录另有明确约定，任何一方均不负担其从事本备忘录规定的活动所发生的费用。

12. 不承担间接损失

任何一方对与本备忘录有关的任何间接或附带损失或损害、商誉的损失或者损害或者收入或利润的损失不承担责任。

13. 本备忘录的生效和终止

本备忘录经双方签字生效，至下列日期终止（以最早者为准）：

(a) 双方用项目合同或本备忘录标的事项的进一步的协议取代本备忘录；(b) 任何一方无须提供任何理由，提前一个月书面通知另一方终止本备忘录；(c) 本备忘录签署 60 天后。第 4、5、9、10、11、12、13 条在本备忘录终止后继续有效。

14. 适用法律和仲裁

本备忘录适用××国家法律。

双方之间由于本备忘录产生的任何争议应在××天内通过友好协商解决；如果未能解决，任何一方可以将争议提交（仲裁机构名称），按照（仲裁规则）以（语言）进行仲裁。

双方正式授权代表已于文首所载日期签署本备忘录，以兹证明。

（甲方名称）　　　　　　　　　代表人

（乙方名称）　　　　　　　　　代表人

2.3 常 用 表 式

2.3.1 调查研究用表

1. 市场调查计划表（表 2-2）

市场调查计划表　　　　**表 2-2**

计划程序	计划内容				
1. 调查时间					
2. 调查目的					
3. 调查范围					
4. 市场目标	项目所在国家				
	重点区域				
	工程项目类别				
	项目名称				
	其他				
5. 调查内容					
6. 调查人员	姓名	性别	性别	职务	调查工作职责与任务
7. 行程安排	起始时间	地点	调查工作的目标	调查方法	

中国××总公司×分公司审核：　　　　编制人：　　年　　月　　日

2. 建筑材料、人工费、机械费询价用表（表 2-3～表 2-5）

主要建筑材料价格询价表　　　　**表 2-3**

序号 Sl	材料名称 name	计量单位 Unit	单价（美元）USD/unit	折合人民币（汇率 6.3 计取）（元）	中国国内单价（元）	备注
1	圆钢 Round bar steel					
2	木材 Wooden					

续表

序号 Sl	材料名称 name	计量 单位 Unit	单价 （美元） USD/unit	折合人民币 （汇率 6.3 计取） （元）	中国国内单价 （元）	备注
3	水泥 Cement					
4	红砖 Red brick					
5	白灰 Lime					
6	砂子 Sand					
7	砾石 Gravel					
8	油漆 Paint					
9	油毡（或防水卷材） Felt（or water proof material）					
10	沥青 Asphalt					
11	玻璃 Glass					
12	轻钢龙骨 light steel joist					
13	铝合金龙骨 Aluminium alloy joist					
14	外墙面砖 Surface brick out wall					
	室内面砖 surface brick inner room					
15	陶瓷锦砖 Ceramic mosaic tile （地面砖 floor brick）					
16	大理石板 marble slab					
17	花岗岩 Granite					
18	脚手杆 Barling					
19	脚手板 Foot plank					
20	聚氯乙烯保温板 PVC insulation board					
21	防水剂或三元乙丙 Water proofing agent					
22	玻璃门 Glazed door					
	铝合金门 Aluminium alloy door					
23	铝合金窗 Aluminum alloy window					
	塑钢窗 Plastic steel window					

续表

序号 Sl	材料名称 name	计量单位 Unit	单价（美元）USD/unit	折合人民币（汇率 6.3 计取）（元）	中国国内单价（元）	备注
24	钢模板 Sheet steel form					
25	空心砖 Air brick					

人工日单价询价表　　**表 2-4**

序号 Sl	名称 name	单位 unit	单价（美元）USD/unit	折合人民币（按 6 计）（元）	中国国内单价（元）	备注
1	木工 carpenter	工日 working day				
2	砌筑工 lining worker	工日 working day				
3	混凝土工 concrete worker	工日 working day				
4	力工 unskilled worker	工日 working day				
5	电工 electric worker	工日 working day				
6	设备安装工 machine installation worker	工日 working day				
7	工程师 engineer	工日 working day				
8	推土机司机 driver for bulldozer	工日 working day				
9	重型机械操作手 operator for heavy machine	工日 working day				
10	其他 others	工日 working day				

机械台班询价表　　**表 2-5**

序号 Sl	名称 name	单位 unit	单价（元）USD/unit	折合人民币（按 6 计）（元）	中国国内单价（元）	备注
1	推土机 Bulldozer	台班 shift				
2	装载机 Loader	台班 shift				
3	载重汽车 lorry	台班 shift				
4	自卸车 Dumper	台班 shift				
5	汽车吊 Truck crane	台班 shift				

续表

序号 Sl	名称 name	单位 unit	单价（元）USD/unit	折合人民币（按6计）（元）	中国国内单价（元）	备注
6	混凝土泵车 Concrete pump truck	台班 shift				
7	混凝土搅拌机 Concrete mixer	台班 shift				
8	砂浆搅拌机 mortar mixer	台班 shift				
9	振捣器 Vibrorammer	台班 shift				
10	钢筋调直、切断、弯曲（机）steel bar straightening，cutter，bend（machine）	台班 shift				
11	塔吊 Tower crane	台班 Shift				
12	电焊机 Electric welder	台班 shift				
13	石料切割机 stone cutter	台班 shift				
14	卷扬机 Winch	台班 shift				

注：表2-2～表2-4可根据工程实际确定询价的内容，中国国内单价是为了便于分析研究列入的。

3. 国际工程项目开发风险分析表（表2-6）

国际工程项目开发风险分析表　　表2-6

项目名称：　　所在国：　　建设地址：

特　点	风险分析
工程项目环境敏感性	
项目周期的长期性	
经济社会的相关性	
市场的不充分性	
项目所在国家和地区有关政策、方针的相连性（含项目开发优惠政策的连续性）	
国际环境相关性	
其他	
分析结论与建议	

编制人：　　年　月　日

2.3.2 项目费用估算用表

1. 项目费用估算汇总表（表2-7）

项目费用估算汇总表 表2-7

项目名称： 建设地址：

序号	项目	投资额（万美元）	占总投资额的比重（%）	备注
1	前期工程费用			
2	项目区域内基础设施及公用建筑配套费用			
3	建筑安装工程费			
4	其他费用			
5	应缴税费			
6	所得税及成本			
	合计			

分公司负责人： 审核： 编制人： 年 月 日

2. 前期工程费用估算表（表2-8）

前期工程费用估算表 表2-8

项目名称： 建设地址：

序号	项目	单价（美元）	工程量	总额（万美元）	备注
一	征地拆迁费				
1					
2					
3					
4					
二	土地使用费				
1					
2					
三	勘测设计费				
1	测绘费				
2	土地、规划设计费				
3	勘察费				
4	模型制作费				
四	三通一平费				

续表

序号	项目	单价（美元）	工程量	总额（万美元）	备注
1	临时供水、电费				
2	场地平整费				
3	临时道路工程费				
五	项目可行性研究费				
1	国际市场开发调研				
2	前期准备				
3					
六	其他				
	合计				

公司负责人：　　　审核：　　　　　　编制人：　　年　　月　　日

3. 项目区域内基础设施及公用建筑配套费用估算表（表 2-9）

项目区域内基础设施及公用建筑配套费用估算表　　　　**表 2-9**

项目名称：　　　　　　　建设地址：

序号	项　目	单价（美元）	工程量	总额（万美元）	备　注
1	道路工程				
2	排水工程				
3	供水工程				
4	供热工程				
5	供水、供热（空调）站工程费				
6	供电工程费				
7	变配电所工程费				
8	燃气站工程费				
9	污水处理站工程费				
10	通信及宽带网工程费				
11	绿化、园林景点工程费				
12	其他				
13					
	合计				

公司负责人：　　　审核：　　　　　　编制人：　　年　　月　　日

4. 建筑安装工程费用估算表（表2-10）

建筑安装工程费用估算表　　表2-10

项目名称：　　建设地址

序号	项目名称	单价（美元）	工程量	总额（万美元）	备注
1	住宅				
2	办公与商业楼				
3	别墅				
4	公寓				
5	会所				
6	物业管理用房				
7	综合服务建筑				
8	其他				
	合计				

公司负责人：　　审核：　　编制人：　　年　　月　　日

注：如工程项目为单体工程，表中项目名称也可以按照分项工程、土建工程、暖通空调工程、电气工程分别填写。

5. 其他费用与应缴税费估算表（表2-11）

其他费用与应缴税费估算表　　表2-11

项目名称：　　建设地址：

序号	项目	单价（美元）	数量	总额（万美元）	备注
一	其他费用				
1					
2	企业管理费				
3	不可预见费				
4	其他				
	合计				
二	应缴税费				
1	营业税				
2					
3					
4					
5					
	合计				

公司负责人：　　审核：　　编制人：　　年　　月　　日

注：其他费用与应缴税费的标准，按项目所在国、地区政府有关部门的规定预测算填写。

6. 所得税及其他交易成本估算表（表 2-12）

所得税及其他交易成本估算表　　表 2-12

项目名称：　　建设地址：

序号	项目	单价（美元）	基数	总额（万美元）	备注
1	所得税				
2	印花税				
3	交易费				
4	契税				
5					
6					
7	其他				
	合计				

公司负责人：　　审核：　　编制人：　　年　　月　　日

注：表中各税种、标准，按项目所在国、地区政府有关部门的规定预测算填写。

2.3.3 项目建设进度安排表（表 2-13）

项目建设进度安排表　　表 2-13

项目名称：　　建设地址：

项目		开工日期	竣工日期	投资额（万美元）	备注
前期工程	征地				
	勘测、设计、三通一平等				
基础设施及公用建筑配套工程	供水、排水管道、泵站				
	供电线路、变电站				
	煤气工程、道路工程				
	污水处理、通信工程				
	绿化、园林景点				
建筑工程或主要附属建筑工程	住宅、办公或商业				
	会所				
	公寓				
其他综合服务配套项目工程	银行、康乐设施、邮局等				

公司负责人：　　审核：　　编制人：　　年　　月　　日

2.3.4　申办项目协调意见函与项目核准用表

根据中国对外承包工程商会发布的《对外承包工程项目投（议）标协调办法实施细则》规定，我国国际承包商对外承包工程项目合同金额在 500 万美元以上（含 500 万美元）的或亚洲开发银行出资的工程项目，均需要进行投（议）标协调。中国对外承包工程商会出具项目协调意见函的操作流程如图 2-1 所示。

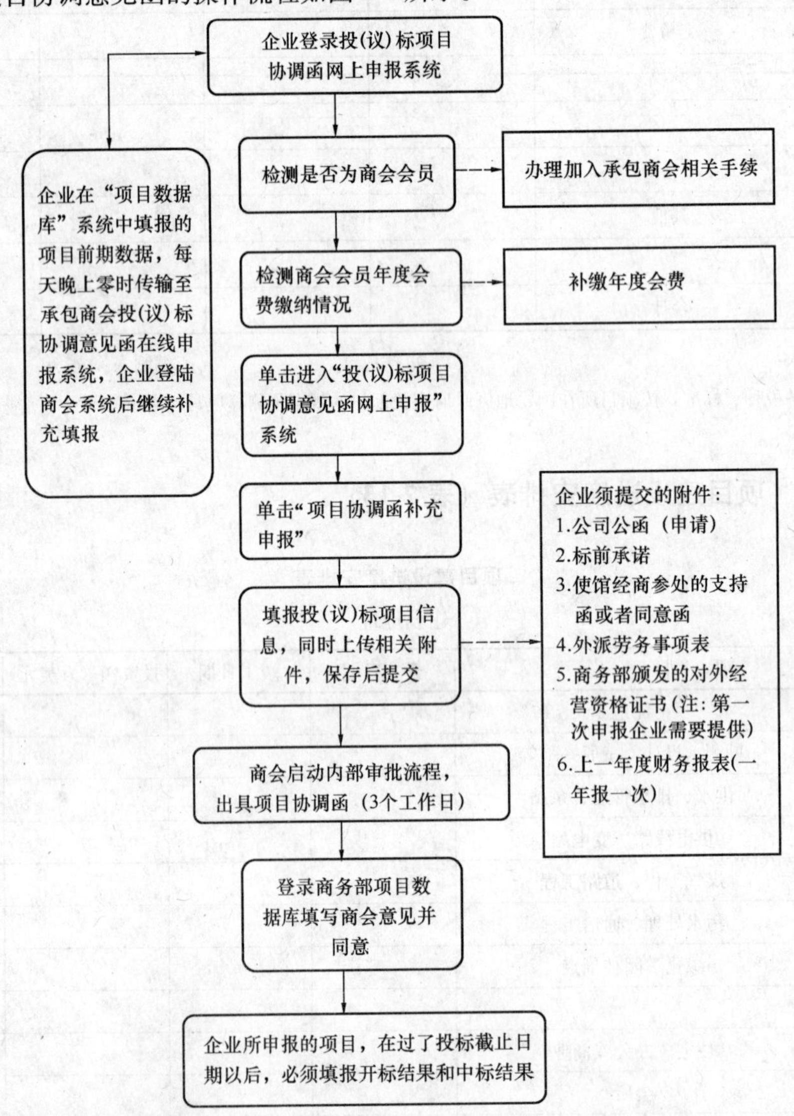

图 2-1　承包商会出具项目协调意见函的操作流程图

与此同时，我国国家商务部还规定：在我国依法取得对外承包工程资格的企业或其他单位以投标或议标方式承包合同报价金额不低于 500 万美元的境外建设工程项目（包括咨询、勘察、设计、监理、招标、造价、采购、施工、安装、调试、运营、管理等活动），应当在对外投标或议标前按规定办理对外承包工程项目投标（议标）核准。国家商务部负责对外承包工程项目的核准工作，并建立了对外承包工程项目数据库系统，管理对外承包工程项目的核准。对外承包工程的单位或称国际承包商通过对外承包工程项目数据库系统申请对外承包工程项目核准。

我国国际工程承包商在办理上述对外承包工程项目投标或议标前办理协调意见函与对外承包工程项目投标（议标）核准时，需填报相关表格和出具标前承诺函。详见表 2-14～表 2-17 及附件。

对外承包工程项目投（议）标申请登记表 **表 2-14**

（项目情况部分） 编号：

1. 投标企业名（章）		2. 项目所在国（地区）	
3. 项目名称及地点	中文： 外文：		
4. 标书合同名称（英文）			
5. 合同号			
6. 业主名称	中文： 外文：		
7. 项目内容（规模）			
8. 项目预计合同额（单位：万美元）		9. 资金来源	
10. 承包方式			
11. 资审合格公布日		12. 投标截止日	
13. 通过资审（或购买标书）中国公司名单			
14. 通过资审（或购买标书）外国公司名单			
15. 近三年在该国承揽项目名称、合同额、开（交）工日期			
16. 合作对象名称		17. 合作方状况	
18. 施工机具能力			
19. 施工队伍能力			
20. 同类项目业绩			
21. 企业对该项目前期工作情况的说明			
22. 企业驻项目所在国（地区）办事联络机构情况			

续表

23. 驻外使（领）馆经商参处（室）意见	

（企业情况部分）　　　　编号：

24. 企业近五年对外承包工程业绩和专业实力：					
25. 企业财务状况：					
26. 联系人		电话		传真	
27. 领导签发			（企业印章）		
28. 填表日期	年　月　日				
29. 备注：					

以上由企业填写，可扩表或加页。　　　　中国对外承包工程商会印制

项目开标结果报送表　　　　**表 2-15**

1. 投标企业名称（章）		2. 项目所在国	
3. 项目名称及地点	中文： 英文：		
4. 项目内容（规模）			
5. 承包方式			
6. 商会协调函号		7. 开标日期	

8. 开标结果

（按开标顺序报送前 4 家企业，如有中国企业参加，列出全部中国企业开标结果）

投标企业名称	投标金额

以上由企业填写，可扩表或加页。　　　　中国对外承包工程商会印制

对外承包工程项下外派劳务事项表 表 2-16

项目名称			
工期			
预计施工总人数			
项目总包商			
联系人			
联系方式			
项目分包商			
联系人			
联系方式			
人员安排计划	管理人员	人数	
		构成	
		来源	
	工人	人数	
		来源明细	
经商处意见			
备注			

填表单位：________ 填表单位盖章：

填表时间： 年 月 日

对外承包工程项目投（议）标许可证遗失、延期、更改审核表 表 2-17

批准编号：

企业名称	中文				
	英文				
项目名称	中文				
	英文				
业主名称	中文				
	英文				
项目所在国别、地区			预计合同金额		万美元
项目行业类别			原证批准编号		2006 年外经贸合许字第 号
原证有效截止日期					
更改项目内容	*项目*	更改前		更改后	
	第 项				
	第 项				
	第 项				
	第 项				
审核意见			有效期限		
经办		初核		签发	

发证： 核证： 发证日期：

附件：

关于参加________投标的标前承诺

根据中国驻____使馆经商参处对中资公司参与____工程竞标的批复意见，经中国对外承包工程商会沟通协商，____保证遵守如下标前承诺：

一、独立或以联营体的名义对外投标；不得投低于成本价的标。

二、开标后，如第一标为中资公司，参与竞标的其他中资公司不得标后降价。

在第一标被废标或主动退出时，如第二标也为中资公司，排名第二标之后的中资公司不得降价。

在第一标被废标或主动退出时，如其他中资公司位列第三标（含第三标）之后，则名次最前的中资公司可视情况进行策略降价，但最终报价不得低于成本价，其余中资公司不得降价。

三、开标后，如第一标不是中资公司，则开标名次最前的中资公司可视情况进行策略降价，但最终报价不得低于成本价，其他中资公司一律不得降价。

四、开标后，尊重业主的评标结果，不得诋毁其他投标方。

五、如中标，必须严格履行合同规定的责任和义务，坚决维护中国公司的形象。

六、实施项目时，须加强工程项下外派劳务的培训和管理工作，保障劳务人员合理的工资收入、劳保待遇和其他合法权益。

如有违反上述承诺的行为，中国对外承包工程商会将按照《中国对外承包工程和劳务合作行业规范（试行)》中的有关规定给予违纪处罚。

承诺方（签字并盖章）：

年　　月　　日

第3章 前期工程准备

3.1 概 述

项目前期准备阶段是国际工程项目战役性决策阶段，其主要工作任务是业主根据可行性研究报告或项目策划书开展项目的前期准备工作，组建业主项目管理团队或委托咨询工程师（或工程咨询机构），对项目的需求或简单的描述进行谋划或拟定初步方案。咨询工程师（或工程咨询机构）会同建筑师将业主的需求转化成更加详细的书面描述或将业主关于拟建项目的功能、需求具体化，由建筑师会同专业设计师编制项目的概念设计（在我国称为初步设计），进而指导项目的基础设计和技术设计（相当于国内的扩大初步设计）、详细设计（相当于我国的施工图设计）。与此同时，业主要选配或组织项目管理团队或委托的咨询工程师进行项目的招标投标工作，通过评标、决标，发出授标通知书或授标意向书，邀请合格的国际工程承包商进行合同谈判或签订工程承包合同。

如果业主采取EPC模式，一般从概念设计开始或承包商提交的技术建议书（技术报价）、商务建议书（商务报价），经业主批准后，双方签订工程承包合同，由承包商组织实施基础设计和技术设计、详细设计。

在国际工程承包业务中，国际工程承包合同的签订，则标志着工程项目进入了实质性的准备和实施阶段。对于承包商而言，工程前期的准备阶段也称施工准备阶段，该阶段的工作极为关键，直接关系到项目建设的成败。施工准备阶段的主要工作任务是建立项目的组织机构，创造生产要素集聚的条件，创造开展施工生产活动的条件，创造有序地进行施工管理的条件。主要工作是：建立项目的组织机构、编制施工计划等有关文件、组建现场施工管理班子等。承担EPC总承包项目则开始进行工程设计工作，准备施工分包与材料设备采购招标等。在此阶段，承包商要根据工程合同的内容和规定，组织对派遣人员进行培训，做好人员以及设备机具进场等准备工作。

3.2 常 用 文 案

3.2.1 项目计划书

【基本概念】

根据我国政府的规定：凡是由国务院审批的大中型基本建设项目、限额以上更新改造项目、3000万美元以上的利用外资项目；外商投资的宾馆、饭店项目；需国家补助投资或使用国家统借外汇的项目；国家规定的限制类外商投资的项目；以及由项目所在地政府主管部门审批的总投资1000万元以上的内资项目、总投资500万美元以上的生产性利用外资项目、300 万美元以上的非生产性利用外资项目，必须编写《项目计划书》，按审批权限和申报渠道予以呈报。因此，《项目计划书》是我国政府规定的建设项目申报的主要文件。

项目计划书也称为商业计划书，是企业或项目建设单位为了达到招商、融资和其他发展目标，在经过前期对项目科学地调研、分析、搜集与整理有关资料的基础上，根据具体要求而编辑整理的一个向投资者全面展示企业、项目目前状况、未来发展潜力的书面材料。它是以书面的形式全面描述企业所从事的业务，详尽地介绍产品服务、生产工艺、市场和客户、营销策略、人力资源、组织架构、对基础设施和供给及投融资需求，以及资源、资金的利用的文案。

对于承担国际工程承包的我国承包商而言，有时为了投融资的需要，也需要编制《项目计划书》，向有关部门进行申报。为此，本节对《项目计划书》的内容与格式，作一简略的介绍。

【内容格式】

《项目计划书》的内容与格式，如下：

1. 项目概况

（1）项目名称

（2）项目的承办单位

（3）项目报告撰写单位

（4）项目主管部门

（5）项目建设内容、规模、目标

（6）项目建设地点

（7）主要技术经济指标

2. 项目背景

项目背景主要说明经济、政策、技术、可行性、模式和组织、人力资源的可行性。

（1）项目建设背景

（2）项目建设必要性

（3）项目建设可行性

3. 项目分析及预测

说明项目市场规模调查，项目市场竞争调查，项目市场前景的预测，产品方案和建设规模以及产品销售收入的预测。

4. 建设条件与选择

说明资源和原材料情况 以及厂址的选择。

5. 技术方案

说明项目的组成、技术方案、总平面布置和运输，土建工程及其他工程。

6. 环保与劳动安全

7. 企业组织和劳动定员

8. 项目实施进度安排

9. 项目财务测算

说明项目总投资估算、资金筹措、投资使用计划、项目财务测算。

10. 财务经济和社会效益

说明生产成本和销售收入估算、财务评价、国民经济评价、不确定性分析以及社会效益和社会影响分析。

11. 结论与建议

12. 附件

13. 附图

【文案范例】

（略）

3.2.2 项目费用估算

【基本概念】

1. 定义

费用估算是承包商对建设项目诸活动需要资源价值的定量估算，项目费用估算适用于工业项目和总承包项目。在国际工程承包业务中，许多业主都是以成套设备购置为条件，向多家承包商询价，此时以设备交易为基本条件的报价，一般都是项目费用估算。

估算的准确程度取决于相关数据信息源，即相似项目、同类设备的费用，或项目所在国国家或行业公布的费用估算相关信息以及总承包企业的数据（参照）库等。国际上工程造价方面的专家认为，做工程投资估算或投标报价，80%以上依赖于已执行过的工程资料的积累。本章节主要介绍工业项目 EPC 总承包中的项目估算书的编制内容与格式。

2. 类型

工业项目不同阶段的估算类型、偏差、编制依据、编制方法以及性质与作用，详见表 3-1。

费用估算一般有数量级估算、概念性（研究性或评价性）估算、确切（定）性估算和最终估算等。费用估算的类别详见图 3-1。

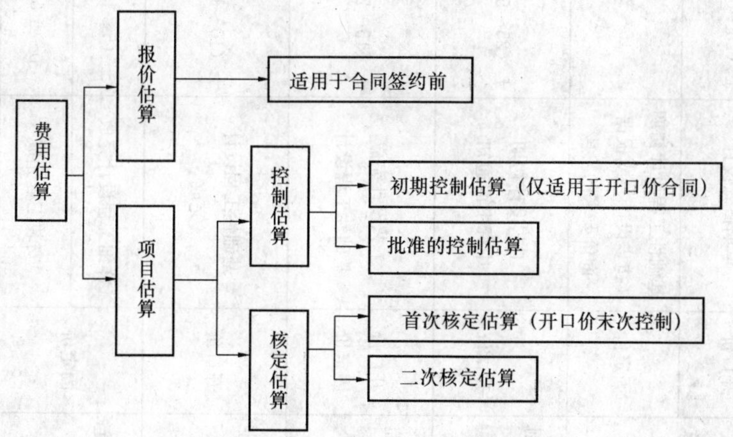

图 3-1 费用估算的类型及适用的条件

（1）报价估算

报价估算是根据业主工程项目的询价要求，在确定的服务范围和深度条件下估算项目

工业项目不同阶段的估算类型一览表

表 3-1

序号	估算类型	合同形式	适用阶段	可能偏差（%）	平均风险率（%）	编制依据	编制方法	性质（作用）
1	报价估算（PE）	开口价	早期概念设计	±（25～50）	30	参照信息库资料（经验参数）工艺设计初期资料	分析估算法或设备估算法	商务报价的基础
		固定价	基础性工程设计初期（初步设计）或根据询价要求的阶段	±（15～25）	20	设备一览表、工艺流程图；工程有关说明、经验数据	设备估算法或根据条件深度确定	商务报价的基础
2	初期控制估算（ICE）	开口价	工艺设计初期中标书面通知	±（25～50）	30	参照信息库资料（经验参数）工艺设计初期资料	分析估算法	第一次控制估算
3	批准的控制估算（IAC）	开口价 固定价	工艺设计完成 基础性工程设计	±（15～25）	20	设备一览表、工艺流程图；工程有关说明、经验数据	设备估算法	开口价是第二次控制估算 固定价是惟一的控制估算
4	首次核定估算（FCE）	开口价	基础性工程设计完成	±（10～15）	13	设备和部分散装材料订单及全部材料一览表，建（构）筑物图纸等	设备详细估算法	开口价是最终的控制估算，固定价是核定批准的估算加变更
5	二次核定估算（PCE）	固定价	详细工程设计完成	±（5～10）	8	设备、散装材料均已订货，实际费用、预算定额和财务资料	详细估算法（工程量清单计价）	工程施工结算的基础预测竣工的最终费用
			安装工程完成	0～±5	4			
6	末次估算（竣工决算）		工程结束，试运行后竣工验收	②	②	工程结算汇总表、试运行费及其他有关竣工费用	竣工决算	编制《竣工报告》的基础

报价费用的文件。其目的在于确定合理的、能让业主接受的项目报价金额，力争在项目投标竞争中取胜并获得预期的利润。因此，报价估算的编制不仅与项目的预计费用有关，而且与总承包商的经营方针以及具体项目的投标策略有关。

编制开口价合同项目的报价估算，通常用分析估算法。编制固定价合同项目的报价估算通常采用设备估算法或设备详细估算法。

（2）项目估算

项目估算包括控制估算和核定估算。当项目合同生效后，即应着手编制项目控制估算。它是项目实施过程中为了控制项目建设费用而编制的，是项目实施相应各阶段费用控制的基准。开口价合同项目先后要编制三次控制估算，即初期控制估算（ICE）、批准的控制估算（IAC）和首次核定估算（FCE）。固定合同项目仅编制一次控制估算，即批准的控制估算。

核定估算是以目前已结算的实际费用、已达成协议的费用、已核定的定价款申请书中的费用以及按订单预计今后要发生的费用为依据而编制的费用估算。其中首次核定估算对开口价合同项目最后一次控制估算；对固定价合同则是为了核定批准的控制估算和随后发生的变更。二次核定估算对于开口价合同项目和固定价合同项目均不属于项目控制估算，主要用来较为准确地分析和预测项目竣工时的最终费用，并可作为工程施工结算的基础。

3. 项目费用估算书的编制

编制项目费用估算书应根据业主的要求、合同类型的不同和项目进展阶段的不同，采用相适应的估算方法，以使估算达到不同要求的准确度。

（1）开口价合同项目，随着项目进展阶段的不同按以下顺序编制：

① 报价估算；

② 初期控制估算；

③ 批准的控制估算；

④ 首次核定估算；

⑤ 二次核定估算。

（2）固定价合同项目，随着项目进展阶段的不同按以下顺序编制：

① 报价估算；

② 批准的控制估算；

③ 首次核定估算；

④ 二次核定估算。

固定价合同项目的报价估算书编制工作较细，深度也较深，实际上已达到工业项目控制工艺设计甚至基础性工程设计（相当于民用项目的扩初设计）阶段费用的深度，因此不需编制初期控制估算。

【内容格式】

项目费用估算书一般为表格式，内容与格式见本章第 3.3.9 节。

【文案范例】

（略）

3.2.2.1　报价估算

【基本概念】

1. 定义

报价估算是承包商报价工作的一个重要部分，在国际工程承包业务中，承包商必须通过对项目的报价即投标竞争才有可能获得项目。

报价估算是承包商根据业主或招标人对工程项目（或成套项目）的询价要求或招标文件，在确定的服务范围和一定深度的条件下估算项目报价费用的文件。其目的在于确定较合理的能让业主（或发包方、询价方）接受的项目报价金额，力争在项目投标竞争中取胜并获得预期的利润。此估算是确定投标项目商务报价的基础。

由于报价工作的政策性、时间性和保密性要求很高，涉及承包商内部的许多部门，是一项综合性的群体活动（设计、采购、估算、管理、法律、税务、财务、保险）。所以，有的承包商成立了专门的报价部。有的由销售（或经营或商务）部门负责，任命报价经理，组织或调动有关部门的人员组成报价管理系统开展报价活动。也有的为了使项目中标后有利于项目实施，委派项目经理任报价经理。不管采用何种组织结构，报价工作都要在报价部门或报价小组的统一领导下，负责制定报价策略，负责报价数据的积累、分析、报价方法的开发，报价文件的编制、修改、出版、发送以及报价活动的管理。

2. 报价工作的程序

项目报价工作的程序，主要分为四个阶段：

（1）寻找投标机会，确定投标意向。

（2）编制报价书。

（3）报价文件的审核。

（4）销售（或经营或商务）部门向业主报出报价文件。

3. 报价文件的组成及其编制的组织

报价文件的内容组成，一般分为两种：一是提交给业主或招标机构的报价文件，包括：商务信、技术建议书（技术报价）、项目实施建议书、商务建议书（商务报价）、资格审核资料；招标文件或招标者特别要求的资料。二是承包商企业内部需要编制的文件，主要有：报价计划，报价估算汇总表，建议的项目进度计划，保证或保证原则，风险分析。其中：

技术建议书（技术报价）的编制工作由承包商报价经理负责组织领导并按照报价计划对报价工作的进度、工时消耗和费用预算进行监督和控制。有关部分按照报价计划中的分工，由各职能部门派出人员分别完成。技术建议书初稿由报价小组技术负责人编制，报价经理汇总交技术部门评审，再交报价小组技术负责人组织修改。审查保证条件和指标。报价涉及采用第三方技术时，设备与工艺部门应协助报价经理负责与专利所有者的联络工作。

商务建议书（商务报价）的编制工作由承包商经营（或商务、销售）部负责，但报价经理要协助确定专有技术费、许可证费、公司管理费不可预见费、公司利润等。初稿完成后应征求报价经理、法律、财务、税务、保险等专业部门的意见，并组织修改。在报价经理的主持下，有关部门负责人参加，对报价估算进行一次全面的审核。商务报价属承包商企业的机密，应单独复制、存档。

项目实施建议书的编制工作，由报价经理负责组织有关职能部门派出人员编制。要提出对拟承包项目的组织、计划、方法及拟采取的措施，提供业主评价承包商承包该项目的能力。报价经理负责组织有关职能部门或专家审查、报批后报送业主或招标人。

4. 报价估算书的编制方法

（1）编制

1）报价估算是承包商根据业主或招标人对工程项目的询价要求，在确定的服务范围和深度的条件下，估算项目报价费用的文件。其目的在于确定合理的、能让业主接受的项目报价金额，力争在项目投标竞争中取胜并获得预期的利润。因此，报价估算的编制不仅与项目的预计费用有关，而且与承包商的经营方针以及项目的经营政策的投资策略有关。

2）编制开口价合同项目的报价估算，通常采用分析估算法或设备估算法，而固定价合同项目的报价估算，至少要采用设备估算法。

3）普遍采用成本＋风险＋利润的基本估算原则进行编制。

4）由承包商报价部门的估算专业人员（或项目部估算人员）负责组织，在各职能部室专业人员的协助下完成。

5）工作程序

工作程序分为以下八个步骤：

① 确定报价估算的类型；

② 报价经理组织有关专业人员提出人工费用估算，设备、材料数量估算交估算专业人员；

③ 采购部门提供设备、材料价格最新信息；

④ 经营或商务部提出价格原则，承包商公司价格委员会批准价格原则；

⑤ 报价经理组织风险分析并由估算专业人员提出不可预见费用具体意见；

⑥ 由经营或商务部提出管理费和利润；

⑦ 估算人员汇总报价估算；

⑧ 报价经理报送经营或商务部门审核。

6）项目一旦中标后，报价文件的主要内容即成为合同及其附件的基本内容，有些还成为工业项目工艺、工程设计及项目实施的依据，因此报价阶段的工作是很重要的。

（2）费用组成

1）直接材料费

设备费、散装材料费、相关费用，如发生分包，应单独列出分包合同费用。

2）施工费用

施工人工时和非施工人工时费用，施工管理人工时费用和管理非人工时费用。

3）承包商公司本部费

设计人工时费用（含工资和非工资费用），项目管理人工时费用和非管理人工时费用。

4）其他费用

5）不可预见费

① 基本不可预见费。

② 最大风险不可预见费（不含异常风险）。

③ 由费用估算人员提出，经有关部门审查批准。

6）承包商公司管理费

在报价阶段，通常取基本费用的百分数来计取。

7）承包商公司利润

由销售部门提出并经公司分管销售的副经理批准。

（注：6）、7）两项费用通常不单独列出，而是摊在本部费用中的人工时费率中）

（3）开口价合同项目的报价估算

费用控制中的成本部分主要是向用户实报实销的，承包商的风险相对较小，因而对报价估算的准确度要求也低，采用分析估算法和设备估算法编制。

（4）固定价合同项目的报价估算

合同价款为固定价，承包商的风险较大，对报价估算的准确度要求也较高，至少要采用设备估算法进行编制，特别是重要设备和分包项目，要经过预询价，取得制造厂和分包商初步报价价格后，才能确定报价估算中相应的价格。

（5）不可预见费

有关不可预见费的测算见本章第 3.2.2.6 节的内容。

【内容格式】

本节主要介绍技术建议书（技术报价）、商务建议书（商务报价）的内容与格式。并简要介绍项目实施建议书的内容与格式。

1. 技术建议书（技术报价）

技术建议书（技术报价）的格式由封面、目录、编制说明、正文、附件构成，其正文部分的主要内容为：

1）工厂或装置、设备的组成（工艺生产单元，公用工程及辅助生产单元，其他）。

2）设计基础（设计能力，原料和产品规格，现场条件，标准规范，设计原则）。

3）工艺性能（专利公司介绍，工艺说明，自动化，产品和副产品规格，消耗指标，定员，三废）。

4）卖方（承包商）供货范围（供货清单，备品备件清单，设备一览表）。

5）买方（业主）供货范围（供货清单）。

6）主要设备、材料规格（主要设备、材料规格，推荐的制造厂、商名单）。

7）技术资料（设计分工、批准和联络，技术资料交付，技术资料清单）。

8）保证（性能保证的基础条件，保证性能，分析方法）。

9）附图表（总平面布置图，流程图，物料平衡表）。

10）其他（可根据业主或招标人的询价文件等的要求编写）。

2. 商务建议书（商务报价）

商务建议书（商务报价）的格式由封面、目录、编制说明、正文、附件构成。商务建议书是合同正文谈判的基础，通常合同谈判后，商务建议书就被修改转换为合同正式条款，因而商务建议书要按合同正文条款的内容、格式。其正文部分的主要内容为：

1）供应范围。

2）报价金额（条件、有效期和价格）。

3）支付和支付条件（付款的货币种类、次数、金额、方法、手段及双方的银行）。

4）交货及交货条件（交货数量、批数、日期、方式、地点、运输方式、超限情况）。

5）包装和标记（包装要求，包装箱标记）。

6）发货单据（包装箱内应附的单据和资料，装箱单还需另单独航寄给业主）。

7）标准和检验。

8）设计审核和联络。

9）安装、试运行、投料试运行、考核和交接验收。

10）保证和罚款。

11）技术秘密和专利技术及其使用权。

12）税费、人力不可抗拒造成损失的处理、仲裁的机构和程序。

13）合同生效及其他。

14）法定地址。

3. 项目实施建议书

项目实施建议书的格式由封面、目录、编制说明、正文、附件构成。由于项目实施建议书的主要内容是项目管理计划和项目实施计划的基础性文件，虽然是承包商报价阶段提出的，但对于工程项目特别是大型工业项目其内容也必须完整。

【文案范例】

（略）

3.2.2.2 初期控制估算（ICE）

初期控制估算仅用于开口价合同项目，也是开口价合同项目的第一次控制估算。此估算一般在工业项目工艺设计初期采用分析估算法进行编制，用于作为项目实施最初阶段费用控制的基准。

1. 编制初期控制估算的步骤与方法

由于初期控制估算仅用于偿付合同（即开口价合同）的项目。一般应在工业项目工艺设计的初期，接到业主项目中标的书面通知后，在四周内用分析估算法编制，并在工艺设计过程中发表。

分析估算的实际应用方法较多，可根据具体条件来选用。本节介绍其中常用的“0.6指数法”（即装置生产能力指数估算法）。

2. 估算依据的资料

（1）合同项目的数据、资料。

需提供合同项目的名称、装置类型、规模、工艺生产方法和流程、公用工程和辅助设施、建设地点、建设期限以及建厂当地条件等。

（2）参照项目的数据资料。

需提供参照项目的名称、装置类型、规模、工艺生产方法和流程、主要设备表、自动化水平、公用工程和辅助设施、建厂地点、当地条件、竣工时间以及项目建设费用的分析资料等。如有引进内容，还应说明引进国家（公司）、年份、单机或成套引进等情况。

3. 计算公式

在国际工程承包业务中，以成套设备出口而促成的工业项目一般常用0.6指数法进行估算。

0.6指数法因投资与装置（设备）费用或装置生产能力（设备容量）的0.6次方成正比，所以此法叫做“0.6指数法”，亦称生产规模（能力）指数法。

其计算公式为：

拟建新厂(装置)投资费用＝已建类似老厂(装置)投资费用×[拟建装置生产能力/已建装置生产能力]^n×f+R_c

式中 n——装置生产能力指数0.6～0.9（一般为0.66。若新老厂生产规模相差≤50倍，且拟建新项目是依靠增加装置尺寸或设备容量来达到扩大生产能力时，取0.6～0.7；若新老厂生产规模相差≤50倍，且拟建新项目是依靠增加装置的数量或设备台数来达到扩大生产能力时，取0.8～0.9）；

f——修正系数（环境系数、涨价系数等）。根据已建类似老厂(装置)的建设年份、地理环境、物价变动、汇率波动、国籍法律、标准差异等条件因素予以综合考虑；

R_c——最大风险不可预见费（系指在最坏情况下需要考虑的不可预见费）。具体可按装置类型和工程性质，参照工程公司积累的经验数据确定。

3.2.2.3 批准的控制估算（IAC）

对于固定价合同项目，以报价估算及用户变更为基础，用设备估算法编制批准控制估算。此估算一般在工业项目工艺发表时编制，并在项目计划发表之后两周内完成。

对于开口价合同项目，以初期控制估算及用户变更为基础，用设备估算法编制批准的控制估算。此估算法是采用以设备费为基础的系数法进行费用的估算。

设备估算法是采用以设备费为基础的系数法进行费用估算的方法。编制的步骤与方法如下：

(1) 用设备估算法编制批准的控制估算应以装置为单位，主要用来编制各工艺、设备、装置的费用估算，进而按项目工作分解结构（WBS）汇总并完成整个项目的费用估算。

(2) 此估算是根据设备装置的设备表并按设备类别逐台估算设备费用为基础，先分类求取设备费，再依据设备、装置内各类费用与设备费用的比例关系，相应确定各项费用系数，依次求取土建、安装材料费、施工劳务费（即施工人工费）、施工管理辅助费、承包商公司本部费以及直接材料相关费用。

(3) 由于设备费、土建、安装材料费和施工劳务费在装置总费用中占有相当大的份额，因此用设备估算法编制费用估算时，这几项费用均应按设备类型和散装材料类别进行细分后逐项确定各个费用系数进行估算，这样也能体现出不同类型工艺装置的特点。

(4) 由于不同类型工艺装置所需的设备类别和数量有很大差别，因此积累和选用各种设备费用系数时，应分别按不同类型和不同规模的工艺、装置来进行。同时，对于相同类型和规模的工艺、装置来说，也要选择若干个同类工程项目的竣工结算进行整理和调整，然后取其平均值，才能求得具有良好代表性的费用系数。

(5) 用设备估算法编制工程项目费用估算的过程中，要注意正确选用费用系数，同时还要根据项目的具体情况，对某些费用系数作必要的修正或调整，这样才能提高设备估算法的准确度。

(6) 关于各类设备/土建、安装材料的费用代码，各个行业有不同的规定。例如：石油化工行业规定：

设备代码：工业炉（B）；换热器（C）；压力容器（D）；容器内件（E）；储罐（F）；机泵（J）；特殊设备（L）等。

散装（也称土建、安装）材料代码：混凝土（A）；钢结构（H）；管道（M），电气（N）；仪表（o）；绝热和涂漆（P）等。

(7) 计算公式。用设备估算法编制装置的费用估算可用以下公式表示：

$$Q = D1 + D2 + D3 + S1 + (S - S1) + H$$

式中 Q——装置估算总费用；

$D1$——设备费；

$D2$——土建、安装材料费；

$D3$——直接材料相关费用；

$S1$——施工劳务费（即施工人工费）；

$(S-S1)$——施工管理和施工辅助费用，即包括 S2、S3 和 S4 三项费用；

S——施工总费用；

$S2$——施工辅助费用；

$S3$——施工管理人员工资费用；

$S4$——施工管理人员非工资费用；

H——承包商公司本部费用。

（注：编制设备装置费用估算时，应按项目 WBS 规定的装置工作范围来确定公式中所含的费用项目）

编制完成各装置的费用估算后，在汇总和完成整个项目的费用估算时，还需根据合同项目的实际情况，逐项估算分包合同费用 $D4$，其他费用 $O1$、试运行服务费 T，并要采取集计算估列项目的基本未可预见费 R 和其他费用中最大风险预备费 R_c，整个项目的费用估算计算式为：

$$Q = \Sigma(D1 + D2 + D3 + S1 + (S - S1) + H) + D4 + (01 - R_c) + T + R + R_c$$

式中 $\Sigma(D1 + D2 + D3 + S1 + (S - S1) + H)$——该项目所含若干工艺装置的估算费用之和；

Q——该项目估算总费用。

(8) 基本运算程序。用设备估算法编制装置费用估算（即批准的控制估算）的运算程序如下所述。

1）按照 WBS 记账码，依次输入设备表中各台设备的估算价格，并按设备类别求取各类设备费及设备总费用（$D1$）。

2）根据各类设备费与设备总费用的比例关系，通过确定设备/土建、安装材料费用系数，求取相应的各类土建安装材料费及土建安装材料总费用（$D2$）。

3）根据各类设备费与设备总费用的比例关系，通过确定设备/人工费系数，求取各类设备的施工人工费及全部设备总的施工人工费；通过确定散装材料/人工费系数，求取各类土建安装材料的施工人工费及全部土建安装材料总的施工人工费。将上述两项施工人工费相加，得到总的施工人工费，即施工劳务费（S1）。

4）将总的施工人工费（S1）乘以相应系数，得到施工总费用（S）。再将 S 减去 S1，即得到施工管理和施工辅助费用（包括 S2、S3 和 S4 三项费用）。

5）以设备总费用乘以相应系数，得到公司本部费用（H）。

其中，承包商公司本部费用中最主要的是设计人员和项目管理人员的薪金及各种津贴，即 H1 和 H3。在设备估算法中，承包商公司本部费用是作为一笔费用估列的。如条件具备，也可按以下两方面进行估算：

①工资费用（H1 和 H3）。承包商公司本部设计和管理人员的薪金及各种津贴是一笔主要费用。编制人工费用估算时，要根据定额和设计工作量按计账码工作包逐项进行估算，然后分别乘以各专业人工单价，即可得到 H1 和 H3。

②非工资费用（H2 和 H4）。

对于开口价合同项目，大多数非工资费用是凭单据以报销方式向用户收取的。而复制费用、计算机使用等则按拟定的合同费用率固定收费。由于项目间非工资费用的差别较大，很难预估出这笔费用，因而往往用每个部门人工时费用的百分数或每个人工时费中含若干元的方式建立各部门恰当的非工资费用的比率进行估算。

6）设备总费用和散装材料总费用分别乘以相应系数，然后相加，即可得到直接材料相关费用（D3）。

7）由于批准的控制估算所对应的工艺设计完成发表阶段，此阶段工程项目的费用已能一一给出，则可估算基本预备费。

8）将以上各项费用汇总，即可得到该装置的估算总费用。

9）完成各装置的费用估算后，汇总并估算项目所有的费用，进而完成整个项目的费用估算。

另外，试运行服务费用 T（含 T1、T2）按合同具体要求单独进行估算后，再汇总到整个项目的批准控制估算中。

10）需要说明的问题。

随着近几年来我国大型国有企业“走出去”步伐的加快，以 EPC 总承包为特征的工业项目越来越多。国内许多行业协会已经开发和建立了工业设备、装置数据库（或称为项目装置参照库）。该数据库已分别按设备、装置的类型、规模和特点以设备费为基数，统计了设备安装费，并列出了管道、仪表、电气、土建、安装等各类材料费与设备费的相关系数等。从而为编制费用估算提供了参照的依据。但是，在参照和选择使用中，必须注意使用的有限性和局限性。

① 使用的有效性。

使用参照库中有关参照项目的数据资料编制费用估算时，必须满足下列条件，则为有效，可使估算的偏差幅度保持在±20%以内。

a. 工艺装置相似；

b. 整套设备的选型大致相同；

c. 施工材料及采用的设计标准、规范一致；

d. 装置的总体布置是类似的；

e. 仪表、自控水平是按相同的原则进行设计的。

② 使用的局限性。

参照库中所列各项费用是考虑到国内工程建设和概（预）算管理的现状列项的。随着国际工程中工业项目估算编制方法向国际模式靠拢和接轨。承包商必须在项目所在地积累资料、数据和建立参照库，按设备估算法的模式进行统计、整理和调整，从而达到估算与实际完整和统一。

3.2.2.4 首次核定估算（FCE）

对于开口价或固定价合同项目都要编制首次核定估算。

1. 开口价合同项目

首次核定估算是最终的一次控制估算，在基础性工程设计（或称初步设计）完成时用设备详细估算法进行编制，经承包商和业主批准后，作为详细工程设计阶段和施工阶段的费用控制基准。

2. 固定价合同项目

首次核定估算是为了核定批准的控制估算和随后发生的变更。此估算在基础性工程设计（或称初步设计）完成时用设备详细估算法进行编制。

3. 用设备详细估算法编制

首次核定估算是在基础性（或称初步设计）工程设计完成时进行的。这时对于工业项目而言，工艺流程图、平面设计和设备、装置布置图等关键图纸已经批准发表，设备已经订货，材料除管道、绝热和涂漆等少数几类外，大都已有初步的材料统计，并已开始订货。因此，这项估算除少数几类还不能按设计文件统计工程量的材料外，基本上均可根据基础性工程设计（或称初步设计）阶段提供的设计文件、订货资料以及各种实际费用和财务资料详细地进行核实和编制。其中施工费用的估算以相应的设计阶段的定额、指标（概算定额、指标）为基础。

4. 基本运算程序

用设备详细估算法编制首次核定估算的运算程序如下所述。

(1) 按设备表和订货价（或实际支付价）逐台估算设备费并汇总，得到设备总费用（*D*1)。同时，根据实际发生的运费和保险费（如系引进设备，还包括银行财务费、外贸手续费等从属费用）计算与设备有关的直接材料相关费用。如不具备条件，也可根据此项相关费用与设备费的比例关系，用费用系数进行估算。

(2) 估算土建安装材料费用（*D*2)。除管道、绝热和涂漆等几类材料的费用由估算部门根据设计部门提供基础资料进行估算外，其他各类材料费用均按材料统计表和订货价（或报价价格）逐项估算。在将上述各项土建、安装材料费用汇总求得土建、安装材料总费用（*D*2）之后，还要根据实际运保费或按费用系数求取与土建、安装材料有关直接材料相关费用（如有引进材料，还要计算从属费用)。

(3) 将上述两笔费用与设备/土建、安装材料有关的直接材料相关费用汇总，即可得到总的直接材料相关费用（*D*3)。

(4) 施工人工费（*S*1，即施工劳务费）和施工辅助费用（*S*2）均应按建筑工程和安装工程两个部分分别进行估算：

① 建筑工程：将该项目建筑工程的工程量乘以工程所在地的建筑工程概算定额（指标)，或用相应软件进行计算，可直接估算出建筑工程这部分的施工人工费以及安装辅助

材料费和台班机具费，再加上建筑工程的临时设施费、施工间接费和税金等，即可得到建筑工程这部分的施工辅助费用。

② 安装工程：将该项目安装工程的工程量乘以专业部门规定的概算定额（指标），或用相应软件进行计算，可直接估算出安装工程这部分的施工人工费以及辅助材料费和台班机具费，再加上安装工程的临时设施费、施工间接费和税金等，即可得到安装工程这部分的施工辅助费用。

将上述两部分的施工人工费和施工辅助费用分别汇总，即可得到总的施工人工费（$S1$）和总的施工辅助费用（$S2$）。

（5）根据已算出的 $S1$ 和 $S2$，再分别估算出施工管理人员工资费用（$S3$）和施工管理人员非工资费用（$S4$）。然后汇总 $S1$、$S2$、$S3$ 和 $S4$，即可得到整个项目的施工总费用（S）。

（6）估算承包商公司本部费用（H）

① 按设计工作包和记账码详细估算设计所需的人工工时，再分别乘以各设计专业的人员工时费率，得到承包商公司本部设计人员工资费用（$H1$）。如果设计采取了分包方式，则按合同规定的设计费列入。

② 按项目管理记账码详细估算项目管理所需的人工工时，再分别乘以各管理专业人员工时费率，得到承包商公司本部管理人员工资费用（$H3$）。

③ 将上述 $H1$ 和 $H3$ 两项费用分别乘以相应的非工资费用系数，即可得到承包商公司本部设计人员和管理人员的非工资费用（$H2$ 和 $H4$）。其中采取设计分包方式除外。

（7）根据项目实际情况，分别对分包合同费用（$D4$）和不含最大风险费用 R_c 的其他费用即 $O1 \sim R_c$ 逐项进行估算。

（8）根据实际情况，分别对试运行人员工资费用（$T1$）和试运行人员非工资费用（$T2$）逐项进行详细估算。

（9）发生变更时，需按 WBS 编码输入修改的量，根据变更要求，生成变更估算，并求取两次估算的差额，生成修正估算表。

（10）根据项目进展的实际情况对 $D1$、$D2$、$D3$、H、S、T 的基本未可预见费 R，逐项进行估算（对已订购的设备、材料和已发生的费用就不再继续发生基本不可预见费，对于未订购的材料和尚未发生的费用要对其基本不可预见费加强管理）。

（11）项目最大风险预备费 R_c，集中一笔费用由项目经理主管。

将上述各项费用汇总起来，即可生成设备详细估算（即首次核定估算）汇总表。

3.2.2.5 二次核定估算（PCE）

二次核定估算对开口价合同项目或固定价合同项目来说都要编制，但均不属于项目控制估算。此估算在详细工程设计完成时用详细估算法进行编制，主要用来较为准确地分析和预测项目竣工时的最终费用，并可作为工程施工结算的基础。二次核定估算在详细工程设计完成时采用详细估算法进行编制。这时工程设计已全部完成，设备、材料均已订货，并开始交货到现场。因此，该估算应根据详细工程设计阶段提供的设计文件（包括详细的设备、材料统计表），设备、材料订货资料以及各种实际费用和财务资料详细地进行核实和编制。

1. 基本运算程序

用详细估算法编制二次核定估算的运算程序与用设备详细估算法编制首次核定估算的程序基本相同。所不同之处主要是以预算定额为基础，详细进行建筑工程和安装工程两个部分的施工费用的计算。其中，建筑与安装工程执行工程所在地预算定额；在国际工程中可采用国内预算定额结合当地价格确定调整系数或按实际价格计算。设备和材料费用均按实际支付价（或订货价）详细估算。与设备和材料有关的直接材料相关费用也应按实际发生的（或达成协议的）运保费等详细估算。其他各项费用的估算及变更均与设备详细估算（首次核定估算）相同。

用详细估算法编制二次核定估算，实际上与一般建筑工程的施工图编制相同，有关内容参照第 3.2.7.2 节施工图预算。

2. 二次核定估算表

二次核定估算表与首次核定估算表在内容和形式上是一致的，只是到此阶段详细设计已完成，不可预见费的发生（使用）已全部明朗，可以预计到工程完工时全部费用。这些估算的表式，各企业均由各自的规定，大体上都是按照传统的概（预）算表格进行改制的，也可以直接采用概（预）算表格进行编制。

3.2.2.6 不可预见费的测算

1. 定义

不可预见费亦称预备费，属意外费用。是指编制项目费用估算时，根据发生偶然事件、不确定因素等的概率而设置的预备费用，它包括基本不可预见费和最大风险不可预见费。世界银行、国际咨询工程师联合会惯例称为应急费用，它包括未明确的项目准备金和不可预见准备金。

2. 不可预见费的内容

我国现行的预备费包括基本预备费和价差预备费。其中：

基本预备费是指建设项目的决策、实施的各个阶段（可行性研究、初步设计等）编制投资估算时难以预料的工程和费用。主要包括：

(1) 施工图设计及施工过程中合理增加的工程和费用。

(2) 一般自然灾害造成的损失和预防自然灾害所采取措施的费用。

(3) 竣工验收时为鉴定工程质量对隐蔽工程进行必要的拆挖和修复的费用。

(4) 其他遗漏项、量费用。

价差预备费亦称涨价预备费，也叫做工程造价调整预备费。它系指建设项目在建设期内，由于价格等因素变动，引起工程造价变化的预测预留费用。费用内容包括：设备及工器具、价格上涨，建安工程（含材料）费用上浮，工程建设其他费用（率）上调以及利率、汇率、税率等增加的费用。简言之，价差预备费是指为在工程建设过程中由于价格上涨、利（汇）率变动和税费调增而引起的投资（造价）增加所预留的费用。

在国际工程承包业务中，工程总承包项目的不可预见费是根据确定的工作范围，可以预料的潜在风险（如数量偏差、价格变化、进度拖延和项目特殊情况等）因素确定的。列入费用估算的不可预见费，不包括那些由于人们无法预料、控制的风险（如不可抗力、社会经济发生重大变化等）引起的异常风险费用。不可预见费包括两个方面：一是“基本不可预见费”（也称平均不可预见费），这是综合考虑项目实施中各项费用可能发生的不利和有利情况，按其平均值选取的；二是“最大风险不可预见费”，指的是在最坏情况下需要考虑的不可预见费。至于“异常风险费用”，应通过签订项目承包合同来明确（如发生异常风险时）使承包商免遭损失的条款。

EPC 总承包中不可预见的费用主要有：

① 不可预见费：包括基本不可预见费和最大风险不可预见费；

② 异常风险费用：包括不可抗力，异常事件等。

3. 不可预见费的测算

不可预见费的测算、确定与各种风险的预测、分析和判断有关，是一项复杂和困难的工作。

（1）基本不可预见费的测算

一般情况下，基本不可预见费可根据项目进展阶段，选用适合于具体项目的“估算偏差幅度系数”（表 3-2）来测算。在各个进展阶段标明的估算偏差幅度范围，确定编制具体项目费用估算所选用的偏差幅度系数，是选择其上限、下限还是平均值，应视具体工程项目的可变因素和未知事项的实际情况而确定。我国工程承包商一般常采用国家有关部委或行业协会规定的费率（可行性性研究、初步设计阶段均不同）计算。

基本不可预见费估算偏差幅度系数表　　**表 3-2**

项目进展阶段	项目进展情况	费用估算偏差幅度范围（±）	推荐的偏差幅度系数（%）
0	工艺设计完成以前的最初阶段	25%～50%	30
1	工艺设计完成。设备已确定，但未询价；土建、安装材料量已用系数法估算求出，但无单价	15%～25%	20
2	基础工程设计完成，工艺物料流程图、PTD、设备装置布置图已批准，设备已询价，土建、安装材料已初步统计，并已询价	10%～15%	13
3	详细工程设计完成。设备和土建、安装材料的最终数量已统计，最终订单已发出	5%～10%	8
4	设备安装工程完成	0～5%	4
5	工程结束	0%	0

（2）价差预备费的求取

价差预备费的测算方法，一般是根据有关部门或行业协会规定的综合投资价格指数（建设期价格上涨率），以估算年份（当年估算）的价格水平的投资额为基数，采用复利方式计算。计算公式如下：

$$PF=\sum_{t=0}^{n} I+[(1+f)^{t}-1]$$

式中　P_f——价差预备费（计算总额）；

I_t——建设期内第 t 年的设备及工器具购置费、建、安工程费（含主材费）；

t——建设期内第 t 年；

n——建设期年份数；

f——近期平均投资（物价）上涨指数（率）；

$\sum_{t=0}^{n}$——由建设期前一年末（第一年初）至第 n 年的费用合计。

由价差预备费的基本概念及其包含的主要内容得知，价差预备费不应是一项固定费用，而是一项动态的指标。因为价格、利（汇）率和税费调整有增减，且影响投资（造价）结果有正负。

（3）最大风险不可预见费的确定

在求取了平均不可预见费之后，还须参照最大风险不可预见费计算表（表 3-3）的格式，确定最大风险不可预见费。

1）方法与步骤；

① 按分析列出可能影响费用的风险项目，判定每个可能发生的风险类别；

② 按风险类别，估算已判定的每种风险可能引起的最大额外费用值；

③ 判定该项风险可能发生的概率百分数；

④ 将该项风险引起的最大额外费用值，乘以它的概率百分数，得到该项风险的额外费用净值；

⑤ 将各项风险的额外费用净值相加，就得出该最大风险不可预见费；

⑥ 按 WBS 逐级汇总，即求得各分部、分项直至整个项目的最大风险不可预见费的总值。

在国际工程中，可能形成最大风险的因素（类别）有：工作（劳动）生产率风险（含承包商公司本部、施工劳力等）；工作进度风险（各种变更、条件变化引起的公司本部暨施工队伍的工期拖延、增加人工时消耗等）；设备材料风险（供货、运输、涨价等）；施工劳务风险（劳力短缺、涨价等）；分包合同风险（分包方内部原因、合同执行不力等）；罚款（索赔）风险（延期罚款、性能保证、供货商索赔等）；货币兑换率波动风险；政治、治安等风险；其他风险。

最大风险未可预见费计算表 **表 3-3**

费用编码	风险类别	因风险产生的最大额外费用值	发生风险的概率（%）	风险额外费用净值

注：1. 已经包括在平均不可预见费中的风险因素，不再列入最大风险不可预见费内。
2. 对于在报价阶段已经确定的不变费用（如专利许可证费、代理人费等），不再计其基本不可预见费、最大风险未可预见费。）

为了估算最大风险不可预见费，一般都采取风险分析及编制风险备忘录，然后按第②～⑥步方法和步骤，确定最大风险不可预见费的总值。

2）风险分析及其备忘录的编制。

在项目实施过程中，常常会产生各种与投标时估计不一致的情况，这些情况如果导致费用的增加，就对承包商造成风险。承包商为了避免或减少承担因风险造成的损失，在报价估算时要对项目的风险进行分析和估算，因此风险分析是估算和报价工作中的重要内容，特别是采用固定价合同时，由于项目实施中的风险均由承包商承担，因而尤为重要。通过风险分析，对那些可能影响项目费用、进度、质量的潜在风险因素进行评估，可以确定不可预见费，这是项目费用估算不可缺少的组成部分。

① 风险分析的步骤。风险分析由承包商项目部经理主持：

a. 项目部造价主管工程师填写《综合风险备忘录》；

b. 设计、采购、施工、试运行各专业负责人编制《专业风险备忘录》；

c. 设计、采购、施工、试运行经理审核专业负责人提交的风险备忘录，并提出《部门风险备忘录》；

d. 报价经理汇集各部门风险备忘录，并加入项目管理的其他应考虑的风险后，整理成《报价经理风险备忘录》；

e. 承包商公司规定的管理部门审查《报价经理风险备忘录》。

② 风险备忘录的编制。

风险备忘录是进行风险分析的基础资料，也是确定不可预见费的依据。

A. 风险备忘录的类型。

风险备忘录的类型主要有三种：综合风险备忘录；部门风险备忘录；项目经理风险备忘录。

B. 风险备忘录的编制：

a. 综合风险备忘录。由项目部造价主管工程师填写，项目经理负责审核。备忘录应列出项目业主（用户）和项目名称、项目地址、项目总费用、任务范围、合同类型、工期进度、用户职责、异常条件、合同适用法律、违约责任、奖罚条件、担保保证、支付条件、合同金额（包括分项和总价）主要风险和其他说明等。其中，有关合同的原始资料由经营部负责此项目的代表提供。综合风险备忘录编制后，由项目（报价）经理会同经营部共同进行审查，并报承包商公司项目管理负责人审核批准。如上述内容有重大变更，则应修改综合风险备忘录，并注明修改版次的编号和日期。

b. 部门风险备忘录。由项目部设计、采购、施工、试运行经理或承包商负责设计、采购、施工、试运行的部门负责人或专业负责编制各自的部门风险备忘录，其中列出重要事项一览表，为估算部门提供基础资料。部门风险备忘录对估算中已知的不确定因素应给予定量说明。已经确认的每项业务风险也需给予定量。定量后的风险作为估算部门进行不可预见费用分析的基础。部门风险备忘录必须送交项目经理和项目估算师审核，承包商主管领导批准。

部门风险备忘录的编制要求

a）估算说明。包括估算的类型、任务范围、编制依据和原则、编制时间、任何有利或不利的特殊情况。

b）风险估计。风险估计分为定量分析和定性分析两部分。定量分析对每个重要的估算费用项的实际风险进行估计。此种估计应按技术信息风险、材料统计风险以及价格风险分别进行定量分析，并以高估（比）值、低估（比）值和可能估算值来表示。定性分析未给予定量的潜在风险，必须在总的不可预见费中予以考虑。例如，现场派出人员的素质、能力等因素，如何控制项目各项工作符合质量要求，以及不可预料的技术风险或商务风险等。

c）技术特殊要求。在估算编制阶段的初期，确定估算文件的基础条件时，应对技术特殊要求予以说明。

d）总结。以总结形式扼要说明提交估算数据的偏差幅度，并应包括不可预见费的推荐意见。

e）签字要求。部门风险备忘录由提出该备忘录的部门负责人签字。

c. 项目经理风险备忘录。由项目经理编制的全面风险备忘录。在备忘录中，汇集各部门风险备忘录的要点，讨论其中的风险问题以及对不可预见费的处理意见，经项目部例会集体审查同意后，作为报送承包商公司领导部门审核的重要文件。

项目经理风险备忘录的编制要求：

a）估算说明。包括项目工作范围、合同类型及合同文件等。

b）风险估计。包括定量分析和定性分析两部分。定量分析要提出建议考虑的不可预见费，包括建议的具体数值和相当于总估算费用的百分比，还应说明提出建议的基础条件。

定性分析（附加考虑因素）要说明所有异常因素可能对项目的影响，并应根据这些因素的重要程度依次列表，或者按下列顺序分别叙述：

ⅰ. 工艺风险；

ⅱ. 工程设计风险；

ⅲ. 采购风险；

ⅳ. 施工风险；

ⅴ. 进度和工艺保证；

ⅵ. 项目实施过程中的费用涨价值；

ⅶ. 资金筹措方面的不利因素；

ⅷ. 金融、货币或因受法规限制而引起的风险；

ⅸ. 政治风险。

3.2.3 勘察、设计任务书

勘察、设计任务书是工程项目建设单位或业主作出项目实施决策以后，通过招标投标方式选择勘察、设计单位，向中标的勘察、设计单位提交的表达勘察、设计工作具体要求的技术性文件。从而指导勘察、设计单位分别按照勘察、设计任务书的要求，组织工程地质勘察或工程设计工作，按时提交技术成果。

在国际工程承包业务中，当项目采用传统的管理模式（简称 DBB 模式）时，勘察、设计工作由业主承担，并组织完成。当项目采用设计－施工合同管理模式或设计—采购—施工（EPC）交钥匙合同管理方式时，勘察、设计工作由承包商承担（有时勘察工作也由业主自行完成），并组织完成。因此，勘察、设计任务书对于采用设计－施工合同管理模式或设计—采购—施工（EPC）交钥匙合同管理方式的国际工程项目就显得十分重要。

为此，本节将分别叙述勘察、设计任务书的基本概念、内容与格式以及文案范例。

3.2.3.1 工程地质勘察任务书

【基本概念】

在工程建设中建筑师与设计师在初步调查了解和研究拟建工程项目的场地工程地质基

本情况以及有关资料的基础上，结合该项目地基、基础与上部结构互相作用的整体情况，编写和拟定工程地质勘察任务书，并提交给工程地质勘察单位或工程地质勘察承包商，作为工程地质勘察工作的依据。

【内容与格式】

工程地质勘察任务书的内容，应说明工程的意图、设计阶段、要求提交勘察报告书的内容和现场勘察、测试的项目，以及提出工程地质勘察的技术要求等。同时应提供为勘察工作所需要的各种图表资料。这些资料可视设计阶段的不同而有所差异。

在初步设计阶段（也称初步勘察阶段），为配合初步设计阶段进行的勘察，工程地质勘察任务书中应说明工程的类别、规模、建筑面积及建筑物的特殊要求、主要建筑物的名称、最大荷载、最大高度、基础最大埋深和重要设备的有关资料等，并向勘察单位提供附有坐标的比例为 1∶1000～1∶2000 的地形图，图上应画出勘察范围。

在施工图详细设计阶段（也称详细勘察阶段），在工程地质勘察任务书中应说明需要勘察的各建筑物具体位置及情况，如建筑物上部结构特点、层数、高度、跨度及地下设施情况，地面平整标高，采取的基础形式、尺寸和埋深、单位荷载或总荷载以及有特殊要求的地基基础设计和施工方案等，并提供经城市规划主管部门批准附有坐标及地形的建筑总平面布置图或单幢建筑物平面布置图。如有挡土墙时还应在图中注明挡土墙位置、设计标高以及建筑物周围边坡开挖线等。

一般情况下，工程地质勘察任务书的内容与格式如下：

1. 封皮或扉页

要写明：项目名称、建设单位、建设地点、勘察阶段、编制单位、编制时间。

2. 正文

（1）工程概况。

（2）勘察规范与标准。

（3）技术要求。

（4）对地质勘察报告的要求。

【文案范例】

工程地质勘察任务书

项目名称：××

建设单位：××

建设地点：××

勘察阶段：详细勘察阶段

编制单位：××建筑设计事务所

编制时间：××年×月×日

一、工程概况

1. 建筑物名称

2. 建筑层数、高度及建筑面积

3. 室内外标高

4. 建筑物类别与安全等级

5. 抗震设防烈度

6. 竖向荷载设计值

7. 结构形式

8. 柱网基本尺寸

9. 初步拟定基础形式

10. 其他

二、勘察标准与规范

本工程地质勘查采用的规范与标准：

(略)

三、技术要求

本工程项目地质勘查工作的技术要求如下：

1. 钻孔布置。

本项目地质勘查共布置钻孔××个，其中：鉴别孔×个，控制孔×个，要求钻孔深度×米左右，要求无软弱夹层。

钻孔布置见附图（略）。

2. 查明建筑位置范围内地质作用的类型、成因、分布范围、发展规律和危害程度，提出整治方案与建议。

3. 查明建筑位置范围内岩土的类型、深度、分布，工程特性与变化规律，分析和评价地基的稳定性、均衡性和承载力。

4. 对需要进行沉降计算的建筑物，提供地基变形计算的参数，预测建筑物变形的特征。

5. 查明埋藏的河道、墓穴、防空洞等对工程不利的埋藏物。

6. 查明水文地质条件，评价地下水对基础设计和施工的影响，判定水质对建筑材料的腐蚀性。

7. 根据本地区抗震设防烈度的要求，划分场地类别、划分对地震有利与不利的危险区段。

8. 查明不良地质作用、特殊性地质岩土的分布及其对基础的危害程度，并提出防治的措施与建议。

9. 对软弱下卧层，要验算软弱下卧层的承载力。

10. 当持力层为倾斜地层，基岩面凸凹不平或岩土层有洞、空穴时，要评价基础的稳定性，提出防治的措施与建议。

11. 勘察时，如发现特殊的地质现象时，应及时会同设计单位的建筑、结构工程师研究商议勘察点的增减。

四、对地质勘察报告的要求

根据本工程的实际，本工程地质报告凡是涉及文字的内容，一律用中英文两种语言描述。对地质勘察报告的编制提出如下要求。

(一) 文字部分

本工程地质报告要求，重点说明：

1. 勘察的目的、任务、要求以及使用的技术标准。

2. 拟建工程的概况。

3. 勘察的方法和勘察的布置。

4. 场地地形、地貌、地层、地质构造、岩土特性及其均匀性。

5. 各项岩土性能指标、强度参数、变形参数及地基承载力的建议值。

6. 地下水埋藏情况，水质类型、水位变化情况，并提供用于计算地下水浮力的设计水位。

7. 水和土壤对建筑材料的腐蚀性。

8. 指出可能影响工程稳定性的不良地质作用的描述，提出对工程危害程度的评价。

9. 对本项目场地的稳定性和适宜性作出评价。

（二）图表部分

1. 勘察平面布置图；

2. 工程地质柱状图；

3. 工程地质剖面图；

4. 原位测试成果图表；

5. 实验成果表；

6. 其他。

××年×月×日

3.2.3.2　设计任务书

【基本概念】

1. 含义

设计任务书是工程项目建设中的常用文件，在建筑工程、市政工程、道路工程、水电工程及工厂、矿山、桥梁等新建、改建、扩建工程项目的设计中均要使用的技术文件。设计任务书是业主（或承担EPC总承包的承包商）自行组织或委托咨询工程师（或项目管理单位）根据项目建设的要求与城市发展规划编制的关于工程项目设计的具体任务、设计目标、设计原则及有关技术指标，以阐述工程项目设计要求为主要内容，提交给设计单位的技术文件。

设计任务书一般在工程项目可行性研究和技术经济论证以后，在对工程地质情况、客观条件进行全面、充分的调查了解，科学分析的基础上编制的。

2. 特点

设计任务书具有以下特点：

（1）内容的科学性

设计任务书表述的内容具有科学依据，所涉及的水文、地质、气象、环境保护、资源综合利用等方面的知识及采用的各种数据应准确、可靠、客观，有科学有据，使其在内容上具有科学性。

（2）文件的完整性

设计任务书所提供的工程设计的基本要求，要全面、具体，图表要完整、清晰、准确、详细。

（3）表述方法的简洁性

设计任务书属于一种科技说明文，以叙述为基本表达方法，文字表达准确、全面。提出的设计要求和所要达到的设计指标，层次清晰，条目分明，文字规范。

3. 作用

设计任务书的作用是指导设计单位，完成工程设计工作的基本文件。

【内容与格式】

在我国工程项目设计工作分为规划、方案设计，初步设计或扩初设计和施工图设计三个阶段，由于各个阶段设计工作的深度不同，所以设计任务书编写的内容也存在一定的差异。

而国际上较普遍的是将设计划分为概念设计、基础性设计（或称分析和平面设计过程）和技术设计、详细设计三个阶段。国际上设计阶段的划分，与我国国内设计阶段的划分，基本上相互对应。其特点是：这三个阶段是一个前后连续，不断深化、完善和成果输出的过程；而且专业设置和分工比较合理细化；同时，将设备、材料的采购纳入设计工作程序。工程设计初始阶段就可以着手设备的询价，落实订货。制造厂提供设备制造图纸和资料，并经过业主或 EPC 承包商和设计单位审查认可，作为工程设计和制造的依据。这样不仅保证了设计的质量，也保证了设备采购的质量，而且缩短了工程总进度。在设计中业主或 EPC 承包商不仅与设计、设备生产厂、试运行等单位保持联系，而且直接参加有关设计图纸的评审，此种开放性的设计更加符合业主的要求，大大提高了设计的质量。同时可以分阶段的根据设备、材料的实际价格和可靠地设计文件进行工程费用的估算，使工程费用估算比较符合项目实际。从而，显示了 EPC 总承包的优越性。由于工业项目的设计工作的程序与房屋建筑项目相比较复杂，在此不一一叙述。

本节以房屋建筑项目为例，简述设计任务书的格式与内容。

一、规划、方案设计阶段

对业主而言，规划、方案设计阶段的主要任务与管理工作的内容是：提出设计要求；确认设计条件；向项目所在地政府有关部门申办有关立项报批；委托咨询工程师或项目管理单位编制设计任务书，并组织论证、优选方案设计，对设计文件予以确认。

1. 规划、方案设计阶段设计任务书的主要内容

规划、方案设计阶段设计任务书的主要内容如下：

（1）项目背景

业主单位名称、性质、项目投资、项目名称、建设用地、项目位置及周边环境、项目定位。

（2）项目概况

项目的使用功能、性质、建设规模。

（3）设计条件

项目所在地有关政府管理部门的规划意见书、地形图、有关立项批复或已批准的总平面图、其他所需的基础资料。

（4）设计要求

项目设计的范围、设计深度、设计原则、设计目标、使用功能、建筑风格、各部分面积、设计限价、技术指标。居住建筑还应提出户型设计要求、户室比、主要房间的开间、控制要求、层高要求等。规划设计除提出各单体的设计要求外，还应对各单体之间的关系提出要求，对市政、热力、燃（煤）气、配电等站点布局提出要求。

（5）控制节点

1）设计任务书所提出的建设规模和投资规模应符合有关主管部门的批复文件要求（项目建议书、可研报告等）。

2）设计任务书所提出的建设标准应与投资标准相适应，并体现技术的先进性、合理性。

3）设计任务书内容应充分全面地表达业主对项目建设的要求。

（6）设计周期

（略）

（7）图纸及文件要求

对项目的规划、方案设计的图纸和文件要求，主要有：

1）建筑设计。

2）设计说明。

3）用地平衡表。

4）技术经济指标：总用地面积、总建筑面积、建筑密度、建筑层数、建筑高度、容积率、绿化率、机动车停车数、人口毛密度（居住）等。

5）面积分配率。

6）户型统计表。

7）总平面图、各层平面图、主要立面图、剖面图、效果图、交通分析图、绿化分析图等。

（8）规划设计（仅修建性详细规划）

包括规划设计说明书、规划地区现状图、规划总平面图、各项专业规划图、竖向规划图、透视图。图纸比例一般为 1∶500～1∶2000。

（9）居住区规划或园区规划

包括规划设计说明书（含用地平衡表及技术经济指标）、规划地区现状图、规划总平面图、道路规划图、市政设施管网综合规划图、绿地规划图、竖向规划图、能表达规划设计意图的透视图和各单体建筑方案图（平、立、剖面图）等。

2. 设计任务书的格式

一般情况下，设计任务书的格式由封皮或扉页（写明项目名称、建设单位、建设地点、勘察阶段、编制单位、编制时间）和正文（见如前所述的内容）组成。

二、初步设计阶段

工程项目的初步设计是在规划、方案设计经项目所在地政府主管部门批准确认后展开的，此时设计条件已经明确，规划、方案设计文件已经得到相关部门（环保、消防、交通、绿化、环保、城建、土地、规划等有管辖权的）的确认。业主委托咨询工程师或项目管理单位对设计单位的资格、设计进度、设计质量以及经济技术指标提出具体的要求。咨询工程师或项目管理单位代表业主向设计单位提出初步设计（或扩初设计）任务书。

1. 初步设计（或扩初设计）任务书的主要内容

初步设计（或扩初设计）任务书的主要内容如下：

(1) 项目概况

包括项目名称、项目位置及周边环境、项目定位、建设规模。

(2) 设计依据

项目所在地政府主管部门批准的规划或方案设计文本与批文；业主最终确认的方案成果；现行的建筑、结构、设备、电气等专业技术标准、设计规范及相应的法规；政府及行业主管部门的要求及规定；项目的市政（给水排水、道路、电力、通信等）方案及现场周边市政管线情况；建设场地的工程地质资料等有关项目设计要求的批文等。

(3) 总体设计要求

包括项目设计的内容、初步设计概算、设计限价（单方造价）。

(4) 建筑设计

1) 功能划分。

2) 建筑布置及外形尺寸。

3) 结构形式。

4) 层高及层数。

5) 空间及功能设计。

各种户型使用空间的净面积配比、区分单体建筑内部公共区、私密区、休闲区、娱乐区及休息区；根据国家相关规范的标准，针对不同建筑物的功能要求对外墙、分户墙体、门窗、设备间、电梯机房及进出通道，做好隔声、降噪、减振处理；地下防水的措施；保温工程；电梯造型；防火设计：设置排水系统所达到的环保要求；无障碍设计等。

(5) 外装修工程

外墙与外墙饰面材料、外窗材料、装饰物材料。

(6) 内装修工程

精装修的范围与标准、粗装修（毛坯）的范围与标准。

(7) 结构设计

项目的抗震设防以及对梁、柱断面的特殊要求，特殊用途房间提出使用荷载要求。

(8) 给水排水系统

1) 室外给水排水。

2) 室内给水排水。

室内给水系统，热水系统，污、废水排放系统，雨水系统，中水系统，给水排水设备要求，卫生洁具和给水系统的计量方式等。

3) 消防给水。消防水源、消防泵房、自动喷水灭火系统和室外水泵接合器形式及位置等。

(9) 采暖通风及空调设计

1) 通风。

地下停车场通风要求，无外窗房间和厨房通风要求等。

2) 空调及采暖。

采暖方式要求、冷源及制冷机要求、空调系统要求、冷却塔要求、空调方式及暖度要求及有无加湿系统的要求等。

3）防、排烟。

地下车库防排烟的要求、对防排烟系统分区的要求、对防排烟管道材料的要求及对消防楼梯与前室正压送风的要求等。

（10）电气设计

1）强电。

变配电系统（高压）；变电所高压的要求：高压柜产品档次要求；低压配电的要求；电气照明的要求；电气照明与防雷接地的要求；商业和餐饮对动力、照明的要求等。

2）弱电。

火灾自动报警及消防联动系统；建筑设备监控系统；能量管理系统、采取有效的节能措施（计费系统）；安全防范系统（电视报警系统、入侵报警系统、巡更管理系统、出入口控制和门禁系统、停车管理系统和综合安全防范系统）；综合布线系统；通信网络系统（闭路电视系统、背景音乐及广播系统、会议中心设置同声传译系统、会议电视系统、计算机网络系统、办公自动化系统）；智能化系统集成。

（11）设计概算

1）设计概算编制的依据。

2）设计概算文件的内容。

编制说明、总概费表、单位工程概算书、其他工程和费用概算书、钢材、木材、水泥用量、土建工程概算、设备安装工程概算。

（12）图纸及文件的要求

各专业设计的深度要求，图纸装订和份数的要求等。

2. 设计任务书的格式

与初步设计（扩初设计）阶段设计任务书的格式相同。

三、施工图设计阶段

初步设计或扩初设计经项目所在地主管部门批准后，业主应委托咨询工程师或项目管理单位向设计单位提出施工图阶段的设计任务书，其内容可在初步设计任务书的基础上有针对性的补充与增强（有的也可以用《初步设计审查报告书》代替），该设计任务书应对主要设备选型和各部位材料做法提出详细的要求。其中，对于设计条件的确认，业主必须提供详细地质勘查报告书。明确市政条件，包括给水排水、雨污水、燃气、热力、供电、电信、道路等接口方向、位置、标高、管径等相关的技术指标等其他条件。

施工图设计阶段设计任务书的格式，与初步设计（扩初设计）阶段设计任务书的格式相同。

【文案范例 1】

国际城社区项目规划与方案设计任务书

1. 项目背景

根据俄罗斯××城市的总体规划，批准××公司在××区域建设国际城社区，为此，××咨询公司接受××公司的委托，编制本项目规划与方案设计委托书。

1.1　项目名称：国际城社区

1.2　业主名称：俄罗斯××市××公司

1.3 项目性质：新建

1.4 项目投资：外国政府信贷

1.5 规划设计及方案设计的基本构思：

(1) 本项目总体详细规划及建筑设计要达到规范规定的设计深度，其最终成果既要达到开发理念的要求，又要满足规划报建的要求。

(2) 深入研究本项目所在地的文化内涵及项目定位的特点，通过规划设计，融入“高尔夫运动”的理念，完善社区设施，使其成为社区生活的自然习惯，以领先的建筑设计与技术手段，创造一种“高尔夫文化之城”社区的生活方式。

(3) 本项目规划与方案设计要突出创新精神，融入建筑科技成果，结合项目的环境及开发理念，开发出具有市场竞争力、符合当地人文环境的建筑产品。

(4) 本项目按高档社区与楼盘的特点以及俄罗斯建筑风格进行规划设计，体现以人为本的思想。

(5) 本规划设计与方案设计要体现企业的品牌形象，表现项目的环境特色，并做到节能、环保，符合开发商低成本、高效益的要求。

2. 项目概述

(略)

3. 周边环境

(略)

4. 设计条件

本项目提供的设计条件主要有：政府管理部门提出的本项目规划设计指导意见书、地形图及已批准的总平面图、其他所需的基础资料如下表：

(略)

5. 经济技术指标

5.1 基础性指标

(略)

5.2 建筑参数

(略)

5.3 房屋类型比例

(略)

5.4 主要技术经济指标

(略)

其中：建筑密度为20%；容积率小于0.4；绿化率大于35%；建筑层数3～5层。

车辆出入口设在社区东、西、北侧，停车位按别墅每户1个，商业按每100平方米1个配置，访客车辆按10户一个配置。

6. 设计理念

(略)

7. 市场定位

(略)

8. 建筑产品定位

本项目是以别墅类产品为主的高档低密度居住区，并设置了一定数量的公寓、别墅品质的花园洋房和配套的商业、会所等。

（略）

9. 规划设计与方案设计总则

（略）

10. 规划设计与方案设计的要求

（略）

11. 道路的规划与设计

鉴于本项目的规划要求，市政道路规划以人车分流为原则，道路系统分为区内与区外两个系统，并遵循以下原则：

11.1 区外系统

（略）

11.2 区内系统

本项目社区内实行封闭式管理，出入口在东、西侧各设一个。人流主出入口设在北侧。

社区服务中心、商业步行街，也应靠近主出入口。考虑到小区的会所、室外运动设施、商业步行街等对外开放，因此必须考虑这一部分道路系统的开放性。

区内道路系统：根据本社区特色，可考虑设计以下三个子系统。

(1) 小区内机动车道系统：人车分流，各组团分割又相互连接。

(2) 步行系统：各组团由机动车道连接，主要分布于组团内连接。

(3) 健身运动道系统：基本分布在组团内，但是各运动健身道又将各组团有机连接。

各类道路分布合理且应与景观呼应，达到组团内“一景多道”或“一景一道”，机动车道“步移景异”。组团出入口的选择要顾及方便、安全合理。

进入组团可采用尽端式布局方案，避免车道交叉，尽量设置单行道路，最大限度减少车道对居住区秩序和居住环境气氛的干扰。

洋房区道路除考虑人车分流外，还应满足停车位的要求。

区内道路应通而不畅，道路尽量设有弯度，在获得景观效果时可以降低车速，减少区内道路的危险性。

车行道以枝状或者环行尽端道路伸入组团建筑群内，步行道则贯穿于建筑组团内部，将户外活动区域、绿地、公共建筑和其他建筑物联系起来。

小区主次干道应考虑人流、车流，结合规划路网要求，合理确定道路的宽度及转弯半径。

区内道路应符合消防要求。

12. 管线的规划与设计

在确定社区内主、干次道路路面的控制标高及道路坡向时，并结合市政管网（给水、直饮水、消防给水、雨水、污水、燃气）、电力供应、通信、智能化等设计道路的断面，同时应考虑维修与美观的问题。

市政管网各管线的阀井等，尽量不要设在路网内，如必须设在路网内时，应进行美观处理。市政管线与强、弱电的布置应符合相关规范要求。道路两侧设有路边石时，道路雨水收集口要处理美观。路网规划与市政管线、强弱电穿越道路统一考虑，且方便、美观。

13. 配套设施

小区内配套要与楼宇建设同步，首期交付使用时，会所、别墅小会所、幼儿园、商业步行街以及部分公建配套设施要同时投入使用，以满足首期入住居民能正常生活的基本要求。

（略）

14. 环境设计

（略）

15. 规划布局

（略）

16. 各单体建筑的方案设计

16.1 别墅的方案设计

别墅主要有独立别墅、联排别墅、双拼别墅三类，其方案设计分别如下：

（略）

16.2 花园洋房的方案设计

（略）

16.3 公寓的方案设计

（略）

16.4 商业卖场的方案设计

（略）

16.5 会所的方案设计

（略）

16.6 幼儿园的方案设计

（略）

17. 规划与方案设计工作的进度

（略）

18. 图纸及文件要求

（略）

19. 其他

（略）

20. 附件

【文案范例2】

设计任务书

1. 项目概况

本项目的项目概况如下表所示。

项目名称	＊＊＊＊国家卫生防治中心住院楼项目
建设单位	（略）
拟建地点	（略）
建设规模	25000m^2
投资来源和投资控制要求	投资来源：亚行贷款 投资估算：1300 万美元（不含污水处理工程部分造价） 要求执行限额设计

2. 总则

本项目的建筑设计要考虑到：

(1) 各功能区的面积分配比例（任务书给定的面积仅作参考）及每个功能单元及内部医疗、辅助及交通的面积关系。

(2) 各层平面需要做到明确交通关系及电梯的数量和位置，确定每个功能区的位置及每个功能区内部具体的房间布置。

(3) 进行任务书所要求的一系列一级功能流程分析（即功能单元的外部功能流程关系）及二级功能流程分析（即功能单元的内部功能流程关系）。

(4) 绿色生态及节能设计、人性化设计、结构选型设计、医疗区内无障碍设计等。

(5) 重症病人住院区、普通病人住院区、医护工作区几个重要功能单元作设计放大分析图。

3. 设计范围

本项目设计范围包括院区及住院楼项目的规划、方案设计。

3.1　规划的内容

（略）

3.2　单体设计

(1) 入口分析（略）

(2) 流线分析：

(a) 人流分析：内部要求病人与医务人员分流；(b) 机动车流分析；(c) 洁污分析：医疗垃圾处理通道以及生活污水处理；(d) 垂直交通分析：高峰值 2000 人/半天。

(3) 相关部门功能关系分析：电梯与病房之间需要缓冲；重症病房与普通病房必须在护士站内的医护人员视线范围内；其余工作区域必须与病房独立分开。

(4) 重点功能单元设计模式分析（略）

(5) 其他分析：

(a) 综合日照及通风流线分析：新风设计（视病区设计通风情况酌定）；(b) 护理单元选型分析：见住院楼部分；(c) 人性化设计专题分析：人性化设计措施应用不小于 5 项；(d) 节能设计专题分析：具体节能措施应用不小于 3 项；(e) 规划设计及建筑设计中“亮点”（创新点）的设计分析。

4. 项目基础资料

4.1　项目建设背景

（略）

4.2 基地的现状

（略）

4.3 项目区域

详见附图（略）

5. 设计要求

5.1 基本要求

本项目的基本要求如下表所示。

项目基本要求一览表

序号	内容	要求
1	需求分析与定位	院区规划与建筑外观要力争体现现代、个性、经济，整体风格的一致性、鲜明
2	分期建设建议	院区总体风格一致，流线合理，考虑远期规划的各单体建筑之间的各种连接
3	建筑形式的调研	反映综合性医院的特色
4	基地用地综合考虑	土地利用最大化
5	各学科发展方向	重点发展学科

注：本表提供仅作为业主的建议，供设计师参考。

5.2 主要规划控制指标

本项目的主要规划控制指标如下所示：

详见政府主管部门的批文与规划总平面图（略）

5.3 医院公用配套

5.3.1 给水：每层单设水表

(1) 本项目用水主要为生活用水和医疗用水，设计估算日用水量按医疗床位 910 床计。给水水源为市政自来水。

(2) 日耗水量：设计估算日耗水量按医疗床位 910 张计算，每床位耗水量为 0.6t/(床.d)。

(3) 供水设施（略）

(4) 热水加热方法，开水供给的方式为蒸汽加热。

5.3.2 排水

(1) 本项目设计排水量按医疗床位 910 张计算，雨水、污水分流排放。

(2) 雨水排放为市政排水设施。

(3) 医疗污水排放，由院区内污水处理站处理后，符合相关标准后排入市政排水设施。

(4) 设化粪池：合理设置数量、容积。

5.3.3 治污

(1) 本项目设计排水量按医疗床位 910 床计，室内污水合流排放。地下室排水由潜污泵提升，污水排出室外后转送污水处理站，经二级生物处理，消毒后达到医院污水排放标准规定后排入市政排水管。

(2) 机械（动力）设备的消噪减振措施。

5.3.4 消防工程

(1) 按消防工程规范。

(2) 室外消火栓管网的设计。

5.3.5 电气

(1) 要求双路供电，每楼层单设电表（需要进行增容设置，医院自行考虑）。

(2) 弱电系统：办公用房设置电视接口、电话接口、宽带网络接口。值班室均设电话接口、宽带网络接口。病区通道门设电子门禁系统。病区内通道、大厅和电梯前均设置监控摄像头。病房内设呼叫系统、电视接口、宽带网络接口。

5.3.6 供热供暖

本项目建筑物内所需的热水 由蒸汽加热器供应。

5.3.7 空调

集中与分体空调相结合。

5.4 建筑设计

5.4.1 形成整体医院各部门的合理配置，门诊、住院楼的相对集中组合与资源共享。

5.4.2 相对集中布局，缩短部门之间的距离，强化工作效率；根据本医院的特点，规划各部门内部设计的先进流程。

5.4.3 考虑病人与工作人员的使用内容，创造舒适的就医与工作空间，提供配套的休闲空间来服务于医院的主要业务。

5.4.4 人性化、舒适化的设计，改变传统医院的空间气氛，为患者和医护人员创造良好的就诊和工作环境，去除患者的心理障碍，提供舒适的安全的治疗环境。

5.4.5 病房设计坚持“以人为本”的理念，为康复创造良好的氛围。

5.4.6 功能完善的机电系统，紧密地与医疗功能相结合，采用安全、节能、环保型材料。

5.5 住院楼部分

该建筑位于院门诊楼的西北侧，楼层设置为地上15层和地下1层。其中地下一层主要为停车场和支持系统的各种设备用房。地上一层设有住院处、住院药房、司法鉴定科、放射科、康复训练中心、供应室等，层高4.8～5.4m；二层至十四层均为封闭式住院病房，层高3.6m。每个病区按70张床位设置。每层病区分布如下：

普通病人住院区域设置四人间病房12间，双人间病房3间（含卫生间）。每个病区内设护士站、治疗室、接待室、探视室、公共卫生间、护士休息室、杂用间、普通病房、活动室（含配餐间、食品保管间、供水间、卫生间，吸烟间，面积约260m^2)、盥洗室（含洗漱、淋浴及卫生间)、晒衣场、医疗垃圾转运间。

医护工作间区设主任办公室、医师办公室、治疗室、护士值班室（含卫生间)、库房。

重症病人区设病房（8人间1间、4人间2间)、重症病人活动室（含卫生间、配餐室）面积约40m^2，盥洗间（含洗漱、淋浴、卫生间)。

5.5.1 设计要求及原则

(1) 住院部是医院中最基本、最重要的部门，也是患者在医院中滞留时间最长的一个部分，要便于急诊病人住院。

(2) 按照每个护理单元70床计，护理单元的划分应依照医学科学的分科规律进行，并应该充分考虑每个护理单元的规模。每病区（护理单元）应该满足不同层次的需求，合理设置双人间、四人间和八人间等不同级别的病室；病室内均设卫生间，病区内考虑到以后临时加床需要，还要设病人的公共卫生间。

(3) 合理对护理单元进行选型，选择高效的平面布置，缩短医护人员的交通行走距离，提高医护人员的交通效率，缩短医护人员到病房的响应时间。

(4) 病房是患者住院治疗和恢复健康的重要场所。病室设计趋向视觉化，病房环境设计要求光线充足，有良好的自然通风，便于观赏室外景观。

(5) 每个护理单元护士站位置的观察视角要好，应以方便护理，便于病人与护士联系为原则。护士站设计应使护理半径简捷，医疗流程顺畅。设置患者和护士、医生的交流空间和环境。

(6) 公共区域强化综合服务功能，满足人性化要求。如：出入院大厅住院病人家属在此办理交费、出入院登记接待手续，并兼作探视等候、休息场所，购物场所，也可适当考虑些人性化服务需求及配套服务设施。

(7) 应考虑医院的特色，病房设计多一些人性关怀。

6. 装饰要求

室外装饰：一层外墙四周均用花岗石板干挂，其他采用先进的耐用外墙材料。同时要求达到与周围环境和谐的效果。

室内装饰：(1) 地下室根据各种设备的要求装饰地面、墙面和顶棚。

(2) 地上一层各厅、通道铺设花岗石地面、墙面，卫生间、盥洗室等室内地面、墙面瓷砖到顶；其他房间铺设地砖，墙面喷白色乳胶漆；卫生间室内全部采用吊顶。

(3) 地上2～14层通道及各房间均铺设地砖及到顶的墙砖（盥洗间均要求防滑，厕所蹲位采用下沉式），除病房、盥洗间外其他通道和用房均吊顶。晒衣场地用防滑地砖。

(4) 楼梯采用花岗石板铺设阶梯，楼道扶手采用不锈钢材质，墙面贴瓷砖。电梯间前地面铺设花岗石板，墙面贴瓷砖并吊顶。

7. 投资控制

7.1　控制目标

设计方案在满足功能的前提下，使项目的全寿命周期成本（包括建造成本和运行成本）最低，实现建筑的最佳性价比。其中：

（略）

7.2　控制要求

(1) 在设计文件中，要求对设计方案建造成本有合理、正确的估算，在提交设计文件时，要求提供单项工程的投资估算以及主要经济指标的估算值，主要经济指标至少包括：建筑面积和建筑工程、安装工程、弱电、强电、暖通工程、室外附属工程、装饰工程（包含二次装饰）单方造价指标等。

(2)（略）

(3)（略）

8. 设计成果要求

建筑工程方案设计编制应以建筑创新为目的，合理降低工程成本为原则，通过简洁的图面，扼要地表达设计构思和主要效果，并以简要的文字阐述图面未能表达但必须表达的构思意图。

① 设计说明

包括工程概况、场地现状分析、设计构思、总体布局设计说明、各专业（建筑、结构、暖通、给水排水、强电、弱电、消防等）设计说明、关键技术说明、技术经济指标等；

② 方案设计图册

图册规格及份数（略）；

③ 设计图纸

包括环境关系图，总平面，主要平、立、剖面图，功能分析图，透视效果图等；

④ 电子文件

包含全部投标设计文件内容、可投影播放的三维软件。

8.1　设计说明书的要求

方案设计的说明书应用中文和英文两种语言描述，包括下列内容：

8.1.1　概述部分

主要说明设计依据、设计目标、设计思想和设计理念。

8.1.2　医院总平面布置设计说明

主要说明医院基地总体规划布局的构思意图，并应列出下列主要技术经济指标表（估算）：

(1) 总用地面积。

(2) 总建筑面积。

(3) 建筑占地面积。

(4) 各主要建筑物的名称、层数、高度。

(5) 建筑容积率。

(6) 主道路广场铺砌面积。

(7) 绿化面积和绿地率等。

(8) 停车位。

(9) 需要说明的其他问题。

8.1.3　建筑专业设计说明

主要说明建筑的设计要素和特点，包括但不限于：

(1) 建筑的建造地点及其周围环境、交通条件等有关情况。

(2) 方案设计采用的技术标准，依据的技术准则，如建筑类别、防火等级、抗震设防烈度等参数的确定和建筑及装修标准等。

(3) 设计构思和方案特点，包括功能分区、交通组织、防火设计和安全疏散、自然环境条件和周围环境的利用、日照、自然通风、采光、建筑空间的处理、立面造型、结构选型和柱网选择等。

(4) 垂直交通设施，包括电梯的选型、数量及功能划分。

(5) 关于节能措施方面的必要说明。

(6) 有关技术经济指标及参数，如建筑总面积和各功能分区的面积、层高和建筑总高度。

(7) 重点功能单元设计模式分析说明：最合理的柱网选择，并作分析和说明。

(8) 护理单元选型分析说明。

(9) 人性化设计专题分析报告。

(10) 节能设计专题分析报告。

(11) 项目创新及亮点说明书。

(12) 需要说明的其他问题。

如：采用特殊结构形式时的简要结构说明；有特殊设备及生产工艺要求时设备和工艺的简要说明。

8.1.4 投资估算

主要说明整个项目的投资估算及其编制说明，包括：

(1) 投资估算的编制依据。

(2) 各分部工程的投资估算表。

(3) 预备费用估算。

(4) 项目总投资估算。

(5) 运行成本分析。

(6) 需要说明的其他问题。

8.2 图纸内容

8.2.1 成果要求：图纸说明应用中文、英文两种语言书写，图纸说明所用的计量单位应为国际通用的公制计量单位。

8.2.2 设计图纸的构成及要求如下表所示。

设计图纸的构成及要求一览表

序号	项目	要求
1	总平面布置图(含内部、周边交通、市政及区域绿化图等)	1. 区位及周边环境分析图 2. 总平面规划设计图（含道路、市政、电力、通信、给水排水、管线综合等）；图纸比例为1：500 3. 规划设计文本
2	立面图	建筑物主要立面至少各一张，图纸比例为1：200
3	平面图	各层平面图，图纸比例为1：200
4	剖面图	包括大厅及地上、地下各层的医患流线上的其他结构复杂区，图纸比例为1：200
5	交通流线分析图	1. 出入口分析图 2. 流线分析图 3. 相关部门功能关系流线分析图 4. 重点功能单元设计模式分析，符合医院感染管理相关要求
6	日照及通风流线分析图	住院楼
7	彩色效果图	至少包括总体规划和建筑物鸟瞰图、立面图、总体规划方案图、主要建筑方案效果图。所有效果图附于底板上（底板尺寸为750mm×1000mm），每块底板的四角应预留直径5mm的圆孔，以便于悬挂

续表

序号	项目	要求
8	设计说明书及本表所列的文本	数量为5套（1正4副），幅面为A3。设计说明书的内容如下： 1. 设计理念 2. 体现设计理念的构思、手法和特点 3. 综合说明（包括总体布局、建筑外形、功能分区、各功能分区间的关系、周边绿化带、与周边建筑的协调、内部交通组织、主要材料和设备的选择、内部灯光和外部泛光照明的处理以及对消防、环保、节能、停车、公用配套等方面的考虑和要求等） 4. 建筑结构方案介绍 5. 主要技术经济指标 6. 配套机电设备方案介绍 7. 工程投资估算（应作分项估算） 8. 设计质量保证措施 9. 特殊技术要求的简要说明 10. 其他需要说明的事项
9	人性化设计专题分析报告	人性化设计措施应用不小于5项
10	节能设计专题分析报告	具体节能措施应用不小于3项
11	项目创新及亮点说明书	
12	电子版本	应包括以上所有的设计成果及内容
13	最终方案设计的建筑模型	不小于0.5m^2

附件：

（1）现状地形图（略）

（2）总体规划图（略）

9. 其他

（略）

3.2.4　设计计划

【基本概念】

1. 定义

设计计划是总承包商组织、管理工程项目设计工作的指导性文件。设计计划由承担项目设计工作的总承包商项目部设计经理或工程设计公司的项目负责人负责编制，各专业负责人参与编制或提供有关资料和数据。项目设计计划经总承包商项目部设计经理或总工程师审核，其中有关内容需经业主确认后，由总承包商项目经理批准，并转总承包商项目部设计经理或工程设计公司的项目负责人在设计开工会议上提交各专业审议、执行。

设计计划是项目实施计划在设计工作中的具体体现，是项目计划的深化。其内容有详细说明设计工作的范围、原则，设计内容和要求，设计的统一规定、设计标准规范的采用、设计进度计划和里程碑、设计部门和相关部门以及分包专业设计单位的接口关系等。

设计计划也是做好工程设计工作，确保进度、质量和费用控制的基础性文件。

2. 设计工作程序与特点

(1) 设计工作程序

我国现行的设计程序规定，建设项目在可行性研究批准后就完成立项进入设计阶段。经批准的初步设计和总概算是确定建设项目的投资额，编制固定资产投资计划的依据。如果初步设计没有得到有关部门的批准，设计单位不能做施工图设计，银行不得拨款，设备不能订货，建设单位不得施工。为此，一般把工程设计划分为初步设计、技术设计、施工图设计三个阶段。

在国际工程中，由于各个国家对工程建设管理制度有所差异，因此对设计阶段的划分也不尽相同，一般将设计划分为概念设计（Conceptual Design)、基础设计（Basic Design）与详细设计（Detailed Design）三个阶段。对于工业项目或较为复杂的基础设施项目具体到某些行业（例如能源、化工），通常将设计阶段划分为工艺设计阶段（Process Design Phase)、基础工程设计阶段（Basic Engineering Design Phase）和详细工程设计阶段（Detailed Engineering DesignPhase)。国际通行的工业项目设计程序与设计阶段划分的内容见表 3-4。

国际通行的工业项目设计程序与设计阶段划分的内容一览表　　表 3-4

	专利商	总承包商或工程设计公司		
阶段名称	工艺包 （Process Package) 或基础设计 （Basic Design)	工艺设计 （Process Design)	基础工程设计 （Basic Engineering) （或分析和平面设计过程） （Analytical and Planning Engineering)	详细工程设计 （Detalied Engineering) 或最终设计 （Final Design)
主导专业	工艺	工艺	系统/设备、管道	系统/设备、管道
主要文件	1. 工艺流程图（PFD) 2. 工艺控制图（PCD) 3. 工艺说明书 4. 设备表 5. 工艺数据表 6. 概略布置图	1. 工艺流程图（PFD) 2. 工艺控制图（PCD) 3. 工艺说明书 4. 物料平衡表 5. 设备表 6. 工艺数据表 7. 安全备忘录 8. 概略布置图 9. 主要专业设计条件	1. 管道仪表流程图（PID) 2. 设备计算及分析草图 3. 设计技术规格说明书 4. 材料选择 5. 请购文件 6. 设备布置图（分区） 7. 管道平面图（分图） 8. 地下管网图 9. 电气单线图 10. 各有关专业设计条件	1. 管道仪表流程图（PID) 2. 设备安装平、立、剖面图 3. 详细配管图 4. 管段图（空视图） 5. 基础图 6. 结构图、建筑图 7. 仪表设计图 8. 电气设计图 9. 设备制造图 10. 其他专业全部施工所需图纸文件 11. 各专业施工安装说明
用途	提供给总承包商作为工程设计的依据，是技术保证的基础	把专利商文件转化为设计文件，分发给有关专业开展工程设计，并提供用户审查	为开展详细工程设计提供全部资料，为设备、材料采购提出请购文件	提供施工所需的所有详细图纸和文件，作为施工及材料补充订货的依据

(2) 国际通行设计程序的特点

国际通行设计程序与我国工程设计程序相比较，具有如下特点：

① 国际上通行的做法是在详细工程设计开始前，工程设计公司还必须进行项目危险和可操作性研究，这样就大大地提高了成套设备与生产装置潜在风险的辨识能力，确保建设项目的本质安全。

② 国际通行设计程序将工程设计分为三个阶段，这是一个前后连续，不断深化，不断完善，不断出成果的过程，三个阶段是紧密衔接的。

③ 专业设置和分工合理细化，即专门化，有利于培养专业人才，提高专业设计技术水平和工程设计精度。

④ 将设备/材料的采购纳入设计工作程序。工程设计初始承包商就可以着手设备询价，落实订货。制造厂商返回的设备制造图纸资料经过工程设计公司审查认可，就可以作为工程设计和制造的依据，这不仅保证了工程设计的质量和采购设备/材料的质量，而且缩短了工程总进度。如果考虑到物价上涨的因素，提前订货也可以节省投资。

⑤ 在设计中承包商不仅与工程设计公司、制造厂商，而且与业主、技术专利商、施工单位、试运行执行单位等保持密切联系，要求他们参加有关图纸、文件的评审、确认或征求其意见。这种开放式的工程设计使设计更加符合各方面情况和要求，大大提高了设计质量，在一定程度上也加快了工程设计的进度。

3. 设计计划的编制

工程项目设计计划的编制工作是在项目初始阶段，即：项目从合同生效到按照项目计划安排进行设计开工会议这段时间。在总承包商项目经理的领导下，由承包商项目部设计主管经理或工程设计公司项目设计负责人负责完成的。通常需要二至三个月时间。

项目设计计划编制的基础工作是：

(1) 研究、熟悉合同文件

一个工程项目从询价、报价、谈判到签订承包合同的过程中，内容和条件往往都会发生变更，因此在项目初始阶段，项目设计负责人首先要组织项目设计组的专业负责人，认真研究、熟悉上述过程的文件中有关设计的合同内容，如工程承包范围、设计工作任务内容，工程项目建设的有关基础数据和条件，工程采用的标准规范、工程进度、合同价款、考核验收、违约责任等。项目设计负责人通过对合同文件的研究后，应提出执行合同的有效措施，报请承包商项目经理审批后付诸实施。

(2) 建立项目设计协调程序

项目设计协调程序是项目协调程序中的一个组成部分，是指在合同文件的基础上进一步明确承包商、工程设计公司与业主之间在设计工作方面的关系、联络方式和报告制度。因此项目设计负责人应协助承包商项目经理参与编制项目协调程序。项目设计协调程序主要有下列内容：

① 明确设计管理联络方式和各方对口负责人，建立业主与承包商、工程设计公司设计联络地址、电话、邮箱、电传等。

② 确定业主或承包商提供设计所需的项目基础资料和项目设计数据的内容，并明确提供的时间和方式。

③ 列出设计中采用非常规标准的内容。标准的选择影响项目的投资，一般在合同中

已规定设计所采用的标准，通常是国际标准或承包商所在国及项目所在的国家标准。但有的特殊设备、特殊部件或某些专业所使用的标准不同于合同规定的标准，因此在设计协调程序中应予以明确。

④ 列出设计中业主、承包商需要审查和批准的内容。根据不同的合同类型，业主和承包商审查的内容亦不同。对于固定价合同项目，业主和承包商审查和批准的内容有：全厂总平面图、区域划分图、界区接点条件图、工艺流程图、设备表、主要设备请购单、管道仪表流程图、设备布置图以及全厂供电系统图、全厂给水排水平衡图、全厂供热负荷表、全厂冷负荷表、仪表盘面布置图等。对于开口价合同项目，除上述内容外，还包括所有设备和电气、仪表的请购单以及业主、承包商需要审查的其他设计文件。

⑤ 说明向业主和承包商施工现场发送设计图纸和文件的要求，列出图纸和文件发送的内容、时间、份数和发送方式（如空运、船运等），以及图纸和文件的包装形式、标志，收件人姓名和地址等。

⑥ 对建筑模型制作的要求。说明模型的用途、比例、包装和运输方式等。

⑦ 推荐备品备件的内容和数量，明确采购程序中设计部门的工作内容和配合方式。

⑧ 明确设备、材料请购单的审查范围和审批程序。

⑨ 确定采用的项目设计变更程序，包括变更的内容、原因、影响范围以及审批规定等。

上述工作完成后，工程设计公司项目设计负责人就可以编制项目设计计划。

【内容与格式】

项目设计计划的格式一般由封面、正文、附件组成，其主要内容如下：

1. 项目概述

在设计计划中首先应对承担工程项目作一简要介绍，包括项目名称、建设规模、产品方案、厂址概况、工程项目范围、承包内容、合同计价类型、分项费用指标、质量标准、建设总进度、分包专业设计单位的分工等。

2. 设计工作范围

（1）工艺技术的来源；

（2）全部工艺设计和工程设计；

（3）基础工程设计；

（4）详细工程设计；

（5）某些专业设计；

（6）设计服务工作；

（7）委托其他专业设计单位进行设计范围和内容。

3. 设计原则

（1）设计工时的控制原则；

（2）费用控制原则及对设计的要求；

（3）业主的经济原则；

（4）保证条件的要求；

（5）特殊安全的要求；

（6）质量保证的要求；

（7）采用复用设计的情况；

（8）进度方面的特殊要求和处理措施：

①计划的设计工期是否比正常需要的短。

②是否有不按正常程序要求提前交付的设计文件和资料。

③外部条件（如制造厂返回图纸等）拖延的考虑和措施。

（9）项目设计的基础数据。

4. 设计内容和要求

（1）工艺设计

① 工艺成套设备与装置组成，名称、规模及产品品种。

② 技术来源，专利、专有技术的特点。

③ 原料条件。

④ 排出物及其处理。

⑤ 各工艺、设备装置与现有设备、装置间的关系。

⑥ 工艺设计安全系数原则。

⑦ 备用设备原则。

（2）工程设计

① 工程设计统一规定。

② 明确成套设备与装置和系统公用工程之间的划分。

③ 环境保护要求，采用的技术标准。

④ 业主的要求。

⑤ 对设计 QHSE 的要求。

5. 标准规范的采用

（1）工程设计采用的技术标准、规范的规定；

（2）满足业主设计标准规范要求的原则；

（3）采用承包商或工程设计公司有关企业标准的规定；

（4）项目设计采用国际标准和特殊标准的说明。

6. 设备材料采购

（1）对请购单编制的要求；

（2）需要早期订购的设备；

（3）材料（土建、安装材料）统计裕量的考虑；

（4）业主的特殊要求。

7. 设计人员及各专业的职责分工

（1）本工程项目设计负责人、各专业负责人及其主要人员名单；

（2）设计各专业职责分工；

（3）设计评审与设计校审的要求。

8. 设计工作进度计划和里程碑

提出设备、装置设计的基础工程设计、详细工程设计的主要工作进度计划，包括工艺流程图、管道仪表流程图、设备布置图、管道平面图、设备材料采购技术资料等里程碑。

9. 设计部门和相关部门、分包专业设计单位的接口关系

（1）设计和承包商采购部门的接口关系；

（2）设计和承包商施工部门的接口关系；

（3）设计和试运行部门的接口关系；

（4）设计与业主、承包商的接口关系；

（5）设计与分包专业设计单位的接口关系。

10. 其他

11. 附件

【文案范例】

（略）

3.2.5 设备请购文件与询价文件

【基本概念】

1. 设备请购文件

在国际通用的工程设计程序中，把设备、材料的采购纳入了设计程序之内，也是国际上普遍采用的项目管理方式。特别是在工业项目中，工程设计是一个完整连续的过程，以工艺流程设备布置、管道仪表流程图（PID）及设备采购为核心的基础工程设计和以各专业施工图为内容的详细工程设计中，承包商的设备询价、采购与工程设计是不可分割的重要环节。是一个前呼后应，逐步加深，连续完成的过程。承包商在 EPC 项目中通常在工程报价阶段即着手对主要设备进行预询价，在基础工程设计一开始就正式询价，落实设备订货，设备制造厂返回的设备制造图纸经工程设计公司审查认可，即可作为详细工程设计和设备制造的依据，从而保证了设计和设备制造的质量，为费用控制提供了可靠的基础。这一动态的设计程序已经普遍应用于国际工程承包业务中。

而设备请购文件则成为工程设计公司在工程设计过程中提供给承包商的重要文件，是指导承包商编制询价文件、落实设备订货、签订设备与材料采购合同的基础性技术文件。可见，设备请购文件是设备采购询价文件的重要组成部分，即设备采购询价文件的技术要求部分。设备请购文件由工程设计公司项目设计负责人组织项目各专业设计人员编制完成。设备请购文件要按项目的设备表进行编制，除非规格完全相同的设备可以共用一份请购文件，一般情况下则应每台设备编制一份请购文件。

设备请购文件由设计人员编写完成后，由项目设计负责人审查、批准签字后，提交给承包商项目部项目经理。重要设备要送业主、承包商有关领导审查批准。经批准的设备请购文件，由项目经理签发后送项目部采购经理、采购部门及其他有关部门。

2. 询价文件

询价文件是承包商向设备或材料生产厂、供应商发出的询问价格或邀请报价的函件。

通常询价文件由技术文件和商务文件两部分组成。其中，技术文件包括设备、土建、安装材料请购单及其附件。商务文件包括询价函、报价须知、供货一览表、合同基本条款及包装、运输和检验等特殊要求。

一般情况下，承包商项目部采购经理或材料设备供应部门在收到项目部发来的请购文件，应检验其附件是否齐全，在确认内容准确无误后，组织采买人员进行商务文件的编制工作。

【内容格式 1】

设备与材料请购文件是以设计文件的形式体现，其内容包括：

1. 设备、材料请购单

设备、材料请购单一般都是以表格的形式体现，

2. 技术数据表

技术数据表有表格式也有文字叙述的。但是，其通常主要内容包括：设备名称、型号、操作条件、安装环境及现场条件、性能指标、结构、材料、试验条件、其他等。

3. 技术规格说明书

主要说明设计意图，所采用的标准规范，特殊要求和注意事项等。

4. 制造厂提供的数据和图纸的份数及进度要求。

【文案范例 1】

设备、材料请购单的表格样式，见本章第 3.3.10 节。

【内容格式 2】

询价文件的技术文件已经在本节【内容格式 1】【文案范例 1】中作了介绍，本节主要介绍询价文件的商务文件部分。其中分别介绍询价函、报价须知、供货一览表、合同基本条款及包装、运输和检验等特殊要求的格式与内容。

一、询价函

询价函是询价文件的总说明和对投标者的总要求。其一般内容和格式如下：

询　价　函

询价函编码：　　　　　　　　　　询价日期：

　　　　　　　　　　公司/厂：

本公司拟使用贵方下述产品，请按本询价函的要求向本公司发出报价。

1. 产品名称　数量

2. 项目名称

3. 报价书份数

4. 报价截止日期　　　　　　　　　　　　　　　　（以邮戳日期为准）。

5. 要求的交货期

6. 函内附件要求的下列文件必须全面完成并作为报价书的一部分递交

（1）经认可的设备、材料请购单及其附件。

（2）偏差表。

（3）供货一览表（必要时还应列出工作进度表）。

7. 投标者应将全部询价文件与报价书一起返回

8. 附件

（1）设备材料、请购单及其附件。

（2）报价须知。

（3）供货一览表。

(4) 合同基本条件及关于包装、运输和检验等特殊要求。

9. 报价书请寄下列地址

单位名称：×××××公司采购部

收件人：详细地址和邮编：

电话：传真：

×××××工程公司采购部

二、报价须知

报价须知是对投标者的基本要求，一般内容和格式如下：

报 价 须 知

1. 总则

(1) 该询价书的目的是询求提供如请购单所规定的设备（或散装材料）的固定价。

(2) 按照规定的报价截止日期之前，将你们所完成的报价书寄达询价函中所规定的地址。

2. 符合询价文件的声明

(1) 如果报价书中不含有下列声明之一，将视为废标。

a. 投标者保证：我们的报价完全符合询价文件的要求并没有异议。

b. 投标者保证：我们的报价除了2（2）条外，完全符合询价文件的要求。

(2) 异议

若投标者对询价文件及其附件中某些条款有异议时，应在报价偏差表（表1）中逐条列出。如偏差表中列不全时，应以单独附表列出。

(3) 投标者还应保证：我们已收到了询价函中所列的全部文件。

3. 详细的技术说明

投标者推荐的设备（或材料）应满足请购单中所阐明的要求。为了能对所推荐的设备（或材料）有准确详细的了解，投标者应以足够的详细资料数据加以说明。

4. 设备（或材料）请购单及其附件

包括在该询价文件中的设备（或散装材料）请购单及其附件中的有关要求，必须填写完整并与报价书一起返回。

5. 价格

报价书中的价格应为投标者负责将设备（或散装材料）包装、发送到指定交货地点为止的不变价格（固定价），并应按供货一览表的要求分项列出。

6. 报价费用

投标者不得以任何理由向询价者索取报价费用。

7. 报价书的采用

询价者有权部分采用报价书中的内容或完全不采用。

8. 报价有效期

报价有效期为报价日期之后×××天。

9. 报价截止日期

投标者应在报价截止日期（以邮戳日期为准）以前提出报价。若在规定的截止日期前不能提出报价而须延期时，必须将延期时间通知本公司，并征得本公司的同意。否则，超过规定截止日期的报价将视为废标。

若供方不准备报价时，请将询价文件退回。

10. 合同基本条款、检验要求、包装要求和运输要求

询价函中所附的《合同基本条件》、《检验要求)、《包装要求》、《运输要求》和《其他特殊要求》即为成交后合同文件的组成部分。投标者若对其中某些条款有异议时，应在报价中逐条列出。

11. 投标者提交的报价文件除应满足询价文件中规定的条款外，还应包括以下内容

(1) 对应于询价书的报价书编号。

(2) 投标设备的名称和数量。

(3) 若设备（或材料）分包给其他厂制造，在报价中须说明其他厂全称及工厂概况，并须经买方认可。

(4) 主要外协、外购件项目、名称、数量和厂家。

(5) 卖方业绩表。表明哪些用户已购买了与本报价相同、类似的设备（或散装材料）及使用情况。该表包括用户名称、地点、设备规格、主要材质、购买日期、用户反馈意见等。

(6) 工作进度表（见表 2)。

(7) 技术说明书。包括制造工艺说明、主要节点的制造工艺、简图等。

(8) 偏差表（见表 1)。

(9) 产品检验项目及制造过程中买方会同检验的项目。

(10) 在安装和试运过程中，供方派遣人员的服务计划。包括派遣人员的专业、人数、时间、工作内容以及要求用户准备的机具、材料等。

12. 支付条件

按照《合同基本条件》第 6 条规定。

13. 询价文件的澄清

对询价文件中的某些要求，如果投标者要求加以说明，必须以书面形式（电报）提出，本公司将予以书面答复。

偏 差 表 **表 1**

询价编号： 日期：

项目名称： 制造厂名称：

<table>
<tr><td colspan="2" rowspan="2"></td><td>版次</td><td>日期</td><td>编制</td><td>审核</td><td colspan="2">备 注</td></tr>
<tr><td></td><td></td><td></td><td></td><td colspan="2"></td></tr>
<tr><td rowspan="2">序号</td><td rowspan="2">偏差项目</td><td colspan="2" rowspan="2">询价文件原说明</td><td rowspan="2">偏差说明</td><td rowspan="2">变更理由</td><td colspan="2">确认</td></tr>
<tr><td>日期</td><td>签字</td></tr>
<tr><td></td><td></td><td colspan="2"></td><td></td><td></td><td></td><td></td></tr>
</table>

工作进度表 **表2**

询价编号： 项目：

制造厂名称：

项目：

交货月数

	1	2	3	4	5	6	7	8	9	10	11	12	13	14
设计														
主要图纸：														
发送日期 确认日期														
主要外协件订货														
焊接工艺试验														
制造														
组装														
检验														
试验														
包装														
发运														

三、供货一览表（表3）

为使报价规范化，防止报价漏项和有利于报价评审，要求投标者填写供货一览表，请按表3编制。

供货一览表 **表3**

位号编码	货物名称	数量	价款（元）		交货期	交货地点	发送地点	备注
			单价	合计				
	合计							

注：中标后该表称为最终供货一览表，作为合同文件的组成部分。

四、合同基本条件及关于包装、运输和检验等特殊要求

合同基本条件及关于包装、运输和检验等特殊要求是对供货厂商订货合同的基本要求，买卖双方在此基础上签订合同，是合同的一个组成部分，除了买卖双方书面同意不执行某些条款外，其他均按本条款执行。其详细内容如下，可供编制询函时选用：

（一）合同基本条款

1. 定义

本合同中的下列术语应解释为：

(1)“合同”系指买卖双方签署、合同格式中阐明的买卖双方所达成的协议，包括所有的附件、附录和构成合同的所有文件。

(2)“合同价”系指根据合同规定，卖方在完成履行合同义务后应付给的价格。

(3)“货物”系指卖方根据合同规定提供的一切设备、散装材料、备件、工具、手册及其他技术文件和其他按合同卖方应供给的物品。

(4)“服务”系指根据合同规定卖方承担与供货有关的辅助服务，如运输、保险以及其他的服务，如安装、调试、提供技术援助、培训和其他类似的义务。

(5)“买方”系指××××公司（招标单位名称)。

(6)“卖方”系指根据合同规定提供货物和服务的具有法人资格的公司或实体。

(7)“业主”系指“货物”的使用单位。

(8)“现场”系指货物安装和操作使用的地方。

(9)“验收”系指按技术文件及有关附件规定的方式和范围接受货物的程序和条件。

(10)“原产地”系指货物卖方所在国和所在地。

2. 技术规格

卖方所提供和交付货物的技术规格应与买方技术文件和附件中的规定相一致。如果没有指明具体标准规范，则技术规格应与适合于这些货物的标准规范相符合，并该标准规范的要求应不低于国家最新颁发的有关标准规范。

3. 专利权

卖方应保护买方在使用该货物或其任何一部分不受第三方提出侵犯其专利权、商标权和工业设计权的起诉。

4. 包装要求、唛头、装运条件和装运通知，具体要求见《包装、运输要求》。

5. 保险

出厂价合同、货物装运后由买方办理保险。目的地交货价的合同，由卖方办理按照发票金额的110%的“一切险”的保险。

6. 贷款支付

(1) 买方以（××货币）支付货款。

(2) 卖方应在提交符合合同规定要求的单据和条件时，才能取得货款，买方货款支付可用信用证（L/C）方式进行，也可通过银行用托收方式进行。具体付款方式和条件应根据合同要求。

(3) 若卖方要求预付款，则卖方应提供同等数额的预付款保函，只有在买方收到卖方的预付款保函后才予以支付。

7. 文件提交

(1) 提交文件资料的要求，应遵照合同的要求。卖方应按规定的数量及要求提交的时间，将这些文件一批或分批寄给收件人。

(2) 如果产品设计由卖方进行，卖方遵照买方要求对所提交的文件资料应分为两类，即需要买方确认的文件资料和直接提供的文件资料。对于需要买方确认的文件资料，买方须在两周内确认并返回卖方，若两周末返回，可延长两周。如果仍未确认返回，则卖方可认为已由买方默认，而可以进行制造或试验、检验。由买方确认的文件资料上用以下文字批准，即“已确认”、“部分确认”、“不确认”。

只有收到由买方批准“已确认”的图纸资料后（但由于买方原因而由买方默认的资料

除外）卖方才能制造。但是，即使买方已经确认了这些图纸资料，卖方仍不能解除由于设计、选材、制造等失误所应该承担的责任和义务。

文件资料的交接时间以邮戳日期为准。

(3) 对于由买方提供产品的设计图纸资料，买方将根据工程设计的阶段和进度，一次或分次向卖方交付图纸资料。具体提交计划应在询价文件中说明，或在协调会上另行商定。

如果卖方认为买方提供的采购文件、图纸资料有技术失误、不明确或有矛盾之处，应及时以书面形式通知买方或当面洽谈，以便向卖方进行书面澄清或更正。

对因买方提出的设计条件或提供的设计图纸资料的差错而造成的损失，由买方负责。

8. 质量保证

(1) 卖方提供的设备、散装材料应是全新、未使用过的，并完全符合合同规定的质量、规格和性能的要求。

卖方所提供的图纸资料必须与实物相符，并能正确地满足设计、现场安装、试运转、性能考核、安全操作及维修方便的要求。

(2) 机械保证期。

在设备交货后 24 个月以内或设备安装正常运转后 12 个月内（以先到日期为准），如果由于卖方的过失（如卖方的设计错误，制造不良，用材不当，组装不当等），致使设备在现场出现缺陷或损坏时，应由卖方及时自费到现场进行免费修理或更换（对同一台设备，若卖方是按部件分批交货，则以最后一次交货日起计算整台设备的保证期。若同一台设备以半成品方式运至现场后，需由卖方在现场组装合格后，开始计算保证期）。

(3) 对于确定在现场进行运转考核的设备，其考核结果被认为符合买方规定的性能后，由买卖双方签字验收。但是，验收之后，卖方仍应承担机械保证期内所规定的义务。

(4) 买方在机械保证期内发现设备、散材缺陷，应在 28 天内向卖方发出索赔通知。

(5) 卖方在收到通知后 28 天内应免费维修更换缺陷的货物或部件。

(6) 如果卖方在收到通知后 28 天内没有弥补缺陷，买方可采取必要的补救措施，但风险和费用将由卖方承担；因卖方提供的产品缺陷而引起工程现场的财产损失、死亡事故等也应由卖方负责赔偿。

9. 检验

具体要求见《检验要求》。

10. 迟交货

(1) 卖方应按照合同规定的时间交货和提供服务。

(2) 如果卖方毫无理由地拖延交货，将受到罚款和/或终止合同。

(3) 在履行合同过程中，如果卖方遇到不能按时交货和提供服务的情况，应及时以书面形式将不能按时交货的理由、延误时间通知买方。买方在收到卖方通知后，应对情况进行分析，可通过修改合同，酌情延期交货。

11. 违约罚款

除第 12 条规定外，如果卖方没有按照规定的时间交货和提供服务，买方应课以罚款，罚金应从货款中扣除，罚金按周计算。每迟交货一周或迟提供服务一周，罚其违约货物合同价的 0.5%。但罚金的最高款额为迟交货物或迟提供服务合同价的 5%。一周按 7 天计算，如果达到最高限额，买方将考虑终止合同。

12. 不可抗力

当事人的一方由于遭到人力不可抗拒的自然灾害（如严重的火灾、水灾、地震等）以及其他经双方同意属于不可抗拒的事故，致使影响合同履行时，各方互不追究责任。但事故发生后5天内，应以电报或信件通知对方，并在事故发生后14天内，将有关部门出具的证明文件用特快专递寄给另一方。

13. 税费

(1) 现行税法对买方征收的与本合同有关的一切税费均由买方负担。

(2) 现行税法对卖方征收的与本合同有关的一切税费均由卖方负担。

14. 仲裁

(1) 在执行本合同中发生的或与本合同有关的争端，双方应通过友好协商解决，经协商在60天内不能达成协议时，该争端应提交仲裁。

(2) 除非卖方在报价时提出国际仲裁或其他的仲裁方并已为买方所同意，第14 (1) 款所述提交正式仲裁的争端，均应在北京或中国国内其他地方的经贸仲裁委员会，根据该会的仲裁程序和规则予以最终裁决。

(3) 仲裁裁决应为最终决定，并对双方具有约束力。

(4) 除仲裁委员会另有裁决外，仲裁费应由败诉方负担。

(5) 在仲裁期间，除正在进行仲裁部分外，合同其他部分继续执行。

15. 制造进度表和进度报告

合同生效日期之后的30天内，卖方应提交给买方一份详细的进度表，指出有关卖方设计和制造的关键日期，并在其进度表上预测出一个预计的交货日期，这样买方可以监测卖方的进度是否符合该进度表。如果出现卖方的进度落后于进度表，买方有权要求卖方采取一切必要的补救措施，使计划执行恢复到进度表上，卖方应在每月的25日向买方提交进度报告一份，说明进度情况。

16. 规范的有效日期

本合同所涉及的各种规范、规章、技术条件等应是在合同生效日期之前的最新版本。

17. 附属件、备品备件的消耗件

(1) A类：安装及试运转中所需备品备件和消耗件，用于保证正常操作和维修用的附属件，专用工具由卖方提供，其费用应包括在合同总价中。

(2) B类：卖方推荐的供两年操作和维修用的必需件、消耗件和备品备件是可选择部件，其费用不包括在合同总价中。卖方应在买方作出选择后，按照所推荐清单中规定的价格提供这些部件，但买方的订货单应在合同生效之日起的一年内发出。

(3) C类；除A类和8类以外，卖方可以提供的有助于改进操作、方便维修以及扩大货物的生产能力的其他附属件，应是可以由买方选择的部件，其价格不包括在合同总价中。卖方须按推荐清单提出的价格，根据订货单要求向买方提供这些附属件，该订单中的货物在验收后半年内发生。

18. 转让和分包

除买方事先书面同意外，卖方不得部分转让或全部转让其应履行的合同义务。

19. 违约终止合同

(1) 在买方对卖方违约而采取的任何补救措施，以免在不受损害的情况下，买方可向卖方提出终止部分或全部合同的书面通知书。

a. 如果卖方未能按合同规定的限期或买方同意延长的限期内提供部分或全部货物。

b. 如果卖方未能履行合同规定和其他任何义务。

在上述任一情况下，卖方在收到买方发生的违约通知后30天内，或经买方书面认可延长的时间内未能纠正其过失。

(2) 在买方根据上述第20.1条规定，终止了全部或部分合同，买方可以依其认为适合的条件和方法购买类似未交的货物，卖方应对购买类似货物所超出的费用负责。但是，卖方应继续执行合同中未终止部分。

20. 破产终止合同

如果卖方破产或无清偿能力时，买方可在任何时候都以书面通知卖方终止合同，该终止合同将不损害或影响买方已经采取或将要采取的补救措施的权利。

21. 合同修改

除双方签署的书面修改意见外，任何一方不得变更或修改合同条款。

但是，在合同总范围内，买方可以书面形式向卖方发出以下变更：

(1) 为买方专门制造的按合同提供的货物的图表、设计、规格和数量。由此而引起的合同价格的增减以及交货期的变更，由双方协商解决；

(2) 包装方法；

(3) 交货地点；

(4) 由卖方提供的服务。

22. 保密

买、卖双方均不得将有关技术资料及合同情报，泄露给执行责任者之外的无关人员或第三方。

23. 适用法律

合同受我国有关法律的约束，并根据我国法律解释。合同条款中有关法律方面的未尽事宜，按我国有关法律办理。

24. 合同生效及其他

(1) 合同应在双方签字后即开始生效。

(2) 如需修改或补充合同内容，经协商，双方应签署书面修改或补充协议，该协议将作为本合同不可分割的一部分。

(二) 包装、运输要求

1. 包装

(1) 包装的一般条件

a. 设备、材料的包装应适应多次运输及装卸的要求。本规格书是最低要求，供方在下列条件下应对经受运输和存放的良好包装质量负责。

——在运输途中，包装箱（或其他包装形式）能经受各种方式的多次装卸。

——在使用现场的气候条件下，有的货物可能在较长的一段时间内存放在露天。

——有些包装箱必须码垛以尽可能缩小存放空间和面积。

——设备、散装材料应按其需要及特点进行适当包装。

——包装与开箱之间的时间最多为12个月。

b. 除了采购合同及附件另有规定外，压力容器的包装还应按有关标准的要求办理。

c. 设备、散装材料的包装和装卸用的特殊工、夹具应包括在卖方的报价中。所有的包装材料及装卸用的特殊工、夹具等由卖方提供，并不归还（除事先申明必须退回者例外，如集装箱）。

d. 买方保留向卖方建议的权利，以保证对某些特殊设备包装的可靠性。

e. 卖方应对每一包装箱进行尺寸和重量的检验，并最迟在计划装运日期两周前向买方提供每一包装箱的尺寸和重量的检验证明书。

(2) 包装责任

a. 对设备、散装材料都应进行合适的坚固的包装，以便在多次装卸和各种运输方式中不发生超出设计极限的应力，卖方应详细说明必要的存放条件，以保证设备、材料的质量。

b. 如果设备、材料的损坏或遗失是由于包装不适当和保护措施较差而在装卸或运输中发生，则卖方应自费对设备散装材料进行修理、更换或补供。

如果由运输部门的责任造成设备、散装材料的损坏或遗失，应向卖方与其委托运输部门追究责任并处理。

(3) 唛头标记

卖方应在每个包装箱的两个侧面上用防水的颜料以清楚、工整的文字显著标记：

——发货人代号；

——合同号；

——目的站（港）；

——项目号、货物名称、设备位号、箱号/件号；

——毛重/净重（kg）；

——重心及起吊点（单件5t以上需标记）；

——尺寸（长×宽×高，以厘米表示）；

——“轻放”或“向上”或“保持干燥”（根据设备特点标记）。

(4) 装箱单和其他资料

第一包装箱中，应有下述文件，文件应放在容易看到和拿到的箱壁防水袋中。

——装箱单三份（一份在箱外小盒中，一份在箱内，一份交买方）。

——制造厂家设备质量合格证书。

——检验记录5份。

——设备、散装材料安装及装卸说明书5份。

——设备操作说明5份。

——重要材料的成份分析表、物、化、机械性能数据（在订合同时确定）。

(5) 危险物品的装运

所有危险物品的罐式、箱式包装应当遵守政府和有关部门的有关条例和规定。这些危险物品，如有毒物质（无论气态、液态或固态）、易燃物质、压缩气体、易爆和放射性物质等。

(6) 超限货物

a. 如果每个包装箱重量为 20t 或更重时，卖方应在每个包装箱的两边标“重心”和“起吊点”，以便于装卸和搬运作业。

b. 对于公路运输如果有任何包装重量超过 20t（包括 20t）或长超过 12m，或宽超过 3.2m，或高超过 3.5m，卖方应向买方额外提供每件包装的详细包装外形图。

c. 超限设备要根据项目所在地和所选择的运输方式另议。

(7) 包装箱内部要求

a. 卖方应根据设备的不同特点和要求负责设备的防锈、防水、防潮。

b. 对有防振要求的设备，其包装箱内应用防振措施，使设备和组件在箱内牢牢固紧，防止移动和密封件破损，要留心外部的冲击或碰撞不能直接碰到包装箱内部的设备和组件上。若在同一包装箱内装有一套以上的设备和组件时，应在箱内留有一定的空间，同时采用防振缓冲材料填充。

2. 运输

(1) 运输方式及费用

运输费用另计。运输方式根据询价文件规定的到货地点由卖方考虑。最终在签定合同时由双方商定。

(2) 除合同另有规定外，压力容器的运输应按照 GBN 193 和 JB 2536 的要求办理。对于其他设备、散装材料的运输，应按国家有关部门的要求和合同规定办理。

(3) 货物计划发运前 4 周，卖方应以电报通知买方如下内容：货物待运日期、运输方法、合同号、货物名称、件数、总重量、总体积（m^3）、装船港（站）名称，以便买方安排接货和储存。

对有特殊储存要求的货物，卖方应在货物发运前 4 周将储存要求说明邮寄给买方的合同规定收件人。

3. 油漆

除了采购合同及其附件另有规定外，压力容器的油漆应按 JB 2536 的要求办理，对于其他设备、仪器、仪表的油漆要求，应按合同及附件规定或按有关部委、行业标准规范或厂标要求办理，如果买方对面漆性质和色泽有要求时，则按买方要求办理。

(三) 检验要求

1. 在订货合同正式签订之后，卖方有责任按照设备、散装材料请购单的检验要求对设备和散装材料进行检验和试验。

按照双方同意的检验程序及合同规定，买方和业主有权参加设备、散材的检验和试验，如果有转包厂商，卖方应通知转包厂商，买方有权在转包厂商进行制造期间，按合同规定参加设备、散装材料的检验和试验。

2. 买方检验人员要参加的检验项目应在检验计划中说明，并在与卖方召开的协调会议期间规定。

3. 卖方应免费向买方参加检验和试验的人员提供所有必要的检验和试验用的资料、设备、器具、附件、人力、仪器及材料，以保证检验和试验的进行，对采购资料规定的检验和试验，卖方都应负责。

4. 在签订订货合同后30天内，卖方应向买方提供检验和试验程序资料。

5. 卖方在主要设备进行装配和/或检验和试验前2周，向买方提供要检验货物的检验进度表，买方在收到检验进度表之后1周内通知卖方，说明买方代表参加检验的时间。

6. 卖方对其他设备检验和试验的日期，应以函件或电报至少提前2周通知买方，以便买方做好参加检验和试验的准备工作。通知内容如下：

——订货合同号；

——准备检验的设备或散装材料；

——工厂详细地址；

——工厂接洽人员；

——预期检验日期。

通知发出后，卖方要制定检验时间进度表。

7. 在买方检验之前，卖方对设备和散装材料要先进行自检，其检验报告的材料合格证要在买方检验之前准备好。当买方参加检验时，卖方将按要求的时间和份数向买方提交已准备好的检验报告和材料合格证书。

8. 如果设备和散装材料或其任一部件进行检验和试验后，当不符合订货合同要求时，卖方应设法弥补其缺陷，重新进行有关检验和试验，直至获得满意的结果。

9. 由买方代表所参加的检验和试验，在任何时候都不能解除卖方按采购合同应承担的责任，当设备和散装材料在现场进行开箱检验时，不能以买方检验工作来代替卖方所做的检验工作。买方代表在制造厂参加检验和试验时不签署任何检验和试验文件，但作为在制造厂检验完成并同意放行标志的检验认可书除外。

10. 无论买方是否参加上述检验和试验。卖方都应向买方提交设备、散装材料质量合格证和检验、试验报告。

11. 按照上述条款和请购单的其他条款进行的所有检验和试验都不能解除卖方（包括转包商）按合同要求应承担的责任。

12. 卖方可自费派遣他们的检验人员到合同工厂现场参加卖方进行的设备和散装材料的开箱检验。

在现场开箱检验中如果发现设备和散装材料有损坏、短缺、遗失或质量低劣的现象时，买方或卖方（若卖方参加开箱检验）要写出详细的事故及原因的报告并签字。

上述报告作为买方向卖方要求索赔或要求卖方更正、修理、更换或补供设备、材料的有效证据。

若对检验中出现的上述事故和原因的看法有矛盾而经协商未能解决时，该设备、材料将请检验权威机构重新检验，该检验权威机构出具的检验证明作为买方向卖方索赔或要求卖方更正、修理、更换或补供设备和散装材料的有效证据。检验所需费用由事故责任方承担。

若卖方不参加现场开箱检验，买方有权在卖方缺席的情况下进行开箱检验。如果出现上述事故，买方出具的证明将作为向卖方要求索赔或要求卖方更正、修理、更换或补供设备和材料的有效证据（当设备、散装材料的缺陷或短缺确属卖方原因时）。并且卖方应尽最大努力使修理或更换的设备（或零部件）不影响合同工厂的工程进度。

13. 国外进口设备、材料，应让制造商在发货之前对货物的有关质量、规格、性能、数量和重量进行准确全面的检验，并出具与其货物符合的质量检验证书。该证书将作为提交给议付行付款单据的一部分。但不应视为是对质量、规格、性能、数量和重量的定论。质量证书应附有写明制造商检验的结果和细节的说明。

货物运抵目的港或现场后，买方将向中国进出口商品检验局提出申请对货物的有关规格、原产地、数量和重量进行检验，并出具检验合格证书。如果商检局检验发现质量或规格与合同规定不符时，买方将有权在货物运抵现场后90个日历日内向卖方提出索赔。

（四）其他特殊要求

根据需要，可增加卖方服务内容等，如现场安装、调试、培训服务等。

3.2.6 设计审查意见书

【基本概念】

设计审查意见书是业主（或承担EPC的承包商）自行组织或委托咨询工程师（或项目管理单位），在审阅、核查设计单位提交的设计文件后编写的技术文件。

按照设计工作阶段的划分，设计评审分为方案设计评审、初步设计评审、施工图评审，其评审的内容与要点按设计深度的不同，也有所不同。

【内容与格式】

1. 内容

（1）方案设计评审的内容与要点

方案设计分为概念性方案、实施性方案，其设计成果文件组成的内容，一般包括：设计总说明、设计图册、投资估算、透视图、鸟瞰图、模型或三维动画等。方案设计评审的内容与要点见表3-5。

方案设计评审的内容与要点 **表3-5**

专业	评审的内容与要点		
	设计总说明	设计图册	投资估算
建筑设计	重点审查方案设计的技术标准的采用，技术指标与约束条件是否一致；总体方案的构思和布局在竖向设计、交通组织、防火、环境、景观等方面的表述；建筑方案设计的构思特点，建筑群的空间处理、平面构成、立面造型；对建筑环境与指标的影响；建筑方案的功能布局、出入口、防火与疏散、无障碍设计、建筑的垂直交通、建筑内部的交通组织等是否合理，使用功能是否满足需求等	总平面图坐标及定位是否准确；与周边环境关系及道路、广场、绿地、建筑物的布置是否合理；建筑物的出入口。层数、建筑高度、设计标高、控制标高是否合理；是否表述了功能分区、空间组合、景观、交通、消防、地形、日照、管线综合等分析。建筑平面的各部尺寸、柱网、墙体尺寸构造、各层标高的标注是否正确；建筑立面的各层标高以及与相邻建筑的关系等	投资估算的参考指标是否正确；是否与项目所在地的市场行情相吻合；投资估算的各项经济指标是否符合投资限额的要求

续表

专业	评审的内容与要点		
	设计总说明	设计图册	投资估算
结构设计	基础选型、结构体系、荷载、抗震设防、结构等级、防水等级等指标以及伸缩缝、抗震缝设置是否合理；混凝土强度、钢筋、砌体材料等选用是否与当地市场的供应发生冲突		投资估算的参考指标是否正确；是否与项目所在地的市场行情相吻合；投资估算的各项经济指标是否符合投资限额的要求
电气设计	电气负荷级别、负荷计算是否合理；电压等级、回路数、容量与项目所在地提供的电网是否兼容；变配电设施、数量、位置以及自备电源、应急电源是否合理等	各专业设计图纸是否齐全；主要设施（变配电站、空调机房、锅炉房等）的选址是否合理；主要设备平面布置、工艺流程、系统布置以及主要设备表是否正确合理等	
给排水设计	系统供水方式、最高日用水量、最大时用水量等估算是否合理；热水供应的形式、热水量的计算是否合理；消防用水量、循环冷却水与节水、节能的措施是否合理；室内外生活污水的排放形式；室外雨水的排放以及排水量、雨水量的计算与指标的选择是否合理等		
暖通设计	采暖与空调设计参数、热源、冷热负荷的计算参数是否合理；通风系统、防排烟、暖通空调系统的防火措施是否合理；节能、废气排放等环保措施是否合理等		

(2) 初步设计评审的内容与要点

初步设计文件应由封面、扉页、目录、设计说明、图纸、主要设备及材料表和设计概算构成。初步设计文件的审查应按照设计文件编制深度的规定，组织相关专业的专家召开初步设计评审会，进行评审。有条件的承包企业也可以采取企业内部专家评审的方式进行，然后由企业或项目部技术负责人统一整理成《初步设计文件审查意见书》，发至设计单位，并督促设计单位按《初步设计文件审查意见书》修改、变更后，重新出具初步设计文件。初步设计评审的内容与要求见表 3-6。

初步设计评审的内容与要点　　表 3-6

评审的内容	评审的内容与要点
各专业的图纸	各专业的设计深度是否符合规定；使用功能是否符合要求
主要设备与材料表	主要设备与材料的选用是否与业主的要求及使用匹配；其品牌与种类在市场上是否容易采购；性价比是否合理；价格在总成本中的权重是否合理
设计概算	概算的造价指标是否合理；计价方法是否符合项目所在地的价格政策；概算指标是否满足限额设计的指标

（3）施工图评审的内容与要点

施工图作为直接指导施工建造的依据文件，施工图编制的质量直接关系到施工建造能否顺利的实施。为此，业主或总承包商应对于设计单位提交的施工图，要严格按照工程设计文件编制深度的规定，召开施工图评审会或委托咨询工程师事务所（或审图事务所）进行。对施工图评审会议形成的或咨询工程师事务所（或审图事务所）出具的《施工图审查意见书》，经过业主或总承包商授权人（通常为总工程师）签字后生效，发给设计单位，并督促设计单位按《施工图审查意见书》修改、变更后出图。

施工图评审的内容与要点是：

1）施工图是否符合工程建设强制性条文与标准的要求。

2）地基基础与结构设计等是否安全。

3）是否符合公众的利益。

4）施工图是否达到规定的设计深度。

5）是否符合项目所在国、政府对本项目批准文件以及设计依据的要求，是否满足业主的需求等。

2. 格式

设计评审意见书的格式，一般有表格式和书面文书式两种。表格式详见本章第3.3节常用表式样，书面文书式写作格式比较简单，主要明确业主或建设单位名称、工程名称、勘察单位名称、设计单位名称、审查机构或审查人、审查意见等。

【文案范例】

本文案范例仅重点介绍施工图审查意见书，方案设计与初步设计审查意见书与其格式基本相同。

施工图审查意见书

根据业主（或称建设单位）的委托，我们组织有关专家对下列工程的施工图进行了审查。

工程名称：

建筑面积：

结构形式：　　　　　　建筑高度：　　　　　　层数；

业主名称：

勘察单位：

设计单位：

本工程的施工图设计文件经审查，发现存在下列问题（详各专业《审查记录单》）。审查中发现违反标准、规范与强制性条文共××条（详见附表）。请你们复核、整改。整改的施工图设计文件请务必在____年____月____日（整改天数：____天）之前送本施工图审查机构复审。

1. 本审查中所发现的问题中，涉及违反“工程建设标准强制性条文”或危及安全和公众利益等，必须进行修改；涉及施工图设计深度不够或技术资料不完整的，必须补充完善。

2. 整改文件包括：《施工图文件审查整改完成报验单》（或《审查记录单》）中的“设

计单位反馈意见”栏中填写处理意见、整改后的“施工图总目录”、补充的设计修改图、设计变更通知或岩土工程补充勘察报告组成，其中补充设计修改图、设计变更通知或岩土工程补充勘察报告均应编“修改图号”，并编入“施工图总目录”。整改后的“施工图总目录”应加盖单位勘察设计文件图纸专用章、单位公章和工程负责人执业注册章。

3. 补充的设计修改图、设计变更通知都应经专业会签，由专业负责人和工程负责人签字，并加盖执业注册章。凡某一专业的修改涉及其他专业的，其相关专业也应作出相应修改。

4. 对本审查提出的其他方面的问题和建议，请项目业主和勘察、设计单位协商酌情处理。

5. 如果设计单位对本审查所提出的审查意见有异议，可以陈述自己的意见，或提出与本审查机构或专业技术人员探讨的要求，也可以向建设行政主管部门申请复查。

6. 本《审查意见书》一式四份，审查机构、项目业主各执一份，设计院二份。

附件：各专业审查记录单（共×页）

施工图审查机构或专家（签章）

年 月 日

3.2.7 技术规格书

【基本概念】

技术规格书是对应用于建筑工程项目中的材料、设备、固定装置的文字性描述，它反映了工程项目设计、施工过程中对材料与装置的构成、质量标准、设计参数和施工要求的详细定义。

技术规格书常用于控制工程质量和投资预算，工程准备阶段可作为建筑设计文件的附加技术文本，工程实施阶段可作为业主方招标文件的技术标附件。技术规格书是建筑工程项目中实施材料与设备采购控制与管理，落实业主（或总承包商）的意愿，量化设计意图，合理使用项目资金，降低采购成本，确保材料与设备的采购满足质量要求，确保工程项目整体质量和成本控制目标实现的关键性技术文件。所以，在国际工程项目中凡是所涉及的技术要求和工作范围，都是通过设计图纸和技术规格书来共同体现的。

技术规格书可作为设计方对承包商的施工要求，常作为业主（或总承包商）与承包商之间有法律效应的承包合同的组成部分。对承包商而言，技术规格书是他们在投标时确定材料预算费用和人工费用的依据之一。

通常情况下，技术规格书由业主方（或总承包商）委托设计方或工程咨询机构完成，交付的技术规格书越详细，越接近业主方（或总承包商）的实际要求，才能使材料、设备的采购结果更符合工程项目的实际需求。

由于技术规格书（英文：technical specifications）与技术规范书（英文：technical specification）在英文释义是一个词，所以，在国际工程项目中许多人将技术规格书与技术规范书是等同看待。但是，如果严格的从中文的定义上看，两者还是有区别的。技术规范书是对于工程建设中有关工序、执行工艺过程，以及产品、劳动、服务质量要求等方面的准则和标准，是技术规范的说明文档，其内容要比技术规格书更详细、全面。所以，在国际工程项目中技术规格书与技术规范书往往两者混用，都成为供货合同的附件，同样具有法律效力。

编制技术规格书要求技术人员对工程项目与使用的设备、材料有详细全面的了解，并能针对国内外当前行业的技术程度有一定的了解，原则上技术规格书越详细越好，条理要清晰，要求要明确。

【内容与格式】

技术规格书以可定性、可量化的形式对技术内容进行定义，其格式由封皮（写明××项目技术规格书、工程名称、工程地址、建设单位、编制单位、编制时间）、目录、正文组成。正文内容通常包括：

1. 编写通用说明

项目涉及范围、业主签收、承包商责任及提交资料说明。

2. 设备用途

描述该设备的主要功能及用途。

3. 技术要求及规格参数

描述设备主要零部件的技术要求，包括品牌、设计、系统、备品备件、环保上的要求等。另外需对规格参数（数量）作详细的注明，列出清单表格。

4. 设计与制造标准

设备设计、制造执行的标准，材料或设备材质等级；设备运行条件、安装方式、动力配置等。

5. 安装与测试要求

6. 质量保证和维护要求

7. 运输与保管

8. 供货的主要要求、内容

该项内容应包括设备的几大系统控制等功能、设备品质保证、售后服务、验收标准及供货日期等。

9. 其他

【文案范例】

技术规格书

一、编制说明

（略）

二、设备用途及清单

本供水工程项目成套设备用途、清单如表1所示。

××供水工程项目成套设备用途、清单汇总表 **表1**

序号	设备名称	数量	用途与使用
A	多功能水泵控制阀	12台	
B	复合式空气阀 *DN*80 1.6MPa	224台	
	复合式空气阀 *DN*80 1.0MPa	52台	

续表

序号	设备名称	数量	用途与使用
C	涡杆传动法兰式蝶阀 $DN200$ $PN=1.6\text{MPa}$	47 台	
	涡杆传动法兰式蝶阀 $DN500$ $PN=1.6\text{MPa}$	2 台	
	涡杆传动法兰式蝶阀 $DN400$ $P=1.6\text{MPa}$	12 台	
	双法兰电动蝶阀 $DN800$ $P=1.0\text{MPa}$	2 台	
D	软密封闸阀 $DN80$ 1.6MPa	224 台	
	软密封闸阀 $DN80$ 1.0MPa	52 台	
	软密封闸阀 $DN100$ 1.0MPa	4 台	
E	电动单梁悬挂起重机 $G_n=5\text{t}$ $L_K=4.5\text{m}$	4 台	
	电动单梁悬挂起重机 $G_n=5\text{t}$ $L_K=9.0\text{m}$	4 台	
F	电磁流量计	4 台	
G	自控模块		
1	数字量输入模块 16 通道	1 个	配水厂
2	数字量输出模块 16 通道	1 个	配水厂
3	模拟量输入模块 4 通道	1 个	配水厂
4	模拟量输入模块 8 通道	4 个	加压泵站
5	数字量输出模块 16 通道	1 个	水源厂
6	模拟量输入模块 8 通道	1 个	水源厂
H	柴油发电机 50kW/0.4kV	1 台	配水厂
I	电气元件		
1	微型断路器 5A/3P	3 个	水源厂
2	微型断路器 20A /3P	1 个	水源厂
3	微型断路器 20A /3P	2 个	加压泵站
4	微型断路器 16A /1P	5 个	配水厂
5	微型断路器 16A /3P	3 个	配水厂

三、主要技术要求

根据施工图设计所中选用的本工程项目成套设备清单，对各类成套设备的主要技术要求按表 1 的顺序，分别作以叙述：

A. 多功能水泵控制阀

（一）多功能水泵控制阀设备清单（表 2）

多功能水泵控制阀清单 **表 2**

设备/材料名称及规格	单位	总数量	此次采购数量	备注
多功能水泵控制阀 *DN*400 1.6MPa	套	12	12	

（二）多功能水泵控制阀技术规范

1 总则

1.1 一般规定

1.1.1 本技术规范适用于××供水工程的多功能水泵控制阀，提出了该设备的功能设计、结构、性能、安装和试验等方面的技术要求。

1.1.2 需方在本技术规范中提出了最低限度的技术要求，并未规定所有的技术要求和适用的标准，供方应提供满足本技术规范书和相关规范及标准要求的高质量产品及其相应服务。

1.1.3 供方如对本技术条件书有异议，应以书面形式明确提出，在征得需方同意后，可对有关条文进行修改。如需方不同意修改，仍以需方意见为准。

1.1.4 在签订合同之后，需方保留对技术条件书提出补充要求和修改的权力，供货方应承诺予以配合。如提出修改，具体项目和条件由需货、供货双方商定。

1.1.5 本技术规范书所引用的标准如与供货方所执行的标准发生矛盾时，按较高标准执行。

1.1.6 本技术规范书经双方签字认可后作为订货合同的附件，与合同正文同等效力。

1.1.7 供货方应执行本技术规范所列标准。有不一致时，按较高标准执行。

1.2 工程概况

本工程为××供水工程，利用四级加压泵站从水源地向××市供水。每座泵站配三台多功能水泵控制阀，共十二台。

2 设计和运行条件

2.1 工程条件及设备运行环境

2.1.1 项目建设地点

(1) 水源地

水源为位于××市南约 85km 处的巴格拉盆地的地下水。

水源地位于××以西 15km 处，地形平坦，地面海拔 490m 左右。

(2) 配水厂

配水厂位于××市东南角的一座小山丘上的半山腰处，海拔高度 696m。

2.1.2 气象条件

平均气温：35℃

最高气温：40℃

最低气温：18℃

平均相对湿度：38%（最热月），27%（最冷月）

平均风速：22m/s

最大风速：27m/s

气压：75kg/m^2

2.1.3　电力供应

3.3kV　　3相

415V　　3相

2.2　安装运行条件

2.2.1　多功能水泵控制阀为室内布置。

2.2.2　每座泵站配置3台多功能水泵控制阀，共12台。

3　技术参数和性能要求

3.1　基本规格

多功能水泵控制阀：*DN*400 1.6MPa

3.2　技术要求

多功能水泵控制阀应具有电动阀、止回阀和水锤消除器三种功能，用以防止水泵在停泵、事故停电或关阀时可能发生的水锤，可有效地提高泵站和管道系统运行的安全可靠性。

技术参数如下：

(1) 启、闭运行应能与水泵联锁。

(2) 应具有水力自动控制，停泵时该阀门在3s内快速关闭95%，90s后全部关闭，可消除水锤和水击现象产生，保护管线和水泵安全，有效消除水锤。

(3) 启、闭运行最低动作压力：0.05MPa。

(4) 缓开时间3s～120s（可调），缓闭时间3s～120s（可调）。

(5) 水锤峰值：≤1.3倍水泵出口额定压力。

(6) 水泵最高反转速度：≤1.2倍水泵额定转速。

(7) 较大流速（2.5m^3/s）时，阀门不产生振动现象。

3.3　性能要求

多功能水泵控制阀安装在送水泵出水管上，与送水泵联锁自动控制，具有电动阀、止回阀和水锤消除器三种设备的功能。采用隔膜型水力操作方式，内设主阀板与缓闭阀板双阀板，阀体内外面采用聚酯烤漆处理进行防锈，有效消除水锤，将速闭、缓闭和吸纳三种消除水锤的方式结合在一起。膜片性能要求疲劳弯曲120万次无破损。

(1) 速闭过程：停泵时主阀板在正向水流逐渐降为零之前迅速关闭。减少大量返流水的产生，主阀板上设泄流孔，允许一小部分水流通过主阀板返回。

(2) 缓闭过程：停泵时在主阀板的前后形成压力差，出口端的压力高于进口端的压力，出口端的压力水通过旁通管进入控制室的上腔，推动膜片压板的阀杆、缓闭阀板一起向下移动，缓慢地将主阀板上的泄流孔关闭。

(3) 吸纳过程：压力水推动膜片压板向下移动的过程中，膜片控制室上腔的容积在不断增加，可以吸纳一部分返回流水。

三种有效消除水锤的方式有机地结合在一起，无论水泵正常停机还是事故停机时，水泵控制阀在水泵停机时3s内快速关闭约90%开度，剩余的10%的开度可在120s内（可调节）缓慢关闭，使消除水锤的效果达到最佳状态。

3.4　结构及材质要求

多功能水泵控制阀一般由阀体、膜片座、膜片、主阀体、缓闭阀板、衬套、阀杆、主阀板、缓闭阀板和控制管路系统等零部件组成。阀板由主阀板和缓闭阀板组成，缓闭阀板与主阀板的密封形式应采用金属密封，主阀板与阀板座的密封采用软硬组合式密封。各部件材质见表3。

控制阀部件材质 **表3**

序号	名称	材质
1	阀体	GGG—40
2	阀盖	铸钢或球铸
3	主阀板座	铜合金
4	膜片座	青铜
5	膜片压板	青铜
6	主阀板	铸钢
7	膜片	尼龙网＋强氯丁橡胶橡胶
8	阀杆	不锈钢
9	衬套	铜合金
10	缓闭阀板	不锈钢
11	铜套	铜合金
12	密封圈	丁腈橡胶 NBR 或 EPDM
13	过滤器	铜合金

3.5 标准

本设备的设计、生产制造、安装执行中国国家标准，主要有：

GB/T 12227 通用阀门 球铁铸件技术条件

GB/T 12225 通用阀门 铸铜件技术条件

GB 12229—89 通用阀门 碳素钢铸件技术条件

GB 17241.6—1998 整体铸铁管法兰

GB 9876 丁腈橡胶

GB/T 1220 不锈钢棒

GB/T 13927—92 通用阀门 压力试验

JB/T 7748—95 阀门清洁度和测定方法

CJ/T 167—2002 多功能水泵控制阀

3.6 喷涂、包装、运输及储存要求

3.6.1 喷涂

阀体、阀盖内外表面，须经喷砂或其他方式处理，除去油锈、水分、污物等杂质，再涂环保型无毒环氧树脂漆两道，总厚度应保证在0.125mm以上。所有涂料干后不溶解于水，不影响水质且不因空气、温度变化而发生异状。阀门内腔涂装材料的安全性应符合

GB/T 17219 的规定。外表面按 JB/T 7928—95 要求喷涂防锈、防腐漆。油漆应选用国内较先进的漆种，并能适应当地环境条件。

3.6.2 包装、运输

3.6.2.1 包装应符合 GB/T 13384 标准的规定，并采取防雨、防潮、防锈、防振等措施，以免在运输过程中，由于振动和碰撞引起轴承等部件的损坏。设备出厂时，零部件的包装符合 JB 2647 的规定，分类装箱，遵循适于运输、便于安装和查找的原则。

3.6.2.2 设备发运前，应将水全部放掉并吹干，当放水需要拆除塞子、疏水阀等时，供方应确保这些部件在发运前重新装好。所有开口、法兰、接头应采取保护措施，以防止在运输和储存期间遭受腐蚀、损伤及进入杂物。需要现场连接的螺纹孔或管座的焊接孔应采用螺纹或其他方式予以保护。遮盖物、紧固件不应焊在设备上。

3.6.2.3 应在设备明显部位装设耐腐蚀材料制作的金属铭牌，金属铭牌至少应包括以下内容：设备名称、设备制造厂名称、设备制造年月、制造厂产品编号、制造许可证编号、设备型号、管径、工作压力等。

B. 多功能水泵控制阀

（以下内容，按表1的顺序叙述，与“A. 多功能水泵控制阀”内容与格式相同。由于篇幅较多，予以省略）

四、供货的主要要求、内容

（略）

五、结束语

（略）

3.2.8 工程量清单

【基本概念】

1. 定义

工程量清单也称为工程量表，是工程项目施工内容的分解表，是按照施工工艺将工程项目分解成相对独立，附有计量单位的施工（工作）子项，并将其汇总所形成的表格。工程量清单也是用以表现拟建工程的分部分项工程项目、措施项目、其他项目名称和相应数量的明细清单。是由招标人按照相应规范和规定，统一项目编码、项目名称、计量单位和工程量计算规则进行编制的工程造价文件。

工程量清单计价是指投标人完成由招标人提供的工程量清单所需要的费用的计算与填写工作，包括分部分项工程费、措施项目费、其他项目费和规费、税金等。

工程量清单计价方法是指在建筑工程招标中，招标人按照统一的工程量计算规则提供的工程量清单及其工程数量，作为招标文件的一部分提供给投标人，由投标人依据工程量自主报价的计价方法。

2. 国内外应用的差异

工程量表（或）工程量清单的划分和工程量的计算方法，目前国际上还没有统一的规定，不同的国家或不同的咨询公司有不同的做法。在国际工程承包业务中影响比较大、应用较广泛的是英国编制的《建筑工程计算原则（国际通用）》和《建筑工程量标准方法》，两者的内容基本一致，但后者较前者更为详尽。

为了加快我国建筑工程计价模式与国际接轨，从2003年开始我国逐步推广工程量清单计价方法，颁布了《建设工程工程量清单计价规范》（GB 50500—2008）。该规范比较详尽地规定了工程量清单的编制、计价的原则与方法等内容。目前，在我国许多大型国际工程承包商在招标选择国内工程分包商时，往往采用该规范规定的工程量清单计价方法，编制招标投标文件。以此按照市场竞争中的价值规律，合理地选择分包商。

在国际工程承包业务中，由于国际工程采用的技术标准不同，再加上没有统一的国际工程定额等特殊性，因此国际工程项目招标投标中使用的工程量清单（或工程量表）在工程量核定、工程量分类汇总以及编制方法上，与我国国内工程项目招标投标使用的工程量清单（或工程量表）在编制方法上存在很大的差异。所以，工程量清单（或工程量表）表格的样式也有所不同，本章第3.3节常用表式中将分别予以介绍。

【内容与格式】

1. 工程量清单组成

根据我国现行国家标准《建设工程工程量清单计价规范》（GB 50500—2008）的规定，工程量清单计价表由封面和七类表格组成。其内容包括：工程量清单封面、填表须知、总说明、分部分项工程量清单、措施项目清单、其他项目清单、规范项目清单、税金项目清单等。工程量清单的格式除工程量清单封面、填表须知、总说明为文字叙述外，其余清单如分部分项工程量清单、措施项目清单、其他项目清单、规范项目清单、税金项目清单等，均是以表格的形式组成。

其具体内容如下：

（1）封面

封面包括四种：

1）工程量清单；

2）招标控制价；

3）投标总价；

4）竣工结算总价。

（2）总说明

（3）汇总表

1）工程招标控制价/投标报价总表；

2）单项工程招标控制价/投标报价汇总表；

3）单位工程招标控制价/投标报价汇总表；

4）工程项目竣工结算汇总表；

5）单项工程竣工结算汇总表；

6）单位工程竣工结算汇总表。

（4）分部分项工程量清单表

1）分部分项工程童清单与计价表；

2）工程量清单综合单价分析表。

（5）措施项目清单表

1）措施项目清单及计价表（一）；

2）措施项目清单及计价表（二）；

（6）其他项目清单表

1）其他项目清单与计价汇总表；

2）暂列金额明细表；

3）材料暂估单价表；

4）专业工程暂估价表；

5）计日工表；

6）总承包服务费计价表；

7）索赔与现场签证计价汇总表；

8）费用索赔申请（核准）表；

9）现场签证表。

（7）规范、税金项目清单与计价表

（8）工程款交付申请（核准）表

2. 国际工程量清单组成

在国际工程投标报价中，工程量表（或称工程量清单）虽然也是表格的形式，但内容却与国内现行的表格式的内容有明显的不同。无论是单价合同，还是使用 FIDIC 红皮书的情况下，招标文件中都附有工程量表。在设计一施工和 EPC 合同中，承包商需要根据自己的初步设计编报工程量表，计算价格。由于世界各国对工程量表的细目划分和工程量表的计算方法没有统一的规定，通常是参照英国编制的《建筑工程计算原则（国际通用）》和《建筑工程量标准方法》。一般情况下，土建工程的工程量表的分类或汇总都按土方工程、钢筋混凝土工程、砌砖工程、钢结构工程、门窗工程、装修工程、设备安装工程、给水排水工程、电气工程及其他等分项工程划分。

在单价合同的情况下，除暂定项目和按工日及机械台班计算的零星工程可以单列工程量表外，其他所有费用都必须计入工程量表中。英国《建筑工程计算原则（国际通用）》的总则中明确规定："除非另有规定，工程单价中应包括：（1）人工及有关费用；（2）材料、货物及其一切费用；（3）机械设备的提供；（4）临时工程；（5）开办费、管理费和利润。"也就是说工程量表中的单价，实质上是由工资、机械或货品费、施工机械使用费、各种管理费和一切间接费、利润构成的综合单价。这与国内工程量清单、工程预算的编制中，将直接费、间接费以及措施费、利润分别计算完全不同。从国际上通用的工程量表的内容与构成可见，工程量表中对单价有重大影响的因素有三个，一是基础价格（包括工日计价、材料和设备基价、施工机械使用费基价及其他应摊费用）；二是工程定额（包括用工定额、材料消耗定额和施工机械台班定额）；三是各种摊入系数。需要指出的是，在国际上由于没有统一的工程定额，目前我国许多国际工程承包商在编报工程量表时，一是套用国内定额，适当加以修正或提高；二是根据以往的工程项目的经验予以填报。

可见，国际工程中使用的工程量表，是一个具有综合单价性质的工程量清单，只有详细的计算工日、材料和机械的基础价格，并计算出各种费用的分摊系数后，才可以编制单价分析表。也就是说，工程量表中的每个单价都要进行单价分析后，才能填报工程量表。基于这些原由，国际工程使用的工程量表格与国内现行的工程量清单实质内容、编制与计算方法有明显的差异，其中主要是待摊费用（指没有在工程量清单中单独列出的间接费、利润、风险费或开办费）不在工程量清单中单独出现，而是作为报价项目的价格组成因素，隐含在工程量清单的每项综合单价之内。所以，国际工程投标报价中，工程量表的编制与算表方法，决定了其表格的样式，详见本章第 3.3 节常用表式的相关内容。

【文案范例】

（略）

3.2.9 工程估价

【基本概念】

“工程估价”一词起源于国外，国内一般称为工程造价。在国际工程中，工程估价是指一个工程项目在开工前对其人、财、物等资源的预先计算，进而能够有效地控制工程投资，提高经济效益。在国际工程建设的程序中，可行性研究阶段、初步设计阶段、详细设计（也称施工图设计）阶段及招标投标阶段对建设工程项目投资所作出的测算统称为工程估价。但是，在各个阶段工程估价的详细程度和准确度是有差距的。

按照我国的基本建设程序，在项目建议和可行性研究阶段，对工程项目投资所作出的测算称为投资估算。对于工业项目或总承包项目而言，也称为项目费用估算。对工业项目费用估算的方法和内容详见本章第 3.2.2 节。在初步设计（或扩初设计与技术设计）阶段，对工程项目投资所作出的测算称为设计概算。在施工图设计阶段，对工程项目投资所作出的测算称为施工图预算。在工程项目投标阶段，对工程项目所作出的测算称为投标报价。承包人与发包人签订工程承包合同时确定的价格称为合同价。在工程承包合同实施阶段，承包人与发包人结算工程款时所确定的价格称为结算价。工程竣工后，实际的工程造价称为竣工决算价。

【内容与格式】

工程估价的内容主要包括：工程项目总投资的组成与计算、工程定额、工程量清单、设计概算、施工图预算的编制与审查、国际工程投标报价等。

由于本书主要侧重于国际工程承包业务，又是以我国承担国际工程项目的承包商为对象，所以本节重点介绍为适应 EPC 项目所使用的设计概算、施工承包必用的施工图预算和承包商“两算对比”的施工预算。另外，涉及的工程项目总投资的组成与计算、工程量清单、国际工程投标报价的内容详见本书本章第 3.3 节有关内容。

3.2.9.1 设计概算

【基本概念】

设计概算是工程项目设计文件的重要组成部分，是由设计人编制的确定和控制工程项目投资的文件。一般情况下，设计概算的投资额应控制在该项目立项批准额以内，设计概算应按项目所在地的价格水平编制，考虑到项目建设地点的施工条件等因素以及对合理工期的价格预测和贷款利息的时间价值等动态因素对投资的影响等。总之，设计概算应当完整的反映编制时和项目周期内的该项目的实际投资。

【内容与格式】

设计概算通常都是以文字和表格的格式，由设计人根据初步设计（或扩初设计与技术设计）图纸等资料编制。设计概算的内容包括：编制说明、概算定额（或概算指标）、各项费用定额或取费标准（指标）、设备与材料预算价格等。

设计概算可分为单位工程概算、单项工程综合概算和建设工程项目总概算。其中：单位工程概算是确定各单位工程建设费用的文件，它是根据初步设计（或扩初设计与技术设计）图纸和概算定额、概算指标及市场价格信息等编制的。单项工程综合概算是确定一个单项工程所需建设费用的文件，是由单项工程中的各个单位工程概算汇总编制而成的，是建设工程项目总概算的组成部分。建设工程项目总概算是确定整个建设工程项目从筹建开始到竣工验收、交付使用所需要的全部费用的文件。它由各个单项工程概算、工程建设其他费用概算、预备费、建设期利息概算和流动资金概算等汇总编制而成的。有关单位工程概算、单项工程综合概算和建设工程项目总概算的表格样式见本章第 3.3 节的内容。

【文案范例】

（略）

3.2.9.2　施工图预算书

【基本概念】

1. 概念

施工图预算书即单位工程预算书，是在施工图设计完成后，工程开工前，以施工图纸为依据，在施工方案或施工组织设计已确定的前提下，根据项目所在国家或当地政府颁发的有关政策规定以及预算定额、费用标准及人工、材料、机械台班等价格和承包商企业内部的定额，进行逐项计算工程量、套用相应定额、进行工料分析、计算直接费，并计取间接费、计划利润、税金等费用，确定单位建筑工程造价的技术经济文件。

建筑安装工程预算包括建筑工程预算和设备及安装工程预算。建筑工程预算又可分为土建工程预算、给水排水工程预算、暖通工程预算、电气照明工程预算、构筑物工程预算及工业管道、电力、电信工程预算；设备及安装工程预算又可分为机械设备及安装工程预算和电气设备及安装工程预算。施工图预算书一般由施工企业工程预算管理部门有资格的专业人员编制的。

2. 编制方法

施工图预算书编制方法有单位估价法、实物估价法和分项工程完全单价计算法三种。

（1）单位估价法

单位估价法是利用分部分项工程单价计算工程造价的方法。计算程序是：

①根据施工图计算分部分项工程量；

②根据项目所在地单位估价表或定额单价，计算分部分项工程直接费，并汇总为单位工程直接费；

③计算间接费、计划利润，并与直接费汇总，得出单位工程预算造价；进一步汇总得出综合预算造价和总预算造价。

（2）实物估价法

实物估价法是利用预算定额计算人工、材料、机械台班用量，进而计算工程造价的方法。计算程序是：

①根据施工图计算分部分项工程量；

②根据预算定额计算分部分项工程所需的人工、材料和机械台班消耗量，并按单位工程加以汇总；

③根据人工日工资标准、材料预算价格、机械台班费用单价等资料，计算单位工程直接费；

④计算间接费、计划利润，并与直接费汇总成单位工程预算造价，进一步汇总得出综合预算造价和总预算造价。

（3）分项工程完全单价计算法

分项工程单价完全单价计算法的特点是，以分项工程为对象计算工程造价，再将分项工程造价汇总成单价工程造价。该方法从形式上类似于工程量清单计价法，但是又有本质上区别。

工程中上常用的是单位估价法。

3. 组成

施工图预算书的组成，主要有：

（1）直接费

1）直接工程费：人工费、材料费、施工机械使用费。

2）措施费：安全文明施工费（包括环境保护费、文明施工费、安全施工费、临时设施费）、夜间施工增加费、材料二次搬运费、大型机械设备进出场及安拆费、脚手架费、已完工程及设备保护费、施工排水降水费、混凝土钢筋混凝土模板及支架费。

（2）间接工程费

1）规费：工程排污费、工程定额测定费、社会保障费（养老保险费、失业保险费、医疗保险费）、住房公积金、危险作业意外伤害费。

2）企业管理费。

（3）利润

（4）税金及其他

【内容与格式】

施工图预算书由一系列计算数字和文字说明组成。工程项目（如工厂、学校等）总预算包含若干个单项工程（如车间、教室楼等）综合预算；单项工程综合预算包含若干个单位工程（如土建工程、机械设备及安装工程）预算（见设计概算）。总预算和综合预算由以下五项费用构成：①建筑工程费；②安装工程费；③设备购置费；④工具、器具购置费；⑤其他工程费用。单位工程施工图预算书，都是用专用表格（工程预算表）的形式列出单位工程各分部、分项工程的名称、定额编号、工程量、单价、合价，施工图预算汇总表还要列出直接费、间接费、利润、税金及其他费用。设备及安装工程的单位工程预算还包括设备及其备件的购置费。

施工图预算书一般包括以下内容：

1. 封面

主要填写业主单位名称，工程名称，建筑面积，工程结构，层数，檐高，工程总造价，单方造价，编制单位名称，编制人员及其证章，审核人员及其证章，编制单位盖章，编制日期等内容。

2. 编制说明

编制说明主要是文字说明，内容包括：工程概况，编制依据、范围，有关未定事项、遗留事项的处理方法，特殊项目的计算措施，在预算书表格中无法反映出来的问题以及其他必须说明的情况等。

编写编制说明的目的，是为了使他人更好地了解预算书的全貌及编制过程，以弥补数字不能显示的问题。

3. 施工图预算汇总表

施工图预算汇总表也称工程造价计算总表，是按照工程造价计算程序计算的，内容包括：综合基价合计、施工措施费（包括施工技术措施费、施工组织措施费）、差价、专项费用、利润、税金等，最终构成工程造价。

4. 施工措施费分项表

施工措施费，包括施工技术措施费和施工组织措施费两大部分，每一部分又由若干项费用组成。在施工措施费分项表中，应填写各项的费用数额。

施工技术措施费包括：脚手架、钢筋混凝土中的模板、垂直运输费、超高费、大型机械场外运输及安拆费等费用。承包商可参照综合基价的相关子目，结合工程情况、施工方案、承包商的技术装备等因素自主报价。其中，脚手架和模板也可采用项目综合报价。

施工组织措施费包括：材料二次搬运费、远途施工增加费、缩短工期增加费、安全文明施工增加费、总承包管理费、其他费用等。承包商可根据工程情况、施工方案、市场因素等，在确保工程质量、合理工期和不低于成本的前提下，参照文件规定的计算方法自主浮动报价。

5. 差价计算表

包括人工费差价、材料费差价、机械费差价等。

6. 工程预算表

工程预算表是单位工程施工图预算书的主要内容，用专用表格的形式列出单位工程各分部、分项工程的名称、定额编号、工程量、单价、合价。是根据工程量计算表提供的分项工程量，套用相应综合基价，计算各分项综合基价、合计。还包括材料的量差调整、计价价值的计算等。

以上六项为单位工程预算书的全部提交内容。

7. 其他

一般情况下，预算编制方的企业内部还必须保存施工图预算编制的原始资料，存档备查的资料有：

(1) 工程量计算表

根据施工图纸、工程量计算规则、综合基价总说明、分部说明及有关资料，按综合基价分部分项的要求计算各分项工程量的数量大小。

(2) 材料分析、汇总表

①单位工程综合基价。

根据工程量计算表提供的各分项工程量和综合基价项目表中各主要材料的相应子目含量，分别计算出各分项主要材料综合基价用量，然后进行分页汇总合计，最后再将各页合计进行汇总，填制汇总表。

②材料用量分析表、汇总表。

根据施工图纸标示的尺寸、数量、品种、规格，分别计算全套施工图纸中各构件的各主要材料的施工图净用量，然后进行汇总，得出施工图净总用量，再乘以综合基价规定的损耗率，得出施工图总耗用量。

施工图预算书的格式除封面和编制说明为文字表述外，一律为表格表述，有关表格样式见本章第 3.3 节常用表式中的内容。

【文案范例】

（略）

3.2.9.3 施工预算

【基本概念】

1. 施工预算的含义

施工预算是建筑施工企业在编制单位工程预算以后，根据施工图纸、施工定额、施工及验收规范、标准图集、施工组织设计（或施工方案），进行施工图预算工料分析的基础上，编制的单位工程（或分部分项工程）施工建造所需要的人工、材料和施工机械台班数量及各种材料消耗量，是建筑施工企业的内部文件和直接用于施工生产的技术性文件。是单位工程或分部分项工程施工所需的人工、材料和施工机械台班消耗数量的标准与限额，是建筑施工企业以单位工程为对象编制的人工、材料、机械台班耗用量及其费用总额，即单位工程计划成本。

施工预算是建筑施工企业编制单位工程劳动力、材料与施工机械需要量计划，是项目经理向施工班组签发施工任务单、进行劳动力调配，做好物资技术供应，限额领料、考核工料消耗，开展班组经济活动分析的依据。也是建筑施工企业进行"两算"对比，在施工图预算的控制之下，做好项目成本控制，搞好成本分析和进行施工班组经济核算的依据。

施工预算编制的责任人是施工企业项目部组织技术业务人员编制的。

在我国许多大型建筑施工企业，为了加强项目的成本控制，通常都严格的规定：必须在工程项目开工前一个月内，完成项目预算的编制和审批。实际上项目预算是施工预算的细化，有关项目预算的管理体系、工作流程、编制方法等，详见本书第 4 章的相关内容。

2. 施工预算的作用

（1）施工企业根据施工预算，编制施工计划、材料需用计划、劳动力使用计划，以及对外加工订货计划，实行定额管理和计划管理。从而实现按计划控制企业人工和物资消耗量。

（2）施工企业根据施工预算，签发施工任务书，限额领料，实行班组经济核算以及奖励和处罚。

（3）施工企业根据施工预算，用以检查和考核施工图预算编制的正确程度，以便控制成本，开展经济活动分析，督促技术节约措施的贯彻执行。

另外，建筑施工企业编制的施工预算与单位工程预算书之间都存在一定的差额，其反映了企业个别劳动量与社会平均劳动量之间的差别，体现了建筑施工企业降低工程成本的计划要求。

3. 施工预算编制的原则

施工预算的编制一般遵循以下原则：

（1）材料用量按施工材料做法量加合理操作损耗确定。材料单价按项目所在地市场价确定（由材料管理部提供）。人工工日按项目所地标准或合同规定确定，人工单价（或劳务承包单价）按合同确定或按项目所在地现行标准执行。混凝土配合比、机具费用、模板费用、脚手架费用、现场管理费用、临时设施费用等，建筑施工企业有指标的，按指标编制，公司无指标的，根据施工方案测定费用水平。施工预算只编入直接费、现场管理费，间接费和税金等费用不编入施工预算。

编制施工预算时，要分析项目所在地人工水平，使施工预算的人工工日水平符合工程实际。

（2）施工预算应根据实际工程具体情况，根据便于使用、便于管理的原则，分专业，按系统，分层、分段编制。相同完全的不同层段的施工预算可只编制标准层施工预算，但应在编制说明中注明适用范围。

（3）每个施工预算的项目应齐全，甩项部分应在编制说明中注明。分部要合理，列项要有序。土建装修可按隔墙、电梯厅、走道、户型1、户型2等编制。每一户型可按各房间二次划分。每一房间按地面、天棚、墙面、门窗及固定家具、其他项目先后次序列项。水电按楼层系统子目、各房间子目编制。

（4）施工预算一律利用指定的预算软件编制。

（5）加强施工预算定额的完善工作，逐步实行统一材料库、统一市场价、统一材料耗用量，形成公司统一的施工预算编制体系，形成公司自己的内部施工预算定额，为快速、准确、实际地编制工程预算提供有力工具。

（6）施工预算费用要与技术措施费计划、降低成本计划相结合原则。在国际工程承包项目中，我国企业大多数都采取一定的技术措施和施工工艺，增加工效，减少消耗，降低成本。

4. 施工预算编制的步骤

施工预算一般按下列步骤编制：

（1）搜集编制施工预算的基础资料。包括全套施工图纸，经过批准的单位工程施工组织设计或施工方案，平面布置图等。

（2）计算工程实物数量。按照施工图预算编制时的各项计算成果（工程量计算表、材料用量分析表、汇总表等），避免重复计算。

（3）工程量汇总。工程量计算完毕核对无误后，根据建筑施工企业内部施工人工、材料、机械台班消耗量指标，按分部分项工程的顺序，分层、分段逐项计量、计算汇总。

（4）套用施工定额。按项目所在地或建筑施工企业内部自行编制的材料、消耗定额及劳动定额套用计算，但套用的施工定额必须与施工图纸要求的内容相适应。

（5）工料分析和汇总，并编写编制说明。

【内容与格式】

一般情况下，施工图预算都以表格的形式编制，施工预算内容包括：

（1）分层、分部位、分项工程的工程量指标或工料分析表。

（2）分层、分部位、分项工程所需人工、材料、机械台班消耗量指标。

（3）按工种、材料种类、机械类型分别计算的消耗总量。

（4）按人工、材料和机械台班的消耗总量分别计算的人工费、材料费和机械台班费，以及按分项工程和单位工程计算的直接费。

（5）混凝土构件、钢构件及设备、材料、制品的加工订货数量。

【文案范例】

（略）

3.2.10 项目评审

【基本概念】

1. 定义

顾名思义，项目评审就是关于项目审查和批准项目计划、项目变更和工作进展评价的一个步骤。项目评审的内容、步骤、结果取决于项目评审的标准与评审的类型。不同的评分类型，在整个项目管理生命周期里，通常需要有多个项目评审工作。项目评审工作就是对项目计划执行情况以及未来计划的新情况作一个评审，同时对项目的财务状况及其他情况作一个总结。另外，项目评审可以为项目团队在处理项目风险时提供机会，以获得管理层的支持，同时也为项目团队继续开展项目工作提供在高层管理方面的认可。

2. 项目评审种类

对于国际工程承包业务而言，项目评审按阶段划分为投（议）标阶段的投（议）标立项评审；项目谈判阶段的项目签约评审、项目签约（生效）评审和合同谈判签约评审；项目合同签约后或项目实施过程中发生合同或主要内容变更的变更评审。

因此，项目评审的种类分为立项评审、签约评审、生效评审、变更评审。

（1）立项评审。

立项评审主要是指投（议）标立项评审。一般情况下，许多大型国际承包商都规定：对于投标金额在3000万美元（含）以上的正式投标或议标项目在开具投标保函之前，要进行立项评审；不需开具投标保函的项目一般不需要立项评审。

（2）签约评审。

签约评审，是指国际工程承包商在工程项目承包合同正式签约之前进行的签约评审。其中，签约技术评审通常由企业工程技术主管部门组织，对技术评审“通过”或“原则通过”的项目，由企业经营管理部门组织签约评审。

（3）生效评审。

生效评审是指合同签订后六个月内未生效或合同生效前国内外政治经济形势发生了较大变化，合同生效前须进行生效评审。

（4）变更评审。

变更评审是指合同生效后，合同内容需要做重大修改，则针对需修改的部分内容进行合同变更评审。

3. 项目评审的专项内容与要点

（1）按评审的专项内容分为技术评审和商务评审。一般情况下，只有技术评审获得“通过”或“原则通过”的项目，才能进行商务评审。技术评审的目的是确认投（议）标或完成该项目的技术能力，以及实施和完成该项目的施工方案的可靠性。技术评审主要围绕项目的技术方案（或设计方案）、施工方案、计划以及技术质量的保证措施、控制及管理等内容进行的。商务评审的目的是从成本、财务和经济分析等方面评审投议标或完成该项目的正确性、合理性、经济效益和规避风险的可行性等。商务评审是项目评审工作的重要环节，由于具有了技术评审的结论，商务评审的意见是项目评审的决定性意见。

（2）项目评审的要点。项目评审要点主要包括：

1）项目实施环境

①项目来源（立项情况、业主情况、项目所属区域的情况等）。

②可能的竞争者。

③当地代理人的情况（业绩）。

2）项目的技术可行性

①是否在国内（外）有类似项目三年或三年以上的运行业绩（如是首次实施，或不满足上述条件，应加以详细分析）；主要设备的制造、投运情况。

②是否做过实际（地）考察，（结果如何）。

③本项目的技术难点及对策：

a. 哪些是业主比较不同的要求（谁组织讨论得出的?）。

b. 标准（含土建、排放、环保、消防）。

c. 质量要求标准。

d. 验收服务及标准。

e. 性能保证分析，结论（何人所作）。

f. 施工难度（环境特点，有无意向合作伙伴，人、财、物、机具的落实）。

3）工期

①要求工期与国内工期的比较（有无专人落实）。

②具体难点及对策（与谁探讨所得，有无实际的验证经验）。

③拟定的工期（裕度的留取，内控工期，何人制定）。

a. 有无考察（何人参与）。

b. 人员派遣、设备出运对工期的影响分析，应对措施。

4）拟定的合作伙伴

①项目组织模式（为什么）。

②设计单位。

③主要设备制造商。

④土建、安装分包商。

5）成本分析

成本分析应建立在初步询价的基础上，主要包括：

①设备

a. 主要设备。

b. 辅助设备。

c. 备品备件。

②土建安装（要具体，人、机具、材料范围的报价）。

③设计单位基本情况。

④设计或施工监理单位情况。

4. 项目评审的方式与专家组成

项目评审方式分为会签评审和会议评审。

项目评审人员由评审专家组成，应包括商务、技术、工程管理、财务、法律、储运等专业人员。

【内容与格式】

1. 项目评审的内容

项目评审的内容按立项评审、签约评审、生效评审有所区别，分别如下：

（1）立项评审

立项评审的内容：

1）项目的一般情况（项目/业主的背景情况、资金来源和项目所在国/地区的政治、经济和社会状况等）。

2）招标书对投标人的资质要求是否明确，对承包方和业主的责任规定是否明确、合理。

3）项目的内容、工作范围和接口关系。

4）项目的技术水平及在国际、国内的地位。

5）主要合作伙伴，如：设计、施工和主机供货单位的资质、业绩和能力。技术方案、主机选型与标书要求的满足程度。

6）主要罚款条件，如：工期、性能保证值是否能够满足要求；移交条件和最终验收条件。

7）支付条件与支付方式。

8）价格表的合理性与完整性。

9）成本核算，汇率、税务分析及效益分析等财务资金情况。

10）其他投标方的背景、能力情况，各方优劣势分析及拟采取的策略和措施。

11）有关商会、商务部、我驻项目所在国使馆商务处、相关银行、保险公司的意见（如需要）以及投（议）标许可证的申请、取得情况。

12）项目承办人认为需要评审的事项。

（2）签约评审

签约评审的内容；

1）合同（草案）条款的审查情况。

2）差异表中所列事项与业主沟通和谈判情况及拟采取的措施。

3）项目的内容、工作范围和接口关系。

4）项目的技术水平及在国际、国内的地位。

5）主要合作伙伴，如：设计、施工和主机供货单位的资质、业绩和能力。技术方案、主机选型与合同要求的满足程度。

6）主要罚款条件，如：工期、性能保证值是否能够满足要求；移交条件和最终验收条件。

7）支付条件与支付方式。

8）价格组成的合理性与完整性。

9）成本核算，汇率、税务分析及效益分析等财务资金情况。

10）国机集团、有关商会、商务部、我驻项目所在国使馆商务处、相关银行、保险公司的意见（如需要）以及投议标许可证的申请、取得情况。

11）项目承办人认为需要评审的事项。

（3）生效评审

生效评审内容：

1）合同签订后，国内外政治、经济形势的变化对项目的影响。

2）信用证条款与合同条款的一致性。

3）项目部的机构设置和人员组成情况。

4）项目任务书。

5）主要合作伙伴，如：设计、施工和主机供货单位的资质、业绩和能力。技术方案、主机选型与合同要求的满足程度。

6）主要罚款条件，如：工期、性能保证值是否能够满足要求；移交条件和最终验收条件。

7）成本核算，汇率、税务分析及效益分析等财务资金情况。

8）项目承办人认为需要评审的事项。

（4）变更评审

变更评审主要针对合同生效后或项目实施中，若工程项目承包合同需作重大修改与调整（如合同支付条款、工期、重要合作伙伴、项目毛利率等重要条款等），则须经过合同变更评审之后，方可修改合同。

2. 项目评审报告

在项目评审前，项目承担或实施单位应编制项目评审报告，项目评审报告，一般按专项划分为技术评审报告和商务评审报告。其中技术评审报告的内容和格式如下：

A. 建筑工程项目技术评审报告

建筑工程项目技术评审报告的内容与格式如下：

建筑工程项目技术评审报告

（签约评审阶段）

1　项目概述

1.1　简要介绍项目所在地政治经济与基本建设情况

1.2　简要介绍项目开发工作过程及项目承包模式

1.3　简要介绍项目总的要求：项目投资方，要求或预计工期，地理位置等

1.4　简要介绍国内外合作伙伴（如果有）

1.5　简要介绍主要竞争对手情况（如果有）

1.6　项目需要在项目所在地强制分包的情况和项目指定供货商

1.7　其他需要说明的特殊情况

2　项目适用标准

2.1　设计、施工、制造、验收标准；

2.2　项目需要执行的强制标准情况（包括环保，消防，地震等）；

3　项目条件

3.1 概述

3.1.1 建设位置（对地理状况需作一定描述）

3.1.2 主要建筑物

3.1.3 设计方案

3.2 设计优化方案

3.3 方案特征

3.4 地质情况

3.5 水文情况

3.6 项目现场气象条件

3.6.1 设计气象条件选取原则及依据

3.6.1.1 设计气象条件的选取原则

3.6.1.2 设计气象条件的选取依据

3.6.2 项目最大风速的选择

3.6.3 平均气温、最高气温及最低气温的选择

3.6.4 覆冰厚度的选择

3.6.5 雷暴日的选定

3.6.6 设计采用的气象条件（请附设计气象条件一览表）

3.6.7 项目当地特殊环保或者宗教政策要求

3.6.8 项目所在地建设原材料供应情况（包括水泥，砂石，木材，钢材等）

4 工作范围

4.1 合同范围描述（应特别注明是否包括场地平整，勘测，地基处理，进场道路，设计工作等）

4.2 和业主或其他分包商的接口及接口管理分工原则（如果有）

5 项目技术要求及方案描述

5.1 基础

5.2 主体

5.3 内外粉饰

5.4 给水排水

5.5 电气

5.6 其他

5.7 施工组织方案

5.8 与国内标准要求差异

5.9 与招标差异和偏差

5.10 特殊说明（如果有，例如CE认证等）

6 性能保证分析及罚款条件

6.1 性能保证条件

6.2 性能保证值

6.3 罚款条件

6.4 其他需要说明的事项

7　项目主要工程量及价格构成

8　附图

(原则上需要提供必需的图纸，供评审用。)

B. 市政给水排水工程项目技术评审报告

市政给水排水工程项目技术评审报告的内容与格式如下：

市政给水排水工程项目技术评审报告

1　项目概述

1.1　简要介绍(项目所在地地理位置、城市或区域现状、政治经济情况、有关法律，现有给水设施和排水设施等。现有给水设施主要包括水源、自来水厂、管网等设施；现有排水设施主要包括排水体制、污水和雨水管网、泵站及污水处理状况和设施等)

1.2　简要介绍项目开发工作过程及项目承包模式

1.3　简要介绍项目总要求(项目投资方、项目规模、水厂位置、占地面积、取水河流情况、泵站规模及数量(如有多座泵站时宜列表给出)、管道工程、污水排除情况、输变电情况、总体技术要求、预计工期等)

1.4　简要介绍国内外合作伙伴(包括勘测设计单位、设备与材料供货商、施工单位等)

1.5　简要介绍主要竞争对手情况(如果有)

1.6　项目需要在项目所在地强制分包的情况和项目指定供货商

1.7　其他需要说明的特殊情况

2　项目适用标准

2.1　设计、施工、制造、材料、工程验收标准

2.2　项目需要执行的强制标准情况(包括环保、消防、地震等)

3　项目条件

3.1　项目现场气象条件

季节：季节划分，雨季、旱季持续时间

风：常年主导风向、季节风向，风速(年平均、最大)，设计风压

气温：年平均气温、历年极端最高气温 、历年极端最低气温

相对湿度：平均相对湿度，最大相对湿度

降雨量：年平均降雨量，最大月降雨量、最小月降雨量，最大日降雨量，最大小时瞬时降雨量，历年平均降雨天数

年平均气压：

年平均蒸发量：

雷电：历年平均雷暴天数

3.2　水文条件(应说明项目所在地水系，包括河流、湖泊、水库等的流(水)量、枯水位和洪水位、防洪标准等。对于给水项目还应说明项目水源条件，必要时进行不同水源的方案比选。对排水项目还应说明雨季、旱季和洪水期地下水位等)

3.3　项目所在地现场海拔，地形地貌(对管网还应说明沿线情况，工程实施的障碍

物情况）

3.4 项目区域（管网）和现场（水厂、泵站）工程地质情况，项目现场地震及地震动参数情况

3.5 项目现场及周边交通运输情况（包括铁路，公路及水路）

3.6 项目现场电力供应及施工用水情况

3.7 项目当地特殊环保或者宗教政策要求

3.8 项目所在地建设原材料供应情况（包括水泥，砂石，木材，钢材等）

4 工作范围

4.1 合同范围描述（应特别注明场地平整、地形测量、工程地质勘察、设计工作、地基处理、水处理厂、管网（含泵站）输变电及技术培训、技术服务等，说明业主提供各项资料是否达到设计需要等）

4.2 和业主或其他分包商之间的接口及接口管理分工原则（如果有）

5 工程实施计划

5.1 总工期计划：包括勘测、初步设计、施工设计、进场计划、关键工期节点计划等

5.2 土建施工简要介绍

6 给水系统工艺设计

6.1 给水系统工艺设计

6.1.1 总体设计

（包括工程规模，水源，水质及水压要求，给水系统方案的系统示意图，输水线路、用地范围和数量等）

6.1.2 取水构筑物设计

取水口位置、地形、地质条件、水文条件、防洪标准（如果有）；取水头部、取水构筑物或地下水取水构筑物等各构筑物工艺设计参数，结构形式，基本尺寸，设备选型及数量等，设备的主要性能参数。地表水取水构筑物要说明设计标准，防水草、淤积及岸坡保护措施、对航运的影响（如果有）

6.1.3 输水管道设计

输水管道走向，长度、管径，管材，埋设深度，防腐（如果有），穿越铁路、公路、河流等障碍物的工程措施，加压站或高位水池的位置、布置和机组设备选型，防止水锤措施等

6.1.4 自来水厂设计

(1) 净水工艺流程。

(2) 水厂位置、地形、地质条件、防洪标准（如果有）；总平面竖向布置，道路形式及标准，占地面积及主要技术指标。

(3) 构筑物选型及主要设计参数、尺寸、设备及主要性能参数、数量、材质。

(4) 净水药剂、投配方式，加药间平面布置，设备及主要性能参数、数量、材质。

(5) 消毒剂、投配方式，消毒间平面布置及安全措施，设备及主要性能参数、数量、材质。

(6) 排泥水及冲洗水的排放或回用措施，污泥处置方法。

(7) 清水泵站及变电所。

(8) 水厂自动化控制系统。

(9) 辅助生产建构筑物及附属建筑物的建筑面积及使用功能。

(10) 厂区内道路、绿化、围墙、电气和控制通道、给水管道、排水管道、雨水排除及防雷措施。

(11) 消防设计的主要设计参数及采取的措施、设施。

(12) 输电线路

6.1.5　配水管网设计

管网最大工作压力、最小服务水头（地面以上），配水管的直径、长度、管材、走向，管道穿越铁路、公路及过河方式，加压泵站布置和机组设备选型，调节水库或水塔的位置、容量、标高和形式。

6.2　排水系统工艺设计（与给水类似）

6.2.1　总体设计

包括工程规模，排水区域内天然水体的名称和水文情况（包括代表性的流量、水位和河状性质等），排水要求，排水系统方案的系统示意图，排水线路、用地范围和数量等。

6.2.2　污水管网系统设计

(1) 管道设计：说明服务面积、干管走向、长度、管径、管材，埋设深度、基础处理、接口形式；检查井布置原则及数量，接入管布置原则及数量。

(2) 泵站设计：泵站位置，总平面及竖向布置，道路形式及标准；泵站规模及工艺布置；设备选型及数量，运行要求，主要设计数据；泵站主要尺寸及结构形式。

(3) 特殊构筑物设计：如倒虹管、溢流井等。

6.2.3　污水处理厂

(1) 污水处理地理位置、地形、地质条件、防洪标准、卫生防护距离（如项目所在地有批准的环境影响评价报告（EIA），则依据环境影响评价报告（EIA）确定），总平面及竖向布置，道路标准，占地面积及主要技术指标。

(2) 处理规模、处理工艺流程，按流程顺序说明各构筑物的主要设计数据、尺寸、构造材料及设备选型、数量及性能、材质。

(3) 主要辅助建筑物及生活设施的建筑面积及其使用功能。

(4) 药剂及投配方式，加药间平面布置，设备的主要性能参数、数量、材质。

(5) 消毒剂、投配方式，消毒间平面布置及安全措施，设备及主要性能参数、数量、材质。

(6) 污泥处置方法，污泥浓缩、脱水间平面布置，设备的主要性能参数、数量、材质。

(7) 其他建构筑物的主要设计数据、尺寸、构造材料及设备选型、数量及性能、材质（如果有）。

(8) 污水处理过程中产生的二次污染防治措施及设施。

(9) 厂区内道路、绿化、围墙、电气和控制通道、给水管道、排水管道、雨水排除及防雷措施。

(10) 消防设计的主要设计参数及采取的措施、设施。

(11) 输电线路

6.2.4 设备及主要材料

提出水处理工程的设备及主要材料的名称、规格、数量等（以表格形式列出清单）。

6.3 与国内标准要求差异

6.4 与标书或业主要求差异及偏差

6.5 其他需要说明的事项

7 土建

7.1 设计条件

工程所在地的风荷载、雪荷载、工程地质条件、地下水位、地震基本动参数和抗震设防标准，应说明场地是否存在特殊地质条件（如软弱地基、膨胀土、滑坡、溶洞、冻土、采空区、抗震的不利地段）等。

7.2 建筑设计

(1) 说明根据生产工艺要求或使用功能确定的建筑平面布置、层数、层高、装修标准、对室内通风、消防、节能所采取的措施。

(2) 辅助建筑物的建筑面积和标准。

7.3 结构设计

(1) 根据建构筑物的使用功能、生产需要所确定的使用荷载，地基土的承载力设计值、抗震设防标准等，说明对结构设计的特殊要求（如抗浮、防水、防震、防腐、防火、防风等）。

(2) 说明主要构筑物的结构选型、地基处理及基础形式、伸缩缝、沉降缝和抗震缝的设计，为满足特殊使用要求的结构处理、主要结构材料的选用。（次要构筑物可采用构筑物一览表形式列出）

(3) 说明主要建筑物的结构选型、地基处理及基础形式，主要结构材料的选用。（次要构筑物可采用构筑物一览表形式列出）

(4) 主要材料

提出土建工程的主要结构材料及特殊材料的名称、规格、数量等（以表格形式列出清单）。

7.4 施工组织描述

7.5 特殊结构或基础施工措施及工艺描述，特殊地基条件下地基处理及施工需要特别注意的事项描述（如果有）

7.6 与国内标准要求差异

7.7 与标书或业主要求差异及偏差

7.8 其他需要说明的事项

8 电气

8.1 说明电源资料概况，供电电源及电压等级。

8.2 负荷计算：说明用电设备种类，计算设备容量、负荷数值和自然功率因数，功率因数补偿方法，补偿设备的数量和补偿后功率因数结果。

8.3 给出供电系统图、变配电所平面布置图，说明变压器容量和数量。

8.4 保护和控制：说明继电保护的设置、防雷保护措施、接地装置等。

8.5 与国内标准要求差异

8.6 与标书或业主要求差异和偏差

8.7 特殊说明（如果有）

8.8 设备及主要材料

提出电气工程的设备及主要材料的名称、规格、数量等（以表格形式列出清单）。

9 自控

9.1 方案描述：说明全厂控制功能的描述，仪表、自动控制测定的内容、各系统的数据采集和调度系统。仪表系统防雷、接地和克服干扰的内容。

9.2 设备配置原则

9.3 与国内标准要求差异

9.4 与标书或业主要求差异和偏差

9.5 特殊说明（如果有）

9.6 设备及主要材料

提出自控工程的设备及主要材料的名称、规格、数量等（以表格形式列出清单）。

10 采暖及通风

10.1 方案描述：说明采暖通风和空气调节的设计方案要点。采暖、空气调节的室内设计参数及设计标准（以数据表示），冷、热负荷的估算数据，热源、空气调节的冷源选择及参数。简述控制方式。需要通风的部位，通风系统的形式及换气次数，防火技术。

10.2 设备配置及材料：说明采暖通风和空气调节系统的设备技术参数。管道大小及材质，保温材料等。

10.3 与国内标准要求差异

10.4 与标书或业主要求差异和偏差

10.5 特殊说明（如果有）

11 性能保证分析及罚款条件

11.1 性能保证条件

11.2 性能保证值

11.3 罚款条件

11.4 其他需要说明的事项

12 项目主要工程量及价格构成

13 附图要求

原则上应提供主要图纸供评审，项目复杂时，视情况应增加必要的图纸。

13.1 总体布置图

表示出地形、地物、河流、铁路、公路等，标出坐标网、方位、风玫瑰（指北针）。绘制现有和设计的给水、排水系统，列出主要工程项目表。

13.2 总平面布置图

水源地、取水泵站、自来水厂、污水处理厂、污水提升泵站等应绘制总平面布置图。图上表示出坐标轴线、标高、风玫瑰（指北针）、平面尺寸。

绘制出现有和设计的建构筑物、主要管渠、围墙、道路及相关位置，注明与外部配套设施的关系；竖向布置；列出建构筑物一览表、主要技术经济指标。

13.3 自来水厂和污水处理厂高程布置图

13.4 主要建构筑物工艺设计图

标明工艺尺寸、布置形式、主要设备及主要工艺管道、附件等，注明管径，列出设备及主要材料表，注明规格及主要性能参数。

13.5 供电系统和主要变、配电设备布置图

标明变电、配电、用电起动等设备位置、名称、符号及规格、附设备及主要材料表。

13.6 自动控制仪表系统布置图

仪表数量较多时，绘制系统控制流程图。当采用计算机控制时，须绘制控制系统拓扑图、计算机系统框图、带监控点的流程图。

C. 路桥工程项目技术评审报告

路桥工程项目技术评审报告的内容与格式如下：

路桥工程项目技术评审报告

1 项目概述

1.1 简要介绍项目所在地政治、经济及安全情况，交通网系及公路建设情况。扼要说明项目所在地区域城镇现状布局、区域路网现状、规划与拟建项目的关系

1.2 简要介绍项目开发工作过程及项目承包模式

1.3 简要介绍项目总的要求：项目投资方、公路等级、路线总里程、要求或预计工期、地理位置及与现有路网接入情况等

1.4 简要介绍国内外合作伙伴

1.5 简要介绍主要竞争对手情况（如果有）

1.6 项目需要在项目所在地强制分包的情况和项目指定供货商

1.7 其他需要说明的特殊情况

2 项目适用标准

2.1 设计、施工、制造、验收标准

2.2 项目需要执行的强制标准情况（包括环保、消防、地震等）

3 项目条件

3.1 扼要说明项目区域城镇现状布局、区域路网现状、规划与拟建项目的关系

3.2 扼要说明项目前期公路选线方案、测设经过、路线起终点、中间控制点、全长、沿线主要城镇、河流、公路及铁路等情况

3.3 项目路段沿线现场自然条件

3.3.1 沿线自然地理条件及对项目的影响

① 地形、地貌。

② 区域地质稳定性评价。

③ 工程地质评价。

④ 水文地质评价。

⑤ 不良地质路段情况。

⑥ 地震动峰值加速度的采用及大型工程构造物区域地震动峰值加速度鉴定情况。

⑦ 气温、降雨、日照、蒸发量、主导风向风速、冻深等。

3.3.2 沿线环境敏感区（点）重要设施的分布及对项目建设的影响（包括：自然生态、水资源、动物、文物等保护区，电力电信、学校、医院、军用、地震、气象、宗教等设施，矿产资源，自然及人文景观等）

3.3.3 沿线土地资源状况及对项目的影响

3.3.4 项目区域内铁路、水路、航空、管道等运输方式情况，及对项目的影响

3.3.5 各种自然条件（地质、地震、环保、水土保持、消防等）专项要求或者宗教政策要求及对项目的影响

3.3.6 建设原材料（包括水泥、砂石、木材、钢材、土等筑路材料）供应、运输情况及对项目的影响

3.3.7 项目所在地当局对重大问题的意见，沿线居民的要求或建议

4 工作范围

4.1 合同范围描述（应特别注明是否包括场地平整、勘测、地基处理、与已有路网的连接线建设、原有公路临时改道的建设和维护、环境保护措施、景观工程、交通工程及沿线设施各项工程、绿化恢复植被、设计工作等。说明业主提供各项资料是否达到设计需要，是否包括沿线拆迁和临时占用费用、地材是否收取地质资源税等）

4.2 和业主或其他分包商之间的接口及接口管理分工原则（如果有）

5 工程实施计划

5.1 总工期计划（包括选线、线路勘测、初步设计、施工设计、进场计划、关键工期节点计划等）

5.2 施工实施方案简要介绍（根据工程的施工条件和特点分析，研究制约整个工程工期、质量、造价的关键环节，提出合理的施工方案）

5.3 关键性技术要求问题的对策措施

5.4 工程实施所需的机械设备投入计划及使用计划

5.5 项目实施过程中的各种风险评估及应对措施

6 技术要求及方案描述

6.1 总体方案

6.1.1 根据对项目建设条件的综合分析，提出项目设计原则，确定设计等级

6.1.2 路线起终点论证及与其他公路（含规划公路）的衔接方式

6.1.3 技术标准及主要技术指标的采用情况，不同技术标准之间的衔接过渡情况

6.1.4 说明路线总体设计方案

6.1.5 公路一般路段与特殊路段（如爬坡车道、紧急避险车道等）的横断面布置方案（组成、宽度、构造及设施）的设置情况

6.1.6 沿线大型桥梁、隧道、交叉、服务设施的设置位置、间距，相互关系及协调情况

6.1.7 沿线交叉工程与其他交通方式的协调情况，以及与当地生产、生活需要的适应情况

6.1.8 管理、养护、服务设施的设置情况

6.1.9 全线土石方情况，取土、弃土方案

6.1.10 占用土地情况及节约用地措施

6.1.11 与沿线环境及景观的协调情况

6.1.12 各种筑路材料的采用情况

6.1.13 特殊说明（如果有，包括下阶段需要深入解决的问题或需要进行试验、研究的项目）

6.2 路线（如果有）

6.2.1 路线布设及主要技术指标采用情况

6.2.2 可行性研究报告批复的路线控制点执行情况

6.2.3 路线方案布置及比选论证结论。论述时应就方案的提出理由、方案的工程实施条件、方案的技术经济合理性等考虑以下几方面

① 建设条件对路线方案布置的影响分析。

② 方案中控制点间距、路线、桥梁、隧道、互通式立体交叉、服务设施位置的协调及其位置的确定的选择和布置情况。

③ 方案平、纵指标及连续、均衡情况。

④ 行车安全、通行能力、服务水平的分析比较。

⑤ 公路用地、征地及拆迁情况。

⑥ 与铁路、原有公路、农田水利、电力、电信、重要管线（道）等的干扰（包括施工）情况。

⑦ 方案路线对沿线环境影响评价和比较。

6.2.4 方案主要工程数量

6.2.5 安全设施方案（包括标志、标线、护栏、隔离栅、防眩设施、防落物网、视线诱导标、防撞设施、其他安全设施）

6.2.6 与国内标准要求差异

6.2.7 与标书或业主要求差异和偏差

6.2.8 特殊说明（如果有，包括下一阶段应进一步解决的问题及注意事项）

6.3 路基、路面（如果有）

6.3.1 沿线地质、地层情况描述、不良地质地段及其相关物理、力学指标等

6.3.2 一般路基设计

① 设计原则及方案论证结论。

② 路基横断面布设及加宽超高方式。

③ 路基填土高度、挖方深度、路堤（或路堑）最大、最小高度及其控制因素等。

④ 高填深挖路基、陡坡路堤、路桥（涵）过渡路基等设计方案及比选论证（必要时对高填深挖路基按工点说明）。

6.3.3 特殊地质路基设计原则及方案论证结论

6.3.4 路基防护工程方案论证结论

6.3.5 取土、弃土方案及取土场、弃土场情况

6.3.6 路面设计原则、设计依据、交通量及交通组成、路面结构方案、类型的论证结论，路面结构设计（设计荷载、主线、互通立交匝道、被交道路、收费站广场、桥面铺装、隧道路面等），材料要求等

6.3.7　路基、路面排水设计原则及方案论证结论

6.3.8　路基土工试验、筑路材料及路面结构混合材料试验或验证情况

6.3.9　需要进行科研试验项目

6.3.10　方案主要工程数量

6.3.11　与国内标准要求差异

6.3.12　与标书或业主要求差异和偏差

6.3.13　特殊说明（如果有，包括下一阶段应进一步解决的问题及注意事项）

6.4　桥梁、涵洞（如果有）

6.4.1　方案设计原则及技术标准采用情况

6.4.2　沿线桥梁、涵洞的分布情况

6.4.3　桥梁设计荷载和抗震设计情况

6.4.4　桥梁耐久性（使用年限）设计及措施

6.4.5　沿线水系及水文概况、特征，农田水利设施与桥涵设置位置及孔径选择的关系

6.4.6　沿线工程地质、筑路材料与桥涵结构类型选择的关系

6.4.7　逐座说明桥梁跨越河流的流域情况、河段特征、桥位处地质、水文、通航情况，桥位的比选情况，水文初步计算、桥梁孔径确定，岸坡防护工程设计、工程抗震措施、通航河流防撞设计、桥梁施工方案等

6.4.8　特大桥应提出两个以上桥型方案进行比选论证

6.4.9　简述特大桥或重要桥梁的景观设计方案和养护方案

6.4.10　简述常规大、中桥不同墩高、不同跨径、不同桥型综合比选论证情况

6.4.11　中、小桥、涵洞水文计算、孔径确定依据说明

6.4.12　需要进行科研试验项目

6.4.13　分列方案主要工程数量（按特大桥、大桥、中桥、小桥、涵洞分列）

6.4.14　与国内标准要求差异

6.4.15　与标书或业主要求差异和偏差

6.4.16　特殊说明（如果有，包括下一阶段应进一步解决的问题及注意事项）

6.5　隧道（如果有）

6.5.1　设计原则及技术标准采用情况

6.5.2　沿线隧道的分布情况

6.5.3　逐处说明隧道（包括明洞）的位置、长度、断面形式及与路线协调情况，方案比选论证结论

6.5.4　逐处说明隧道、竖井、斜井和辅助坑道的地形、地貌、气象、工程地质、水文地质、地震及洞口自然坡体稳定性情况

6.5.5　简要说明隧道支护衬砌结构类型，洞门形式的确定，抗震措施，洞内外防、排水方案，洞内装饰及路面方案

6.5.6　特殊线形、交叉位置关系情况下的隧道方案

6.5.7　特殊地质条件下隧道设计方案和施工方案，以及应对突发事件的预案论证结论

6.5.8　特殊结构隧道设计方案及施工方案论证结论

6.5.9 隧道施工场地、便道布置和弃渣方案

6.5.10 环境保护设计方案

6.5.11 隧道通风、照明、供配电、消防、救援等的设置原则、规模、标准及方案的论证情况

6.5.12 需要进行科研试验项目

6.5.13 方案主要工程数量

6.5.14 与国内标准要求差异

6.5.15 与标书或业主要求差异和偏差

6.5.16 特殊说明（如果有，包括下一阶段应进一步解决的问题及注意事项）

6.6 路线交叉（如果有）

6.6.1 设计原则及技术标准采用情况

6.6.2 路线交叉（包括互通式立体交叉、服务设施匝道及连接道路、分离式立体交叉、通道、天桥、平面交叉及管线交叉）的分布及设置概况

6.6.3 逐处说明互通式立体交叉的位置及其在路网中的作用、设置理由、集散交通量、衔接道路、地质、地形、地物情况，互通方案的比选论证结论，技术指标的选用，匝道车道数的确定，变速车道采用的型式及其长度的取值，平交处通行能力的分析，排水方案及跨线构造物的方案等

6.6.4 逐处说明服务设施的位置、地质、地形、地物等情况，变速车道采用的型式及其长度的取值，连接道路，排水方案及交叉构造物（通道、天桥）的方案等

6.6.5 分离式立体交叉的位置、设计标准、排水设施、跨线构造物的类型（上跨、下穿）及方案比选等情况

6.6.6 通道和天桥的设置情况

6.6.7 平面交叉的设置情况；被交道路现状及拟改建采用的标准（包括等级、设计速度、路基宽度、路面及排水等）、平面交叉采用的类型及其方案比选情况等

6.6.8 重要管线、管道交叉或平行时的设计情况，并说明有关项目所在地当局对设计的具体要求

6.6.9 需要进行科研试验项目

6.6.10 方案主要工程数量

6.6.11 与国内标准要求差异

6.6.12 与标书或业主要求差异和偏差

6.6.13 特殊说明（如果有，包括下一阶段应进一步解决的问题及注意事项）

6.7 交通工程及沿线设施（如果有）

6.7.1 根据本项目交通量、几何设计、服务水平和环境等的具体情况与特点说明各项设施的设置目的、要求及技术措施

6.7.2 交通工程及沿线设施的方案设计标准、规模、技术指标的主要结论方案（交通工程及沿线设施一般包括：①监控设施；②通信设施的通信传输方式，通信网构成及功能、管线设计方案；③服务设施的布设位置、功能、建设规模；④供配电设施；⑤照明设施的照明区段布设位置、功能等）。

6.7.3 房建工程方案的设计原则、标准及布设位置，主要工程规模、建筑面积、占

地面积、结构形式

6.7.4　方案主要工程数量

6.7.5　与国内标准要求差异

6.7.6　与标书或业主要求差异和偏差

6.7.7　特殊说明（如果有，包括下一阶段应进一步解决的问题及注意事项）

6.8　环境保护与景观工程（如果有）

6.8.1　项目所在地当局对环境保护、水土保持与景观设计方案的要求

6.8.2　项目所在地区域社会环境和自然环境现状（包括物种多样性，自然植被覆盖率，土壤养分，历史文化遗产，自然保护区，自然及人文景观的分布等）

6.8.3　环境敏感区域分析（含敏感区的调整，取土场、弃渣场的布设分析）及与自然保护区、水资源保护区等的关系；服务区交通量及污水排放预测（需要时提供）

6.8.4　环境保护与景观工程方案设计原则

6.8.5　主体方案的环境保护措施。具体阐述在路线布置、路基、路面、桥梁、隧道、交通工程（含、服务区、标志）、排水、料场布设、借方和弃方及水土保持、绿化恢复植被等中已考虑的设计和施工环保措施或处理对策（含社会环境、生态环境保护对策）

6.8.6　各项环境保护设施的布设位置、类型、功能及其方案比选结论

6.8.7　主要场地的景观方案比选结论

6.8.8　拟采用的植物配置及特性

6.8.9　项目所在地当局环保、文物等部门的特殊要求

6.8.10　方案主要工程数量

6.8.11　与国内标准要求差异

6.8.12　与标书或业主要求差异和偏差

6.8.13　特殊说明（如果有，包括下一阶段应进一步解决的问题及注意事项）

6.9　其他工程（如果有）

6.9.1　简要说明悬出路台、防雪走廊、观景台等工程的设置理由及工程情况

6.9.2　说明改路、改渠、改河（沟）等工程情况（等级公路及重要沟渠的改移应逐处说明）

6.9.3　逐处说明渡口码头的地形、地质、其他情况及其布置原则和方案

6.9.4　方案主要工程数量

6.9.5　与国内标准要求差异

6.9.6　与标书或业主要求差异和偏差

6.9.7　特殊说明（如果有，包括下一阶段应进一步解决的问题及注意事项）

6.10　筑路材料

6.10.1　沿线筑路材料（包括工业废渣）种类、质量、储量、供应量（包括外购材料）、运输条件与运距

6.10.2　主要料场分布情况

6.10.3　主要材料采购及运输等情况

6.10.4　主要工程材料数量

6.10.5　与国内标准要求差异

6.10.6 与标书或业主要求差异和偏差

6.10.7 特殊说明（如果有，包括下一阶段应进一步解决的问题及注意事项）

7 性能保证分析及罚款条件

7.1 性能保证条件

7.2 性能保证值

7.3 罚款条件

7.4 其他需要说明的事项

8 项目主要工程量及价格构成

9 附图要求

原则上需要提供主要图纸供评审

9.1 项目地理位置图

示出路线在项目所在地区域交通网络图中的位置及沿线主要城镇。

9.2 路线总体设计方案平面布置图

示出地形、地物、坐标网格、路线位置、桩号、桥涵、隧道、路线交叉、沿线排水系统、服务区、停车区、紧急停车带、管理养护区、沿线取（弃）土场、路（渠）改移等的布设位置。路线位置应标出中心线、路基边线、示坡线、公里桩、百米桩及曲线主要桩位。对沿线的重要地物（村镇、文物、古迹、规划等）和环境敏感区（点）（景区、学校、自然保护区等）及重要设施的范围必要时应示出。比例尺用1∶10000或1∶2000。

9.3 路线平、纵面缩图

路线平面缩图应示出路线（包括比较方案）起讫点、5公里（或10公里）标、控制点、地形、主要城镇、与其他交通路线的关系以及县以上境界。简明示出特大桥、大桥、隧道、主要路线交叉、主要沿线设施等的位置和形式（对制约路线方案的不良地质、滞洪区、文物古迹、城镇规划、风景区等的分布范围，必要时可着色，醒目示出其分布）。比例尺用1∶10000～1∶100000。

路线纵面缩图一般绘于平面缩图之下，必要时也可单独绘制，简明示出主要公路、铁路、河流、特大桥、大桥、隧道及主要路线交叉等的位置、名称与高程，标注设计高。水平比例尺与平面缩图相同或与其长度相适应，垂直比例尺用1∶1000～1∶10000。

9.4 公路标准横断面图

示出主线一般路段的标准横断面及护栏、隔离栅等的设置位置。比例尺用1∶200。

3. 项目评审意见书

项目评审意见书的格式为公文式，一般都是以文件的形式下发，项目评审的结论由承包商企业经营管理部门负责起草，内容反映大多数专家的意见，做到具体、明确。项目评审的结论分为通过，有条件通过和未通过。对有条件通过的项目，项目承办部门要根据专家提出的意见进行整改。整改情况以书面形式报承包商企业相应负责人审核批准后报企业经营管理部门备案。

项目评审意见书的内容包括项目名称、规模、项目所在国、所在地，评审会议召开的时间地点，专家评审意见、评审结论等。

【文案范例】

（略）

3.2.11　授权委托书

【基本概念】

1. 定义

授权委托书是表明授予被委托人从事某种事务的权限范围的法律文书。企业法人与公司授权委托书通常是根据申请人的申请而开具的。申请人要说明授权委托的目的、理由以及期限。

在国际工程业务中，授权委托书也称为授权文件。是指承包商在对外经营活动中凡法定代表人不能亲历亲为时，授予委托代理人权限的法律性文件，其具体内容应包括委托人、代理人姓名或名称、授予权限范围、授权期限和授权日期。

2. 主办机构

授权文件的主办机构是指承包商经营活动的负责机构，通常为承包商所属的对外经营的事业部、分公司、驻外机构、部门或项目，主办机构也是授权委托文件的申办单位。与此同时，授权文件的申办人必须是与承包商签订劳动合同、建立聘用关系的正式职工。

3. 授权文件的撤销

授权文件在效力期间内出现各种需终止其效力的事由时，由授权管理部门向业务对方出具相关撤销通知。

本授权文件包括单项授权和常规授权。

4. 授权管理部门

承包商授权委托行为的管理部门，通常为承包商企业合约法律部。其职责为：①编制公司授权委托书中、英文版本基本格式；②建立授权委托书台账；③审核相关主办机构提出的《授权委托文件办理申请表》；④根据具体业务要求，拟定授权委托书内容；⑤协助监督授权执行情况，对超越授权范围的代理行为提出警告及处理意见；⑥办理授权委托书的延期、终止和撤销。

5. 授权委托书的开具

承包商公司授权委托书开具实行申请审核制，即由相关业务主办部门或机构向合约法律部提出申请，经主办业务部门或机构负责人同意后报送合约法律部审核，并经审核与主管领导审批后方可办理。

授权委托书经承包商公司法定代表人签字（或盖章），并加盖公司公章方为有效。

主办业务部门或人员持承包商合约法律部审核并拟定的授权委托书办理签字、盖章事宜。紧急情况下，可以委托承包商合约法律部协助办理。根据具体业务活动要求，承包商合约法律部确定授权文件出具份数。主办机构应提供一份授权委托文件原件由合约法律部留存备查。授权文件应与介绍信严格区别使用。

6. 授权委托书的效力期间及撤销

承包商合约法律部应根据主办部门或个人说明的具体业务情形适当确定授权期间。授权期限不宜过长，亦不应过短而需多次办理延期。承包商合约法律部协助监督授权文件的使用，根据主办机构的通报，在出现下列情形时及时撤销相关授权文件：

（1）相关委托代理人无法完成委托事项；

(2) 公司决定终止相关授权委托相关业务活动。

7. 授权委托文件的管理

通常，承包商合约法律部出具授权委托文件后建立相关台账，记录授权执行及撤销等情况，对授权情况实行动态管理。

承包商主办机构监督委托代理人的代理行为。如出现代理权终止后仍为“代理行为”、超越代理权的行为应及时制止，主办机构应通报合约法律部采取相应处理措施。

《授权委托文件办理申请表》的格式，详见本章第 3.3.11 节。

【内容与格式】

授权委托书的主要内容包括委托人的名称、授权范围和期限。制作该文书的基本要求是要审查委托人的资格和是否有能力完成委托事项。在国际工程业务中，投（议）标或签署合同，都要出具授权委托书，授权委托书都用英文的格式书写（特殊规定除外）。

必须加以明确的是：法人授权委托书所签发的代理期限必须涵盖代理人所有签字为有效时间；委托书内容填写要明确，文字要工整清楚，涂改无效；委托书不得转借、转让，不得买卖；代理人根据授权范围，以委托单位的名义签订合同，并将此委托书提交给对方作为合同附件。

【文案范例】

1. 中文范例

授权委托书

中×授字第　　号

中国××有限公司是根据中华人民共和国法律成立的，公司的法定地址为：中国××大街××号。

我，中国××有限公司总裁××，特此指定__________先生/女士作为我的合法代理人从事：

我在此确认、批准并接受__________先生/女士的上述行为和因上述行为引起的责任。

本授权书有效期至__________年__________月__________日止。

中国××有限公司

总裁：____________________

二〇××年×月×日

被授权代理人签字样本如下：

____

2. 英文范例

Date:

No:

I, the undersigned, ________, President of ________ Corporation, duly organized under the law of the People's Republic of China and situated at No. ________, ________ Street, ________ District, Beijing, China, hereby appoint Mr. /Ms. ____________ act as my true and lawful representatives to:

I hereby confirm, and ratify, and accept the responsibilities for and caused by the above conduct by Mr. /Ms. ________.

This Power of Attorney shall be valid until ________________.

____

____

President of

____

Specimen of the Representative's Signature is as follows:

____

3.2.12　经营决策方案报告

【基本概念】

1. 概念

经营决策方案报告是指在商务活动中运用科学的理论和方法，系统地分析主客观条件，根据必要与可能的原则确定预定目标，提出多种实施方案并比较论证选优、提交给企业领导决策层作为经营决策依据的书面报告。经济管理的过程就是制定并组织实施经济管理决策的过程，因而经济决策是经济管理的核心和基础，而一个科学的决策往往是先由企业智囊团（或称专家决策机构）和有关职能部门拟定决策方案报告提交给领导层，然后由领导层研究拍板定案，最后作出决策行动。可见，企业经营决策方案报告的编写既是为企业决策提供依据，又是企业决策程序的重要环节。

2. 类别

按决策理论划分，有狭义的经营决策和广义的经营决策之分。决策理论中包括两个主要环节：一是制定策略或行动方案；二是选择策略或行动方案。广义的决策既包括制定方案，又包括选择方案。狭义的决策是指在现有方案中选择优秀方案的过程。至于写作中的决策，因为它不反映过程，只反映成果，所以，这种区分就不明显了。

按照决策的重要程度划分，可分为战略决策、管理决策和业务决策。所谓战略决策，是指那些关系到企业发展方向、远景规划，具有全局性、长期性和方向性的重大决策，所谓管理决策，是指执行战略决策过程中的具体战术决策；所谓业务决策，是指日常生产活动中，为了提高生产效率、工作效率所作出的决策。按照决策的可靠程度划分，有确定型决策、风险型决策和不确定型决策。所谓确定型决策，即决策者不仅对未来的情况有比较确定的了解，掌握决策时所需要的各种情报信息，而且能准确地了解决策的必然后果；不确定型决策与此相反；所谓风险型决策，又称随机型决策，即各种自然状态的未来情况和决策可能产生的后果都无法确定，决策执行后将面临几种情况、几种后果、几种可能，要有一定风险。

经营决策方案报告还可以根据不同的标准分为最优型与满意型、单目标型和多目标型、领导者决策、会议机构决策和集体决策等。

3. 特征

经营决策方案报告具有如下特征：

（1）多向选择性。

经营决策方案报告需对经营活动的目标和通向目标的途径进行多种选择和分析，其思维形式是多向性的。没有多向思维和选择就不能为决策层提供全方位的信息，不能真正发挥参谋作用。

（2）论证择优性。

经营决策方案报告不仅要列出多种选择方案，而且对每一种方案都要严密论证，呈现出论证色彩。在此基础上要择优，要有自己的倾向性意见，其论证性和择优性是结合在一起的。

（3）文体的综合性。

经营决策方案报告的内容一般由决策目标、依据资料、实施方案和比较论证四个部分构成。前两部分要借助于调查报告、经济活动分析、经济预测的写法；实施方案部分要借助于工作计划的写法；比较论证部分则要用议论论证的方法。其文体呈现表达方式上的多样性。

4. 作用

经营决策方案报告的主要作用是：

（1）科学地进行企业经营决策的依据；

（2）改善企业的经营管理，对于提高企业经济效益具有重要的作用。

【内容与格式】

在国际工程承包业务中，承包商企业经营决策方案报告的一般的格式和写法，是根据存在的问题和不同的决策目标而采用合理的结构及适当的写法。一般都是由标题、正文、结尾三部分组成。

1. 标题

一般由决策目标和文种构成。有的标题加决策单位，有的标题比较灵活。

2. 正文

正文一般包括以下四部分：

（1）决策目标。

在正文的开头一段要写出决策所要解决的问题及要达到的技术经济目的，即决策目标。这是科学决策的前提，也是制定方案的关键。所以，目标要明确、具体、可行。

（2）依据资料。

依据资料是根据决策目标搜集财务、统计、计划、经济、市场分析、市场动态、消费者意见、生产工人的反映等比较全面充分、真实可靠、与决策紧密相关的最新资料。这些资料是下一步拟定决策方案的依据。

（3）拟定方案。

拟定方案是经营决策报告的主要环节，是科学决策的基础和前提。有了决策目标，就要从多方面寻找实现目标的有效途径，依据搜集来的大量资料拟定出多个相互间有原则区别，对各种因素都进行定性与定量分析，能够实现预期目标的预选方案。文字表达要准确、简明，不要加上褒贬评论文字和主观感情色彩。

（4）分析论证。

分析论证是方案的最后一部分。按照尽可能定量化的标准对每个方案进行充分的分析论证、比较，作出综合评价，提出最优方案，供领导参考。

3. 结尾

经营决策方案报告的结尾包括：习惯结束语、署名、日期。常用的结束语有“以上方案，请领导裁定”、“以上方案，请领导分析、选择”等。也有不加结束语的，有的方案还有附件。

【文案范例】

（略）

3.2.13 项目任务书

【基本概念】

在国际工程承包业务中，项目任务书是在国际工程承包合同签署后、生效前，国际工程承包企业的实施部门组织拟聘的项目经理根据企业与部门的发展水平和市场需求，提出的拟建设施工、生产的建筑产品构思的实用型文书和下达施工生产任务的文件，其内容包括具体的任务、内容和技术指标、结构、性能、用途、使用范围、使用要求以及对该项目的总体计划和项目管理的基本目标，是顺利履约、风险防范、完成项目实施工作的基础性文件；又是国际工程承包企业总部或事业部管理层选择聘任项目经理，各职能部门按要求进行检查的依据。国际工程承包企业总部或事业部管理层选定项目经理以后，项目任务书是编制项目管理手册的依据，也是国际工程承包企业内部的契约。

许多承包商都以项目任务书的批准和项目经理聘书同时下发，作为国际工程项目投标（或议标）以及国际工程项目正式启动的标志。项目任务书一般由拟聘项目经理主持编制，经国际工程承包企业总部或事业部各部门审核会签后，由企业决策层批准，批复给项目经理部，作为项目经理部组建与项目实施的依据和目标。

项目任务书是在承包商项目实施部门（事业部或分公司）的组织或在拟聘的项目经理主持下，各相关部门的工程技术、商务与管理人员在广泛调查研究后，征求设计、施工、生产技术人员后进行编制的。项目任务书以项目的实践和经验为基础，使用项目管理技术，按照合理的流程，根据可用的资源，找出主要的风险（风险识别），以实现合同目标和企业经营目标为目的，以项目利益相关者（包括业主、本公司、分包商、信贷银行、保险公司、项目的社会受益者、当地利益民众、合同双方政府、项目团队等）利益的最大化为出发点，明确了项目管理的目标、项目管理的方案以及团队的组织，制定了实现这些目标的措施。从而，使项目管理工作基本可视、可控、可调、可测量，从而为实现项目管理的目标提供管理基础。

项目任务书的主要作用是承包商下达施工生产任务，全面阐述工程产品的设计思想，明确工程必须达到的基本目标，以保证设计、生产的建筑产品结构合理，性能先进，达到先进的技术水平，满足用户的需求的文件。所以，项目任务书是工程项目设计、施工生产、技术检测和鉴定的主要依据。

【内容与格式】

项目任务书的格式有表格式和文书式两种。本章节主要介绍文书式。

项目任务书的文书式结构，一般由封面或扉页、目录和正文组成，封面或扉页要写明：项目名称、编制单位、项目负责人、总工程师及编制时间。正文的主要内容如下：

1. 项目概述

描述项目的背景情况以及简述本项目实施的重要性、迫切性及目的、意义。

2. 项目内容与基本情况

简述项目的内容、组成、承包范围、工期和最终交付和拟实施本项目的工作情况及存在的主要问题。

3. 编制的依据

(1) 明确项目合同类别、资金来源；合同的主要商务条件、保函、支付方法和支付工具。

(2) 合同的主要技术条件和技术标准。

(3) 施工、工程所需物料供应。

(4) 相关法律、税收、劳工政策和工程保险要求、指定和限制等

4. 项目主要资源

项目部依托或协作单位情况、工程实施的外部环境与条件等。

5. 项目实施的约束条件

项目的进度、工程成本、质量、资源等方面的约束条件以及项目实施的技术路线等。

6. 项目实施的标准

工程项目设计、施工与验收的标准与条件。

7. 项目管理任务和目标

描述项目的工作范围和基本要求、工作目标。项目验收的内容、验收指标、验收标准、验收方法、验收组织及其他。

8. 目标承诺

(1) 工程目标的承诺。

(2) 进度、质量、利润指标的承诺。

(3) 安全、健康、环保（HSE）的承诺。

9. 项目管理的方案

(1) 项目主要风险分析、应对措施、风险转移（工程保险）和自留方案。主要有：

1) 商务方面：支付工具、支付方法和条件、币种、成本、汇率、保函种类和条件。

2) 施工和工程物资供应保障方面：施工机械、当地砂、石、水泥、油料、运输等。

3) 技术和标准方面：分包采购计划方案和采购条件；当地有关法律、税收情况、劳工政策、自然灾害、国别风险、人身安全和疾病等。

(2) 项目分包方案。

(3) 工程建造任务分解。

(4) 项目部组织机构、岗位设置和人力资源计划。

(5) 按工程实施要点编制的有关键路径的里程碑计划。工程要点主要是指：

合同生效、开工、勘探、初步设计、详细（施工图）设计、竣工设计、主机或主要工

艺设备生产和交货、安装、土建、培训、调试、临时验收、试运行、质保、运营、最终验收和完工证书等，可以按工程情况增减，并标注出关键路径。表达形式为横道图，时间单位为1～3个月。每单项工程内容按每3个月为一节点，并标注出每一节点的进度内容，以便检查和考核。

（6）项目成本效益预算。

（7）质量管理计划和目标。

（8）健康、安全、环保（HSE）措施。

（9）变更管理和控制。

10. 经济与社会效益分析（略）

11. 预期成果及考核指标

预期成果是指与项目建设内容相对应的结论、成果或目标；考核指标包括工程建设质量、进度、成本、安全、环保控制与管理的主要措施与方法等。

12. 其他

【文案范例】

（详见第3.3.6节）

3.2.14 项目管理手册

【基本概念】

1. 定义

项目管理手册也称为项目管理计划书。是承包商在工程项目投标前编制投标说明书或在中标后编制的用于项目管理、策划、计划以及对项目实施的全过程进行控制与管理的纲领性文件。一般来说，在国际工程承包业务中，承担设计一施工或EPC交钥匙的项目需要编制项目管理手册。而承担施工承包的项目仅编制施工管理手册，类似于国内常说的施工组织设计，施工管理手册仅是项目管理手册内容的一部分。在国际工程中，承担设计—施工和EPC交钥匙工程项目的承包商，在投标阶段编制投标说明书时或在中标后，都要编制项目管理手册。而仅承担施工任务的承包商，一般在项目开工前按合同规定，向业主或工程师提供项目计划即可。

项目管理手册的编制通常是由项目经理（或投标时拟定的项目经理，也称影子经理）主持编制，经承包商企业管理层批准，获得承包商企业的支持和指导，用于该工程项目组织实施的内部文件。

2. 意义与作用

项目管理手册在国际工程实践中，具有重要的指导性意义。

（1）在国际工程项目的投标阶段，投标人或承包商可以根据项目管理手册编制投标说明书，并在此基础上作为投标报价的依据。

（2）在中标、签约后，承包商可以根据投标阶段编制的项目管理手册，并在此基础上进一步加以完善，编制具体、具有可操作性的项目管理手册，将投标报价时编制的项目管理手册与项目实施策划相结合，避免相互脱节或与实际不符，从而导致项目实施中出现计划、进度、成本、质量、健康、安全与环保等方面控制与管理出现失控的情况。

（3）在项目实施过程中，承包商可以按照项目管理手册的要求，有条不紊地按既定的计划目标，组织和开展工作，对项目进行计划、进度、成本、质量、健康、安全与环保等控制与管理，保证项目的顺利实施。

3. 分类

根据项目管理计划书编制与使用的时间不同，可分为指导性项目管理手册和实施性项目管理手册。

（1）指导性项目管理手册。

在项目投标阶段，承包商编制的项目管理手册称为指导性项目管理手册。指导性项目管理手册编制的依据是招标文件及其资料，是指导投标报价和中标后与业主进行合同谈判的大纲，其编制的深度取决于招标文件的要求和投标人对招标项目的准备情况。指导性项目管理手册是承包商投标阶段企业内控文件，承包商据此向业主以及咨询工程师说明了承包商承包该项目的基本思路和构思。当投标人中标后，指导性项目管理手册就成为编制实施性项目管理手册的主要依据。

（2）实施性项目管理手册。

实施性项目管理手册是承包商中标后，根据工程合同的要求，结合本企业的实际能力编制的具体实施该项目的计划性实施管理的文件。实施性项目管理手册承继了指导性项目管理手册的主要内容与基本安排，不仅保证了对有关施工方法、进度、设备安排、组织机构与投标文件的一致性，而且结合企业的能力、完善了技术、管理等措施，从而避免了投标与实施项目脱节现象的发生。

在项目实施阶段，承包商根据工程合同的要求，不断地修正实施性项目管理手册的内容，使其符合项目进展的实际，使各种资源有效地发挥最大的作用，选择最佳的路径，实现和落实实施性项目管理策划书既定的各个分部、分项、单位工程的工作目标。

在实施性项目管理手册的基础上，承包商可以比较方便地编制出具有可操作性的具体管理文件或计划，如项目策划书、设计、采购、财务、施工与分包、沟通协商计划、竣工、HSE（健康、安全与环保）、成本、风险管理以及资金管理计划等，从而使项目管理始终处于可控制的状态，保证项目的顺利实施。

无论是指导性项目管理手册还是实施性项目管理手册，承包商都要确定编写人员及其分工，根据招标文件或工程合同等资料，拟写初稿，汇总讨论，统筹定稿。经承包商企业有关部门或总部批准。项目管理团队则按照实施性项目管理手册的要求，组织实施和完成工程合同规定的各项工作任务，保证项目工期、进度、质量和成本目标的完成。

【内容与格式】

项目管理手册的格式由封面(写明：项目名称、建设规模、编制单位、项目负责人、总工程师、编制时间)、目录和正文组成。本节以实施性项目管理手册为例,简述其主要内容如下：

项目管理手册

1 编制依据和总说明

（略）

2 项目管理组织架构

（略）

3　施工及分包管理

3.1　项目施工管理按《施工组织设计》执行。

（略）

3.2　施工分包管理

分包商选择主体可分为：承包商公司事业部、项目部、业主等。

3.2.1　承包商公司事业部组织选择分包商的工作流程

工作过程	工作内容	工作输入	工作职责	工作输出
分包策划	制定分包方案，确定候选分包商名单	业主要求 工程特点 合格分包商名单	组织：事业部主管副总 主办：合约估算板块 协助：项目管理板块	分包方案
新分包商资质审查	核查分包商提供的相关资料，确认其是否具备符合工程要求的资质能力。不合格者淘汰	分包商资质文件、企业简介、资信状况等资料	组织：合约估算板块	分包商资质审查表
合格				
招标文件编制交底	技术中心编制招标文件技术部分，合约估算板块编制商务部分并汇总	分包工程信息(含工程范围、工期、质量、环境及安全等方面的要求)	编制：合约估算板块/技术中心 审批：事业部主管副总	分包招标文件编制交底记录 分包工程招标文件
发放招标文件	向候选分包商发放招标文件	招标文件 候选分包商名单	组织：合约估算板块	文件发文登记表
回标	向发放招标文件单位回收招标文件	文件发文登记表	组织：合约估算板块	分包商投标文件 文件收文登记表
开标	召开开标会议	分包商投标文件 文件收文登记表	组织：合约估算板块 参加：项目管理板块/项目经理/项目合约商务经理	分包工程开标记录
合格性评判	对分包商的技术方案和措施、施工管理能力、财务状况进行合格性评判。不合格者淘汰	分包商投标文件	组织：选择主体或单位 参加：技术/项目管理(部门、板块或岗位)	分包商能力评价表
合格				
价格评判	与分包商进行澄清、谈判和议标，直至各分包商的所有问题均得到澄清并且已给出其最终报价。不合格者淘汰	分包商投标文件	组织：选择主体或单位 参加：项目管理/技术/合约等相关部门或岗位	分包商价格评价及选择审批表 分包工程议标记录
合格				
确定中标单位	原则上最终报价最低者为当选分包商。如果出现各投标人的最终报价均较大幅度地偏离成本等非正常情况，由事业部总经理决定招标是否无效或是否重新招标	分包商能力评价表 分包商价格评价及选择审批表	批准：事业部副总经理，事业部总经理或公司总经理	中标通知书
分包合同文本	选择单位根据合约法律部提供的标准文本完善特殊条款，拟定分包合同文本，并会签	业主合同 分包工程招标文件 分包商投标报价文件	拟定：合约估算板块/合约法律部 会签：合约法律部/合约估算板块/项目管理板块/财务部/项目	分包合同 分包合同审批会签单

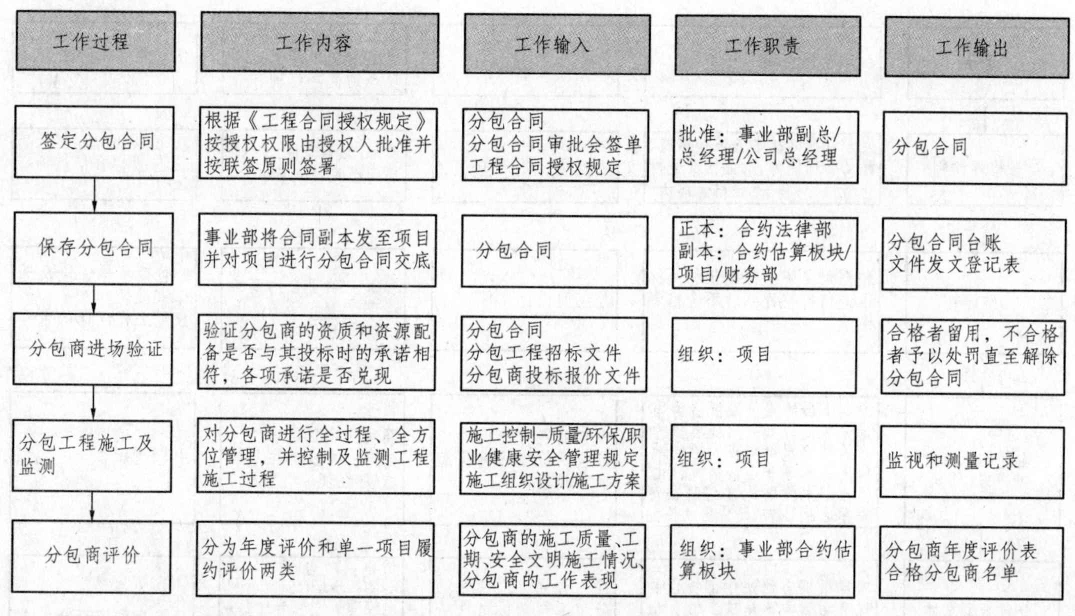

工作过程	工作内容	工作输入	工作职责	工作输出
签定分包合同	根据《工程合同授权规定》按授权权限由授权人批准并按联签原则签署	分包合同 分包合同审批会签单 工程合同授权规定	批准：事业部副总/总经理/公司总经理	分包合同
保存分包合同	事业部将合同副本发至项目并对项目进行分包合同交底	分包合同	正本：合约法律部 副本：合约估算板块/项目/财务部	分包合同台账 文件发文登记表
分包商进场验证	验证分包商的资质和资源配备是否与其投标时的承诺相符，各项承诺是否兑现	分包合同 分包工程招标文件 分包商投标报价文件	组织：项目	合格者留用，不合格者予以处罚直至解除分包合同
分包工程施工及监测	对分包商进行全过程、全方位管理，并控制及监测工程施工过程	施工控制-质量/环保/职业健康安全管理规定 施工组织设计/施工方案	组织：项目	监视和测量记录
分包商评价	分为年度评价和单一项目履约评价两类	分包商的施工质量、工期、安全文明施工情况、分包商的工作表现	组织：事业部合约估算板块	分包商年度评价表 合格分包商名单

3.2.2 项目部组织选择分包商的工作流程

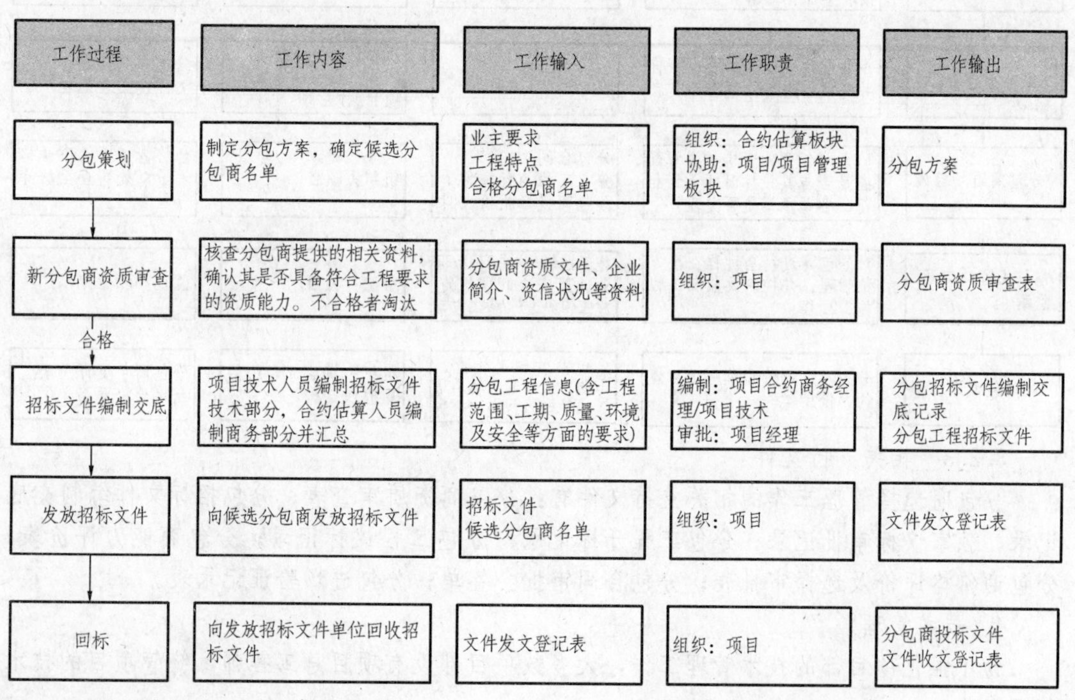

工作过程	工作内容	工作输入	工作职责	工作输出
分包策划	制定分包方案，确定候选分包商名单	业主要求 工程特点 合格分包商名单	组织：合约估算板块 协助：项目/项目管理板块	分包方案
新分包商资质审查	核查分包商提供的相关资料，确认其是否具备符合工程要求的资质能力。不合格者淘汰	分包商资质文件、企业简介、资信状况等资料	组织：项目	分包商资质审查表
合格				
招标文件编制交底	项目技术人员编制招标文件技术部分，合约估算人员编制商务部分并汇总	分包工程信息(含工程范围、工期、质量、环境及安全等方面的要求)	编制：项目合约商务经理/项目技术 审批：项目经理	分包招标文件编制交底记录 分包工程招标文件
发放招标文件	向候选分包商发放招标文件	招标文件 候选分包商名单	组织：项目	文件发文登记表
回标	向发放招标文件单位回收招标文件	文件发文登记表	组织：项目	分包商投标文件 文件收文登记表

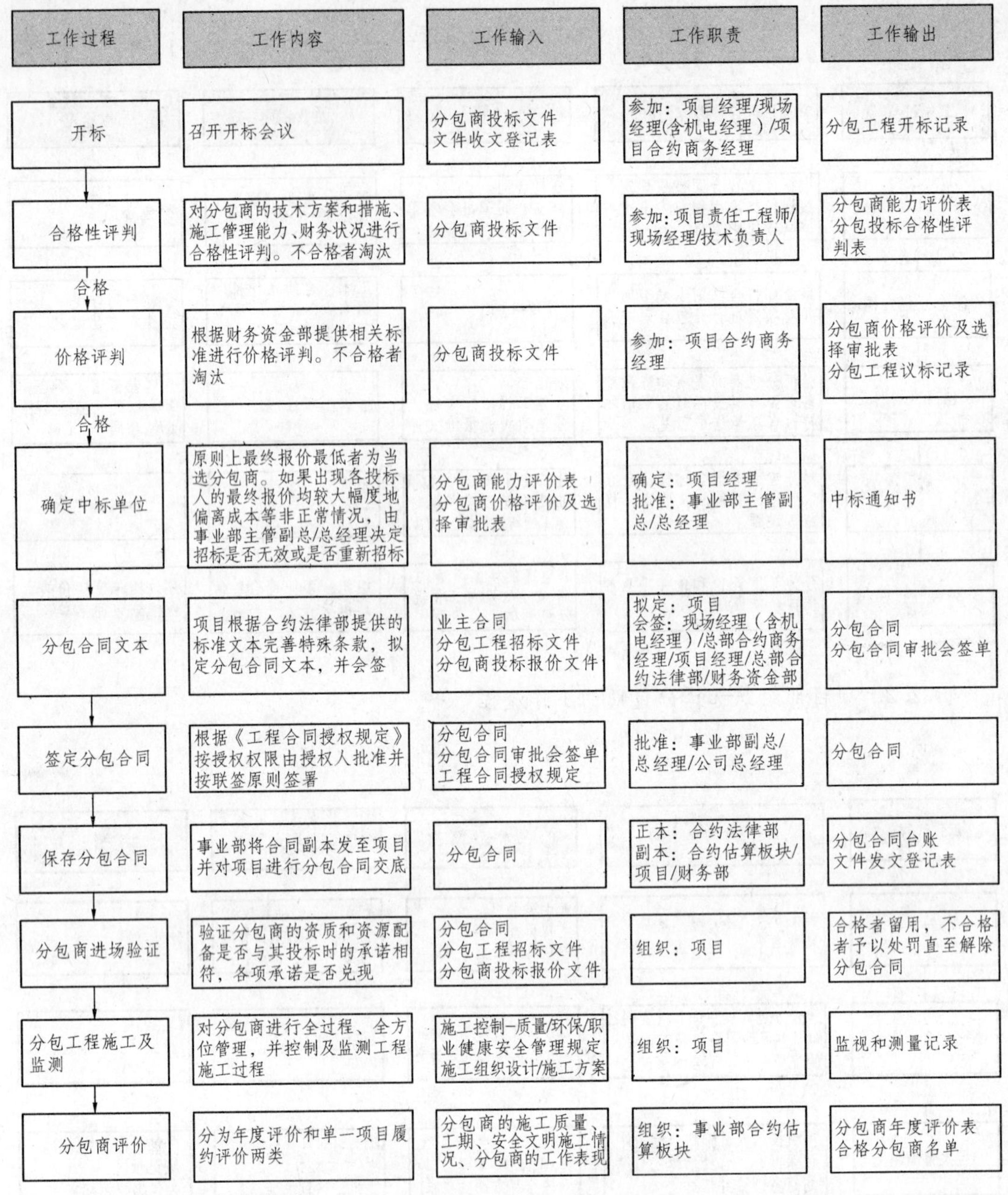

工作过程	工作内容	工作输入	工作职责	工作输出
开标	召开开标会议	分包商投标文件 文件收文登记表	参加：项目经理/现场经理(含机电经理)/项目合约商务经理	分包工程开标记录
合格性评判	对分包商的技术方案和措施、施工管理能力、财务状况进行合格性评判。不合格者淘汰	分包商投标文件	参加：项目责任工程师/现场经理/技术负责人	分包商能力评价表 分包投标合格性评判表
合格				
价格评判	根据财务资金部提供相关标准进行价格评判。不合格者淘汰	分包商投标文件	参加：项目合约商务经理	分包商价格评价及选择审批表 分包工程议标记录
合格				
确定中标单位	原则上最终报价最低者为当选分包商。如果出现各投标人的最终报价均较大幅度地偏离成本等非正常情况，由事业部主管副总/总经理决定招标是否无效或是否重新招标	分包商能力评价表 分包商价格评价及选择审批表	确定：项目经理 批准：事业部主管副总/总经理	中标通知书
分包合同文本	项目根据合约法律部提供的标准文本完善特殊条款，拟定分包合同文本，并会签	业主合同 分包工程招标文件 分包商投标报价文件	拟定：项目 会签：现场经理（含机电经理）/总部合约商务经理/项目经理/总部合约法律部/财务资金部	分包合同 分包合同审批会签单
签定分包合同	根据《工程合同授权规定》按授权权限由授权人批准并按联签原则签署	分包合同 分包合同审批会签单 工程合同授权规定	批准：事业部副总/总经理/公司总经理	分包合同
保存分包合同	事业部将合同副本发至项目并对项目进行分包合同交底	分包合同	正本：合约法律部 副本：合约估算板块/项目/财务部	分包合同台账 文件发文登记表
分包商进场验证	验证分包商的资质和资源配备是否与其投标时的承诺相符，各项承诺是否兑现	分包合同 分包工程招标文件 分包商投标报价文件	组织：项目	合格者留用，不合格者予以处罚直至解除分包合同
分包工程施工及监测	对分包商进行全过程、全方位管理，并控制及监测工程施工过程	施工控制–质量/环保/职业健康安全管理规定 施工组织设计/施工方案	组织：项目	监视和测量记录
分包商评价	分为年度评价和单一项目履约评价两类	分包商的施工质量、工期、安全文明施工情况、分包商的工作表现	组织：事业部合约估算板块	分包商年度评价表 合格分包商名单

3.2.3　相关支持文件

分包商选择管理工作的相关支持文件有：分包商资质审查表；分包招标文件编制交底记录；独家议标审批记录；分包工程开标记录；分包工程议标记录；分包商能力评价表；分包商价格评价及选择审批表；分包合同审批会签单；分包进场验证记录表。

4　技术管理

为了强化项目部的技术管理工作，大多数项目部设有项目总工程师，统管项目的技术管理工作。

项目部的技术管理工作主要有；

4.1 设计管理

设计管理是指工程设计（设计图纸、技术说明书及工程规范等）、设计变更、工程洽商、施工图等技术与文件的管理。

由于在国际工程设计中，概念设计或工艺设计阶段和基础设计阶段设计者提供给业主或承包商主要的设计信息（包括建筑设计图；设备与工艺设计图；技术说明书（工程规范）等）仅对建筑物的工程标准、技术要求以及各种技术参数等方面进行详细阐述，一般包括：建筑工程标准说明书、设备工程标准说明书等。而只有详细设计阶段提供的成果，才是业主或EPC承包商最终设备材料采购、施工和运行所需要的技术文件。许多国际工程还需要绘制施工图，这种施工图是指承包商（施工单位）站在施工者的立场上，按照工程类别和业主的要求，提供的设计图（设计图和技术说明书）以及所需的其他资料（如设计变更、质疑答复书、预算报价书、确认通知书及各种规范标准等），进行充分的整理、修改、重新进行绘制的图纸。此时，技术管理的工作就显得十分重要。

设计变更管理：就是设计单位对自己已经发放给业主、监理及施工单位的设计文件（设计图、技术说明书等）所作的修改说明，通常是以设计变更通知单的形式出现，有时为表达清楚，也会附有图纸。

工程洽商管理：一般是施工单位根据施工现场的实际情况或本身的施工能力，在不影响建筑物功能的前提下，提出更合理的设计修改意见。

4.2 图纸会审管理

其工作流程如下：

工作过程	工作内容	工作输入	工作职责	工作输出
图纸文件签收	图纸文件签收	图纸、投标答疑文件、现场勘察报告、设计补充等文件	项目资料工程师	收文记录
会审文件下发	会审文件下发	图纸、投标答疑文件、现场勘察报告、设计补充等文件	项目技术负责人	图纸会审文件目录
合格				
分专业预审	项目内部分专业对图纸进行预审	各专业图纸会审文件	项目相关技术人员	各专业图纸预审记录
项目内部集体审查图纸	项目内部集体审查图纸	各专业图纸预审记录单	项目技术负责人/相关专业技术人员	内部图纸审核记录
图纸会审	业主/设计/监理/施工等各方共同进行图纸会审	图纸、技术说明、内部审核记录	项目技术负责人/相关专业技术人员/业主/监理/设计	正式的图纸会审记录
归档	将图纸会审记录归档	图纸会审记录	项目资料工程师	收文记录

4.3 设计变更管理

其工作流程如下：

工作过程	工作内容	工作输入	工作职责	工作输出
设计变更提出	业主/设计提出设计变更	设计修改说明	项目技术负责人	设计变更记录
计量与计价	设计变更的计量与计价	设计变更记录	项目合约估算	变更工程计价单
计价的批复	设计变更计价的批复	变更工程计价单	项目合约估算/业主/监理	批复的变更计价单
设计变更实施	项目现场组织设计变更的实施	设计变更记录	项目技术工程师责任工程师	现场实施

4.4　工程洽商管理

其工作流程如下：

工作过程	工作内容	工作输入	工作职责	工作输出
工程洽商提出	项目根据现场情况提出工程洽商	施工的实际情况	技术负责人/技术工程师/责任工程师	工程洽商记录
工程洽商的计量与计价	工程洽商的计量与计价	工程洽商记录	项目合约估算	洽商/工程计价单
工程洽商的申请与批复	工程洽商的申请与批复	工程洽商记录	项目技术负责人/合约/业主/监理	工程洽商记录批复
工程变更实施	工程变更实施	经批复的工程洽商记录	技术负责人/技术工程师/责任工程师	现场实施

4.5　施工图设计管理

其工作流程如下：

工作过程	工作内容	工作输入	工作职责	工作输出
准备工作	施工图设计准备工作	设计文件、施工进度计划、施工图图签、项目所在国家及地区标准或业主要求	深化设计负责人 深化设计人员	施工图设计进度计划
核查工作	核查设计图和设计说明书	设计图、技术说明书及设计变更	相关专业的设计人员	技术问讯单
绘制工作	绘制施工图	设计图、技术说明书、会审记录、设计变更、工程洽商、问讯单答复	相关专业的设计人员	施工图
内部审批	项目内部对施工图进行审批	设计图、施工图、技术说明书	组织：项目技术负责人 批准：项目经理	施工图内部会签单 内部批准的施工图
业主/设计审批	业主/设计审批	内部批准的施工图、施工图总包送审表	组织：项目技术负责人 负责：业主/设计	经业主/设计批准的施工图
受控管理	将施工图受控发放到各相关方	经业主/设计批准的施工图	项目资料工程师	可作施工的受控施工图

4.6 施工组织设计与施工方案管理

施工组织总设计是以一个建设项目或建筑群体为编制对象，用以指导施工全过程各项活动的技术、经济的综合性文件，是整个工程建设项目施工的战略部署。

单（项）位工程施工组织设计是以一个单一建筑项目或单体工程为编制对象，用以指导单（项）位工程各项活动的技术、经济的综合性文件，是单个工程项目施工的战略部署。

施工方案是以一个分部或分项工程为编制对象，用以指导分部分项工程各项活动的技术、经济的综合性文件。

施工组织设计及施工方案要严格执行编制及审批程序。

4.6.1 施工组织设计管理

其工作流程如下：

工作过程	工作内容	工作输入	工作职责	工作输出
施工组织设计编制	确定编制人员及收集有关编制资料并完成施工组织设计相关部分	工程特点、施工管理目标、业主要求以及合同条件等	组织：项目技术负责人 参与：项目相关人员 协助：技术中心	施工组织设计
施工组织设计审核	对施工组织设计进行审核并签署审核意见	施工组织设计有关内容（施工部署，工程实施目标，技术方案以及质量、安全文明、环保等方面）	审核：项目经理/项目管理板块经理/技术中心总工	施工组织设计审批汇签单
施工组织设计审批	对施工组织设计进行审批并签署审批意见	施工组织设计有关内容(施工部署,工程实施目标,技术方案以及质量、安全文明、环保等方面)及项目经理、项目管理板块经理、技术中心总工审核意见	联签批准：技术中心经理/事业部主管副总	施工组织设计审批汇签单
报监理、业主审批	将经内部批准的施工组织设计报送业主、监理审批	施工组织设计审批汇签单、施工组织设计	填报：项目资料工程师	批准生效的施工组织设计/施工组织设计报审表
施工组织设计技术交底	向项目主要管理人员及专业分包/材料供应商进行交底	批准生效的施工组织设计	交底：项目技术负责人接受交底：项目主要管理人员及专业分包/材料供应商 审核：项目经理	技术交底记录
组织实施	项目根据批准生效的施工组织设计及相关交底组织工程实施	批准生效的施工组织设、技术交底记录	实施：项目部相关人员监督：事业部项目管理板快、技术中心	施工组织设计实施的各种施工记录
资料归档	项目在移交工程竣工资料给公司档案室之前，应首先将项目施工组织设计最终完整的电子文档（光盘）报送到技术中心，由技术中心处理后纳入公司共享资源体系	施工组织设计完整的电子文档（光盘）	整理移交：项目 审核接受：技术中心	公司技术资源共享体系中的相应部分

4.6.2 施工方案管理

其工作流程如下：

工作过程	工作内容	工作输入	工作职责	工作输出
施工方案编制	收集有关编制所需资料并完成相关分部分项工程施工方案的编制工作	批准生效的施工组织设计、施工图纸、有关规范以及分部分项施工要求,细部做法等	编制：项目技术/责任工程师	施工方案
施工方案审核	施工方案的审核工作及相应的审核意见	施工方案	审核：项目技术负责人/现场经理	施工方案审批汇签单
施工方案审批	审批施工方案并签署审批意见	施工方案	审批：项目经理	施工方案审批汇签单
报监理、业主审批	将经内部批准的施工方案报送业主、监理审批	施工方案 施工方案审批汇签单	填报：项目资料工程师	批准生效的施工方案
施工方案技术交底	就施工方案进行技术交底	批准生效的施工方案	交底:项目技术工程师 接受交底:项目责任工程师及专业分包/材料供应商 审核:项目技术负责人	技术交底记录
组织实施	项目经理部根据批准生效的施工方案及相关交底组织工程实施	批准生效的施工方案、技术交底记录	实施:项目部相关人员 监督：项目管理板快、技术中心	方案实施的各种施工记录
资料归档	项目在移交工程竣工资料给公司档案室之前，应首先将项目施工方案最终完整的电子文档（光盘）报送到技术中心，由技术中心处理后纳入公司共享资源体系	施工方案最终完整的电子文档（光盘）	整理移交：项目经理部 审核接受：技术中心	公司技术资源共享体系中的相应部分

4.7　技术交底管理

技术交底必须以书面形式进行，填写交底记录，审核人、交底人及接受交底人应履行交接签字手续。

其工作流程如下：

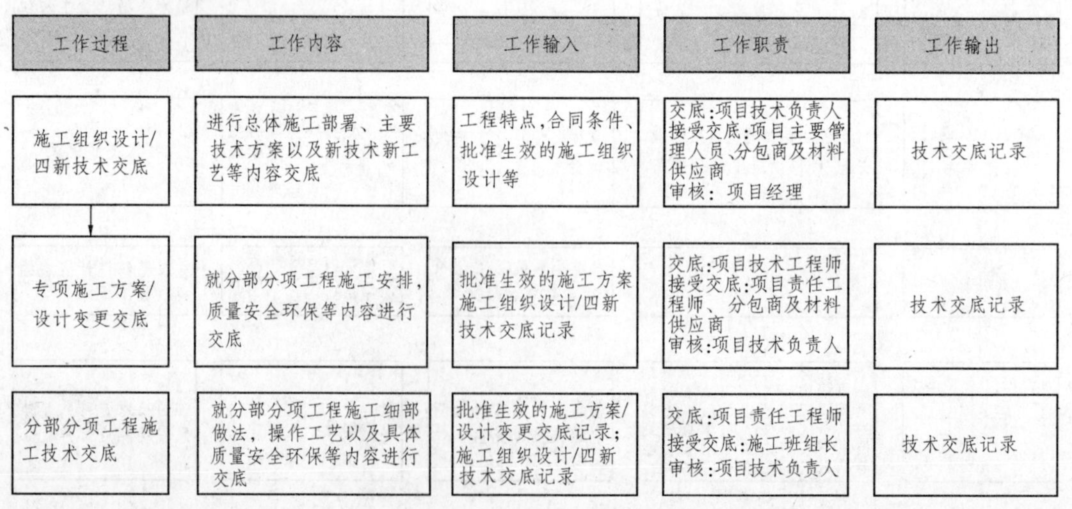

工作过程	工作内容	工作输入	工作职责	工作输出
施工组织设计/四新技术交底	进行总体施工部署、主要技术方案以及新技术新工艺等内容交底	工程特点,合同条件、批准生效的施工组织设计等	交底:项目技术负责人 接受交底:项目主要管理人员,分包商及材料供应商 审核：项目经理	技术交底记录
专项施工方案/设计变更交底	就分部分项工程施工安排,质量安全环保等内容进行交底	批准生效的施工方案 施工组织设计/四新技术交底记录	交底:项目技术工程师 接受交底:项目责任工程师、分包商及材料供应商 审核:项目技术负责人	技术交底记录
分部分项工程施工技术交底	就分部分项工程施工细部做法，操作工艺以及具体质量安全环保等内容进行交底	批准生效的施工方案/设计变更交底记录； 施工组织设计/四新技术交底记录	交底:项目责任工程师 接受交底:施工班组长 审核:项目技术负责人	技术交底记录

4.8　施工资料管理

施工资料是项目竣工交付使用的必备条件，是反映结构工程质量的重要文件，也是对工程进行检查、维修、管理、使用、改建和扩建的依据。施工资料主要包括工程管理与验收资料、施工管理资料、施工技术资料、施工测量资料、施工物资资料、施工记录、施工试验记录、施工质量验收记录八个方面。

4.9 测量工作管理

公司测量工作由技术中心归口管理，项目测量工作由项目测量工程师负责，技术中心测量工程师根据情况进行协助。

工作流程如下：

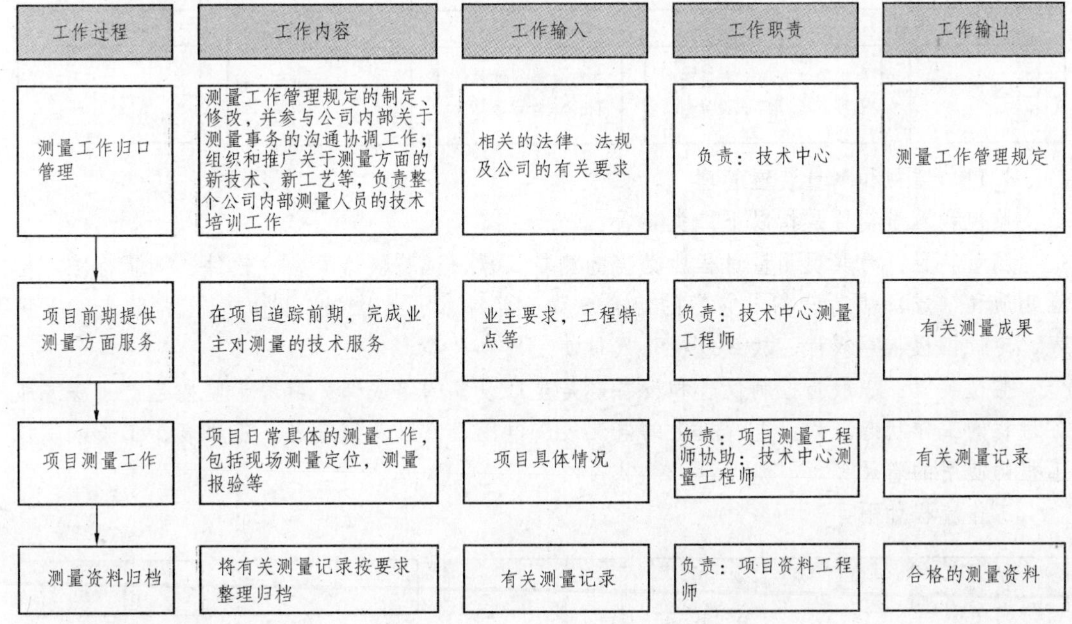

工作过程	工作内容	工作输入	工作职责	工作输出
测量工作归口管理	测量工作管理规定的制定、修改，并参与公司内部关于测量事务的沟通协调工作；组织和推广关于测量方面的新技术、新工艺等，负责整个公司内部测量人员的技术培训工作	相关的法律、法规及公司的有关要求	负责：技术中心	测量工作管理规定
项目前期提供测量方面服务	在项目追踪前期，完成业主对测量的技术服务	业主要求，工程特点等	负责：技术中心测量工程师	有关测量成果
项目测量工作	项目日常具体的测量工作，包括现场测量定位，测量报验等	项目具体情况	负责：项目测量工程师协助：技术中心测量工程师	有关测量记录
测量资料归档	将有关测量记录按要求整理归档	有关测量记录	负责：项目资料工程师	合格的测量资料

4.10 试验工作管理

通常承包商项目的试验工作由总部或事业部技术中心归口管理，项目试验工作由项目部组织实施，技术中心根据情况进行协助。

工作流程如下：

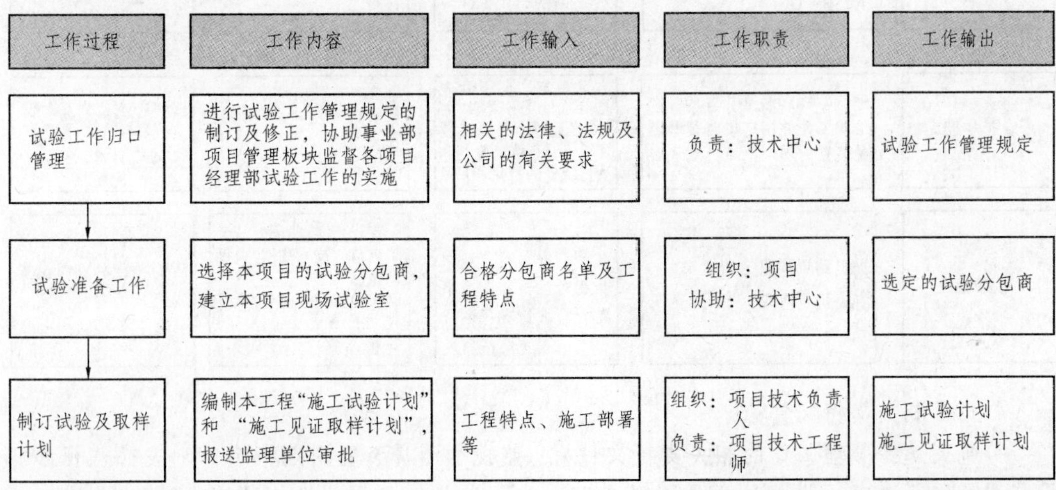

工作过程	工作内容	工作输入	工作职责	工作输出
试验工作归口管理	进行试验工作管理规定的制订及修正，协助事业部项目管理板块监督各项目经理部试验工作的实施	相关的法律、法规及公司的有关要求	负责：技术中心	试验工作管理规定
试验准备工作	选择本项目的试验分包商，建立本项目现场试验室	合格分包商名单及工程特点	组织：项目 协助：技术中心	选定的试验分包商
制订试验及取样计划	编制本工程“施工试验计划”和“施工见证取样计划”，报送监理单位审批	工程特点、施工部署等	组织：项目技术负责人 负责：项目技术工程师	施工试验计划 施工见证取样计划

续

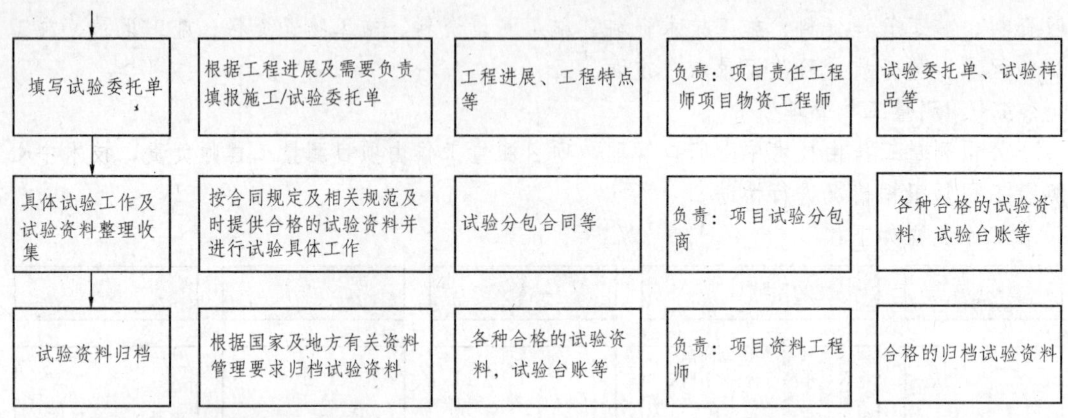

工作过程	工作内容	工作输入	工作职责	工作输出
填写试验委托单	根据工程进展及需要负责填报施工/试验委托单	工程进展、工程特点等	负责：项目责任工程师项目物资工程师	试验委托单、试验样品等
具体试验工作及试验资料整理收集	按合同规定及相关规范及时提供合格的试验资料并进行试验具体工作	试验分包合同等	负责：项目试验分包商	各种合格的试验资料，试验台账等
试验资料归档	根据国家及地方有关资料管理要求归档试验资料	各种合格的试验资料，试验台账等	负责：项目资料工程师	合格的归档试验资料

4.11　监视和测量装置管理

监视和测量装置是指以下二类装置：

测量装置：为实现测量过程所必需的测量仪器、试验仪器设备、软件、测量标准、标准物质和（或）辅助设备或它们的组合。如：经纬仪、水准仪、欧姆表、兆欧表、万用表、定位模板、声级计、放线或检验人员使用的卷尺等。

监视装置：一般指控制仪表和设备，是生产设备的组成部分，用于监控生产过程或服务过程的工作状态。如：电焊机上的电流表、电压表，以及氧气表、乙炔表、工长或责任工程师使用的卷尺等。

工作流程如下：

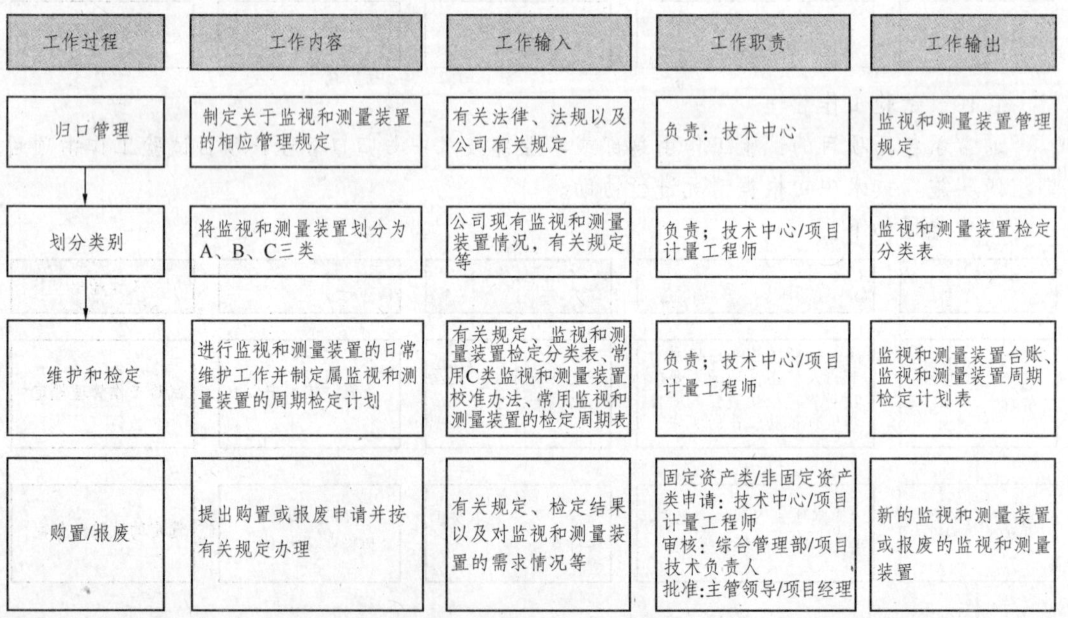

工作过程	工作内容	工作输入	工作职责	工作输出
归口管理	制定关于监视和测量装置的相应管理规定	有关法律、法规以及公司有关规定	负责：技术中心	监视和测量装置管理规定
划分类别	将监视和测量装置划分为A、B、C三类	公司现有监视和测量装置情况，有关规定等	负责：技术中心/项目计量工程师	监视和测量装置检定分类表
维护和检定	进行监视和测量装置的日常维护工作并制定属监视和测量装置的周期检定计划	有关规定、监视和测量装置检定分类表、常用C类监视和测量装置校准办法、常用监视和测量装置的检定周期表	负责：技术中心/项目计量工程师	监视和测量装置台账、监视和测量装置周期检定计划表
购置/报废	提出购置或报废申请并按有关规定办理	有关规定、检定结果以及对监视和测量装置的需求情况等	固定资产类/非固定资产类申请：技术中心/项目计量工程师 审核：综合管理部/项目技术负责人 批准:主管领导/项目经理	新的监视和测量装置或报废的监视和测量装置

4.12　相关支持文件

分包商选择管理工作的相关支持文件有：监视和测量装置周期检定计划表；监视和测量装置检定分类表；监视和测量装置台账；常用监视和测量装置的检定周期表；常用C

类监视和测量装置校准办法；各项目、部门施工技术类标准规范发放台账；施工技术类标准规范台账；施工图主要内容及绘制分工表；施工图内部会签单；施工图总包送审表；施工图图框及标题栏布局；施工组织设计封面样式；施工组织设计审批汇签单；施工方案封面样式；施工方案审批汇签单；技术交底记录。

5 计划统计管理

（略）

（详见本书第 4.2.2～4.2.6 节）

6 财务资金管理

（略）

（详见本书第 4.2.4 节）

7 合同管理

7.1 合同分类

本工程项目合同分为业主合同、分包合同、采购合同、分支机构（驻外分公司）合同、职能部门合同。

7.2 合同管理流程

7.2.1 业主合同管理流程

工作过程	工作内容	工作输入	工作职责	工作输出
合同草拟	业主未提供合同文本时，应根据现行公司标准合同文本草拟专用条款	公司标准合同文本 招标文件/投标文件 法律法规等	主办：合约估算板块/合约法律部 协办：业务开拓板块	合同文本（初稿）
合同评审与会签	根据评审会签意见，由总部合约负责人对合同进行修改完善	合同文本（初稿） 其他信息等	主办：合约估算板块 参加：合约法律部/财务部/其他相关部门	合同评审记录 合同审批会签单 合同文本（修订稿）
签定合同	根据《工程合同授权管理规定》规定相应授权人按联签原则签署	合同文本（修订稿） 工程合同授权规定	签定：相应授权人	合同文本
合同文本保存与传递	合约估算板块将合同正本交合约法律部保存，并负责合同副本的传递	合同文本	主办：合约法律部 协办：合约估算板块/财务部/项目	发文登记表 合同文本（副本/复印件）
合同交底	将合同主要条款向相关人员交底	合同主要条款 有关要求等	主办：合约估算板块/合约法律部 协办：项目/公司相关人员	合同交底记录
合同变更	当设计变更、工程变更、洽商内容超出合同约定工程范围和造价范围时，应组织评审，并经原批准人批准。再次交底	工程变更、洽商记录；合同承包范围；工期要求等	主办：项目合约商务经理 协办：合约估算板块/事业部主管副总/合约法律部 批准：原合同批准人	合同变更评审表 合同变更后的条款 补充协议

7.2.2 分包合同管理流程

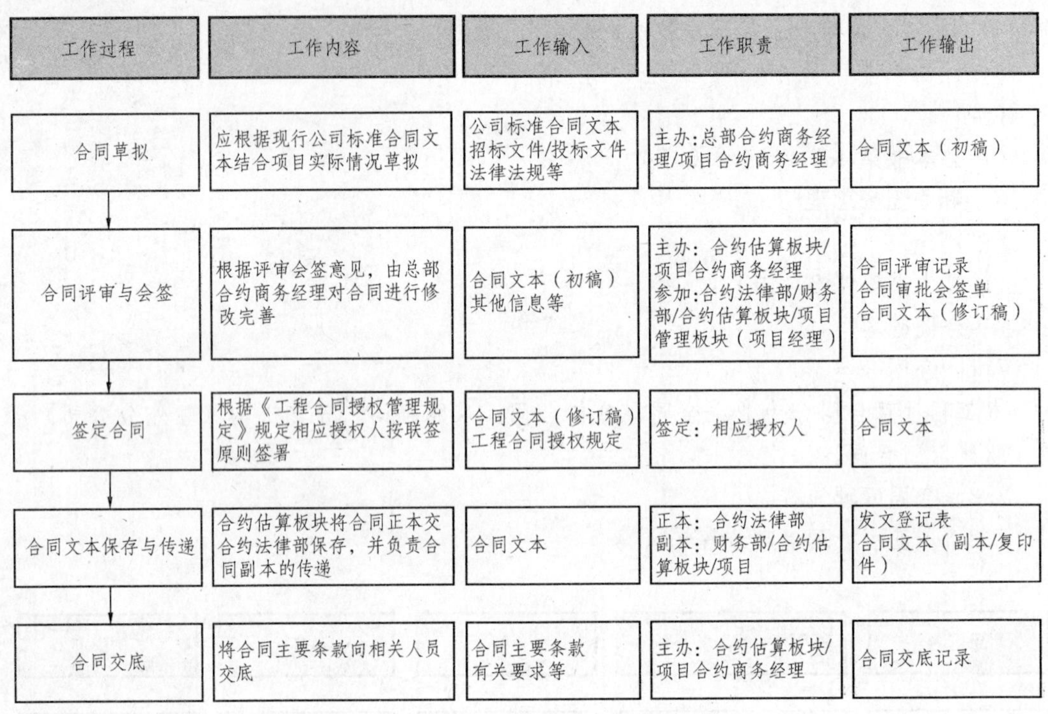

工作过程	工作内容	工作输入	工作职责	工作输出
合同草拟	应根据现行公司标准合同文本结合项目实际情况草拟	公司标准合同文本 招标文件/投标文件 法律法规等	主办:总部合约商务经理/项目合约商务经理	合同文本(初稿)
合同评审与会签	根据评审会签意见，由总部合约商务经理对合同进行修改完善	合同文本(初稿) 其他信息等	主办：合约估算板块/项目合约商务经理 参加:合约法律部/财务部/合约估算板块/项目管理板块(项目经理)	合同评审记录 合同审批会签单 合同文本(修订稿)
签定合同	根据《工程合同授权管理规定》规定相应授权人按联签原则签署	合同文本(修订稿) 工程合同授权规定	签定：相应授权人	合同文本
合同文本保存与传递	合约估算板块将合同正本交合约法律部保存，并负责合同副本的传递	合同文本	正本：合约法律部 副本：财务部/合约估算板块/项目	发文登记表 合同文本(副本/复印件)
合同交底	将合同主要条款向相关人员交底	合同主要条款 有关要求等	主办：合约估算板块/项目合约商务经理	合同交底记录

7.2.3 采购合同管理流程

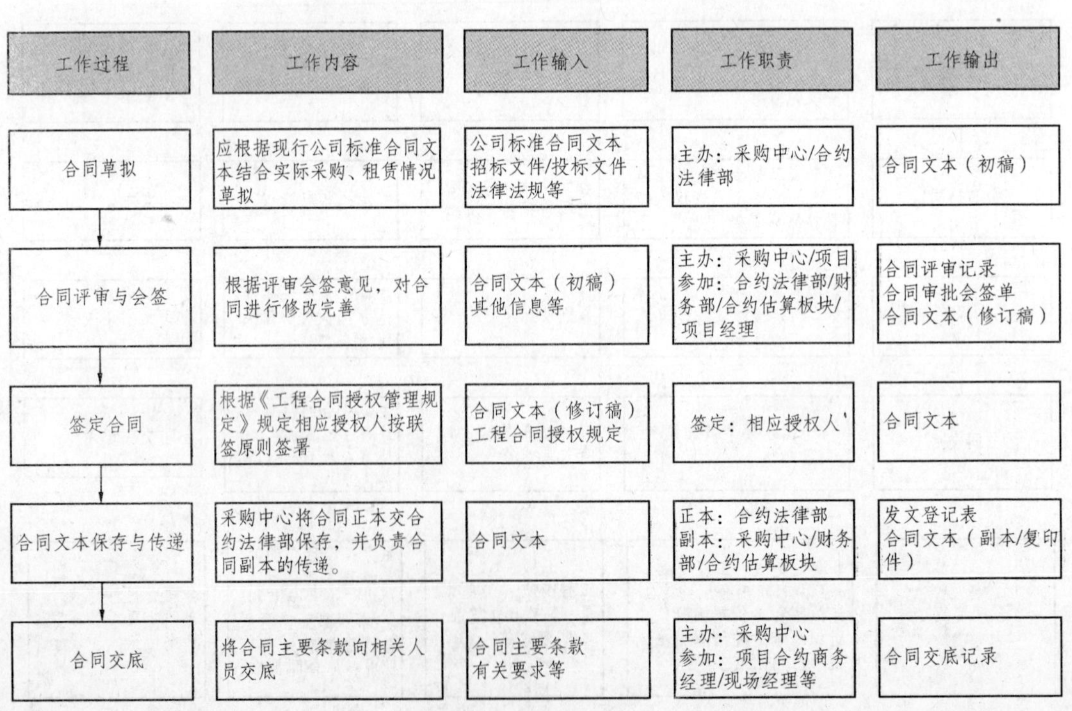

工作过程	工作内容	工作输入	工作职责	工作输出
合同草拟	应根据现行公司标准合同文本结合实际采购、租赁情况草拟	公司标准合同文本 招标文件/投标文件 法律法规等	主办：采购中心/合约法律部	合同文本(初稿)
合同评审与会签	根据评审会签意见，对合同进行修改完善	合同文本(初稿) 其他信息等	主办：采购中心/项目 参加：合约法律部/财务部/合约估算板块/项目经理	合同评审记录 合同审批会签单 合同文本(修订稿)
签定合同	根据《工程合同授权管理规定》规定相应授权人按联签原则签署	合同文本(修订稿) 工程合同授权规定	签定：相应授权人	合同文本
合同文本保存与传递	采购中心将合同正本交合约法律部保存，并负责合同副本的传递。	合同文本	正本：合约法律部 副本：采购中心/财务部/合约估算板块	发文登记表 合同文本(副本/复印件)
合同交底	将合同主要条款向相关人员交底	合同主要条款 有关要求等	主办：采购中心 参加：项目合约商务经理/现场经理等	合同交底记录

7.2.4 分支机构合同管理流程

工作过程	工作内容	工作输入	工作职责	工作输出
合同草拟	由分支机构合同管理部门按照合约法律部提供的类似合同范本草拟	公司标准合同文本 法律法规等	主办：分支机构合同管理部门	合同文本（初稿）
合同评审与会签	参照总部评审与会签程序组织进行，在分支机构负责人年度授权范围外的，需增加总部相关部门的评审与会签	合同文本（初稿） 其他信息等	主办：分支机构合同管理部门 参加：分支机构相关部门/总部合约法律部/财务部	合同评审记录 合同审批会签单 合同文本（修订稿）
签定合同	根据分支机构年度授权指定的相应权限签署	合同文本（修订稿） 分支机构年度授权	签定：相应授权人	合同文本
合同文本保存与传递	由分支机构合同管理部门保存合同正本，并负责合同副本的传递	合同文本	正本：分支机构合同管理部门/合约法律部 副本：相关部门	发文登记表 合同文本（副本/复印件）
合同交底	将合同主要条款向相关人员交底	合同主要条款 有关要求等	主办：分支机构合同管理部门 参加：项目/财务等有关人员	合同交底记录

7.2.5 职能部门合同管理流程

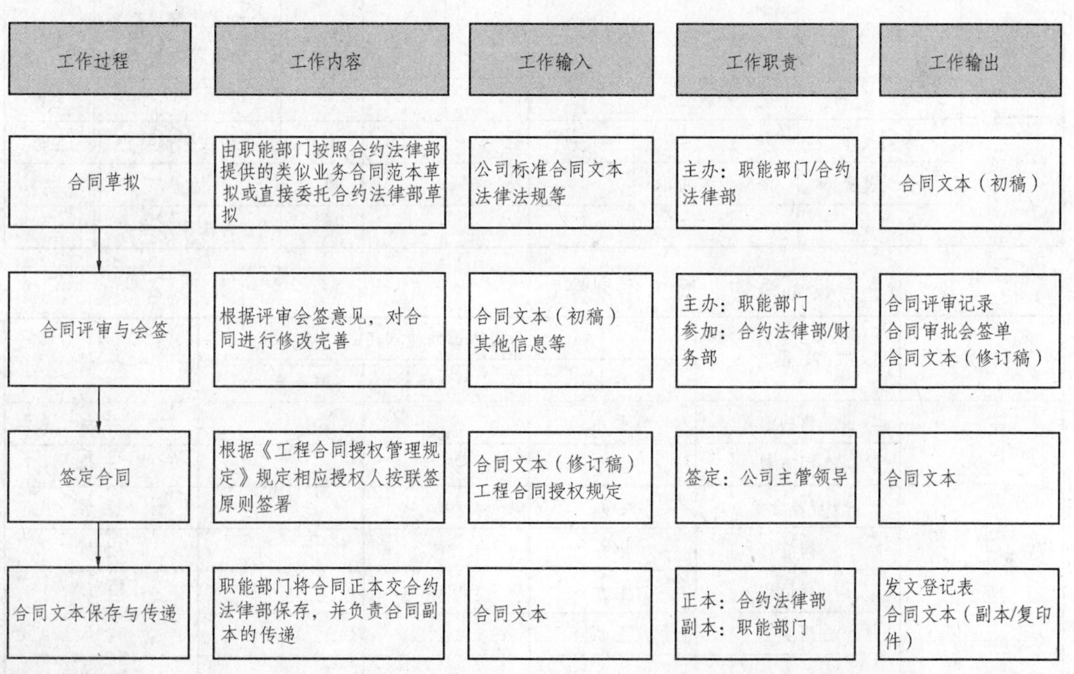

工作过程	工作内容	工作输入	工作职责	工作输出
合同草拟	由职能部门按照合约法律部提供的类似业务合同范本草拟或直接委托合约法律部草拟	公司标准合同文本 法律法规等	主办：职能部门/合约法律部	合同文本（初稿）
合同评审与会签	根据评审会签意见，对合同进行修改完善	合同文本（初稿） 其他信息等	主办：职能部门 参加：合约法律部/财务部	合同评审记录 合同审批会签单 合同文本（修订稿）
签定合同	根据《工程合同授权管理规定》规定相应授权人按联签原则签署	合同文本（修订稿） 工程合同授权规定	签定：公司主管领导	合同文本
合同文本保存与传递	职能部门将合同正本交合约法律部保存，并负责合同副本的传递	合同文本	正本：合约法律部 副本：职能部门	发文登记表 合同文本（副本/复印件）

7.2.6 主合同工作划分

合同类别	阶段	公司事业部总经理/副总经理	业务（地区、专业）开拓板块	项目管理	市场营销	合约估算	公司本部职能部门	项目
工程业主合同	合同草拟	按照授权批准	组织		协办	主办	重大项目合约法律部主办	
	合同谈判		组织		主办	协办	合约法律部配合	协办
	评审与会签		组织			主办	合约法律部、财务资金部、技术中心、其他相关部门参加	
	合同签订	主办				协办		
	合同用印					主办	合约法律部协办	
	合同文本传递						合约法律部主办	
	合同交底					主办	公司相关部门协办	协办
	合同变更	按照授权批准				协办	合约法律部协办	主办
	合同存档					协办	合约法律部主办	

7.2.7 分包合同工作划分

合同类别	阶段	公司事业部总经理/副总经理	业务（地区、专业）开拓板块	项目管理	市场营销	合约估算	公司本部职能部门	项目
工程分包合同	合同草拟					主办		主办
	评审与会签			协办		主办	合约法律部、财务资金部等协办	主办
	合同签订	按照授权批准						主办
	合同用印					主办	合约法律部协办	主办
	合同变更	按照授权批准				协办	协办	主办
	合同存档					协办	合约法律部主办	

7.2.8 物资与设备采购合同工作划分

合同类别	阶 段	公司本部职能部门			项 目
		采购中心	合约法律部	财务资金部	
物资与设备采购合同	供应商的选择	主办			主办
	合同草拟	主办			主办
	评审与会签	主办	参加	参加	主办
	合同签订	协办			协办
	合同用印	主办	协办		主办
	合同变更	主办			主办
	合同存档	主办	主办		协办

7.2.9 公司各职能部门业务合同工作划分

合同类别	阶段	公司本部职能部门		
		合约法律部	财务资金部	职能部门
职能部门合同	合同草拟	主办		主办
	评审与会签	参加	参加	主办
	合同签订	协办		主办
	合同用印	协办		主办
	合同存档	主办		

7.2.10 分支机构（驻外分公司）合同工作划分

合同类别	阶段	分支机构（驻外分公司）管理部门		公司本部职能部门		事业部总经理/副总经理/分支机构总经理
		合同管理部门	其他相关部门	合约法律部	财务资金部	
分支机构合同	合同草拟	主办	协办	协办		组织
	评审与会签	主办	参加	参加	参加	
	合同签订	协办				按照授权签署
	合同用印	主办		协办		
	合同变更	主办	协办			按照授权批准
	合同文本存档	主送		主办		

7.2.11 本项目合同管理使用的表格为《合同评审记录》、《合同审批会签单》《合同变更审批会签单》。

8 预算管理

预算管理工作的流程与职责如下：

续

编制项目预算	遵循固定的原则和格式，成本子目的分类和列项应与会计核算科目相对应	项目策划 施工组织设计 期间费用核定标准等	编制：合约估算板块 审核：项目经理/事业部主管副总　批准：事业部总经理/公司总经理	项目预算
分包商/供应商招标选择	以项目策划为依据，按分包商/供应商选择相关规定选择	分包商招标管理规定 物资采购管理规定 工程合同授权规定	组织：合约估算板块/采购中心	合格的分包商/供应商
期间控制和预算调整	项目建立实际成本台账，每月就其执行情况上报公司总部。合约估算板块会同财务部每季度对项目预算成本与实际成本比较。原则上每季度调整一次项目预算成本	项目预算 项目实际成本	编制：项目 审核：合约估算板块 审批：事业部总经理	项目实际预算台账/项目预算执行报告/项目预算调整审批表/项目预算调整报告
竣工结算和清算	编制竣工结算报告与分包结算书，办理资产清偿	项目预算 项目实际成本台账 项目预算调整报告 项目固定资产	编制：项目 审核：合约估算板块/财务部 协办：采购中心/综合部	竣工结算报书 分包结算书 清偿资产
最终预算核算	项目合约商务经理编制项目竣工合约预算报告，财务部编制项目竣工财务报告	项目预算 项目实际成本台账 竣工结算书 分包结算书	编制：项目/财务部 审核：合约估算板块 批准：事业部总经理/公司总经理	项目竣工合约预算报告 项目竣工财务报告
项目竣工审计	审计部负责审计，并提出审计报告	项目预算 项目竣工合约预算报告 项目竣工财务报告	组织：审计部 协助：财务部/合约法律部	审计报告
项目管理绩效的奖罚兑现	计算项目预算管理绩效，兑现奖罚	项目预算 项目实际成本 项目预算管理评估报告	主办：合约估算板块/财务部/人力资源部 审批：事业部总经理/公司总经理	对项目人员的奖励或处罚

（其他见本书第 4.2.3 节的内容）

9　物资采购管理

本项目物资采购的主体由公司采购中心或项目部分别组织采购。具体采购主体在物资采购方案中确定。

9.1　采购方式

采购方式一般分为：招标采购、邀请报价采购和零星采购等三类。

招标采购指对于采购金额数量较大、技术复杂且有较多可供选择供应商时，采用公开招标方式选择供应商。招标采购由采购中心组织进行。

邀请报价采购是指采购金额数量较小、技术要求程度较低，需要供应商进行技术配合支持时，从公司合格供应商名单当中邀请至少三家参与投标的采购方式。邀请报价采购可由上述采购主体组织。具体采购主体在采购方案中确定。

零星采购是指单项采购低于 10 万元的采购。由上述采购主体负责进行。可以从经销商或者供应商直接询价、谈判后购买。

9.2　采购工作程序

9.2.1　公司采购中心组织采购物资

采购中心物资采购工作流程与职责如下：

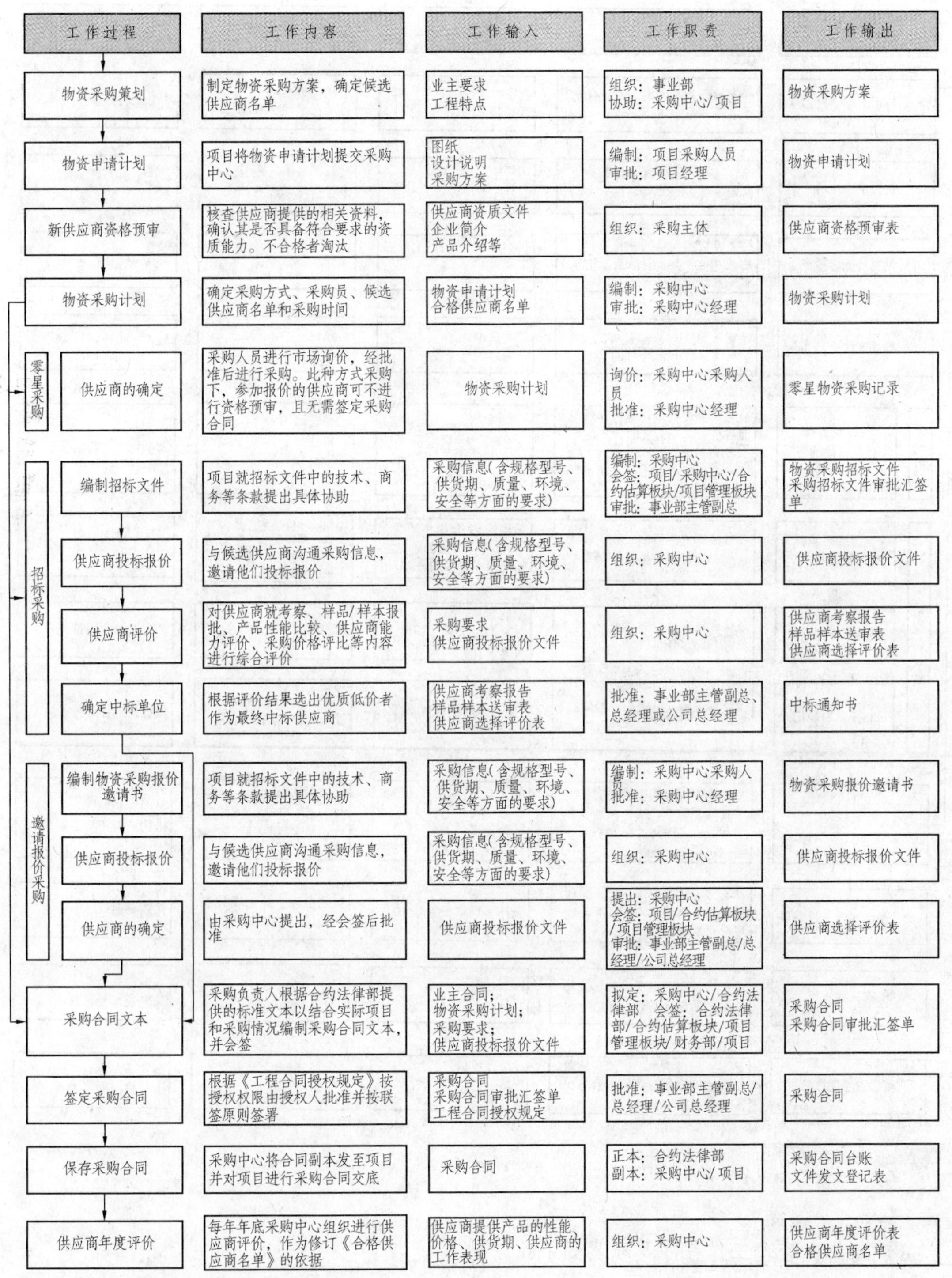

工作过程	工作内容	工作输入	工作职责	工作输出
物资采购策划	制定物资采购方案，确定候选供应商名单	业主要求 工程特点	组织：事业部 协助：采购中心/项目	物资采购方案
物资申请计划	项目将物资申请计划提交采购中心	图纸 设计说明 采购方案	编制：项目采购人员 审批：项目经理	物资申请计划
新供应商资格预审	核查供应商提供的相关资料，确认其是否具备符合要求的资质能力。不合格者淘汰	供应商资质文件 企业简介 产品介绍等	组织：采购主体	供应商资格预审表
物资采购计划	确定采购方式、采购员、候选供应商名单和采购时间	物资申请计划 合格供应商名单	编制：采购中心 审批：采购中心经理	物资采购计划
零星采购：供应商的确定	采购人员进行市场询价，经批准后进行采购。此种方式采购下，参加报价的供应商可不进行资格预审，且无需签定采购合同	物资采购计划	询价：采购中心采购人员 批准：采购中心经理	零星物资采购记录
招标采购：编制招标文件	项目就招标文件中的技术、商务等条款提出具体协助	采购信息(含规格型号、供货期、质量、环境、安全等方面的要求)	编制：采购中心 会签：项目/采购中心/合约估算板块/项目管理板块 审批：事业部主管副总	物资采购招标文件 采购招标文件审批汇签单
招标采购：供应商投标报价	与候选供应商沟通采购信息，邀请他们投标报价	采购信息(含规格型号、供货期、质量、环境、安全等方面的要求)	组织：采购中心	供应商投标报价文件
招标采购：供应商评价	对供应商就考察、样品/样本报批、产品性能比较、供应商能力评价、采购价格评比等内容进行综合评价	采购要求 供应商投标报价文件	组织：采购中心	供应商考察报告 样品样本送审表 供应商选择评价表
招标采购：确定中标单位	根据评价结果选出优质低价者作为最终中标供应商	供应商考察报告 样品样本送审表 供应商选择评价表	批准：事业部主管副总、总经理或公司总经理	中标通知书
邀请报价采购：编制物资采购报价邀请书	项目就招标文件中的技术、商务等条款提出具体协助	采购信息(含规格型号、供货期、质量、环境、安全等方面的要求)	编制：采购中心采购人员 批准：采购中心经理	物资采购报价邀请书
邀请报价采购：供应商投标报价	与候选供应商沟通采购信息，邀请他们投标报价	采购信息(含规格型号、供货期、质量、环境、安全等方面的要求)	组织：采购中心	供应商投标报价文件
邀请报价采购：供应商的确定	由采购中心提出，经会签后批准	供应商投标报价文件	提出：采购中心 会签：项目/合约估算板块/项目管理板块 审批：事业部主管副总/总经理/公司总经理	供应商选择评价表
采购合同文本	采购负责人根据合约法律部提供的标准文本以结合实际项目和采购情况编制采购合同文本，并会签	业主合同； 物资采购计划； 采购要求； 供应商投标报价文件	拟定：采购中心/合约法律部 会签：合约法律部/合约估算板块/项目管理板块/财务部/项目	采购合同 采购合同审批汇签单
签定采购合同	根据《工程合同授权规定》按授权权限由授权人批准并按联签原则签署	采购合同 采购合同审批汇签单 工程合同授权规定	批准：事业部主管副总/总经理/公司总经理	采购合同
保存采购合同	采购中心将合同副本发至项目并对项目进行采购合同交底	采购合同	正本：合约法律部 副本：采购中心/项目	采购合同台账 文件发文登记表
供应商年度评价	每年年底采购中心组织进行供应商评价，作为修订《合格供应商名单》的依据	供应商提供产品的性能价格、供货期、供应商的工作表现	组织：采购中心	供应商年度评价表 合格供应商名单

9.2.2 项目组织采购物资

项目部采购物资工作流程及职责如下：

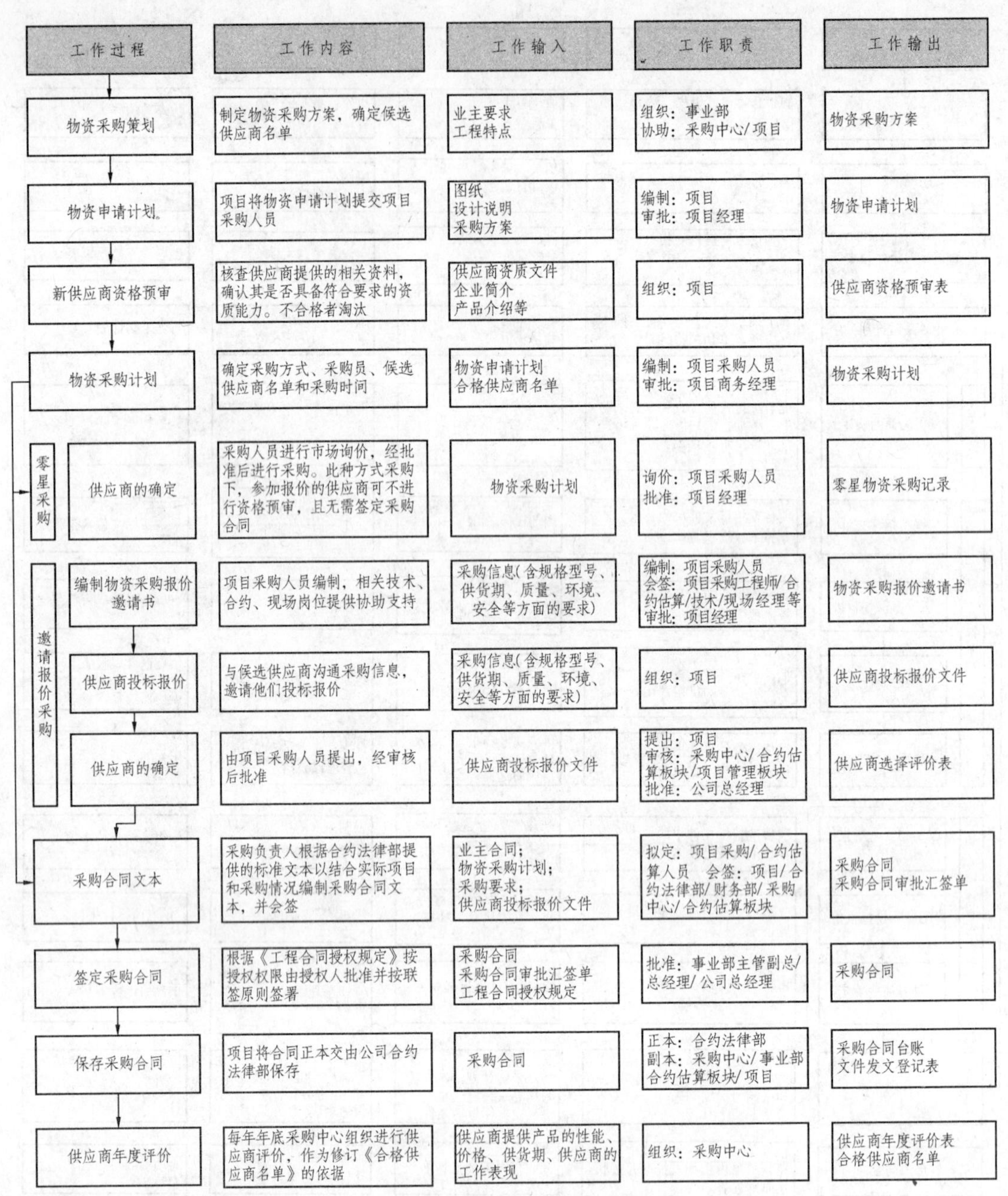

工作过程	工作内容	工作输入	工作职责	工作输出
物资采购策划	制定物资采购方案，确定候选供应商名单	业主要求 工程特点	组织：事业部 协助：采购中心/项目	物资采购方案
物资申请计划	项目将物资申请计划提交项目采购人员	图纸 设计说明 采购方案	编制：项目 审批：项目经理	物资申请计划
新供应商资格预审	核查供应商提供的相关资料，确认其是否具备符合要求的资质能力。不合格者淘汰	供应商资质文件 企业简介 产品介绍等	组织：项目	供应商资格预审表
物资采购计划	确定采购方式、采购员、候选供应商名单和采购时间	物资申请计划 合格供应商名单	编制：项目采购人员 审批：项目商务经理	物资采购计划
零星采购：供应商的确定	采购人员进行市场询价，经批准后进行采购。此种方式采购下，参加报价的供应商可不进行资格预审，且无需签定采购合同	物资采购计划	询价：项目采购人员 批准：项目经理	零星物资采购记录
邀请报价采购：编制物资采购报价邀请书	项目采购人员编制，相关技术、合约、现场岗位提供协助支持	采购信息(含规格型号、供货期、质量、环境、安全等方面的要求)	编制：项目采购人员 会签：项目采购工程师/合约估算/技术/现场经理等 审批：项目经理	物资采购报价邀请书
邀请报价采购：供应商投标报价	与候选供应商沟通采购信息，邀请他们投标报价	采购信息(含规格型号、供货期、质量、环境、安全等方面的要求)	组织：项目	供应商投标报价文件
邀请报价采购：供应商的确定	由项目采购人员提出，经审核后批准	供应商投标报价文件	提出：项目 审核：采购中心/合约估算板块/项目管理板块 批准：公司总经理	供应商选择评价表
采购合同文本	采购负责人根据合约法律部提供的标准文本以结合实际项目和采购情况编制采购合同文本，并会签	业主合同； 物资采购计划； 采购要求； 供应商投标报价文件	拟定：项目采购/合约估算人员 会签：项目/合约法律部/财务部/采购中心/合约估算板块	采购合同 采购合同审批汇签单
签定采购合同	根据《工程合同授权规定》按授权权限由授权人批准并按联签原则签署	采购合同 采购合同审批汇签单 工程合同授权规定	批准：事业部主管副总/总经理/公司总经理	采购合同
保存采购合同	项目将合同正本交由公司合约法律部保存	采购合同	正本：合约法律部 副本：采购中心/事业部合约估算板块/项目	采购合同台账 文件发文登记表
供应商年度评价	每年年底采购中心组织进行供应商评价，作为修订《合格供应商名单》的依据	供应商提供产品的性能、价格、供货期、供应商的工作表现	组织：采购中心	供应商年度评价表 合格供应商名单

9.3 物资现场管理

9.3.1 物资现场管理工作程序

现场物资管理工作程序及职责如下：

工作过程		工作内容	工作输入	工作职责	工作输出
物资验证	物资进场验证	物资进场前先做好准备工作，进场后对其文件与实物分别进行验证，必要时要进行复验	物资采购计划/采购合同/相关物资技术标准/设备装箱单等	负责：项目物资管理责任人员/责任工程师	物资进场验证记录
物资验证	业主对供应商提供物资的验证	项目做好配合工作，并做好验证记录。业主的验证不能免除公司提供合格产品的责任	物资采购计划/采购合同/相关物资技术标准/设备装箱单等	负责：项目物资管理责任人员/责任工程师	物资进场验证记录
物资验证	援外项目物资验证	应报请国家出入境检验检疫局进行法检。到场验证人员应作好验证记录	物资采购计划/采购合同/相关物资技术标准/设备装箱单等	负责：采购中心	物资进场验证记录
不合格品控制	不合格品的评审	发现不合格物资应对其进行隔离且做标识，并进行评审以判定不合格物资的处置方式	采购合同/进场物资的材质证明文件/材料标准、规范/不合格物资等	负责：项目物资管理责任人员/责任工程师	物资进场验证记录
不合格品控制	不合格品的处置—让步接收	只有在得到业主的同意并获取书面证据后，才能将让步接收物资发放使用。项目应保存让步申请及业主批复的记录	材料标准、规范/不合格物资等	负责：项目物资管理责任人员/责任工程师	让步申请表 业主批复等
不合格品控制	不合格品的处置—降级使用/改作它用	应得到设计或监理的同意并获取相关书面证据	材料标准、规范/不合格物资等	负责：项目物资管理责任人员/责任工程师	相关书面证据
不合格品控制	不合格品的处置—返修	验证人员应在其返修后重新进行验证，如仍不合格则应再次进行评审和处置	材料标准、规范/不合格物资等	负责：项目物资管理责任人员/责任工程师	相关返修验证记录
不合格品控制	不合格的处置—退货或报废	由原采购部门组织退货或作报废处理	采购合同/进场物资的材质证明文件/材料标准、规范/不合格物资等	负责：采购部门	物资的退货/报废处理
物资质量保证文件的管理		质量保证文件应妥善保管。当一批物资分别供多项工程使用时，物资采购部门必须按工程项目配套提供质量保证文件	物资进场验证记录/合格证/质量证明文件/试验报告等	收集：项目责任工程师 保管：项目资料工程师	物资进场验证记录/合格证/质量证明文件/试验报告等
物资的运输/搬运/装卸		要求供应商采取综合措施减少和消除运输过程中可能发生的损坏及其他事故的风险，如造成损坏应采取隔离并加以标识	采购合同 运输搬运相关规定	负责：项目/采购部门	搬运后的合格物资
物资的贮存		所有物资验证合格后应及时办理入库手续入库保管。仓库保管员作好库存物资的日常维护保养工作	合格物资 仓库管理有关规定	负责：项目	入库单 入库物资档案
物资标识		对不易准确识别的物资应采用统一方式进行识别。对时效性较强，有先进先出要求应分别贮存	易混淆的物资	负责：项目	物资标识
物资的领用/退库		应设专人负责物资的领用与退库，办理相关手续	入库单	负责：项目	物资领用记录 物资退库单
业主提供物资的管理		项目做好验证。对经验证不合格或资料不齐全的物资，应做好记录并及时报告业主处理	业主提供的物资	负责：项目责任工程师/材料员	物资验证记录 质量保证资料
对分包商采购物资的管理		对分包商采购的重要工程物资执行样品/样本报批制度	分包商采购的物资	负责：项目责任工程师/材料员	样品/样本报批单 物资验证记录 质量保证资料

9.3.2 物资的进场验证

验证的内容：

(1) 产品合格证；

(2) 质量证明文件（包括出场检验、试验报告）；

(3) 数量、规格、型号；

(4) 产品标识；

(5) 包装完好情况；

(6) 外观质量等。

验证的方法：

(1) 对文件资料逐项核查；

(2) 对实物质量抽查的比例按照相应材料标准确定；无具体规定时一般为5%～10%。抽查中如发现不符合规定要求或有问题时应扩大抽查范围或全部重新检验。

(3) 进口物资的数量验收，一般要求全部检验，且不误赔偿期。但对于规格整齐划一，包装完整者也可按10%～20%进行抽验。

(4) 进口物资如果属于国家法定检验的商品，则由商检负责人联系商检机构进行法定检验，取得《品质检验证书》，并在出现质量问题时据此向供应商索赔。

(5) 对于现场大宗材料和地材的数量验收，应以实际验收数量为准，每车都必须点数或检尺，并按理论换算方法进行计量换算，作为实际验收数量。

(6) 验证人员必须根据验证情况填写物资验证记录。

物资的复验：

当进场物资有以下情况之一时，责任工程师要填写复验委托书，对进场物资组织复验：

(1) 有关技术法规要求必须做复验的；

(2) 无质量证明文件或文件不齐全；

(3) 对供应商提供的质量证明文件正确性有所怀疑；

(4) 供应商提供的质量证明文件与所到货物不符。

责任工程师负责复验的取样工作。物资复验的取样必须有代表性。不同物资的取样应针对物资特点进行。对尚无取样标准的物资，可按上述要求酌定方法。

需复验的试样应送项目指定的试验室，试验报告由项目责任工程师归入工程档案。

对于钢材、水泥、红砖、砂石、防水材料等须复验的物资，必须在复验合格后方能发料/、使用。

对有见证取样规定的物资，其取样应在监理单位的监督下进行。

其中：

国内采购的物资的验证应报请国家出入境检验检疫局进行法检（除特殊放行外）。

采购人员签订采购合同后，由供应商向当地出入境检验检疫局申请办理产地检验。

物资到货后，采购中心责任人员组织验证，验证内容同上。到场验证人员应该做好验证记录。如果与商检表一致，由商检主管人员安排出入境检验检疫局的政府检验。如果有不符情况，报采购中心经理商海外事业部确定。

根据国家质量监督检验检疫总局的规定，对于国际工程项目下的出口物资必须进行检验检疫。物资检验的基本原则是：产地检验，口岸查验。

对于申请办理“特殊放行”（援外物资中，因国家特殊需要，对部分或全部援外物资简化检验手续或免于检验的统称），并获得援外司批准的物资免于检验。但是口岸查验还必须由口岸检验机构执行。

出口办公及生活物资不纳入援外检验检疫范畴，按一般贸易方式下的出口产品处理

(即分为法检和非法检)。

未尽事宜见《运输商务管理规定》中的报检工作规定。

9.4 物资的运输，搬运/装卸

采购部门应在物资采购合同中明确物资运输的责任主体，并要求供应商采取加强包装、投保等综合措施，以减少和消除物资在运输过程中可能发生的损坏及出现其他事故的风险。

当需要运输服务供应商提供运输服务时，应优先在公司合格供应商中进行选择。

提供物资运输服务的供应商所使用的车辆必须证照齐备，符合国家及地方各种安全和环保规定。

运输危险品及其他特种物资的车辆必须具备危险品运输的特别资质。

大型、贵重，易损、易燃易爆、易变质和有毒的物资，以及业主有特殊要求的物资在现场短途搬运和装卸时，项目必须针对物资特点和现场情况预先制定搬运/装卸方案和应急措施，明确搬运/装卸人员的职责，防止发生物资丢失，损坏及其他事故。

现场内搬运/装卸应考虑：从材料堆场、库房到作业现场的距离、路面情况、搬运设备、工具的能力，物资特性及搬运工人的水平等。

现场外搬运应考虑：路面情况，桥梁的承载能力及高度、宽度，天气情况，搬运时间及物资特性等。

当搬运由供应商或分包商承担时，采购部门在选择供应商或分包商阶段，应对其搬运能力（包括搬运设备能力、搬运工人的培训和资格等）进行评价和考察，必要时应在现场监督。

对因搬运不当造成质量问题的物资，负责搬运的单位应采取适当的隔离措施，做好标识，以确保不被混用。

9.5 物资贮存

公司仓库及周转设备基地由采购中心负责管理。现场仓库及材料堆场由项目负责管理。物资的接收与领取应办理出入库手续，并保存记录。项目设立的物资仓库，应配备专职或兼职仓库管理人员和必要的仓储设备及工具。

所有物资验证合格后，应由仓库保管员及时办理入库手续入库保管。仓库保管员应对所有入库物资建立物资档案，做好出入库记录。

对于待验物资和不合格物资，应做好标识，防止误用。

贮存的物资应有明显标识，做到账、卡、物应相符。对有追溯要求的物资（如钢材、水泥等），应在记录中明确批号、试验单号、使用部位等。

对有环境（如温度、湿度、通风、清洁、采光、避光、防鼠、防虫等）要求的物资，仓库条件必须符合要求。

对有毒、有害的物资应与其他物资分开存放，并有防泄漏和应急措施。

对易燃、易爆的物资与助燃物资（如乙炔和氧气）应分开存放，保持规定的距离，并有消防设施。

对有保质期要求的物资（如水泥），应有明显的保质期标识，做到先进先出。项目要定期检查质量情况，发现有质量变化时，应及时评审和处置。

必要时（如有安全、承压、搬运方便等要求）应规定堆放高度/距离等。

所有物资贮存应合理利用仓库空间，码放整齐，易于记数和检查。

仓库保管员应做好库存物资的日常维护保养工作，为保证物资的安全，降低库存损耗，应针对物资特性采取防雨、防冻、防光、防振、防尘、防腐蚀、防霉变、防老化、防爆、防破损等必要手段或措施。

易燃、易爆危险品应单独贮存，应遵照《易燃易爆危险品控制措施》采取预防和应急措施。

每月对现场物资、每半年对仓库物资由仓库保管员进行盘点，并编制物资盈亏报表。

仓库保管员还应定期对所贮存物资的质量进行检查，发现有变质、损坏等问题及时书面报告有关领导，并采取有效措施加以防范。

9.6　物资的退库

对于办理退库的属于质量不合格的物资（如已严重损坏，无质量标识、质量证明文件不齐全者），经采购主体负责人批准，均按不合格品处理。

对于通过质量复检手段重新确认并证明是合格的，由相应责任工程师在复验报告上签字确认后，则按合格品办理退库。

9.7　施工机具与周转材料管理

9.7.1　工作流程

工作流程和职责如下：

工作过程		工作内容	工作输入（依据）	工作职责	工作输出
施工机具管理	施工设备需用计划	编制《设备进场计划》 编制《设备施工方案》	《项目策划》 工程进度情况	项目设备工程师编制《设备进场计划》 基地工程师牵头编制《设备施工方案》	《设备进场计划》 《设备施工方案》
	大型设备租赁	大型设备租赁 租赁设备的日常管理	法规、标准、规范的要求 《项目策划》 《设备进场计划》	基地负责大型设备的租赁 项目负责大型租赁设备的日常管理(基地协助)	设备租赁合同
	设备验收、维护与保养	设备进场前检验 设备安装验收 积聚设备维修与保养	法规、标准与规范的要求 设备施工方案 设备维修保养计划 设备操作规程	基地工程师负责大型设备的资质验证及安装验收 项目设备工程师负责组织分包设备验证及人员资质验证	设备资质与人员资质资料 设备安装验收记录 设备维修保养记录 设备事故报告
周转材料管理	调配及采购	编制周转材料进场计划 周转材料调配	《项目策划》 基地周转材料的数量和质量	项目设备工程师负责编制《周转材料进场计划》 基地工程师组织周转材料的调配	《周转材料进场计划》 周转材料调配
	使用管理	建立项目周转材料台账 项目周转材料日常管理 周转物资退场	《项目策划》 《周转物资进场计划》 项目施工进度	物资工程师建立项目周转材料台账，组织周转材料日常管理，配合基地工程师组织周转物资退场	周转材料台账 日常管理记录 周转材料退场记录

9.7.2　施工机具管理

项目部责任工程师根据项目策划，提前20天编制《设备进场计划》，经项目经理批准后报采购中心（基地）。

采购中心（基地）接到项目上报的《设备进场计划》后，针对由采购中心（基地）提供的大型设备（塔吊、电梯、爬架），由采购中心（基地）工程师牵头与项目共同制定《设备施工方案》，由项目进行施工。

对于由分包提供的中小型施工机具，由项目将《设备进场计划》直接下发给分包，由分包组织机具等物资及时进场。

9.7.3 大型设备租赁

大型设备的外租时由采购中心（基地）负责组织实施，租赁对象包括塔吊、施工电梯、外爬架、泵送机械等主要施工设备。

项目部作为大型施工设备的使用单位，负责对租赁设备的日常使用管理，采购中心（基地）工程师进行协助和提供技术支持。

9.7.4 设备验收、维护与保养

机械设备进场前检验：

对塔吊、施工电梯、爬架、吊篮等机械设备，采购中心（基地）工程师查验提供设备单位资质（包括塔吊、施工电梯、吊篮的租赁资质、建委统一的设备编号，爬架备案情况等）；项目设备工程师查验分包提供的其他机械的基本技术资料（包括出厂合格证，大修记录等）。

在大型设备安拆装前，设备拆装企业应提供建设部颁发的拆装资质，项目设备工程师留存其资质复印件备案。

对大型特殊设备（如塔吊、施工电梯、爬架、吊篮等）安装前，项目技术负责人应组织设备提供单位编写安装方案，并报项目经理审批，否则不得进行安装施工。

安装验收：

设备安装完毕后，由采购中心（基地）工程师组织项目和安装单位进行验收，验收记录原件交项目部设备工程师、复印件交采购中心（基地）工程师留存备案。

设备投入使用前，项目部设备工程师应检查操作人员的操作证并留存其复印件存档，合格后，方准其进入现场从事机械操作。

机具设备维修与保养：

对于公司的自有设备，采购中心（基地）工程师负责组织专人根据机械设备维修保养计划，实施维修保养，并做好记录。

对公司采购中心（基地）为项目外租设备，其维修保养计划由供应商编制，并交至项目部设备工程师处存档，由项目部设备工程师督促供应商按计划实施。

分包商提供设备由分包商编制月度维修保养计划，并交至项目部设备工程师处存档，由项目部设备工程师督促其按计划实施，并做好检查记录。

项目部设备工程师督促设备供应单位的专业人员进行机械设备的修理，填写机械设备维修记录并存档备查。

由于机械设备发生故障造成事故时，项目部设备工程师应组织填写施工设备事故报告单，并向项目经理报告，及时处理。

9.8 周转材料管理

9.8.1 周转材料的范围

周转材料指由采购中心（基地）提供的临建物资，具体包括：架料、集装箱式办公室、警卫室、配电箱、项目用办公桌椅、文件柜、冰箱、洗衣机、热水器、消毒柜、微波炉、空调、临时电缆、临时水管、消防器材、临时围挡、临时大门等临建物资。

9.8.2 调配及采购

项目部根据《项目策划书》中的相关内容，编制周转材料进场计划，报送采购中心（基地），由采购中心（基地）组织物资的进场，或项目部自提。

项目临建物资的采购及调配管理由采购中心（基地）负责，项目经理部协助，对项目需用临建物资的调配按项目策划中相关内容和进场计划执行。

项目部应优先选择使用采购中心（基地）库存物资，对项目的特殊性要求（如重点工程、申报重要奖项等），可以全部或部分新购。

9.8.3 使用管理

项目部设备工程师负责建立项目周转材料台账，组织项目的日常使用管理，并配合采购中心（基地）完成周转材料的退场工作。

对周转物资使用中出现的损坏、丢失，包括原整机中配件、电气元件的丢失均应由项目承担成本损失，经采购中心（基地）负责人与项目核实后，由财务部门进行转账。

9.9 本项目物资采购工作中，使用的各种表式有：物资申请计划、物资采购计划、供应商资格预审表、供应商考察报告、供应商选择评价表、物资样品报批计划、物资样品样本送审表、采购合同审批汇签单、供应商评价表、零星物资采购记录、采购招标文件审批汇签单、物资进场验证记录。

10 质量管理

（略）

（详见本书第4.2.2.3条的内容）

11 进度管理

（略）

（详见本书第4.2.2.2条的内容）

12 风险管理

（略）

（详见本书第4.2.6节的内容）

13 职业健康、安全与环保管理（HSE）

（略）

（详见本书第4.2.2.4、4.2.2.5条的内容）

14 竣工交付与售后服务管理

（略）

15 行政办公管理

（略）

16 人力资源管理

（略）

17 其他

【文案范例】

（略）

3.2.15 国际工程融资方案

【基本概念】

1. 定义

融资即资金融通。它是指资金从剩余（超额储蓄）部门流向不足（超额投资）的部门，即购买力转移的现象。

工程融资是指贷款人向特定的工程提供贷款协议融资，对于该工程项目所产生的现金流量享有偿债请求权，并以该项目资产作为附属担保的融资类型。在项目的实施过程及投标过程中，为获得足够的资金支持而采取的资金融通、归集行为定义为工程融资。国际金融市场的资金流动，主要通过银行或金融机构的存款、贷款及其他业务活动来实现的。国际工程投资商和承包商，根据本身资金周转的特点和工程项目结构的不同内容，通过银行或金融机构筹措不同类型的贷款，以满足业务开展的需要。我们通常所说的国际工程融资，主要是指国际工程承包的融资方式。

国际工程融资方案，是基于国际工程建设投资方案的基础上制定或与工程项目投资方案紧密相连的，用于指导工程资金融通、归集行为的策划文件。工程融资方案的制定、实施与项目本身的特性密切联系。工程项目融资方案主要内容至少包括融资的必要性、可行性、主要方式和途径、实施步骤、经营风险与法律风险的防范等。

2. 国际工程融资的特征

(1) 体现了平等互惠的原则与国际性

国际项目融资的参与方一般由项目发起人、贷款人、工程承包商和资金提供方组成，且资金提供方(如贷款银行)主要依靠项目自身的资产和未来收益作为资金偿还的保证。在资金融通(借贷)过程中体现平等互惠的原则。由于国际项目融资必须依据国际融资法律、国际惯例或国际通行的做法进行融资活动，所以受到本国外汇收支以及配套资金的制约。由于采用多种外币计算，所以也存在外汇风险。

(2) 国际工程项目融资具有有限的追索权

追索是指在借款人未按期偿还债务时，贷款人要求借款人以除抵押资产以外的其他资产偿还债务的权力。项目融资中，贷款人可以在贷款的某个特定阶段(如项目的建设期)对借款人实行追索，或者在一个规定的范围内(包括金额和形式的限制)对借款人实行追索。除此之外，项目出现任何问题，贷款人均不能追索到借款人除该项目资产、现金流量以及所承担的义务范围之外的任何形式的财产，即有限追索。

国际项目融资除以项目本身的收益作为还贷来源和取得项目资产的物权担保外，贷款方通常还要求项目发起人和项目的其他参与者提供担保。但这种担保只是对某一部分风险承担有限责任，仅以它们各自提供的担保金额或合同义务为限，不能保证贷款的完全归还。

(3) 国际工程项目融资能有效地分担风险

国际项目融资通过各方参与者（项目发起人或投资者、贷款人、工程承包公司等相关方）签订一系列复杂而又相互关联的合同，将风险有效分散与分担。在项目融资中，将各类风险具体化，以合同形式明确规定各当事人承担多大程度的风险，用何种方式来承担。

以项目合同、融资合同、项目未来产品的销售合同、担保、支持文件作为风险控制的实现形式，贯穿于整个项目周期，彼此衔接，使风险得以规避、分担。

(4) 国际工程项目融资具有灵活性

国际项目融资的最大特色就是以项目为中心，但并没有固定的统一模式。国际项目融资的参与者、风险结构和资金来源随项目本身的性质和外部环境的不同而相应地变化，这使得国际项目融资可因地制宜，采取多种灵活的形式。

(5) 融资渠道多元化

国际工程项目融资之所以适合于大型工程项目的建设开发，正是因为它具有多元化的资金筹措渠道，包括有限追索性的项目贷款、发行项目债券、政府贷款、多边金融机构贷款以及出口信贷等。

3. 国际工程融资适用范围

国际工程项目融资主要运用于三类项目：即资源开发、基础设施建设、制造业项目。

(1) 资源开发项目

资源开发项目包括石油、天然气、煤炭、铁、铜等开采业。项目融资最早就是源于资源开发项目。

(2) 基础设施建设项目

基础设施一般包括铁路、公路、港口、电信和能源等项目的建设。基础设施建设是项目融资应用最多的领域，其原因是：一方面，这类项目投资规模巨大，完全由政府出资有困难；另一方面，商业化经营的需要，只有商业化经营，才能产生效益，提高效益。在发达国家中，许多基础设施建设项目因采用项目融资而取得成功，发展中国家也逐渐引入这种融资方式。

(3) 制造业项目

虽然项目融资在制造业领域有所应用，但范围比较窄，因为制造业中间产品很多，工序多，操作起来比较困难，另外，其对资金需求也不如前两个领域那么大。在制造业中，项目融资多用于工程上比较单纯或某个工程阶段中已使用特定技术的制造业项目，此外，也适用于委托加工生产的制造业项目。

总之，国际工程项目融资一般适用于竞争性不强的行业，具体来说，只有那些通过对用户收费取得收益的设施和服务，才适合项目融资方式。这类项目尽管建设周期长，投资量大，但收益稳定，受市场变化影响小，对投资者有一定吸引力。

4. 国际工程融资的主要方式

根据资金来源的划分，我国企业在国际工程承包项目中通常利用的工程融资方式主要有：

(1) 各国中央政府和地方政府的融资。

(2) 国际金融机构贷款。

(3) 商业银行贷款。

(4) 政府间双边贷款或援助。

(5) 出口信贷，包括出口卖方信贷、出口买方信贷、优惠出口买方信贷和对外优惠贷款。

(6) 项目融资。

（7）BOT 模式。

（8）PPP 模式。

其中，国际金融组织和机构贷款项目是中国涉外企业从事国际工程承包获取项目的主要方式，其特点是工程所在国政府与国际金融组织（如世界银行、亚洲开发银行、非洲开发行等）签署贷款协议，由工程所在国政府根据国际金融组织制定的项目采购规则进行国际公开招标，选定中标人并经国际金融组织批准实施工程项目，国际金融组织只承担部分工程建设费用，工程所在国政府还需要拿出相应比例（如 10%～30%或更高比例）的配套当地币资金用于工程项目。

就中国企业而言，出口信贷，包括买方信贷（“买贷”）、卖方信贷（“卖贷”）、优惠出口买方信贷（“优买”）和对外优惠贷款（“优贷”），是中国进出口银行、国有银行以及其他银行为支持中国机电设备出口和对外承包工程项目开办的信贷业务，优惠出口买方信贷和对外优惠贷款的承办行仅为中国进出口银行。

在上述融资方式中，各国中央政府和地方政府融资、国际金融组织贷款、出口买方信贷、对外优惠贷款项下的项目，从企业或承包商的角度而言，均属于“现汇”项目，企业或承包商不承担融资责任和资金风险。由于出口卖方信贷的借贷人是出口商或承包商，出口商或承包商承担了融资责任和买方不能及时还款的风险。

随着国际市场的发展，目前国际上政府主导投资型的项目日益减少，而以企业投资为主导型的基础设施等项目有了一定的发展，出现了项目融资、BOT 和 PPP 方式，其投资主体、投资方式已发生了根本的变革，与发展中国家主要依赖政府主导投资形成了鲜明的比照。

总之，近几年来国际工程项目融资利用的方式和渠道较多，企业可根据工程所在国意愿，针对项目的特点和规模，结合自身的技术优势和融资能力，从激烈进而恶性竞争、利润微薄甚至亏损的当地政府和国际金融组织贷款的第一层次的“现汇”承程项目，向利用出口信贷、优惠贷款和商业贷款的第二层次的承包工程项目转变，并逐步利用项目融资、BOT 和 PPP 方式的第三层次融资形式发展和扩大业务领域和规模。

【内容与格式】

国际项目融资方案格式与主要内容包括：

1. 概况

2. 承办单位基本情况

主要包括承办企业的成立的时间、注册资本金以及企业现状、业绩、资信等。

3. 项目分析

主要包括项目的基本情况，项目来历以及业主与项目的进展情况，资金投入，市场定位等。

4. 管理团队

包括项目管理团队人员的构成、工作经历和特点，对投资的安全保障，团队的组织结构，管理的规范性与管理制度，管理结构等的评价，以及对于企业产生重要影响的需要说明的事项。

5. 财务计划

包括对投资计划的财务假设，以及对未来现金流量表、资产负债表、损益表的预测，资金的来源和运用等内容。其中，要详尽的说明企业自有资金比例和流动性。

6. 融资方案的设计

(1) 股权和债权方式

股权和债权方式是两种最主要的方式，但是，还有很多不是某一种方式所能解决的，而是几种方式在不同的时间段的组合。这也就是融资方案设计的困难所在。这部分是解决问题的关键，是否能够取得资金，关键在于是否能够通过融资方案解决各方的利益分配关系。

(2) 融资期限和价格

融资的期限及可承受的融资成本等，都需要解释清楚。

(3) 风险分析

任何投资都存在风险，所以应该说明项目存在的主要风险是什么，如何克服这些风险。

(4) 退出机制

绝大多数的投资都不是为了自用，而是为了获利，因此都涉及退出机制问题，所以，需要在此说明投资者可能的退出时间和退出方式。

(5) 抵押和保证

在涉及投资安全的时候，投资者最关心的是如何保障投资的安全。而最有效的安全措施就是抵押，或者信誉卓著的公司的保证。

(6) 针对本行业不熟悉的客户，需要提供操作的细节，即如何保证投资项目是可行的。

7. 需要说明的问题

8. 其他

【文案范例】

(略)

3.2.15.1　出口信贷

1. 定义

出口信贷是指一国政府为支持和扩大本国大型机械设备、成套设备、大型工程项目等的出口，以提供利息补贴及信贷保险的形式，鼓励本国的银行对本国出口商或外国进口商(或进口商的银行) 提供贷款、分期付款及其他资金融通便利的一种国际信贷和融资方式。

出口信贷是 WTO 框架下国际惯用的支持出口的措施，目前世界上至少已有 70 多个国家设立了不同的出口信贷机构，一种是政府成立出口信贷机构，一种是商业银行或私人银行向进出口商提供信贷。1994 年，为支持中国的成套设备、船舶、大型工程项目出口的需要，中国政府成立了中国进出口银行，作为政策性的 ECA 机构。1998 年 12 月，中国政府成立了中国出口信用保险公司，为出口信贷提供保险支持。

2. 出口信贷的形式

出口信贷的主要形式有买方信贷、优惠出口买方信贷和卖方信贷业务等。本节主要根据中国进出口银行的信贷业务的流程和中国政府有关部门的规定，对这三种金融工具作一简要介绍。

(1) 买方信贷

买方信贷是出口国银行直接向外国的进口厂商或进口方银行提供的贷款。其附带条件就是贷款必须用于购买债权国的商品，因而起到了促进商品出口的作用，这就是所谓的约束性贷款。买方信贷不仅使出口厂商可以较快的得到贷款和减少风险，而且使进口厂商对货价以外的费用比较了解，便于他与出口厂商讨价还价。出口方银行直接向买方（进口商、进口国政府机构或银行）提供贷款，使国外进口商得以即期支付本国出口商货款的一种融资方式。买方信贷的借款人可以是进口商、进口商银行或进口国财政部。中国进出口银行买方信贷业务流程参照了 OECD 颁布的《关于官方支持的出口信贷准则的约定》中的相关条款。

【贷款范围】

支持中国机电产品、大型成套设备等资本性货物以及船舶、高新技术产品和服务的出口，支持中国企业带资承包国外工程。

【贷款申请条件】

借款人必须是中国相关经办行认可的进口商或银行、进口国财政部或其他政府授权机构。借款人须资信良好，具有偿还全部贷款本息及支付相关贷款费用的能力。

出口商必须是独立的中国企业法人，具有中国政府授权机构认定的实施出口项目的资格，具备履行商务合同的能力，具有中国商务部批准的对外承包工程企业的资格。

买方信贷是由承包商协调和安排业主指定的借款银行与中国进出口银行谈判贷款合同，安排业主指定的担保金融机构与中国进出口银行和中国出口信用保险公司谈判担保条件（保函格式）。

根据中国进出口银行的规定，出口买方信贷支持的商务合同必须经中国进出口银行审查认可，并满足以下基本条件：

1) 合同金额在 200 万美元以上。

2) 出口货物中的中国成分不低于 50%。

3) 进口商以现汇支付的定金比例一般不低于合同金额的 15%；船舶项目不低于合同金额的 20%。承包国外工程项目在中国成分、定金比例等方面参照国家有关政策规定执行。

【担保和保险】

要求借款人提供可接受的还款担保，必要时提供进口国国家主权级担保。是否需要办理出口信用保险，依据借款人国别风险而定。

【信贷条件】

1) 货币种类：贷款货币为美元或认可的其他货币。

2) 贷款比例：对出口船舶提供的贷款，贷款额一般不超过合同金额的 80%；对于出口其他产品和服务提供的贷款，贷款额一般不超过合同金额的 85%；承包国外工程项目的贷款比例参照国家有关政策规定执行。

3) 贷款期限：从首次提款之日起，至贷款协议规定的最后还款日止，贷款期限最长不超过 15 年。

4) 贷款利率：参照 OECD 公布的商业参考利率（CIRR）执行固定贷款利率，或在伦敦同业拆放利率（LIBOR）的基础上加上一定利差后执行浮动利率。

5）贷款费用：须支付管理费、承担费和风险费等贷款费用。

【贷款申请和审批】

借款人须正式提交使用买方信贷的书面申请和材料。主要包括：

1）商务合同或意向书、招标投标文件、项目可行性分析报告及有关审批文件。

2）借款人、保证人、进口商、出口商的资信材料及有关证明文件，借款人、保证人的财务报表。

3）银行需要的其他资料。

银行按规定程序审查借款申请材料，确认借款人、保证人资格，确定信贷条件，进行贷款项目的评估和审批。贷款批准后，银行同借款人签订贷款协议，保证人向银行出具还款担保函。

借款人根据贷款协议规定支付有关贷款费用，偿还贷款本金和利息。贷款本金从提款期结束开始每半年等额偿还一次，利息根据贷款余额每半年支付一次。

（2）优惠出口买方信贷

优惠出口买方信贷是指为配合国家政治、外交需要，推动与重点国家和地区的经贸合作，采用出口买方信贷形式对外提供的具有一定优惠条件，由中国进出口银行承办的特定贷款。

中国进出口银行作为唯一政府授权承办优惠出口买方信贷业务的银行，负责贷款项目的评估审查、贷款协议的签订、贷款发放、催收贷款本息及贷后管理等工作。

贷款项目包括：

1）项目符合借款国经济发展和行业规划重点领域要求，有利于促进借款国经济和社会发展，促进与中国经贸合作关系的发展。

2）贷款项目应能为借款国创造就业或带来外汇收入，重点投资领域为基础设施建设（能源、交通、通信等）和高效率产业（生产、加工、农业等）。

3）贷款项下所需设备、材料、技术或服务优先从中国采购或引进。

贷款条件是：

1）利率和期限：执行优惠出口买方贷款总协议的规定贷款期分为宽限期（含提款期）和还款期，宽限期只偿还利息，还款期内本金按贷款协议规定偿还，一般为等额本金偿还。

2）还本付息：每半年计息一次，每年1月21日和7月21日为本息费计收日。

3）借款人按贷款总额在首次提款前一次性支付管理费；按贷款未提取的部分支付承诺费。

实施优惠出口买方信贷项目中国企业的基本条件是：

1）在我国工商行政管理部门登记注册，具有独立法人资格的中国企业。

2）具有开拓发展中国家市场的能力。

3）经营管理、财务和资信状况良好。

4）承担承包工程（合项目设计）项目的企业应具有对外承包经营权及我国有关主管机关认定的相关专业的甲级（一级）资质，具备在海外承包工程的经验和履约能力。

5）承担产品出口项目的企业应具有相应产品的出口经营权，具有进出口贸易经验和良好的经营记录。

6）在借款国合资建厂的企业应具有相应资质。具有与项目相适应的经济实力和经营管理能力以及一定的涉外经营管理经验。

贷款申请资料包括：

1）借款人出具的使用优惠买方贷款的申贷函。

2）项目建议书或可行性研究报告，包括项目必要性（目的和目标）、项目内容和范围、投资概算、技术经济可行性等。

3）中外双方执行企业间的商务合同或其他契约性合作文件。

4）项目投资环境（国别情况）相关资料。

5）中方执行企业的营业执照复印件、简介和近三年经审计的财务报表。

6）外方执行企业（进口商、外方股东、项目业主等）的简介和有关财务资料。

7）以金融机构或其他机构作为借款人时，应提供其营业执照复印件、简介、近三年经审计的财务报表和政府财政担保意向书。

8）其他必要资料。

贷款程序如下：

1）签订《总协议》。

国务院批准国别、额度，并正式对外下发后，由中国进出口银行与借款人商签《总协议》，明确借贷双方、还款担保、贷款用途、金额、条件、办理程序、使用法律等事项。

2）申请贷款。

在《总协议》范围内，由借款国政府提出使用优惠买方贷款的项目清单，并提交相关申请材料。单个项目贷款条件应与《总协议》保持一致。

3）评估。

中国进出口银行对贷款项目进行可行性审查，对项目各方（包括借款人、执行人等）进行资信审查，对贷款项目风险进行分析，并将评审结果报送中国政府主管部门。

4）协议签署和生效。

中国进出口银行根据行内授权和贷款谈判结果签署正式项目贷款协议，借款人提交有关文件，满足生效条件后，贷款协议生效。

5）项目实施和放款。

项目实施是借款人和中外双方执行机构的义务，在实施中未经中国进出口银行同意不能擅自改变项目内容。

借款人按贷款协议规定向中国进出口银行提交有关单据，申请提款，银行审核同意后，将贷款拨付至中方执行机构账户。

为保证资金有效使用，中国进出口银行按照项目进度发放贷款，并监督项目实施。借款人应向中国进出口银行报告项目进度、资金使用情况等。

项目完工，借款人提交完工报告。

6）贷款偿还。

借款人根据贷款协议规定偿还本金和支付利息。

(3）卖方信贷

卖方信贷是指出口商向国外进口商提供的一种延期付款的信贷方式。卖方信贷的实质是出口商从出口方银行取得中、长期贷款后，再向进口方提供的一种商业信用。也就是说，卖方信贷就是在大型机械装备或成套设备贸易中，为便于出口商以延期付款方式出卖设备，出口商所在地的银行对出口商提供的信贷。企业将上述材料提供给银行后，银行正式受理此项目。银行按规定进行贷前调查、贷时审查和项目评审。经过项目审核，批准贷款后，由银行向企业发贷款通知书，并与企业签订借款合同、保证合同，与代理行签订委托代理协议。借款合同生效后即可按合同规定的用款计划向企业发放贷款，并按规定监督企业的贷款资金的使用。

在卖方信贷项下，借款人为出口商（或承包商），国外进口商（或业主）在出口商交付货物，或工程竣工后延期支付给出口商（或承包商）。近几年来，中国出口企业，包括外经企业在海外已经利用卖方信贷方式出口或实施了许多项目。目前，在我国能够从事卖方信贷业务的银行有中国进出口银行、国有商业银行、国家开发银行以及股份制银行等。

卖方信贷的融资条件是由承包商直接与业主谈判，所有融资条款都在工程总承包合同中明确，如：贷款条件、保函格式、信用证格式等；买方信贷是由承包商协调和安排业主指定的借款银行与中国进出口银行谈判贷款合同；安排业主指定的担保金融机构与中国进出口银行和中国出口信用保险公司谈判担保条件（保函格式）。

对于工程项目，卖方信贷的一般做法是承包商在签订卖方信贷合同及工程合同后，业主（进口方）支付5%～15%的定金（或双方协议的其他比例），承包商实施并完成工程后，业主再分期支付工程款项。同时，承包商应根据卖方信贷合同的规定，按期向银行支付贷款本金、利息和银行费用等：承包商在计算工程款项时，除工程自身的成本、承包商预期利润外，还需将贷款利息、银行费用、卖方信贷保险费等计算到工程成本中。

由于承包商承担了融资责任并充当了借款人，造成了承包商负债的大幅增加以及业主不能按期还款的风险。因此，与现汇项目相比，如果没有确定的利润预期，承包商应谨慎从事这种业务。

中国进出口银行经营卖方信贷项下的贷款种类如下：

1）设备出口卖方信贷。

2）船舶出口卖方信贷。

3）高新技术产品出口卖方信贷。

4）一般机电产品出口卖方信贷。

5）对外承包工程贷款。

6）境外投资贷款。

卖方信贷项下的贷款程序与买方信贷基本相同。为了规避业主或进口商不能按期还款风险，承包商应根据贷款银行的要求到中国出口信用保险公司投保卖方信贷保险，同时进口商或业主应提供相关担保，如银行担保或国家主权担保等。

根据有关规定，如果合同金额在一亿美元以上的（卖方、买方）信贷项目，在落实“一保（信贷保险）一贷（银行贷款承诺）”后，应通过商务部或省级政府向国务院报批。

3. 买方信贷、卖方信贷的主要区别

买方信贷、卖方信贷的主要区别见表 3-7。

买方信贷、卖方信贷的主要区别一览表 表 3-7

区别点	买方信贷	卖方信贷	备注
借款人不同	买方信贷的借款人是进口商（业主）或者是进口国银行或进口国财政部	卖方信贷的借款人是出口商或者承包商	
付款方式不同	卖方信贷项下进行工程承包实质上是分期付款项目	买方信贷项下的承包工程是现汇项目	
对企业财务状况影响不同	无影响	由于卖方信贷是出口商或承包商（企业）作为债款人，负责向银行还本付息。因此，在出口商或承包商的资产负债表中的短期负债或长期负债栏目中将有所体现。加大了出口商或承包商的负债规模和资产负债比率。同时，出口商、承包商还需要向银行提供担保，加大了企业的财务负担，对企业财务状况影响大	
融资责任和风险不同	买方信贷的融资责任由进口商或业主承担，银行还需要承担进口商或业主不能按期还款或根本违约的风险	卖方信贷的融资责任由出口商或者承包商承担，进口商或业主不能按期还款付息；乃至根本违约的风险亦由出口商或承包商承担	
对项目的控制程度不同	买方信贷项下业主对工程项目有可能进行公开招标	由于卖方信贷的借款人是出口商或承包商，因此，承包商或出口商可以就商务合同以及还款方式等达成一致后签署合同	

4. 对外优惠贷款

中国政府对外优惠贷款是指中国政府指定中国进出口银行向发展中国家政府提供的具有援助性质的中长期低息贷款。对外优惠贷款的性质不是出口信贷，是中国企业对外承包工程项目和成套设备出口的一种主要方式。我国对外优惠贷款的政府归口管理单位是国家商务部，负责制定政策和计划，签署优惠贷款框架协议。中国进出口银行负责项目评估审查、放款、贷款管理、本息回收等，贷款对象为受援国政府财政部。

(1) 对外优惠贷款的贷款条件

1) 申贷金额原则上不低于 2000 万人民币。

2) 利率和期限：执行政府间优惠贷款框架协议规定。

3) 利息：每半年计息一次。

4) 本金偿还：进入还本期后每半年一次等额偿还。

5) 银行费用：借款人按贷款总额在首次提款前一次性支付管理费，按贷款未提部分支付承诺费。

(2) 贷款项目应具备条件

1) 项目得到中国政府和借款国政府的认可；

2) 借款国与中国有良好外交关系，政治经济状况相对稳定，具有偿还本息的力；

3) 项目技术可行，具有良好的经济效益和社会效益；

4）项目由中方企业负责承建，采购项目所需的设备等原则上应由中方企业负责供货；

5）贷款项下所需设备、材料、技术或服务优先从中国采购或引进，设备采购中来自中国的成分原则不低于 50%；

6）项目配套资金已落实。

（3）贷款申请资料要求：

1）借款国政府使用优惠贷款的意见函（申请函）；

2）中国驻借款国使馆经商处出具的项目意见函；

3）项目建议书或可行性研究报告；

4）中外双方执行企业的商务合同或其他契约性合作文件；

5）借款国政治、经济和社会状况的有关资料；

6）中外双方执行企业的简介、营业执照复印件、近三年的财务报表以及中方企业国内外业绩报告；

7）银行要求提供的其他有关资料。

（4）贷款程序

1）申请贷款。借款国政府向中国政府或中国进出口银行提出备选项目，并提交有关申请资料。

2）评估。中国进出口银行对受理项目进行评估审查，并将评审结果报送中国政府有关部门。

3）签署框架协议和贷款协议。中国和借款国政府签署政府间优惠贷款框架协议，中国进出口银行与信款人签署贷款协议。

4）项目实施和放款。在借款人按贷款协议规定向中国进出口银行提交有关单据，申请提款，银行审核同意后，按工程项目进度放款，将贷款拨付至中方企业指定账户。

5）贷款偿还。借款人根据贷款协议规定偿还本金和支付利息。

5. 出口信贷项下融资项目应注意的几个问题

中国对外工程承包企业在运作买方信贷、卖方信贷和对外优惠贷款项目时，应充分掌握和了解中国政府、银行、信用保险公司的有关政策、规定、程序，并注意以下几个问题。

（1）国别的选择。

中国对外承包工程业务目前主要集中在中东、非洲和亚洲等不发达或欠发达国家和地区，国别风险大，主权信用等级低，所在国银行的信用等级不高。因此，在市场开拓初期，在确定项目开发战略，即现汇投标项目还是出口信贷项目时，应充分考虑所在国的政治、经济、社会、项目以及还款能力等综合情况，确定是否可以利用出口信贷工具开拓市场和新项目开发。必要时，应咨询中国政府有关部门、银行和信用保险公司意见，以便确定市场战略。

（2）项目选择。

主要应选择所在国已列入国际发展规划或计划的优先项目，或者是所在国的重点项目，避免开发那些远期的、非重点或未列入国家计划的项目。

（3）融资方式和结构。

应根据不同的项目确定不同的融资方式，如买方信贷、卖方信贷、PPP 方式或其他融资方式。在设计融资结构时，应考虑贷款金额、期限、利率、还本付息和时间、担保方式（主权担保、银行担保或远期信用证等）；是否需要购买出口信用保险、保险的条件和费用等。

（4）担保和还款方式。

担保和还款方式、质量是决定能否使用出口信贷的一个重要前提。企业在初期考虑信贷项目时，应落实担保问题，主要有主权担保（所在国的财政部或中央银行担保）、银行担保或其他形式的担保方式（如石油担保、资源担保等）。

（5）银行和信用保险公司的支持。

应在项目初始阶段与银行和中国出口信用保险公司进行接触，探讨项目的可能性与可行性，在银行和保险公司的协助、参与下，进行项目融资方式和结构的设计，取得银行的贷款意向函和信用保险公司的保险承诺，落实“一保一贷”。

（6）做好审批工作。

主要是银行对贷款的审批，保险公司对出口信贷保险（如短期、中长期出口信贷保险）的审批。如果保险金额超出国别配额，信用保险公司还需上报财政部审批；如果信贷金额超过一亿美元，需通过商务部或省级政府报国务院批准。

（7）与国际金融组织或其他机构贷款的现汇投标项目的“短、平、快”相比，出口信贷项目从寻找项目、谈判、审批、签约到开工是一个“耗时长、各方关系复杂、进度慢、前期投入大”的过程，项目失败的风险极大。对此，企业应有足够的心理准备和承受力。

3.2.15.2 出口信贷保险

1. 定义

出口信贷保险是一国为了推动其产品的出口，保障出口企业收汇安全而制定的由国家财政提供保险准备金的非营利的政策性保险业务。出口信贷保险的主要目的是保障出口企业或在出口信贷项下从事国际承包工程、成套设备出口等业务的企业收汇安全。有效规避出口企业收回延期付款的风险以及融资机构收回贷款本金和利息的风险，在进口商、业主或贷款国政府拖欠或不能支付时，由保险公司代为赔付并取得代位权。

目前，中国出口信用保险公司独家承保出口信贷保险业务，主要经营的保险业务品种有短期出口信贷保险、中长期出口信贷保险、投资保险等。

就对外承包工程企业而言，在出口信贷项下从事国际承包工程主要涉及的是中长期信贷保险。目前，中国出口信用保险公司开办的中长期出口信贷保险有：出口买方信贷保险和出口卖方信贷保险。

2. 出口买方信贷保险

根据中国出口信用保险公司的规定：出口买方信贷保险是指在买方信贷融资方式下，信保公司向贷款银行提供还款风险保障的一种政策性保险产品。在买方信贷保险中，贷款银行是被保险人，投保人可以是出口商、贷款银行或借款人，但一般要求贷款银行直接投保。

在买方信贷保险项下，承保的风险是：

（1）债务人违约，拖欠贷款协议项下应付的本金和利息；

（2）债务人破产、倒闭、解散和被清算；

（3）债务人所在国政府或地区颁布法律、法令、命令、条例或采取行政措施，禁止或限制债务人以贷款协议规定的货币向被保险人偿还债务；

（4）债务人所在国或地区颁布延期付款令，致使债务人无法履行其在贷款协议项下的还款义务；

（5）债务人所在国发生战争、革命、暴乱或保险人认定的其他政治事件。

中国信保公司确定保险费率的基本因素是进口国的风险类别、信贷的宽限期和还款期、借款人和担保人的信用等级、商业风险和其他辅助担保条件。

3. 出口卖方信贷保险

出口卖方信贷保险是信保公司提供的，对因政治风险或商业风险而引起的出口方在商务合同项下应收的延期付款损失承担赔偿责任的保险。

在卖方信贷保险项下，中国信保公司承保的风险是：

（1）进口方破产；

（2）进口方拖欠商务合同项下的应付款项；

（3）进口国采取措施，使商务合同无法履行；

（4）进口国颁布法律或采取措施，使进口方不能以商务合同规定的货币偿还债务；

（5）进口国颁布延期付款令，使进口方无法履行还款义务；

（6）进口国发生战争、内乱等。

4. 企业投保程序

企业投保程序如下：

（1）询保。

企业填写《询保单》，经初审符合条件后，获得《承保意向书》，按《承保意向书》中规定的参考费率和保险条件继续商务谈判。

（2）风险评估。

必要时参与商务合同和担保协议的谈判。

（3）投保和承保。

待商务合同基本条件确定后，企业填写投保单，待信保公司出具相关保单，并在收到保险费后正式生效。

5. 出口信贷保险业务中应注意的问题

中国对外承包企业普遍存在资产规模小、负债率高的特点，融资难、承保难限制了企业的对外发展，另一方面，中国企业在国际承包工程产业链中处于低端位置，所从事的项目起点低，技术含量低，大部分是劳动密集型项目，同时中国传统的对外工程承包市场又集中在非洲、亚洲和南美洲等发展中国家，国家的政治、金融和商业风险较高。因此，企业在进行出口信贷保险业务中应注意以下几个问题：

（1）早询保，早介入。

应在项目初期与信用保险公司进行询保工作，使信保公司早介入，以期给予政策和实务操作的指导和谈判的参与。

（2）尽可能让业主提供良好的担保条件。

如国家主权担保、银行担保或其他担保等，以期取得信保公司的支持，减少投保工作量和压力。

（3）贷款期限、利率。

宽限期和还款期等信贷条件应符合国家和银行的出口信贷政策及限制。

（4）企业应权衡保险公司承保保险的条件和要求，保险费对项目成本的影响和负担，考虑高额保险费对项目竞争力的影响等因素。如在工程造价中加入保险费后形成工程单价偏高，无法在工程价格中消化保险费时，应将保险费用在合同价格单中单独列项。

（5）合同价格中应包括保险费金额和前期用于保险工作的费用，企业交付保险费的时间对项目现金流量产生的影响及其孳息。在金额巨大的大型工程项目中，应考虑在业主或进口商拖欠或不能支付时，企业提出保险索赔的时间与保险公司实际赔付时间的时间差及其孳息等成本因素。

3.2.15.3 项目融资计划书

【基本概念】

1. 定义

项目融资是以项目的现金流量和预期收益作为偿还贷款的资金来源，并以项目资产、预期收益或权益作为安全保障的一种融资方式。

在一般情况下，国际项目融资通常为了建设某一特定项目而组成的项目公司的贷款，以项目建成之后的现金收入偿还其贷款，并以该项目的有形资产或合约资产作为抵押或担保。国际项目融资是项目发起人为筹集大规模的资金，同时又避免承担过大的项目风险和债务偿还责任而采取的一种融资方式。

2. 项目融资模式

（1）根据项目发起人和项目公司来划分，项目融资分为：

1）由项目发起人直接安排项目融资模式。

2）由项目发起人通过项目公司安排项目融资模式。

（2）根据项目偿还方式和责任不同，项目融资可分为：

1）以“设施使用协议”为基础的项目融资模式。这种模式主要应用于生产型设施、电站、石油天然气管道等项目。

2）以“产品支付”为基础的项目融资模式。这种模式主要应用于石油、天然气开采和矿产资源开发项目中，并且使用的资源储藏量已经探明，项目生产的现金流量能够准确地计算和预测。

3）以“杠杆租赁”为基础的项目融资模式。杠杆租赁是指出租人融资购买项目的资产，然后租赁给承租人的一种融资模式。

4）BOT项目融资模式。BOT模式是指投资人或财团作为项目发起人，从某个国家的地方政府获得基础设施项目的建设和运营特许权，然后组建项目公司，负责项目建设的融资、设计、建造和运营。BOT方式主要用于建设收费公路、发电厂、铁路、废水处理设施和城市地铁等基础设施项目。

5）ABS融资模式。ABS模式是以项目所属的资产为支撑的证券化融资方式，即以项目所拥有的资产为基础，以项目资产可以带来的预期收益为保证，通过在资本市场发行债券来募集资金的一种项目融资方式。

由于项目融资方式与渠道的多样化（如基金组织、银行承兑、直存款、银行信用证、委托贷款、直通款、对冲资金、贷款担保等），在办理融资时，往往都需要起草一个项目融资申请报告和项目融资计划书，主要是向银行等金融机构借款时需提交该文件。

【内容与格式】

项目融资计划书的基本格式和内容，主要包括：

1. 项目的经营对象和范围。

2. 投资规模。

3. 所需要的融资服务的规模。

4. 建设周期。

5. 项目收益的主要来源（这部分要详细可信）。

6. 项目的年回报率（详细可信）。

7. 项目建设者和经营者的资历（此处也是重要部分）。

8. 其他情况，其中包括是否经主管部门批准，有特殊的项目是否已经办理好特殊手续。是否是国家或者地方重点扶持项目等。

【文案范例】

（略）

3.2.15.4　项目流动资金计划

【基本概念】

项目资金需要量是指工程承包企业根据工程项目建设的需求，对未来实施项目所需资金的数量。项目资金需求估算书是工程承包企业制订项目融资计划的基础性文件。工程承包企业在项目实施中所需要的资金，一部分来自企业内部，另一部分通过外部融资取得。

在国际承包工程项目中，资金的运作过程主要包括：

（1）国际工程承包商通过各种渠道将筹集到的资金汇集到工程所在国的银行账号，以备投入使用；通过此过程货币资金转化为储备资金。

（2）将存于银行内的储备资金，用于采购材料设备和支付人工工资和管理费用，使工程得以建成，这是生产过程。此时，储备资金转化为物化资金。

（3）在结算过程，承包商将建好的工程分期（按月等）或分批向业主移交，业主结算并签发付款单。这时，物化资金又转化为结算资金。

（4）在回收过程，将已结算的资金收回为货币。结算资金又再转化为货币资金。

（5）最后，承包商将所获得的货币资金，部分用于偿还借来的货币，另一部分转化为储备资金，等候再次投入使用。

研究和分析承包商的资金运动过程，可以合理、有效地运用资金，获得最好的资金效益。而要获得较好的资金效益，就必须编制项目资金计划，而编制资金计划的前提就是对项目资金需求作出估算。根据预计的工程收益总量，减去已有的资金来源、负债的自发增长和内部提供的留存收益，得出应追加的资金需要量，以此为基础进一步确定所需的外部融资数额。

【内容与格式】

项目资金流动计划一般由资金投入计划、资金回收计划组成，资金投入计划、资金回收计划两个表综合后，即可编制出资金流动计划表，也称为现金流量表。在该表中不同时段上资金投入与回收的差值就是该项目需要筹集的资金数，如果是负数，即为盈余，可用于还贷。一般的项目资金流动计划都用表格形式表达，大型项目以季度为单位，中小型项目以月为单位计算资金流动量。

项目资金流动计划表的样式详见本章第 3.3.8 节。

【文案范例】

（略）

3.2.16 保函

【基本概念】

1. 定义

保函属于担保的一种，是银行根据申请人的请求，向受益人担保申请人将履行某项义务并承诺经济赔偿责任而开具的书面保证文件。而担保是以确保债务或其他经济合同项下义务的履行或清偿为目的的保证行为。它是债务人对债权人提供履行债务的特殊保证，是保证债权实现的一种法律手段。通过担保，债权人将债务人违约的风险转移给保证人（担保人）。

担保可分两类，一类是物的担保。债务人或担保人以自己的有形资产或权益，作为担保（如抵押、质押、留置等）。另一类，是人的信用担保。担保人以自己的资信向债权人保证（如提出保证书、保函等）。

对于工程项目，特别是国际承包工程项目，常用的是通过银行或保险公司作为保证人开具信用保证书或保函，即所谓 L. G（Letter of guarantee）进行担保。工程保证担保制度是一种维护建设市场秩序，保证参与工程各方守信、履约，实行公平、公正、公开的风险利益制约的信用机制，也是风险应对的财务手段。其特点是用利益制约机制解决利益问题，也即造就一种信用机制：守信者得到酬偿，失信者受到惩罚。工程保证担保机构可以是专业化的保证担保公司，也可以是银行。

2. 种类

在国际工程承包业务中，经常涉及的工程保函，主要有投标保函、履约保函、预付款保函、保留金保函、开立保函承诺书、资信证明、信贷证明。

保函主要有 4 种：

（1）投标保证担保（投标保函）：使发包人（业主）得到保证。是保证投标人按照招标文件的要求参加投标活动，当中标后与招标人履行签约的担保。

（2）履约保证担保（承包履约保函）：使业主得到保证。是保证承包商履行合同约定义务的担保。

（3）预付款保证担保（预付款保函）：使业主得到保证。是保证承包商按预付款的用途使用预付款的担保（如：它确保与工程项目有关的工资、费用，将按照工程进度由承包商按时支付，以及项目起初所需的其他费用的支付）。

（4）业主支付保证担保（业主支付保函）：使承包商得到保证。是保证业主将按合同约定，按时足额向承包商支付工程款的担保。

世界各国都有一套有效的工程保证体系和风险转移制度来约束工程项目业主和承包商

的行为，以实现规避风险。

3. 承包商出具保函银行的选择

国际工程承包商对出具保函银行的选择，通常要考虑的因素是：满足业主的要求；收取费用低；不看管、质押公司财产；手续简便、办理快捷。而国内分包商、供应商向国际工程总承包商提供保函的银行选择，一般首选国有银行或国有商业银行分（支）行级以上的金融机构；或国际工程总承包商可以接受的金融机构。

我国承担国际工程项目的总承包商对于向业主提供保函的办理程序以及分包商、供应商向总承包商提供保函的办理程序，各企业都有一套规定的内部审批流程，在此不一一叙述。

【内容与格式】

保函的内容比较简单，而格式各金融机构也都有规定的格式。有关保函的标准格式及条款详见［文案范例］。

【文案范例】

1. 总承包商向业主提供的投标保函

投 标 保 函

日期：________ 保函编号：________

致：(受益人全称和地址)

我行，(银行名称)，应中国××公司（以下称××，法定地址：北京市××街××号）要求，兹开立以你方为受益人的不可撤销的投标保函。

鉴于你方已就(招标项目名称及编号)（以下称项目）进行招标；鉴于中国××公司（或简称××）正按照标书要求和对投标人指令提交其投标（以下称投标），我行保证，在收到你方书面索赔及对以下任何一种情况的书面确认时，立即向你方支付不超过担保金额________（大写金额：________）的赔偿金，即标价的________%：

1. 中国××公司（或简称××）提交标书后在规定的有效期内撤标；或
2. 中国××公司（或简称××）被通知中标后未按规定同你方签署合同；或
3. 中国××公司（或简称××）中标后，未能在合同生效后________天内向你方提供可接受的履约保函。

本保函于开标日起________天后失效，你方按照本保函上述条件提出的书面索赔应在该失效日之前到达我行。

本保函项下的所有权利和义务受中华人民共和国法律制约。

本保函到期后，请退回我行注销。

××银行

（签保及银行公章）

2. 分包商向总承包商提供的投标保函

投 标 保 函

保函编号________

致：中国××公司
北京市××街××号

我行（银行名称），应（分包商名称）（以下称投标方）要求，兹开立以你方为受益人的不可撤销的投标保函。

鉴于你方已就(招标项目名称及编号)（以下称项目）进行招标；鉴于该投标方正按照标书要求和投标人指令提交其投标（以下称投标），我行保证，如发生以下任何一各情况，在收到你方首次书面索赔时，立即无条件和不可改变地向你方支付不超过担保金额________（大写金额：________）的赔偿金，即标价的________%，并不持任何异议和追索权：

1. 投标方提交标书后在规定的在效期内撤标；或

2. 投标方被通知中标后未按规定同你方签署合同；或

3. 投标方中标后，未能在合同生效后________________天内向你方提供可接受的履约保函。

本保函自开立之日起生效，开标日起________天后失效。如果投标方中标，本保函将一直有效到投标方同你方签订有关合同并提供必需的履约保函后才失效。

本保函到期后，请退回我行注销。

××银行
（法人代表签名及银行公章）
开立日期：________

3. 总承包商向业主提供的履约保函

履 约 保 函

日期：__________　　　　　　　　　　　　保函编号：________

致：(受益人全称和地址)

我行已被告知你方和中国××公司（以下简称××，法定地址为北京市××街××号）于______年______月______日就建设和完成__________________工程项目签定了合同（以下简称合同），合同总价为________________（大写：________________________）。

我行，(银行名称)，应中国××公司（或简称××）要求，作出如下不可撤销的保证：

如果中国××公司（或简称××）未能履行或违反合同及其所附条件，我行将在首次收到你方声明中国××公司（或简称××）未能履行其在合同项下的义务及你方因此有权索偿一定金额的书面索赔后，即向你方支付不超过担保金额＿＿＿＿＿＿（大写：＿＿＿＿＿＿）的赔偿金。

无论到期是否退回，本保函于＿＿＿＿失效，你方按照本保函上述条件提出的书面索赔应于该失效日之前到达我行。

本保函项下的所有权利和义务受中华人民共和国法律管辖。

到期后，请将本保函退回我行注销。

××银行

（签名和公章）

4. 分包商向总承包商提供的履约保函

履约保函

保函编号＿＿＿＿＿

致：中国××公司

北京市××街××号

鉴于你方作为总包商与（分包商名称）（以下称分包商）就你方总承包的（工程项目名称）（以下称本工程）的（分包工程名称）已于＿＿＿＿年＿＿＿＿月＿＿＿＿日签订承包合同。

我行，(银行名称)，受该分包商委托，为该分包商履行上述合同规定的义务作出如下不可撤销的保证：

我行将在收到你方首次提出要求退回上述保留金的通知时，立即无条件地和不可改变地向你方支付不超过＿＿＿＿＿＿（大写：＿＿＿＿＿＿）的任何你方要求的金额，并不得有任何异议和追索权。

我行特此确认度同意：我行受本保函制约的责任是连续的，分包合同的任何修改或变更，中止，终止或失效都不能削弱或影响我行受本保函制约的责任。

本保函有效期自(生效日期)至(失效日期)。保函失效后请将本保函退回我行注销。

××银行

（法人代表签名和公章）

开立日期：＿＿＿＿＿＿

5. 总承包商向业主提供预付款保函

预付款保函

日期：________　　　　　　　　　　　　　　保函编号：__________

致：(受益人全称和地址)

我行已被告知你方和中国××公司（以下简称××，法定地址为北京市××街××号）于________年________月________日就建设和完成________________工程项目签定了合同（以下简称合同），合同总价为____________（大写：____________）。

根据该合同规定，你方将支付中国××公司（或简称××）一笔金额为____________（大写：____________）的预付款（以下简称预付款）。

鉴于以上事实，我行，(银行名称)，开立此预付款保函。本保函于中国××公司（或简称××）在我行账户收到该笔预付款之日生效。我行作出如下不可撤销的保证：

我行将在首次收到你方声明中国××公司（或简称××）未能履行其在合同项下的义务及你方因此有权索偿全部或部分上述预付款金额的书面索赔后，即向你方支付不超过担保金额________（大写：____________________）的赔偿金。

本保函的担保金额将随你方在应付中国××公司（或简称××）每月工程进度款中所作的预付款抵扣而每月自动减少。

无论到期是否退回，本保函于________失效，你方按照本保函上述条件提出的书面索赔应于该失效日之前到达我行。

本保函项下的所有权利和义务受中华人民共和国法律管辖。

到期后，请将本保函退回我行注销。

××银行

（签名和公章）

6. 分包商向总承包商提供的预付款保函

预付款保函

保函编号：__________

致：中国××公司

北京市××街××号

鉴于你方作为总包商与（分包商名称）（以下称分包商）就你方总承包的（工程项目名称）（以下称本工程）的（分包工程名称）已于________年________月________日签订承包合同。

根据该合同规定，你方将支付该分包商一笔金额为____________（大写：____________）的预付款（以下简称预付款），用于该项工程项下的施工备料。

鉴于以上事实，我行，(银行名称)，受该分包商委托，为该分包商履行上述合同规定的义务作出如下不可撤销的保证：

我行将在收到你方首次提出要求退回上述保留金的通知时，立即无条件地和不可改变地向你方支付不超过＿＿＿＿＿＿（大写：＿＿＿＿＿＿）的任何你方要求的金额，并不得有任何异议和追索权。

我行特此确认度同意：我行受本保函制约的责任是连续的，分包合同的任何修改或变更，中止，终止或失效都不能削弱或影响我行受本保函制约的责任。

本保函有效期自（生效日期）至（失效日期）。保函失效后请将本保函退回我行注销。

××银行

（法人代表签名和公章）

开立日期：＿＿＿＿＿＿

7. 总承包商向业主提供保留金保函

保留金保函

日期：＿＿＿＿＿＿　　　　　　　　　　　　保函编号：＿＿＿＿＿

致：（受益人全称和地址）

我行已被告知你方和中国××公司（以下简称××，法定地址法定地址为北京市××街××号）于＿＿年＿＿月＿＿日就建设和完成＿＿＿＿＿＿工程项目签定了合同（以下简称合同），合同总价为＿＿＿＿＿＿＿＿＿＿（大写：＿＿＿＿＿＿＿＿＿）。

根据该合同规定，如中国××公司（或简称××）提交一份与保留金等额的保留金保函，你方将提前支付中国××公司（或简称××）该笔金额＿＿＿＿＿＿＿＿＿＿（大写：＿＿＿＿＿＿＿＿＿＿）的保留金。

鉴于以上事实，我行，（银行名称），应中国××公司（或简称××）要求，作出如下不可撤销的保证：

我行将在首次收到你方声明中国××公司（或简称××）未能履行其在合同项下关于承建上述工程项目的义务及你方因此有权索偿全部或部分上述保留金金额的书面索赔后，即向你方支付不超过担保金额＿＿＿＿＿＿＿＿＿＿（大写：＿＿＿＿＿＿＿＿＿＿）的赔偿金。

本保函自中国××公司（或简称××）收到该笔保留金之时生效，而无论到期是否退回，本保函于＿＿＿＿年＿＿＿＿月＿＿＿＿日失效，你方按照本估函上述条件提出的书面索赔应于该失效日之前到达我行。

本保函项下的所有权利和义务受中华人民共和国法律管辖。

到期后，请将本保函退回我行注销。

××银行

（签名和公章）

8. 分包商向总承包商提供的保留金保函

保留金保函

致：中国××公司

北京市××街××号

鉴于你方作为总包商与(分包商名称)（以下称分包商）就你方总承包的(工程项目名称)（以下称本工程）的（分包工程名称）已于________年________月________日签订承包合同。

根据该合同规定，如该分包商提交你方一份以你方为受益人的与保留金等额的保留金保函，你方将提前支付该笔金额为____________（大写：____________）的保留金。

我行，(银行名称)，受该分阶段包商委托，作出如下不可撤销的保证：

我行将在收到你方首次提出要求退回上述保留金的通知时，立即无条件地和不可改变地向你方支付不超过____________（大写：____________）的任何你方要求的金额，并不得有任何异议和追索权。

我行特此确认度同意：我行受本保函制约的责任是连续的，分包合同的任何修改或变更，中止，终止或失效都不能削弱或影响我行受本保函制约的责任。

本保函有效期自(生效日期)至(失效日期)。保函失效后请将本保函退回我行注销。

××银行

（法人代表签名和公章）

开立日期：____________

9. 资信证明

资信证明

编号：

日期：

致：业主

敬启者：

兹证明中国××公司（以下简称××）在我行开立了人民币结算账户，结算正常，资信状况良好。

本证明仅限于中国××公司（或简称××）投标________________项目（以下简称××项目）资格预审之用，且仅供参考，我行不承担由此引起的任何法律责任。如中国××公司（或简称××）未能通过资格预审，本证明将自动失效，请将正本退回我行注销。

银行名称

10. 信贷证明

信 贷 证 明

编号：

日期：

致：业主

敬启者：

兹证明最高额为____的银行信贷证明，供中国××公司（以下简称××）在满足我行的有关信贷条件的前提下，在____项目（以下简称××项目）为期____内施工中需要时使用。

我行保证有中国××公司（或简称××）提交的财务报表中所开列的作为流动资产的各项中无一项包含在上述所提到的银行信贷中。

银行名称

11. 出具履约保函承诺书

出具履约保函承诺书

编号：

日期：

致：业主

敬启者：

兹证明中国××公司（以下简称××）在我行开立了人民币结算账户，结算正常，资信状况良好。

本证明仅限于中国××公司（或简称××）投标________________项目（以下简称“项目”）资格预审之用。如中国××公司（或简称××）中标该项目，在满足我行相关条件下，我司在此承诺为中国××公司（或简称××）向你方开具总金额不超过________________（大写：________________）的履约保函。如中国××公司（或简称××）未能通过资格预审，本证明将自动失效，请将正本退回我行注销。

银行名称

12. 授权书

授 权 书

____________________银行：

我公司正参加__________（项目名称）的投标工作，按业主招标有关要求，我公司授权________________（业主名称）就____________________（项目名称）招标需求，查看我公司在你行开立的银行存款账户，账号为____________，请协助办理。

授权期限自　　年　　月　　日至　　年　　月　　日止。

中国××公司

法定代表人（签字）

年　　月　　日

3.2.17 项目管理目标责任书

【基本概念】

1. 定义

项目管理目标责任书是在项目管理手册批准后，承包商企业法定代表人或授权的组织管理层与项目经理部签订的明确项目经理部应达到的成本、质量、进度、安全和环境等管理目标及其承担的责任，并作为项目实施与完成后审核、评价依据的文件。

项目管理目标责任书是项目目标的具体体现，是约束组织和项目经理部各自行为的规范，是组织考核项目经理和项目经理部成员业绩的标准和依据，是项目经理工作的目标。项目管理目标责任书是明确项目经理管理责任的内部文件，而并非法律意义上的合同，因此，双方之间的关系是组织内部的上、下级关系，而不是平等的合同法律主体双方之间的关系。其核心是为了完成项目管理的目标。

2. 项目管理目标责任书的依据

(1) 工程合同文件；

(2) 承包商企业的项目管理制度；

(3) 已经批准的项目管理手册；

(4) 组织的经营方针和目标。

3. 项目管理目标确定的原则

(1) 满足管理目标的要求和合同的要求。

承包商与业主签订的工程合同，已经明确的规定此工程将达到的各项目标和具体要求。而项目经理作为承包商法定代表人在项目上的授权管理者、组织实施者，因此项目经理与承包商法定代表人所签订的项目管理目标责任书首先要满足工程合同的要求。

(2) 考虑相关风险。

项目在实施过程中存在各种不确定性的因素，导致了冲突、矛盾和纠纷，并产生一定的风险性，因此项目管理目标责任书规定的目标不能太高、太苛刻，必须考虑一定的风险。

（3）全面具体且操作性强。

项目管理目标责任书规定了项目经理部应达到的各项指标，是考核的重要依据，因此需要具备较强的可操作性，充分发挥项目管理目标责任书的作用。

（4）便于考核。

项目管理目标责任书是项目经理工作的目标，是考核项目经理与项目经理部成员业绩的标准和依据，因此项目管理目标责任书的各项考核指标应尽量量化，并且明确具体，便于工作的考核。

4. 项目管理目标责任书的作用

“项目管理目标责任书”在项目管理中起着决定性和指导性的作用。

（1）明确承包商主管部门和各业务职能部门与项目经理部之间的工作关系，包括指令、信息、责任以及指导和协助等方面的关系。通过目标责任书的明确，使得各方在处理工作关系时有据可依，同时也是制定各自工作责任的标准。

（2）明确项目经理部的组织形式。在“项目管理目标责任书”中，应根据项目的性质、规模以及管理特点等要求确定项目经理部的机构设置、人员构成及管理模式。

（3）明确项目的各项目标，为项目经理部提供工作标准。

（4）满足管理的需求，全面、具体地规定项目管理行为。

（5）为项目管理的效果评定以及奖罚兑现提供标准，进一步明确项目经理及项目经理部成员的责任、权利和利益，并对其离任和解体所要达到的目标要求作出明确的规定。

5. 项目管理目标责任书的签订

项目管理目标责任书首先由承包商管理部门根据项目特点和企业在项目上的目标要求，按照项目管理目标责任书的内容体系起草制定，然后会同项目经理，甚至可以扩大到项目经理部成员，进行协商，达成一致意见，最后双方签字认可，作为项目管理工作的约束标准。

项目管理目标责任书的签订应注意以下几点：

（1）项目管理目标责任书内容要具体，责任明确，各项目标的制定要详细、全面，尽量用量化的概念表达，做到所指明确，可操作性强。

（2）项目管理目标责任书中的各项目标水平应适中，制定目标时应考虑组织经营的实际，考虑组织的项目管理水平实际，避免目标定得过高，可望而不可即，失去目标的意义，同时也要避免目标定得太低，违背了项目管理的初衷。具体项目水平的高低应综合考虑历史上完成的项目的各项指标和其他相关组织的目标水平。

（3）项目管理目标责任书是项目实施水平的标尺，是对项目经理和项目经理部成员工作绩效评定的直接依据。因此，目标的制定应坚持方法科学、体系完整、标准得当、措辞严密、逻辑性强等原则。

（4）项目管理目标责任书的签订，应体现民主和过程方法的原则。责任目标虽然由企业制定，但应与项目经理和项目经理部成员磋商达成共识，避免一味地强加、不符合现实的现象。此外，目标制定应体现过程方法，即目标体系应由粗到细，尽量细分，指标越细、越具体越好，项目总体目标越可靠、越科学越好。

6. 项目管理目标责任书的实施

项目管理目标责任书一经制定，就在项目管理工作中起到强制性作用，因此在实施项目管理目标责任书工作中应做到如下几点：

(1) 树立正确观点，正确对待项目管理目标责任书，加强目标观念，强化责任意识。在目标责任书制定后，项目经理应组织项目经理部成员及各层次人员认真学习，明确分工，制定措施，及时监督实施，确保目标的顺利实现。

(2) 在日常的项目管理工作中，各管理层应经常检查目标责任的兑现情况，及时发现问题，并及时地找出解决办法。

(3) 项目管理目标责任书在实施过程中，应进一步完善和提高，对于某些目标可根据需求进一步细化，对于某些明显不符合实际的目标也可进行适当调整，这些工作都应由承包商管理层组织完成。

(4) 项目完成之后，承包商管理层应对项目管理目标责任书的完成情况进行考核，"项目管理目标责任书"实施效果的评定工作应客观、实事求是，根据考核结果和项目管理目标责任书的奖惩规定，提出考核意见，应充分体现公平、公正的原则，确保目标责任书行为的约束性和管理的有效性。

【内容与格式】

项目管理目标责任书的格式为文字叙述式，其内容主要有：

1. 项目的进度、质量、成本、职业健康安全与环境目标。
2. 组织与项目经理部之间的责任、权限和利益的分配。
3. 项目需用资源的供应方式。
4. 项目经理部应承担的风险。
5. 项目管理目标评价的原则、内容和方法。
6. 对项目经理部进行奖惩的依据、标准和办法。
7. 项目经理解职和项目经理部解体的条件和办法。
8. 法定代表人向项目经理委托的特殊事项。

【文案范例】

____工 程 项 目 管 理

目标责任书

编制单位：

日期：

______工程项目管理目标责任书

为充分调动全体职工的积极性，优质、高速、安全、文明低耗地组织好______工程项目的施工，依据工程合同要求和有关规定，本公司（或事业部）决定聘任______同志担任本项目项目经理，会同公司（或事业部）组建项目管理班子，组织对工程实行项目目标管理。经公司（或事业部）与项目部协商，签订项目管理目标责任书如下，供双方严格遵照执行。

一、工程概况

工程名称：

工程地点：

建设单位：

设计单位：

结构形式：

建筑面积：

工程造价：

合同工期：

开工日期：

竣工日期：

二、公司

（一）公司（或事业部）的职责

1. 负责进行企业的配套改革，编制和修订项目管理各项管理制度。

2. 根据项目管理的要求，设置业务部门，配备足够的专业管理人员，明确部门及人员的职责。

3. 审核、批准项目编制的项目管理实施规划或计划。

4. 选聘与工程项目相适应的项目经理，组建精干高效的项目管理班子。

5. 根据企业的管理水平和现状，结合项目的实际情况编制并及时调整企业内部定额。

6. 建立并完善内部生产要素市场，按季度公布内外部人工费单价、主要材料单价、机械设备和周转料具租赁价格，及时为项目提供服务。

7. 建立项目成本测算体系，公平、合理地测算项目承包基数，并组织签订项目管理目标责任书。

8. 为项目办理或提供施工生产必备的法律手续和相关资料。

9. 对项目施工过程中的质量、安全、进度、成本等进行指导与监督。

10. 负责及时调整解决项目所需的人、财、物。

11. 及时组织或配合上级主管部门对项目进行审计，并根据审计结论和项目管理目标责任书进行兑现。

12. 建立并保管项目经理部工作档案。

13. 负责项目回访与保修工作。

（二）公司（或事业部）的权限

1. 工程承包合同及分包合同一律由公司经理（或其委托人）签订，并由公司统一管理。

2. 公司的所有财产包括固定资产、流动资产（如周转材料、工具、用具、行政办公用品等）及其他财产（如临建等）所有权属于公司，其购置、调动、转让、租售由企业按相关规定和程序决定。

3. 行使对人的管理权，主要包括行政职务的任免，工资及福利待遇的升降，岗位的调动等。

4. 对施工项目所需要的主要材料、大宗材料统一进行采购。

5. 对施工项目的资金进行集中管理、调剂使用。

6. 对施工项目所需的各类机械设备、周转料具等统一采购、调度使用，项目经理部不得自购，不得滞留。

7. 按照项目劳务需求计划，组织劳务招投标并选择劳务分包单位。

8. 对项目的施工组织设计或重要技术方案组织审批，具体要求可参照相关文件的规定。

9. 对项目各项业务进行监督、检查、指导。

10. 有权撤换不称职的项目组成员。

11. 发现项目经理有违法乱纪行为或严重违反合同精神已无履约能力时，有权撤换不称职项目经理。

三、项目经理部

（一）项目经理部的组建

根据__________工程项目的规模、结构复杂程度、专业特点、人员素质等因素，由公司（或事业部）项目管理部门、人力资源部和项目经理共同拟定__________人组成项目管理班子，担负该项目的全面管理职责。项目管理人员实行弹性管理，公司根据施工进展情况随时调进或调出。

（二）项目经理部与公司各业务部门之间的关系

项目经理接受公司（或事业部经理）的领导，接受公司各业务部门指导、监督、检查和考核。

（三）项目经理部的职责

项目经理应根据公司授权的范围、时间和内容，对开工项目自开工准备至竣工验收，实施全过程、全面管理。履行下列职责：

1. 代表企业实施施工项目管理。贯彻执行国家法律、法规、方针、政策和强制性标准，执行企业的管理制度，维护企业的合法权益。

2. 履行“项目管理目标责任书”规定的任务。

3. 组织编制项目管理实施规划。

4. 对进入现场的生产要素进行优化配置和动态管理。

5. 建立质量管理体系和安全管理体系并组织实施。

6. 在授权范围内负责与企业管理层、劳务作业层、各协作单位、发包人、分包人和监理工程师等的协调，解决项目中出现的问题。

7. 按“项目管理目标责任书”规定，处理项目经理部与国家、企业、分包单位以及职工之间的利益分配。

8. 进行现场文明施工管理，发现和处理突发事件。

9. 参与工程竣工验收，准备结算资料和分析总结，接受审计。

10. 协调内外部关系。

11. 协助企业进行项目的检查、鉴定和评奖申报。

12. 处理项目经理部的善后工作。

（四）项目经理部的权限

1. 以委托代理人的身份与建设单位及其他有关单位洽谈业务，签署与项目生产有关的业务性文件（不包括具有重要法律责任和经济责任的文件）。

2. 参与项目管理班子的组建，提出项目一般管理人员名单，并经公司（或事业部）审核后予以聘用。

3. 在公司授权范围内，对项目人员月度工资、奖金有建议权；负责对项目成员进行考评，根据考评结果，对有功人员，经公司（或事业部）批准后进行嘉奖；对考评不合格者，有权进行经济处罚，必要时可将其退回分公司。

4. 协助公司（或事业部）选择劳务作业队伍。根据劳务合同，对不符合项目施工生产要求的劳务队伍，有权依据有关规定进行经济处罚，并与分公司劳资科协商后，有权辞退出场。

5. 可受公司或事业部委托自行负责特殊材料、零星材料和应急材料的采购；对公司采购的主要材料和大宗材料具有监督权；可受公司或事业部委托进行各种材料的采购。

6. 对进入项目的材料、设备、周转料具等有权进行合理调配、组合和使用。

7. 对项目一般的施工组织设计或技术方案组织编制或审批，具体要求可参照相关文件的规定。

8. 根据工程进度总目标和阶段性要求，有权对工程进度进行检查和调整。

9. 与公司各职能部门签订横向合同后，当其违约时，有权进行索赔。其经济纠纷由公司经理负责调解和裁定。

10. 公司根据需要授予其他权力。

（五）应达到目标和指标

1. 工程质量目标：

（1）单位工程质量合格率100%。

（2）达到合同要求质量标准（如市优质、鲁班奖等）。

（3）在生产经营和项目承包活动中严格执行ISO 9002系列标准和项目管理文件的规定。

2. 安全生产目标：杜绝因工死亡和重伤事故，月轻伤频率______‰以内，月度安全管理评定______分以上，按项目管理文件的规定及其他有关规定严格执行。

3. 工程工期目标：______个日历天。

4. 文明施工目标：按公司（或开发区）文明施工实施细则组织施工，确保创建____（如：市文明样板工地）。按项目管理文件的规定及其他有关规定严格执行。

5. 工程成本目标：经分公司审核，项目部责任目标成本为：________，成本降低率为：________，上交总费用为：________。若承包范围（包括工程量和项目）有增减，上交费用按上述上交比例调整。（成本管理目标测算书后附）

（六）对项目经理部人员进行奖惩的规定

1. 经济技术承包效益奖罚规定

(1) 项目在确保上交并全面完成承包责任状指标前提下，发还提成奖余额，退回风险抵押金。

(2) 在降低成本中，若有超降低成本，项目可获得超降低成本部分的10%～25%奖励。

(3) 项目承包后经营性造价调整按比例计入项目预算成本。

(4) 工期提前和质量为优质时，业主给予的工期奖和质量奖项目与公司五五分成。

(5) 项目管理不善造成亏损，扣发项目全部抵押金，并对项目班子成员进行处罚。

(6) 单位工程优良率达不到100%，扣减奖金额________（如：10%～20%）。

(7) 平均月负伤频率升1‰，扣减奖金额的________（如：5%）。

(8) 未达到工期要求，扣减奖金额的________（如：10%～50%）。

(9) 未按责任状要求时间交出经济、技术及各种档案资料或不符合归档要求，每拖一天扣减基本奖金额的________（如：0.2%）。

(10) 质量及安全奖罚除执行上级有关规定外，按分公司有关质量和安全的管理办法进行处理，发生死亡事故一人次，扣除项目兑现奖金________万元。

2. 项目提成奖控制办法

(1) 项目提成奖按成本降低额的________（如：30%）提取。

(2) 月度提成奖按当月项目成本降低额的________（如：20%～30%）预提和工资含量控制报分公司审批后发放。

(3) 每月的预提奖金额按________（如：50%～90%）进行分配，剩余部分作为以丰补欠。

(4) 月提成奖的奖罚规定：

①月度分部分项工程优良率以85%为基准，每减1%，减预提成奖额的________（如：1%）。

②月负伤频率以1.2‰为基准，每增0.5%，减预提成奖金额的________（如：1%）。

③形象进度以100%为基准，每减2%，减预提奖金额的________（如：1%）。

④文明施工以95分为基准，每减2分，减预提奖金额的________（如：1%）。

⑤每月20日前不交齐档案资料及各种应上交分公司资料（包括但不限于经营、预算、技术、生产报量及分公司各部门要求上交的各种文件资料），扣罚预提奖金额的________（如：3%）。

⑥发生有令不行，有禁不止，对分公司布置的工作任务顶着不办，发生一次扣罚预提奖金额的________（如：1%～5%）。

(5) 项目预提月度奖申报额经分公司有关部门审核，领导审批后，由项目控制发放。

(6) 工程竣工结算后的提成奖余额经分公司领导审批后，由项目一次性控制发放。

(7) 未严格执行ISO 9000系列标准和不按××局质量体系文件开展工作而影响分公司的贯标工作，按分公司和公司的规定处理，并以其中最严厉的为准。

3. 经济技术承包效益奖兑现办法

(1) 工程竣工结算后20天内，由项目提出承包核算资料及奖金申请报告（包括分配方案），经公司全额承包兑现审计小组及有关部门审计考核签证后，报公司和事业部领导审批后发放。

(2) 经济技术承包效益兑现奖，项目经理奖金可高出项目平均奖的三至五倍。

（七）项目经理部的解体

项目经理部应完成项目管理目标书内容，并具备下列条件即可解体：

(1) 工程项目已经竣工验收，已经验收单位确认并形成书面材料；

(2) 与各分包单位已经结算完毕；

(3) 已与业主签订“工程质量保修书”；

(4)“项目全额承包责任书”已经履行完成；

(5) 项目经理部已与公司（分公司）职能部门办妥各种交接手续。

四、其他

1. 本责任书未明确的奖金项目，项目无权自行发放奖金，确因需要时，应报公司（或事业部）审批。违者按违反财经纪律的规定处理。

2. 项目应与公司各职能部门签订横向合同，作为本管理目标责任书的补充，公司各职能部门及项目均应严格执行。

3. 项目无权采购办公用品、行政工具，如需要时应向公司领用或申请，其费用按×号文办理。该项目完工后交回公司，造成损失按规定赔偿。

4. 材料设备的进退场台班费由项目承担。在施工过程中发生的机器设备故障修理费应由项目承担。设备的安装、拆卸及配合费由项目承担。

5. 项目发放的工资等由项目造表，劳资审核，经理审批后，财务付款。

6. 项目要严格执行公司（或事业部）的计划和指令（包括会议纪要），要做到有令必行，有禁必止，对拒不执行的，公司（或事业部）将追究当事人的责任。

7. 特殊技术措施费，按公司（或事业部）审定的方案开支。

8. 为使公司成本核算工作能正确地按财务制度及上级规定核算项目成本，公司各有关科室有权监督、检查项目的成本核算和执行情况。

本管理目标书一式三份，公司、事业部与项目经理部各执一份，经双方签字生效，工程完工验收，结算后失效。

本管理目标书未尽事宜，协商解决不了的由分公司领导裁决。

公司或事业部经理：　　　　　　　　　　项目经理：

年　　月　　日

3.2.18　项目财务分析报告

【基本概念】

项目财务分析报告由承包商项目部财务经理主持编制，并由项目经理审核批准，向承包商总部或事业部反映项目财务状况和经营成果的书面文件。是通过收集、整理项目财务数据，并结合其他有关信息，对项目部的财务状况、经营成果、现金流量等情况进行综合比较和评价，为承包商总部领导和财务会计报告使用者提供管理、决策和控制的依据。

通常，承包商企业总部都对项目财务分析报告的提交、编写提出严格的要求，一般都要求项目财务分析报告随同每月的财务报表同时报送。

【内容与格式】

项目财务分析报告格式通常有表格式和文字叙述式，其中文字叙述式也内含相关表格。本节仅介绍文字叙述式项目财务分析报告的格式与内容。具体内容如下：

项目财务分析报告

一、项目基本情况

1. 对外合同基本情况

合同签约时间、生效时间、合同金额、国外担保方式、宽限期、延期付款利率及利息、定金及延期收款金额及期限（延期收款表）等。

2. 国内合同基本情况

按照预算表的支出大项分类，分项列示各类合同金额及付款方式。例如，国内及进口采购合同（已签定采购合同数量及总金额）、分包合同、勘察设计合同、运输合同、佣金合同、土建安装合同以及技术服务合同等。

3. 保函情况

保函类型、金额、期限、生效条件、递减条件、失效条件、保函担保方式及递减、逾期和撤销情况等。

4. 出口信用保险情况

保险类型、保险责任范围、承保金额、费率、保险期限等

5. 借款合同及用还款计划

借款种类、币别、银行、利率、期限、担保单位等，包括提款、还款、贷款余额等。提供借款与还款计划明细表（本表应将延期收汇情况也纳入，便于收汇与还款资金流的对比）。

二、项目执行情况

(1) 项目项下出运货物、劳务完成情况。

(2) 项目进展完工程度。

(3) 项目执行中遇到的问题或影响项目进度的因素等。

三、执行项目资金来源与使用

1. 资金来源

(1) 收汇：项目外合同项下境内境外的所有收款，注明款项内容，是否有逾期情况。如有，说明原因。

(2) 借款：银行借款累计提款金额。是否有从其他单位拆借资金情况，如有，列示说明。

(3) 出口退税收入：预计应收出口退税款、已申报退税款、实际收到税款、差异及原因。

(4) 其他收入：存款利息收入等。

2. 资金运用

(1) 支出：指项目项下各类款项支出情况，按签定的各类国内合同分项列示累计支出情况。

其中：

①项目调往境外工程款及使用情况：调往境外何处、银行账号、使用情况、资金余额等。资金使用情况应按支出用途分项列示，最好以表格形式列示。

②不可预见费使用情况：动用情况、审批程序及原因。

(2) 还贷：指实际归还银行借款情况。

3. 资金余缺

指项目资金收支平衡情况，根据上述资金收支情况，计算项目资金收支余缺情况，如占用公司资金，说明原因。

四、项目预算与实际对比情况

1. 项目预算及调整情况：签约时项目预算、调整后预算、调整原因及审批情况。

2. 预算与实际对比分析：按照预算的各类成本费用支出预算数与实际签定的国内合同金额、实际支付金额对比分析，对超预算的各类支出应逐项说明原因及审批情况。要列出合同预算与实际执行对照表。

五、项目效益实现情况

1. 截止报告日，按照财务制度规定进行核算实现的利润情况：按年度分别列示已实现收入金额，占项目预计总收入的百分比；结转成本费用金额，占项目预计总成本的百分比；实现利润总金额，占项目预计总利润的百分比；剩余未实现的收入、成本、利润预计在今后每年实现金额。

2. 截止报告日，按照公司总部工程项目效益考核办法体现的利润情况；在按照财务制度规定实现利润的基础上，做了哪些调增项和调减项（应附调整的依据）。例如，内部资金占用利息，国内管理费用分摊等内部视同的收入或费用。

六、需要说明的重要事项

1. 执行项目中遇到的主要问题及建议。

2. 工程项目工期及质量方面是否存在问题。

3. 资金使用与合同付款条款是否一致等。

4. 其他财务管理方面存在的问题。

【文案范例】

（略）

3.2.19 招标文件

3.2.19.1 招标

【基本概念】

1. 招标

招标是一种国际上普遍运用的、有组织的市场交易行为，是贸易中的一种工程、货物、服务的买卖方式。招标是指招标人（买方）发出招标公告或投标邀请书，说明招标的工程、货物、服务的范围、标段（标包）划分、数量、投标人（卖方）的资格要求等，邀请特定或不特定的投标人（卖方）在规定的时间、地点按照一定的程序进行投标的行为。

国际承包工程项目通常都是通过招标方式选择承包商，招标是市场经济中一种最普遍和最常见的择优竞争方式。

2. 招标的特征

从法律角度来说，招标是合同当事人使合同成立的一种重要方式，是合同当事人通过要约和承诺使合同得以成立的一个过程，其中，业主发出招标通知是要约邀请，承包商投标构成要约，业主发出中标通知书，接受承包商投标构成合同法上的承诺。按照一般法律原则，要约和承诺的成立则构成当事人之间合同的成立。从工程经济角度而言，招标还具有如下特征：

（1）招标是业主择优选择承包商的一种方式

对工程项目的业主而言，招标过程就是择优选择承包商的过程。通过招标，业主可以选择他认为最优的承包商。对于建筑和土木工程来说，业主择优选择的承包商至少表现为具有最优的技术能力、最佳的工程质量、最低的工程价格和最短的工期。

（2）招标是承包商通过竞争获得工程项目的良好机会

目前大多数国家都采取招标方式选择工程项目的承包商，各国均通过立法确定通过招标方式进行工程项目的采购。在国际金融组织贷款的工程项目中，通常规定必须采用招标方式确定承包商。

（3）招标是平等基础上的竞争

只有在平等的基础上竞争，才能分出真正的优劣，因此，招标通常都要求制定统一的条件，编制统一的招标文件，要求参加投标的承包商严格按照招标文件的规定报送和递交投标书，以便业主进行对比分析，作出公平合理的评价。

3. 招标的方式

国际承包工程市场的招标方式可分为公开招标和限制性招标。

（1）公开招标

公开招标应按照工程所在国颁布的招标法规定的招标程序，面向一定的投标者进行公开的工程项目招标。在国际金融组织贷款的工程项目中，则采用国际竞争性投标程序，对工程项目通过公开招标的方式进行采购。公开招标具有公开性、广泛性、公正性的特点。

（2）限制性招标

限制性招标主要是指对于参加该项工程投标者有某些范围限制的招标。由于项目的性质不同，特别是资金来源不同，国际工程的实践中存在着各种各样的限制性招标。例如，排他性招标、指定性招标或邀请招标、地区性招标、保留性招标。所有各种形式的限制性招标的操作，可以参照公开招标的办法和规则进行，也可以自行规定某些专门条款，要求参加投标的承包商共同遵守。

（3）其他招标方式

根据业主的要求和工程项目的具体内容，业主还可以采取其他一些招标方式。例如，多层次顺序招标、“双边”联合招标、议标性质的招标。

4. 招标机构

除了某些私人的中小型项目可以由业主根据自己的安排采取自行招标的方式或者委托的咨询公司招标外，多数国家的政府工程或国际金融组织贷款的大中型项目，都要求在招标机构的主持和管理下进行招标工作。招标机构的设置，各国有所不同，可大致分为常设的中央招标机构、非常设部门级的招标委员会、委托招标机构（有资格和公正的咨询公司或招标公司）三种类型。

5. 招标文件

工程项目招标文件是承包商准备投标文件和参加投标的依据，同时也是评标的重要依据，因为评标是按照招标文件规定的评标标准和方法进行的。此外，招标文件是业主与承包商签订合同所遵循的依据，招标文件的大部分内容要列入合同之中。因此，准备招标文件是非常关键的环节，它直接影响到工程项目投标工作的质量和进度。

多数国际工程项目的招标文件是由业主委托工程咨询公司或招标机构编制的，特别是招标文件的技术部分，包括工程图纸和技术说明等。其商务部分，一般是由业主、招标机构和咨询公司共同商讨拟定的。

【内容与格式】

1. 招标文件内容

凡是公开招标的国际工程项目，均在招标前在官方网站或媒体上发布招标通告或投标邀请书。因此，招标文件除了招标通告或投标邀请书外，至少应包括如下内容：

（1）投标人须知。

（2）通用合同条件。

（3）专用合同条件。

（4）工程图纸。

（5）技术规范说明书。

（6）工程量和价格表、工程进度计划等表格。

（7）合同协议书格式。

（8）投标书格式。

（9）投标保函格式。

（10）履约保函格式。

2. 招标文件的购买规定

招标文件是在资格预审之后才开始发售的，招标机构或业主通常以书信方式通知获得投标资格的投标人，在规定的时间内到指定地点购买招标文件。在不进行资格预审的小型项目中，业主可直接向投标人发售招标文件，但应在招标文件中写明将在评标时一并评审承包人的资格，要求投标人在投标报价的同时报送其公司的基本情况以供审查。招标文件的发售通常规定：

（1）文件只售给已获得投标预审资格的投标者。

（2）招标文件通常按文件的工本费收费，购买投标文件后，不论是否投标，其费用一律不予退还。

（3）招标文件的正本，均盖有主管招标机构的印鉴，这份正本一般在投标时作为投标文件的正本交付，通常不允许用自己的复印本投标。

（4）规定招标文件是保密的，不得转让他人。

【文案范例】

（略）

3.2.19.2 招标通告与招标邀请书

【基本概念】

招标通告或称招标公告，是指招标机构或招标人在进行工程项目建设、合作经营或大宗商品交易时，通过网站或媒体公布标准和条件，提出价格和要求等项目内容，以期从中选择承包单位或承包人的一种周知性文书。

招标邀请书是邀请招标（也称选择性招标）中，由招标机构或招标人根据承包商或供应商的资信和业绩，选择一定数目的法人或其他组织（不能少于三家），向其发出招标邀请书，邀请他们参加投标竞争，从中选定中标的供应商的活动中，所使用的书信体行文。

国际工程项目在公开招标时，一般均应在官方的报纸、网站上刊登招标通告，有些招标通告或招标邀请书还寄送给有关国家驻在工程所在国的大使馆或相关的国际工程承包商。世界银行贷款项目的招标通告除在工程所在国的报纸上刊登外，还要求在此之前60天向世界银行递交一份总的公告，世界银行将把它刊登在《联合国开发论坛》商业版、世界银行的《国际商务机会周报》以及《业务汇编月报》等刊物上。亚洲开发银行贷款项目的招标通告，也同样要求提前报送该银行，在亚洲开发银行出版的《项目信息》上公布，也刊登在《联合国开发论坛》商业版的“亚洲开发银行采购通告专栏”内。

【内容与格式】

1. 招标通告或称招标公告

招标通告或称招标公告的内容与格式，通常由标题、标号、正文和落款四部分组成。

(1) 标题

招标通告或招标公告的标题是其中心内容的概括和提炼，形式上可分为单标题和双标题。

①单标题。

单标题有二种写法：一是完整式标题，由招标单位名称、招标项目和文种组成，如（××国家××工程项目招标通告）。二是省略式标题，可省略招标单位名称或招标项目，或者二者均略去，只留下文种名称，如（××大桥工程施工招标通告）。

②双标题。

双标题中正标题标明招标单位和文种的名称，副题点明招标项目，如《××国家××公司国际招标通告——××工程》。

凡是由招标机构制作的招标通告或称招标公告，都须在标题下一行的右侧标明该文书的编号，以便归档备查。编号一般由招标机构名称的英文编写、年度和招标公告的顺序号组成。

(2) 正文

招标通告（或招标公告）的正文应当写明招标单位名称、地址、招标项目的性质、数量，实施地点和时间，以及获取招标文件的办法等各项内容，其写作结构一般由开头和主体两部分组成。

1) 开头部分，也叫做前言或引言。简要写明招标的缘由、目的或依据，招标项目名称、业主名称、规模和批号、招标范围以及资金来源等内容。

2) 主体部分，是招标通告（或称招标公告）的核心部分，通常采用条文式或分段式结构，要写明以下内容：

①招标项目的情况。具体写明招标项目的名称以及项目的主要情况。如工程名称、项目地点、工程概况、工程范围、建设规模、质量、工期要求等。

②招标范围。写明投标人应具备的条件，使潜在的投标人明确自己是否能成为投标人。

③招标步骤。写明招标的起止日期，投标人购买招标文件的时间、价格和方式，开标的时间和地点，有的还要写明签约的时间和期限、项目开工的时间或时限等。

④投标人资格的审查以及其他事项（如提交投标保证金、银行保函等）。

（3）落款

招标通告（或招标公告）正文的末尾要写明招标机构的名称、招标公告发布的日期，还要写明招标机构的地址、电话、电报挂号、传真、邮政编码及联系人等，以便投标人与招标人联系。

有的招标通告（或招标公告）还带有附件，将一些繁杂的内容，如项目数量、工期、设计勘察资料等作为附件列于文后，或作为另发的招标文件。

2. 招标邀请书

招标邀请请书与招标通告或招标公告具有同等效力，其内容与招标通告或招标公告的内容一样。不同的是，招标邀请书以书信体行文，标题直书《招标邀请书》，正文有称谓（被邀请单位的名称），开头有对被邀请者的肯定性评价，邀请书的文字更为简洁，语气更恳切。

【文案范例】

（略）

3.2.20 投标文件

【基本概念】

投标也称报价，是指承包商根据招标机构或业主的招标文件，以报价的形式参与国际工程项目的竞争，争取拿到承包项目的过程。工程项目投标又分为承包工程的投标报价和提供劳务的投标报价。

同理，投标是与招标是相对应的概念，它是指投标人应招标人特定或不特定的邀请，按照招标文件规定的要求，在规定的时间和地点主动向招标人递交投标文件并以中标为目的的行为。

投标文件是指投标人在通过了招标项目的资格预审以后，对自己在本项目中准备投入的人力、物力、财力等方面的情况进行描述，还有对自己对本项目的完成能力、报价、完成的细节（如工程招标需有施工组织设计）等按照招标文件制定的响应文件。

只有通过了招标项目资格预审的投标人，才是具备承担招标项目能力的投标人，按照招标文件的要求编制投标文件。在投标文件中应当对招标文件提出的实质性要求和条件作出响应，这里所指的实质性要求和条件，一般是指招标文件中有关招标项目的价格、招标项目的计划、招标项目的技术规范方面的要求和条件，合同的主要条款（包括一般条款和特殊条款）。投标文件需要在这些方面作出回答，或称响应，响应的方式是投标人按照招标文件进行填报，不得遗漏或回避招标文件中的问题。所以，工程交易的双方，业主或投标人就交易的内容，也就是围绕招标项目来编制的文件分别为招标、投标文件。

工程项目投标文件的编制过程，一般要经过投标决策、投标准备；制定施工方案，研究备选方案，估算工程成本，确定利润目标，计算投标报价，编制投标文件；最后作出投标决策与递交投标书。

【内容与格式】

一般情况下，投标人在作出投标报价决策和确定报价策略后，则应修正报价计算书，并按照招标文件的要求编制投标文件，在规定的时间向招标机构或业主递交投标文件。

1. 投标文件的组成及编制

由世界银行或其他国际金融组织融资的项目，或其他正规的国际招标项目的投标文件，其组成和编报要求如下：

（1）投标邀请函。

（2）投标人须知。

（3）合同条款：包括通用条款，例如 FIDIC 合同第一部分，以及结合业主所在国实际和工程项目特点编制的专用条款。对上述两部分条款，要求投标人无条件遵守。

（4）技术条款：有时分为一般技术条款和专用技术条款两部分。

（5）投标格式及其他标准格式：包括投标函格式、合同协议书格式、投标保函、履约保函及预付款保函等。投标人应根据格式要求填写齐全。

（6）工程量表。

（7）技术文件、表格。

（8）工程图纸。

（9）其他技术资料。

上述文件中第（5）、（6）、（7）项需由投标人认真填报，一般称为“报价文件”。这些文件将成为合同文件的正式组成部分。

2. 投标文件

由投标人编制填报的报价文件，通常可分为商务法律文件、技术文件和价格文件。

（1）商务法律文件

这类文件是用以证明投标人履行了合法手续及为业主了解投标人商业资信、合法性的文件，包括：

①投标保函（应符合要求的格式）。

②投括人的授权书及其证明文件。

③如果是联营体投标，需联营体投标人提供的联营协议。

④投标人所代表的公司的资信文件，包括银行出具的财务状况证明、完税证明、资产负债表、未破产证明、公司法人证件等。如投标人为联营体，则联营体各方均应出具这类资信文件。

⑤如有分包商，应按招标文件的要求，出具分包商资信文件供业主审查。

（2）技术文件

技术文件包括全部施工组织设计内容，用以评价投标人的技术实力和经验。技术复杂的项目对技术文件的编写内容及格式均有详细的要求，投标人应认真按规定填写。

技术文件的主要内容是：

①施工方案和施工方法说明，包括有关的施工布置图等。

②施工总进度计划表及说明，有的招标项目还规定有关施工期，有的要求提供网络 CPM 网络进度计划。

③施工组织机构说明及各级负责人的技术履历和外语（合同语言）水平。

④承包商营地（生产、生活）计划。

⑤施工机械设备清单及设备性能表。

⑥主要建筑材料清单、来源及其质量证明。

⑦如招标文件要求，或投标人认为有必要时，承包商建议的变通方案。建议方案是投标人对招标文件原拟的工程方案的修改意见，应使总价有所降低，供业主和咨询工程师在评标时参考。

（3）价格文件

价格文件是投标文件的核心内容，是投标成败的关键所在。全部价格文件必须完全按招标文件规定的格式编制，不许有任何改动，如有漏填，则视为其已包含在其他价格的报价中。

价格文件的内容包括：

①价格表（即带有填报单价和总价的工程量表）。

②计日工的报价表。

③主要单价分析表（如招标文件有此要求）。

④外汇比例表及外汇费用构成表。

⑤外汇兑换率（通常由业主提供，或由承包商按招标文件要求，提交开标日期之前第 28 天的工程所在国的中央银行公布的汇率）。

⑥资金平衡表或工程款支付估算表。

⑦施工用主要材料基础价格表。

⑧永久设备报价及产品样本（如招标文件有此要求）。

⑨用于价格调整的物价上涨指数的有关文件。

目前，一般情况下，国际工程承包市场都将上述三部分文件分装两包，即商务法律文件和技术文件装入一包，简称为“资格包”；而将价格文件装入一包，简称“报价包”。业主和咨询工程师在评标时，对投标人的两包文件分别审查，综合评定。如果“资格包”评分不高或无法通过的投标者，报价再低，也不会被授标。因此，投标文件是一个整体，各个方面的内容均不容忽视。

投标人授权的签字人应在投标文件的每一页上签字。在投标函上，投标人必须写清楚自己的名称再加盖公司印章。所有这些签字和印章均表示对此文件的确认。

【文案范例】

（略）

3.2.20.1　投标资格预审文件

【基本概念】

在国际工程项目的竞争性招标时，一般会吸引许多国际承包商的极大兴趣。有些大型项目国际招标往往会有数十名甚至百名承包商报名要求参加投标，这给业主或招标机构的招标组织工作，特别是投标评审工作带来了许多困难。为此，许多业主或招标机构采取投标人资格预审的办法，淘汰一些有投标意向，但并不具备承包该项工程资格、能力的承包商。所以，投标资格预审是业主在招标通告发布后所采取的预先审查程序，用以淘汰有投标意向，但并不具备承包该项工程项目资格、能力的承包商的一种工作程序与过程。因此，业主或招标机构在公布招标通告之前，先发表一份投标资格预审通告，投标资格预审通告中仅对工程项目作简单的介绍，重点是公布该项目的投标者应当首先通过资格审查，写明领取投标资格预审申请表的地点和时间，以及递交资格预审资料的截止日期。

承包商在报送资格预审材料时，要求应写明报送资料的时间、地点和份数。例如，有些工程项目的资格预审材料要求报送三份，分别直接寄送给招标机构、业主和咨询公司；有些资格预审要求填写表格和各种证明材料的文字要求。例如，某些国家除要求用英文填写外，对于证明材料还要求提供当地语的译文等；有些国家对于外国公司参加投标的限制颇多，例如，要求外国公司必须有当地的代理人，而且在报送资格预审材料的同时，还要求报送代理人的基本情况，甚至要求递交代理协议的复印件以及投标人给代理人的授权书等。

【内容与格式】

国际工程投标资格预审文件一般均按照英文信函的格式书写，其内容包括：

1. 投标申请书

主要说明承包商自愿参加该工程项目的投标，愿意遵守各项投标规定，接受对投标资格的审查，声明所有填写在资格预审表格中的情况和数字都是真实的。

2. 工程简介

资格预审文件中的“工程简介”比招标通告中介绍的情况应当更为详尽，以便承包商事先了解某些重要情况。作出是否参加投标资格预审和承包此项工程的决策。例如，应当说明工程的性质（新建、改建、扩建等）、工程的主要内容（主要工程数量、主要技术和质量要求）、工程所在地的基本条件、拟签合同的类别（总价或单价合同、抑或是延期付款、实物货品偿付或交钥匙方式等）以及计划开工和竣工日期等。

3. 投标人的限制条件

说明对参加投标的公司是否有国别和等级的限制，例如，有些工程项目由于资金来源的关系，对投标人的国别有所限制；有些工程项目不允许外国公司单独投标，必须与当地公司联合；还有的工程项目由于其性质和规模特点不允许当地公司独立投标，必须与有经验的外国公司合作；有些工程指定限于经注册和审定某一资质级别的公司才能参加投标。还有些限制条件是关于支付货币种类的。例如，该项工程限于支付一定比例的外汇，其余则支付当地币，业主对支付预付款的限制、对投标保证书和履约保函的要求等，均可在限制条件中列出。

4. 资格预审表格

要求参加投标资格预审的承包商如实逐项填写表格，该表格包括投标人的法定资格（包括名称、法人代表、注册国家、法定地址等）、公司的基本情况、财务状况、施工经验、施工设备能力、目前正在施工的工程概况等，有些大型工程项目的资格预审，可能要求承包商提出对承包本项工程的初步设想，包括对现场的组织、人员安排、劳务来源、分包商的选择等提出设想或初步方案。

5. 证明资料

在资格预审中，可以要求承包商提供必需的证明材（资）料。例如，公司的注册证书或营业执照、在当地的分公司或办事机构的注册登记证书、银行出具的资金和信誉证明函件、类似工程的业主过去签发的工程验收合格证书等。所有这些文件可以用复印件，但要求出具公证部门核对与原件相符的公证书和有关大使馆出具的认证书。如果是几家公司联合投标，还要报送联合体协议书等。

【文案范例】

（略）

3.2.20.2　投标函

【基本概念】

投标函是指投标人按照招标文件的条件和要求，向业主或招标机构提交的有关报价、质量目标等承诺和说明的函件，是投标人为响应招标文件相关要求所作的概括性说明和承诺的函件。投标函可以单独密封，或按招标要求密封，也可以与其他已经密封的文件同时密封于更大的密封袋或密封箱中。

在国际工程项目招标中，一般情况下投标函是一份由业主或招标机构拟定好的、格式化的一份文件。投标人只需按照招标文件的要求，在投标函中填上报价总额，然后签字盖章，并随投标文件一起递交给业主或招标机构。在有些国家工程项目中，投标人除按照规定填报投标文件外，还可以另外写一封更为详细的致函，对自己的投标报价作必要的说明。在这种情况下，写好这份额外增加的投标函是十分重要的，一方面是对自己投标报价作某些解释，使审标和评标者更能理解报价的合理性；另一方面借此对本公司的优势和特点做宣传，给评标者和业主以深刻印象。

【内容与格式】

投标函一般位于投标文件的首要部分，其格式、内容必须符合招标文件的规定。投标人也可以在投标函中简明扼要地说明如下问题：

（1）宣布降价的决定。多数投标人有意在书面报价中将价格提高一些，以防自己的投标过程中价格被泄漏，但在实际递交的投标函中写明“考虑到同业主友好和长远合作的诚意，决定按报价单的汇总价格无条件降低××%，将总价降到多少金额，并愿意以这一降低后的价格签订合同”。

（2）说明由于作了上述降价，与投标同时递交的银行保函有效金额相应降低多少，并写明有效金额数。

（3）可以根据可能和必要情况，对自己选择的施工方案的突出特点作简要说明，主要表明选择这种施工方案可以更好地保证质量和加快工程进度，保证实现预定的工期。

（4）只要招标文件没有特殊限制，可以提出某些可行的降低价格的建议。例如，适当提高预付款，则拟再降低多少。适当改变某种材料或者结构，不仅完全可以保证同等质量、功能，而且降低价格等。要声明这些建议只是供业主参考的，如本公司中标，而且业主愿意接受这些建议时，可在商签合同时探讨细节。

（5）如果发现招标文件中有某些明显错误，而又不便在原招标和投标文件上修改，可以在投标函中说明。

（6）有重点地说明本公司的优势，特别是说明自己的经验和能力，使业主感到满意。

（7）如果公司有能力和条件向业主提供某些优惠的利益，可以专门列出说明。例如，支付条件的优惠、提供出口信贷等，用以吸引业主。当然，投标人提出这种优惠应当慎重，自己要确有把握。

（8）如果允许投标人另报替代方案，投标人除招标文件报送该替代方案文件外，还可以在投标函中作某些重点的陈述，着重宣传替代方案的优点。

总之，投标人应在招标文件允许的范围内，写好这份投标函，以便吸引业主、招标机构或咨询公司和评标人对投标人的兴趣和信赖。

【文案范例】

投 标 函

致：××国家××工程咨询有限公司

1. 根据你方招标工程项目编号为××的第二标段××公寓工程招标文件，遵照有关规定，经踏勘项目现场和研究上述招标文件的投标须知、合同条款、图纸、工程建设标准和工程量清单及其他有关文件后，我方愿以美元（大写）××（小写）××美元的投标报价并按上述图纸、合同条款、工程建设标准要求承包上述工程的施工、竣工，并承担任何质量缺陷保修责任。

2. 我方承诺工程质量达到××标准

3. 我方承诺工期为××年×月××日开工至××年×月×日竣工，总工期××日历天。

4. 我方已详细审核全部招标文件，及有关附件。

5. 我方承认投标函附录是我方投标函的组成部分。

6. 如果我方中标，我方将按照规定提交美元××元银行保函（或由具有担保资格和能力的担保机构出具的履约担保书）作为履约担保。

7. 我方同意所提交的投标文件在“投标申请人投标须知第15条规定的投标有效期内有效”，在此期间内如果中标，我方将受此约束。

8. 除非另外达成协议并生效，你方的中标通知书和本投标文件将成为约束双方的合同文件的组成部分。

投标人：中国××股份有限公司

单位地址：中国北京××街××号

法定代表人或其委托代理人：（签字或盖章）

邮政编码：____________ 电话：________

附件：投标函附录（略）

日期：××年×月××日

3.2.20.3　投标管理

对于承包商而言，项目的投标管理，就是要明确企业各部门在投标工作中的职责及投标报价的流程，以此提高投标报价工作的质量。在国际工程承包业务中，由于市场竞争激烈，加强企业的投标管理工作，是国际工程承包商企业管理工作中的重要内容。因此，所有承包商都制定了一整套的投标管理的规定。

1. 投标管理工作的流程

承包商通常在国际工程投标中，投标管理工作的流程如图 3-2 所示。

2. 职责与分工

承包商一般会根据投标工作流程，建立比较明确的职责与分工。在以承包商总部——事业部（通常称为海外事业部或国际工程公司）——分支机构（驻外国分公司）——项目部的组织体系中，其中：

承担国际工程承包业务的事业部承担市场经营指标责任的业务开拓板块或业务主管部门，为项目投标报价的总牵头人和组织者，其职责包括：组织项目信息评审、投标资格评审；组织招标文件评审；制订投标计划；编制项目策划并填写投标交底记录，向相关部门作投标交底；组织投标；组织投标评审；组织投标决策（标价决策）；组织投标总结。

该事业部合约估算板块负责编制投标文件中的商务部分，建立并维护投标报价台账和档案。

承包商总部公司技术中心或事业部技术主管部门负责编制投标文件中的技术标部分。由于基础设施工程的特殊性，有关基础设施工程项目的技术标由承包商总部基础设施事业部牵头，总部技术中心协助编制。

承包商总部公司采购中心提供物资信息和供应商名单，并配合事业部进行物资的商务和技术谈判。境外采购的材料设备由公司驻外分支机构协助询价工作。

事业部市场营销板块负责资审工作以及投标文件中各种公司、个人业绩、证书资料的准备工作，对业务开拓人员提供支持。

3. 项目信息评审和资格预审

对于获取国际工程信息或招标文件，承包商国际工程业务主管的事业部要负责对获取的项目信息的收集和评审。事业部业务开拓人员获取项目信息以后，组织对项目信息进行分析、比较，并根据评审结果将工程信息加以分类，从而采取不同的跟进措施。

在购买标书前，事业部主管副总经理应组织有关人员根据跟踪情况再次评审项目信息，以决定是否参加投标。事业部指派专人汇总项目信息，并将拟投标的项目信息进行汇总。项目信息汇总应包括以下内容：项目名称、业主名称、工程地点、工程规模、预计合同金额以及是否投标等。

对于决定参加投标的项目信息，按照业主要求，事业部业务开拓人员负责组织投标资格预审工作，事业部营销板块具体负责办理资格预审工作。

4. 招标文件评审及标前答疑

资格预审通过以后，由事业部业务开拓人员负责组织购买或领取招标文件，并组织承包商总部或事业部合约法律、技术、采购等相关部门（可根据项目具体情况适当调整参加部门）对招标文件进行评审并填写《招标文件评审记录》。必要时，可邀请分包商和供应

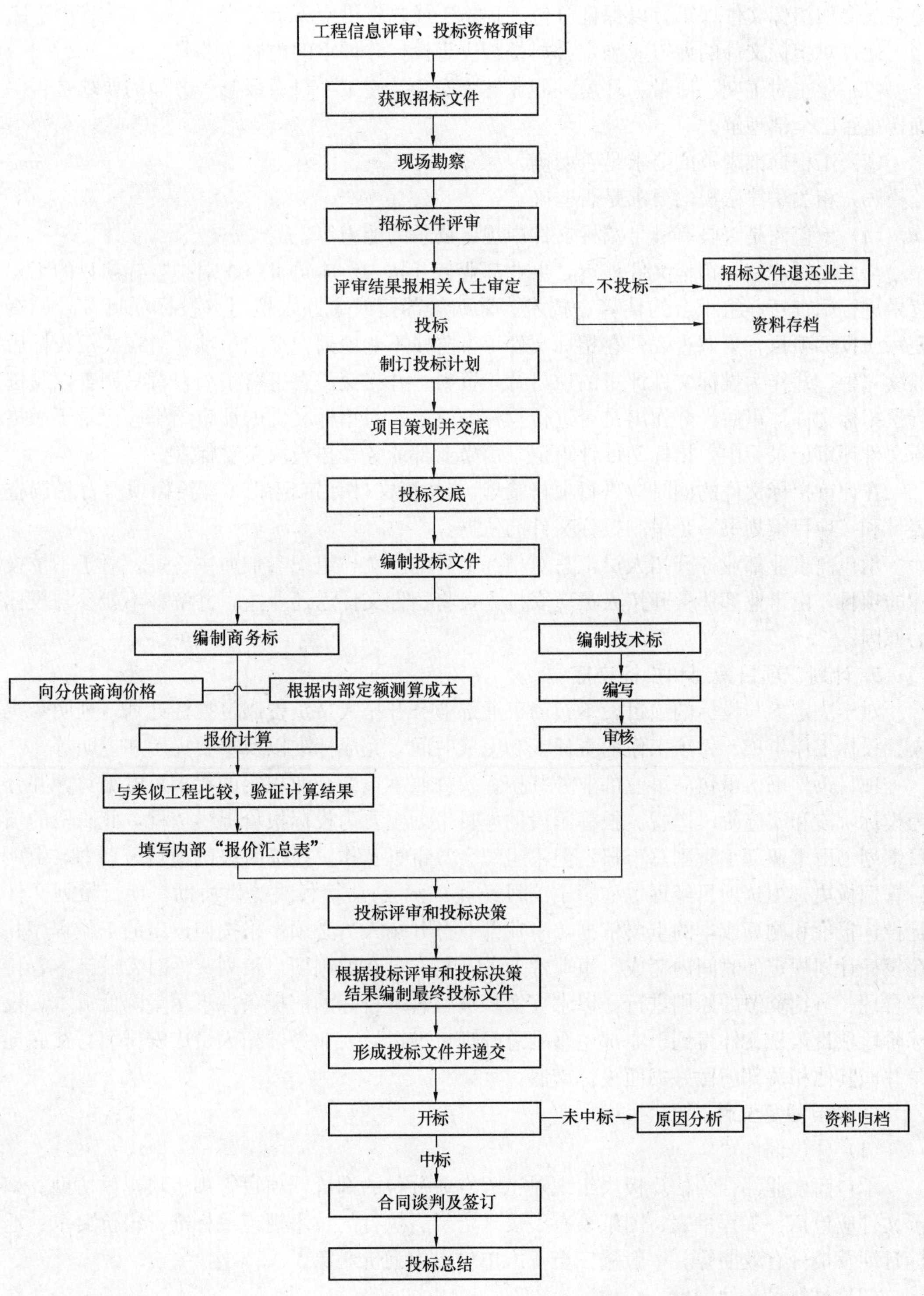

图 3-2　投标管理工作的流程图

商一起参加招标文件评审，以保证分包工程施工或物资供应不被延误。

通过对招标文件的评审应确定公司是否决定投标，评审的内容主要是：

(1) 业主对工期、质量、环境、职业健康安全、竣工交付、保修等方面的要求是否明确，是否已全部理解。

(2) 工程标准规范的要求是否明确。

(3) 相关法律法规的要求是否明确。

(4) 承包商是否具有满足招标文件中规定要求的能力等。

与此同时，结合招标文件评审，事业部业务开拓人员应负责组织对拟投标项目的工程背景进行调查，并组织合约估算、技术、采购等部门或主办人填写《投标项目背景调查表》。《投标项目背景调查表》在招标文件评审阶段不能填列完全的单项，可在决策投标后继续完善，并作为投标文件评审的项目背景资料一并提交。在进行了项目背景调查以及进行了招标文件评审后，并作出是否进行投标的决定。对招标文件的评审结果应记录于《招标文件评审记录》中。招标文件评审记录由事业部业务开拓板块负责保存。

在评审招标文件的同时应进行项目策划。《招标文件评审记录》、《投标项目背景调查表》和《项目策划书》是编制投标文件的依据。

承包商事业部业务开拓人员汇总对招标文件的质疑，组织参加业主答疑。对于不予投标的项目，由事业部业务开拓人员应安排人员将招标文件返还业主，并解释不能参与投标的原因。

5. 计划、项目策划和投标交底

对于决定参与投标的项目，承包商事业部业务开拓人员负责制订投标计划，列明牵头人、投标工作事项、每项工作的责任人和完成时间、完成标准以及重要提示和说明等。

项目策划书由承包商事业部业务开拓板块按照承包商企业规定的要求负责编写，并分为投标阶段和实施阶段进行。投标阶段的项目策划主要为投标报价提供依据，此阶段的项目策划书由事业部主管副总审核，但不组织会签审批工作。投标阶段的项目策划书，由项目管理板块（拟选项目经理也称影子项目经理）、合约估算板块提供协助。项目策划文件是投标报价和测算成本的重要依据，事业部业务开拓人员必须严格按照设定的工作程序并在投标计划规定的时间内完成。事业部业务开拓人员在编制项目策划文件时，应当本着科学合理、节约资源的原则进行，以求在实现项目管理目标的前提条件下尽量降低成本。投标阶段项目策划文件得到事业部主管副总经理批准以后，业务开拓人员应安排填写交底记录并向其他相关部门做好书面投标交底。

6. 编制投标文件

(1) 分包询价。

承包商事业部合约估算板块组织对工程专业分包的询价，项目管理板块提供协助。询价文件应包括：工程量表、图纸及有关设计资料、执行的技术规范或标准、报价要求、返标日期及报价有效期等。一般选三至五家单位作为询价对象。

(2) 材料设备的询价。

由承包商事业部合约估算板块负责组织，可委托承包商总部采购中心向有关材料、设备供应商进行询价。一般选三至五家供应商为询价对象。对于投标过程中的物资询价工作，采购中心应提供物资信息和供货商名单，并配合事业部进行物资的商务和技术谈判。

但是，事业部必须对最终进入报价的物资价格承担责任。

(3) 承包商事业部合约估算板块应对分包询价返回资料（报价文件）进行审查，主要包括：报价是否有重项、漏项；计算是否有误，取费是否合理；报价中的内容是否与招标文件（或询价条件）相一致；报价文件中的附加条件的合理性等。

(4) 编制技术标。

承包商总部技术中心或事业部技术部门依据业主招标文件的要求，根据事业部的交底，结合工程实际特点和现场勘察情况，编制投标文件中的技术标部分，并组织专家进行技术评审。由于基础设施工程项目的特殊性，有关基础设施工程项目的技术标由基础设施事业部牵头，技术中心参与协助编制。

(5) 编制商务标。

承包商事业部合约估算板块依据以下文件资料编制投标文件中的商务标：

①业主的招标文件和招标答疑文件；

②项目策划书；

③施工组织设计及主要施工技术方案；

④项目所在国政府有关部门发布的现行造价文件、市场实际价格水平。

承包商事业部合约估算板块在编制商务标的同时负责按照设定的工作程序测算投标项目的预算成本，供投标决策参考。不论业主在招标文件中要求采用何种计价依据和报价格式（如定额模式或市场价模式），事业部合约估算板块都必须根据成本测算情况，填写内部“报价汇总表”（附件），对于基础设施项目，基础设施事业部可根据基础设施项目的特点对表格构成作适当调整，但基本思路和原则不应改变。该报价汇总表只供内部投标决策使用，正式投标文件的汇总表格式应执行招标文件的要求和规定。

7. 投标文件评审

承包商事业部业务开拓板块组织投标文件评审会议。一般情况下，会议参加者为：工程合同授权规定中指定的投标文件批准人、合约估算板块负责人、技术中心及事业部内部有关部门的责任人。特殊情况下由业务开拓板块决定扩大或缩小参会人员名单。

(1) 投标文件评审会议前，要准备好如下文件：

①经完善的《投标项目背景调查表》；

②初步拟定的投标文件；

③招标文件；

④技术评审意见和商务评审报告；

⑤其他相关资料，包括但不限于分包资料、资信资料等。

(2) 在投标文件评审会议上，应对至少以下几方面进行评审：

①投标策略是否明确；

②投标工作范围是否明确；

③重要项目的单价分析是否正确；

④技术方案的可行性（指没有经过技术评审的项目）；

⑤必要的财务考虑；

⑥承包商公司的资源配置能力是否能够满足要求；

⑦对分包商或供应商合理附加条件的考虑；

⑧特殊施工内容的考虑；

⑨技术及管理人员的考虑；

⑩市场情况及竞争对手的分析等；

⑪投标文件的编制是否符合招标要求。

我国许多国际工程承包商对于投标、合同签约、变更都规定了评审的规定，通常有技术、商务两阶段评审，也有的将技术与商务一并评审（也称技术商务综合评审）。采用二阶段评审的，则规定技术评审没有通过的，一律不得进行商务评审，只有技术与商务评审全部合格的项目或技术商务综合评审通过的项目，方可投标或履行合同签约。

8. 投标决策（标价决策）

在上述投标文件评审的基础上由投标决策人进行投标决策（标价决策）。投标决策人是指《工程合同授权管理规定》中指定的投标文件的批准人；为保证投标决策的保密性，参加投标决策（标价决策）的人数应控制在最低数量，具体参加人员由投标决策人指定。

投标决策的决策点包括以下三项内容：

（1）承包商总部管理费

承包商总部管理费的取费系数不得低于承包商合约法律与成本管理部门每年发布的相应总部管理费取费标准。出于任何因素考虑导致总部管理费的水平低于该标准的动议，不管投标工程报价金额大小，都必须报请承包商公司总经理决策。

（2）利润

对于国际工程承包项目，通常承包商纯利润水平不得低于3.0%。出于任何因素考虑导致利润水平低于3.0%的动议，不管投标工程报价金额大小，都必须报请承包商公司总经理决策。

（3）风险

风险系数根据对投标项目可能存在的风险种类及其水平由投标决策人确定。

保函费用、保险费用、佣金（代理费）、贷款利息等不作统一规定，也不进入最终的综合取费。由估算人员协助市场人员根据业主招标文件的要求或实际情况在开办费（或称非实体性消耗）中考虑，进入项目成本。

在经过投标文件评审和投标决策（标价决策）以后，相关部门根据评审意见和决策结果调整投标文件。事业部合约估算板块根据投标决策的结果填写正式的内部“报价汇总表”，并请投标决策人签署。最终报送业主的投标书中的投标价格应与投标决策人签署的内部“报价汇总表”中的投标价格一致。

9. 投标

承包商事业部业务开拓人员负责组织汇总所有的投标文件，并根据业主招标文件的要求和规定组织打印、复印、装订投标文件，报经“工程合同授权管理规定”中指定的签署人签署投标文件并加盖公司公章（如果要求）后按业主要求包装和密封投标文件。

承包商事业部业务开拓人员负责安排将投标文件在业主指定的期限内送（寄）至业主指定的投标地点。投标文件递交后如发现有误，需做且有可能修改时，事业部业务开拓人员应安排在投标截止日期之前按照招标文件的规定组织有关部门用正式函件更正。事业部业务开拓人员组织相关人员参加开标、答辩、谈判等。

10. 投标总结

投标后，承包商事业部业务开拓人员应做好跟踪和信息反馈工作，经常与业主保持联系，并随时根据情况进展采取必要的应对措施。开标后，事业部业务开拓人员应组织有关人员进行中标或失标的投标后评估，以总结成功的经验或汲取失败的教训。事业部合约估算板块应将分包商/供应商的书面报价资料归档，逐步充实承包商公司信息库，以供日后参考。事业部合约估算板块负责保存全套投标文件，技术中心保存技术标文件，并各自建立目录，以便于查找。

对于中标项目，承包商事业部业务开拓人员组织向承包商公司有关部门（包括事业部内各相关板块、承包商总部技术中心、采购中心、财务资金部等）及项目部进行交底，保存交底记录。

承包商在投标管理工作中，按工作流程所使用的工作表式，详见本章第 3.3.12 节。

3.3 常用表式

3.3.1 设计概算用表（表 3-8～表 3-10）

单位工程概算书 **表 3-8**

定额编号	工程费用名称	计量单位	工程量	金额（元）	
				基价	合价
1-1					
1-2					
1-3					
1-4					
1-5					
……	……	……	……	……	……
（一）	小计				
（二）	措施费（一）×＊％				
（三）	直接费合计（一）＋（二）				
（四）	间接费（三）×＊％				
（五）	利润［（三）＋（四）］×＊％				
（六）	税金［（三）＋（四）＋（五）］×＊％				
（七）	总计（三）＋（四）＋（五）＋（六）				

审核； 校对： 编制： 年 月 日

综合概算表 **表3-9**

工程项目名称：

单项工程名称：

序号	概算编号	工程或费用名称	概算价值（万元）					技术经济指标				占投资总额（%）	备注
			建筑工程	安装工程	设备购置	工器具等	其他	合计	单位	数量	单位价值（元）		
1	2	3	4	5	6	7	8	9	10	11	12	13	14
1	6-1	一、建筑工程											
		土建工程											
		给水工程											
		排水工程											
		电气工程											
……	……	……	……	……	……								
2		设备及安装工程											
……	……	……	……	……	……								
		总计											

审核； 校对： 编制： 年 月 日

单位工程总概算表 **表3-10**

工程项目名称： 总概算价值： 元

序号	概算编号	工程或费用名称	概算价值（万元）					技术经济指标				占投资总额（%）	备注
			建筑工程	安装工程	设备购置	工器具等	其他	合计	单位	数量	单位价值（元）		
1	2	3	4	5	6	7	8	9	10	11	12	13	14
1		第一部分工程费用 厂房 办公楼 …… 小计											
2		第二部分其他工程与费用 勘察设计 …… 小计											
3		第三部分费用 预备费 建设期利息 ……											
4		总概算价值											

审核； 校对： 编制： 年 月 日

3.3.2 施工图预算用表（表3-11、表3-12）

工程预算书 **表3-11**

定额编号	工程费用名称	计量单位	工程量	人工金额（元）		总金额（元）	
				单价	合价	单价	合价
1							
2							
3							
4							
5							
6							
……	……	……	……	……	……		
	（一）小计						
	（二）措施费（一）×*%						
	（三）直接费合计（一）+（二）						
	（四）间接费（三）×*%						
	（五）利润［（三）+（四）］×*%						
	（六）税金［（三）+（四）+（五）］×*%						
	（七）总计（三）+（四）+（五）+（六）						

审核：　　　　校对：　　　　编制：　　　　年　月　日

工程量计算表 **表3-12**

工程名称：　　　　分部：　　　　分项：　　　　共　页第　页

序号	名称	计算部位	单位	数量	计算式	备注

3.3.3　施工预算用表（表 3-13～表 3-15）

工料汇总表　　　　**表 3-13**

工程名称：　　　　　　　　　　　　　　　　　　　　共　页第　页

序号	定额编号	分部、分项工程名称	单位（元）	数量	合价（元）

工料分析表　　　　**表 3-14**

工程名称：　　　　　分部：　　　　　分项：　　　　　共　页第　页

序号	定额编号	名称	单位	数量	综合工日		机械台班：		材料：		材料：		材料：		材料：		小计
					单价（元）	金额（元）	单价（元）	金额（元）	单价（元）	金额（元）	单价（元）	金额（元）	单价（元）	金额（元）	单价（元）	金额（元）	

综合单价工料机分析表 表 3-15

工程量清单序号： 项目编码： 计量单位：

项目名称					综合单价	元
序号	内容	单位	数量	单价	合价	备注
	管理费					
	利润					
	小计					

3.3.4 工程量清单与计价用表（表 3-16～表 3-20）

工程量清单与计价表 表 3-16

工程名称： 标段： 第 页共 页

序号	项目编码	项目特征描述	计量单位	计量单位	工程量	金额（元）		
						综合单价	合价	其中：暂估价

审核： 校对： 编制： 年 月 日

工程量清单综合单价分析表 表3-17

工程名称： 标段： 第 页共 页

<table>
<tr><td>项目编码</td><td colspan="3"></td><td>项目名称</td><td colspan="3"></td><td>计量单位</td><td colspan="3"></td></tr>
<tr><td colspan="12">清单综合单价组成明细</td></tr>
<tr><td rowspan="2">定额编号</td><td rowspan="2">定额名称</td><td rowspan="2">定额单位</td><td rowspan="2">数量</td><td colspan="4">单 价</td><td colspan="4">合 价</td></tr>
<tr><td>人工费</td><td>材料费</td><td>机械费</td><td>管理费和利润</td><td>人工费</td><td>材料费</td><td>机械费</td><td>管理费和利润</td></tr>
<tr><td></td><td></td><td></td><td></td><td></td><td></td><td></td><td></td><td></td><td></td><td></td><td></td></tr>
<tr><td></td><td></td><td></td><td></td><td></td><td></td><td></td><td></td><td></td><td></td><td></td><td></td></tr>
<tr><td></td><td></td><td></td><td></td><td></td><td></td><td></td><td></td><td></td><td></td><td></td><td></td></tr>
<tr><td></td><td></td><td></td><td></td><td></td><td></td><td></td><td></td><td></td><td></td><td></td><td></td></tr>
<tr><td colspan="2">人工单价</td><td colspan="6">小计</td><td></td><td></td><td></td><td></td></tr>
<tr><td colspan="2">元/工日</td><td colspan="6">未计价材料费</td><td colspan="4"></td></tr>
<tr><td colspan="8">清单项目综合单价</td><td colspan="4"></td></tr>
<tr><td rowspan="7">材料费明细</td><td colspan="6">主要材料名称、规格、型号</td><td>单位</td><td>数量</td><td>单价</td><td>合价</td><td>暂估单价</td><td>暂估合价</td></tr>
<tr><td colspan="6"></td><td></td><td></td><td></td><td></td><td></td><td></td></tr>
<tr><td colspan="6"></td><td></td><td></td><td></td><td></td><td></td><td></td></tr>
<tr><td colspan="6"></td><td></td><td></td><td></td><td></td><td></td><td></td></tr>
<tr><td colspan="6"></td><td></td><td></td><td></td><td></td><td></td><td></td></tr>
<tr><td colspan="6">其他材料费</td><td></td><td></td><td></td><td></td><td></td><td></td></tr>
<tr><td colspan="6">材料费合计</td><td></td><td></td><td></td><td></td><td></td><td></td></tr>
</table>

措施项目清单与计价表（一） 表3-18

工程名称： 标段： 第 页共 页

序号	项目名称	计算基础	费率（%）	金额（元）
1	安全文明施工费			
2	夜间施工费			
3	二次搬运费			
4	冬雨期施工费			
5	大型机械设备进出场及安拆费			
6	施工排水			
7	施工降水			
8	设施与建筑物临时保护费			
9	已完工程及设备保护			
10	各专业工程措施项目			
(1)	垂直运输机械			
(2)	脚手架			
	合计			

注：本表适合于以“价”计价形式。

措施项目清单与计价表（二） 表 3-19

工程名称： 标段： 第 页共 页

序号	项目编码	项目名称	项目特征描述	计量单位	工程量	金额（元）	
						综合单价	合价
本页小计							
合计							

注：本表适合于综合单价形式计价。

其他项目清单与计价汇总表 表 3-20

工程名称： 标段： 第 页共 页

序号	项目名称	计量单位	金额（元）	备注
1	暂列金额			
2	暂估价			
2.1	材料暂估价			
2.2	专业工程暂估价			
3	计日工			
4	总承包服务费			
	合计			

注：1. 其他项目清单共有 9 种表格，详见《建设工程工程量清单计价规范》（GB 50500—2008），在此不一一叙述。

2. 工程量清单（封面）、总说明、工程项目（单项工程、单位工程）汇总表等，均详见《建设工程工程量清单计价规范》（GB 50500—2008），在此不一一叙述。

3.3.5 国际工程报价用工程量表（表3-21～表3-28）

工程单价分析表 **表3-21**

工程量表		工程量内容名称：			工程量：	
分项编号						
序号	工料内容	单位	基价（美元）	定额消耗量	单位工程量计价（美元）	分项计价
1	材料费（包括损耗、现场价）					
1-1						
1-2						
1-3						
1-4						
1-5	零星材料					
1-6	材料费小计					
1-7	上涨系数					
1-8	材料管理费					
2	劳务费					
2-1	生产工人工资					
2-2	辅助工人工资					
2-3	劳务管理费					
3	机械设备费					
4	直接费用					
5	分摊系数					
6	计算单价					
7	考虑降价系数后的单价					
8	填入工程量表计价单的最后单价					
	本分项总计					

此表是分析计算工程量表单价时使用。

主要材料计价表 **表3-22**

序号	材料名称	单位	运到现场基价（美元）

机具设备及折旧费一览表 **表 3-23**

序号	名称	规格	数量	设备情况	到港价（美元）	折旧率（%）	本工程摊销设备价值（美元）

机具设备使用台班基价表 **表 3-24**

序号	名称	规格	单位	设备台班基价（美元）			机具设备使用台时价（美元）		
				人工费	管理费	利润	人工费	管理费	利润

单价分析计算表 **表 3-25**

工程名称： 共　页第　页

工程量表分项编号		工程内容：		单位：		数量：
序号	工料内容	单位	基价（美元）	定额消耗量	单位工程基价（美元）	本分项计价（美元）
1	2	3	4	5	6	7
拟填入工程量计价单中的单价：						
本分项总计：						

工程量表及报价表　　　　表 3-26

工程名称：　　　　　　　　　　　　　　　　共　页第　页

项目编号	工程内容	单位	数量	价　格	
				单价（美元）	总价（美元）

工程报价汇总表　　　　表 3-27

工程名称：

项目编号	名　　称	价格（美元）
总　　计		

工程标价构成表　　　　表 3-28

工程名称：

序　号	工程标价构成内容	金额（美元）	比重（%）	备　注
	工程总价			

3.3.6 项目任务书（表格式）

编号：

项 目 任 务 书

项目名称：________________

项目组织单位：________________

项目承担单位：________________

项目负责人：________________

起止年限：20____年____月至20____年____月

二〇　　年　　月

填 写 说 明

1. 项目任务书按项目规模、工程总价与总公司规定的管辖权，中国××海外事业部为项目的组织单位（简称甲方），中国××（××）分公司为项目的承担单位（简称乙方1），项目施工单位为中国××（××）分公司××项目部（简称乙方2）。

2. 项目任务书编号由中国××海外事业部，按规定管理。

3. 项目的施工图预算与管理费，须与投标或议标书一致。

4. 任务书签订流程：

（1）任务书由项目承担实施单位编写，按总公司规定的管辖权逐级报批或备案。

（2）凡是按管辖权由海外分公司审批的项目，要在规定的时间内报海外事业部核准备案后，方可以组织实施。

（3）任务书（A4）一式四份，由项目部或海外分公司与中国××海外事业部签订。其中：中国××海外事业部一份；中国××（××）分公司二份；项目部一份。

项目信息表

项目编号					
项目名称					
项目实施单位					
通讯地址			电子邮箱		
业主基本情况	业主名称				
	项目所在地				
	通讯地址		电子邮箱		
	性质				
	负责人				
拟分包单位	专业	分包商名称			
项目负责人或项目经理情况	姓名		性别	□男 □女	
	学位	□博士 □硕士 □学士 □其他	出生日期		
	职称	□高级 □中级 □初级 □其他	专业		
	职务				
	证件类型		证件号码		
	联系电话		E-mail		
项目部人员组成	人。其中：	高级____人，中级____人，初级____人，其他____人；			
		博士____人，硕士____人，学士____人，其他____人。			
计划施工投入人数	________人				
开工时间	年　月		竣工时间	年　月	
项目来源	□投标 □议标 □合作 □投融资				
项目概况					
施工图预算或投标报价	万美元，其中管理费　　美元。				
工程质量等级					
技术标准	□国际标准 □美国标准 □英国标准 □中国标准				
需要总公司支持的内容	1. 技术支持的条件 2. 流动资金支持的条件 3. 其他				
其他需说明的问题					

一、目标与任务

二、预期成果及考核指标

三、工期计划及年度目标

<table>
<tr><td colspan="2">工期计划</td></tr>
<tr><td colspan="2"></td></tr>
<tr><td colspan="2">年度目标</td></tr>
<tr><td>年</td><td></td></tr>
<tr><td>年</td><td></td></tr>
<tr><td>年</td><td></td></tr>
</table>

四、工程项目预算与效益预测

单位：万元（保留两位小数）

序号	预算科目名称	单位	小计	备注
1	一、工程预算			
2	1. 土建工程			
3	2. 安装工程			
4	3. 装饰工程			
5	4. 其他			
6	二、施工成本			
7	1. 材料设备费			
8	2. 人工劳务费			
9	3. 机械设备费			
10	4. 燃料动力费			
11	5.			
12	6.			
13	9.			
14	10.			
15	11.			
16	12.			
17	13.			
18	三、工程进度款支付			
19	1.			
20	2.			
21	四、税金			
22				
23	五、预计利润			

（附件：项目预算书）

五、项目实施承担单位及主要人员

项目承担单位：中国××（××）分公司

负责人：

总工程师：

项目实施单位：（××）分公司××项目部

项目经理：

项目部班子成员

姓名	性别	年龄	职务	专业	职称	在本企业工作年限	已经承担的类似工程情况

项目部机构与人员情况

六、任务书签订各方签章

项目组织单位（甲方）：

负责人（签字）：（公章）

年 月 日

项目承担单位（乙方1）：

负责人（签字）：（公章）

年 月 日

项目实施单位（乙方2）：

项目经理（签字）：

年 月 日

七、共同条款

任务书各方共同遵守本公司的规章制度和项目管理的办法（以下简称《办法》）：

1. 乙方必须按要求编报年度计划执行情况、下一年度经费预算和有关统计报表，交甲方汇总后，及时上报总公司海外事业部。

2. 任务书执行过程中，乙方如需调整任务，应根据本公司有关规定，向甲方提出变更内容及其理由的申请报告，经甲方审定后实施。未经接到正式批准书以前，双方须按本任务书履行，否则后果由自行调整的一方负责。

3. 乙方因某种原因（如：项目内容有出入、业主变更、技术措施或某些条件不落实等）致使计划无法执行，而要求中止任务，应视不同情况，部分、全部退还总公司提供的流动资金或所拨经费；如乙方没有提出中止任务的要求，甲方可根据调查情况有权提出中止任务。

4. 乙方承担任务所需的流动资金，按总公司资金管理办法实行管理和使用。

5. 甲方根据总公司资金管理的规定，监督检查资金的使用情况。凡不符合规定的开支，甲方有权直接提出调整或撤销意见。

6. 任务执行过程中，甲方无故中止任务时，所拨资金、物资不得追回，并承担善后处理所发生的费用。甲方提出变更任务书有关内容时，要与乙方协商达成书面协议，并报总公司备案后实行。

7. 本任务书签订各方均负有相应的责任。若有争议或纠纷时，按总公司规定执行。

8. 任务书正式文本一式三份，甲方一份、乙方两份。

9. 本任务书所协议的其他条款如下：

①

3.3.7 施工图审查用表（表 3-29～表 3-36）

施工图审查意见书 **表 3-29**

专业：

工程名称			
设计单位			
建筑面积（m^2）		建筑高度（m）	
建筑层数		结构形式	
审查人		复核人	

审查内容与意见	结论 是／否

（公章）
年 月 日

施工图（建筑专业）审查记录表　　　　**表 3-30**

工程名称：　　　　　　　　　　　　　　　　工程地址：

建筑面积		±0.000 标高		室外地坪标高	
建筑物定位尺寸				层高	
基本开间		基本进深		层数	
建筑物长、宽、高					
住宅类型		户型比		总户数	
立面处理方法					
各层平面布局存在的问题					
门的类型，主要门尺寸					
窗的类型，主要窗门尺寸					
门窗选型上存在的问题					
新材料采用及要求存在的问题					
各种功能的房间（通道）采用的器具（设备）名称、数量、存在的问题					
电梯数量、厂家		水箱数量位置	出户排水井位置、数量		
上水管线的位置、标高、走向与土建有无矛盾					
下水管线的位置、标高、走向与土建有无矛盾					
煤气管线的位置、标高、走向与土建有无矛盾					
暖气管线的位置、标高、走向与土建有无矛盾					
消防管线的位置、标高与土建有无矛盾					
电气工程基本情况，存在的问题					
图纸是否齐全		其他问题			

技术负责人：　　　　　　　　　　审图人：　　　　　　　　　　年　　月

施工图（结构专业）审查记录表 **表 3-31**

工程名称： 工程地址：

结构形式		基础类型		地下水位	
地基土质类别		地基承载力		基底标高	
拟定开工时间		结构层数		图纸是否齐全	
基础工程材料要求					
主体工程材料要求					
防水（防潮）工程材料及施工要求					
伸缩缝、沉降缝、抗震缝的做法及要求					
楼板类型		隔墙材料		外墙材料	
重要的结构尺寸及存在的问题（垫层、底板、墙、板、柱、梁、轴线、电梯井等）					
结构设计方面存在的问题					
结构工程的特点及对施工的要求					
重要部位的配筋情况问题					
洞口有无加筋		焊接工程要求		屋盖保温层要求	
设备管道的留洞存在的问题					
圈梁（地梁）的标高、截面、配筋					
构造柱的标高、截面、配筋及强度等级					
梁垫的做法及设计的要求					
设计对墙体拉结筋的要求					
承重独立砖柱的截面尺寸				防潮层位置	
水暖对结构工程的要求及存在的问题					
电气对结构工程的要求及存在的问题					
其他问题					

技术负责人： 审图人： 年 月

施工图（采暖专业）审查记录表 **表3-32**

工程名称： 工程地址：

<table>
<tr><td>出图日期</td><td colspan="2">图纸是否齐全</td><td>开工日期</td><td>竣工日期</td><td colspan="2">设计交底日期</td></tr>
<tr><td></td><td colspan="2"></td><td></td><td></td><td colspan="2"></td></tr>
<tr><td rowspan="2">建筑概况</td><td>结构</td><td>层数</td><td>层高（m）</td><td>建筑面积（m²）</td><td colspan="2">供暖面积（m²）</td></tr>
<tr><td></td><td></td><td></td><td></td><td colspan="2"></td></tr>
<tr><td rowspan="2">设计参数</td><td>室内外温差</td><td>阻力损失</td><td>热媒温差</td><td>热负荷</td><td colspan="2">热指标</td></tr>
<tr><td></td><td></td><td></td><td></td><td colspan="2"></td></tr>
<tr><td>系统形式</td><td colspan="6"></td></tr>
<tr><td rowspan="2">管径</td><td>入口管段处理</td><td>干管（mm）</td><td colspan="4">立支管（mm）</td></tr>
<tr><td></td><td></td><td colspan="4"></td></tr>
<tr><td rowspan="4">管道</td><td rowspan="2">坡度</td><td rowspan="2"></td><td>管道材料</td><td></td><td>排气与泄水装置</td><td></td></tr>
<tr><td>保温做法</td><td></td><td>连接方式与试验压力</td><td></td></tr>
<tr><td colspan="2">阀门安装有何问题</td><td colspan="2">支座、支吊架有何问题</td><td>除锈防腐处理</td><td>涨力类型与做法</td></tr>
<tr><td colspan="2"></td><td colspan="2"></td><td></td><td></td></tr>
<tr><td>采暖地沟</td><td colspan="2">尺寸</td><td colspan="2"></td><td>检查井与沟盖板做法</td><td></td></tr>
<tr><td rowspan="2">附件</td><td colspan="2">集气罐规格与安装</td><td colspan="2"></td><td>散热器规格与做法</td><td></td></tr>
<tr><td colspan="2">膨胀水箱规格与安装</td><td colspan="2"></td><td>其他附件有何问题</td><td></td></tr>
<tr><td>设备、管道与土建有无矛盾</td><td colspan="6"></td></tr>
<tr><td>设备选型中有无淘汰产品</td><td colspan="6"></td></tr>
<tr><td>设计有何问题如何改进</td><td colspan="6"></td></tr>
</table>

技术负责人： 审图人： 年 月 日

施工图（给水专业）审查记录表 **表 3-33**

工程名称：　　　　　　　　　　　　工程地址：

<table>
<tr><td rowspan="8">给水</td><td>引入管径与压头</td><td></td><td rowspan="2">图纸是否齐全</td><td rowspan="2"></td></tr>
<tr><td>给水系统</td><td></td></tr>
<tr><td>管材与配件的选择</td><td colspan="3"></td></tr>
<tr><td>管道防腐做法</td><td colspan="3"></td></tr>
<tr><td>给水加压与水箱装置</td><td colspan="3"></td></tr>
<tr><td>总水表安装位置与做法</td><td colspan="3"></td></tr>
<tr><td>阀门选择与安装</td><td colspan="3"></td></tr>
<tr><td>有无节水、节能措施</td><td colspan="3"></td></tr>
<tr><td rowspan="4">消防</td><td>图纸经消防部门审批日期</td><td colspan="3"></td></tr>
<tr><td>特殊消防灭火装置及说明</td><td colspan="3"></td></tr>
<tr><td>消防管材、设备选型、配件有何问题</td><td colspan="3"></td></tr>
<tr><td>消火栓规格与设置</td><td colspan="2">消防水箱规格与设置</td><td>消防水泵及泵房的设置</td></tr>
<tr><td colspan="2">设备与附件、仪表安装位置是否合理，与其他专业配合有无矛盾</td><td colspan="3"></td></tr>
</table>

公司技术负责人：　　　　　　　　　　审图人：　　　　　　　　年　　月　　日

施工图（电气专业）审查记录表 **表 3-34**

工程名称：　　　　　　　　　　　　工程地址：

<table>
<tr><td>建筑面积</td><td colspan="2"></td><td>电压等级</td><td></td></tr>
<tr><td>负荷估算</td><td colspan="2"></td><td>负荷分布</td><td></td></tr>
<tr><td rowspan="2">多、高层住宅住户的常用电气负荷</td><td>普通</td><td colspan="3"></td></tr>
<tr><td>高级</td><td colspan="3"></td></tr>
<tr><td rowspan="2">低压照明</td><td>暗</td><td></td><td rowspan="2">材料选型</td><td rowspan="2"></td></tr>
<tr><td>明</td><td></td></tr>
<tr><td>电气照明装置（配电箱）、开关、插座的安装，标高及布置是否合理</td><td colspan="4"></td></tr>
<tr><td>电度表位置的选择安装</td><td colspan="4"></td></tr>
<tr><td>高层配电柜、电流互感器的安装位置及柜内线路设备、布置是否合理</td><td colspan="4"></td></tr>
<tr><td>多层低压引入线型号、规格</td><td colspan="4"></td></tr>
<tr><td>高层低压引入线电缆导线型号、规格</td><td colspan="4"></td></tr>
<tr><td>高层电源及自投存在的问题</td><td colspan="4"></td></tr>
<tr><td>水箱安装高度，控制方式存在的问题</td><td colspan="4"></td></tr>
<tr><td>泵房电动机安装及控制设备是否配套</td><td colspan="4"></td></tr>
<tr><td>泵房电动机与降压起动器是否配套</td><td colspan="4"></td></tr>
<tr><td>防雷、避雷针安装措施及材料选择</td><td colspan="4"></td></tr>
<tr><td>各种接地装置的接地电阻值及材料和安装方式</td><td colspan="4"></td></tr>
<tr><td>自动开关及磁力起动器等设备选择是否合理</td><td colspan="4"></td></tr>
<tr><td>低压配电柜设备选择和二次回路是否正确</td><td colspan="4"></td></tr>
<tr><td>配电箱及配电柜连接电缆敷设的选型、规格</td><td colspan="4"></td></tr>
<tr><td>多、高层配电盘、照明箱留洞是否正确</td><td colspan="4"></td></tr>
<tr><td>图纸是否齐全</td><td></td><td>其他问题</td><td colspan="2"></td></tr>
</table>

技术负责人：　　　　　　　　　　审图人：　　　　　　　　年　　月　　日

施工图（排水专业）审查记录表　　　　表 3-35

工程名称：　　　　　　　　　　　　工程地址：

卫生设备的规格数量	洗涤盆				
	拖布池				
	大便器				
	小便器				
	冲洗设备				
设备布局是否合理					
排放标准是否符合规定					
排水系统			坡度及坡向有无问题		
管径（mm）	管道出口处理	污水主要管道	雨水管道		
检查口，清扫口的位置是否合理					
通气系统及管径大小					
屋面排水系统的问题					
其他设备、仪表附件有无问题					
管道材料		敷设处理		支、吊架及支座	

技术负责人：　　　　　　　　　　审图人：　　　　　　　　　　年　　月　　日

施工图（室外工程）审查记录表　　　　表 3-36

工程名称：　　　　　　　　　　　　工程地址：

图纸是否齐全	
管道与建筑物间距是否合理	
各专业相邻管道间距是否合理	
管道交叉处理合理性	
管道的高程、坡度是否合理	
管道材料、管件的选择合理性	
管道防腐、保温的做法合理性	
管道附件的选择与安装合理性	
管道的试压标准	
管线综合存在的问题	
管线报批情况	
各专业会审情况	
其他	

技术负责人：　　　　　　　　　　审图人：　　　　　　　　　　年　　月　　日

3.3.8 项目资金流动计划用表（表3-37～表3-39）

资金投入计划表 **表3-37**

序号	费用名称	时间（季度或月份）								小计
		1	2	3	4	5	6	7	8	
1	前期费用									
2	临时工程费用									
3	人员费用									
4	工程机具设备费									
5	材料费									
6	永久性设备及安装费									
7	其他费用									
	合计									

资金回收计划表 **表3-38**

序号	费用名称	时间（季度或月份）								小计
		1	2	3	4	5	6	7	8	
1	预付款									
2	材料设备预付款									
3	期中工程付款									
4	最后结算付款									
5	保留金的退还									
	合计									

资金流动计划表 **表3-39**

序号	费用名称	时间（季度或月份）								小计
		1	2	3	4	5	6	7	8	
1	资金投入（资金投入计划表中的合计数）									
2	资金投入累计									
3	资金回收（资金回收计划表中的合计）									
4	资金回收累计									
5	回收与投入差额（3）－（1）									
6	差额累计									

3.3.9　项目费用估算用表（表 3-40～表 3-46）

批准的控制估算汇总表（装置）　　表 3-40

费用编码		费用名称	金额	基本不可预见费	合计
D1		设备费			
其中	B				
	C				
	D				
	E				
	F				
	J				
	L				
D2		土建、安装材料费			
其中	A	混凝土			
	H	钢结构			
	M	管道			
	N	电气			
	O	仪表			
	P	绝热和涂漆			
D3		直接材料相关费用			
S		施工费用			
S1		施工劳务费			
S2		施工辅助费用			
S3		施工管理人员工资费用			
S4		施工管理人员非工资费用			
H		公司本部费用			
H1		公司本部设计人员工资费用			
H2		公司本部设计人员非工资费用			
H3		公司本部管理人员工资费用			
H4		公司本部管理人员非工资费用			
		装置估算总值			

批准的控制估算汇总表（整个项目）　　表 3-41

费用编码	工艺装置		辅助工程		厂外工程		金额	基本不可预见费	合计
	01	02	01	02	01	02			
D1									
D2									
D3									

续表

费用编码		工艺装置		辅助工程		厂外工程		金额	基本不可预见费	合计
		01	02	01	02	01	02			
S										
其中	S1									
	S2									
	S3									
	S4									
H										
其中	H1									
	H2									
	H3									
	H4									
装置估算总值										
D4										
01										
其中	Rc									
	01-Re									
T										
其中	T1									
	T2									
项目估算总值										

注：试运行服务费用 T（含 Tl、T2）按合同具体要求单独进行估算后，再汇总到整个项目的批准控制估算中。

设备/土建、安装材料直接费用估算表 **表 3-42**

费用编码		费用名称	单位	数量	单价	总价	基本不可预见费	合计	备注
D1		设备费							
其中	B								
	C								
	D								
	F								
	J								
	L	特殊设备							
D2		土建、安装材料费							
其中	A	混凝土							
	H	钢结构							
	M	管道							注
	N	电气							
	O	仪表							
	P	绝热和涂漆							注
D1＋D2		设备和土建、安装材料费合计							
D1＋D2		含基本不可预见费的设备和土建安装费合计							

注：由于设备详细估算法编制的首次核定估算中，管道、绝热和涂漆等几类散装材料仅确定了规格、品种，还不能详细统计数量，因而需由估算人员根据设计部门提供的基础资料进行估算，并编制首次核定估算明细表。

建筑、安装工程施工直接费用估算表（一） 表3-43

<table>
<tr><th colspan="2" rowspan="2">分类名称</th><th rowspan="2">单位</th><th rowspan="2">数量</th><th rowspan="2">套用定额号</th><th rowspan="2">定额单价</th><th colspan="4">其中</th><th colspan="5">合计</th><th rowspan="2">备注</th></tr>
<tr><th>人工</th><th>辅材</th><th>机具</th><th>工日</th><th>设备及散装材料</th><th>人工</th><th>辅材</th><th>机具</th><th>工日</th></tr>
<tr><td colspan="2">1</td><td>2</td><td>3</td><td>4</td><td>5</td><td>6</td><td>7</td><td>8</td><td>9</td><td>10</td><td>11</td><td>12</td><td>13</td><td>14</td><td>15</td></tr>
<tr><td colspan="2">设备费</td><td></td><td></td><td></td><td></td><td></td><td></td><td></td><td></td><td></td><td></td><td></td><td></td><td></td><td></td></tr>
<tr><td rowspan="5">其中</td><td></td><td></td><td></td><td></td><td></td><td></td><td></td><td></td><td></td><td></td><td></td><td></td><td></td><td></td><td></td></tr>
<tr><td></td><td></td><td></td><td></td><td></td><td></td><td></td><td></td><td></td><td></td><td></td><td></td><td></td><td></td><td></td></tr>
<tr><td></td><td></td><td></td><td></td><td></td><td></td><td></td><td></td><td></td><td></td><td></td><td></td><td></td><td></td><td></td></tr>
<tr><td></td><td></td><td></td><td></td><td></td><td></td><td></td><td></td><td></td><td></td><td></td><td></td><td></td><td></td><td></td></tr>
<tr><td>特殊设备</td><td></td><td></td><td></td><td></td><td></td><td></td><td></td><td></td><td></td><td></td><td></td><td></td><td></td><td></td></tr>
<tr><td colspan="2">土建、安装材料费</td><td></td><td></td><td></td><td></td><td></td><td></td><td></td><td></td><td></td><td></td><td></td><td></td><td></td><td></td></tr>
<tr><td rowspan="6">其中</td><td>混凝土</td><td></td><td></td><td></td><td></td><td></td><td></td><td></td><td></td><td></td><td></td><td></td><td></td><td></td><td></td></tr>
<tr><td>钢结构</td><td></td><td></td><td></td><td></td><td></td><td></td><td></td><td></td><td></td><td></td><td></td><td></td><td></td><td></td></tr>
<tr><td>管道</td><td></td><td></td><td></td><td></td><td></td><td></td><td></td><td></td><td></td><td></td><td></td><td></td><td></td><td></td></tr>
<tr><td>电气</td><td></td><td></td><td></td><td></td><td></td><td></td><td></td><td></td><td></td><td></td><td></td><td></td><td></td><td></td></tr>
<tr><td>仪表</td><td></td><td></td><td></td><td></td><td></td><td></td><td></td><td></td><td></td><td></td><td></td><td></td><td></td><td></td></tr>
<tr><td>绝热和涂漆</td><td></td><td></td><td></td><td></td><td></td><td></td><td></td><td></td><td></td><td></td><td></td><td></td><td></td><td></td></tr>
<tr><td colspan="2">设备和土建、安装材料合计</td><td></td><td></td><td></td><td></td><td></td><td></td><td></td><td></td><td></td><td></td><td></td><td></td><td></td><td></td></tr>
</table>

建筑、安装工程施工费用估算表（二） 表3-44

<table>
<tr><th colspan="2">费用编码</th><th>费用名称</th><th>估算值</th><th>合计</th><th>备注</th></tr>
<tr><td colspan="2">S1</td><td>施工劳务费</td><td></td><td></td><td></td></tr>
<tr><td colspan="2">S2</td><td>施工辅助费用</td><td></td><td></td><td></td></tr>
<tr><td rowspan="5">其中</td><td>S2-A</td><td>辅助材料费</td><td></td><td></td><td></td></tr>
<tr><td>S2-T</td><td>台班机具费</td><td></td><td></td><td></td></tr>
<tr><td>S2-I</td><td>施工间接费</td><td></td><td></td><td></td></tr>
<tr><td>S2-S</td><td>临时设施费</td><td></td><td></td><td></td></tr>
<tr><td>S2-D</td><td>税金</td><td></td><td></td><td></td></tr>
<tr><td colspan="2">S3</td><td>施工管理人员工资费用</td><td></td><td></td><td></td></tr>
<tr><td colspan="2">S4</td><td>施工管理人员非工资费用</td><td></td><td></td><td></td></tr>
<tr><td colspan="2">S</td><td>施工总费用（S1＋S2＋S3＋S4）</td><td></td><td></td><td></td></tr>
</table>

首次核定估算汇总表（装置） **表 3-45**

费用编码		费用名称	金额	基本未可预见费 R	合计
D1		设备费			
其中	B				
	C				
	D				
	E				
	F				
	J				
	L	特殊设备			
D2		土建、安装材料费			
其中	A	混凝土			
	H	钢结构			
	M	管道			
	N	电气			
	O	仪表			
	P	绝热和涂漆			
D3		直接材料相关费用			
D4		分包合同费用			
S		施工费用			
S1		施工劳务费			
S2		施工辅助费用			
S3		施工管理人员工资费用			
S4		施工管理人员非工资费用			
H		公司本部费用			
Hl		公司本部设计人员工资费用			
H2		公司本部设计人员非工资费用			
H3		公司本部管理人员工资费用			
H4		公司本部管理人员非工资费用			
T		试运行服务费			
T1		试运行人员工资费用			
T2		试运行非工资费用			
01-Rc		其他费用（不含最大风险）			
		装置估算总值（含基本不可预见费）			

首次核定估算汇总表（整个项目）　　　　表 3-46

费用编码	费用名称	工艺装置		辅助工程		厂外工程		合计
D1	设备费	01	02	01	02	01	02	
D2	土建、安装材料费							
D3	直接材料相关费用							
D4	分包合同费用							
S	施工费用							
S1	施工劳务费用							
S2	施工辅助费用							
S3	施工管理人员工资费用							
S4	施工管理人员非工资费用							
H	公司本部费用							
H1	公司本部设计人员工资费用							
H2	公司本部设计人员非工资费用							
H3	公司本部管理人员工资费用							
H4	公司本部管理人员非工资费用							
T	试运行服务费							
T1	试运行人员工资费用							
T2	试运行人员非工资费用							
01-Rc	其他费用（不含最大风险预见费）							
	装置基本不可预见费							
	装置估算总值（含基本不可预见费）							
Ik	项目最大风险（不可预见费集中另列）							
Q	项目估算总值（含不可预见费）							

3.3.10　设备、材料请购单（表 3-47、表 3-48）

设 备 请 购 单　　　　表 3-47

请购单编码：			发表日期					第　页	共　页	
项目名称			装置名称					设备类别		
编制			审核					设计经理		
序号	设备编码	设备名称及规格	单位	数量	附件文件号			卖方应提交的文件资料		
					图纸	数据表	技术规格说明书	文件名称	数量	提交日期

材料请购单　　表 3-48

请购单编码：				发表日期				第　页	共　页
项目名称				装置名称				材料类别	
编制				审核				设计经理	
序号	编码	名称及规格	单位	数量	采用标准	其他技术要求和说明	卖方应提交的资料		

3.3.11 授权委托文件办理申请表（表 3-49、表 3-50）

授权委托文件办理申请表（常规授权）　　表 3-49

申请机构			分支机构	
授权人				
委托代理人姓名			身份证号码	
拟授权限范围			效力期间	
是否享有转委托权				
授权文件办理要求	语言要求			
	是否公证			
	需要份数			
	完成时间			
	提供附件	含主办机构签报、建议授权书格式（如有）、招标文件空白格式、身份证复印件等		
资格审核	人员现任单位、职位、职称等不限			
事业部意见	主办人：		事业部主管总经理/时间：	
合约法律部审核意见			审核人/时间：	
授权批准人意见			签字/时间：	

注：1. 本申请表用于各主办机构对外经营活动中办理授权委托文件提出申请。持授权管理部门拟定的授权文件和本申请表方可办理授权文件签字、盖章等事项。

2. 主办机构系指主办授权申请的事业部、分公司、部门及项目。

3. 申办本公司授权文件必须经主管领导批准。

4. 申请办理本公司授权文件及授权文件需要求办理公证的，主办机构应分别提前 2、3、5 天提出申请，以方便授权管理部门办理。

5. 授权批准人为对常规授权有批准权的公司领导。

授权委托文件办理申请表（单项授权）　　**表 3-50**

<table>
<tr><td>项目名称/业主</td><td colspan="4"></td></tr>
<tr><td>项目投标额</td><td colspan="2"></td><td>开竣工时间</td><td></td></tr>
<tr><td>建筑面积/建筑规模</td><td colspan="2"></td><td>工程类别</td><td></td></tr>
<tr><td>委托代理人姓名</td><td colspan="2"></td><td>效力期间</td><td></td></tr>
<tr><td>拟授权限范围</td><td colspan="4"></td></tr>
<tr><td rowspan="2">资格审核</td><td>内部人员</td><td colspan="3">含人员现任单位、职位、职称等不限</td></tr>
<tr><td>外部人员</td><td colspan="3">含人员就职单位、职位、职称说明及身份证复印件等</td></tr>
<tr><td rowspan="5">授权文件
办理要求</td><td>语言要求</td><td colspan="3"></td></tr>
<tr><td>是否公证</td><td colspan="3"></td></tr>
<tr><td>需要份数</td><td colspan="3"></td></tr>
<tr><td>完成时间</td><td colspan="3"></td></tr>
<tr><td>提供附件</td><td colspan="3">含主办机构签报、建议授权书格式（如有）、招标文件空白格式、身份证复印件等</td></tr>
<tr><td>主办机构
意见</td><td colspan="4">主办人/时间：　　　　项目主管总经理/时间：</td></tr>
<tr><td>合约法律部
审核意见</td><td colspan="4">审核人/时间：</td></tr>
<tr><td>授权批准人
意见</td><td colspan="4">签字/时间：</td></tr>
</table>

注：1. 本申请表用于各主办机构对外经营活动中办理授权委托文件提出申请。持授权管理部门拟定的授权文件和本申请表方可办理授权文件签字、盖章等事项。

2. 主办机构系指主办授权申请的事业部、分公司、部门及项目。

3. 申办本公司授权文件必须经主管领导批准。

4. 申请办理本公司授权文件及授权文件需要求办理公证的，主办机构应分别提前 2、3、5 天提出申请，以方便授权管理部门办理。

5. 授权批准人为《合同授权管理规定》中相应的规定批准人。

3.3.12 投标管理用表（表3-51～表3-78）

这部分表式按国内某海外公司工程用表列入，供参考。

投标项目背景调查表 表3-51

汇总填表人： 审核人： 填表时间：

★为项目开拓人员必填内容 ☆为海外工程事业部、海外分支机构必填内容

序号	填列要求	调查内容	调查状况	备注
1		项目简介		
1.1	★	项目名称		
1.2	★	工程地点	□海外（填列地点名称）： □国内（填列地点名称）：	
1.3	★	投资估价		按立项报告中估价或业主提供信息
1.4	★	工程类型	□办公建筑 □公共建筑 □使馆建筑 □工业建筑 □机场项目 □居住建筑 □商用及酒店建筑 □教育设施 □医疗设施建筑 □体育设施 □公路与桥梁 □水务 □城轨与地铁 □水利 □市政 □其他：	
1.5	★	工程规模	□建筑面积： □体量：	
1.6	★	结构类型	混凝土结构： □框架 □框剪 □剪力墙 □筒体 □框筒 □劲钢（管）混凝土结构 □砌体结构 □木结构 □钢结构 □网架和索膜结构 □其他：	
1.7	★	檐高、层数	□檐高： □层数：地下 层 地上 层	
1.8	★	业主	□内资 □房地产 □政府投资 □外资 □合资 □业主名称：	
1.9		监理人/顾问咨询公司		
1.10		设计人		
1.11	☆	项目开工预计准备期	□ 日 □ 周 □ 月	
1.12		是否为联合体投标	□是，□以联合体名义投标 □以公司名义投标 □与外资公司联合 □与中建系统公司联合 □与其他国内公司联合 □否	

续表

序号	填列要求	调查内容	调查状况	备注
1.13		项目所在国或所在地社会治安状况		
1.14		项目拟采用的中外用工比及工效水平情况		
2		现场施工条件状况		按现场调研和图纸查询填列
2.1	★	地理位置	□市区　□城郊　□农村　□沿海　□其他：	
2.2	★	交通条件	□需要特别运输设施　□需要修建临时道路 □其他情况：	
2.3		地形位置	□坡地　□平整　□沼泽　□河流　□洼地 □其他：	
2.4	★	场地平整	□已完成 □待完成，预计平整工作量：	
2.5	★	拆迁情况	□无 □有，待拆迁物包括：	
2.6	★	地质勘察	□有勘察资料　□无勘察资料 □其他：	
2.7	★	可利用临时设施	□无 □有，如： □其他：	
2.8	★	现场道路	配套市政：□无　□有　□其他： 临时道路：□无　□有　□其他：	
2.9	★	施工限制	□限制时间施工　□限制现场搅拌 □现场加工限制，如： □其他：	
2.10	★	场地限制	□限制工人临建　□限制设立搅拌站 □限制堆料，如： □其他：	
2.11		高空限制	□限制塔吊设置　□限制垂直设备设置 □其他：	
2.12		环保设施	□特殊环保要求，如： □无特殊环保要求	
2.13	★	水源	□供水管网　□水井　□其他 □接驳点位置（离工地距离）：	

续表

序号	填列要求	调查内容	调查状况	备注
2.14		排雨、排污管网	□无 □有 □不完善 □接驳点位置（离工地距离）：	
2.15	★	电源	□变电站 □其他： □位置（离工地距离）：	
2.16		热力站及管网	□无 □有 □不完善 □位置（离工地距离）：	
2.17		燃气调压站及管网	□无 □有 □不完善 □位置（离工地距离）：	
2.18		电信竖井（包含电话、宽带、有线电视）	位置（离工地距离）：	
2.19		作业安全	□高空作业安全 □防毒污染作业安全 □其他：	
2.20		水文	□地下水位： □海拔高度： □其他：	
2.21		气候	□海洋性气候 □ 大陆性气候 □其他：	
3		当地劳动力状况		
3.1	★	劳动力是否充足	□充足 □不充足	
3.2	★	工种是否齐全	□不齐全 □齐全	
3.3	★	劳动力工日平均单价	□土建： □安装： □装饰： □其他：	
3.4		各工种工日单价	□钢筋工： □混凝土工： □抹灰工： □木工： □电工： □管工： □安装工： □焊工 ： □架子工： □机械工： □其他：	
3.5		零星用工价格		
3.6	☆	限制劳务输入	□无 □有，劳动力比例：	
4		当地材料供应状况		按招标项目常用型号类别均价填入

续表

序号	填列要求	调查内容	调 查 状 况	备 注
4.1		砂料	□无，但最近可在______公里以内地区采购 □有，价格分别为：□中砂： □细砂：　　□粗砂：	
4.2		石料	□无，但最近可在____公里以内地区采购 □有，价格分别为：□碎石：　□卵石： □其他：	
4.3	★	水泥	□无，但最近可在______公里以内地区采购 □有，价格分别为：按强度等级分类填写	
4.4	★	钢筋	□无，但最近可在______公里以内地区采购 □有，价格分别为：按钢筋分类填写	
4.5		商品混凝土	□无，但最近可在______公里以内地区采购 □有，价格分别为：按分类填写	
4.6		沥青	□无，但最近可在______公里以内地区采购 □有，价格分别为：分类填写	
4.7		预应力钢材	□无，但最近可在______公里以内地区采购 □有，价格分别为：分类填写	
4.8		周转材料		
4.8.1		脚手架材料	□无，但最近可在______公里以内地区采购 □有：　□宜采用租赁方式　□宜采用采购方式	
4.8.2		钢模板	□无，但最近可在______公里以内地区采购 □有：　□宜采用租赁方式　□宜采用采购方式	
4.8.3		木模板	□无，但最近可在______公里以内地区采购 □有：　□宜采用租赁方式　□宜采用采购方式	
4.8.4		竹模板	□无，但最近可在______公里以内地区采购 □有：　□宜采用租赁方式　□宜采用采购方式	
4.8.5		业主推荐或指定品牌	□无　□有，当地无代理或销售机构，异地采购 □有，可当地采购：	
5		当地施工机械设备状况		根据现场市场调研
5.1	★	塔吊	□能租赁到，型号有： 价格为：　　元/月；　　一次安装进出场费： □租赁不到	
5.2	★	垂直运输设备	□能租赁到，型号有： 价格为：　　元/月；　　一次安装进出场费： □租赁不到	

续表

序号	填列要求	调查内容	调查状况	备注
5.3		土方设备	□能租赁到，型号有： 价格为：　　元/月；　　一次安装进出场费： □租赁不到	
5.4		路面摊铺设备	□能租赁到，型号有： 价格为：　　元/月；　　一次安装进出场费： □租赁不到	
5.5	★	搅拌站	□需要自建搅拌站；□能租赁到，租赁价格： □能买到，价格：　　□不需要自建搅拌站	
		…		
6		当地机电物资材料状况		可根据安装材料自行细分此列
6.1		各种管材、管件	□无，但最近可在＿＿＿＿公里内地区采购 □有，价格	
6.2		各类阀门	□无，但最近可在＿＿＿＿公里内地区采购 □有，价格	
6.3		电缆线、线槽、桥架	□无，但最近可在＿＿＿＿公里内地区采购 □有，价格：	
		…		
7		机电设备状况		可根据安装设备自行细分此列
7.1		终端设备	□无，但最近可在＿＿＿＿公里地区采购 □有，价格为：	
7.2		业主推荐或指定品牌	□有，当地无代理或销售机构，异地采购 □有，可当地采购：	
		…		
8		业主对工程的特别要求		按招标文件和相关信息填列
8.1		法律法规、标准、规范等方面	□无　□有，法律法规、标准、规范名称：	
8.2	★	业主提供的材料/设备	□无　□有，材料/设备名称：	
		…		
9		合同条件		按招标文件和其他书面要求填列

续表

序号	填列要求	调查内容	调 查 状 况	备 注
9.1	★	合同版本	□建设部 1999 版示范文本　□FIDIC 示范文本 □公司标准示范文本　□业主提供文本 □其他：	
9.2	★	合同类型	□固定总价合同　□固定单价合同　□可调价格合同　□成本加酬金合同　□其他：	
9.3	★	承包方式	□总承包　□设计＋施工总承包　□交钥匙工程 □设计＋项目管理＋施工总承包　□其他：	
9.4	★	合同内容	□土建＋机电　□结构＋粗装　□结构＋精装　□机电　□其他：	
9.5	★	合同工期	开工日期：　　竣工日期：	
9.6	★	质量等级		
9.7		环保要求	□无　□有，环保要求：	
9.8		健康安全要求	□无　□有，健康安全要求：	
9.9	★	合同报价编制根据	□定额编制，所选定额为： □工程量清单报价： □其他：	
9.10	☆	合同计价货币	□人民币　□外币种类：	
9.11	☆	外汇比例		
9.12	★	预付款	□比例： □支付方式（金额/时间）： □抵扣方式（金额/时间）：	
9.13	★	违约金	□工期违约金（比例或金额）： □其他违约金（比例/金额）：	
9.14	★	保留金	□比例： □返还方式（金额/时间）：	
9.15	★	工程款（进度款）	□支付比例： □竣工结算后支付：	
9.16	★	工程变更	□变更包干方式： □按变更洽商办理： □限制变更情形：	
9.17	★	技术措施费	□无　□有（计取方式/金额）：	
9.18	★	不可预见费	□无　□有（计取方式/金额）：	
9.19		担保		
9.19.1	★	投标担保	□投标保函，比例：　　□有效期： □投标保证金，金额：	

续表

序号	填列要求	调查内容	调查状况	备注
9.19.2	★	预付款担保	□无 □预付款保函，比例：	
9.19.3	★	履约担保	□履约保函，比例： □履约保证金，金额：	
9.19.4	★	垫付工程款	□不需要 □需要，垫付方式（时间/金额）： 返还方式（时间/金额）：	
9.19.5	★	保修担保	□保函，比例： □到期时间： □保修金，金额： □返还时间：	
9.19.6	★	质量保证金	□需要，提交方式（时间/金额）： □返还时间： □不需要	
9.19.7	★	工期保证金	□需要，提交方式（时间/金额）： □返还时间： □不需要	
9.20	★	保修期	□国内工程，时间：按国内有关法律法规填写 □海外工程，时间：	
9.21		保险		
9.21.1		建筑工程一切险	□投保人： □受益人： □保险金额： □保费： □保险范围：	或与安装工程一切险合并
9.21.2		安装工程一切险	□投保人： □受益人： □保险金额： □保费： □保险范围：	
9.21.3		设备险	□施工设备险 投保人： 保险金额： 保费： 受益人： 保险范围： □供货设备险 投保人： 保险金额： 保费： 受益人： 保险范围：	
9.21.4		劳务险种	□雇主责任险 投保人： 保险金额： 保费： 受益人： 保险范围： □人身意外险 投保人： 保险金额： 保费： 受益人： 保险范围：	
9.21.5		第三者责任险	□投保人： □受益人： □保险金额： □保费： □保险范围：	

续表

序号	填列要求	调查内容	调查状况	备注
9.21.6		普通保险（除上述保险条款外）	□险别： □投保人： □受益人： □保险金额： □保费： □保险范围：	
9.22	☆	使用外籍劳工专项规定	□无 □有：	
		…		
10		业主资信情况		
10.1	★	合作历史	□无 □有，时间： 项目名称：	
10.2	★	资金来源	□自有 □贷款 □缺口资金 □其他：	
10.3	★	经营状况	□良好 □较差 □其他：	
10.4		业主工作公正性及其他要求	□公正 □不公正 □无要求 □有要求，如：	
		…		
11		当地法规		
11.1	★	施工注册规定	□无特殊规定 □有特殊规定，如：	
11.2	★	税收政策	□无特殊规定 □有特殊规定，如：	
11.3	★	社会保障体系、医疗保险	□无特殊规定 □有特殊规定，如：	
11.4	★	劳务用工规定		
11.5		质量法律、法规、标准	□无特殊规定 □有特殊规定，如：	
11.6		环保法律、法规、标准	□无特殊规定 □有特殊规定，如：	
11.7		技术法律、法规、标准	□无特殊规定 □有特殊规定，如：	
11.8		健康安全法律、法规、标准	□无特殊规定 □有特殊规定，如：	
11.9		当地奖项评选标准		

续表

序号	填列要求	调查内容	调查状况	备注
11.10	☆	近三年当地币与美元（或欧元）比价变化	美元：当地币＝	
11.11	☆	汇率	投标期间：□浮动汇率　□固定汇率	
		…		
12		拟选用分包情况		
12.1		分包商A名称		
12.1.1		分包商A工程范围		
12.1.2		分包商A资质	□特级　□壹级　□贰级　□叁级　□其他：	
12.1.3		分包商A联系人及电话	联系人：＿＿＿＿＿电话：	
12.1.4		与分包商A以往合作	□无　□有，合作项目名称为： 合作项目分包造价：	
12.2		分包商B名称		
		…		
13		业主指定分包		可视分包人数量自行展开填列
13.1		分包商A名称		
13.1.1		分包商A工程范围		
13.1.2		分包商A资质	□特级　□壹级　□贰级　□叁级　□其他：	
13.1.3		分包商A签约方式	□与总包签署合同　□与业主直接签署合同	
13.1.4		付款方式	□总包支付　□业主直接支付	
13.1.5		总包管理费	□无 □有：计取方式：　　　比例或金额：	
13.2		分包商B名称		
		…		
14		当地建筑市场环境		可视分包人数量自行展开填列
14.1	★	普遍利润水平	□公建项目：　　　□民用建筑项目： □工业厂房建筑：　□路桥工程： □市政工程：　　　□其他：	

续表

序号	填列要求	调查内容	调查状况	备注
14.2		当地普遍能接受的材料款支付方式	□订金比例：　□货到现场支付比例： □其他方式：	
14.3		人工工资支付方式		
14.4	★	垄断地位或竞争力明显的公司	□无　□有，如：　□A： □B：　□C：	
		…		
15		其他投标风险说明	□政策变化　□动乱、战争　□其他：	
		…		

招标文件评审记录

<table>
<tr><td>
项目名称：

招标文件包括：□投标须知　□工程量清单　□合同条款
□图　纸　□技术规范　□勘察报告
□评标办法　□其他
投标应附文件包括：□企业和相关人员的资质和资信　□施工组织设计
□授权文件　□投标函　□保函或保证金
□同类工程业绩证明　□其他特别要求
评审附件：□项目背景情况调查表
</td></tr>
<tr><td>
评审意见：

公司是否有能力满足规定要求　建议是否投标　评审人签名/日期
□是　□否　□是　□否　事业部合约估算板块：
□是　□否　□是　□否　事业部业务开拓板块：
□是　□否　□是　□否　事业部市场营销板块：
□是　□否　□是　□否　技术中心：
□是　□否　□是　□否　采购中心：
□是　□否　□是　□否　合约法律部：
□是　□否　□是　□否　事业部主管副总/总经理：
</td></tr>
<tr><td>
评审结论：
□公司有能力满足规定要求，参加投标。
□公司有能力满足规定要求，但不参加投标。
□公司没有能力满足规定要求，放弃投标。
说明：

批准人/日期：
</td></tr>
</table>

报价汇总表 **表 3-52**

项目名称：×××　　　　建筑面积：

工程地点：　　　　工期：

序号		成本科目	测算金额		备注
1		直接成本 sum（2−4）	—		
2		分包，人工成本合计	—		
3		物资采购成本合计	—		
4		其他			请附清单
5		间接成本 sum（6−11）	#VALUE!		
6		周转材料成本合计	—		
7		机械设备使用成本合计	#VALUE!		
8		现场其他直接费成本合计	#VALUE!		
9		现场管理费成本合计	#VALUE!		
10		财务费用（保函/贷款利息等）	—		
11		勘察设计成本	—		
12		其他间接成本（代理费/佣金等）			请附清单
13	A	除指定分包外的项目预算成本合计（1+5）	#VALUE!		
14		要求进入报价的指定分包工程造价			
15		不要求进入报价的指定分包工程造价			
16	B	指定分包工程合计（13+14）	—		
17	C	对指定分包计取的总包管理费（*d*×%）	%	#VALUE!	
18			%*of* F		
19		总部管理费	%	#VALUE!	#VALUE!
20		利润	%	#VALUE!	#VALUE!
21		风险 / 不可预见	%	#VALUE!	
22		其他取费	%	#VALUE!	
23	D	综合取费合计（sum14−17）	0.00%	#VALUE!	
24	E	税前总计（12+13+16）/（1−18−19−20−21）%	#VALUE!		
25		税金（19+23）×3.4%	#VALUE!		3.40%
26		印花税和投标管理费（19+23+25+26）×0.074%	#VALUE!		0.074%
27	F	投标总价（sum24～27）	#VALUE!		
28		平方米造价	#VALUE!		

编制：　　　　审核：　　　　批准：

A 类——分包成本 **表 3-53**

项目名称：×××

成本代码	成本项名称	对应工作内容简述	工程量清单索引号	预算成本	备 注
A01	分包成本 1				
A02	分包成本 2				
A03	分包成本 3				
A04	分包成本 4				
A05	分包成本 5				
A06	分包成本 6				
A07	分包成本 7				
A08	分包成本 8				
A09	分包成本 9				
A10	分包成本 10				
A11	分包成本 11				
A12	分包成本 12				
A13	分包成本 13				
A14	分包成本 14				
A15	分包成本 15				
A16	分包成本 16				
A17	分包成本 17				
A18	分包成本 18				
A19	分包成本 19				
A20	分包成本 20				
A21	分包成本 21				
A22	分包成本 22				
A23	分包成本 23				
…					
A70	分包成本 70				
分包成本合计				0.00	

B类——人工费成本 表3-54

项目名称：×××

成本代码	成本项名称	对应工作内容简述	工程量清单索引号	预算成本	备　注
B01	人工费成本1				
B02	人工费成本2				
B03	人工费成本3				
B04	人工费成本4				
B05	人工费成本5				
B06	人工费成本6				
B07	人工费成本7				
B08	人工费成本8				
B09	人工费成本9				
B10	人工费成本10				
B11	人工费成本11				
B12	人工费成本12				
B13	人工费成本13				
B14	人工费成本14				
B15	人工费成本15				
B16	人工费成本16				
B17	人工费成本17				
B18	人工费成本18				
B19	人工费成本19				
B20	人工费成本20				
…					
B50	人工费成本50				
人工费成本合计				0.00	

C类——物资采购成本之一（当地采购）　　表3-55

项目名称：×××

序号	材料/物资名称	型号/规范	产地/品牌	a 预算数量	b 单位	c 交货地点	d 预算采购价格	e 运杂费	f 合计预算单价	g 预算采购成本
	计算公式								$d+e$	$f\times a$
1										
2										
3										
4										
5										
6										
7										
8										
9										
10										
11										
12										
13										
14										
15										
16										
17										
18										
19										
20										—

C类——物资采购成本之二（境外采购） **表3-56**

项目名称：×××

						a	*b*	*c*	*d*	*e*	*f*	*g*	*h*
序号	材料/物资名称	型号/规范	产地/品牌	到货口岸	交货地点	预算数量	单位	到岸价	关税	增值税	国内运费	合计单价	采购成本合计
	计算公式											*sum*(*c*−*f*)	*g*×*a*
1													
2													
3													
4													
5													
6													
7													
8													
9													
10													
11													
12													
13													
14													
15													
16													
17													
18													
19													
20													0.00

C 类——物资采购成本之三（周转材料） **表 3-57**

项目名称：×××

序号	周转材料名称	单位	预算工程量	租金（元/天）/原值	租赁时间（天）	方式		进/出场运费	预算成本	备注
						租赁	购买			
1	外脚手架用钢管	米								
2	外脚手架用扣件	个								
3	密目/防坠安全网	平方米								
4	木跳板	块								
5	外脚手架人工费	平方米								
6	满堂脚手架人工费	平方米								
	本页小计/合计								—	

D类——机械设备使用成本之一（设备租赁） **表 3-58**

项目名称：×××

				a	*b*	*c*	*d*	*e*	*f*	*g*	*h*
代码	机械设备名称	型号/规格	单位	数量	租赁价（元/月）	租赁期限（月）	运行费（含司机工资）	安装/拆除	进出场费	每台/套总成本（元/月）	租赁成本合计
	公式						（元/月）	*lump sum*/*c*	*lump sum*/*c*	$b+d+e+f$	$a\times c\times g$
1	塔式起重机	AAA	台	B	C	—			D	#VALUE!	#VALUE!
2	施工升降机	AAA	台	B	C	—			D	#VALUE!	#VALUE!
3	电动吊篮	AAA	台	B	C	—			D	#VALUE!	#VALUE!
4	混凝土机械	AAA	台	B	C	—			D	#VALUE!	#VALUE!
5	汽车起重机	AAA	台	B	C	—			D	#VALUE!	#VALUE!
6	土石方机械	AAA	台	B	C	—			D	#VALUE!	#VALUE!
7	路面机械	AAA	台	B	C	—			D	#VALUE!	#VALUE!
8	中小型机械	AAA	台	B	C	—			D	#VALUE!	#VALUE!
9	其他机械	AAA	台	B	C	—			D	#VALUE!	#VALUE!
10	建筑爬架	AAA	台	B	C	—			D	#VALUE!	#VALUE!
											—
											—
											—
											—
											—
											—
	小计/合计										#VALUE!

D类——机械设备使用成本之二（设备折旧）　　　　**表 3-59**

项目名称：×××

				a	*b*			*c*	*d*	
代码	机械设备名称	型号/规格	单位	配备数量	本工程使用时间（月）	原值	折旧月份	折旧标准（元/月）	折旧费合计	备注
1	塔式起重机	YYY	台	0	0	A	B	＃VALUE!	＃VALUE!	
2	施工升降机	YYY	台	0	0	A	B	＃VALUE!	＃VALUE!	
3	电动吊篮	YYY	台	0	0	A	B	＃VALUE!	＃VALUE!	
4	混凝土机械	YYY	台	0	0	A	B	＃VALUE!	＃VALUE!	
5	汽车起重机	YYY	台	0	0	A	B	＃VALUE!	＃VALUE!	
6	土石方机械	YYY	台	0	0	A	B	＃VALUE!	＃VALUE!	
7	路面机械	YYY	台	0	0	A	B	＃VALUE!	＃VALUE!	
8	中小型机械	YYY	台	0	0	A	B	＃VALUE!	＃VALUE!	
9	其他机械	YYY	台	0	0	A	B	＃VALUE!	＃VALUE!	
10	建筑爬架	YYY	台	0	0	A	B	＃VALUE!	＃VALUE!	
	合计								＃VALUE!	

E类——现场其他直接费成本（现场费用） **表3-60**

项目名称：×××

成本代码	成本子目名称	费用构成简述/计算公式	预算成本额	备注
E05				
E0501	保安费	___元/人月*___人*___月		
E0502	试验费			
E0503	测量费			
E0504	现场清理费			
E0505	安全防护费			
E0506	排污费			
E0507	水费	见水电费表	—	
E0508	电费	见水电费表	—	
E0509	动力燃料费			
E0510	临时设施费	见临水临电表和临设表	#VALUE!	
E0511	保险费			
E0512	公共事业收费	环保、市容、卫生防疫、街道、市政等		
E0513	成品保护费	用于成品保护的材料及人工	—	
E0514	环境保护费		—	
E0515	特殊技术措施费		—	
E0516	中标费			
E0517	项目风险基金			
E0518	保修费用			
E0519	其他零星直接费		—	
	工人注册及证件费用			
	治安联防费			
	小型工具费			
	出入证			
	竣工图费			
	样品费用			
	合计		#VALUE!	

E 类——现场其他直接费成本（临时设施）　　**表 3-61**

项目名称：×××

序号	成本子目	单位	工程量	单位	预算成本	备注
1	场地平整	m^2	0.00	A	#VALUE!	
2	提供给业主的现场办公室	间月	0.00	A	#VALUE!	
3	提供给合作伙伴的现场办公室	间月	0.00	A	#VALUE!	
4	总包现场办公室	间月	0.00	A	#VALUE!	
5	提供给分包商的现场办公室	间月	0.00	A	#VALUE!	
6	会议室	间月	0.00	A	#VALUE!	
7	试验用房	m^2	0.00	A	#VALUE!	
8	变压器房	m^2	0.00	A	#VALUE!	
9	锅炉及备用发电机房	m^2	0.00	A	#VALUE!	
10	厨房及食堂	m^2	0.00	A	#VALUE!	
11	卫生间及淋浴	m^2	0.00	A	#VALUE!	
12	仓库	m^2	0.00	A	#VALUE!	
13	混凝土搅拌机用棚	m^2	0.00	A	#VALUE!	
14	木工加工车间	m^2	0.00	A	#VALUE!	
15	钢筋加工棚	m^2	0.00	A	#VALUE!	
16	工具房	m^2	0.00	A	#VALUE!	
17	急救室	m^2	0.00	A	#VALUE!	
18	保安及门卫用房	m^2	0.00	A	#VALUE!	
19	临时道路	m^2	0.00	A	#VALUE!	
	临时道路	m^2	0.00	A	#VALUE!	
20	围墙含出口及大门	m	0.00	A	#VALUE!	
21	临时隔油池	个	0.00	A	#VALUE!	
22	临时化粪池	个	0.00	A	#VALUE!	
23	集装箱	个	0.00	A	#VALUE!	
24	集装箱安装/楼梯平台/进出现场	间	0.00	A	#VALUE!	
25	工人宿舍	m^2	0.00	A	#VALUE!	
26	工人宿舍家具	套	0.00	A	#VALUE!	
27	宿舍冬季取暖设备		0.00	A	#VALUE!	
28	场地租赁	m^2	0.00	A	#VALUE!	
29	现场全部临建在工程竣工时的拆除及清运	项	0.00	A	#VALUE!	
30	沉淀池	个	0.00	A	#VALUE!	
31	排水沟	m	0.00	A	#VALUE!	
	合计				#VALUE!	

E类——现场其他直接费成本（临水临电） **表3-62**

项目名称　　×××

				a	b	c	d	e	f	g	h	i	j
序号	成本子目	型号/规格/要求	单位	工程量	原值	使用寿命（年）	本工程使用时间（月）	折旧率（%）	折旧金额	安装/铺设人工费	维修保养替换（元/月）	单位成本	预算成本合计
	公式							$d/c/12$	$b\times e$			$f+g+h\times d$	$a\times i$
1	电度表配电箱	AAA	台	0	A			B%				#VALUE!	#VALUE!
2	电源切换箱	AAA	台	0	A			B%				#VALUE!	#VALUE!
3	RTO保险箱	AAA	台	0	A			B%				#VALUE!	#VALUE!
4	总配电箱	AAA	台	0	A			B%				#VALUE!	#VALUE!
5	二级配电箱	AAA	台	0	A			B%				#VALUE!	#VALUE!
6	电力电缆	AAA	m	0	A			B%				#VALUE!	#VALUE!
7	室外投光灯	AAA	套	0	A			B%				#VALUE!	#VALUE!
8	柴油发电机	AAA	台	0	A			B%				#VALUE!	#VALUE!
9	室外照明	AAA	套	0	A			B%				#VALUE!	#VALUE!
10	临时消防用水管	AAA	m	0	A			B%				#VALUE!	#VALUE!
11	临时照明	AAA	set	0	A			B%				#VALUE!	#VALUE!
12	施工用水管	AAA	m	0	A			B%				#VALUE!	#VALUE!
13	生产用水管	AAA	m	0	A			B%				#VALUE!	#VALUE!
14	消火栓箱	AAA	套	0	A			B%				#VALUE!	#VALUE!
15	排污管	AAA	m	0	A			B%				#VALUE!	#VALUE!
16	灭火器（干粉式）	AAA	个	0	A			B%				#VALUE!	#VALUE!
	零星		项	1								0.00	—
	合计												#VALUE!

E 类——现场其他直接费成本（水费和电费）　　表 3-63

项目名称　　×××

基本数据			
	施工用电单价：	元/kWh	(*pp*)
	施工用水单价：	元/t	(*pw*)
	施工工期：	天	(*t*)
	现场管理人员总数：	人	(*a*)
	平均每天现场工人总数：	人	(*b*)

序号	说　明	计　算　方　法	金额	备注
A	电费			
1	施工用电			
2	塔吊	额定功率（kW）×每天平均工作小时×工作天数		
3	其他机械设备/机具	上述公式×同时使用系数		
4	办公室及生活用电	额定功率总和×平均每天工作小时数×t		
5	现场照明用电	总功率×8 小时/天×t		
6	合计千瓦时			
7	总电费		0	

序号	说　明	单位	工程量	每单位用水量（吨）	总用水量	备注
B	水费					
8	施工用水	单位	工程量	每单位用水量（吨）	总用水量	备注
9	现场搅拌混凝土用水	m^3				
10	砌体用水	m^3				
11	抹灰用水	m^2				
12	刮腻子用水	m^2				
13	水泥砂浆地坪用水	m^2				
14	石灰消化用水	t				
15	管道加压试水	t				
16	混凝土养护用水	t				
17	现场清洁用水	天				
18	其他用水					
19						
20	办公室及生活用水					
21	现场管理人员用水	平均每人每天耗用量×*a*×*t*				
22	现场工人用水	平均每人每天耗用量×*b*×*t*				
23	消防用水	估计数				
24	以上合计					
25	超标用水罚款	按照节水办公室规定				
26	合计					
27	考虑损耗/泄漏系数以后					
28	总水费				0	
29						
C	水电费合计				—	

E类——现场其他直接费（特殊技术措施费） **表3-64**

项目名称 ×××

序号	费用说明	取该笔费用的原因	计算方法	金额	备注
1					
2					
3					
4					
5					
6					
7					
8					
9					
10					
11					
12					
13					
14					
15					
16					
17	合计			—	

F 类——现场管理费 **表 3-65**

项目名称　　×××

人员流量					
成本代码	一级科目	二级明细	预算标准	预算金额	成本构成说明
F01	办公费			#VALUE!	
F0101		文具费			办公用品
F0102		书报资料费			参考书、定额等（不含 30 元/人月）
F0103		打印复印费			复印租赁费、复印纸、消耗材料等
F0104		影像费			胶卷、冲扩、摄像等费用
F0105		设备维修费			办公设备维修
F0106		市内电话费			
F0107		长途电话费			
F0108		手机费			
F0109		呼机服务费			
F0110		网络费用			网络使用的各种费用
F0111		电话装移机费			
F0112		工程图纸费			图纸复印、翻译、晒图等
F0113		邮寄费			文件邮寄、快递费用
F0114		软件费用			
F0115		低值易耗品摊销		#VALUE!	见低值易耗表
F0116		生活用品费			工地被褥生活日用品等
F0117		其他办公费			
F02	业务招待费				
F03	市场营销费用			—	
F0301		CI 用品制作费			
F0302		内部刊物印制费			
F0303		媒体广告费			
F0304		展览宣传费			
F0305		宣传品制作费			
F0306		投标费			
F0307		投标补偿费			
F04	交通费用			—	
F0401		办公出租车费			
F0402		加班出租车费			
F0403		国内差旅费			
F0404		国外差旅费			
F0405		加油费			
F0406		停车过路费			
F0407		汽车修理费			
F0408		年检保险养路费			
F05	物业费			—	
F0501		房屋租金			
F0502		物业管理费			
F0503		房屋维修费			
F0504		物业水电费			
F0505		其他			

续表

成本代码	一级科目	二级明细	预算标准	预算金额	成本构成说明
	人员流量				
F06	无形资产摊销				
F07	固定资产折旧			＃VALUE!	
F0701		房屋折旧			
F0702		机械设备折旧		—	见机械设备折旧表
F0703		办公设备折旧		＃VALUE!	见办公设备折旧表
F0704		车辆折旧			
F0705		其他固定资产折旧			
F08	职员费用			—	见职员费用表
F0801		职工工资			
F0802		福利费			
F0803		工会经费			
F0804		养老统筹基金			
F0805		失业保险			
F0806		工伤保险			
F0807		住房公积金			
F0808		医疗保险			
F0809		劳保费			
F0810		培训费			
F0811		人员借用费			
F0812		存档费			
F0813		招聘费用			
F0814		人员资审费			
F0815		误餐费			
F0816		其他费用			
F09	其他费用			—	
F0901		董事会费			
F0902		资格审查费			
F0903		律师诉讼费			
F0904		会议费			
F0905		定额测定费			
F0906		仪器检测费			
F0907		坏账损失			
F0908		技术开发费			
F0909		咨询费			
F0910		其他			
F10	税金			—	
F1001		印花税			
F1002		车船税			
F1003		房产税			
F1004		土地使用税			
F1005		契税			
项目运营成本合计				＃VALUE!	

F类——现场管理费（低值易耗品摊销）　　　　表 3-66

项目名称　　×××

序号	低值易耗品名称	规格/型号	单位	a 配备数量	b 原值	c 摊销比例	d 成本合计	备　注
	计算公式						$a \times b \times c$	
1	办公桌	AAA	张	0.00	A	100%	#VALUE!	
2	办公椅	AAA	把	0.00	A	100%	#VALUE!	
3	电脑桌椅	AAA	张	0.00	A	100%	#VALUE!	
4	电脑椅	AAA	把	0.00	A	100%	#VALUE!	
5	会议桌	AAA	张	0.00	A	100%	#VALUE!	
6	会议桌椅	AAA	套	0.00	A	100%	#VALUE!	
7	L桌	AAA	张	0.00	A	100%	#VALUE!	
8	文件柜	AAA	个	0.00	A	100%	#VALUE!	
9	电暖气	AAA	台	0.00	A	100%	#VALUE!	
10	电开水器	AAA	台	0.00	A	100%	#VALUE!	
11	淋浴器	AAA	台	0.00	A	100%	#VALUE!	
12	电话机	AAA	个	0.00	A	100%	#VALUE!	
13	照相机	AAA	个	0.00	A	100%	#VALUE!	
14	电视机	AAA	台	0.00	A	100%	#VALUE!	
15	冰箱	AAA	台	0.00	A	100%	#VALUE!	
16	洗衣机	AAA	台	0.00	A	100%	#VALUE!	
17	饮水机	AAA	台	0.00	A	100%	#VALUE!	
18	沙发＋茶几	AAA	套	0.00	A	100%	#VALUE!	
19	对讲机	AAA	个	0.00	A	100%	#VALUE!	
20	保险柜	AAA	个	0.00	A	100%	#VALUE!	
21	会议室白板	AAA	套	0.00	A	100%	#VALUE!	
	合计						#VALUE!	

F类——现场管理费（办公设备折旧）　　表 3-67

项目名称　　×××

序号	固定资产名称	单位	*a* 配备数量	*b* 本工程使用时间（月）	原值	折旧月份	*c* 折旧标准（元/月）	*d* 折旧费合计	备　注
1	台式电脑	台	0	0	A	B	＃VALUE!	＃VALUE!	
2	打印机	台	0	0	A	B	＃VALUE!	＃VALUE!	
3	传真机	台	0	0	A	B	＃VALUE!	＃VALUE!	
4	空调（窗式）	台	0	0	A	B	＃VALUE!	＃VALUE!	
5	空调（分体式）	台	0	0	A	B	＃VALUE!	＃VALUE!	
6	空调（柜机）	台	0	0	A	B	＃VALUE!	＃VALUE!	
7	局域网（服务器）	套	0	0	A	B	＃VALUE!	＃VALUE!	
8	电话交换机	套	0	0	A	B	＃VALUE!	＃VALUE!	
9	普通摄像机	台	0	0	A	B	＃VALUE!	＃VALUE!	
10	数码照相机	台	0	0	A	B	＃VALUE!	＃VALUE!	
	合计							＃VALUE!	

F类——现场管理费（管理人员工资和津贴） 表3-68

项目名称 ×××

序号	组织机构及配备的人员	人数	工作时间	总时间	基本工资	奖金	收入调节税	健康保险	午餐补贴	现场津贴	探亲差旅费	住房公积金	每人每月总费用	合计
		a	b	c	d	e	f	g	h	i	j	k	l	m
	计算公式		（月）	$a\times b$	（元/月）	元/年/12	$d\times 20\%$	元/年/12	元/月	元/月	元/年/12	$(d+e)\times 35\%$	$d-k$ 之和	$l\times c$
1	项目经理													
2	现场经理													
3	商务经理													
4	合同经理													
5	估算													
6	会计													
7	出纳													
8	物资/采购													
9	办公室/后勤													
10	结构工程师													
11	装修工程师													
12	机电工程师													
13	施工员													
14	安全员													
15	测量员													
16	文秘													
17	翻译													
18	绘图员													
19	仓库保管员													
20	公司人员													
21														
22														
	合计			0										—

G类——财务费用

表3-69

项目名称　　×××

成本代码	成本子目名称	费用构成简述/计算公式	预算成本额	招标文件要求简述
G01	保函费用			
G0101	投标保函			
G0102	预付款保函			
G0103	履约保函			
G0104	保留金保函			
G02	贷款利息			
G0201	贷款利息			
G03	其他财务费用			
G0301	其他财务费用			
	合计		—	

H 类——勘察设计费成本　　**表 3-70**

项目名称：AAA

成本代码	成本项名称	对应工作内容简述	预算成本	备　注
H01	勘察费			
H0101	勘察成本 1			
H0102	勘察成本 2			
H0103	勘察成本 3			
H0104	勘察成本 4			
H0105	勘察成本 5			
H0106	勘察成本 6			
H0107	勘察成本 7			
H0108	勘察成本 8			
H0109	勘察成本 9			
H0110	勘察成本 10			
H02	设计费			
H0201	设计成本 1			
H0202	设计成本 2			
H0203	设计成本 3			
H0204	设计成本 4			
H0205	设计成本 5			
H0206	设计成本 6			
H0207	设计成本 7			
H0208	设计成本 8			
H0209	设计成本 9			
H0210	设计成本 10			
成本合计			0.00	

子目单价分析（组价） 表 3-71

项目名称		×××									
a	*b*	*c*	*d*	*e*	*f*	*g*	*h*	*i*	*j*	*k*	*m*
子目代号	工作内容	计量单位	每计量单位需用材料种类及费用（含损耗）					每计量单位需用人工费			合计
			名称/规格	单位	用量	单价	合价	用量	单价	合价	
公式							$f \times g$			$i \times j$	$h+k$
	合计（子目完整价格）										

工 程 量 清 单　　　　表 3-72

项目名称：	×××												
			a	b	c	d	e	f	g	h	j	k	m
子目代号	子目说明	单位	工程量	人工费			材料费			完整单价	人工费合计	材料费合计	子目合计
				人工耗量	人工单价	人工费	主材费	附材费	材料费				
						$c\times b$			$e+f$	$d+g$	$d\times a$	$g\times a$	$j+k$
	页计/总计												

指定分包工作 **表3-73**

项目名称		×××			
序号	需分包的工作内容	分包商名称	分包商报价	总包在分包报价基础上所取的管理费	合计
1					
2					
3					
4					
5					
6					
7					
8					
9					
10					
11					
12					
13					
14					
15					
16					
17					
18					
19					
20					
21					
22					
23					
24					
25					
26					
27					
28					
29					
30					
31					
	合计				

投标文件评审记录（001）　　**表 3-74**

项目名称：　　填表日期：

<table>
<tr><td colspan="2">参加部门：业绩标——</td></tr>
<tr><td colspan="2">业绩标书的组成是否符合招标文件要求？　□是　□否</td></tr>
<tr><td colspan="2">有关授权文件是否具备、完整、有效？　□是　□否</td></tr>
<tr><td colspan="2">招标文件要求提供的有关人员证明文件是否具备、有效？　□是　□否</td></tr>
<tr><td colspan="2">投标书的组成、格式、密封、递送要求是否明确？　□是　□否</td></tr>
<tr><td>投标地点和日期：</td><td>开标地点和日期：</td></tr>
<tr><td colspan="2">评审意见：</td></tr>
<tr><td>参加评审人/日期：</td><td>负责人/日期：</td></tr>
<tr><td colspan="2">参加部门：标书（财务资金）——财务资金部</td></tr>
<tr><td colspan="2">投标保证金或保函是否具备、有效？　□是　□否</td></tr>
<tr><td colspan="2">是否能够提供履约保证金或保函或预付款保函？　□是　□否</td></tr>
<tr><td colspan="2">垫资是否能够解决？　□是　□否</td></tr>
<tr><td colspan="2">启动资金是否能够保证？　□是　□否</td></tr>
<tr><td colspan="2">工程款支付方式能否接受？　□是　□否</td></tr>
<tr><td colspan="2">招标文件要求的其他资金财务文件是否具备有效？　□是　□否</td></tr>
<tr><td colspan="2">其他财务风险：</td></tr>
<tr><td colspan="2">评审意见：</td></tr>
<tr><td>参加评审人/日期：</td><td>部门负责人/日期：</td></tr>
</table>

投标文件评审记录（002） **表 33-75**

项目名称：

<table>
<tr><td colspan="2">参加部门：经济标——事业部合约估算板块</td></tr>
<tr><td colspan="2">报价编制依据：

是否符合招标文件要求？ □是 □否</td></tr>
<tr><td colspan="2">可能存在的风险或费用：

是否可以避免或解决？ □是 □否</td></tr>
<tr><td colspan="2">报价书是否按招标文件要求编制？ □是 □否
报价范围是否在招标范围内？有无遗漏的项目或承包内容？ □是 □否
各项取费是否符合招标文件要求？ □是 □否
定额套用或组价是否合理？ □是 □否
暂估价是否存在模糊不清楚？ □是 □否
是否考虑技术措施和风险？ □是 □否
是否考虑政策风险和涨价风险？ □是 □否
是否考虑变更风险？ □是 □否
包干费内容是否明确？ □是 □否
采购询价渠道是否合理？ □是 □否
其他投标合同与经济风险：</td></tr>
<tr><td colspan="2">报价计取的其他费用：
措施费：________包干费：________
工期奖：________质量奖：________
其他：________
上述取费是否合理？ □是 □否</td></tr>
<tr><td colspan="2">标书编制价格________ 拟报竞标价格________
降造或让利的比率________
标书报价水平与当地同类项目相比是否接近？ □是 □否
拟报竞标价格水平与当地同类项目相比是否接近？ □是 □否
其他：</td></tr>
<tr><td>评审意见</td><td></td></tr>
<tr><td>参加评审人员/日期：</td><td>合约估算板块负责人/日期：</td></tr>
</table>

投标文件评审记录（003） **表 3-76**

项目名称：

参加部门	技术标——技术中心或事业部专业工程板块	
管理目标	工期目标是否满足招标文件要求？ 质量目标是否满足招标文件要求？ 其他目标是否满足招标文件要求？	□是 □否 □是 □否 □是 □否
管理组织	项目管理组织机构设置是否健全、合理？ 项目经理及主要成员条件是否符合招标文件要求？	□是 □否 □是 □否
平面布置	施工现场平面布置是否合理？ 临时用水用电设计方案是否合理？ 临建设施布置是否合理？	□是 □否 □是 □否 □是 □否
施工方案	施工方案及技术措施是否合理？ 特殊工程的施工技术措施是否保证？ 季节性施工技术措施是否保证？ 交叉施工作业技术措施是否保证？ 降低造价措施是否合理？ 有无新技术、新材料、新工艺的应用与推广？	□是 □否 □是 □否 □是 □否 □是 □否 □是 □否 □是 □否
质量管理	是否建立有效的质量管理保证体系？ 是否建立质量控制和保证的具体措施？	□是 □否 □是 □否
工期目标	工期目标是否合理？ 施工进度计划编制是否合理？ 施工进度计划保证措施是否合理？ 现场开工日期能否保证？	□是 □否 □是 □否 □是 □否 □是 □否
现场安全文明管理	安全保证措施是否完备？ 是否有文明施工目标？ 是否有 CI 设计目标？ 是否有文明施工措施？	□是 □否 □是 □否 □是 □否 □是 □否
物资材料保证	主要材料能否当地采购？ 有无特殊材料或构（部）件的采购与供应？ 特殊材料或构（部）件的加工与供应能否保证？ 半成品或构件能否保证供应？ 有无商品混凝土使用？ 商品混凝土的供应能否保证？	□是 □否 □是 □否 □是 □否 □是 □否 □是 □否 □是 □否
其他生产要素保证	施工机具设备能否保证？ 模板架料能否保证？ 劳动力资源能否保证？ 特殊构（部）件的加工与供应能否保证？	□是 □否 □是 □否 □是 □否 □是 □否
其他事项		
注意事项：技术标是否为暗标？		□是 □否
评审意见：		
参加评审人员/日期：	部门负责人/日期：	

投标文件评审记录（004） **表 3-77**

项目名称：

参加部门	标书（项目管理）——事业部项目管理板块	
分包资源准备是否合理、充足？		□是 □否
采购策划方案是否合理、有效？		□是 □否
质量管理保证体系是否科学、合理、可行？		□是 □否
质量控制和保证的具体措施是否有针对性？		□是 □否
安全目标是否满足国家、政府和企业有关规定要求？		□是 □否
安全保证措施是否科学、合理、可行？		□是 □否
是否满足当地现场文明安全施工的管理要求？		□是 □否
是否满足招标文件中要求的项目经理及主要成员条件？		□是 □否
项目管理组织机构设置是否符合工程项目需求？		□是 □否
工期、质量、成本三项综合目标实现是否有保障？		□是 □否
联营合作投标是否达成一致？		□是 □否
CI 设计目标是否符合总公司的要求？		□是 □否
其他项目管理风险：		
评审意见：		
参加评审人：	板块负责人：	日期：　　年　月　日

投标文件评审记录（结论）　　　　**表 33-78**

项目名称：　　　　　　　　　　　　　　填表人：

<table>
<tr><td colspan="4">工程名称：</td></tr>
<tr><td colspan="4">评审意见：

记录人：　　　　　　　　　　日期：　　年　月　日</td></tr>
<tr><td colspan="4">评　审　事　项</td></tr>
<tr><td>姓　名</td><td>部门/职务</td><td>评审意见</td><td>签名/日期</td></tr>
<tr><td></td><td></td><td></td><td></td></tr>
<tr><td></td><td></td><td></td><td></td></tr>
<tr><td></td><td></td><td></td><td></td></tr>
<tr><td></td><td></td><td></td><td></td></tr>
<tr><td></td><td></td><td></td><td></td></tr>
<tr><td></td><td></td><td></td><td></td></tr>
<tr><td colspan="4">审核意见：

审核人：　　　　　　　　　　日期：　　年　月　日</td></tr>
<tr><td colspan="4">审定意见：

审定人：　　　　　　　　　　日期：　　年　月　日</td></tr>
</table>

3.3.13 国际工程投标报价组成一览表（表3-79）

国际工程投标报价组成一览表　　表3-79

号	费用名称与明细	备　注
1	直接费 （1）人工费 （2）材料费 （3）施工机械使用费	
2	间接费 （1）现场管理费 ①工作人员费 ②办公费 ③差旅费 ④文体宣传费 ⑤固定资产使用费 ⑥国外生活设施使用费 ⑦工器具使用费 ⑧劳动保护费 ⑨检验试验费 ⑩其他 （2）临时设施费 （3）保险费 （4）税金 （5）保函手续费 （6）经营业务费 （7）工程辅助费 （8）贷款利息 （9）总部管理费	
3	利润	
4	风险费	
5	开办费	
6	分包管理费 （1）分包报价 （2）总包管理费和利润	
7	暂定金额	

3.3.14　合同管理用表（表 3-80～表 3-85）

合同台账（业主合同）　　表 3-80

（截止至　年　月）

序号	合同名称	签约主体	业主名称	设计单位	合同额	签订合同日期	合同工期		项目规模内容						备注
							开工	竣工	建筑面积（m^2）	总高度（m）	地上层数	延米（道桥项目）	最大单跨（厂房）	工程类型	

编制单位/时间：　　编制人/时间：　　审核人/时间：

项目分包合同台账

表 3-81

编制机构：

序号	项目名称	合同编号	合同名称	签约主体	分包商名称	合同金额（万元）	工期	承包范围	签约日期	备注

编制人： 审核人： 编制日期：

项目物资采购合同台账　　　　**表 3-82**

编制机构：

项目名称	合同编号	合同名称	物资名称	规格型号	品牌	单位	数量	单价（元）	合同总价（万元）	供货商	签订日期	备　注

编制人：　　　　　　　　审核人：　　　　　　　　编制日期：

合同交底记录表 **表 3-83**

编号：

<table>
<tr><td>合同名称</td><td colspan="2"></td><td colspan="2">合同编号</td><td></td></tr>
<tr><td>工程名称</td><td colspan="2"></td><td colspan="2">合同金额</td><td></td></tr>
<tr><td>工程地点</td><td colspan="2"></td><td colspan="2">建筑面积</td><td></td></tr>
<tr><td>业主名称</td><td colspan="2"></td><td colspan="2">联系人/联系电话</td><td></td></tr>
<tr><td colspan="6">交底包括承包范围、工期目标、质量目标、创优目标、经营策略、承诺项目、成本控制、结算方式、合同缺陷与风险等内容</td></tr>
<tr><td colspan="6">接受交底人签名</td></tr>
<tr><td>姓名</td><td>单位</td><td>姓名</td><td>单位</td><td>姓名</td><td>单位</td></tr>
<tr><td></td><td></td><td></td><td></td><td></td><td></td></tr>
</table>

交底人： 交底日期：

注：本表内如有扩展部分，由交底人增加。

合 同 评 审 表 表3-84

编号：

项目名称					
业主名称					
评审日期		主持人		记录人	
参加人员签名：					
评审内容： 1. 业主各项要求是否都有明确规定并形成文件？ □是 □否 需要明确规定的事项： 处理方法： 2. 与投标不一致的要求是否已经得到解决？ □是 □否 未解决的事项： 解决办法： 3. 公司是否具有满足合同要求的能力？ □是 □否 4. 其他：					

合同审批会签单 **表 3-85**

编号：

<table>
<tr><td colspan="2">合同名称</td><td colspan="4"></td></tr>
<tr><td colspan="2">合同编号</td><td colspan="2"></td><td>合同金额</td><td></td></tr>
<tr><td colspan="2">主办单位</td><td colspan="2"></td><td>主办人</td><td></td></tr>
<tr><td colspan="2">附　件</td><td colspan="4">□ 无； □ 有，名称：</td></tr>
<tr><td rowspan="8">审核会签</td><td>审核单位</td><td colspan="2">修改意见</td><td>审核人签名</td><td>日期</td></tr>
<tr><td></td><td colspan="2">□无； □有，详见文件标注
□有，详见附页说明</td><td></td><td></td></tr>
<tr><td></td><td colspan="2">□无； □有，详见文件标注
□有，详见附页说明</td><td></td><td></td></tr>
<tr><td></td><td colspan="2">□无； □有，详见文件标注
□有，详见附页说明</td><td></td><td></td></tr>
<tr><td></td><td colspan="2">□ 无； □有，详见文件标注
□有，详见附页说明</td><td></td><td></td></tr>
<tr><td></td><td colspan="2">□无； □有，详见文件标注
□有，详见附页说明</td><td></td><td></td></tr>
<tr><td></td><td colspan="2">□无； □有，详见文件标注
□有，详见附页说明</td><td></td><td></td></tr>
<tr><td></td><td colspan="2">□无； □有，详见文件标注
□有，详见附页说明</td><td></td><td></td></tr>
<tr><td colspan="2">文本打印单位</td><td colspan="4"></td></tr>
<tr><td colspan="2">校对人</td><td></td><td>校对日期</td><td colspan="2"></td></tr>
<tr><td colspan="3">审核人意见：

□同意按会签意见修改

□其他

签名/日期：</td><td colspan="3">批准人意见：

□同意按会签意见修改

□其他

签名/日期：</td></tr>
</table>

注：1. 根据《工程合同授权管理规定》审批权限划分，分别按规定进行合同审核与审批。

2. 合同在签署前，合同文本必须经过列入本表格中的人员的审批。

3. 审核人由主办人根据《工程合同授权管理规定》、《合同管理规定》填写。

4. 修改意见一栏，请在选定的“□”处画“√”。

合同审批会签单（附页）

<table>
<tr><td>合同名称</td><td colspan="2"></td></tr>
<tr><td rowspan="5">审核会签</td><td>会签部门：</td><td>会签人（签名/日期）：</td></tr>
<tr><td>会签部门：</td><td>会签人（签名/日期）：</td></tr>
<tr><td>会签部门：</td><td>会签人（签名/日期）：</td></tr>
<tr><td>会签部门：</td><td>会签人（签名/日期）：</td></tr>
<tr><td>会签部门：</td><td>会签人（签名/日期）：</td></tr>
</table>

第4章 工 程 实 施

4.1 概 念

工程实施阶段也称施工实施阶段。该阶段是以施工管理为核心，承包商以其丰富的施工管理资源与管理经验和先进的、规范的施工管理技术，依据合同和项目计划，在组织工程项目施工的过程中，不断地进行计划、组织、协调和控制，该阶段施工管理任务是协调参建各方的工作关系，全盘调度施工资源，以达到合同目标和承包商企业管理的目标，完成建筑产品的建造任务。

施工实施阶段的主要工作是“三控制”和“四管理”。“三控制”是进度控制、质量控制、费用控制；“四管理”是 QHSE 管理、合同管理、现场管理、现场材料（仓库）管理。QHSE 管理涉及现场的施工质量管理、施工安全管理，以及现场文明施工管理和职业健康与环境卫生管理。

工程项目实施是以开工令下达为标志，承包商通过施工建造活动将施工图（或称“蓝图”）变成工程项目实体，实现投资决策意图。本阶段在工程项目建设的周期中工作量最大，投入的人力、物力和财力最多，工程项目管理的难度也最大。这一阶段的常用文案、表式都是围绕工程项目的实施而服务的。

需要指出的是，有关工程实施阶段施工及分包管理、技术管理、合同管理、预算管理、物资采购管理、质量、进度管理等方面的工作流程及相关的内容，本书在第 3 章第 3.2.14 节项目管理手册中，已经作了介绍，本章则不另再一一阐述，重点对工程实施阶段的主要文案作出介绍。

4.2 常 用 文 案

4.2.1 项目策划书

【基本概念】

1. 定义

项目策划是一种具有建设性、逻辑性的思维过程。在此过程中，总的目的就是把所有可能影响项目因素揭示、总结起来，提出解决的办法，以便对项目的进展和未来起到指导和控制的作用，最终达到项目实施的目标。项目策划书就是承包商针对一个具体的工程项目的实施进行的策划，确保工程项目的实施符合质量、环境和职业健康安全管理体系的要求的文件。

2. 编制的依据

项目策划书编制的依据是：

(1) 合同的规定，包括招标文件、合同文件、重大变更洽商等。

(2) 法规的要求，包括法律法规、标准规范等。

(3) 承包商公司的质量、环境、职业健康安全管理体系及成本管理要求。

3. 编写的职责

通常承担国际工程承包业务的企业，都由主管国际工程的事业部负责组织项目的策划书的编制，事业部的合约商务主管副总经理和业务开拓主管副总经理负责审核，事业部的总经理负责批准。

事业部的业务开拓板块负责组织编制投标用的《施工组织设计》、《项目质量计划》、《项目环境管理计划》、《项目职业健康安全管理计划》等文件，事业部的业务开拓主管副总经理负责审批上述文件。事业部的业务开拓主管副总经理对项目经理部编制的《施工组织设计》进行审批。

承包商企业技术中心协助事业部编制投标用《施工组织设计》；协助事业部编制《项目策划》中与本部门业务有关的内容；对项目经理部编制的施工用《施工组织设计》进行技术审批。承包商企业人力资源部、采购中心、综合部、合约法律部、财务部协助事业部编制《项目策划书》中与各自部门业务有关的内容。

设在国外的承包商分支机构（或称分公司）按项目规模、工程总额和管辖权负责组织所辖项目的项目策划书的编制工作，分支机构合约商务主管副总经理和业务开拓主管副总经理负责审核，分支机构的总经理按授权批准。分支机构各职能部门参与编制《项目策划书》中与各自部门业务有关的内容。项目经理负责编制施工用的《施工组织设计》、《项目质量计划》、《项目环境管理计划》、《项目职业健康安全管理计划》和施工方案等项目实施计划。

4. 工作流程图

项目策划书编制工作的流程如图 4-1 所示。

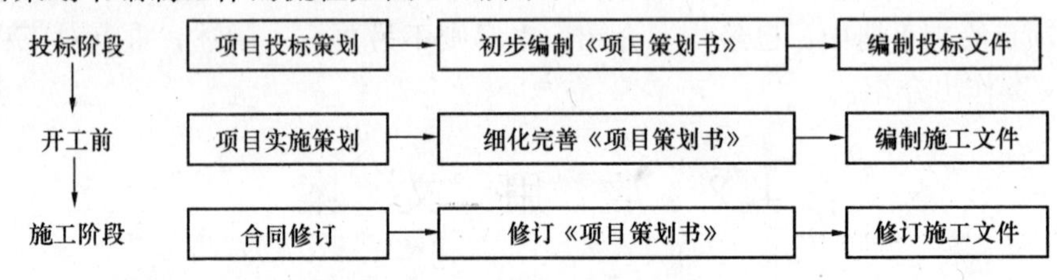

图 4-1 项目策划书编制流程图

5. 项目策划的实施

项目策划工作由承包商事业部/分支机构的业务开拓人员组织实施，按投标阶段和实施阶段分别进行。当遇到“三边”工程或分阶段招标等特殊情况时，项目策划可按标段或按部位进行。依据项目策划的结果编制《项目策划书》和项目实施计划。

投标阶段，业务开拓人员对投标项目初步编制《项目策划书》。投标阶段的《项目策划书》是投标报价的依据，因此应尽量全面，不能全面时则至少应完成概况及总目标、总进度计划、现场管理人员流量、分包方案、施工机械及检测设备配置方案和技术方案等部分。投标阶段的《项目策划书》不进行会签审批，由事业部/事业型分支机构业务开拓主管副总经理审批即可。

一旦中标，业务开拓人员在拟选定的项目经理（或称“影子项目经理”）的主持参与下，立即对投标阶段的《项目策划》进行完善和细化，完成《项目策划书》的制定。《项目策划书》是编制预算成本的直接依据，是承包商公司职能部门和资源支持部门、项目配备相关资源和落实主要施工方案的重要依据，是指导项目实施的纲领性文件。施工阶段《项目策划书》需经承包商公司事业部/分支机构的人力资源、综合、技术、财务等职能部门会签后，报承包商事业部/分支机构的合约商务主管副总经理和业务开拓主管副总审核，事业部/分支机构总经理批准。《项目策划书》经批准后，应发至有关部门和项目部。

开工前由项目经理再一次负责对《项目策划（施工阶段）书》作进一步的深入和细化，编制项目实施计划。

项目实施计划包括：

（1）施工组织设计；

（2）项目质量计划；

（3）项目环境管理计划；

（4）项目职业健康安全管理计划；

（5）施工方案等。

有关项目实施计划的内容，详见本章第 4.2.2 节。

【内容与格式】

《项目策划书》的主要内容与要求见表 4-1。

《项目策划书》的主要内容与要求 **表 4-1**

序号	内容	具体要求
1	概况及总目标	根据合同规定、业主要求，公司的质量、环境、职业健康安全方针和目标，并结合公司近期发展规划和创优计划以及以往的工程经验提出项目的总目标（包括工期、质量、环境、职业健康安全、成本、技术等目标）
2	总进度计划	总进度计划应确定施工准备和各主要分部分项工程的起止时间
3	现场管理人员流量	根据工程规模大小及其特点，确定项目经理部的组织机构和人员数量，提出主要管理岗位的人选和进出场时间
4	分包方案	确定主要分包项目、分包工作内容、分包方式、分包商选择单位等
5	物资采购方案	确定主要采购内容、供应商选择单位、采购地点等
6	施工机械及监测设备配置方案	提出主要施工设备及监视和测量设备的配置方案，确定设备的规格、数量、来源和使用时间
7	办公设备配置方案	提出主要办公设施、设备的配置方案，确定设备的规格、数量、来源和进场时间
8	现场临建方案	提出现场临建方案，确定临建的规格、数量、来源和进场时间
9	临水临电方案	提出临水临电方案，确定临水临电的规格、数量、来源和进场时间
10	主要技术方案	确定主要施工方法
11	资金流量计划	确定资金的收支计划，国内国外项目分别编制
12	预算成本	确定预算成本中的现场直接费、现场管理费

《项目策划书》的书写格式可以是文字叙述，也可以以表格的形式体现。

【文案范例】

（详见本章第 4.3.1 节）

4.2.2 项目实施计划

【基本概念】

1. 定义

项目实施计划指用于协调、指导工程项目执行和控制的文件，是进行施工项目管理和控制的依据，是指导施工建设的纲领性文件。项目实施计划与本书第 3.2.1 节项目计划书具有本质的区别，该项目计划书是我国政府规定的项目立项时使用的文件。

项目实施计划是根据合同和经过批准的项目管理计划进行编制的，用于对项目的实施和控制。一套完整的项目实施计划涵盖的内容，包括了从项目进度计划、资源（人力、资金、材料、设备等）使用计划、质量计划、成本计划及健康、安全及环境保护（HSE）计划等。项目计划的编制是项目经理部成立后最重要的工作之一，由项目经理组织不同专业有经验的技术和管理人员共同进行。一般来讲，在正式开工前，各种详细的项目计划应基本完成，而且其中主要的部分（如进度计划、质量计划等），要按合同要求应在规定时间内（FIDIC 新红皮书规定，在承包商收到开工通知 28 天内）提交工程师审批。

一般来说，项目实施计划具体的规定了按照项目的目标，用于协调、指导项目执行和控制和实现既定目标的步骤，以及实现项目目标的方法等。项目实施计划是承包商企业管理中，项目计划管理的内控依据的重要文件。

本书第 2 章图 2-1 中，在介绍国际工程承包商编制项目策划书的工作流程及作用时，已经明确，承包商在开工前，要由项目经理组织相关工程技术、经济、商务人员对《项目策划书（施工阶段）》作进一步的深入和细化，编制项目实施计划。项目实施计划包括：施工组织设计，项目质量计划，项目环境管理计划，项目职业健康安全管理计划。

2. 作用

项目实施计划编制完成，并经工程师审批后，项目进入了实施阶段。按照项目实施计划进行工程项目的实施是保证实现工程总目标的关键。因此，在实施阶段项目的计划管理和控制是重中之重。计划管理的过程是计划编制—计划的实施—检查或控制—采取措施，周而复始的循环过程，也可简称为 PDCA 循环。其中：“P”（Plan）代表计划编制；“D”（Do）代表计划的实施；“C”（Check）代表计划的检查或控制；“A”（Act）代表采取措施。PDCA 周期以螺旋轨迹循环往复，不断上升，从而保证了工程项目的各种计划得以顺利实施。

3. 总计划与分计划

施工组织设计是项目实施的总计划和总原则。而项目的进度计划、劳动力计划、物资材料/设备计划、试验检验计划、分部/分项工程施工方案编制计划、试验/检验计划、测量仪器控制计划、各类管理计划等各项分计划应作为施工组织设计的有机组成部分，在项目各项工作展开前或初期编制完成；在符合施工组织设计的条件下，各项分计划由项目经理部组织编制，并在项目部内完成审批程序，并按归口管理的原则，报承包商事业部和职能部门审核、批准、备案。

表4-2给出了各项分计划一览表，该表明确了各种分计划的名称、编制、审核、批准的责任人。

各项分计划一览表 **表4-2**

类型	名称	编制人	审核人	批准人
技术类	总进度计划	项目经理部	技术中心	主管副总
	阶段性进度计划	项目经理部	项目经理部	项目经理
	主要方案编制计划	项目经理部	项目经理部	项目经理
	重大方案编制计划	项目经理部	技术中心	技术中心
	试验/检验、测量计划	项目经理部	项目经理部	项目经理
	试验/检验、测量仪器控制计划	项目经理部	项目经理部	项目经理
	分部/分项工程划分表	项目经理部	项目经理部	项目经理
	特殊过程表	项目经理部	项目经理部	项目经理
	质量关键点分布表/控制计划	项目经理部	项目经理部	技术中心
资源类	劳动力计划	项目经理部	项目经理部	项目经理
	物资材料/设备计划	项目经理部	项目经理部	项目经理
	办公用品/临时设施计划	项目经理部	项目经理部	项目经理
商务类	分包商/供应商选择计划	项目经理部	项目经理部	主管副总
	成本计划	项目经理部	项目经理部	主管副总
	资金使用计划/现金流测算书	项目经理部	项目经理部	主管副总
	项目预算书	项目经理部	项目经理部	合约估算
管理类	安全文明施工计划/策划	项目经理部	项目经理部	项目管理
	环境环保管理计划/策划	项目经理部	项目经理部	项目管理
	项目过程风险分析/控制计划	项目经理部	项目经理部	技术中心
	项目责任目标分解表/目标责任	项目经理部	项目经理部	项目经理
	项目管理制度	项目经理部	项目经理部	项目经理
	项目管理文件一览表	项目经理部	项目经理部	项目经理
	其他管理计划	项目经理部	项目经理部	项目经理

列入施工组织设计内容中的分计划有：

(1) 进度计划

进度计划必须是网络计划，但是表现形式不限，为了统一规范，建议使用MS-Project编制。有条件的项目应在Project甘特图的基础上编制标准网络计划。进度计划必须涵盖工程的所有主要项目，包括：

①编制说明；

②主要的分部分项工程的时间安排；

③进度里程碑/重要节点；

④流水段、节点的设置及施工顺序；

⑤标准流水段、标准层的主要工序（包括所有主要的分部分项工程）搭接关系及流水

节拍；

⑥制约流水段划分和流水节拍的主要因素体现（工作面、资源或技术要求）；

⑦建议实现主要制约因素的资源图表以及现场劳动力图表。

（2）劳动力计划

劳动力计划是项目实施的主要计划之一，必须给予高度重视。劳动力计划将成为项目经理部管理劳务队伍的主要工具。劳动力计划包含以下几个方面的内容：

①工种；

②工种劳动力班组；

③工种劳动力数量/需求；

④班组劳动力/工种劳动力技能水平组成；

⑤劳动力的性别、年龄构成；

⑥劳动力的管理手段：花名册、有效证件、健康状况、治安；

⑦劳动力引入是通过分包商选择程序的执行完成的，因此分包商选择计划也是劳动力计划的有效组成部分。

（3）物资材料/设备计划

项目物资材料/设备计划的内容，至少包含：

①物资材料/设备的名称、规格、数量、质量标准、产地、供应途径；

②物资材料/设备进场的时间序列表；

③物资材料/设备的价格；

④物资材料/设备的检验。

物资材料/设备计划以及项目物资材料/设备采购的原则和方案，由项目经理部合约商务经理组织编制，承包商事业部主管副总经理批准。采购部门和项目部共同确认物资进场时间以及估算的物资采购量。

另外，没有纳入施工组织设计，但是必须编制的分计划有：

（1）分包商/供应商选择计划

项目经理部在编制分包商/供应商选择计划时应根据项目情况和项目策划书，可以在项目计划或施工组织设计中不明确候选分包商/供应商，但在正式展开选择工作前，必须进行明确，并报承包商事业部主管副总经理批准，报合约估算板块备案。

（2）成本计划

项目的成本应包括建造成本、管理成本和风险成本。其中，建造成本由投入到建筑产品实体的资源组成；管理成本包括现成经费和相关费用；风险成本包括质量、安全文明生产和二次经营风险成本。实际上，对风险成本的控制是项目经理部控制成本的关键。

成本计划是商务计划的主要部分，分包商/供应商选择计划应当是成本计划的组成部分。成本计划的内容包括：

①成本的内容；

②成本产生的过程；

③成本风险和控制手段；

④成本目标的分解和责任体系；

⑤成本的过程控制计划阶段性核算。

(3) 资金计划

资金计划是建立在项目现金流分析的基础上。通过对资源计划以及施工总进度计划的分析，项目部财务人员、商务人员可以计算出项目在整个运行过程中对资金的回收和需求情况。资金计划将是公司进行项目决策的重要依据。

资金计划的内容包括：

①资金的定期回收情况；

②资金的支付情况；

③资金的缺口/风险和解决方案。

(4) 管理类计划

管理计划由项目经理主持编制。其中，目标责任的分解是管理计划的关键。项目经理部应在展开施工的初期，建立项目完善的管理机制，将目标责任分解到具体管理人员，并形成管理制度，监督目标责任的实现。

项目管理计划的内容包括公司体系文件要求的各类文件、记录的形成计划。这些计划必须明确责任人和工作标准。

4. 计划的审批、变更和备案

各类计划均需报承包商事业部备案。其中商务计划应报事业部合约估算板块备案，办公用品计划应报公司综合部或事业部综合部门备案。计划审批除分计划表所列外，应根据主管副总经理的授权进行调整。重要计划的变更，特别是对总工期的调整、对成本的调整、对主要分包/供应商的调整，以及对其他可能造成项目管理较大变化的计划调整时，应上报原审批人进行审核、批准。

5. 计划的控制和管理

项目经理部应在建立项目管理制度时，明确计划的检查、纠正制度，明确计划管理流程；项目经理部通过项目经理部月报的形式向承包商事业部报告计划执行情况并进行自我评价；承包商事业部项目管理板块对项目主要计划的执行情况进行定期检查，并作出评价。

本章节将分别介绍施工组织设计与施工方案，进度计划，质量计划，职业健康、安全管理计划与环境保护计划。

另外，在国际工程中，有时也将职业健康、安全管理计划与环境保护计划合并编写，统称为施工健康、安全与环境保护计划书（简称 HSE 计划书）。HSE 是指健康、安全、环境的一体化管理，是高度整合的综合管理系统，国际工程项目的特点决定了 HSE 管理必须得到高度的重视。国际通用的 FIDIC 合同条件中也有不少相关规定是针对健康、安全与环保问题的。

【内容与格式】

本节以工业项目为例，简述项目实施计划的格式与内容。如下：

项目实施计划

封面：

项目名称：	编制：	日期：
项目合同编号：	审核：	日期：

文件、报告编号：　　　　　　　　批准：　　　　　　　　日期：

　　　　　　　　　　　　　　　　发送：

编　制　单　位：中国×××公司

目录（略）

正文：

一、概述

（一）计划依据

公司报价过程、原则和中标条件

（二）项目概况

项目名称

建设规模

建设性质

产品方案

厂址概况

（三）项目范围

承包工程组成

界区范围、衔接部位及与有关单位的分工

承包工作内容（见表1）

承包工作内容　　　　**表1**

序号	工作内容	包括	不包括	备注
1	专利及专有技术			
2	工艺设计			
3	基础工程设计			
4	详细工程设计			
5	采购			
6	现场施工			
7	试运行指导服务			
8	其他			

（四）合同计价类型

固定总价________，偿付价________，其他________

（五）支付条款

支付时间

支付方式

货币

（六）度量衡量单位和使用文种

度量衡量单位

按国际单位制

按合同约定单位

使用文种

（七）质量标准
设计
设备、材料
施工、建筑安装
（八）分项费用指标
专利及专有技术费用
工艺设计费用
工程设计费用
设备材料费用
施工费用
试运行指导服务费用
其他费用
（九）项目建设总进度（见表2）

项目建设总进度 **表2**

阶段	时间（月）													
	3	6	9	12	15	18	21	24	27	30	33	36	39	42
一、工艺设计 二、基础工程设计 三、详细工程设计 四、采购 五、施工 六、试运行														

（十）合同基础
保证条款
赔偿责任
（十一）其他（项目所在地税收、法律等）
（十二）业主特殊要求
二、项目管理
（一）项目工作分解结构和编码
（二）项目组织分解结构和编码
（三）项目组主要工作人员名单
职务　　　　　　　　　　　　姓名
项目经理：
项目控制经理：
项目质量经理/质量工程师：
项目工艺经理：
项目设计经理：
项目采购经理：

项目施工经理：

项目试运行经理：

项目财务经理：

进度控制工程师：

估价师：

造价控制工程师：

设备材料控制工程师：

安全工程师：

项目秘书：

（四）项目工程统一规定（表 3）

项目工程统一规定汇总表目录　　**表 3**

类别序号	工程规定名称	使用公司通用规定	公司通用规定修改	使用业主工程规定	业主工程规定修改	文件编号	备注

（五）项目协调程序

（1）与业主之间的总协调程序根据公司规定和项目具体情况，确定该项目与业主之间的总协调程序。这里主要要说明在业主（用户）开工会议上约定的协调程序，同时要说明业主的项目总负责人及分项工作负责人姓名、联系方式等。

（2）与分包商之间的协调程序。

（3）与公司有关部门的协调关系（根据公司规定和项目具体情况，确定项目与公司有关部门的协调关系）。

（六）项目工作日历

按工作类别、地区条件和需要执行不同的日历工作制度，特殊情况经过部门负责人批准可以组织加班或补休，项目工作日历见表 4。

项 目 工 作 日 历　　**表 4**

序号	工作类别、地区	每周工作天数	每天工作时数	节假日	备注
	一、工作类别 项目管理 设计 采购 现场施工 项目试运行 其他				
	二、工作地区 1. 国内 公司本部 现场 出差 2. 国外				

(七) 保密及注意事项
(1) 保密事项
(2) 其他
三、项目控制
(一) 项目进度计划管理及进度控制
1. 项目进度计划的编制及发表
包括计划类型、编制时间、编制人、审核人。
(1) 项目总进度计划
(2) 设备、装置主进度计划
(3) 项目总体施工进度计划
(4) 项目(装置)试运行总体进度计划
(5) 设计、采购、施工、试运行进度计划
(6) 设计、采购、施工专业详细进度计划
(7) 作业进度计划
2. 项目进度计划的调整
3. 项目进度计划执行情况报告:报告内容、报告时间、报告编制人
(二) 工程 QHSE 管理与控制
1. 项目 QHSE 管理组织及人员
2. 项目 QHSE 计划的编制及执行
3. 项目 QHSE 报告的编制及发表
(三) 项目费用管理及控制
1. 项目费用估算阶段和估算方法
2. 项目费用变更和调整
3. 项目费用执行情况报告
(四) 项目设备材料管理和控制
1. 项目设备材料进度的管理与控制
2. 项目设备材料预算(数量)的管理与控制
3. 项目设备材料情况报告
(五) 项目综合检测与控制
1. 项目检测工作的分工
2. 项目检测数据
3. 项目检测报告
(六) 项目财务管理与控制
1. 资金安排
2. 现金管理
3. 会计程序和结算程序
4. 财务报告与报表
四、项目实施
(一) 设计

1. 设计范围（见表5）

设计范围一览表　　表5

编码	设计内容	业　主	承包商	设计分包单位	备　注

2. 设计原则

(1) 业主经济原则

①以最快建设速度为设计目标。

②以最低的投资为设计目标。

③以最少的经常操作费用为设计目标。

④要求工厂设计的自动化程度。

⑤其他。

(2) 公司经济原则

①装置裕量和投资费用之间的协调原则。

②进度、质量与费用控制之间的协调原则。

③其他。

(3) 该项目是否采用通用设计

(4) 该项目设计中是否要求考虑通用性

(5) 设计进度要求提前的项目____；提前时间____。

(6) 特殊安全要求

(7) 其他

3. 设计适用的标准程序和非标准程序

4. 设计成品的深度和格式

(二) 采购

1. 采购范围（见表6）

采购范围一览表　　表6

编码	采购内容	公司供货	业主供货	施工分包单位或其他单位供货	备注（业主指定厂商）

2. 采购原则

(1) 采购方式（见表7）

采购方式表 **表7**

编码	采购内容	国内采购	国外采购	成套分包	备注

(2) 供货厂商

①优先选择公司合作制造厂商。

②原则上在公司合格厂商名单内选择制造厂商。

(3) 业主经济原则

①节省直接材料（硬件）费用。

②节省运行费用（技术经济指标）。

③综合考虑经济效益。

(4) 公司的经济原则

①进度、质量与费用控制之间的协调原则。

②其他：

(5) 需要提前供货的设备、材料____；提前时间____。

3. 检验、运输及其他

4. 采购适用的标准程序和非标准程序

（三）施工

1. 施工范围（见表8）

施工范围表 **表8**

编码	施工内容	公司	业主	备注： 1. 联合投标施工分包商 2. 业主指定施工分包商

2. 施工管理原则

(1) 施工分包内容和合同类型（见表9）

分包合同类型表 **表9**

编码	施工分包内容	分包合同类型 （固定总价，固定单价预算加签证，其他）	备注

(2) 经济原则

①进度、质量与费用控制之间的协调原则。

②其他。

(3) 要求提前的项目____；提前时间____。

(4) 施工安全要求。

3. 现场设备材料管理

(1) 设备管理：公司管理____，施工单位管理____，业主管理____

(2) 材料管理：公司管理____，施工单位管理____，业主管理____

4. 施工适用的标准程序和非标准程序

(四) 试运行

1. 试运行指导、服务的范围和任务

(1) 试运行总体进度计划和各阶段计划

(2) 生产培训服务

(3) 操作手册

(4) 试运行方案

(5) 试运行指导和岗位监护等

2. 试运行工作组织和职责分工

(1) 试运行领导小组的组成和责任

(2) 指导试运行单位和职责

(3) 参加试运行的单位和职责

3. 试运行原则和标准

(1) 试运行安全原则

(2) 试运准备工作标准

(3) 试运及投料试车标准

(4) 生产考核标准

4. 试运行程序

(1) 试运行阶段

(2) 试运行顺序

5. 合同项目验收

(1) 验收条件

(2) 考核指标

(3) 验收文件

五、风险及其他

(一) 风险及其控制（见表10）

风险及其控制表 **表10**

序号	风险项目	控制方法	措　施	备　注
1	技术风险			
2	材料风险			

续表

序号	风险项目	控制方法	措　施	备　注
3	价格风险			
4	施工风险			
5	试运行风险			
6	特殊风险			
7	其他风险			

（二）其他

【文案范例】

（略）

4.2.2.1　施工组织设计与施工方案

【基本概念】

1. 施工组织设计

施工组织设计通常是指以工程项目为对象进行编制，用以指导拟建工程施工过程中各项活动的技术、经济、组织、协调和控制的综合件文件。

施工组织设计的编制是一件重要又庞大的工作，要做好详细的计划。施工组织设计的编制依据是工程施工图纸、业主合同、投标文件（技术标、商务标）、投标策划书、现场踏勘记录、项目策划、CI 标准、承包商企业技术中心编制的施工组织设计编制指南/标准，以及物资周转基地、财务资金部提供的有关设备、资产的文件等。施工组织设计由项目经理部负责在承包商投标阶段编制的投标施工组织设计的基础上进行完善，原则上不应有大的变化，在编制过程中要积极和相关职能部门人员沟通、研究，并得到关联责任人/合约估算板块的确认。施工组织设计必须经承包商总部技术中心或事业部审核和批准。

一般情况下，投标阶段使用的《施工组织设计》由承包商技术中心组织编制。开工前，由项目部负责对投标使用的《施工组织设计》进行必要的调整和完善，编制成为指导项目施工使用的《施工组织设计》。

由于施工组织设计是按照业主的要求和承包商企业技术管理的相关文件要求编制的，所以许多承包商都严格的规定了施工组织设计审批的程序与权限。通常，企业由技术中心负责技术方面的审批，事业部/分支机构业务开拓主管副总经理负责批准。必要时，《施工组织设计》还应报业主、监理工程师审批。批准后的《施工组织设计》发至承包商事业部/分支机构、项目部和有关分包商。

施工组织设计从类别上分为：施工组织总设计、单位工程施工组织设计和分项（或分部）工程施工作业设计（或称分项工程施工工艺或施工方案设计）。

施工组织总设计是以一个建设项目或建筑群体为编制对象，用以指导施工全过程各项活动的技术、经济的综合性文件，是整个工程建设项目施工的战略部署。

单（项）位工程施工组织设计是以一个单一建筑项目或单体工程为编制对象，用以指导单（项）位工程各项活动的技术、经济的综合性文件，是单个工程项目施工的战略部署。

2. 施工方案

施工方案是以一个分部或分项工程为编制对象，用以指导分部分项工程各项活动的技术、经济的综合性文件。也就是说，施工方案是指工程的施工采用何种方法、技术和工艺。

一般情况下，以建筑工程为例，应编写的主要施工方案有测量工程施工方案；降水工程施工方案；临水、临电施工方案；土方工程施工方案；基坑支护工程施工方案；桩基础工程施工方案；塔吊施工方案；外脚手架工程施工方案；提升架（外用电梯、井架、门架）施工方案；吊装工程施工方案；模板工程施工方案；钢筋工程施工方案；混凝土工程施工方案；大体积混凝土施工方案；预应力混凝土工程施工方案；防水工程施工方案；冬期施工方案；雨期施工方案；大型构件现场预制施工方案；钢结构工程施工方案；水、电、设备、暖卫等工程施工方案；装饰装修工程施工方案；特殊安全防护施工方案；消防保卫方案以及其他有特殊要求的工程施工方案。

【内容与格式】

1. 施工组织设计

施工组织设计格式一般由封面（封面内要注明：项目名称、编制人、审核人、项目负责人或项目经理、批准人以及单位名称、日期）、目录、正文、附件等组成，其内容主要有：工程概况及施工特点（包括结构情况、地质情况、水文气象情况、主要工程量、施工条件、技术要求、工期要求等）、项目组织机构、临时工程设计、分部分项工程的划分、施工方案的选择、施工进度计划、施工准备工作计划、劳动力、材料、构件、施工机械和机具等需求量计划、施工平面图、保证质量、安全施工、降低成本和冬雨期施工的技术组织措施以及各项技术经济指标等。

2. 施工方案

施工方案的格式一般由封面（封面内要注明：项目名称、编制人、审核人、项目负责人、批准人以及单位名称、日期）、目录、正文、附件等组成，其内容主要有：编制依据、原则；编制范围、工程概况、总体布置及工期安排、施工技术方案、工期保证措施、质量目标、保证体系及保证措施、安全生产目标及保证措施、应急救援预案、季节施工保证措施、环境保护措施、文明施工要求。

【文案范例1】

由于施工组织设计一般来说篇幅较多。为此，本文案范例简要介绍施工组织设计编制大纲。

施工组织设计（编制大纲）

1 编制依据

1.1 合同

合同名称，合同编号及签定日期。

1.2 工程地质勘察报告

工程地质勘察报告的名称、报告编号及报告日期。

1.3 有关部门审批的有效施工图

施工图的专业、数量等信息。

1.4 现行国家或地方规范、标准、图集

1.5 公司质量、环境、职业安全健康体系文件

文件的名称、编号。

2 工程概况

2.1 工程建设概况

文字部分主要说明工程地理位置、工程类型、工程规模、使用功能、建设目的、建设工期、质量要求和投资额度，以及工程建成后的地位和作用。

工程建设概况一览表

工程名称		工程地址	
建设单位		勘察单位	
设计单位		监理单位	
质量监督部门		总包单位	
主要分包单位		建设工期	
合同工期		总投资额	
合同工程投资额			
工程主要功能或用途			

2.2 工程建筑设计概况

文字部分主要描述工程平面组成；层数、层高、檐口标高和建筑面积等；建筑造型及特点。

工程建筑设计概况一览表

<table>
<tr><td colspan="2">占地面积</td><td></td><td colspan="2">首层建筑面积</td><td></td><td>总建筑面积</td><td></td></tr>
<tr><td rowspan="2">层数</td><td>地上</td><td></td><td rowspan="2">层高</td><td>地上</td><td></td><td>地上面积</td><td></td></tr>
<tr><td>地下</td><td></td><td>地下</td><td></td><td>地下面积</td><td></td></tr>
<tr><td rowspan="6">装修</td><td>外墙</td><td colspan="6"></td></tr>
<tr><td>地面</td><td colspan="6"></td></tr>
<tr><td>楼面</td><td colspan="6"></td></tr>
<tr><td>顶棚</td><td colspan="6"></td></tr>
<tr><td>楼梯</td><td colspan="6"></td></tr>
<tr><td>电梯厅</td><td>地面</td><td></td><td>墙面</td><td></td><td>顶棚</td><td></td></tr>
<tr><td rowspan="5">保温节能</td><td>地下</td><td colspan="6"></td></tr>
<tr><td>屋面</td><td colspan="6"></td></tr>
<tr><td>厕浴间</td><td colspan="6"></td></tr>
<tr><td>阳台</td><td colspan="6"></td></tr>
<tr><td>雨篷</td><td colspan="6"></td></tr>
<tr><td colspan="3">绿化</td><td colspan="5"></td></tr>
<tr><td colspan="3">环境保护</td><td colspan="5"></td></tr>
<tr><td colspan="8">其他说明事项（介绍建筑功能、防水、安全、消防等）</td></tr>
</table>

2.3 工程结构设计概况

文字部分主要描述结构设计情况，结构特点、复杂程度和抗震要求等内容。

工程建筑设计概况一览表

<table>
<tr><td rowspan="5">地基基础</td><td>埋深</td><td colspan="2"></td><td colspan="2">持力层</td><td colspan="3"></td><td>承载力标准值</td><td></td></tr>
<tr><td>桩基</td><td colspan="2"></td><td colspan="7">类型：　桩长：　桩径：　间距</td></tr>
<tr><td>箱、筏</td><td colspan="4">底板厚度</td><td colspan="3"></td><td>顶板厚度</td><td></td></tr>
<tr><td>条基</td><td colspan="9"></td></tr>
<tr><td>独立</td><td colspan="9"></td></tr>
<tr><td rowspan="2">主体</td><td colspan="10">结构形式</td></tr>
<tr><td colspan="4">主要结构尺寸</td><td colspan="6">梁：　板：　柱：　墙</td></tr>
<tr><td colspan="3">抗震设防等级</td><td colspan="5"></td><td colspan="2">人防等级</td><td></td></tr>
<tr><td colspan="2" rowspan="3">混凝土强度等级及抗渗要求</td><td>基础</td><td colspan="4"></td><td>墙体</td><td colspan="2"></td><td></td></tr>
<tr><td>梁</td><td colspan="4"></td><td>板</td><td colspan="2"></td><td></td></tr>
<tr><td>柱</td><td colspan="4"></td><td>楼梯</td><td colspan="2"></td><td></td></tr>
<tr><td colspan="2">钢筋</td><td colspan="9"></td></tr>
<tr><td colspan="2">特殊结构</td><td colspan="9">（钢结构、钢架、预应力）</td></tr>
<tr><td colspan="11">其他说明事项：</td></tr>
</table>

2.4 工程机电设计概况

主要描述机电给水排水，通风、采暖、空调、电气安装等设计情况及主要机电设备机组情况等。（该部分由机电技术人员编制）

2.5 现场条件

概要说明工程地形条件、水文地质情况、周边道路及交通条件、场区及周边地下管线情况。

2.6 工程特点

概要说明工程特点、难点，如：高、大（体量、跨度等）、新（结构、技术等）、特（有特殊要求）、重（国家、行业或地方的重点工程）、深（基础）、近（与周边建筑或道路）、短（工期）。

3 施工部署

3.1 工程管理目标

3.1.1 质量目标

3.1.2 工期目标

3.1.3 环境保护目标

3.1.4 职业安全健康目标

3.1.5 成本目标（如必要）

3.2 项目经理部组织机构及岗位职责

项目经理部组织机构说明、人员组成表、组织机构框图及人员名单，岗位职责。

3.3 施工任务及任务划分

3.3.1 总包合同范围（含主要工程任务及工程量清单）

3.3.2 业主自行组织施工范围

3.3.3 合同范围内业主指定的分包工程

3.3.4 总包范围内的分包工程

3.4 施工顺序及流水段的划分

根据生产工艺要求、工期要求、工程复杂程度等要素确定单项（位）工程在平面上和竖向上施工开展部位和进展方向。进行总体施工部署以及地下、主体、装修、机电等各阶段的施工部署。

根据工程特点，确定各分部分项工程间的施工顺序，用工艺流程图或网络计划表示施工顺序。合理进行结构施工流水段的划分，并附流水段划分图。

3.5 主要生产资源配置

各项资源计划的制订应与《项目策划书》协调一致。

3.5.1 劳动力需用量及进场计划

根据施工方案及进度计划列出劳动力需用计划，明确工种构成和单方用工，并绘制劳动力动态管理图。

主要有以下两种表格：

土建（或机电）劳动力计划表

序号	专业工种名称	需要人数和时间					备　注
		×月	×月	×月	×月	×月	

全场劳动力动态计划表

序号	分部（分项）工程名称	需要人数和时间					备　注
		×月	×月	×月	×月	×月	

动态图：

3.5.2 主要材料需用量及进场计划

3.5.2.1 非实体施工材料用量

根据工期及流水段划分等确定非实体料具用量，主要包括模板及其支撑体系、脚手架体系等周转材料用量。

3.5.2.2 实体建筑施工材料及预制加工品用量

根据施工图及进度计划确定实体建筑材料、预制加工品用量以及进场计划，绘制如下表格：

建筑材料需用量计划表

序号	材料名称	规格型号	需用总量	单位	进场时间及数量				备注
					×月	×月	×月	×月	

预制加工品需用量计划表

序号	材料名称	型号或图号	规格型号	需用量		要求供应起止时间	备注
				单位	数量		

3.5.2.3 机电安装材料及设备需要量计划

机电安装材料需用量计划表

序号	材料名称	规格型号	需用量	单位	进场时间及数量				备注
					×月	×月	×月	×月	

机电安装设备需要量及进场计划

序号	设备名称	型号	规格	电功率	需用量	进场时间	备注

3.5.3 施工机具及设备需用量计划

施工机具需要量计划表

序号	施工机具名称	型号	规格	电功率	需用量	使用时间	备注

3.6 施工准备

3.6.1 施工技术准备

3.6.1.1 施工图设计技术交底及图纸会审

3.6.1.2 施工图深化设计

3.6.1.3 图纸、规范、标准、图集等

3.6.1.4 测量基准交底、复测及验收

3.6.1.5 技术工作计划

制订分项施工方案的编制计划，制订试验工作计划，制订样板、样板间计划、制订培训、总结计划等。

3.6.2 劳动力组织准备

根据施工方案、施工进度、劳动力需要量计划，建立工作队，组织劳动力进场。工人进场后生活、教育及培训工作安排。

3.6.3 施工物资准备

根据施工方案、进度、物资进场计划表等，编制物资管理工作规定及实施计划。

3.6.4 施工现场准备

3.6.4.1 “四通一平”工作。

3.6.4.2 工程轴线控制网测量定位及控制桩、控制点的保护。

3.6.4.3 临时供水、供电、供热、雨污水。

3.6.4.4 建造各项临建及环保设施，CI工作。

3.6.4.5 冬雨期施工准备。

3.7 总包管理

3.7.1 对分包的管理措施

3.7.2 总包与业主的配合及服务

3.7.3 总包与监理的配合

3.7.4 总包与设计的协调配合

3.7.5 计算机管理及应用

4 施工进度计划及工期保障措施

4.1 施工进度计划

文字部分说明本工程开、竣工日期，基础工程出地面时间，主体结构完成时间，工程

竣工验收时间及业主的要求等，并附详细的施工进度计划。施工进度计划应根据业主、监理要求，采用业主、监理单位认可的计划软件（如Project、Suretrak或梦龙计划软件）进行编制，应体现总进度及各分项工程进度的关键线路。

4.2 工期保障措施

4.2.1 组织措施

4.2.2 技术措施

4.2.3 管理措施

5 施工总平面布置

5.1 施工总平面布置依据

施工工艺流程，业主提供的现场地下及周围作业条件，项目所在地政府的有关规定等。

5.2 施工现场平面的绘制及布置原则

平面布置应在满足施工工艺要求的前提下尽量紧凑，尽量缩短运输路线及各种管线的距离和长度；应采用CAD专用绘图软件按比例进行绘制，可分阶段进行布置，必要时应单独绘制临水临电布置图；施工平面图应考虑安全及环保问题。

5.3 施工总平面图的内容

5.3.1 现场临建清单及做法说明

现场办公区、生活区、施工区的各项临时建筑面积及做法一览表。

5.3.2 现场出入口及围墙

应结合承包商公司CI要求进行设计。

5.3.3 现场道路及排水

排水系统应包括沉淀池、化粪池、隔油池等环保措施。

5.3.4 现场机械、设备的布置

塔吊、起重机的轨道或行驶路线，塔吊距建筑物的距离，塔吊高度，回转半径，最大、最小起重量、水平运输设备的安装位置；混凝土泵车、泵管的布置、现场搅拌设备的布置、室外电梯、提升架布置等。

5.3.5 材料加工、堆放场地

5.3.6 临时用水布置

5.3.7 临时用电布置

列出现场用电设备明细表及所需总电源容量，必要时应提供详细计算书。

5.3.8 垃圾堆场

垃圾堆场应考虑分类堆放的需求，垃圾分类如下：

1. 施工垃圾；
2. 生活垃圾；
3. 可回收物资；
4. 不可回收有毒有害垃圾。

不可回收有毒有害垃圾的堆放场地，应有防泄漏措施。

6 主要分部（分项）工程施工方法

明确本工程的关键工序和特殊过程。

简要描述各关键工序的施工方法和控制要点。

简要描述特殊过程预先鉴定的内容和方法，施工方法，监控内容和方法。

6.1 测量工程

6.1.1 工程轴线控制

6.1.2 垂直度控制

6.1.3 沉降观测（如必要）

6.2 地基与基础工程

6.2.1 基坑降水排水工程

6.2.2 基坑支护

6.2.3 土方工程

6.2.4 桩基础工程

6.2.5 地下防水工程

6.3 结构工程

6.3.1 钢筋工程

6.3.2 模板工程

6.3.3 混凝土工程

6.3.4 预应力混凝土工程

6.3.5 砌筑工程

6.3.6 结构安装工程

6.3.7 特种结构安装工程

6.4 垂直运输与脚手架工程

6.5 装饰装修工程

6.5.1 地面工程

6.5.2 抹灰工程

6.5.3 门窗工程

6.5.4 吊顶工程

6.5.5 轻质隔墙工程

6.5.6 饰面板（砖）工程

6.5.7 幕墙工程

6.5.8 涂饰工程

6.5.9 裱糊与软包工程

6.5.10 细部工程

6.6 卫生间及厕浴间防水工程

6.7 屋面工程

6.8 机电安装工程

6.8.1 给水排水及采暖工程

6.8.2 通风与空调工程

6.8.3 电气工程

6.8.4 弱电工程

6.8.5 消防工程

6.8.6 电梯工程

6.9 外线、道路及绿化工程

6.10 季节性施工

6.10.1 冬期施工

6.10.2 雨期施工

7 质量管理体系及质量保证措施

7.1 项目质量管理体系说明

包括对主要质量管理体系要素原则分工的说明及对应的质量管理体系图。

7.2 质量管理体系的实施措施及制度

7.2.1 文件与记录管理

7.2.2 过程控制（识别关键过程、特殊过程，并明确控制方法）

7.2.3 计量器具控制

7.2.4 成品及半成品的保护措施

7.2.5 培训

7.2.6 为业主服务及让业主满意的过程

7.2.7 数据分析

7.3 质量保证措施

介绍各分部分项工程具体的质量保证措施。

8 环境管理体系及环保保证措施

8.1 项目环境管理体系说明

可参考“环境管理计划编制指导”，应有对应的环境管理体系图。

8.2 环境理体系的实施措施及制度

可参考“环境管理计划编制指导”。

8.3 环保保证措施

介绍各分部分项工程具体的环境保护保证措施。

9 职业健康安全管理体系及安全保证措施

9.1 项目职业健康安全管理体系说明

可参考“职业健康安全管理计划编制指导”，应有对应的职业健康安全管理体系图。

9.2 职业健康安全体系的实施措施及制度

可参考“职业健康安全管理计划编制指导”。

9.3 安全保证措施

介绍各分部分项工程具体的安全保证措施。

10 降低成本措施

10.1 技术措施

10.2 管理措施

11 “四新”技术应用

本工程拟采用的四新技术清单及使用情况的说明，计算机管理及信息技术的综合应用。

【文案范例2】

由于本书篇幅有限，本文案范例简要介绍施工方案的编写提纲。

施 工 方 案
（提　纲）

1 编制依据

1.1 有关部门审批的有效施工图

1.2 现行的国家或地方规范、标准、图集

1.3 批准执行的施工组织设计

2 工程概况

2.1 工程概况

2.2 工程特点难点分析及对策

3 施工部署

3.1 施工目标

3.2 施工组织机构

3.3 进度计划安排

3.4 资源配置计划（劳动力、机械、周转材料及主要材料用量计划）

4 施工准备工作

4.1 施工平面布置

4.2 现场作业条件准备

4.3 技术措施准备

5 施工方法及技术措施

描述具体分项工程的施工方法、步骤及技术措施。

6 质量保证管理及技术措施

7 安全文明施工管理及技术措施

8 环保施工管理及技术措施

9 其他应注意事项及措施（如降低造价、四新技术应用等）

4.2.2.2 施工进度计划

【基本概念】

1. 定义

施工进度计划是指规定了项目施工中主要施工准备工作和主体工程的开工、竣工和投产发挥效益等工期、施工程序和施工强度的技术文件。就国内普遍采用的施工组织设计而言，施工进度计划是施工组织设计的中心内容，它要保证建设工程按合同规定的期限交付使用。施工中的其他工作必须围绕着并适应施工进度计划的要求安排。施工进度计划是整个项目计划中的核心文件，其他的计划都是在进度计划的基础上制订的。

2. 类别

施工进度计划与施工组织设计相适应，其种类分为总进度计划和单位工程施工进度计划。施工总进度计划包括建设项目（厂房、住宅区等）的施工进度计划和施工准备阶段的

进度计划。它按生产工艺和建设要求，确定投产建筑群的主要和辅助的建筑物与构筑物的施工顺序、相互衔接和开、竣工时间，以及施工准备工程的顺序和工期。单位工程施工进度计划是总进度计划有关项目施工进度的具体化，一般土建工程的施工组织设计还考虑了专业和安装工程的施工时间。按使用条件分为投标使用与中标后使用的。其区别在于：投标书中的施工进度计划已经被业主接受，成为业主授标的根据；中标后又报送的进度计划，是业主进一步核定施工进度，取得工程师批准，作为施工过程中合同双方共同遵守的合同文件。

3. 作用

在国际工程承包业务中，由于FIDIC合同条件的规定，施工进度计划是承包商在收到开工通知后，必须提交给业主或工程师审批的要件。承包商在中标后，应在投标书施工进度计划的基础上，进一步核实施工组织计划，编制详细可行的施工进度计划，以保证关键路线上的项目施工进度符合投标书的要求。在国际工程承包中，合同规定承包商在接到中标函一定期间内，应向业主或工程师报送详细的施工进度计划，取得工程师的审核批准，作为以后管理施工进度的依据。取得工程师批准的施工进度计划同其他合同文件一样具有合同效力。

根据国际工程施工的实践经验，承包商如果在工期上造成延误，往往会导致一系列的问题的发生，如施工成本增加、质量难以保证等，甚至引起合同争端，造成严重的后果。业主或工程师一般都非常重视工程进度，关心项目是否能按期竣工、投产或投入使用，这直接关系到业主的经济效益以及公众形象等。如果承包商能在施工进度上令业主和工程师满意，将会为整个工程项目的实施创造非常有利的条件。因此，自项目开工之日起，合同双方都非常重视施工进度。所以，承包商都把编制和控制管理施工进度计划，作为整个施工管理工作的重中之重。

4. 编制的方法

施工进度计划的编制原则是：从实际出发，抓住质量、工期和成本这三个基本要素，注意施工的连续性和均衡性；按合同规定的工期要求，做到好中求快，提高竣工率，讲求综合经济效果。

施工进度计划的编制，其核心任务就是编制施工进度计划表，按流水作业原理的网络计划方法进行的。流水作业是在分工协作和大批量生产的基础上形成的一种科学的生产组织方法。它的特点体现在生产的连续性、节奏性和均衡性上。由于建筑产品及其生产的技术经济特点，在建筑施工中采用流水作业方法时，必须把工程分成若干施工段，当第一个专业施工队组完成了第一个施工段的前一道工序而腾出工作面并转入第二个施工段时，第二个专业施工队组即可进入第一施工段去完成后一道工序，然后再转入第二施工段连续作业。这样既保证了各施工队组工作的连续性，又使后一道工序能提前插入施工，充分利用了空间，又争取了时间，缩短了工期，使施工能快速而稳定地进行。同时还必须周密的考虑施工机械、建筑材料的供应以及供货、储存和安装环节，并保证劳动力的配备，使每个作业按计划顺利完成。利用网络计划方法编制施工进度计划则可将整个施工进程联系起来，形成一个有机的整体，反映出各项工作（工程或工序）的工艺联系和组织联系，能为管理人员提供各种有用的管理信息。

施工进度计划表是施工进度计划的集中表现，是施工日程表制定的基础。由于施工进度表的编制时，没有也无法预料施工过程中可能发生的各种变更的情况。所以，施工进度计划（或称施工进度表）必须随施工现场的实际情况随时作出修正，以便发挥其指导的作用。

施工进度计划（或称施工进度计划表）的主要形式有；横道图法（又称甘特图法）或网络图法（称箭头图），其格式为图表法。通常都用专业的软件在计算机上绘制而成。

5. 编制的步骤

施工进度计划编制的步骤为：

（1）划分施工过程、作业项目，确定施工顺序；

（2）计算工作量；

（3）确定劳动量和机械台班数量；

（4）确定各施工过程的持续施工时间（天或周），计算每个作业所需要的时间，确定施工关键路线；

（5）确定施工进度的日程，编制施工进度计划的初始方案；

（6）检查和调整施工进度计划初始方案。

6. 施工进度计划的控制与管理

在工程项目承包的实践中，任何一个项目的实施都不是自始至终完全是按照初始拟定的施工进度计划进行的。这是因为各个工程项目施工都会由于其本身的特点，决定了施工进度计划也是随着其不断变化的实际，而进行进度计划的调整和纠偏。一般情况下，影响工程施工进度的因素主要包括：

（1）人为因素。

如项目经理或施工管理人员的组织能力不强、经验不足；项目部各部门和员工之间缺少沟通和协调；项目经理部忽视或不善于与业主和工程师及外部相关利益团体的沟通等。

（2）制度因素。

如项目管理制度落后，内部职责不清，分配机制不公，激励机制僵化等。

（3）资源因素。

人、财、物等资源的配置不足或供应不及时，也是影响施工进度的关键因素。

（4）环境因素。

由于工程项目的施工对环境的依赖性很大，恶劣的自然、社会等环境以及场地等都会导致项目管理的失败，地质、气候、地方干扰等都是对项目施工进度影响至关重要的环境因素。

（5）技术因素。如施工组织设计不合理、设计变更、使用尚未成熟的材料或新技术、不熟悉技术规范和标准等。

项目进度计划的管理和控制是不断地通过 PDCA 循环和目标—实施—反馈—纠偏的控制循环实现的。

通常项目进度计划的控制程序包括以下四个步骤：

（1）跟踪检查施工实际进度。

（2）整理统计检查数据。

（3）对比实际进度与计划进度。将收集的资料整理和统计成具有与计划进度可比性的数据后，可采用横道图比较法、S形（香蕉）曲线比较法、前锋线比较法或列表比较法等将实际进度与计划进度进行比较，得出实际进度与计划进度相一致、超前、拖后三种情况。

（4）对施工项目进度检查的结果进行处理。

除了关键线路上的工序受到影响而导致整个施工进度计划必须作出调整外，还经常会出现这样的情况：由于非关键路线上的某项工作遭受意外干扰，致使其完成时间大大拖后，从而使这一工作变成控制整个项目工期的关键工序，改变了初始的关键路线。因此，项目部施工管理人员要充分利用PDCA循环这一个动态的管理过程，及时跟踪每一道工序的实施进度，及时反馈到项目经理部。在出现上述的偏差情况后，项目经理部应积极果断地采取措施，包括组织措施、技术措施、合同措施、经济措施和信息管理措施等，加快延误的关键工序的施工，使工程项目的施工回到计划的轨道上来。

实施进度计划要尽量减少事后的调整和补救，应侧重预见或预警性的控制和现场协调，变事后补救为事前控制。另外，承包商不能随意改变项目的施工进度计划。当出现严重的意外事件而导致实际进度与计划产生重大偏离时，或实际上工程已无可能再按原制订的进度计划实施时，承包商需要对施工进度计划作出调整修订，并报工程师审核批准，为将来可能发生的工期索赔提供合同依据。

【内容与格式】

施工进度计划编制的表示方法一般为横道图法（又称甘特图法）或网络图法（称箭头图），其格式为图表法。通常都用专业的软件在计算机上绘制而成。

施工进度计划是用表格的形式表示的，也称施工进度计划表，其主要内容是从工程项目的开始到结束，主要的施工工序、工艺所花费的时间，以及不同的专业穿插施工的流程。在国际工程承包业务中，承包商通常都要在施工进度计划编制完成的基础上，编制全面的施工计划，这个施工计划包括：月、周施工计划；物资供应计划；劳动力平衡计划；财务资金计划；技术组织措施计划以及附属企业生产计划。

【文案范例】

以建筑工程为例：用横道图法编制的施工进度计划包含：土方开挖（挖槽），验槽，基础施工，主体施工（梁、板、柱，钢筋、模板、混凝土），内外墙砌筑，内外墙抹灰，室内装修，屋面防水，外墙涂料，室外管网，道路，竣工验收，移交等主要的施工工序、工艺所花费的开始到结束的时间，以及不同的专业穿插施工的流程。其中，水暖、电气、消防等需要在主体施工、砌筑、装修之间等穿插进行。

4.2.2.3　施工质量计划

【基本概念】

1. 定义

对工程建设行业而言，质量计划主要是针对特定的项目所编制的规定程序和相应资源的文件。

施工质量计划有时也称为工程项目质量计划。主要规定了工程项目应达到的质量目标，有关质量管理人员的职责，所采用的质量控制程序，必要的检验和试验，审核文件以及为达到质量目标所采取的其他措施等。工程项目质量计划是由项目负责人（一般是项目经理）主持，负责质量、设计、工艺和采购等方面的有关人员参与制订，由公司授权的工程技术负责人审批后生效。工程项目质量计划是施工质量管理的前提和基础，是控制施工质量的关键和保证。

随着ISO国际质量认证体系在世界范围内得到广泛的认可，已经有越来越多的国际工程招标中对承包商的ISO质量认证资质提出明确的要求。作为质量体系文件重要组成部分的质量计划是针对某项产品、项目或合同规定的专门的质量措施、资源和活动顺序的文件。

质量手册和质量体系程序所规定的是各种产品都适用的通用要求和方法。但各种特定产品都有其特殊性，通过质量计划，可将某产品、项目或合同的特定要求与现行的通用的质量体系程序相联结。通常，质量计划引用质量手册或程序文件中的适用条款。

质量计划应明确指出所开展的质量活动，并直接或间接通过相应程序或其他文件，指出如何实施这些活动。

2. 质量计划的作用

质量计划是一种工具，其作用主要是：

（1）在企业内部，通过产品或项目的质量计划，使产品的特殊质量要求能通过有效的措施得以满足，是质量管理的依据。

（2）在合同情况下，供方可向顾客证明其如何满足特定合同的特殊质量要求，并作为顾客实施质量监督的依据。

3. 质量计划的编制

工程建设的产品称为建筑产品（或项目），其施工质量计划是针对具体的建筑产品的特殊要求，以及应重点控制的环节，所编制的对设计、采购、施工、安装、检验等质量控制方案。编制质量计划，一般不是单独一个文件，而是由一系列文件所组成。

开始编制质量计划时，可以从总体上考虑如何保证产品质量，因此，可以是一个带有规划性的较粗的质量计划。随着设计、施工、安装的进展，再相应编制各阶段较详细的质量计划，如设计控制计划、施工控制计划、安装控制计划和检验计划等。质量计划应随设计、施工、安装的进度作必要的调整和完善。

项目施工质量计划编制的原则是在工程正式开工前由项目经理依据中标后编制的并经批准的《项目策划书》组织编制项目质量计划。对于中、小型工程或施工图纸能够一次基本到位的工程，项目部应于开工初期完成质量计划的第一版的编制工作。对于大型工程或施工图纸分阶段到位的工程，一般可按投标阶段或施工阶段来编制项目质量计划，如基础阶段（±0.00以下）、主体阶段（±0.00以上）、装修阶段、机电设备安装阶段等。按阶段编制质量计划，原则上应在该阶段开始施工后的一个月内完成。工程施工进行过程中，项目应根据实际情况逐步完善项目施工质量计划，以确保对项目管理的实际指导作用。

施工质量计划可以单独编制，也可以作为企业其他文件（如建筑产品计划或项目计划）的组成部分。项目实施的各项内容，在项目质量计划编制中均应有所反映。如某一方面工作暂不需要或不适用，可在项目质量计划的相应条款中注明“不适用”或“不需要”。例如，项目无业主提供物资的情况，则在列出“业主提供物资的控制”的标题后标明“不适用”。在阐述每一过程活动时，需将相应程序文件的原则规定展开为本项目某过程活动的具体管理要求和做法（包括：活动的对象、责任者以及相应的活动时间、地点和方法），确保其具备较好的可操作性和可检查性。

为了做好施工质量计划的编制工作，应注意以下问题：

(1) 最高管理者应当亲自领导，项目经理必须亲自主持和组织质量计划的编制工作。

(2) 必须建立质量计划编制小组。小组成员应具备丰富的知识，有实践经验，善于听取不同的意见，有较强的沟通能力和创新精神。当质量计划编制完成后，在公布实施时，小组即可解散。

(3) 编制质量计划的指导思想：始终以顾客（业主）需求为关注的焦点。

(4) 准确无误地找出关键质量问题。

(5) 反复征询对质量计划草案的意见。

在现行的施工管理体制中，对每一个特定工程项目需要编写施工组织设计，作为施工准备和施工全过程的指导性文件。施工质量计划与施工组织设计的相同点是：其对象均是针对某一特定项目，而且均以文件形式出现。但两者在内容和要求上又不完全相同，因此，不能互相替代，而应将两者有机地结合起来。

4. 施工质量计划的实施

项目施工质量计划编制完成后，通常由承包商事业部或分支机构市场开拓主管副总经理批准。批准后的施工质量计划应发至承包商事业部或分支机构、项目经理部和有关分包商。

施工质量计划一旦批准生效，必须严格按计划实施。在施工质量计划实施过程中应进行监控，及时了解计划执行的情况，偏离的程度，纠偏措施，以确保计划的有效性。如果顾客明确提出编制质量计划要求，则在实施过程中如对施工质量计划有较大修改都需征得顾客的同意。

【内容与格式】

施工质量计划的内容包括：应达到的产品质量目标（如特性或规范、可靠性、综合指标等）；企业实际运作的各过程步骤（可以用流程图等形式展示过程的各项活动）；在项目的各个不同阶段，职责、权限和资源的具体分配，如果有的产品因特殊需要或企业管理的特殊要求，需要建立相对独立的组织机构，应规定有关部门和人员应承担的任务、责任、权限和完成工作任务的进度要求；实施中应采用的程序、方法和指导书；有关阶段（如设计、采购、施工、检验等）适用的试验、检查、检验和评审大纲；达到质量目标的测量方法；随项目或产品建造的进展而修改和完善质量计划的程序；为达到质量目标应采取的其他措施，如更新检验测试设备，研究新的工艺方法和设备，需要补充制定的特定程序、方法、标准和其他文件等。

工程项目施工质量计划的格式，由封面（封面内要注明：项目名称、编制人、审核人、项目负责人或项目经理、批准人以及单位名称、日期）、目录、正文、附件组成。其内容简介如下：

1. 概述

主要是描述工程的概况。包括工程名称、业主、咨询工程师、工程地点、工程规模、结构形式、工程特点、工期、自然和地质条件、水文气象条件等，同时阐述质量计划编制的依据和质量计划适用的范围。

2. 质量目标

明确工程项目质量目标，可分为产品质量目标和服务质量目标，其中：产品质量目标包括工程物资质量、分部分项工程质量、单位工程质量以及整个项目质量；服务质量目标包括项目的施工工期、施工费用、施工安全及环境保护、新技术推广等。质量目标要进行分解，落实到个人。

3. 职责和权限

列出项目部组织机构及各岗位人员职责与权限，并提出企业或项目部内部沟通方式。

4. 过程的识别

质量管理检查流程，主要的特殊检验过程等。

5. 质量保证措施

包括工程质量责任书的签订；文件和资料的控制；采购与提供产品的控制；产品标识和可追溯性；过程控制；检验和试验；检验、试验和测量设备的控制；不合格品的控制；纠正和预防措施；搬运、储存、防护和交付的控制等。

【文案范例】

质 量 计 划

目 录

（略）

1　工程概况

简要介绍工程的基本情况（可借鉴项目施工组织设计的工程概况）。

2　总则

2.1　项目总目标

(1) 质量目标：

(2) 工期目标：　　年　　月　　日开工，年　　月　　日竣工

(3) 安全目标：杜绝死亡及重伤事故；轻伤事故频率控制在　　‰以内。

(4) 环境管理目标：

(5) 技术创新目标：

(6) 科技管理目标：

2.2　质量计划说明

2.2.1　主要内容和适用范围

为确保工程的各项管理达到管理目标的要求，项目经理部按公司要求建立项目质量管理体系。本质量计划即是该质量管理体系的实施性文件，它对本项目的管理目标、各主要岗位的质量职责和各过程活动的控制作出了规定。

2.2.2　编制依据

(1) 工程合同文件（合同号）

(2) 工程设计图纸

(3) 公司《质量手册》、程序文件及《项目管理手册》、《合约管理手册》、《物资管理手册》、《技术管理手册》、《人力资源管理手册》

2.2.3　工程验收准则

国家现行施工质量验收规范（列出现行的本项目适用的主要工程技术标准和施工质量验收规范）

2.2.4 质量计划的管理

质量计划由项目执行经理/副经理组织编制，项目技术总负责人、项目经理审核后，报事业部项目管理板块及体系部审核，事业部主管副总经理批准后生效。

质量计划由质量安全部负责印制、登记发放和保存。

质量计划的修订由项目执行经理/副经理组织进行，并执行原审批程序。

3 组织机构与职责

3.1 项目组织机构

项目组织机构见下图：(注：仅供参考，应结合项目具体情况绘制)

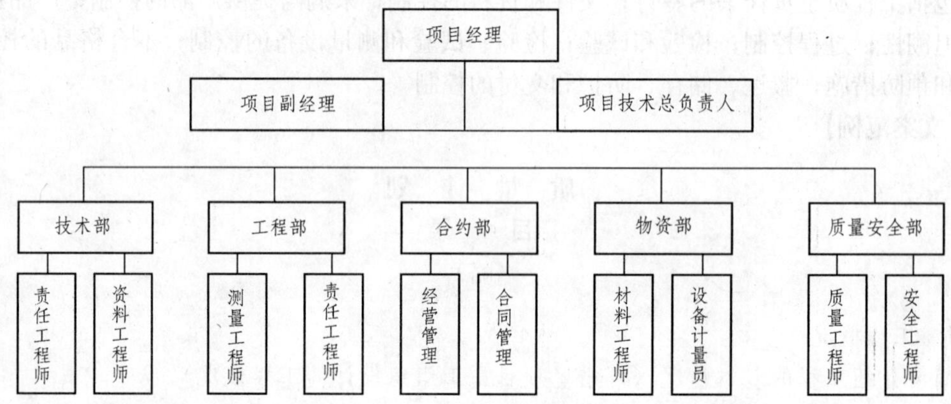

3.2 岗位职责

3.2.1 项目经理（×××）

(1) 负责组织项目质量体系的建立和运行，确保项目管理目标的实现；

(2) 建立和调整项目组织机构，规定各管理岗位的管理职责和权限；

(3) 批准施工组织设计，组织编制并审核项目质量计划；

(4) 在项目经理部授权范围内，批准分包商及供应商的选择结果；

(5) 批准项目的物资申请计划；

(6) 组织对质量事故的评审，批准对质量事故的处置方案；

(7) 监督检查各岗位的管理职责的落实情况及效果；

(8) 组织与业主的沟通与业主满意调查工作；

(9) 组织项目的内部管理评审活动，策划并组织实施项目的质量改进活动。

3.2.2 副经理/现场经理（×××）

(1) 协助项目经理主管施工组织及管理，包括工程进度、过程质量控制和安全文明施工等；

(2) 组织编制项目施工生产计划；

(3) 参与编制项目质量计划，审核项目施工组织设计；

(4) 在项目经理部的授权范围内，审核分包商及供应商的选择结果；

(5) 批准对特殊过程的确认及再确认的结果；

(6) 组织对不合格品的评审，参与对质量事故的评审；

(7) 审核项目的物资申请计划；

(8) 组织项目的过程监视和测量工作；

(9) 批准项目的纠正、预防措施；

(10) 组织工程交付工作。

3.2.3 总技术负责人（总工程师）（×××）

(1) 组织确定与工程质量有关的技术要求，明确本项目工程的验收准则；

(2) 组织编制施工组织设计；

(3) 审核项目质量计划；

(4) 批准项目施工技术方案；

(5) 组织图纸会审，组织设计交底，组织与设计/监理方就技术问题的沟通；

(6) 参与质量事故及不合格品的评审；

(7) 审核质量事故的处置方案，批准对不合格品的处置方案；

(8) 组织验证质量事故处置结果的符合性；

(9) 参与过程监视和测量；

(10) 审核项目的纠正预防措施；

(11) 组织项目的数据分析工作；

(12) 组织工程竣工技术资料的审核、编制及报审工作。

3.2.4 合约部/合约商务经理（×××）

(1) 负责项目的合同管理工作；

(2) 组织合同修订的评审；

(3) 在项目经理部授权范围内，主持对分包商的评价、选择工作.

(4) 参与或主持对业主合同的评审，审核分包合同和采购合同；

(5) 组织对进场分包商的验证工作；

(6) 组织对分包商的年度评估工作；

(7) 组织或参与与业主的沟通工作，及时将业主对工程的要求传递至各相关部门和人员。

3.2.5 技术部/责任工程师（×××、×××、×××、×××、×××）

(1) 参与施工组织设计编制；

(2) 编制专业技术方案；

(3) 编制作业指导书，对作业层进行技术交底；

(4) 参加对工程不合格品的评审，编制处置方案，参与对质量事故与不合格品处置后的验证；

(5) 参与对进场物资的验证；

(6) 组织阶段性的工程质量验收工作；

(7) 针对不合格品，制定纠正、预防措施；

(8) 收集工程技术资料和质量记录。

3.2.6 质量部/质量工程师（×××）

(1) 组织或参加工程预检及隐蔽验收检查；

(2) 对施工全过程实施过程监视和测量，并做好记录；

(3) 参加对物资进场的验证工作；

(4) 参加对质量事故和不合格品的评审，组织对不合格品处置后的验证；

(5) 收集与质量有关的各项数据，定期进行数据分析，向技术总负责人/项目副经理提出改进质量管理的意见；

(6) 对纠正和预防措施实施情况进行跟踪验证；

(7) 参加阶段性及竣工交付的质量验收工作。

3.2.7 资料工程师（×××）

(1) 负责收集、编目、登记、发放、回收技术标准及施工质量验收规范等技术法规性文件；

(2) 负责图纸、设计变更和工程洽商的接收、发放和归档；

(3) 负责工程竣工技术资料的收集、汇总、整理和归档。

3.2.8 物资部/材料工程师（×××）

(1) 组织编制项目物资申请计划；

(2) 建立项目物资采购台账；

(3) 在项目经理部授权范围内，组织物资采购工作，包括评价、选择及再评价供方，编制项目物资采购计划，并保存记录；

(4) 组织物资进场验证，保存验证记录；

(5) 组织对供应商的年度评估工作；

(6) 负责物资标识、贮存、发放及回收的管理。

3.2.9 工程部/设备、计量员（×××）

(1) 建立项目施工机械设备、计量器具设备台账（包括所有分包的）；

(2) 组织对计量器具设备的定期检定，保存检定记录/合格证；

(3) 编制设备维修保养计划，并组织落实；

(4) 保存设备维修保养记录，重要设备的验收及运转记录。

3.2.10 安全部/安全员（×××）

(1) 制定项目安全管理制度，并组织实施；

(2) 组织项目的安全与文明施工的检查；

(3) 对不合格问题发出整改通知，并监督整改实施；

(4) 负责安全事故的调查、分析、提出处理意见；

(5) 建立项目特殊岗位人员名录，并保存资格证明文件（复印件）；

(6) 组织对特殊岗位人员的培训工作。

4 文件和资料的控制

4.1 与质量有关的文件和资料

本计划要求所控制的文件、资料是指本项目质量体系建立与实施中形成的，以及与工程质量有关的文件资料。

文件受控是指对文件的批准、发放、使用、更改、作废、回收等均应纳入程序，并按规定管理。

与本项目质量体系要求和控制工程质量有关的文件和资料包括：

(1) 项目文件，包括项目策划、质量计划、与质量有关的规章、制度和行政文件、施工组织设计、施工方案等。

(2) 标准类文件，包括本工程设计规范以及国家和地方颁布的有关工程施工的各类技术规范、标准、规程、标准图集、定额等。

(3) 合同文件，包括业主合同、分包合同、采购合同等。

(4) 图纸类文件，包括各类工程施工图纸、设计变更、工程洽商等。

(5) 外来文件，包括业主来函、分包商来函、供应商来函、政府或上级主管单位下发的与质量有关的文件。

(6) 外发信函，就有关工程质量问题的外发信函。

(7) 质量记录，包括质量体系运行记录和与工程质量有关的记录。

4.2 文件和资料的批准和发布

文件和资料在发布前，发文单位必须请有关人员对文件和资料的内容、适用性和发放范围进行审批。审批人员在确定文件和资料的发放范围时，应注意与质量体系运行有关的各个场所，都能得到相应文件的有效版本。

文件和资料的发布单位负责定期编制并发放本单位的发放文件清单，以便所有使用这些文件的单位能查证文件的现行修订状态，及时从所有使用场所撤出作废文件，防止误用。

所有文件和资料的收文和发放均由资料员负责收发与登记。

4.3 文件和资料的标识印章

外来文件，收文单位应在文件上加盖“收文”章予以标识，并注明收文编号和收文日期。

对保留的作废文件和资料，由发文单位在文件和资料上加盖“作废”印章予以标识。

4.4 文件和资料的更改

文件和资料的更改由文件的原起草单位负责，其审批由该文件的原审批单位进行。文件更改时，与之相关的文件必须同时更改，并及时将更改信息通知文件使用单位。

文件和资料的更改方法有换页、换版及手改，手改只能进行划改，不允许压改。

4.5 文件和资料的作废、回收及销毁

作废文件由发出部门及时收回，防止误用。对作废文件，由原发出部门及时进行销毁。

4.6 记录要求

(1) 收文记录；

(2) 图纸收发记录；

(3) 发文记录；

(4) 文件审批记录。

5 与产品有关要求的确定与评审

5.1 合同修订的评审

合同的修订包括合同条款更改、设计变更、工程洽商。重大的修订（如合同条款更改，造成工期、合同价款、施工方案和资源配置较大变化的设计变更等），由项目副经理/技术总负责人组织，评审中应充分考虑：

(1) 更改的技术可行性；

(2) 更改后对成本的影响；

(3) 更改后对工程质量、工程工期的影响；

(4) 更改后对材料供应、施工设备及其他现场条件的影响等。

5.2 对设计变更和工程洽商的管理

负责办理变更、工程洽商和签证的人员应及时将相关记录传递给项目合约商务经理、项目副经理、技术总负责人和有关单位。

5.3 合同文件的管理

合同签订后，事业部/分支机构合约商务部负责向项目经理部和有关部门进行合同交底，将执行合同中有关的重要事项和容易产生歧义的地方予以明确交代，以保证合同的顺利执行。

对履约中的理解不一致，一般性问题由项目合约商务经理牵头同业主磋商解决，重大问题合约商务经理应向项目经理及事业部/分支机构合约部门汇报，由项目经理会同事业部/分支机构合约部门与业主协商解决。

5.4 记录要求

有关合同修订及其评审记录，由项目合约商务部存档。合约部还需保存：

(1) 合同评审记录。

(2) 合同交底记录。

(3) 设计变更及工程洽商记录。

6 物资管理

6.1 物资采购的策划

根据项目策划，本项目物资供应的主要方式为：

(1) 业主提供的物资。

(2) 公司采购中心/分支机构采购的物资。

(3) 项目采购的物资。

(4) 分包商采购的物资。

6.2 对供应商的评价

对于由项目采购的物资，由项目物资部组织对供应商进行评价，以保证选择的供应商具有满足供应合同要求的能力，其评价结果是判定供应商是否可以入选的重要依据。

6.2.1 供应商资格预审

对于未在公司/分支机构合格供应商名录中的供应商，项目物资部负责对供应商进行资格预审，向供应商发放资格预审表。对供货厂家进行资格预审时，《供应商资格预审表》中的所有内容由生产厂家完成；对经销商进行资格预审时，经销商除按照资格预审表提供自身有关资料外，还应提供物资生产厂家的相关资料。物资部负责审核供应商填写的供应商资格预审表及提供的相关资料。

6.2.2 供应商考察

对重要物资的供应商除资格预审外，物资部在采购前负责对其进行考察。考察的内容为资格预审中不包括的项目，如生产状况、人员状况、原料来源、机械设备产品应用情况，对供应商的质量保证能力审核，对供应商支付能力和提供保险、保函能力的调查等。考察由物资部牵头，必要时应邀请技术等有关部门的人员参加。

6.3 业主提供的物资

业主提供的物资指由业主采购，提供给项目并用在工程上的物资，其管理执行本手册第8条款的规定。

6.4 物资采购的实施

6.4.1 申请计划

开工前，技术部向物资部提出物资申请计划，以便物资部制订采购计划并安排采购。对于采购周期较长的物资，需用计划应尽早提交（规定原则的时间要求），以给采购提供必要的操作时间。

每月×日前，工程部应向物资部提出下月需用物资的进场计划，以便物资采购部门安排进货。

6.4.2 供应商选择

本项目的物资采购采用招标和非招标两种方式。招标形式的供应商选择，经过以下几个环节：制订招标计划，编制招标文件并向候选供应商进行发放，对供应商进行预先评价，评标及定标。非招标形式的供应商选择，经过以下几个环节：邀请供应商报价，对供应商进行预先评价，比价并确定供应商。

对供应商的选择，原则上至少邀请3家供应商参加投标或报价，特殊情况下可采取独家议标（但事先应获取项目经理的批准）。

供应商选择的全部记录资料由物资部负责保存。

6.4.3 样品/样本报批

凡需送样审批的材料，技术部负责在物资申请计划中注明提交样品/样本时间。物资部向供应商提出提供样品/样本和报价的要求。

技术部/责任工程师负责办理向业主和设计的报批手续，保存有关审批记录。

6.4.4 采购合同

物资部在与供应商商谈采购合同（订单）时，应根据物资申请计划在采购合同（订单）中注明采购物资的名称、规格型号、单位和数量、进场日期、质量标准等项内容，规定验收方式以及发生质量问题时双方所承担的责任、仲裁方式等。

采购合同的内容应以与业主签订的合同的相关条款为基础，相应内容中不应有所抵触或遗漏。在采购合同中要体现质量体系的要求，明确应达到的质量目标及开展质量保证工作的要求。

物资部在将合同（订单）文本交项目有关部门会审后，再报项目经理批准，重大合同由事业部主管副总经理或其委托授权人批准。

物资部按照批准的合同文本与供应商签署正式合同文本。

6.5 分包商采购的物资

对分包商采购物资执行样品/样本报批制度，由物资部/项目经理指定的人员负责对分包商提供的样品/样本进行审批。

6.6 物资的验证

6.6.1 项目在供应商处对采购物资的验证

当需要在供应商处对所采购物资的质量进行验证时，物资部应在采购合同（订单）中明确规定验证的安排和物资的放行要求。

物资部组织技术、采购、质量等方面人员到供应商处，对所采购的物资进行验证，并做好验证记录。

6.6.2 业主对供应商提供物资的验证

当业主提出在收货地点或供货地点验证供应商供应的物资时，物资部负责联系并配合业主的验证。业主的验证不能免除公司提供合格产品的责任，也不能排除其后业主对不合格品的拒收。

6.6.3 进场物资的验证

物资进场后，由项目材料员和专业责任工程师进行验证，材料员负责填写并保存进场物资验证记录。

6.6.4 对分包商采购物资的验证

分包商负责对其采购的物资进行验证，填写并保存进场物资验证记录；负责管理该分包商的责任工程师应对分包商采购的物资和其验证记录进行审查，以确认所提供的物资符合要求。

项目的验证不能免除分包商提供合格产品的责任，也不能排除以后项目对分包商所提供物资中不合格品的拒收。

6.7 记录要求

(1) 物资申请计划

(2) 物资采购计划

(3) 供应商资格预审记录

(4) 供应商评价记录

(5) 供应商选择评价记录

(6) 物资样品/样本送审记录

(7) 进场物资验证记录

7 工程分包

7.1 工程分包策划

根据项目策划，对本项目使用的分包商进行如下划分：

(1) 业主指定的分包商

(2) 事业部/分公司审定的分包商

(3) 项目择定的分包商

7.2 分包商的预先评价

对于授权由项目负责选择分包商时，由合约部组织对所有向本项目提供承建制工程分包或提供劳务的分包商进行评价，以保证选用的分包商具有满足分包合同要求的能力。

7.2.1 分包商资格预审

合约部负责组织对分包商的资格预审，编制并发放分包商资格预审表。合约部负责审查分包商填写的《分包商资格预审表》及其所提供的相关资料（如企业简介、营业执照复印件、资质证书复印件、业绩报告等）。

7.2.2 分包商考察

对重要分包工程，除对分包商进行资格预审外，在选择前还应对其进行考察。考察由合约部牵头，负责该分包工程的责任工程师参加，必要时可邀请×××、YYY部门的人员参加。

对分包商考察的主要内容为资格预审未包括的项目，如：对分包商已完成或在施工程的考察、分包商提供的样板房或样板间、对分包商质量保证能力的审核、对分包商支付能力和提供保函能力的调查等。

分包商的资格预审/考察结果，是判定分包商可否入选的重要依据。

7.3 业主指定的分包商

对业主指定并与其签订分包合同的分包商的管理执行本计划8.4条款。对业主指定将由项目与其签订合同的分包商的选择，原则上仍执行本章节的规定，即要对其进行评价。当评价为合格时，则可确定该分包商；当其不合格时，应及时通知业主，并说明不合格的理由，请其决定是否选择。

7.4 分包商的选择

本项目的分包商选择采用招标和非招标两种方式。招标形式的分包商选择，应经过以下几个环节：制订招标计划，编制招标文件并向候选分包商进行发放，对分包商进行预先评价，评标及定标。非招标形式的分包商选择，应经过以下几个环节：邀请分包商报价和提交施工方案，对分包商进行预先评价，比价及确定分包商。

对分包商的选择，原则上至少邀请3家分包商参加投标或报价，特殊情况下可采取独家议标（但事先应获取公司总经理的批准）。

分包商选择的全部记录资料由合约部负责保存。

7.5 分包合同

分包合同的内容，应以与业主签订的合同的相关条款为基础，相应内容中不应有所抵触或遗漏。在分包合同中要体现质量体系的要求，明确应达到的质量目标及开展质量保证工作的要求。

合约部组织工程部及负责该分部分项工程的责任工程师等有关部门人员参加合同的签订，并负责拟定分包合同文本，将文本交有关部门会审后，再报项目经理或其委托授权人批准。

合约部按照批准的合同文本与分包商签署正式合同文本。

7.6 分包商进场的验证

由工程部按分包合同的规定验证分包商所承诺的资源配置及应完成的工作是否兑现，并填写和保存《分包商进场验证记录》。

7.7 记录要求

(1) 分包商能力评价表

(2) 分包商价格评价及选择审批记录

(3) 分包商年度评价记录

(4) 分包商进场验证记录

8 业主提供财产的控制

8.1 合同文件的约定

业主已将部分工程——机电工程、电梯安装工程另作分包，事业部/分支机构合约部已同业主洽商并在合同中明确了本项目部的协调管理及负责组织提供全部工程技术资料的责任，并规定了相应权利。

机电工程及电梯安装工程为由业主与其选择的分包商签定合同，项目合约部负责与业主治商并以书面的形式确定公司对该分包工程的责任及对该分包商的管理权限，明确该分包商在权利义务方面无特殊性，以保证项目的统一管理和工程质量。

精装修工程系由业主推荐分包商而由项目与之签定合同。项目合约部配合事业部/分支机构对该分包商进行预先评价，合格后再与分包商签定分包合同。当业主推荐的分包商没有通过预先评价时，项目合约部负责书面向业主报告；当业主坚持使用该分包商时，合约部则应同业主确定项目对该分项工程的管理的责任和权利。

业主提供的物资，主要是钢筋。事业部/分支机构合约部负责在合同中明确其规格、数量和相关的管理条件等，并包括当验证确认为不合格时的处理方法。

8.2 业主提供物资的验证

对业主提供的物资（钢筋），物资部/材料员须按其类型、品种数量、质量要求等实施验证，做好验证记录并保存物资的全部质量文件和资料。业主提供的钢筋虽然经过项目的验证，但不能免除业主提供合格物资的责任。对经验证不符合要求或质量保证文件资料不全的钢筋，物资部/材料员应负责做好记录并及时报告业主。

8.3 业主提供物资的贮存和维护

项目材料员负责对验证后的钢筋进行标识，并单独存放和妥善防护，防止任何由于贮存保管不当而造成的变质、损坏、丢失和混用，并定期检查物资状况。在贮存、维护过程中，如发现丢失、损坏或不适用等情况，物资部/材料员负责记录并向业主报告。

8.4 业主指定分包商的管理

工程部/项目责任工程师负责对精装修分包商施工中的协调、管理工作，质量部/质量工程师负责对其施工质量进行过程检查和交付验收。

质量检查人员发现精装修工程不合格时，除立即向分包商指出并予以记录外，并及时以书面形式报告业主，随后按业主的意见监督其处置，并记录处置结果。

精装修分包工程完工后，由分包商将整理好的相关工程竣工技术资料交项目责任工程师，由×××负责审核后提交至项目资料工程师。

9 标识和可追溯性

9.1 物资的标识

物资部在向供应商订货时，除要求供应商提供物资进货单据、材质证明、合格证外，还应要求供应商对物资的名称、批号、规格、型号、质量等级等标识清楚。物资进场时，物资部/材料员负责办理验证手续，建立进货记录和物资台账。台账中对进货日期、数量、使用、发放日期、使用部位等应标识清楚。领用时应有领料凭证。

进入贮存场地内的物资均应分类码放，并设置标签以标明物资的名称、批号、规格、型号、数量、进货日期、货源地以及检验试验状态等。对时效性较强的水泥、外加剂、掺合料等材料，要按照不同品种、等级、出厂进场的时间，分区堆放码齐，做到标牌明显，并实行先进先出的原则。对现场加工好的钢筋半成品，项目钢筋责任工程师负责要求钢筋加工班组按不同的结构编号堆放，并将标识牌绑扎在钢筋半成品上。对生产厂家出厂已在物资包装（含捆扎）上悬挂的标牌及其他标识，由材料员监督妥善保管。

标牌设置在物资存储场地通道附近的明显位置上，标牌要清晰醒目。入库物资的标签应悬挂在料架上方。

9.2 施工过程的标识

施工过程的标识主要是过程记录来实现的，如质量管理体系文件要求的过程控制记录及工程所在地区建设主管部门规定的质量记录（如北京地区执行《建筑工程资料管理规程》(DBJ 01-51-2003))。

施工过程中需进行检验和试验的工序，以检验和试验报告作为工序的标识。检验和试验报告中应表明工序名称、施工部位、送检及报告日期、试验结果等。

测量工程师应按不同的施工阶段、不同的要求，作出现场测量标志、测量成果图和成果记录。

工程竣工后由项目经理/项目副经理组织与业主办理交工验收手续，工程部/技术部按规定填写规定的记录，经有关各方签字后作为工程最终结果，有标识。

9.3 检验和试验状态标识

物资和施工过程在检验和试验后，应对其检验和试验状态进行标识，以表明其经检验和试验后合格与否。检验和试验状态分为未检验、已检验合格、已检验不合格和已检验待确定四种状态。负责标识的单位应保护好标识，发现标识不清或无标识的情况，应立即处理、补做。

9.3.1 物资的检验和试验状态

材料员负责进场物资的检验和试验状态进行标识。对分包商采购的物资，负责管理该分包商的责任工程师负责指导与监督其按本程序规定对物资的检验和试验状态进行标识。对物资的检验和试验状态标识方法同第9.1条物资的标识要求。

9.3.2 过程的检验和试验状态

由责任工程师/质量工程师负责施工过程的检验和试验状态标识。

对过程的检验和试验状态标识均采用记录形式进行。记录中应标明过程合格或不合格结论，并确保作业人员（包括分包商）清楚过程所处的状态。

9.3.3 工程最终检验和试验状态

工程最终检验和试验状态为政府质量监督机构最后核定的单位工程评定表中所标识的合格和不合格两种状态。

9.4 记录要求

建设主管部门规定的施工记录。

10 施工过程控制

10.1 确定过程

本项目的关键过程为：测量过程、钢筋工程、模板工程、混凝土工程、层间防水工程、屋面防水工程、幕墙工程等。

本项目的特殊过程为：大体积混凝土工程、地下防水工程、钢结构焊接工程。

10.2 关键过程的控制

10.2.1 施工技术方案

对于关键过程均需由责任工程师编制施工技术方案，具体分工为：（略）

10.2.2 技术交底

施工前，责任工程师应向作业人员/分包对组进行技术交底，填写并保存技术交底记录。

10.2.3 作业环境

对施工前和过程当中的施工作业环境及安全文明施工的管理，由责任工程师及安全员按施工组织设计/施工技术方案或环境管理计划的要求，监督执行并做好监控记录。

10.2.4 施工机械

项目设备员负责对进场施工设备组织验收，并填写、保存验收记录，建立本项目的施工机具及设备台账；负责编制施工机械设备维修保养计划，并按计划组织维修保养，保证设备能力，做好并保存相应记录；负责对分包商自带机械设备运行状态进行检查，督促分包商进行维修保养。

10.2.5 检验、测量和试验设备

施工过程中使用的检验、测量和试验设备，按第12款的规定进行控制。

10.2.6 人员能力资格

对参与关键过程、特殊过程施工的作业人员，应确保其能力符合要求。本项目需持证上岗的人员主要为：

专业责任工程师负责检查关键过程上岗人员的资格，并确认其能力是否符合要求，对于特殊过程，专业责任工程师应填写特殊过程（人员）预先鉴定记录。

10.3 特殊过程的控制

那些通过后续检验和试验不能完全确定，或不能经济性地判定，或加工缺陷在使用过程中才暴露出来的过程，都视为特殊过程。本项目的特殊过程为钢结构焊接工程、地下防水工程。

10.3.1 过程确认（特殊过程的预先鉴定）

特殊过程施工技术管理的责任工程师负责组织对参与特殊过程施工的操作者、施工设备、物资、施工技术（对钢结构焊接，另包括焊接工艺评定）方案、作业环境条件等要进行预先鉴定，填写《特殊过程预先鉴定记录》并保存。

质量工程师和安全员对参与特殊过程施工的操作人员的资格进行确认，以确保所有从事特殊过程施工的作业人员都能按规定要求持证上岗。现场经理组织，专业责任工程师、质量工程师参加对特殊过程中的首件（试验批）产品进行检验和试验。通过对施工结果的各项技术指标的实现程度，确认过程控制的可行性和有效性。设备员参与对施工设备的确认，以判定其能力是否满足过程需要。材料员参与对投入到特殊过程的物资质量进行验证。质量工程师参与对施工作业环境的符合性进行确认。

现场经理对特殊过程各因素预先鉴定的结果进行审核，当全部符合要求时，签署意见，决定正式开始施工。

10.3.2 过程再确认（特殊过程的连续监控）

专业责任工程师/质量工程师在特殊过程的施工过程中，负责对原先已确认的五项参数（人、机、料、法、环）进行连续的过程参数监控，并确保每一工作班至少填写一次《过程参数连续监控记录》。

现场经理/技术总负责人除检查项目特殊过程的预先鉴定（确认）情况外，还应对特殊过程实施必要的监视和测量。

10.4 记录要求

(1) 技术交底记录

(2) 项目施工设备机具台账

(3) 项目设备维修保养计划

(4) 设备进场验证记录

(5) 设备维修保养记录

(6) 特殊过程能力预先鉴定记录

(7) 特殊过程参数连续监控记录

11 监视和测量装置的控制

11.1 管理

项目设备计量员负责建立本项目的计量器具设备台账，其中包括各分包进入项目现场的全部计量器具与设备。分包商提供的计量器具与设备，由设备计量员进行验证。发现不合格时，立即通知分包商停止使用。

11.2 检定

设备计量员制订项目计量器具设备周期鉴定计划，按计划将计量器具送交当地计量检定机构进行周期检定，并保存计量器具的检定合格证明文件。

11.3 记录要求

(1) 项目计量器具设备台账

(2) 计量器具设备检定合格证书

12 产品防护

12.1 搬动

物资的采购/使用单位应对其搬运的物资进行保护，保证物资在搬运过程中不被损坏，并正确保护产品的标识。

对容易损坏、易燃、易爆、易变质和有毒的物资，以及业主有特殊要求的物资，物资部指派人员制定专门的搬运措施，并明确搬运人员的职责。

搬运包括现场内搬运、现场外搬运和供应商或分包商的搬运，针对不同的搬运应采用不同的搬运措施。现场内搬运应考虑：从材料堆场、库房到作业现场的距离、路面情况、搬运设备、工具的能力及搬运工人的水平等。现场外搬运应考虑：路面情况，桥梁的承载能力及高度、宽度，天气情况，搬运时间等；对超限设备的搬运，则应制定专门的搬运方案。搬运由供应商或分包商承担时，在选择供应商或分包商阶段，应对其搬运能力（包括搬运设备能力、搬运工人的培训和资格等）进行评价和考察，必要时应在现场监督。

搬运物资在出入库前应办理好交接手续，材料员负责保存记录。

因搬运不当造成质量问题的处理：对因搬运不当造成质量问题的物资，负责搬运的单位应采取适当的隔离措施，做好标识以确保不被混用；因自行搬运不当造成质量问题时，由当事人书面报告物资采购单位采取措施，进行更换或处理；因供应商搬运不当造成的质量问题，由采购中心/分支机构采购部门负责要求供应商及时作退货或更换处理；因分包商搬运不当造成质量问题，责任工程师负责要求分包商写出书面报告，并承担经济损失，同时通知相应采购人员进行更换。

12.2 贮存

项目现场内的库房及材料堆场由项目材料员负责管理。

物资的贮存应符合以下要求：

(1) 物资的接收与领取应办理出入库手续。

(2) 贮存物资应有明显标识，做到账、卡、物应相符。对有追溯要求的物资（如钢材、水泥），应做到批号、试验单号、使用部位等清晰可查。

(3) 对有环境（如温度、湿度、通风、清洁、采光、避光、防鼠、防虫等）要求的物资，仓库条件必须符合规定。

(4) 对有毒、有害的物资应与其他物资分开存放。

(5) 对易燃、易爆的物资与助燃物资（如乙炔和氧气）应分开存放，且保持规定的距离。

(6) 对保质期有要求的物资（如水泥），材料员负责设置明显的保质期标识，做到先进先出，并定期检查质量情况；发现有质量变化时，应记录下来，报物资采购部评价和处置。

(7) 必要时（如安全、承压、搬运方便等）物资部负责规定堆放高度等。

对入库物资的验收，贮存品的堆放，贮存品的标识，贮存品的账、物、卡管理和出库控制工作，应按规定要求执行。

12.3 产品防护和交付

项目副经理/现场经理负责明确专人组织对工程已完部分进行保护，协调好各分包商的工作，合理安排工序，减少交叉作业。在装修、设备安装等分项工程开始前，责任工程师编制成品保护措施，确定保护对象，明确保护方法和责任人。项目副经理负责组织对业主的竣工验收工作，在接到《工程质量竣工核验证书》后，即可将工程交付业主使用。

工程竣工交付给业主之前，项目应采取措施，做好工程维护工作，防止产品的损坏、零部件的丢失。

13 质量记录的控制

13.1 质量记录的范围

质量记录包括工程质量记录（如检验和试验记录、不合格品报告等）和质量体系运行记录（如合同交底记录、特殊过程预先鉴定记录、纠正措施记录等）。

13.2 质量记录的收集

13.2.1 工程质量记录

材料工程师负责收集进货验证记录、物资检验和试验记录等。

责任工程师和质量员负责收集：

(1) 施工检验和试验记录

(2) 工程质量验收记录

(3) 工程质量评定记录

(4) 技术管理工作记录（如图纸会审、技术交底记录等）

材料员、责任工程师、质量工程师应将其收集到的质量记录按时交给资料员汇总、整理并保存。

13.2.2 质量体系运行记录

质量工程师负责收集整理顾客满意、工程回访保修、不合格品处置记录、纠正和预防措施记录、数据分析记录等。合约商务经理负责收集、整理合同修订评审、分包商评价与选择记录、分包商进场验证记录等。材料工程师负责收集整理供应商评价、选择、采购信息及物资进场验证等记录。设备计量员负责收集整理计量器具设备检定、校准，以及设备维修保养等记录。安全员负责收集整理、特殊工种人员培训、考核等记录及资格证明文件。

13.3 质量记录的标识、编目

所有质量记录应字迹清晰，写明编号、记录日期、记录内容，并及时、准确。工程质量记录的标识、编目应按当地建设主管部门规定的工程竣工技术资料的管理要求做好工程质量记录。质量体系运行记录采用程序文件规定的表式。来自分包商的质量记录也应按上述规定管理。

13.4 质量记录的归档与贮存

每月底，材料工程师、质量工程师、责任工程师等应将其收集、整理好的质量记录移交资料工程师归档。资料工程师收集的质量记录在归档前，应分类收录在文件夹（盒）/入文件柜中，以防记录损坏或丢失。保存的档案应建账，做到账、物对应，便于查阅。

14 培训

14.1 培训计划与实施

对管理人员的培训应服从于公司/分支机构的培训计划。必要时，现场经理负责根据工程实际组织制订培训计划，计划的内容包括培训项目、培训目的、培训对象、培训时间和培训单位等。

对分包商的培训计划，由工程部组织制订，质量安全培训计划由质量安全部制订。

培训前，负责培训的单位应制订培训实施计划，并将计划发至参加培训的人员。负责培训的部门按培训实施计划实施培训工作，填写并保存培训记录。

14.2 特殊岗位人员能力的控制

分包商进场后，安全员负责对分包商进行有关规章制度、安全文明施工方面的培训，并要求分包商提供其从事特殊岗位工作人员的上岗证（或操作证）复印件。

14.3 记录要求

(1) 项目培训计划

(2) 培训实施记录

(3) 特殊岗位资格证书（复印件）

15 产品的监视和测量

15.1 总则

技术部按有关法规、标准或合同要求制订进货检验及试验计划和过程检验和试验计划，确定需要的检验和试验项目、检验和试验依据的标准、检验和试验单位、记录的保管人员等。检验、试验人员应根据检验和试验计划的要求实施检验、试验并保存有关记录。

需要对外委托试验时，由技术部从政府质量监督部门认可的试验室中选择合适的委托对象。

15.2 进货检验和试验

无论项目或分包商采购的物资，还是业主提供的物资，均应按相关法规要求，在实施验证的同时，进行必要的复验。对分包商采购的物资，由分包商提供质量保证文件、复验报告等文件，相并责任工程师予以验证并保存验证记录。

15.3 过程检验和试验

过程检验和试验即工序检验。各工序应在作业人员自检的基础上，由责任工程师和质量工程师组织工序检查并保存检查记录。工序检验中的试验，由责任工程师填写试验委托单并指派专人按相应规定取样，送交试验室进行试验。试验委托单和试验报告由责任工程师保存。

分包商进行的检验和试验，由责任工程师进行验证并从分包商处收取检验和试验记录。对验证通过的，责任工程师应在检验和试验记录上签名认可；验证未通过的，责任工程师应要求分包商重新进行检验和试验；必要时，责任工程师可进行复验。

对于需进行见证取样的试验，责任工程师应邀请监理人员到现场监督取样，并按要求密封。

未经检验并合格的工序不得转序施工。

15.4 最终检验和试验

工程施工完毕及交付业主前，须按规定对工程进行最终检验和试验。只有当规定的检验和试验全部完成、检验和试验结果达到规定要求，并经相关部门（监理或质量监督站）认可后，工程才可以办理交工。

本项目最终检验试验的项目主要为：屋面防水工程、层间防水工程、给水系统试压、排水系统闭水及通球试验 、通风严密性试验、避雷系统对地电阻试验等（以表格形式列出最终检验试验计划）。

最终检验和试验工作由现场经理组织，责任工程师、质量工程师、分包商负责人等有关人员参加。在完成最终检验和试验并填写相应记录后，现场经理组织将检验试验报告资料交予项目资料工程师存档。在工程通过最终检验和试验后，应按合同及当地质量监督部门的管理要求邀请业主、监理以及质量监督站进行核验，相应责任工程师/质量工程师负责保存记录。

15.5 记录要求

(1) 施工过程检验记录

(2) 试验记录、报告

16 过程的监视和测量

16.1 过程监视测量的对象

质量体系各过程（质量手册4.1所描述的涉及质量管理体系各过程的输入），主要是指人（操作人员、管理人员、验证人员）、机（施工机械设备、检测设备手段）、料（工程材料、工程设备、半成品、零部件）、法（施工生产工艺、技术方案、作业指导书、各项法律法规、技术工艺标准、验收规范）、环（施工作业环境条件，包括气象、安全防护设施，作业基础条件），是否满足项目策划、施工组织设计（本质量计划）及相关规定性要求。

过程的实施活动是否严格按相关程序要求准确落实，人、机、料、法、环的输入是否得到持续有效的落实/保持。

过程能力的输入如已发生变化，监察其是否已得到相应授权人审批和是否能继续确保过程的正常运行。

16.2 过程监视和测量的实施

阶段性的过程监视和测量，由项目副经理/现场经理组织。日常的过程监视和测量，由质量安全部组织。实施定期与不定期的监视和测量。定期的为每季度一次。

过程监视和测量后填写《过程监视和测量记录》。

16.3 记录要求

过程监视和测量记

17 不合格品的控制

17.1 不合格品的标识、记录和隔离

对经检查初步确定为不合格品的，质量工程师负责标识并做好记录。

对于不合格品应采取可靠措施使其与合格品隔离，以防止在处置前的误用或转序。对不合格物资由质量工程师通知材料工程师采取隔离措施，做好标志、单独堆放。对不合格工序，由质量工程师/责任工程师通知作业人员中断施工，实施隔离。

17.2 不合格品的评审

不合格物资：由材料工程师组织评审，质量工程师/责任工程师参加。不合格工序：由质量工程师组织，责任工程师参加；构成质量事故的，由现场经理组织分包商，并会同设计、监理、质检站和业主代表进行评审。

评审内容包括分析不合格品对工程质量的影响程度，确定不合格品等级以及决定采取的处置方法。处置方法可为下列方法中的一种

(1) 进行返工，达到规定要求。

(2) 进行返修，不影响预期使用。

(3) 降级使用或改作他用。

(4) 拒收或报废。

(5) 向业主/监理/设计申请让步接收。

17.3 不合格品的处置

17.3.1 不合格物资

返工或退换的物资，由物资部通知供应商进行处置。返工后或已退换的物资，由材料工程师组织重新验证，如仍不合格应再次处置。报废的物资，由物资部办理报废手续。降级或改为他用、让步接收的物资，由物资部向监理、业主办理申请让步手续。

退换或报废的物资由材料工程师作出“退换”或“报废”字样标记，并予以隔离。降级或改为他用的物资，材料保管人员应及时更换标识。

17.3.2 不合格工序

对一般不合格，由质量工程师下发整改通知单，作业队组实施整改；整改后由质量工程师/责任工程师对整改结果进行验证。严重不合格/质量事故，由现场经理组织，责任工程师、质量工程师参加，必要时邀请设计、监理、业主及其他有关人员一起研究处置方法，处置结果的验证由质量工程师组织实施。

需申请让步接收时，责任工程师/质量工程师要记录不合格的实际情况，向监理、业主办理申请让步手续，监理、业主审批后方可转序施工。

返工的工程由质量工程师重新评定，如仍不合格，应再次处置直至合格。

17.4 记录要求

不合格品评审处置记录。

18 顾客满意

18.1 竣工保修

事业部/分支机构合约部在与业主签订合同时，应明确竣工保修的内容和保修期限；在分包合同中，亦应明确分包商的保修内容和保修期限。工程竣工后，事业部/分支机构项目管理板块派专人就保修及有关质量问题与业主保持联系。事业部/分支机构项目管理板块组织有关项目及分包商实施保修工作，必要时，应对保修人员进行有关的培训。保修人员应对工程的结构性能、使用功能、设备运转等进行认真的检查，听取业主的意见。对业主提出的修缮问题要详细地检查并记录，与业主共同分析，查找原因，提出并实施处理方案。

保修工作完成后，首先由事业部/分公司主管副总经理指派的人员进行检验，检验合格后通知业主验收。当未能通过业主验收时，应重新进行保修工作，直至完全符合规定要求并通过业主验收为止。

18.2 工程回访

竣工后每年对本工程进行1～2次回访。由原项目经理责成回访人员就工程质量、保修及服务等方面向业主征求意见和建议。当业主提出服务要求时，回访人员向事业部/分公司主管部门请示处理办法。

回访结束后，回访人员填写回访情况记录并向事业部/分公司主管副总经理经理汇报。

18.3 业主投诉

在施工过程中，项目经理组织接待业主的投诉，竣工后由事业部/分公司主管部门负责接待业主投诉，并将业主提出的意见和要求反映在业主投诉记录中。

对于施工过程中的业主投诉，项目经理组织进行分析，并及时采取措施处理，以达到业主满意。对于项目自身不能处理的，应上报事业部/分公司主管部门协助处理。

18.4 记录要求

(1) 工程回访记录

(2) 业主投诉记录

(3) 工程保修记录

19 数据分析

19.1 数据分析的基础

数据分析的目的是，通过对各种来源获取的信息、数据分析，找出施工及管理上存在的问题，以便针对其产生的原因，采取有效的纠正或预防措施，达到持续改进。

数据分析的基础是来源于以下方面的信息或数据：

(1) 顾客满意的调查、业主的投诉以及工程回访情况；

(2) 过程监视和测量的结果；

(3) 工程（产品）的检验和试验结果；

(4) 不合格品及其处置情况；

(5) 内外部审核的审核发现等。

19.2 常用的数据分析方法

用于记录、收集和积累数据，并对数据进行整理和粗略分析，可采用调查表。用于问题统计分析，可采用直方图、系统图、散布图和排列图等。用于原因分析，可采用因果图。混凝土强度的统计分析，可按JGJ 107—87标准中要求统计方法。

19.3 数据分析活动

数据分析是项目经常开展的一项管理活动。项目质量安全部负责收集各方面的质量信息数据，组织数据分析活动，发现管理上存在的问题，并分析其产生的原因。质量安全部负责对分析出的问题，组织制定纠正、预防措施。

20 纠正和预防措施

20.1 总则

一般不合格，由作业人员依据检验人员的指令直接实施整改，可不制定纠正和预防措施。对反复（三次及三次以上）出现的一般不合格（如质量通病）及严重不合格，质量工程师应组织调查分析导致不合格的原因，并组织制定纠正措施。

对导致不合格原因的分析，可从以下方面着手进行：

(1) 对所依据的施工质量验收规范问题的理解不准确、不完整，或使用非有效版本文件等。

(2) 技术方案或技术交底有误。

(3) 操作不符合施工技术方案及技术交底规定。

(4) 操作者、检验人员不具备相应技能。

(5) 操作者责任心不强。

(6) 质量监督不到位。

(7) 工艺装备和测试设备、环境问题，包括设备能力不足，测试设备与要求不适应，设备缺乏保养维修，温度、湿度等环境条件对设备或检测的影响等。

(8) 材料及现场管理问题，使用未检验的材料或标识不清造成的混料或错料，检验和试验技术状态不清，施工条件不符合要求等。

20.2 制定并实施纠正措施

对经常出现的一般不合格和严重不合格，由质量工程师组织作业人员调查分析造成不合格的原因，制定并组织实施纠正措施。对监理、业主提出的不合格，由现场经理组织有关人员（必要时可邀请分包商）调查分析造成不合格的原因，提出并组织实施纠正措施。

对内部质量审核发现的不符合项，项目经理根据不合格报告，组织有关人员制定并实施纠正措施。涉及项目质量计划等管理性文件修改的纠正措施，由项目经理组织制定并实施纠正措施。

质量工程师负责验证并记录纠正措施实施结果及其有效性。

20.3 预防措施

制定预防措施的信息源为：与工程质量有关的外部信息、不合格品处置记录、对以往质量事故的分析、监理方及业主的建议等。

质量工程师负责组织有关部门根据上述信息，发现、分析潜在的不合格原因，制定预防措施，明确执行该项预防措施的单位，并组织实施。

有关工程质量通病的预防措施，由责任工程师负责分析所涉及的材料、工艺、生产设备、操作规程、作业人员技艺等对质量产生影响的因素，分析潜在的不合格原因，制定预防措施。这类预防措施一般可以反映在施工技术方案或技术交底中，不必单独编制预防措施。

质量工程师负责验证预防措施的实施结果及有效性，并做好记录。

20.4 记录要求

(1) 纠正措施记录

(2) 预防措施记录

4.2.2.4 施工职业健康安全管理计划

1. 定义

职业健康安全管理体系（Occupation Health Safety Management System，英文简写为OHSMS）是20世纪80年代后期在国际上兴起的现代安全生产管理模式，它与ISO9000和ISO14000等标准体系一并被称为“后工业化时代的管理方法”。职业健康安全管理体系产生的主要原因是企业自身发展的要求。随着企业规模扩大和生产集约化程度的提高，对企业的质量管理和经营模式提出了更高的要求。企业必须采用现代化的管理模式，使包括安全生产管理在内的所有生产经营活动科学化、规范化和法制化。

职业健康安全管理是指识别、评价、预测和控制不良工作条件中存在的职业有害因素，以防止其对职业人群健康的损害；是以职业人群作业环境为对象，通过识别、评价、预测和检测不良职业环境中有害因素对职业人群健康的影响，早期诊断、治疗和康复处理职业性有害因素所对健康损害或潜在的健康危险，创造安全、卫生和高效的作业环境，从而达到保护职业人群的健康，提高职业生命质量的目的。

在工程项目施工作业活动或工作环境中，存在着许多危险源，可能会损坏财物、危害环境、影响人体健康，甚至造成伤害事故。这些危险源的种类有化学的、物理的、生物的或其他的。人们将某一种或某些危险源引发事故的可能性和其可能造成的后果称为风险。而风险评定的指标有发生几率、危害范围、损失大小等。

施工职业健康安全是指工程项目施工过程处于避免人身伤害、设备损坏及其他不可接受的损害风险（危险）的状态。其中不可接受的损害风险通常是指：超出了法律、法规和规章的要求，超出了法律法规或承包商企业规定的方针、目标和其他要求，超出了人们普遍接受（通常是隐含）的要求。

施工职业健康安全管理是为了实现工程项目施工职业健康安全管理的目标，针对危险源和风险的管理活动，包括：组织机构、策划活动、职责、惯例、程序过程和资源等。管理的基本理念是以人为本，系统化的实施风险预防。而施工职业健康安全管理计划就是为实现上述管理目标而制定的方法、步骤以及具体措施的文件。

2. 作用

施工职业健康安全管理计划是指对施工生产过程中的危险源和不安全因素，用技术、经济、管理手段加以消除和控制，并用文件化的方式表示。施工职业健康安全管理计划是进行工程项目安全控制的指导性文件，应与施工设计图纸、施工组织设计和施工方案等结合起来实施。早在1999年，英国标准协会等13个组织就提出了职业健康安全评价系列（OHSAS）标准，即《职业健康安全管理体系—规范》（OHSAS18001）、OHSAS18002《职业健康安全管理体系—实施指南》（OHSAS18002）。我国在2001年11月12日由国家质量监督检验检疫总局正式颁布了《职业健康安全管理体系规范》（GB/T 28001—2011），并自2002年1月1日起实施。该标准与OHSAS18001内容基本一致。我国《建筑法》第三十八条也更为具体的规定：“建筑施工企业在编制施工组织设计时，应当根据建筑工程的特点制定相应的安全技术措施。”

施工职业健康安全管理计划的主要作用是：

（1）为承包商承担的工程项目提高职业健康安全绩效提供了一个科学、有效的管理手段。

（2）有助于推动职业健康安全法规和制度的贯彻执行。

（3）使项目部组织的职业健康安全管理由被动强制行为转变为主动的自愿行为，提高职业健康安全管理水平。

（4）有助于消除贸易壁垒。

（5）对承包商企业或项目部产生直接和间接的经济效益。

（6）在社会上树立承包商企业良好的品质和形象。

3. 施工职业健康安全管理计划的编制与审批

施工职业健康安全管理计划由项目经理组织项目部有关人员编制，在编制前应结合工程项目的特点制定《重大风险及其控制计划清单》，并具体策划其主要的控制方式，在进一步细化的基础上，编制《施工职业健康安全管理计划》，以保证控制策划的可行性和时效性。对于大型工程，施工职业健康安全管理计划的编制一般可按施工阶段（主体/装修/机电）进行。在实施过程中，项目部应根据实际情况完善《施工职业健康安全管理计划》。

《施工职业健康安全管理计划》的编制的依据主要有：承包商职业健康安全手册与程序文件、管理规定等；有关法律、法规和其他要求；员工及其他相关方的合理建议和要求；工程项目的具体情况（如工程结构、施工方案等）；项目重大风险因素。

项目部对重大风险按控制目标可从以下方面考虑：首先是消除危险源；其次是降低风险级次；最后采取个体危防护措施，也可上述三种方式联合使用。

通常项目部编制的《施工职业健康安全管理计划》，由承包商企划部或分支机构主管部门审核，主管领导批准。

4. 施工职业健康安全管理的实施

施工职业健康安全管理的实施，由项目经理部按已经批准的职业健康安全管理计划组织实施，其管理与实施的程序是：

（1）识别危险源，实施风险评价

针对施工过程的特点，持续的识别危险源，进行风险评价，确定不可接受风险，并实施优先排序。

工程项目危险源辨识风险评价的实施通常分为两个阶段：

①在项目策划阶段或施工准备阶段，主要是对施工过程主要工序中可能存在的危险源进行全面预判，研究系统的风险管理方法，并编制危险源清单，评价相应的风险程度，以便于在施工前和过程中制定有针对性的控制措施。

②在项目施工阶段，主要是对第一阶段辨识结果因作业人员使用材料、设备、设施，施工方法或工艺、现场环境发生变化产生的危险源进行的验证和补充，发现项目策划阶段辨识遗漏的危险源，进行风险评价并补充制定控制措施。

风险评价后，需对各种风险进行排序，以确定风险优先控制的先后顺序。在此过程中，要引进成本效益分析方法，综合确定风险能否被接受。不可接受的风险必须制定专门的风险控制措施或专门方案，或者停止与该风险相关的施工运行活动。常见的危险源识别风险评价方法有：专家评价法、打分法、过程分析法、检查表法和德尔菲法等。

(2) 确定项目的安全管理目标

在确定风险管理优先顺序的基础上，按“目标管理”方法在以项目经理为首的项目管理系统内进行分解，从而确定每个岗位的安全目标，实现全员的安全控制。

施工职业健康安全管理的目标是减少和消除施工过程中的事故，保证人员健康安全和财产免受损失。具体可包括：

①减少或消除人的不安全行为的目标。

②减少或消除设备、材料等的不安全状态的目标。

③职业健康控制的目标。

④其他必要的目标。

(3) 编制施工职业健康安全技术措施（或施工安全方案）

项目部在编制施工职业健康安全管理计划时，必须了解施工工程内部及外部给施工带来的不利因素，通过综合分析后，制定具有针对性的安全施工技术措施，使之起到保证施工进度，确保工程质量和安全，科学、合理、有序地指导施工的作用。

(4) 施工职业健康安全计划的落实和实施

①实施有效的安全技术交底。

工程项目负责人应根据施工职业健康安全计划向参加施工的各类人员认真进行安全技术措施交底，使大家明白工程施工特点及各时期安全施工的要求，这是贯彻施工安全措施的关键。

②建立项目职业健康安全生产责任制。

③落实项目职业健康安全教育培训。

④具体实施施工现场职业健康安全控制的基本管理的要求。

(5) 应急准备与响应

施工现场管理人员应负责识别各种紧急情况，编制应急预案或应急响应措施，准备相应的应急响应资源（包括消防和医疗机构等的沟通），发生安全事故时及时进行应急响应。

【内容与格式】

施工职业健康安全计划的格式，由封面（封面内要注明：项目名称、编制人、审核人、项目负责人或项目经理、批准人以及单位名称、日期）、目录、正文、附件组成。由于建筑工程的结构复杂多变，各施工工程项目所处地理位置、环境条件不尽相同，无统一的安全技术措施，所以编制时应结合承包商本企业的经验教训，工程所处位置和结构特点，以及既定的安全目标来编制计划。其主要内容包括；

(1) 工程项目概况；

(2) 主要危险源和风险；

(3) 职业健康安全目标；

(4) 施工职业健康安全管理措施；

(5) 职业健康安全绩效检查与衡量；

(6) 其他。

施工职业健康安全计划编制内容不拘一格，按其施工项目的复杂程度、难易程度、结构特点及施工环境条件，选择其安全防范重点，但施工方案的内容必须贯彻“安全施工”的原则。为了保证风险预防，明确编制施工安全技术措施的重点，应围绕多发性事故的类别，重点抓住以下工程建设项目常见的七种伤害的防患制定相应的措施，其内容要翔实并有针对性。其中，主要有：①防高空坠落；②防物体打击；③防坍塌；④防触电；⑤防机械伤害；⑥防中毒、窒息伤害；⑦防职业病伤害。另外，在国际工程中，还应该对项目所在国、所在地社会治安及安全形势作出预测，制定防范措施。

【文案范例】

职业健康安全计划文案范例如下。

职业健康安全计划

目　录

（略）

1. 项目概况

1.1　基本情况

建设单位：亚洲××投资股份有限公司

设计单位：中国××设计有限公司

监理单位：××工程监理有限公司

总包单位：中国××公司

合同内容：工程总承包（含基础、结构、机电、精装）

项目特点：建筑面积 20 万 m^2，框架机构，地下 6 层，地上 36 层，工期 520 天

1.2　职业健康安全特点

本项目地处闹市区，工程体量大，分包单位多，且许多分包为业主指定分包，管理难度大。工程工期紧，现场作业人员众多，立体交叉作业频繁。施工场地狭小，大型施工设备多，而且现场东、南两侧紧邻繁华马路，日间车辆行人多。

2　编制依据

编制依据主要包括以下内容：

(1) 公司环境管理手册、程序文件、作业指导书；

(2) 经批准的《项目策划书》中的职业健康安全目标；

(3) 应遵循的法律、法规和其他要求；

(4) 合同文件等。

3　危险源辨识、风险评价与风险控制策划

3.1　危险源辨识

项目危险源辨识工作由项目经理组织，现场经理、技术负责人、安全主管、安全工程师、施工责任工程师、技术工程师和项目其他相关的管理人员参加，共同完成。

危险源辨识活动执行公司《危险源辨识与风险评价程序》的有关要求，参阅公司《常见危险源名录》的相关内容，结合项目实际情况进行。

危险源辨识结果由安全工程师汇总整理，形成项目《危险源台账》，并报项目经理审核确认。

3.2　风险评价

根据《危险源辨识与风险评价程序》的要求，项目风险评价是在危险源辨识的基础上，按定性评价与定量评价相结合的方式进行。定性评价采用直接判断法（依据主要包

括：法律法规的符合性、相关方的合理要求、类似事故的经验教训、直接察觉到的风险等)；定量评价采用作业条件风险性评价法。

项目确定凡符合以下条件之一的危险源均应判定为重大风险：

(1) 不符合法律、法规和其他要求的。

(2) 相关方有合理抱怨和要求的。

(3) 曾经发生过事故，且未采取有效控制措施的。

(4) 直接观察到可能导致危险且无适当控制措施的。

(5) 通过作业条件风险性评价法，评价总分≥160分的。

风险评价结果由安全工程师汇总整理，形成项目《重大风险清单》，《重大风险清单》作为本计划的附件，履行审核、批准手续。

3.3 风险控制策划

项目针对评价出的重大风险，采取响应的控制措施，控制措施的选定从以下方面考虑：

首先是消除危险源；

其次是降低风险级次；

最后采取个体风险防护措施。

也可上述三种方式联合使用。

针对重大风险的控制策划结果反映在项目《重大风险清单》中，对未评价为重大风险的危险源维持公司现有的运行控制，加强管理。

3.4 危险源与重大风险的更新

当发生下列情况时，项目部组织有关人员重新进行危险源辨识与风险评价：

(1) 相关法律、法规和其他要求发生变化。

(2) 公司的职业健康安全方针和职业健康安全目标发生重大变化。

(3) 项目的产品、活动和服务发生较大变化。

(4) 相关方有合理抱怨和要求。

危险源与重大风险的更新工作按上述的危险源辨识、风险评价和风险控制策划要求进行。

4 法规和其他要求

由项目安全工程师组织搜集获取、确定与项目施工及服务相关的职业健康安全法律法规。编制《项目适用职业健康安全法律法规清单》，报项目经理审核确认。确定本项目适用的法律、法规，主要借鉴了公司发布的《职业健康安全法律、法规汇编》，同时也搜集了当地职业健康安全主管部门、建设主管部门等相关单位发布的法律、法规、标准、规范和通知等适用文件。

项目责任工程师在编制施工技术方案或进行安全技术交底时，关注相关职业健康安全法律、法规要求，并将相关要求具体反映到技术方案或安全技术交底当中，以确保相应职业健康安全法律、法规的要求得到有效的落实。

5 目标

项目职业健康安全总目标在项目策划时确定，项目的职业健康安全目标应针对所评价出的重大风险。

本项目确定的职业健康安全目标为：杜绝死亡、重伤事故；杜绝职业病；杜绝重大机械事故和火灾；轻伤事故频率控制在千分之三以下；创建北京市文明安全工地。项目安全工程师负责将项目的职业健康安全管理目标分解到各层次直至分包各单位。

6　组织机构与职责

6.1　项目组织机构图

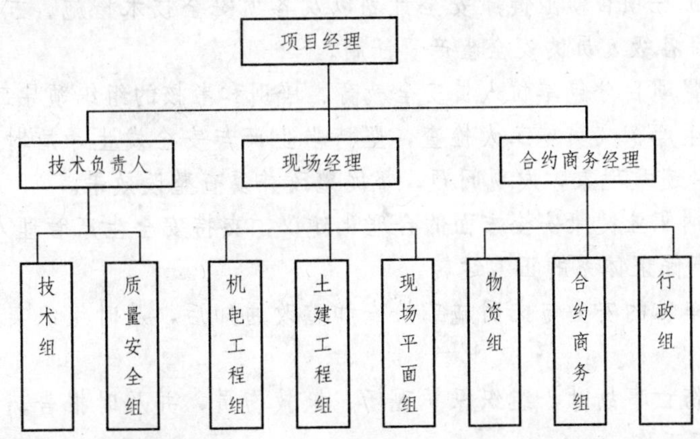

6.2　职业健康安全职责

根据本项目的实际人员配备情况，现将项目职业健康安全职责界定如下：

项目经理：

1. 项目经理是工程项目职业健康安全的第一责任人，对项目施工全过程的职业健康安全工作负全面领导责任。

2. 贯彻落实职业健康安全法规和规章制度，结合工程特点和施工性质，组织制定有针对性的职业健康安全管理办法和实施细则，并监督实施。

3. 根据工程需要，按规定配备一定数量且具备相应业务水平的职业健康安全管理人员，建立专门的管理体系，积极支持其开展工作。

4. 做好对分包队伍的考察评估工作，做到聘用手续完善。确保分包队伍的管理体制健全，具备与工程施工相适应的能力，并经过三级安全教育。在签订分包合同时，要明确分包队伍安全文明施工的责任指标和CI要求，并规定考核办法。

5. 组织安全技术措施的落实工作。监督安全技术交底制度及设施、设备验收制度的实施。当采用新工艺、新技术、新设备、新材料施工时，组织落实相应的安全措施，配备必要的防护用品和安全设施。

6. 督促或组织项目安全生产文明施工大检查，对发现的各类问题要定时、定人、定措施认真整改；对上级安全监督部门的整改通知，认真组织落实，及时报告执行结果。

7. 发生因工伤亡事故时，做好现场保护和伤员抢救工作。除及时上报外，要积极组织或配合有关部门本着“四不放过”的精神进行事故调查分析和处理，并且吸取教训，采取措施防止事故再次发生。

8. 定期组织召开项目安全生产例会，分析现场安全形势，处理施工过程中有关安全生产与文明施工的重大问题。

现场经理：

1. 对工程项目的职业健康安全管理负直接责任，协助项目经理贯彻落实安全生产法规和各项规章制度。

2. 结合项目生产特点提出有针对性的安全生产管理要求，为实现项目职业健康安全目标和文明施工目标提出切实可行的办法，并组织责任工程师、分包负责人及有关人员贯彻实施。

3. 组织落实工程项目职业健康安全计划以及各项安全技术措施、方案的组织实施工作，组织落实项目各级人员的安全生产责任制。

4. 领导、监督项目分包单位人员安全教育、培训和考核的组织领导工作。

5. 组织安全生产、文明施工大检查，坚持当生产与安全发生矛盾时，服从安全的原则，及时纠正各种违章现象，发现问题，督促整改并复查整改效果。

6. 听取、采纳职业健康安全方面的合理化建议，支持安全生产管理人员的业务工作，保证项目安全生产保证体系的正常运转。

7. 接到上级单位的安全与文明施工检查和整改通知后，及时组织实施并且及时报告实施情况。

8. 发生因工伤亡事故时，组织保护现场、抢救伤员，并及时报告。协助做好事故调查分析的具体组织工作。

技术负责人/技术组：

1. 对工程项目的职业健康安全负技术责任，贯彻落实国家安全生产方针、政策，严格执行安全技术规程、规范、标准及上级安全技术文件。

2. 编制或审批施工方案时，要注重安全技术措施的针对性，并且主持做好安全技术交底工作。

3. 针对施工的不同阶段（如季节性施工），制定专项安全技术措施，并组织专题安全教育培训。

4. 采用新材料、新技术、新工艺时，事先提出职业健康安全技术措施，并向操作人员进行技术培训和交底。

5. 组织对大型设施、设备的检查、验收，并督促使用者做好使用中的职业健康安全管理工作。

6. 参加项目组织的安全与文明施工定期检查，对施工中存在的事故隐患和不安全因素，从技术上提出整改意见和解决办法。

7. 参加因工伤亡事故或重大未遂事故的调查分析，从技术上分析发生事故的原因，提出措施和整改意见。

质量安全组：

1. 贯彻和宣传有关的职业健康安全法律法规，组织落实上级的各项职业健康安全管理规章制度，并监督检查执行情况。

2. 根据工程进度和特点，制定项目职业健康安全计划和完成计划的保证措施，督促贯彻实施。

3. 协助项目领导制定或修改职业健康安全管理制度，组织职业健康安全活动。

4. 负责审查项目制定的安全操作规程和安全技术措施，并对执行情况进行监督检查。

5. 组织、监督分包单位的安全教育，管理特种作业人员的培训取证工作。

6. 经常深入现场进行职业健康安全和文明施工检查，对“三违”行为及不符合安全管理的单位和个人，有权进行批评、处罚或停止工作，并指导有关单位和人员进行不符合项和隐患的整改。

7. 参加项目施工组织设计和方案的讨论，参加生产例会，及时提出职业健康安全方面的问题。

8. 参加暂设、临电、大中型施工机具设备和脚手架的安装验收，及时发现问题，并督促有关部门进行处理。

9. 对安全帽、安全带、安全网等重要劳动保护用品进行鉴定，并监督其合理使用。

10. 及时向项目经理和公司主管部门汇报安全生产情况，反映项目员工在职业健康安全管理方面的意见和建议。

11. 参加因工伤亡事故的调查、统计、分析，并按规定上报，对伤亡事故和重大未遂事故的责任者提出处理意见。

土建工程组/现场平面组：

1. 责任工程师是项目内分工负责区域或专业工程职业健康安全生产的责任人，负责监督所管辖范围内的职业健康安全规章制度和操作规程的落实。

2. 组织执行安全技术措施和安全操作规程，针对生产任务特点，做好口头和书面安全交底，填写安全交底记录。

3. 组织对分工负责的现场的脚手架、电气、机械设备、安全防护等的检查、验收，坚持检查合格后才能使用的原则，检查和监督特殊工种持证上岗。

4. 督促所辖分包做好三级安全教育、常规安全教育、季节转换安全教育、特种作业教育和安全活动。

5. 经常检查本区域的“三宝”使用和临边洞口防护，发现“三违”行为坚决纠正。

6. 参加项目组织的安全、文明施工大检查，监督分包单位按要求进行整改。

7. 拒绝执行违章指挥和不符合职业健康安全要求的指令。

8. 发生因工伤亡或未遂事故时，负责保护现场，抢救伤员，并立即上报，配合做好善后处理工作。

机电工程组：

1. 对项目的机电、起重设备、锅炉、压力容器等设备设施运行方面的职业健康安全负责。

2. 按照安全技术规程对机电设备等进行检查，并监督其维修、保养工作的落实情况，并指导不符合项和隐患的整改。

3. 对新购置、租赁或大修后的机械设备，必须严格检查把关，检查其出厂合格证、技术资料的完整及准确性，负责组织必要的专业培训和技术交流。

4. 参加施工组织设计和专项安全技术方案的编制或会审，提出机电安全方面的技术措施。

5. 监督分包或设备租赁单位做好特种作业人员的培训管理，检查其持证上岗情况。

6. 参加因工伤亡事故或未遂事故的调查处理，对机电事故提出处理和整改意见。

物资组：

1. 负责对购置的物资材料、设备设施及安全防护用品的检查验收，采购前将产品合格证及有关技术资料交质量安全组审查，必要时进行实物检验，严禁伪劣产品进入现场。

2. 组织对现场安全防护设施及个人防护用品定期进行技术鉴定，并按有关规定监督更新报废情况。

3. 执行项目物资管理制度，特别关注易燃易爆和有毒物品的管理，使其存放和使用符合职业健康安全和消防要求。

4. 按照现场平面布置图，合理存放机械、材料，及时回收、处理废品垃圾，保证现场整齐清洁、健康安全。

合约商务组：

在合同文件中对相关方提出职业健康安全方面的要求。

行政组：

1. 掌握现场施工人员身体健康状况信息，特别是特种作业人员的健康情况，并提出处理意见。

2. 加强有毒有害作业场所的管理，做好职业病预防工作。

3. 负责食堂的管理工作，搞好饮食卫生，预防疾病和食物中毒的发生。

4. 对冬季取暖设施的安装、使用负责，并监督检查，防止煤气中毒。同时要做好防暑降温工作，保证施工作业人员的安全和健康。

5. 负责施工作业中毒和食物中毒事故的调查与处理，提出防范措施。

6. 组织建立项目的现场医疗救护小组，配备简单适用的紧急救护医疗物资和器材。

7. 发生工伤事故要积极组织抢救、治疗，并向事故调查组汇报人员的伤势情况。

分包单位负责人及其管理人员：

1. 认真执行有关的职业健康安全法规和总包单位制定的各项相关管理制度及CI要求，接受总包对安全生产文明施工的督促检查和统一管理，对承包范围的安全生产负直接责任。

2. 严格履行各项劳务用工手续，合理安排工人的生产生活，按规定购置、使用安全防护设施和劳保用品，对工人的职业健康安全负责。

3. 按规定组织本单位资质审查及主要管理人员的安全资格年审，组织工人的三级入场教育、特殊工种教育、变换工种教育、班前安全讲话和安全活动。

4. 保持队伍相对稳定，人员的调进调出必须事先报请总包批准，新入场人员必须按规定办理各种手续。

5. 根据总包的交底向各施工班组进行详细的书面安全技术交底，必要时请总包主管人员参加。

6. 在施工中经常对作业现场进行检查，发现不安全因素及时整改，对重大事故隐患应立即停止施工，并上报总包，杜绝蛮干。

7. 发生因工伤亡或未遂事故，保护好现场，做好伤员抢救工作，采取防范措施，并立即上报总包，不准隐瞒和拖延不报。

工人：

1. 严格执行安全操作规程，遵守职业健康安全管理体系文件和安全生产文明施工的各项规章制度。

2. 积极参加各项职业健康安全活动，认真执行安全技术交底要求，不违章作业，不违反劳动纪律，服从安全生产管理人员的监督指导。

3. 在安全生产方面做到互相帮助，互相监督，维护一切安全设施、设备，做到正确使用，不随意拆改，对新工人有传、帮、带的责任。

4. 对不符合职业健康安全标准的作业活动，有权提出建议和拒绝违章指令。

5. 在作业时要做到“眼观六面、安全定位、措施得当、安全操作”。

6. 发生因工伤亡事故，要保护好事故现场并立即上报。

7　重大风险控制措施

7.1　安全防护设施验收

重大风险：安全防护设施未经验收即投入使用

控制目标：安全防护设施验收率100%，合格率100%

完成时间：安全防护设施使用前

责任人：＊＊＊（安全工程师）

控制措施：

1. 现场安全防护设施的设置必须符合经审批确认的专项方案/措施的要求，各项安全防护设施必须验收合格后方可投入使用。

2. 安全防护设施验收工作由总包项目技术负责人牵头组织，总包的安全主管、安全工程师、技术工程师、主管责任工程师以及分包的技术负责人、安全员、工长参加。

3. 安全防护设施验收应依据专项方案/措施逐项进行，填写相应的验收记录和不合格整改记录，对于存在不符合项的验收，必须在不符合项整改完毕，补充验证合格后方可投入使用。

4. 安全防护设施验收单经参加验收的各方签字确认有效，不符合项整改情况必须经不符合项提出人验收并签字确认。

5. 各项安全防护措施的验收记录一式多份，总包和各相关分包单位各执一份，总包的记录交总包安全主管留存备案。

6. 总包安全主管和安全工程师负责本项工作的监督，对擅自使用未经验收的安全防护设施的单位和个人予以违章处理。

7.2　个人防护用品配备和使用

重大风险：不按规范配备和使用个人安全防护用品

控制目标：个人安全防护用品的配备和使用符合相关岗位的规范要求

完成时间：作业前按要求配备；作业中按要求使用

责任人：＊＊（安全工程师）

控制措施：

1. 各单位（包括总包、分包和常驻现场的其他相关方）必须保证提供足够数量的个人防护用品（安全帽、安全带等），及时发放，定期检查、更换。对于进入现场的其他人员，由接待单位负责。

2. 各单位的采购人员对本单位个人防护用品采购严格把关，保证各类防护用品符合国家有关质量标准，并留存各类产品的有效合格证明，严禁使用质量不合格的安全防护用品。

3. 各单位的材料管理人员建立本单位的个人防护用品的采购和发放登记台账，如实登记个人防护用品的发放情况。

4. 总分包各级管理人员（责任工程师、工长、安全员等）要监督使用情况，发现作业工人不按规定使用个人防护用品，要立即制止，进行整改。对于个人防护用品使用较差的单位，总包安全主管有权责令其停工整顿。

7.3 安全技术方案

重大风险：未根据施工需要编制安全技术方案/措施施工

控制目标：按施工要求编制安全技术方案/措施

完成时间：相关施工作业前

责任人：×××（技术负责人）

控制措施：

1. 项目技术组负责根据工程施工进度进行组织编制施工现场安全技术方案，安全技术方案可结合技术方案同时编制。

2. 安全技术方案由项目技术负责人负责审核，项目经理批准实施。

3. 安全技术方案由项目责任工程师负责监督分包单位按要求实施，并牵头组织有关的技术人员、施工班组负责人、安全管理人员等进行验收，验收记录交项目质量安全组留存。

4. 项目质量安全组负责安全技术方案实施过程中的安全监督，对于发现的不符合和验收不合格，督促有关单位/人员进行整改，并留存相关记录。

7.4 洞口、临边防护

重大风险：施工现场临边、洞口安全防护不到位

控制目标：施工现场临边、洞口安全防护符合当地标准

完成时间：施工过程中且相关施工作业前

责任人：＊＊＊（现场责任工程师）

控制措施：

1. 现场临边、洞口的安全防护由责任区域分包严格按当地的管理标准设置，所有临边、洞口防护均应根据工程进度情况及时完成。

2. 涉及风险性较大的临边、洞口安全防护由项目技术组制定专门的安全技术方案或措施，项目责任工程师负责组织实施。

3. 施工现场的各分包单位负责所辖区域内的临边、洞口安全防护的管理和维护工作。各有关责任工程师、工长、总分包安全员在施工过程中发现存在不符合情况应及时组织整改，保证其安全可靠。

4. 项目质量安全组负责日常检查内容必须包括临边洞口安全防护情况，填写并留存相关记录。

7.5 防护设施拆改

重大风险：现场安全防护设施的不规范拆改

控制目标：现场不发生安全防护设施随意拆改的情况

完成时间：施工过程中

责任人：＊＊＊（安全工程师）

控制措施：

1. 施工现场的任何安全防护措施，是现场所有施工人员及机械设备财产安全的有力保障，不经允许，严禁任何人以任何理由私自拆改，以防止发生人身及机械事故。

2. 当因施工作业需要临时拆改安全防护设施时，有关单位/人员应事先向项目质量安全组提交书面申请，提出具体技术保障措施，经批准同意后方可按要求拆改，施工结束后及时恢复，并请项目质量安全组验收。

3. 拆改实施单位的安全员负责监督安全防护设施的拆改工作的实施，确保施工作业符合安全要求，项目质量安全组复查拆改情况，对发现的不符合情况应立即组织整改。

4. 项目质量安全组负责分包单位的安全防护设施拆改申请记录的留存。

7.6　电气焊作业管理

重大风险：施工现场电气焊操作人员违反操作规程

控制目标：持证上岗率100%，作业人员严格遵守操作规程

完成时间：施工过程中

责任人：＊＊＊（安全工程师）

控制措施：

1. 项目质量安全组负责编制《项目电气焊操作人员管理办法》，指导从事电气焊作业的人员严格遵守操作规程，规范施工作业。

2. 项目质量安全组负责对本办法的执行情况进行监督检查，发现不符合，督促有关单位/人员进行整改，填写并留存相关记录。对于违反本办法情节严重的单位/人员，质量安全组有权予以适当的处罚。

3. 附件：《项目电气焊操作人员管理办法》

1）在本项目从事电气焊操作人员必须是经过特种作业培训、取证的专业人员，并在入场时将复印件项目质量安全组备案。

2）电气焊操作人员操作前，必须到现场质量安全组办理用火审批手续，方可进行操作。

3）电气焊操作人员要严格遵守电气焊操作规程，用火前要清理作业现场易燃物，备好有效的防火设备，看火人到位；气焊操作人员要注意回火装置的安全有效性，正常的安全距离。

4）电气焊操作设备使用前要进行严格的检查，禁止带病操作，防止发生事故。

5）严禁交叉作业，确因施工需要须实施交叉作业时，必须采取合理的防火措施。

6）施工完毕要清理现场，确认安全后方可离开；当作业场所发生变化时要重新办理审批手续。

7）定期对所使用的灭火器材进行维修保养并做好记录。

8）电气焊操作人员要服从安全专业人员的管理，接受其工作指导，对存在的不符合项及时按要求整改。

7.7　易燃、易爆、危险化学品管理

重大风险：施工现场易燃、易爆、危险化学品管理不规范

控制目标：易燃、易爆、危险化学品管理符合《危险化学品安全管理条例》等法规的要求

完成时间：施工过程中

责任人：＊＊＊（材料工程师）

控制措施：

1. 项目质量安全组负责编制《现场易燃、易爆、危险化学品管理办法》，指导项目的易燃、易爆、危险化学品管理工作。

2. 项目质量安全组负责本办法在项目的实施情况，指导有关单位/人员对不符合项进行整改。

3. 从事施工作业的各分包单位/人员严格执行本办法，对于违反本办法规定的单位/个人，质量安全组有权予以处罚，对于情节严重构成犯罪的，报告当地有关司法部门依法追究刑事责任。

4. 附件：《现场易燃、易爆、危险化学品管理办法》

1）施工现场使用易燃易爆化学物品的单位，必须限量进场。

2）易燃、易爆化学物品进场时，必须有产品安全说明书。

3）易燃易爆化学物品的灌装容器、包装及其标志，必须符合国家标准或行业标准。

4）易燃易爆化学物品的储存应当遵守《仓库防火安全管理规则》，设专用仓库派专人管理，化学性质相抵触或灭火方法不同的易燃易爆化学物品，不得在同一库房内储存，不得超量储存。

5）使用易燃易爆化学物品的场所必须符合建筑设计防火规范和有关专业防火规范；电气设备，必须符合国家电气防爆标准；设置消防安全设施，并定期保养、校验。建筑内不得储存易燃易爆化学物品。

6）易燃易爆化学物品的储存，必须建立入库验收、发货检查、出入库登记制度。易燃易爆化学物品仓库管理人员在发货时，必须建立明细台账。

7）易燃易爆化学物品在施工现场中运输时轻拿轻放，防止碰撞、拖拉和倾倒；化学性质、安全防护、灭火方法互相抵触的易燃易爆化学物品，不得混合装运。

7.8 临时用电

重大风险：施工现场临时用电不规范

控制目标：临时用电符合当地建筑施工现场临时用电管理要求（如JGJ46—88）

完成时：施工过程中

责任人：＊＊＊＊（机电工程师）

控制措施：

1. 工程开工前，项目技术组负责编制施工现场临时用电方案，编制临时用电方案应充分兼顾当地有关标准的要求和项目的实际情况，保证法规符合性和操作的可行性，由项目经理审批后实施。

2. 项目临时用电方案的实施由机电责任工程师牵头组织，分包单位的专业人员配合完成。

3. 临时用电方案实施完成后，由项目技术负责人组织，机电责任工程师、安全工程师、分包有关人员参加对事实情况进行验收，项目质量安全组填写并留存验收记录。

4. 项目材料组负责现场临时用电设备器材的购置和验收，保证安全性能符合国家有关的产品标准并与项目的临时用电方案要求的规格相匹配。项目质量安全组配合验收并留存验收记录。

5. 现场临时用电的操作人员必须是经过特种作业培训、取证的专业人员，全面负责现场的临时操作，禁止非电工从事电工类作业，电工必须在入场时将有关证件的复印件交总包质量安全组备案。

6. 质量安全组负责现场临时用电的日常监督管理，填写并留存检查记录，机电责任工程师从专业技术的角度予以配合。

7.9 现场集料平台管理

重大风险：施工现场集料平台搭设与使用不规范

控制目标：集料平台搭设与使用安全可靠

完成时间：施工过程中

责任人：＊＊＊（技术负责人）

控制措施：

1. 现场施工用的集料平台要编制专项技术方案，方案由技术组负责编制，项目经理审批，分包单位按方案施工完成。

2. 集料平台的周边防护执行临边防护的标准，做好安全防护，并在明显位置做好限载标志。

3. 集料平台使用前应由总包安全工程师牵头，协同技术组、施工班组组织验收，并填写验收记录，由总包安全工程师留存。

4. 集料平台的使用必须严格按照方案设计荷载执行，严禁超载使用，总包安全工程师和使用单位安全员负责日常监督检查。

7.10 起重、垂直运输管理

重大风险：起重、垂直运输设备安装、使用不规范

控制目标：安装可靠、使用安全

完成时间：施工过程中

责任人：＊＊＊（机械工程师）

1. 现场施工的起重（塔吊）、垂直运输（施工外用电梯）方案由机械工程师负责编制，项目经理审批，由具有安装资质的单位安装并请上级有关部门（或其委托单位）组织验收。

2. 有关起重、垂直运输的方案、验收记录、设备租赁和安装单位的资质证明等资料报项目总包安全工程师备案。

3. 塔吊、施工外用电梯等操作人员应具备相应的上岗资质（经过有关培训发证、按期年审），持证上岗，并将有关证件的复印件报总包安全组备案。

4. 设备维修、保养工作由具有相应资质和技能的专业人员完成，具体实施要求和记录要求按照公司物资中心的《设备管理办法》的规定执行。

5. 项目总包安全工程师/机械工程师负责实施日常监督检查，并留存检查记录。

8 应急准备和响应

本项目主要应急事项为：火灾和人身伤亡事故（包括中毒），针对主要应急事项项目单独编制消防方案和消防预案、人身伤亡事故应急预案。

针对火灾应急事项，技术组负责编制项目消防方案和消防预案；物资组负责项目消防物资的购置、配备和验收；质量安全组负责消防物资的使用管理，并组织成立项目义务消

防队。消防方案和消防预案应重点针对物资仓库、油库等易燃易爆区域的消防工作编制应急准备和响应措施，该方案和预案由项目经理审批后实施。

针对人身伤亡、中毒等事故、事件，项目质量安全组负责编制人身伤亡事故应急预案，预案中包括项目应急医务室人员和药品、器械的配备情况，现场紧急救护方法，外部急救联络方式以及交通运输保障等，同时质量安全组负责本项工作执行情况的监督和管理。项目人身伤亡事故应急计划由项目经理组织审核批准后实施。

项目质量安全组负责在适当的时候，组织消防演习和现场伤亡急救演练，验证相应人员的技能、设备与器械的完好情况、应急措施的有效性和沟通渠道的畅通状况等。现场演练的内容主要包括：迅速通知有关单位及人员、抢救（灭火、伤员现场急救）、疏散与撤离、保护重要财产、封闭现场等。项目质量安全组完成并保存记录（包括现场演习实况照片）。

9 监视和测量

项目质量安全组组织职业健康安全的监视和测量工作，目的是确保职业健康安全管理体系的有效运行及职业健康安全绩效符合管理目标要求。

9.1 监视和测量的主要内容

（1）职业健康安全法律、法规在本项目的贯彻执行情况；

（2）公司职业健康安全管理体系文件实施情况及效果；

（3）项目职业健康安全手册要求的实施情况及效果；

（4）项目重大风险的控制绩效（关键特性的实际效果）；

（5）项目安全文明施工管理情况；

（6）职业健康安全方面的监测仪器的检验、校准情况。

9.2 监视和测量方法

项目质量安全组定期和不定期地对各部门、管理岗位以及分包单位相关法律法规的遵循情况和公司职业健康安全管理体系文件的贯彻执行效果进行监视和测量，及时发现不符合，并以适当形式通知相关单位、部门与岗位。

项目例行的监视和测量主要按当地建设主管部门规定的安全文明施工管理要求进行，填写规定的有关记录；对于职业健康安全管理体系而安全文明施工管理又不能完全覆盖的内容，按照《施工运行控制程序-职业健康安全》程序的要求，以《过程监视和测量记录》的形式进行，其内容可包括：职业健康安全目标指标的完成情况、项目职业健康安全手册的实施情况和法律、法规要求的执行情况等。

项目大型设备安装、安全防护设施等方面的安全验收也属于职业健康安全监视和测量，须按要求进行并留存验收记录。

项目质量安全组是项目职业健康安全监视和测量的主管部门，负责监视和测量实施及记录管理工作。对于监测仪器的检验和校准工作，必要时可由质量安全组请外部有资质的单位协助完成。

9.3 不符合项的处理

对于监视和测量中发现不符合的问题，由监视和测量单位（人员）向责任单位以书面方式提出，要求整改。

对于需要采取纠正预防措施的，监测人员发出纠正预防措施表，要求责任单位处理。

对于内外部审核发现的不符合，由质量安全组根据审核意见，采取纠正措施，并组织验证其实施效果。

9.4 职业健康安全事故

项目发生人员伤亡事故，按照人员伤亡事故预案的策划，组织现场救援和采取应急措施，并按照公司关于事故报告、调查和处理的有关规定开展相关的报告、调查和处理工作。

10 培训、意识和能力

项目的职业健康安全培训包括职业健康安全管理体系文件培训和一般安全教育，培训和教育工作由项目质量安全组牵头组织实施。

根据本项目的管理人员的能力现状及工作需求，对于项目需要外派培训和拟请项目以外人员协助培训的，项目向公司人力资源部提出项目培训计划，按人力资源部或体系保证部的培训安排，组织人员参加培训。

10.1 职业健康安全管理体系培训

人员进场后，项目经理部质量安全组组织全体管理人员（包括所属分包单位的管理人员）进行职业健康安全管理体系的培训，并做好培训记录。

职业健康安全管理体系培训内容：

(1) 公司《职业健康安全手册》、程序文件及支持性文件；

(2) 项目适用的职业健康安全法律、法规；

(3) 公司和项目的职业健康安全规章制度；

(4) 项目《职业健康安全管理计划》。

10.2 一般安全教育

项目的一般安全教育包括：入场三级安全教育、转场教育、变换工种教育、特种作业人员教育、经常性安全教育、现场安全活动、班前安全讲话等。

项目的各项一般安全教育由质量安全组统一组织、指导，各分包单位有关人员配合完成，并留存教育记录。

入场三级安全教育：

新工人入场必须进行项目总包单位、项目分包单位、作业班组三级安全教育并做好记录，经总包单位质量安全组考试合格、登记备案后，方准上岗作业。

教育时间：总包级教育为16小时，分包级教育为16小时，班组级教育为8小时。工程项目可根据工程规模及特点对各级安全教育的时间做适当的延长。

总包级教育内容包括：

(1) 新工人入场安全教育的意义和必要性；

(2) 建筑施工的特点及其给劳动者安全带来得不利因素；

(3) 国家、行业、地方及企业当前的安全生产形势；

(4) 安全生产法规及安全知识等。

分包级教育内容包括：

(1) 国家、部委有关安全生产的标准；

(2) 当地有关部门的各项安全生产标准；

(3) 在施工程基本情况和必须遵守的安全事项；

(4) 施工用化学产品的用途、防毒知识、防火及防煤气中毒知识。

班组级教育内容包括：

(1) 工程项目中工人的安全生产责任制；

(2) 本工程项目易发生事故的部位及劳动保护用品的使用要求；

(3) 本班组生产工作概况、工作性质及范围；

(4) 本工种的安全操作规程；

(5) 个人从事工作的性质及必要的安全知识。

转场安全教育：

从本公司其他工程项目转入本工程项目进行施工作业时，必须接受总包单位组织的至少8小时的转场安全教育，并做好记录，经总包质量安全组考核合格、登记备案后上岗。教育内容包括：

(1) 本工程项目安全生产状况及施工条件；

(2) 施工现场中危险部位的防护措施及典型事故案例；

(3) 本工程项目的安全管理体系、规定及制度。

变换工种安全教育：

凡改变工种或调换工作岗位的工人必须接受总包单位组织的变换工种安全教育，做好记录。变换工种安全教育时间不得少于4小时，经总包质量安全组考核合格、登记备案后方准上岗。教育内容包括：

(1) 新工作岗位或生产班组安全生产概况、工作性质和职责；

(2) 新工作岗位必要的安全知识，各种机具设备及安全防护设施的性能和作用；

(3) 新工作岗位、新工种的安全技术操作规程；

(4) 新工作岗位容易发生事故及有毒有害的地方；

(5) 新工作岗位个人防护用品的使用和保管。

特种作业安全教育：

从事特种作业的人员必须经过专门的安全技术培训，经考核合格取得操作证后方可独立作业，并按特种作业人员有关管理办法按要求进行年审，同时进入现场作业时应将有效的操作证复印件交总包质量安全组登记备案。

项目总包单位对从事特种作业的人员要进行经常性的安全教育，并做好记录，频率为每月一次，每次不得少于4小时。教育内容包括：

(1) 特种作业人员所在岗位的工作特点，可能存在的危险、隐患和安全注意事项；

(2) 特种作业岗位的安全技术要领及个人防护用品的正确使用方法；

(3) 本岗位曾经发生的事故案例及经验教训。

经常性安全教育：

工程项目出现以下几种情况时，应对施工人员进行适时安全生产教育，做好记录，时间不少于2小时。教育内容包括：

(1) 因故无法完全执行安全操作规程；

(2) 实施重大和季节性安全技术措施；

(3) 更新仪器、设备和工具，推广新工艺、新技术；

(4) 发生因工伤亡事故、机械损坏事故及重大未遂事故；

(5) 节前假后及执行特殊施工任务;

(6) 出现其他不安全因素，安全生产环境发生了变化。

现场安全活动:

项目各分包单位每周一开始工作前应对全体在岗工人采取适当形式开展至少1小时的安全生产及法制教育活动，并做好记录。现场安全活动内容包括:

(1) 上一周安全生产形势、存在的问题及对策;

(2) 最新安全生产信息;

(3) 重大和季节性安全技术措施;

(4) 本周安全生产工作的重点、难点和危险点;

(5) 本周安全生产工作目标和要求。

班前安全讲话:

各作业班组长于每班工作开始前（包括夜间作业）必须对本组全体人员进行不少于15分钟的班前安全活动交底，并做好记录。班前安全活动交底内容包括:

(1) 本班组安全生产须知;

(2) 本班工作中的危险点和应采取的对策;

(3) 上一班工作中存在的安全问题和应采取的对策。

11 交流、沟通与协商

11.1 内部信息交流

项目质量安全组负责有关职业健康安全管理信息的收集、传递和处理，包括接收到项目员工对于职业健康安全的建议和意见以及公司/分支机构的职业健康安全管理要求、通知等。

项目其他部门及时将所获取的相关职业健康安全信息传递至质量安全组/安全工程师。

项目质量安全组/安全工程师及时将项目职业健康安全监视和测量中发现的问题以及内外部审核情况通报至项目相关部门及岗位。

信息交流的方式灵活多样，可以采用电话方式，也可以采用书面或网络方式，但对于较重要或有追溯性的事项则采取书面方式进行交流。

项目质量安全组作为项目的职业安全健康信息的接收汇总部门，负责相关信息的登记处理（把信息反映到有关部门/人员，并把处理情况及时反馈）。

11.2 外部信息交流

项目质量安全组负责收集、接收来自公司外相关方（业主、供应商、承包方、当地职业健康安全主管部门）的有关职业健康安全管理方面的信息，并根据需要传递至相关部门和岗位。

项目质量安全组负责收集当地建筑主管部门、职业健康安全主管部门发布的有关规定性文件和管理信息，及时传达至项目的相关部门及岗位，并组织落实。

12 记录

项目职业健康安全记录由项目质量安全组负责收集、整理和保存，记录应包括安全文明施工管理的记录和职业健康管理体系的运行记录。

项目质量安全组不定期检查各责任单位及岗位的记录情况，确保所有的职业健康安全记录字迹清晰，标识清楚，内容齐全，填报及时。

项目职业健康安全记录的保存方法及期限符合公司规定要求，做到账物对应，便于查阅。

13 附件

项目《重大风险及其控制计划清单》

4.2.2.5 施工环境管理计划

1. 定义

由于环境管理的内容涉及土壤、水、大气、生物等各种环境因素，环境管理的领域涉及经济、社会、政治、自然、科学技术等方面，环境管理的范围涉及国家的各个部门，所以环境管理具有高度的综合性。

环境管理的主要内容可分为三方面：

(1) 环境计划的管理：环境计划包括工业交通污染防治计划、城市污染控制计划、流域污染控制计划、自然环境保护计划，以及环境科学技术发展计划、宣传教育计划等，还包括在调查、评价特定区域的环境状况的基础区域环境规划。

(2) 环境质量的管理：主要有组织制定各种质量标准、各类污染物排放标准和监督检查工作，组织调查、监测和评价环境质量状况以及预测环境质量变化趋势。

(3) 环境技术的管理：主要包括确定环境污染和破坏的防治技术路线和技术政策；确定环境科学技术发展方向；组织环境保护的技术咨询和情报服务；组织国内和国际的环境科学技术合作交流等。

工程项目环境管理是为了实现项目环境管理目标而针对环境因素及其环境影响的管理活动，包括组织结构、策划活动、职责、惯例、程序、过程和资源等。工程项目环境管理关系到勘察、设计和施工等过程，但就其环境影响主要涉及施工过程。工程项目经常要面临不同的自然环境，一方面这些独特的自然环境必将对工程项目的实施带来不同的影响，另一方面施工活动也会对自然环境和社会环境产生负面影响。因此建筑设计和施工过程的项目环境管理有着自己的特征，主要表现为环境因素的多样性和复杂性；环境保护与工程建设的同时性；环境影响的持久性以及资源的大量消耗。项目环境管理的这些特征都不是孤立的，它们彼此相互依存。一方面施工环境的适宜、安全、经济、可观赏、可利用等是必须达到的基本要求，另一方面确保施工过程污染的达标排放，降低资源的各种消耗，也必须从内在和外在方面与环境要求协调一致，缺一不可。可见，施工阶段的环境管理则成为程项目环境管理的重中之重。

本节所称的项目是指工程建设项目的所在地，通常是指房屋建筑、土木建筑、设备安装、市政管线敷设以及建筑物的拆除和各类修缮、装修等工程项目施工所在地的现场。由于工程建设项目的施工过程，将会伴随着产出巨大的资源、能源的消耗，同时也会产生严重的环境污染。所以，施工环境管理的目标就是实现“绿色施工”，无污染，零排放，无损于环境。

综上所述，施工环境管理计划（也称“施工环境保护管理计划”）就是指为了实现工程项目施工环境保护管理的目标而制定的方法、步骤以及具体措施的文件。

2. 施工环境因素管理的策划

工程项目施工环境因素管理策划包括：环境管理目标、指标和管理方案的确定。

(1) 确定环境管理的目标指标

1) 环境因素的识别和评价

环境管理目标的决定，必须建立在识别和评价施工阶段可控制或可施加影响的环境因素的基础上，才能予以控制，确保实现项目施工的环境管理目标。

①环境因素识别的对象和范围，应从项目的办公、设计、采购、施工和竣工后服务等活动中识别环境因素。识别环境因素时应考虑本单位在工程活动中，自身可以管理、控制、处理以及可施加影响（如对供应商、运输商、分包商）的方面和范围。识别环境因素应考虑三种状态、三种时态和六个方面：

a. 三种状态包括：

正常状态：指稳定、例行性、计划已作出安排的活动状态，如正常施工状态。

异常状态：非例行的活动或事件，如施工中的设备检修，工程停工状态。

紧急状态：指可能出现的突发性事件或环保设施失效的紧急状态，如发生火灾事故、地震、爆炸等意外状态。

b. 三种时态包括：

过去：以往遗留的环境问题，而会对目前的过程、活动产生影响的环境问题。

现在：当前正在发生并持续到未来的环境问题。

将来：计划中的活动在将来可能产生的环境问题，如新工艺、新材料的采用可能产生的环境影响。

c. 六个方面包括：

大气排放：包括向大气实施点源无组织排放各类污染环境因素的，如锅炉的烟尘排放。

水体排放：生活污水与施工过程形成的废水等各类污染因素的产生与排放，如食堂含油污水、混凝土搅拌站污水排放。

各类固体废弃物：包括施工过程以及生活、办公活动中产生的各种固体废弃物，如建筑垃圾、生活垃圾及办公垃圾。

土地污染：由各种化学物质、油类、重金属等对土壤所造成的污染、积累和扩散。

原材料和自然资源的耗用：施工和办公过程中对原材料、纸张、水、电等方面资源的耗用。

当地其他环境问题和社区问题：如施工噪声、夜间工地照明的光污染等。

②环境因素识别方法。

承包商企划部通常都会根据建筑施工行业的特点，将在办公、采购、施工和服务等活动中常见的环境因素汇集、编制成《常见环境因素名录》，并发至各分支机构、综合部、采购中心和各项目经理部。各分支机构和项目经理部组织本单位有关人员参照《常见环境因素名录》，结合自身的情况识别本单位所涉及的环境因素，建立环境因素台账。

各单位在识别环境因素时，应注意是否存在《常见环境因素名录》以外的环境因素；若有，应将其纳入本单位的环境因素台账中。

项目经理部在识别环境因素时，应考虑业主、周边单位、居民等对环保和文明施工的要求。

承包商企划部根据法律法规要求以及公司的实际情况，适时更新公司《常见环境因素名录》。

③环境因素评价。

环境因素评价是在识别环境因素的基础上，为改进环境绩效而确定本单位重要环境因素的工作。确定重要环境因素应考虑：当前某环境因素所造成的环境影响与相关法规要求的符合程度，其环境影响的范围和程度，发生的频次，资源的耗用及可节约的程序，相关方的关心程度等。

环境因素评价的工作流程是：分析环境因素产生的环境影响-评价影响的程度-确定重要环境因素。

④环境因素评价方法与评价结果。

一般情况下，环境因素评价方法主要为专家分析法。专家分析法是由本单位负责人组织有关技术、专业管理人员，对环境因素台账中的环境因素进行逐项分析，从而确定重要环境因素的一种方法。

各分支机构总部和各项目经理部分别编制本单位重要环境因素清单，并整理、保存评价记录。

承包商公司直营项目的重要环境因素清单由企划部审核，事业部主管领导批准；分支机构所辖项目的重要环境因素清单，由分支机构主管部门审核，主管副总经理批准。各项目应将评价的重要环境因素清单报事业部/分支机构部备案；公司总部的报企划部备案.

⑤环境因素更新

发生下列情况时，承包商各单位应组织有关人员对环境因素进行补充识别和评价。

环境保护法律、法规等有关要求发生变化；

承包商公司的产品、过程、活动发生较大变化；

相关方有合理抱怨；

承包商公司的环境方针目标发生变化。

各项目应将重新识别及评价结果报承包商企划部。企划部根据各单位重新评价环境因素的情况，更新承包商公司的《常见环境因素名录》和《重要环境因素清单》。

2）建立环境管理的目标指标

环境目标是管理环境因素及其影响的目的。指标来自目标，项目部应建立和保持目标指标，应针对项目的各职能与层次形成文件化的目标与指标。项目部的目标和指标应与环境方针一致，目标、指标是有层次的，将总目标逐渐细化、逐层分解，落实到相关的职能与层次。特别是目标和指标应考虑施工单位的特点，区别市区施工、郊区施工和野外施工等不同情况，按每一有关职能和层次分解，其分解程度应与能独立采取控制措施相适应。通常目标应具体、指标宜量化。

目标内容应考虑法律及其他要求、重大环境因素及相关方意见，可选的技术方案、财务和经营要求，以保证目标、指标是可操作和可实现的。

目标和指标应进行动态控制，并反映法律法规的时代要求。目标与指标应针对具体的污染源特点进行制定，应考虑目标、指标的内容与需要采取的控制措施协调一致。

（2）制定施工环境管理方案

为了保证环境管理目标、指标的实现，工程项目的各管理层次应制定相应的一个或多个环境管理方案。

环境管理方案的内容包括：目标和指标要求、管理职责、污染预防技术、财务、资源要求，规定出时间表等，并应有审批手续。环境管理方案的形式可以是专项编写，也可以是在其他项目策划中体现。环境管理方案应与设计、施工过程的质量、安全、文明施工要求及环境因素的控制需求相一致，包括与施工组织设计、项目管理规划等文件的有机融合。

管理方案交底应及时与技术交底一体化实施，由技术负责人组织环境管理措施的具体落实。

项目若进行新的或变化的施工活动、产品或服务，如设计变更导致的施工变化，其方案实施的内外部环境条件发生变化，则有关环境管理方案也应相应修订，以确保环境管理的持续适用性。同时对管理方案的实施效果应进行评估，必要时作出改进。

施工环境管理方案主要涉及施工现场的环境管理；施工现场作业环境管理以及施工现场生活环境管理。

3. 施工环境管理计划的编制

各项目部在工程项目开工前，在评价重要环境因素和施工环境因素管理的策划的基础上，编制本项目的施工环境管理计划。

通常承包商公司直营项目的环境管理计划由承包商事业部项目管理板块、企划部共同审核，事业部副总经理批准。分支机构所辖各项目的环境管理计划，由分支机构的主管部门审核，主管副总经理批准。各项目部经理负责组织落实经批准的项目施工环境管理计划。

4. 运行与控制

承包商各部门、项目部均应严格执行承包商公司环境管理体系文件、环境保护作业指导书及施工环境管理计划。程序文件、环境保护作业指导书中提出应做好记录的，相关岗位应按要求做好记录。

采购中心以及被授权实施物资采购的部门，在进行物资采购以及签订采购、运输合同时，应将承包商公司的环境保护控制要求传达给供应商、运输商，以保证采购供应活动符合承包商公司环境管理手册及环境保护作业指导书的要求。

承包商事业部/分支机构、项目部在进行分包商招标以及签订分包合同时，应将承包商公司相关环境保护要求传达至各相关分包商，从而保证分包商在项目施工过程中遵守承包商公司的环境管理手册及环境保护作业指导书的要求。

项目部在组织施工以及对分包商进行技术交底时，应结合实际，提出环境保护方面的具体要求，以确保项目环境管理计划的要求能得到有效的落实。

5. 环境管理工作的监视与测量、改进

为确保环境管理体系正常运行及环境绩效达到施工环境管理计划所规定的目标和要求，承包商公司各级组织都会开展对环境管理体系运行的监视和测量活动。一般都由承包商企划部负责对各部门的监视与测量工作，并监督指导各项目对环境管理方案/环境管理计划的落实。承包商事业部、分支机构除每季度组织一次对所辖各项目的例行监视与测量外，还应根据实际情况实施随机监察。项目部负责对本项目的具体监视和测量工作。

监视与测量工作从三个方面展开：

(1) 环境的应急响应能力与日常的检查、测量和改进在特殊情况下，施工现场可能出现突发的环境事故，项目部必须具备较强的应急响应能力。如果要实现项目施工环境管理的目标指标，避免环境事故的发生，应及时实施日常的检查、测量和改进工作。主要包括环境管理方案（计划）实施情况及效果，与重要环境因素有关的控制活动是否有效实施，环境保护法律法规的执行情况，主要环境目标、指标的实现程度。

（2）应急准备与响应

项目部在其施工活动、产品或服务过程中，由于某种客观或主观原因都有可能发生紧急情况或意外事件等，应首先对其特征和特点进行识别和分析并建立一套应急准备的措施，以尽可能减少或消除由于紧急情况或意外事故所造成的损失和对环境造成的严重破坏，这充分体现了环境管理“预防为主”的思想。一是根据对突出事件、紧急事态的识别确定突发事件的响应措施，防止和减少不利的环境影响，包括二次污染和伤害的风险预防。二是根据环境因素及紧急情况的客观需求，配置相应的设备和资源，包括应急的人员、设备和材料配备。三是针对有毒、有害的化学品泄漏，发生火灾或爆炸事故等编制响应措施的演习方案，并及时实施评估。对事故、事件等产生的原因进行分析，评估各类程序及预案的有效性。同时，要在日常工作中，检查应急准备与响应设施的配置及其是否有效。

（3）日常的检查、测量和改进活动

项目部应有规律的监测、测量重要的环境因素及其环境影响。重点是针对施工环境业绩的监测、测量，包括项目部环境目标指标的实现程度，环境管理的效果和趋势变化等。

①测量对象的重点有：混凝土施工噪声、污水排放及节水节电，土方及混凝土施工的扬尘，建筑工程的固体废弃物以及现场食堂的生活污水、主要资源的消耗和可能的火灾等。

②运行控制的监测应分层次进行。项目部各层次分别进行相关的监测活动，同时应与外部监测（如政府执法部门）相结合。监测的内容包括项目环境目标指标的实现情况，环境活动的稳定及改进效果等。

③应监测项目重大环境因素控制的运行情况，包括了解施工环境管理策划的合理性，重要环境因素的变化情况，相关方的评价和意见等。

④项目的监测仪器（噪声仪，污水测试设备等）要校准、维护并留下结果记录，包括校准依据、校准方式及校准结果。

⑤定期评价项目环境管理符合法律、法规、标准及目标指标的要求的程度。包括与国家、行业、地方相关环境保护管理要求的符合程度，这种合规性评价是施工现场环境管理的基本工作内容。

⑥根据污染预防的需要，项目管理人员应及时分析环境管理持续改进的客观需求，评价相关的风险，采取与环境影响严重程度相适宜的环境改进措施，包括纠正措施和预防措施。改进措施应该力求消除产生环境事故和不符合的原因，防止其再次发生。

对于监视与测量的结果，要由检查人员做好保存记录，以反映环境管理体系的运行情况和实施效果。

对于违背了环境管理体系要求的，认为是构成了不符合的。例如，违反环境管理手册、环境保护作业指导书的环境管理要求而引起相关方投诉或抱怨，以及环境绩效的监测结果不符合规定要求等。项目部安全员/兼职环境管理人员应向现场经理报告。必要时，应填写不符合整改通知，发至责任单位；现场经理应针对所发现的不符合，组织相关人员进行评审。对评审出的严重性和影响程度，以判定是仅采取处置行动还是同时采取纠正措施。

对环境产生较大不利影响（如相关方投诉或抱怨的、当地环保部门对项目监察发出整改通知的）以及外审中认证机构审核组发现的不符合项，项目部均应采取纠正措施。纠正措施经现场经理批准后，由责任部门/单位组织实施。

为了防止潜在的不符合或其他不希望的情况发生，项目部还要随时采取预防措施。预防措施由现场经理/项目技术负责人针对预见的可能会出现的不符合问题，或是了解到外单位已出现的环境事故问题，进行原因分析；针对分析出的原因，制定防止其发生的措施；预防措施一般可以直接写入施工技术方案或技术交底中；对于重要的，也可以单独编制预防措施；预防措施经现场经理/技术负责人审批后，由相关部门/单位组织实施。

【内容与格式】

施工环境管理计划的格式，由封面（封面内要注明：项目名称、编制人、审核人、项目负责人或项目经理、批准人以及单位名称、日期)、目录、正文、附件组成。

施工环境管理计划的内容，主要包括：

(1) 环境因素识别与重要环境因素的确定；

(2) 环境目标和指标；

(3) 组织机构及重要环境管理岗位的设置；

(4) 重要环境管理岗位职责描述；

(5) 针对重要环境因素的控制措施；

(6) 应急准备与响应方案；

(7) 监视与测量；

(8) 培训安排。

【文案范例】

环境管理计划

1 项目概况

包括工程概况和工作范围。

2 编制依据

(1) 项目策划。

(2) 公司环境管理手册、程序文件（列出名录）。

(3) 工程合同文件。

(4) 适用的环境保护法律法规（列出主要法律法规明录）。

3 环境因素的识别与评价

项目现场经理组织项目的有关人员，按照公司《环境因素识别与评价程序》识别本项目的所有环境因素。识别项目环境因素时，可借鉴公司发布的《常见环境因素名录》。识别项目环境因素后，由项目的兼职环境管理员发布本项目的《环境因素台账》。

在识别项目环境因素的基础上，由项目副经理（或现场经理）组织有关人员按照公司《环境因素识别与评价程序》评价出项目的重要环境因素。确定重要环境因素时，应考虑：与相关法律法规的符合性、影响范围、影响程度、发生频次、资源的消耗、相关方关心的程度、可节约程度等。评价项目的重要环境因素时可借鉴公司的《公司常见的重要环境因素名录》。评价出的重要环境因素，由项目兼职环境管理员编制本项目的《重要环境因素清单》。

当发生下列情况时，项目副经理（或现场经理）应及时组织有关人员重新识别与评价环境因素，更新相应的清单：

(1) 法律、法规及其他要求发生变化时；

(2) 项目承担的工程施工内容及服务内容发生变化时；

(3) 相关方有合理抱怨时；

(4) 公司的环境方针发生变化时等。

4 法律与其他要求

由项目兼职环境管理员组织搜集获取、确定与项目施工及服务相关的环境保护管理法律法规，发布本项目的环境保护法律法规清单。

确定本项目的法律法规清单可在借鉴公司发布的环境保护法律法规清单的基础上。搜集当地环保部门及建设主管部门等发布的地方法律法规。确保项目施工及服务的过程中，其环境行为均有法可依。

项目责任工程师在编制施工技术方案或进行技术交底时，应注意相关环境保护法律法规要求，并将相关要求具体反映到方案或技术交底当中，以确保相应环境保护法律法规要求得到有效的落实。

5 项目环境目标和指标

项目经理在正式开工前组织制定本项目的环境目标和指标。项目的环境目标和指标应具体针对所评价出的重要环境因素。

项目兼职环境管理员负责将项目的环境管理目标和指标分解到各层次直至分包各单位。

本项目的环境目标和指标具体见下表。

<table>
<tr><th>序号</th><th>重要
环境因素</th><th>目标</th><th colspan="3">指标</th></tr>
<tr><td rowspan="6">1</td><td rowspan="6">施工
噪声</td><td rowspan="6">确保施工现场场界噪声排放达标</td><td rowspan="2">施工内容</td><td colspan="2">场界噪声限值（dB）</td></tr>
<tr><td>昼间</td><td>夜间</td></tr>
<tr><td>土石方</td><td>≤75</td><td>≤55</td></tr>
<tr><td>打桩</td><td>≤85</td><td>禁止施工</td></tr>
<tr><td>结构施工</td><td>≤70</td><td>≤55</td></tr>
<tr><td>装修施工</td><td>≤65</td><td>≤55</td></tr>
<tr><td rowspan="3">2</td><td rowspan="3">施工现场扬尘</td><td rowspan="3">减少施工现场粉尘排放</td><td colspan="3">施工现场道路硬化率100%</td></tr>
<tr><td colspan="3">搅拌站封闭率100%</td></tr>
<tr><td colspan="3">水泥等易飞扬材料入库率100%</td></tr>
</table>

续表

<table>
<tr><th>序号</th><th>重要
环境因素</th><th>目标</th><th colspan="2">指标</th></tr>
<tr><td rowspan="4">3</td><td rowspan="4">施工污水排放</td><td rowspan="4">主要污染物均达标排放</td><td>pH</td><td>6～9</td></tr>
<tr><td>化学耗氧量</td><td>500mg/L</td></tr>
<tr><td>悬浮物</td><td>400mg/L</td></tr>
<tr><td>油类</td><td>100mg/L</td></tr>
<tr><td rowspan="2">4</td><td rowspan="2">废弃物</td><td>垃圾分类管理</td><td colspan="2" rowspan="2">分类管理率100%</td></tr>
<tr><td>可回收废物及时回收</td></tr>
<tr><td>5</td><td>道路遗洒</td><td>杜绝物料灰土遗洒</td><td colspan="2">不发生任何物料遗洒</td></tr>
<tr><td>6</td><td>项目的其他
重要环境因素1</td><td>相关目标（略）</td><td colspan="2">相关指标（略）</td></tr>
<tr><td>7</td><td>项目的其他
重要环境因素2</td><td>相关目标（略）</td><td colspan="2">相关指标（略）</td></tr>
</table>

注：表中的数值应根据项目所在地的法规要求进行调整。

6 组织机构及重要环境管理岗位

6.1 项目组织机构图

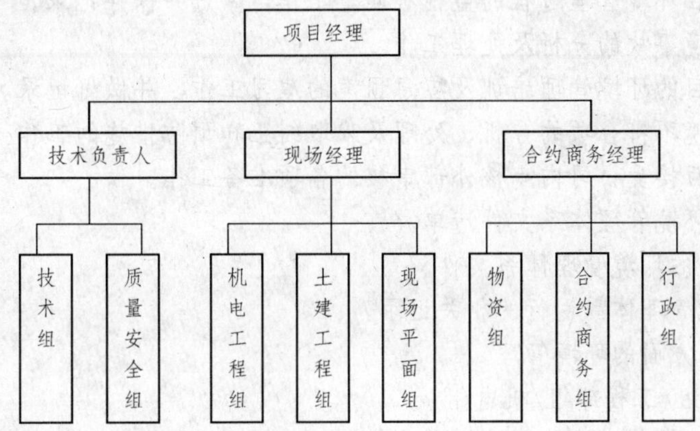

6.2 重要环境管理岗位设置及职责描述

6.2.1 项目经理

1. 项目经理是本项目环境管理第一责任人，对项目的环境保护工作服全面责任。
2. 审核项目环境管理计划。
3. 监督检查各主要环境管理岗位人员的工作，发现问题及时处理。
4. 组织对项目环境事故、相关方投诉的分析和处理，批准处理方案。

6.2.2 执行经理

1. 具体组织本项目环境管理工作的实施，并向项目经理及公司总部汇报环保体系运行工作。

2. 组织编制本项目环境管理计划。

3. 组织本项目的环境管理工作的监视和测量工作。

4. 监督对不符合项的分析、处理及采取纠正预防措施工作的实施情况。

5. 组织与相关方就环境管理方面的信息交流及沟通工作。

6. 参加对本项目环境事故或相关方投诉的分析及处理工作，组织落实处理方案。

7. 代表本项目接受环境管理体系的内外部审核工作。

8. 具体组织项目发生紧急情况时的抢救 、疏散、报告工作。

6.2.3　项目总工/技术经理

1. 审核项目编制的环境管理计划。

2. 对项目施工组织设计及施工技术方案所涉及的环保措施的制定负全面责任。

3. 参加本项目环境事故或相关方环保投诉的分析工作。

6.2.4　合约商务经理/合约商务部

在合同文件中对分包方/供方提出环保要求。

6.2.5　质量安全组/环境管理员

1. 组织学习公司的环境管理体系文件，具体组织落实公司的环境保护工作的各项要求。

2. 了解相关方对项目环境管理的要求信息，接受相关方的环境方面的投诉或抱怨，及时向项目副经理汇报。

3. 组织编制项目应急预案与响应措施，并具体组织落实。

4. 组织对项目环境管理过程的监视和测量工作，做好并保存记录。

5. 参加对环境事故的分析及处理工作。

6. 组织本项目的环境管理培训及应急预案的演习工作，并做好记录。

7. 组织对环境不符合项的分析、处理及采取纠正和预防措施的工作。

8. 做好本项目接受公司内审核外部审核的各项准备工作。

9. 建立项目环境管理体系文件清单。

10. 保存相关的环境管理体系文件。

11. 保存环境管理体系运行的相关记录。

12. 负责办公方面的环境管理。

6.2.6　技术组/工程部组/机电组

1. 技术组负责编制环境管理计划。

2. 学习落实公司环境管理体系文件及本项目环境管理手册的相关要求，必要时反映到技术方案和技术交底中去，确保其得到有效的落实。

3. 向分包单位及操作人员传达公司及项目的环境管理要求。

4. 向项目环境管理员传递相关方的环境管理要求的信息。

6.2.7　物资组/材料员

1. 编制充分考虑环保要求的材料需用计划。

2. 组织配备项目所需用的应急物资。

3. 组织做好进入现场材料的贮存防护工作和应采取的环保措施。

4. 组织做好现场各种垃圾的清运及处置工作。

6.2.8 行政组

1. 负责文件管理。

2. 建立项目环境管理体系文件清单。

3. 组织收集本地区的环境管理法律、法规，建立本项目环境管理法律法规清单，并向相关人员传递。

4. 保存相关的环境管理体系文件。

5. 保存环境管理体系运行的相关记录。

6. 负责办公方面的环境管理。

6.2.9 办公区域废弃物控制责任人

1. 负责办公环境各类垃圾的分类及标识。

2. 负责办公垃圾的收集及弃置。

3. 收集墨盒及硒鼓，提交至公司行政部。

6.2.10 施工区域废弃物控制责任人

(略)。

6.2.11 施工噪声控制责任人

(略)。

6.2.12 施工扬尘控制责任人

(略)。

6.2.13 施工污水控制责任人

(略)。

7 重要环境因素控制措施

注：下列控制措施是根据一般情况制定的，不一定是用于所有项目。因此应根据项目具体情况对下列内容进行必要的补充或删减。

7.1 施工噪声控制

7.1.1 目标和指标

施工阶段	主要噪声源	管理目标	噪声限值（dB）	
			昼间	夜间
土方施工	挖掘机、装载机、推土机、运输车辆	确保达标排放	≤75	≤55
桩基施工	打桩机、振捣棒、混凝土搅拌机、混凝土运输车	确保达标排放	≤85	禁止施工
结构施工	地泵、混凝土搅拌机、混凝土运输车、振捣棒、支拆模板、搭拆脚手架、电锯、模板修理、室外电梯	确保达标排放	≤70	≤55
装修施工 机电安装	拆脚手架、石材切割、砂轮机打磨、无齿锯切割、外用电梯、电锯	确保达标排放	≤65	≤55

7.1.2 控制措施

1. 土石方施工

(1) 选用符合环保标准的施工机械；

(2) 对土石方施工的操作人员进行环保教育，增强其环保意识；

(3) 严格控制推土机的一次推土量、装载机的装载量，严禁超负荷运行；

(4) 加强施工机械的保养维修，尽可能地降低施工噪声的排放；

(5) 尽量减少夜间推土机工作量；

(6) 设计好土方运输路线，尽量绕开居民区。

2. 桩基施工

(1) 采用混凝土灌注桩时，其控制噪声措施同结构施工的混凝土施工；

(2) 严禁夜间施工。

3. 结构施工

(1) 混凝土搅拌站采用具有隔声效果的材料进行封闭，以防止噪声扩散；

(2) 坚持日常对混凝土输送泵的维修保养确保其运行始终处于正常状态；

(3) 尽可能选用环保型振捣棒。振捣棒使用及时清理干净；

(4) 对混凝土振捣人员进行交底，确保其操作时不振钢筋和模板，做到快查慢拔，减少空转的时间；

(5) 修理钢模板和脚手架钢管时，禁止用大锤敲打，其修理工作应在封闭的工棚内进行；

(6) 电锯操作间采用具有隔声效果的材料进行封闭；

(7) 模板、脚手架支拆时，应做到轻拿轻放，严禁抛掷；

(8) 必要时在作业面周围，搭设隔声屏，隔声屏应高于作业面3m以上；

(9) 坚持对结构施工期间的噪声检测，发现超标时，及时采取降噪措施。

4. 装修及机电施工

(1) 尽量做到先封闭后施工；

(2) 设立石材加工间，并设降噪封闭措施；

(3) 使用合格的电锤，并及时在各部位加注机油，增强润滑；

(4) 使用电锤开洞、凿眼时，在钻头处注油或水；

(5) 严禁用铁锤敲打管道及金属工件。

7.1.3 管理分工及责任

噪声控制措施的落实与监测由噪声控制负责人负责，并及时填写监视测量记录。

7.2 施工扬尘控制

7.2.1 目标和指标

符合地区各阶段控制大气污染措施中关于建筑工地扬尘达标的要求。

7.2.2 控制措施

1. 施工场地

本项目在开工初期确保临时环状道路全部硬化。采用厚15cm C20混凝土铺设；对于现场其他土壤裸露场地，进行绿化或覆盖石子。

对临时道路设专人，专门负责每日洒水和清扫，保持道路清洁湿润。

2. 混凝土搅拌站

水泥及外加剂均贮存在封闭的储罐内，本项目设置×台水泥储罐，×台外加剂储罐。

为防止水泥及外加剂在诸如过程中的泄漏扬尘，储罐出口处均设置防尘罩。

本项目选用×××型号搅拌站。搅拌站采用电子计量、自动上料系统，水泥及外加剂均采用密闭管道传输。

砂石堆放场设围挡，四级风以上时，砂堆用密目网予以覆盖。

3. 土方施工

现场挖出的土方及时组织外运。

因施工土方平衡需要，计划在现场储存土方时，采取密目网覆盖的方式或定时洒水的方式，确保尘土不会飞扬；

四级风以上的天气，不安排土方施工。

4. 松散型物料运输与贮存

为避免土方运输时的遗洒，在现场设拍土架，指定专人对装运的土方拍实。

装运松散物料的车辆，应加以覆盖（盖上苫布），并确保装车高度符合运输不遗洒。

在施工现场的出口处，设地毯或设车轮冲洗池，确保车辆出场前清洗掉车轮上的泥土。

设专人及时清扫车辆运输过程中遗洒至现场的物料。

松散的易飞扬的物料（外加剂、白灰）均采取封闭式贮存措施（袋装、进库）。

5. 拆迁旧建筑扬尘的控制

拆迁现场应设置不低于1.8m的围挡，可与施工现场的围墙一起设计考虑。

拆迁现场设临时垃圾堆放场，并由工程组/材料组组织及时清运出场。

拆迁现场设专人进行环境管理。

现场配备洒水设施，有专人负责组织定时洒水降尘。

拆除现场的运输通道的出口处，设长度为25m，宽度为3m的硬化路面，并在出口处设冲洗车轮的设施。

6. 锅炉、热水炉、大灶烟尘的控制

材料组负责所安装的锅炉、热水炉、大灶必须符合当地的环保要求，均使用清洁型燃料。

锅炉、热水炉、大灶启用前，由项目副经理（或现场经理）组织进行烟尘监测，监测合格后方能使用（烟尘排放黑度达到林格曼1度以下为合格）。

7.2.3 管理分工及责任

施工扬尘控制措施的落实与监测由专人负责，并及时填写监视测量记录。

7.3 水污染的控制

7.3.1 目标和指标（见下表）

污染源	管理目标	管理指标	
搅拌站污水	不排放未经处理的污水；污水达标排放	pH	6～9
生活污水		化学耗氧量	500mg/L
厕所污水		悬浮物	400mg/L
施工污水		油类	100mg/L

7.3.2 控制措施

1. 雨水管理

项目开工前，在做现场总平面规划时，设计现场雨水管网，并将其与市政雨水管网连接。

设计现场污水管网时，应确保不得与雨水管网连接。

由项目兼职环保管理员通知进入现场的所有单位和人员，不得将非雨水类污水排入雨水管网。

2. 搅拌站污水管理

混凝土搅拌站设污水沉淀池，污水经过三级沉淀后，进入现场的污水管网。

沉淀池由分包单位每周清理一次，项目兼职环保管理员负责检查。

3. 食堂生活污水管理

食堂污水出口处设隔油池，隔油池出口连接污水管网。

隔油池设置见附图。

4. 厕所污水

施工现场设冲水厕所。

厕所污水进入化粪池沉淀后，再排入现场污水管网。

项目兼职环保管理员与当地环卫部门联络，定期对化粪池进行清理。

5. 其他污水管理

施工现场的所有施工污水，均应经过沉淀后，再排入市政污水管网；

项目委托分包单位定期清理沉淀池内的泥砂。

7.3.3 管理分工及责任

水污染控制由专人责任，负责防止水污染的各种控制措施的落实及监督检查，并做好相关监视和测量记录。

7.4 固体废弃物的控制

7.4.1 目标和指标（见下表）

<table>
<tr><th colspan="3">污染源</th><th>目标</th><th>指标</th></tr>
<tr><td rowspan="3">办公及生活类废弃物</td><td>有毒有害</td><td>废旧电池、打印机墨盒、复印机墨盒、日光灯管</td><td rowspan="6">全部实行分类管理和弃置</td><td rowspan="6">分类管理率100%
弃置处理守法率100%</td></tr>
<tr><td>可回收
无毒无害</td><td>纸类：办公用纸、复印纸、信封信纸、报刊广告纸、包装纸、纸箱盒
塑料类：塑料袋、包装泡沫、塑料布、塑料包装、塑料办公用品、保鲜膜
瓶罐类：酒瓶、易拉罐、玻璃瓶、塑料瓶</td></tr>
<tr><td>不可回收
无毒无害</td><td>生活垃圾，包括纸巾、厕纸、复写纸、蜡纸、食堂垃圾</td></tr>
<tr><td rowspan="3">施工过程废弃物</td><td>有毒有害</td><td>化学稀料、废油漆、油漆桶、聚苯板、涂料、防水卷材边角余料、石棉瓦碎块</td></tr>
<tr><td>可回收
无毒无害</td><td>木材、各种钢材及有色金属的边角余料、材料包装品（盒、纸、桶、箱、袋）、废旧密目网、废旧橡胶制品</td></tr>
<tr><td>不可回收
无毒无害</td><td>破碎砖头瓦块、混凝土渣块、破碎石材、过期水泥、破碎陶瓷及玻璃制品</td></tr>
</table>

7.4.2 控制措施

按照公司统一规定将废弃物分为三类：可回收利用的无毒无害废弃物、不可回收的无毒无害废弃物、有毒有害废弃物。对分类存放的各类废弃物，进行明显的标志，即标明废弃物的种类。项目设置统一的废弃物临时存放点，存放点配备收集桶（箱），以防止流失、渗漏、扬散。明确各单位（包括分包）负责废弃物收集工作的责任人及具体职责和范围。

废弃物的内部运输应确保废弃物在运输过程中不遗洒、不混装；对废弃物的外运，必须由具备相应资格的单位进行。外运前，由项目兼职环保管理员监督，对废弃物进行严密覆盖，防止遗洒。对于有毒有害废弃物的运输，应执行国家或当地的相关法规。项目兼职环保管理员应清楚掌握废弃物的弃置方向，确保处置符合国家和当地环保要求。

7.4.3 管理分工及责任

办公区：由×××负责，主要职责及范围为：

生活区；由×××负责，主要职责及范围为：

食堂区：由×××负责，主要职责及范围为：

仓储区：由×××负责，主要职责及范围为：

施工区：由×××负责，主要职责及范围为：

垃圾贮存区：由×××负责，主要职责及范围为：

7.5 光污染的控制

7.5.1 目标和指标（见下表）

污染源	目标	指标
夜间投照灯照明	不影响周边居民夜间休息与睡眠	光污染投诉为零
电焊作业		

7.5.2 控制措施

夜间室外照明用的透光灯均设灯罩，透光方向均集中在施工范围。

在围墙附近或距附近居住区较近地段施工时，设密目网屏障遮挡光线照射居民区。

尽量不安排夜间电焊施工。必须进行电焊夜间作业时，焊接区域附近设密目网遮光屏障。

7.5.3 管理分工及责任

夜间室外照明负责人为×××；夜间电焊作业防止光污染的责任人为×××。

8 应急准备与响应

项目质量安全组负责编制应急准备和响应措施。

项目应急准备和响应措施应针对潜在的环境事故或紧急情况，保证一旦发生紧急情况，有相应的程序来应对，以减少对环境的影响和降低损失。

本项目主要是针对装修阶段及物资仓库、油库等易燃易爆区域的消防工作编制应急准备和响应措施。该措施由项目副经理审批。

在适宜的施工阶段，由项目副经理组织项目演练应急准备与响应程序（主要是消防演练），项目环境管理员做好记录并保存（包括照片）。演练的内容主要包括：迅速通知有关单位及人员抢救（灭火）、疏散、保护重要财产、封闭现场等。

应急准备与响应的具体要求，见项目《应急准备与响应方案》

9 监测与测量

项目质量安全组组织监视和测量工作，其目的是确保环境管理体系的有效运行及环境绩效符合管理目标要求。

9.1 监视和测量的主要内容

(1) 环境保护法律法规在本项目的贯彻执行情况。

(2) 公司环境管理体系文件要求的实施情况及效果。

(3) 重要环境因素控制的绩效（关键特性的实际效果）。

(4) 监测仪器的校准情况。

9.2 遵循法律法规及贯彻环境管理体系文件情况的监测

项目质量安全组定期（每月）和不定期地对各部门、管理岗位以及分包单位的遵循相关法律法规要求及贯彻公司环境管理体系文件的情况及效果进行检查，及时发现不符合，并通知相关单位及部门。

项目质量安全组做好监视和测量记录。项目计量人员负责对监测仪器的检定合格证书进行监视 。

9.3 环境管理目标指标及重要环境因素关键特性的监测

9.3.1 施工噪声的监测

项目质量安全组负责对施工现场进行场界噪声测量并填写测试记录（见附表）。

测试的时间：土石方、打桩、结构、装修等各施工阶段，于施工开始后3日内进行1次；各阶段施工正常进行后再进行一次。测量时间分为昼间及夜间两部分，夜间测量为在22时以后进行。测试应选在无雨、无雪及轻风时进行，当风级超过三级时，应加防风罩，超过四级应停止测试。

测试的方法：测量应在噪声最大时进行；在同一测量点，连续测量5～10个数值，每次读数的间隔时间为5秒，测量值为5～10个数的平均值。

测量点：设在施工现场的边界线上，且距离噪声源最近地方。

噪声测试仪器选用环境噪声监测仪。

监测记录：按附表要求由测试人填写记录。

背景噪声应比测量噪声低10dB以上，若小于10dB，应按公司《环境保护作业指导书》中说明进行修正。

测试后的处理：当测试结果高于规定指标时，则应采取更严格的降噪措施。

在施工正常期间，由质量安全组邀请当地环保部门到施工现场进行监督测试，并索取测试报告，以证明项目是否守法。

9.3.2 水污染的监测

由于公司及项目均无对污水测试的手段，故本项目在施工正常期间，由质量安全组邀请当地环保部门来现场在总排污口区取样进行化验。项目交费后，索取监测报告，以证明项目排污是否守法。

9.3.3 施工扬尘的监测

由项目部质量安全组在扬尘作业高峰时进行监测，采用目测方式。

对于炉灶排放烟尘，由项目质量安全组采用格林曼黑度计监测，并做好记录。在施工正常期间，质量安全组邀请当地环保部门到现场进行守法性监测。

9.3.4 水电耗用监测

由项目部质量安全组定期（每季度）对水电耗用情况抄表计量，并做好记录。

9.3.5 不符合项的处理

对于监视和测量中发现不符合的问题，由监视和测量单位（人员）向责任单位以书面方式提出，要求整改。整改后由责任人员重新监测直至符合要求。

对于需要采取纠正预防措施的，监测人员发出纠正预防措施表，要求责任单位处理。

对于内外部审核发现的不符合，由质量安全组根据审核意见，采取纠正措施，报公司体系保证部验证其实施效果。

10 培训、意识和能力

项目部环境管理员根据本项目的管理人员的能力现状及工作需求，向公司人力资源部提出项目培训计划。按公司人力资源部或体系保证部的培训安排，组织人员参加公司组织的环保培训。

项目环境管理员组织对本项目的有关人员及分包人员进行环保工作培训，将公司环境管理要求传递至供方（供应商、分包商），并做好和保存培训及其实施效果记录。

11 信息交流

11.1 内部信息交流

项目部质量安全组负责有关环境管理信息的收集、传递和处理，包括接收到的公司环境管理要求、通知。

工程组、技术组及时将所获取的相关环保信息传递至质量安全组/项目环境管理员。

项目部质量安全组/项目环境管理员及时将项目环境监视和测量中发现的问题以及内外部审核情况通报至相关部门及岗位。

信息交流的方式可以是电话方式，也可以是书面或网络方式。但对于较重要或有追溯性的事项应采取书面方式。

11.2 外部信息交流

项目部质量安全组负责收集、接收来自公司外相关方（业主、监理、设计、当地环保部门）的有关环保管理方面的信息，并根据需要传递至相关部门和岗位。

项目部在质量安全组内设立社会群众来访接待机构，接待、记录相关方的关于环保方面的投诉或抱怨，并及时将情况报告项目部领导，以便及时采取措施，达到相关方满意。

质量安全组负责收集当地建筑主管部门、环保主管部门发布的有关环保方面规定性文件和信息，及时传达至项目的相关部门及岗位，并组织落实。

12 记录

所有的记录均应字迹清晰，标识清楚，内容齐全，保存方法及期限符合公司的规定要求。

由项目部质量安全组不定期检查各责任单位及岗位的记录情况。

13 附件

(1) 重要环境因素清单。

(2) 施工现场平面布置图。

(3) 施工现场临时污水管网布置图（包括化粪池、沉淀池、隔油池的位置）。

4.2.3　项目预算

【基本概念】

1. 定义

项目预算是寻求最有效地调配资源，以实现项目目标的系统方法。它通过对各种可能的方案进行成本－效益分析，选取实现目标的最佳途径。成本－效益分析是对不同方案实现目标的效果与其所需要的成本进行综合的对比分析，然后根据一定的标准来选取最佳方案。项目预算在我国不仅适用于政府部门和事业单位，也适用大型工程承包企业。

工程承包企业编制项目预算的目的是：提高项目的管理水平，提升项目的经营效益，指导承包商企业全面开展项目预算的管理工作。

2. 特点

项目预算具有如下特点：

（1）目的性。

项目预算的明确目标，就是以完成该工程项目的任务和目标为最终目的。

（2）鲜明性。

由于承包商企业内部职能不同，而各个工程项目都具有各自的特点和内容。

（3）时限性。

每个工程项目都具有明确的开始时间和结束时间。项目支出预算中，工程项目按生命周期分为当年项目、跨年度项目等。而每一个项目都有明确的项目实施时限。

（4）专业性。

项目预算是承包商企业各部门单位职能的体现，从编制、评审、执行和后期监督考评，都是以业务部门为主体的，具有很强的专业性。

（5）专一性。

项目预算一经批准，其项目资金必须专款专用，不得用于其他用途。

（6）风险性。

由于项目的实施受很多外界因素的影响，不同的工程项目在预算期间都可能面临着各种风险和不利因素。所以，项目预算也存在一定的风险性。

（7）择优性。

一般来说，项目预算都是在对申报的项目进行充分论证、评审和严格审核的基础上，结合承包商企业的财力状况，按照轻重缓急和项目预期成果进行排序后批准的。

（8）规范性。

项目预算中的收入是根据合同的条款执行的；而支出必须遵循着一定的管理计划与程序，相对于基本支出预算，项目支出预算要经过编制、评审、执行、控制、评价等阶段，每个阶段都要按照规定的格式和程序进行，具有规范性。

3. 项目预算管理的体系与流程

为了搞好工程项目的预算管理，我国许多大型承包企业都建立了项目预算管理保证体系和项目管理工作的流程。项目预算管理保证体系的构成见图 4-2，项目管理工作的流程如图 4-3 所示。

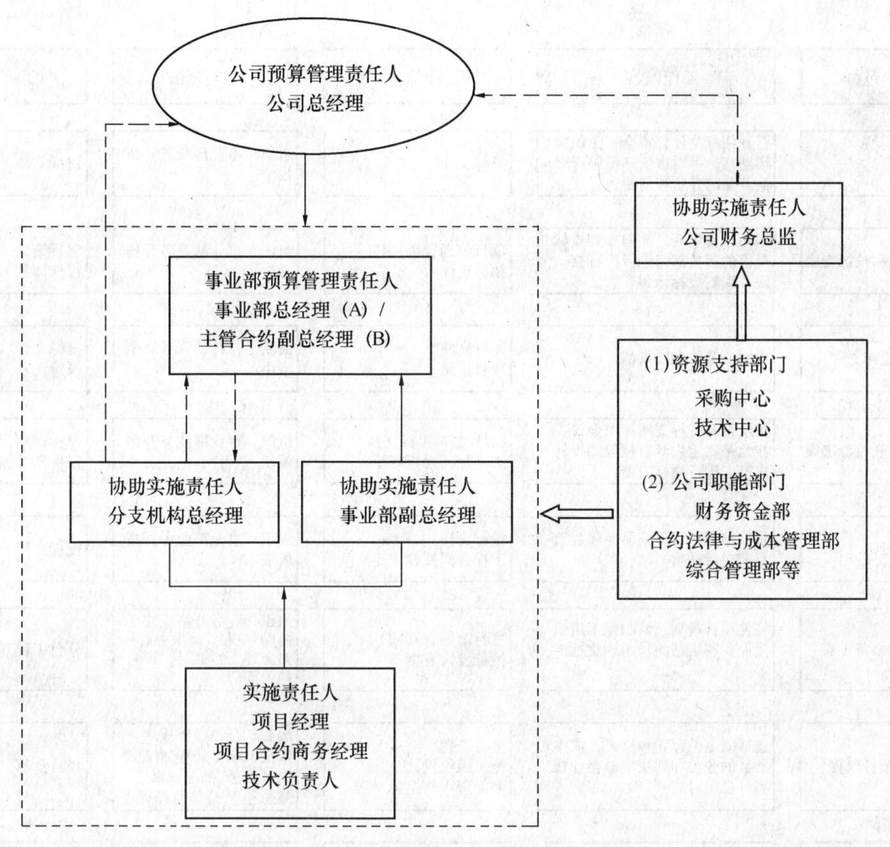

图 4-2 承包商项目预算管理保证体系图

4. 项目预算编制与测算的原则

(1) 承包商在组织编制测算项目预算时，要明确应遵照统一度量的原则和风险承担原则。其中：

项目部不承担投标报价盈亏风险。因为投标风险是指承包商在组织工程投标过程中，中标总价与项目预算相比高出或亏损的那一部分，即报价利润（投标赢利或投标亏损）。报价利润与项目经营管理利润相分离，是因为投标风险是承包商根据企业经营情况采取的相应策略或手段所致，是企业行为，而非项目部行为。

(2) 项目部必须承担管理风险与技术风险。其中：

管理风险是指在项目施工过程中，因项目管理水平或项目管理方式所直接导致的项目预算的增减，必须由项目部承担。

技术风险是指在工程项目施工组织设计中，由承包商技术中心确定的在该工程上采用的施工方案、施工工艺或施工技术，项目部在实际施工过程中必须采用，任何重大改变须报技术中心审批，否则，由此引起的项目预算加大应由项目部承担。如果项目部采取更为经济、合理的技术方案降低成本，则降低的成本进入项目部考核的范畴。

(3) 一致性的原则。

项目预算的构成和预算子目的列项应与财务核算体系的科目设置尽量保持一致。

(4) 重要性原则。

工作过程	工作内容	工作输入	工作职责	工作输出
取得招标文件，投标前工作	召开招标文件评审会，组织现场勘察，并对市场环境进行全面客观的分析和判断	招标文件	组织：事业部业务开拓板块	招标文件评审记录
项目策划和投标交底	编制项目策划，并向参加投标报价的相关部门进行投标交底，编制投标计划	项目策划管理规定 招标文件	组织：事业部业务开拓板块	项目策划 投标计划
编制投标文件	编制商务标和技术标	招标文件 项目信息	编制：合约估算板块/技术中心	投标文件 报价汇总表
投标评审和投标决策	组织召开投标文件评审会议，在此基础上由具有权限的投标决策人进行投标决策。	招标文件/投标文件 工程合同授权规定	组织：事业部业务开拓板块	投标评审记录 报价汇总表
投标	将投标文件装订成册经联签盖章密封后送出	投标文件 工程合同授权规定	组织：事业部业务开拓板块	投标文件
中标后准备工作	完善项目策划，编制施工组织设计，制定期间费用核定标准等	项目策划（初稿） 投标技术方案等	组织：业务开拓板块 协助：项目/技术中心/财务部/合约法律部等相关部门	分包工程开标记录
编制项目预算	遵循固定的原则和格式，成本子目的分类和列项应与会计核算科目相对应	项目策划 施工组织设计 期间费用核定标准等	编制：合约估算板块 审核：项目经理/事业部主管副总 批准：事业部总经理/公司总经理	项目预算
分包商/供应商招标选择	以项目策划为依据，按分包商/供应商选择相关规定选择	分包商招标管理规定 物资采购管理规定 工程合同授权管理规定	组织：合约估算板块/采购中心	合格的分包商/供应商
期间控制和预算调整	项目建立实际成本台账，每月就其执行情况上报公司总部。合约估算板块会同财务部共同审核项目预算和项目现金流量预算的调整，对项目预算成本与实际成本进行比较	项目预算 项目实际成本	编制：项目 审核：合约估算板块 审批：事业部总经理	项目实际预算台账/项目预算执行报告/项目预算调整审批表/项目现金预算调整
竣工结算和清算	编制竣工结算报告与分包结算书，办理资产清偿	项目预算 项目实际成本台账 项目固定资产	编制：项目 审核：合约估算板块/财务部 协办：采购中心/综合部	竣工结算报告 分包结算书 清偿资产
最终预算核算	项目合约商务经理编制项目竣工合约预算报告，财务部编制项目竣工财务报告	项目预算 项目实际成本台账 竣工结算书 分包结算书	编制；项目/财务部 审核：合约估算板块 批准：事业部总经理/公司总经理	项目竣工合约预算报告 项目竣工财务报告
项目竣工审计	审计部负责审计，并提出审计报告	项目预算 项目竣工合约预算报告 项目竣工财务报告	组织：审计部 协助：财务部/合约法律部	审计报告
项目管理绩效的奖罚兑现	计算项目预算管理绩效，兑现奖罚	项目预算 项目实际成本 项目预算管理评估报告	主办：合约估算板块/财务部/人力资源部 审批：事业部总经理/公司总经理	对项目人员的奖励或处罚

图 4-3 项目预算管理工作流程

对于列入项目预算范围内的费用，如果它在总预算中所占比例大，对项目预算影响较大的项目，在核算时必须仔细按实测算。如直接费中的人工费和材料费，开办费和部分管理费开支等；对于所占比例较小的预算项目，则根据经验或统计资料进行相应的估算。

遵照上述原则，项目预算的测算和实际制造成本的核算将会比较公正合理，不同项目之间的竞争处于同一水平线上，同时有利于挖掘项目部的潜力，调动项目部积极性，促进项目部加强管理，向管理要效益，使承包商管理水平得以真正的提高。

5. 项目预算涵盖范围及内容

项目预算所涵盖的费用范围及其组成见表 4-3。

项目预算所涵盖的费用范围及其组成一览表 **表 4-3**

A	分包成本	与项目策划中的分包计划所列的分包工作内容相对应的预测分包合同价格之总和构成该项目的（预算）分包成本
B	人工费成本	用于预算施工过程中发生的分包成本以外的纯劳务费用
C	物资采购成本	与项目策划中的物资采购计划所列的采购工作内容相对应的预测采购合同价格之总和构成该项目的（预算）物资采购成本
D	机械设备使用成本	与项目策划中的机械设备使用计划所列的工作内容相对应的预测机械设备使用合同价格之总和构成该项目的（预算）机械设备使用成本
E	现场其他直接费成本（含项目风险基金）	用于预算由总包自行提供或完成的现场开办费用（其他直接费），包含内容详见"项目预算测算表"。 项目风险基金，用于包干项目预算中未含的且不属于预算可调范围之内的零星预算子目的开支或任何紧急情况的处理
F	现场管理费	用于预算项目实施过程中项目管理人员发生的各项开支费用，包含内容详见"项目预算测算表"
G	财务费用	用于预算向项目转账的财务费用，主要包括保函费用
H	勘察设计费成本	用于预算向勘察设计单位支付勘察设计（含施工图、竣工图等）的费用
I	保修成本	用于保修期间发生的各种费用

6. 项目预算编制与测算的依据

由于项目预算是承包商进行成本一效益管理的依据。一般情况下，在项目预算编制时承包商与业主的合同已经签署，施工图已经设计完成（扩初设计招标的项目除外），施工图预算和施工组织设计已经编制完成。为此，承包商企业都严格的规定：项目预算（除保修成本）最迟在工程开工后一个月内编制完成，而保修成本要在保修合同签定时编制完成。

项目预算编制与测算的依据主要有：

（1）项目管理策划书或项目实施计划；

（2）与业主签订的全套合同文件，包括招标文件、合同条款、技术规范、图纸等；

（3）投标文件及施工图预算；

（4）项目所在地国家（地区）标准及工程做法；

（5）项目所在地生产要素市场价格（人工、材料、机械等）；

(6) 承包商自有生产要素内部租赁和折旧价格（如塔吊、周转材料等）；

(7) 承包商公司内部定额中的工料耗量（正在建立待逐步完善）；

(8) 项目所在地现行预算定额中的工料耗量；

(9) 施工组织设计和施工方案；

(10) 分包计划和分包方式（项目策划内容的一部分）；

(11) 承包商公司现场管理费开支标准的有关规定；

(12) 承包商公司固定资产折旧办法；

(13) 经验数据/统计资料。

7. 项目预算指标的确定

项目预算指标通常分为：

(1) 基本毛利润率指标：基本毛利润率指标是指项目预算签发时确定的毛利润率指标，为基本利润指标。

(2) 考核毛利润率指标：考核毛利润率指标是指承包商总部行为（指由承包商总部负责选择分包商的行为）完成后按总部行为结果调整后的毛利润率指标。

(3) 利润指标的确定：依据项目策划或项目计划在项目预算签发时即确定项目基本利润指标；依据项目策划或项目计划由承包商总部选择的分包商选定后测定形成项目的考核利润指标。

8. 项目预算的调整

(1) 项目预算指标的调整。

一般承包商企业都对项目预算的调整作出规定。例如，有的规定的大型物资（如钢材）由于市场因素价格变动超过 10%（不含 10%），则利润指标给予相应调整。同时，也严格地规定其他特殊情形的市场风险需报请承包商事业部总经理或公司总经理批准。

(2) 预算的调整。

由于合同的变更或设计变更引起项目预算调整的前提是已获得业主认可，并已从业主处获得相应费用补偿。

项目预算的调整需按原审批的程序，履行承包商规定的工作程序进行申报、批准后，项目部才能执行。

【内容与格式】

项目预算一般都是以表格的形式，表达其内容。具体格式与内容见本章第 4.3.2 节。

在国际工程承包业务中，有些较小的项目或者以成套设备出口为标志的总承包项目，有时也采用合同效益表的方式，进行企业的预算管理。并严格地规定在项目投标阶段、项目签约阶段和项目执行前分别进行技术、商务评审。其中，商务评审的重要依据就是合同效益表，该合同效益表虽然没有项目预算复杂，但也可以比较真实地反映了项目的成本一效益情况。从而能够指导承包商企业和项目部项目实施阶段全面开展项目预算的管理工作。

有关合同效益表的内容与格式以及实际对比用表，详见本章第 4.3.12 节项目合同效益预算表以及第 4.3.13 节项目合同效益预算与实际对比表。

【文案范例】

(略)

4.2.4 资金计划

【基本概念】

1. 定义

工程项目用于生产经营的资金主要包括固定资金和流动资金。固定资金用于购置固定资产，流动资金主要用于购买施工所需材料、零配件、燃料、支付工资和其他费用等。这些资金是随着施工生产建设的不断进行而循环周转的，以投入到产出、再投入再产出的形式出现。一个工程项目必须十分注意和加强资金的管理，确保有足够的资金使工程顺利进行。工程项目的资金管理直接关系到项目施工建设的进度、质量和最终目标的实现。工程项目的资金管理不当不仅会造成工程成本的增加，还会影响施工准备工作和施工的全过程，甚至导致工程的延期。

工程项目资金管理的主要任务是资金计划的管理，而资金计划管理的前提是工程项目资金的需求预测及资金计划的编制。工程项目的资金计划就是为了维持工程项目的财务流动性和适当的资本结构，以有限的资金谋取最大的效益而采取的关于资金的筹措和使用的一整套计划。

2. 资金需求预测

国际工程承包项目的资金需求额，主要依据合同额以及工程预算来确定。根据国际工程项目施工的经验，一般可以按如下方法进行估算：

工程项目的资金需求额＝合同额×(25％～30％)－工程预付款

一般来说，工程项目资金的需求量在施工前期或中期比较大。但是，根据工程性质和规模的不同，工程项目资金的需求量会有较大的差异。准确的资金需求预测应基于工程项目预算、进度计划和成本计划，通过测算得出项目的资金回收和资金支出额，二者之间的最大差值就是工程项目的最大资金需求额。有的也采取曲线测算法预测：通过预测得出项目的资金回收曲线和资金支出曲线，两条曲线之间最大差异值则为项目可能需要的最大资金需求。总之，通过工程项目的资金回收计划和资金投入（支出）计划，就可以清楚地知道了工程项目实施中资金的需求的时间以及额度。

3. 资金计划的编制

通常工程项目资金计划主要包括资金支出计划、资金收入计划，二者也统称为资金流动计划。资金支出计划、资金收入计划的编制以月为时间单位，可以采用表格或曲线的形式表达。其编制方法如下：

(1) 资金支出计划

编制资金支出计划主要是根据工程进度计划、项目预算、工程成本预算以及施工组织设计中关于设备、材料和劳动力的投入时间要求来分项计算。投入资金的分类大致可划分为以下方面：

①前期费用：包括保函手续费、保险费，以及签订合同后立即支付的各项管理费、佣金、代理费和开办费等。

②临时设施费：包括修建生活营地、各类仓库、维修车间、水电设施、道路设施及各项生产设施（如混凝土搅拌站、加工厂、预制厂等）等的费用。

③人员费用：人员调遣费及工资、福利、补贴等。

④施工机具设备费：自有机具设备的调遣费、使用费以及新购和租赁设备的费用、零配件费用。

⑤材料费：按分批进料的进度估算费用，并考虑材料付款条件安排用款时间。

⑥工程设备及安装费：按设备订货价款、交货进度、支付条件及安装进度安排支付资金和支付时间。

⑦其他费用：包括各种日常管理费用和未预料费用及贷款利息（资金成本）。

将以上费用按工程实施进度列表，汇总得出每月的总费用支出，填写资金支出计划表或画出资金支出曲线即可。

（2）资金收入计划

资金收入计划也称资金回收计划或工程款回收计划。编制资金收入计划，主要是根据工程进度计划，结合合同价格及合同中的支付条款进行计算，时间单位与资金投入计划保持一致。资金收入款项主要包括：

①工程预付款：按合同规定列入，应考虑预付款支付时间和支付方式（一次或多次），以及何时开始返还预付款及其返还方式。

②材料设备预付款：许多国际工程承包合同都有材料设备预付款的规定，如材料到达现场并检验合格后可支付材料款的一定比例（一般为60%～80%）；工程设备可按开出信用证、装船、到港、运抵工地和安装等进度支付。安排资金回收计划时应考虑合同关于材料设备预付款的比例和时间规定。

③期中工程进度款：按工程进度计划计算逐月完成的工程量及相应的工程款，还应按比例扣除预付款、扣除保留金，按工程量扣除相应部分的材料预付款，这里还要充分考虑工程师和业主审批账单的时间和业主实际付款的迟滞因素。

④最终结算付款：按合同规定，考虑工程竣工的验收结算时间及付款的迟滞因素。

⑤保留金的退还：按合同规定的保留金退还时间，将保留金列入收款计划。通常保留金为合同额的5%，在工程师签发竣工证书后返还其中的40%～50%，而余下的要到缺陷通知期满退还。承包商为尽早收回保留金，一般可以在工程竣工时再向业主提供相应金额的保留金保函，提前要求业主返还另一部分保留金。

将上面所有项按时间汇总，就得到了工程项目的资金收入计划。

（3）资金流动计划

将上述资金支出计划和资金收入计划综合在一起，即可得到资金的流动计划。

【内容与格式】

在我国承担国际工程承包业务的承包商，普遍十分重视资金计划的编制，通常都采取编制项目现金流量预算表和建立项目收支台账的方式，对工程项目的资金计划实施管理。项目现金流量预算表和项目收支台账，都比较详细地体现了项目资金计划的全部内容和明细。有关项目现金流动计划用表的内容与格式详见本书第3.4.8节，项目收支台账的内容与格式详见本章第4.3.5节。

【文案范例】

（略）

4.2.5 物资供应计划

【基本概念】

1. 定义

工程项目的物资供应是指对工程建设项目所需物资的计划、采购、生产加工、分配、供应等社会关系的商业规范的总称。

工程项目物资供应计划是工程建设的责任人（业主或承包商）在项目建设计划期内，为保证施工生产任务的完成，确定各种物资需要量而编制的计划，是进行订货、采购和组织物资供应工作的依据，是促进施工生产建设，做好物资管理工作的重要手段。物资供应计划是承包商企业经营计划的重要组成部分，通过物资供应计划确定承包商在项目建设计划期内施工生产、科研、实施技术措施和维修所需要的各种物资的需求量。

2. 类别

物资供应计划按供应时间分为中长期计划、短期计划及季度、月、旬计划和临时计划等。按物资供应内容和用途分为物资需求计划、物资供应计划、物资储备计划、物资订货计划、物资采购与加工计划、物资使用计划及国外进口物资计划等。

3. 物资供应计划的编制

工程项目的物资供应涉及货品的种类、数量、需要的时间和供应的进度、价格、资金准备、仓储管理、现场使用和资金回收等诸多内容。物资供应计划的编制大体包括以下主要步骤：

（1）确定工程项目物资的范围与种类

一般建筑工程所需材料设备的费用约占工程合同总价的60%以上，大致可划分为以下种类：

① 工程用料。工程用料指构成永久（实体）工程部分的各种建材，如水泥、钢材、砂、石等。

② 临时工程用料。临时工程用料包括建设营地、临时水电设施、临时道路工程，以及临时生产加工设施的用料。

③ 施工用料。施工用料包括一切周转使用的模板、脚手架、工具、安全防护网等，以及消耗性的用料，如炸药、焊条、电石、氧气、钢丝等。

④ 工程施工设备及配件。工程施工设备及配件，包括各类土方机械、打桩机械、混凝土搅拌设备、起重机械及各种零配件。

⑤构成永久工程部分的机电设备。

⑥其他辅助生活、办公设施和试验设备。其他辅助生活、办公设施和试验设备包括承包商自用以及按照合同向业主或工程师提供的生活及办公设施、器具和试验测量仪器等。

在明确工程项目所需投入的物资种类后，就可以进一步划分出哪些由业主提供，哪些由承包商自己采购供应，哪些由各分包商自行解决。在属于承包商供应的物资中，应初步确定哪些由国内或其他工地调运，哪些在项目所在国或当地采购，那些设备或周转性器具租赁，哪些需要采购。这样，可以大致清楚工程物资供应部门的负责范围。

（2）物资需求计划

在确定了工程项目所需要的物资种类以后，就可以根据项目预算、施工进度计划编制物资需求计划。物资需求计划的重点是要按照施工组织设计、施工进度计划以及施工图纸、技术规范和工程量表等技术文件，确定工程项目所需要的各种物资的数量和供货至现场的时间。

1）确定各种物资的需求量

①物资需求量是指承包商在项目施工计划期内为满足生产经营活动的各方面需要而应消耗的物资数量。它不仅包括施工生产的需要，也包括辅助生产、技术革新以及其他各种需要。物资需用量的确定，是按照每一类物资、每一种具体规格分别计算的。

物资需求量的计算依据是图纸、技术规范和工程量表，主要由工程技术部门计算和汇总。虽然在投标阶段都已经进行了计算和统计，但由于投标报价一般比较粗略。所以，承包商一般都在中标后，重新细化编制施工预算，并在开工前重新核算物资需求量（包含材料消耗量），做到尽量准确和详尽。尤其是当地市场没有的物资，必须从国内或国外进口的物资，更要确定准确的需求量，否则会严重影响工程进度。

一般物资需求量采取直接计算法，即：

某种物资需求量=计划产量/（1-计划允许的废品率）×单位产品物资供应定额

式中：计划产量是指计划期的商品产量及期末期初在制品差额之和。供应系数是考虑由非工艺性损耗引起的需求量的增加额，以工艺消耗定额的百分比表示。

②工程材料的用量计算，主要考虑工程的正常需要量（理论计算值）、正常损耗（边脚余料等）和非正常损耗（包括运输和装卸的浪费和损失、施工中的返工浪费等）。工程用料的计算与消耗定额的关系很大，要恰当考虑材料的消耗定额。如果考虑过松，会导致材料采购过量，占用大量资金，仓储面积增加，工程结束时多余材料处理困难等问题；而定额考虑过紧，则会带来材料供应短缺而影响施工进度，而且临时小批量采购会提高成本。实际上，由于材料的品种规格众多，以及可能发生的工程变更等，做到材料需求量计算绝对准确是很困难的，通常的做法是在消耗定额的基础上适当考虑一定的备用量。

③合理考虑施工用料的周转许多施工用的器具和材料，可以多次周转使用的，通常称为周转性器具与材料（例如模板、脚手架等）。要根据工程特点和当地习惯，综合考虑其数量。

④施工机具设备需求量要根据确定的施工方案和施工组织设计进行计算。至于施工机具设备的来源，是调遣自有设备，还是购买或租赁，需要综合考虑技术可行性和成本经济性，然后选择最佳的施工机具设备供应方案。

⑤计算期初库存量和期末储备量。

计划期初库存量和期末储备量由于生产任务和供应条件变化而往往不相等，因而尽管物资需用量不变，但供应的物资数量却要发生相应的增减。当计划期初库存量大于计划期末储备量时，供应的物资数量就可减少，反之，则要增加物资供应量。

确定计划期期初库存储备量公式为：$MH_{期初}=MH_{现存}-MH_{耗用}+MH_{到货}$

而确定计划期期末的库存储备量应视下一个计划期任务需要而定。

⑥确定物资采购量。

计划期内各种物资的需求量和期初、期末库存量确定之后，就要对每一种物资进行需求和供给平衡，编制物资平衡表。根据物资平衡表提出计划年度各类物资的申请量和采购量，编制物资供应计划。

物资计划采购量的计算公式为：物资采购量＝物资的需用量＋期末储备量－期初库存量－承包商企业内部可利用的资源。

式中：承包商企业内部可利用的资源是指承包商企业进行改制、回收、代用和修旧利废的物资数量，这是一部分不可忽视的资源。

2）制订物资的需求计划

根据施工组织设计和工程进度计划确定材料设备的需要时间。首先将材料设备分配到进度计划中的每道工序上，然后以时间为单位，将各道工序所需的材料、设备按种类汇总，即可得到各种物资随进度的需求计划。

(3) 物资供应计划

在需求计划的基础上，充分考虑物资的询价、比价、报批及认可、采购、运输等花费的时间，对于进口材料设备还包括办理进口许可及清关等手续的时间，就可以编制出切实可行的物资供应计划，通常包括各类物资的供应进度总表和月供应进度表等。以后随着工程进度及设计变更情况，及时编制补充供应计划表，并对计划、用量和供应计划进度进行修改。

1）年度物资供应计划的编制

①审核数据、计算指标。

数据的准确性直接影响计划的质量，所以编制计划时必须进行认真的审核工作，特别是要审核施工生产、机械设备维修等部门上报的物资需要量是否合理；需要时间是否恰当；物资消耗定额是否先进可靠等。

②综合平衡。

物资供应计划的综合平衡主要是物资供应计划与承包商项目部其他计划之间的平衡。具体来讲，物资供应计划和其他计划，如生产计划、设备维修计划、科研计划、运输计划、资金使用计划等之间的平衡。

③编制计划。

物资供应计划一般由三部分组成，即物资核算表、待购物资表和文字说明。物资核算表主要是对计划期所需要的物资进行核算，主要内容包括计划期任务量、物资材料消耗定额、物资消耗的统计资料。待购物资表是承包商在确定了计划期物资需用量、计划期初库存量、计划期期末储备量基础上着手编制的。

2）季、月物资供应计划的编制

季度物资供应计划是在年度物资供应计划的基础上编制的，是由年度到月度，中长期到短期的中间环节，由承包商物资部门在季度到来之前 10 天分别核算并汇总出主要物资的详细品种规格，与本期库存、本期储备、本期资源进行平衡，经过平衡，不足部分从市场购入，保证生产计划的顺利完成。

月份物资供应计划是季度物资供应计划的具体化，是根据承包商以及项目部各个时期的具体条件，把年、季度物资供应计划中规定的指标，按照月、旬具体地安排到项目部、班组，层层落实，从而保证工程承包生产作业计划的完成。

3）物资供应计划的管理

在需求计划的基础上，充分考虑物资的询价、比价、报批及认可、采购、运输等消耗的时间，对于进口材料设备还包括办理进口许可及运输、清关等手续的时间。将这些增加的时间因素，一并纳入物资供应至现场的时间（并要留有一定的富余时间），就可以编制出切实可行的物资供应计划。

物资供应计划的管理，主要通过物资供应计划的细化分解，调整完善和有效的执行。

物资供应计划通常按着工程项目的工期，确定各类物资的供应进度总表和月供应进度表等。并分解为季、月物资供应计划，月物资供应计划是季度物资供应计划的具体化，是根据工程项目施工的分部、分项的具体条件，把季度物资供应计划中规定的指标，按照月、旬具体地安排到工程项目施工的专业队、班组，从而层层落实，保证工程项目施工生产作业计划的完成。在工程项目施工中，随着工程进度的变更情况，还要及时编制补充供应计划表，并对计划、用量和供应计划予以调整与完善。

物资供应计划的执行，主要是落实资源，积极组织力量通过订货、采购、委托加工、协作等形式保证物资供应。物资采购后，一方面要及时发放，另一方面要加强物资管理，定额发料，防止浪费。对于承包商而言，物资供应计划管理执行的方法，主要有三种：

①内部经济合同。

采取物资供应部门与用料单位签订内部经济合同的办法，可以明确双方的经济责任。计划内的物资供应不到或不及时，由物资供应部门负经济责任；用料部门用料计划不准或计划外用料，由用料部门承当经济责任，以加强物资供应计划的严肃性。

②定额承包。

物资供应部门可以对生产用主要原料、燃料和主要材料，按消耗定额承包给生产单位，节约留用，按规定提取奖金，超耗不补，按规定扣发奖金。

③材料包干。

对基建、技改、大修、科研等专项工程用料，按预算或材料清单，将所需各种材料一次性拨给，实行材料包干的办法，有利于调动用料部门节约使用物资的积极性。

【内容与格式】

物资供应计划一般都是表格式，其主要内容有物资名称、规格、需用量等，各种表式详见本章第 4.3.8～4.3.10 节。

【文案范例】

（略）

4.2.6 风险管理计划

【基本概念】

1. 定义

项目风险管理是指对项目风险从识别到分析乃至采取应对措施等一系列过程。它包括将积极因素所产生项目风险管理流程的影响最大化和使消极因素产生的影响最小化两方面内容。主要包括：风险识别、风险量化和风险对策。

项目风险管理计划就是制定风险识别、风险分析、风险减缓策略，确定风险管理职责，为项目的风险管理提供完整的行动纲领，确定风险管理活动以及风险管理过程，实现风险管理目标的文件。也就是说，风险管理计划是在项目进行期间，决定如何实施风险管理过程的计划。它是风险管理计划编制的输出，是一份说明项目如何组织与实施项目风险管理的文件。

2. 风险管理计划的作用

一个项目规划风险管理，主要是编制风险管理计划。风险管理计划的编制决定了如何着手与规划项目的风险管理活动。

编制风险管理计划就是对项目风险进行分析与控制，首先要对项目的风险管理活动作出全面的规划。从风险管理的角度审视项目所面临的风险，并对项目风险管理的内容、职责、费用、时间、方法、要求等作出安排与说明。

3. 风险管理计划的编制

（1）风险管理计划编制的输入（依据）

1）事业环境因素。即存在项目周围并对项目成功有影响的组织事业环境因素。对风险管理而言，主要是项目干系人的风险意识和风险承受度。

2）组织过程资产。即组织所拥有的用于促成项目成功的资源。对风险管理而言，主要是已有的风险分析方法、应对措施以及风险管理计划模板等。

3）项目范围说明书。即确定项目的范围，说明需要完成各种事项的文件。对风险管理而言，主要是项目边界、项目制约因素以及初步工作分解结构。

4）项目管理计划。即包括将确定、协调与综合所有各项计划所需要的过程形成的文件。

（2）风险管理计划编制的工具和技术（方法）

采用召开风险管理计划编制会议，对项目可能存在的风险和如何进行风险管理进行研究、分析的方式来制订风险管理计划。

由项目经理主持，参加会议的人员包括项目内部各方风险管理负责人（设计经理、采购经理、施工经理、试运行经理、财务经理）和进度计划工程师、费用估算师、费用控制工程师、材料控制工程师及其他必要的人员。

会议讨论由项目风险管理工程师提出的风险管理计划编制大纲，经研究确定后，由风险管理工程师根据适用的输入进行编制。然后再经会议讨论确定，项目经理批准后实施。

（3）风险管理计划编制的输出（结果）

风险管理计划编制的输出即风险管理计划。

项目风险管理计划编制与实施工作程序如图 4-4 所示。

【内容与格式】

风险管理计划的格式由封面、前言、正文、附件构成，其内容如下：

风险管理计划

1. 前言

（1）风险管理计划编制的输入（依据）和目的

（2）概述

①目标

②需要优先考虑规避的风险

（3）组织

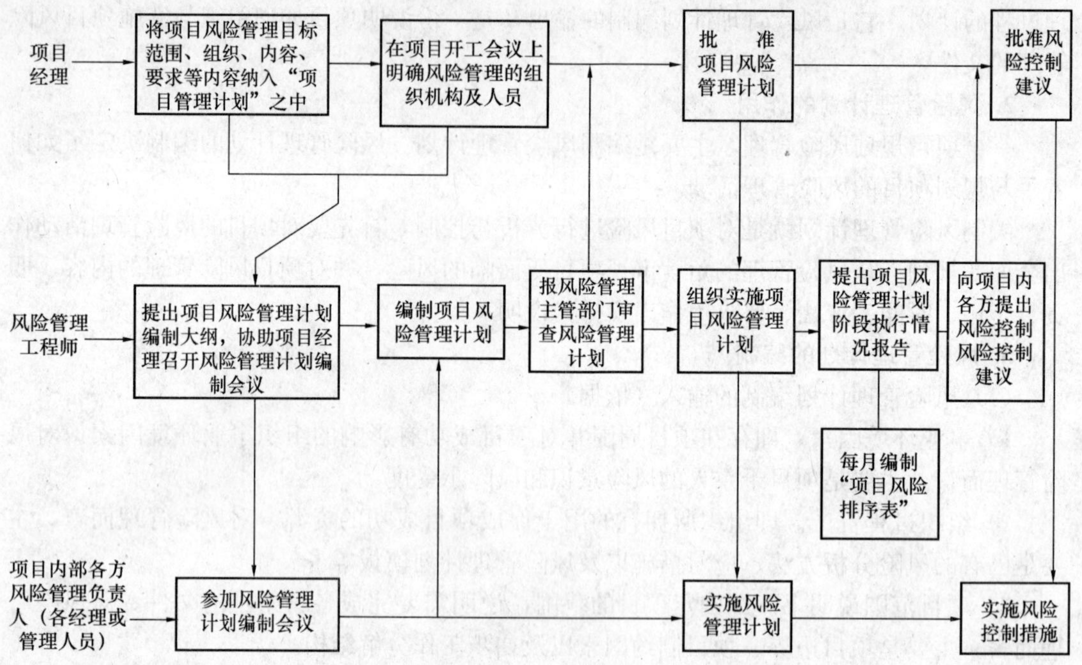

图4-4 项目风险管理计划编制与实施工作程序框图

①负责人

②职责范围

③机构

④任务

(4) 项目特点与风险应对策略

①项目特点

②风险应对策略

③必要的风险管理软件的开发与引进

④风险管理费用预算

2. 风险识别、分析、应对与监控

(1) 风险识别

①风险情况调查与风险源

②风险分类

(2) 风险的定性分析与定量分析

①风险分析基准的确定

②风险处理权限的划定

③风险分析方法

④风险发生概率的估计

⑤风险影响后果的估计

(3) 风险应对（风险应对的建议方案）

①风险回避

②风险缓解（减轻、隔离、分散）

③风险转移

④风险自留

⑤担保与保险策划

(4) 风险的监控

①监控的方法与措施.

②潜在风险的监视

3. 风险管理的阶段输出（报告）

(1) 项目风险形势估计的报告

(2) 项目风险应对计划与应急预案执行情况报告

(3) 项目风险管理所用资源与费用报告

(4) 附件及其他说明材料

【文案范例】

（略）

4.2.7 风险应对计划与风险事故应急预案

【基本概念】

1. 风险应对计划

(1) 定义

在国际工程业务中，规划风险应对主要是编制风险应对计划。风险应对计划的编制是指：制定相应的程序和开发相应的技术，来提高和达到工程项目目标的机会与降低达到项目目标的威胁。规划风险应对工具，包括规避、转移、缓解与接受（自留）。

(2) 风险应对措施

在国际工程中，风险应对的措施主要采取两种措施：

1) 强制性措施

在工程项目中，不可避免会有多种风险，对于其中一些，无论是业主还是承包商都认为必须首先给予应对的风险，应投保强制性保险。

强制性保险一般是指法定必须投保的险种，由相关的法规确定。但对某些行业，因其行业特点与需要，对某些险种也作为强制性规定应予以投保。

2) 非强制性措施

对于其他的风险，在考虑采用非强制性措施时，可按以下程序选择：

①首先是分析风险事件可否回避，如果可以回避，并且又不损害根本利益（即不会把机会也回避掉），则可选择风险回避。

②风险减轻、风险隔离。采取风险减轻、风险隔离均会有费用。要考虑效果与费用。如果效果好，费用又不高，则可选择之。

如果采取风险减轻、风险隔离所花的费用与采取风险分散或风险转移所花费的费用差不多，则也可选择后者。

③风险分散。如果认定采取分散风险的办法，较之集中由自己一家承担更为有利的话

（因为分散了风险，也就可能分散了机会）则应选择风险分散。比如，承包商通过分包部分工程以分散风险。

④风险转移。多数风险不可能靠分散的办法解决。因为分散只能解除一部分风险，承包商还要承担相当一部分的风险。这时，可考虑选择风险转移。

风险转移包括“非保险转移”和“保险转移”两种。

a. 非保险转移，是指通过各种契约，将本应由自己承担的风险转移给别人，例如，工程分包、技术转让、设备租赁等。

b. 保险转移则是通过买保险，从而通过保险公司获得可能的损失补偿。

风险转移同样要付出代价。风险转移的结果可能有以下两种：

a. 风险事件并未发生，但却付出了转移风险的费用。比如，因买保险付出了保险费用，技术转让使自己失去了某些盈利机会。

b. 风险事件发生了，由于已转移了风险，虽然付出了转移风险的费用，但却避免了巨大损失。

还有一些对风险的保障措施可能会带来一些好处。如，有些保险为被保险人提供了避免或减轻税负的机会，例如缴纳的保险费有些是可以计入成本的。承包商在面临需要缴纳巨额利润税金时，可以采用增加投保险种，从而加大了保险费，也即加大了成本，也就是加大了纳税的扣除额，为承包商带来好处。

⑤风险自留同。

采用风险自留，首先是这些风险造成的后果可以承受，不能承受的风险不能自留；其次是，如果应对风险所付出的代价，大于风险本身造成的损失，不如选择自留；当然，对自己有利的则首选自留。

（3）风险应对计划编制的依据

工程项目风险应对计划编制的依据是风险管理计划与风险登记册，也就是所有风险应对计划必须建立在风险已经识别，风险管理计划已经批准。

风险应对计划编制的工具和技术：

①消极风险或威胁应对策略：回避、减轻、转移。

②积极风险或机会应对策略：开拓、分享、提高。

③应急策略：应急预案。

④专家判断。

（4）风险应对计划编制的输出

风险应对计划编制完成以后，应及时更新风险登记册；调整和完善与风险相关的合同协议；更新和完善项目管理手册和项目实施费用报告。其中：

①在合同/协议中的条款可以明确各方对某些特定风险一旦发生所负的责任，明确各方在保险、服务和其他问题上的相应责任，以规避或缓解威胁。

②由于大多数对风险的应对都涉及额外的时间、费用或资源的耗费。因此需对项目管理手册或项目实施费用报告进行更新。需要考虑应对风险的花费与减低风险水平相适应。

2. 风险事故应急预案

（1）概念

在工程建设领域，风险事故应急预案是指承包商为切实提高项目风险事故应急处理能力、规范项目施工生产安全及风险事故的应急管理和应急响应的工作程序，从而能及时有效地实施应急救援工作，最大限度地减少人员伤亡和财产损失，维护人民群众的生命财产安全和社会稳定，而制定的预案。

(2) 风险事故应急预案的编制

风险事故应急预案由项目经理组织风险控制工程师等相关部门编制。

1) 准备工作：

①全面分析工程项目的危险源及其导致的危险有害因素、可能发生的事故类型及其危害程度。

②排查事故隐患的种类、数量和分布情况，并在隐患治理的基础上，预测可能发生的事故类型及其导致的后果。

③确定重大事故危险源，进行风险评估或评价。

④针对重大危险源（含事故隐患），采取可靠的控制措施。

⑤客观评价本单位的应急能力。

⑥充分借鉴国内外先进的风险控制经验，吸取事故教训，采纳安全可靠的风险控制措施。

2) 预案编制：

①成立项目部应急救援预案编制工作组。结合各部门的职能分工，成立以项目经理或项目安全负责人为组长的编制工作组，明确目的和任务、职责分工、制订工作计划。

②资料收集。收集预案编制所需要的基础资料，如法律法规、技术标准和规范、典型的事故案例，以及本单位的管理和技术资料。

③危险源的识别、风险分析和风险控制措施的策划。首先是找到危险源，进行风险分析，判定风险级别，采取控制措施，以便对确认的重大危险源采取应急预案进行应对。

④应急能力评估。客观地评价本单位的应急能力，包括管理能力、技术力量、人员素质、物资准备能力、救治能力、抢险能力等。

⑤进行预案编制。首先对参与编制工作的人员进行全面培训，培训内容包括前期收集的法律法规和标准规范，危险源识别的方法及风险评价方法；预案的编制格式、内容要求及深度要求。

⑥预案的评审与发布。预案编制完成后，应经承包商总部或事业部组织人员（必要时聘请外部人员）对预案进行评审。确定后经承包商总部最高管理者（安全第一责任人）进行签署发布。发布范围应覆盖涉及本项目的所有部门。

【内容与格式】

1. 风险应对计划

风险应对计划的格式由封面（封面内要注明：项目名称、编制人、审核人、项目负责人或项目经理、批准人以及单位名称、日期）、目录、正文、附件组成。

风险应对计划是在风险分析（定性、定量分析）工作完成之后编制的，通常不同的工程项目，其内容有所区别。但是，一般包括以下内容：

(1) 已识别的风险的描述及其排序。

(2) 风险承担人和分派的责任。

(3) 关键风险（经过定性、定量风险分析后确定的对项目的关键风险）的识别和对于已识别出来的关键风险的评估，包括发生的概率及对项目目标的影响。

(4) 针对每一项风险已经考虑过的风险应对措施（包括回避、转移、缓解或自留）。

(5) 在应对措施实施后，期望的残余风险的水平。

(6) 实施风险应对措施所需要的资源，包括费用、时间进度和技术考虑的说明与估算。

(7) 成功的标准。即何时、何种情况下可以认为风险已被规避以及待使用的监视手段。

(8) 对计划的跟踪、执行与反馈。

(9) 应急计划。即预先计划好的，一旦已识别的风险事件发生就可付诸实施的行动计划。

(10) 替代方案。即通过改变原计划的方案以阻止或避免风险事件的发生。即在编制风险应对计划时，事先预想的几种可能的替代方案。如，考虑一些额外的设计以应付可能的变更等。

(11) 后备（储备）措施。有些风险要求事先制定后备措施，一旦项目实施进展情况与计划不同，就动用后备措施，以减轻风险。

1) 费用后备——预算应急费（不可预见费，储备金）

这是一笔事先预备好的资金，用于补偿差错、疏漏及其他不确定性对项目费用估计精确性的影响。

列这笔钱时要注意：

①钱必须在预算中单独列出，不能分散到具体项目下，以免失去对支出的控制。

②不能盲目预留。过高会在投标中丢掉机会，过低不能解决问题。另外，不合理的预留，也会为以合法的名义随便花掉留下借口。

③在作计划时，最好能对使用这笔资金的方向做些控制。

a. 实施应急费——用于弥补估价和实施过程（包括：设计、采购等）中的不确定性。

b. 经济应急费——用于对付通货膨胀和价格波动。

c. 技术应急费。

2) 时间后备——应急时间

可在关键路线上设置一段时差或浮动时间。为了应对技术风险造成的进度拖延，事先准备一段备用时间。一般可在进度计划中专设一个里程碑，提醒项目管理班子，此处应当留神。

(12) 项目经理对风险应对计划进行审核、认同与签字。

2. 风险事故应急预案

风险事故应急预案的格式由封面（封面内要注明：项目名称、编制人、审核人、项目负责人或项目经理、批准人以及单位名称、日期）、目录、正文、附件组成。

风险事故应急预案由于工程项目、内容可能不同，一般包括以下主要内容：

(1) 启动应急预案的条件和开始执行的时间。

(2) 实施应急预案的组织系统、成员职责和负责人。

(3) 应急处置工作流程及其控制。

(4) 应急措施和所需的资源（包括报警、通信联系方式、人员疏散、人员抢救、危险区域隔离、抢救演练计划，所需设备器材、工具和人员防护装备等）。

（5）替代方案与后备措施。

（6）处置成功的标准。

（7）善后事宜。

【文案范例】

简略的介绍某项目的风险事故应急预案如下：

××项目风险事故应急预案

1　总则

1.1　编制目的

（略）

1.2　工作原则

（1）以人为本，安全第一。本项目部各个部门要把保障人民群众的生命安全和身体健康、最大限度地预防和减少事故造成的人员伤亡作为首要任务。充分发挥专业救援力量的骨干作用和广大职工群众的基础作用。

（2）统一领导，分级负责。在项目部突发事件应急小组的统一领导下，各部门按照各自的职责和权限，认真做好有关安全生产事故的应急处置工作。本项目各个参与单位要履行安全生产责任主体的职责，建立和完善应急预案体系和应急运行机制。

（3）预防为主，平战结合。贯彻“安全第一，预防为主”的方针，坚持事故应急处置与预防工作相结合。做好预防、预测、预警和预报工作，抓好应急准备和预案演练。

1.3　编制依据

（略）

1.4　适用范围

（略）

1.5　事故类别

（略）

（与本项目风险源、危险源相对应）

2　组织体系及职责

（略）

3　预警与预防

3.1　信息报告

3.1.1　信息报告程序

项目部各个施工队、班组应当加强对重大危险源的监控，对可能引发重、特大事故的险情、重要信息要认真综合、分析，并按应急预案的规定及时上报。重、特大安全生产事故发生后，事故现场有关人员应当立即报告基层负责人或项目经理部，基层负责人接到报告后，应当在第一时间将事故情况如实报告项目经理，时限不超过1小时。

3.1.2　事故报告主要内容

（1）事故发生单位名称、施工地点等。

（2）事故发生的时间、地点及遇险、遇难、受伤和失踪人数。

(3) 事故的简要经过和事故原因、性质的初步判断。

(4) 事故抢救处理的情况和采取的措施。

(5) 请求上级有关部门抢险救援的要求。

(6) 事故单位负责人签名和报告时间。

3.2 预警行动

项目部接到可能导致重、特大安全生产事故的预警信息后，按照应急预案的相关规定及时研究确定应对方案，并通知本公司总部和项目所在地有关部门（单位）采取相应处置措施，预防事故发生或事态的扩大。

4 应急响应

4.1 指挥和协调

进入应急响应程序后，项目部立即按照预案组织相关应急救援力量，组织实施应急救援，并且及时向公司总部、事业部应急管理办公室报告救援工作进展情况。

项目部通知有关部门及其应急机构、救援队伍及时展开应急处置工作，并协调有关部门按照各自职责分工提供增援或保障。相关应急队伍在现场应急救援指挥部统一指挥下，密切配合，共同实施抢险救援和紧急处置行动。

4.2 紧急处置

(1) 事故发生后，项目部相关责任人或责任单位要迅速报警并发出警报信号，并积极采取有效措施，全力组织自救。同时要配合企业事故应急救援指挥机构做好应急救援工作，提供事故现场情况，对周边环境可能造成的影响及事故可能发生的后果等有关信息，并且要积极提供相应的救援装备。

(2) 现场处置主要依靠本项目部或其他的应急处置力量。事故发生后，发生事故的基层施工队、班组按照应急预案迅速采取措施。根据事态发展变化情况，尤其出现急剧恶化的特殊险情时，现场应急救援指挥部在充分考虑专家和有关方面意见的基础上，依法及时采取紧急处置措施。

(3) 项目部及时协调卫生行政主管部门组织有关专业医疗救护机构专家及医务人员、并提供特种药品和特种救治装备进行支援，同时根据需要进行现场防疫工作。

4.3 应急救援人员的安全防护

现场应急救援人员应根据需要携带相应的专业防护装备，采取安全防护措施，严格执行应急救援人员进入和离开事故现场的相关规定。现场应急救援指挥部根据需要具体协调、调集相应的安全防护装备。

4.4 群众的安全防护

现场应急救援指挥负责组织群众的安全防护工作，决定应急状态下群众疏散、转移和安置的方式、范围、路线、程序。指定有关部门负责实施疏散、转移，启用应急避难场所并协调公安部门负责治安管理。

4.5 现场检测与评估

根据需要，项目部成立事故现场检测、鉴定与评估小组，综合分析和评价检测数据，查找事故原因，评估事故发展趋势，预测事故后果，为制定现场抢救方案和事故调查提供参考。检测与评估报告要及时上报市政府应急管理办公室及上级主管部门备案。

4.6 信息发布

项目部按相关规定会同有关部门具体负责重、特大安全生产事故信息的报告或发布工作。

4.7 应急结束

当遇险人员全部得救，事故现场得以控制，环境符合有关标准，导致次生、衍生事故隐患消除后，经公司总部确认后，应急救援队伍撤离现场，宣布应急结束。

5 后期处置

5.1 善后处置

项目部在公司总部、事业部的领导下，同有关部门负责组织重、特大安全生产事故的善后处置工作，包括人员安置、补偿，征用物资补偿，灾后重建，污染物收集、清理与处理等事项。尽快消除事故影响，妥善安置和慰问受害及受影响人员，保证社会稳定，尽快恢复正常秩序。

5.2 事故调查报告、经验教训总结及改进建议

重、特大安全生产事故善后处置工作结束后，项目部应总结应急救援经验教训，提出改进应急救援工作的建议，完成应急救援总结和事故调查报告并及时上级主管部门备案。

6 保障措施

6.1 通信与信息保障

项目各参加单位负责本企业相关信息收集、分析和处理，定期向项目部报送有关信息。项目部负责相关信息收集、分析和处理，定期向公司总部、事业部报送有关信息，其中重要信息和变更信息要在第一时间报送。

6.2 应急支援与保障

（略）

6.3 技术储备与保障

（略）

6.4 宣传、培训和演习

（略）

6.5 监督检查

（略）

7 附则

（略）

4.2.8 项目实施费用报告

【基本概念】

1. 定义

项目实施费用报告指以项目费用控制系统中各部门、各专业的项目预算费用为基数编制的项目实施费用状态报告，及以合同账额为基数编制的项目实施费用汇总报告的总称。项目实施费用报告主要是反映填表时项目费用的实耗值、已完工作量的预算值以及项目完工时最终费用的预测值，并反映出项目实际费用与项目预算的偏差。从而，为项目部加强项目预算与费用管理提供基本的依据。其中：项目实施费用状态报告仅在承包商公司内部

发表与使用，项目实施费用汇总报告仅在开口价合同项目中使用，但要向业主提供。

项目实施费用报告由承包商项目部费用与造价主管部门每月或按项目计划规定时间向项目经理提交。项目部费用与造价主管部门根据项目部各有关部门提出的原始资料和报告、数据，进行分析和汇总后编制的。

2. 编制的依据

项目实施费用报告编制的主要依据和原始资料，包括：

（1）直接材料费用和分包合同费用；

（2）现场费用；

（3）承包商公司本部费用；

（4）其他资料（列入估算的杂项费用）。

其中：编制项目实施费用报告与承包商各部门提供的原始资料关系，如图4-5所示。

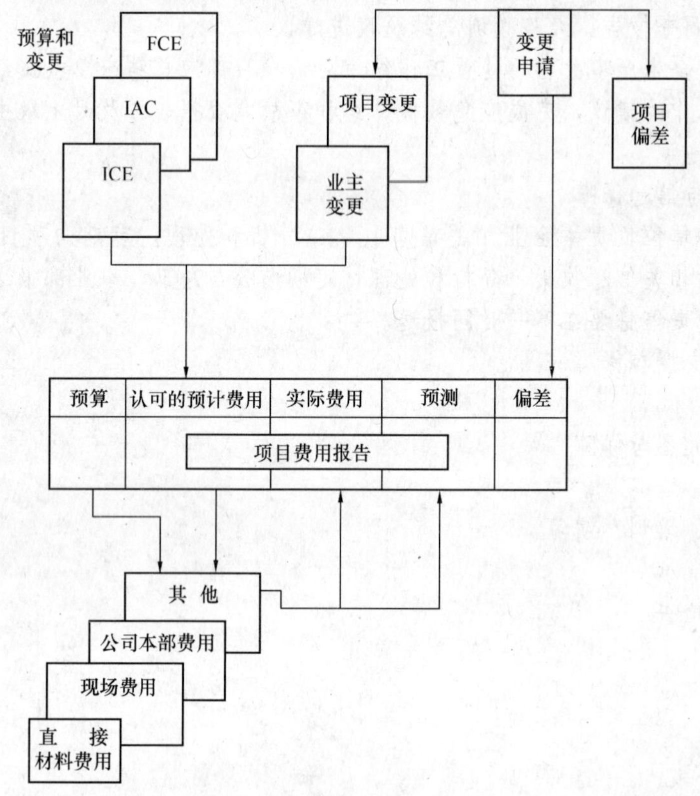

图4-5 项目实施费用报告与各部门提供原始资料的关系图

3. 编制的方法

承包商项目部费用与造价主管部门在编制项目实施费用报告前，必须对报告期内的直接材料费用和施工费用进行预测。

（1）直接材料费用预测

承包商项目部费用与造价主管部门对项目部各部门提供的直接材料费用预测报告中的资料和数据进行鉴定、汇总，提出直接材料费用预测报告，通常按月进行。项目部各部门提供的直接材料费用预测报告中的资料和数据的主要内容有：

1）已结算的实际费用，或已支付的费用；

2）订货合同价；

3）厂商报价值；

4）采购人员提出的估算值；

5）定价申请书中的定价值；

6）控制估算值。

如果预测值有重大变更，必须严格按照业主变更、项目变更和定价款程序的规定，对预测值的变化予以审查、确认和批准。

7）项目部各部门负责人要按如下规定提供相关资料和报告。其中：

① 造价控制工程师要提供当前相应的控制估算（包括最新批准的变更通知）；鉴定其他部门提供的原始资料数据；确定在预测值中是否包括涨价值、货运费、营业税以及其他附加费用；汇总预测值，提出直接材料费用预测报告，供项目部费用与造价主管部门有关人员审查，并按要求提出项目实施费用报告。

② 项目设计主管经理要根据定价款程序，提供已发表的所有定价申请书的复印件；需要时，可向费用控制工程师提供关于待定变更的补充资料。

③ 项目采购经理要向造价控制工程师提供以下资料：

a. 全部材料的当前单价资料；

b. 未来涨价值数据；

c. 运输费用数据；

d. 当认可的设备制造厂商报价和预算之间有重大差异时，应对定价趋势予以说明；

e. 报价对比汇总表；

f. 所有已达成协议（款项）文件的复印件；

g. 根据需要提供已达成协议（条款）的记录；

h. 需要时补充的其他有关资料。

向项目施工经理提供直接材料预算，说明由现场代承包商公司本部采购的直接材料数量、单价和总金额。该预算中还包括现场签订的单项分包合同费用、厂商服务人员费用等。在需要和可能时，还应包括预算外的现场采购材料费用。

认可或拒绝（退回）由财务部门提供的“货运审查申请”中所包括的厂商索赔，并按需要发表变更订货单。

审查和认可造价控制工程师提供的所有直接材料费用预测报告。

④ 项目施工经理要在施工开始后向造价控制工程师提供以下资料：

a. 现场交付的直接材料报告：

b. 分包合同进展情况报告：

c. 追加任务费用汇总报告；

d. 施工现场费用汇总报告；

e. 施工管理部门费用摘要；

f. 提供所有现场采购的直接材料订单的复印件，该订单上的材料价应根据有关的请购规定予以核定。

g. 如有必要和可能，则提供“现场已达成协议（款项）预算及执行记录”中的详细资料。

h. 根据需要，对以上各类资料予以说明。

⑤ 项目财务经理要求造价控制工程师提供包括构成项目整体性和永久性工程的所有设备、材料的费用、单项分包合同费用，以及包括设备、材料、劳务、监督、工具、检验等费用和其他间接费用，还包括公司在控制估算中对该分包合同考虑的管理费和利润。

项目部费用与造价主管部门对各部门提供的资料、数据进行鉴定、汇总，并要在原项目预算基础上，考虑批准和待定的变更，计算直接材料费用到完工时的预测值，提出直接材料费预测报告。项目总的直接材料费用预测工作必须按项目计划规定的时间（通常按月）进行。各有关部门应及时分析、选择和提出原始资料数据，并将其纳入当前的直接材料月预测中。

直接材料费用预测报告用表见表4-4～表4-6。

材料费用报告 **表4-4**

页次：

统计日期：

项目经理：

编制人：

报告编号：

单位：万元 至 年 月 日的状况

WBS编码	费用名称	原预算值	业主认可变更	项目变更	待定业主变更	本期认可预算	本期预算	至完工时预测值	截至本日实际	截至本日应承付	本期预测值

注：本表按WBS编码分项说明材料应承付和开支的状况，并对到完工时的材料费用进行预测。

设备费用分类详细报告 **表4-5**

设备类型： 报告日期：

编码	设备名称	首次核定估算				变更		本期预算	订单号	原成交价	订单变更	增加	其他	预期上涨	运费	本期预测值	与预算的偏差
		设备费	预期上涨	运费	总计	数量	价格										

注：对每项设备进行跟踪。

土建、安装材料费用详细报告 **表4-6**

材料类别： 报告日期：

编码	材料名称	首次核定估算			平均单价	批准变更	本期批准费用	截至本日应承付	尚需承付预测值	偏差
		单位	数量	费用						

注：对每类材料细项费用进行跟踪。

(2) 施工费用预测

编制施工费用报告和进行施工费用预测的依据，一是当前阶段的控制估算；二是随后批准的变更通知：三是定期编制的项目现场费用汇总报告。

项目部施工管理部门的费用与造价通常是在完成首次现场费用汇总报告后开始进行施工费用预测工作。在此之前，项目造价控制工程师只能以当前阶段的控制估算，以及随后批准的变更通知作为初步施工费用预测的依据。

通常项目部费用与造价由项目部造价控制组完成，一般每四周（或每月）编制项目的现场费用汇总报告和费用摘要（通常在基础施工开始后四至六周首次着手编制)。编制时应按项目的单项任务编号进行，但项目计划中另有说明者除外。在国际工程项目中，应按规定采用的币制编制项目现场费用汇总报告和部门费用摘要。

项目现场费用汇总报告是一份重要报告，其中提出了现场开支的和（或）最新的已达成协议的费用以及到项目完工时所需费用的预测。据此可与现场能控制的各个单项费用进行对比分析。项目部费用摘要是施工管理部门进行施工费用预测的一种报告，这种预测应细分至施工可以控制的各个单项费用后再与项目部的当前预算进行对比。

项目部造价控制组或造价主管要负责分析和评定由现场施工费用管理人员编制的全部月报，以便能定期和连续地监督施工，并得出施工是否延误工期或是否需要对原来的费用预测进行变更的结论。

1）项目现场费用汇总报告的内容

项目现场费用汇总报告的内容包括：

① 公司本部施工管理费用；

② 施工部门的工资、附加费及工资单中分摊的捐税等；

③ 现场管理、直接监督和其他管理费用；

④ 施工机具和装备费用；

⑤ 现场办公和其他开支费用；

⑥ 间接材料费用；

⑦ 现场采购的直接材料费用；

⑧ 现场追加任务所需的费用以及现场管理的分包合同费用。

2）施工费用预测工作的程序与职责

施工费用预测工作按照承包商企业规定的职责和分工进行，其中：

① 项目施工经理。

项目部造价控制和项目施工经理要分析、评价现场总预测费用，根据需要可进行必要的调整，并向项目经理和承包商公司费用控制部门发表施工管理部门费用摘要。如果在项目任务范围之内的费用预测发生重大差异和某种特殊情况时，应在部门费用摘要中予以说明，并应对此重大差异（或特殊情况）按业主变更或项目变更方式处理。

根据施工现场报表，每月向承包商公司费用控制部门报告现场直接材料采购的情况（包括现场采购已达协议的费用和执行情况记录）。

②造价控制工程师。

造价控制工程师应向项目施工经理提供以下资料：

a. 所有控制估算和核定估算。其中包括施工劳动力基本人工时详细估算表的复印件。

b. 所有批准的变更通知。其中包括按不同工种的施工人工时作业卡的复印件。可能时还应提供工作量的数据，以便对施工人工时进行补充。

c. 所有按承包商“公司基数”编制的包括施工费用在内的项目实施费用状态报告的复印件。需要时也应提供按“合同基数”编制的项目费用汇总报告中的复印件。收到施工费用预测报告后，造价控制工程师应对费用资料和数据进行分析，以便协调与施工管理部门费用的矛盾，并注意费用使用情况报告中的综合预测资料。

③项目采购经理。

项目采购经理根据直接材料费用预测及程序，负责提供现场采购直接材料的预算。

④项目财务经理。

项目财务经理负责按月提出施工费用资料系统报告。报告中应包括所有最新的施工费用数据和资料。

施工费用预测表见表4-7～表4-9。

施工人工时报告 **表4-7**

页 次：

按工区或工段 数据日期：

人工时汇总 统计日期：

工区或工段名称和工作内容	人工时预算	实耗人工时	实际消耗百分比	完成进度百分比	实际完成百分比	人工时赢得值	尚需人工时	费用执行效果指数CPI	进度执行效时指数SPI

施工人工时估算和预测汇总表 **表4-8**

项目号：

业 主：

期末日期：

报告编号：

名称	控制估算	业主批准变更	内部转换	修正控制估算	核定估算调整	当前现场预算	预测人工时总计	与修正控制估算的偏差	与当前现场预算的偏差	与前期报告的偏差

（3）项目实施费用报告的编制

项目实施费用报告由项目部费用与造价主管部门（或称造价控制管理组）组织编制，并负责对所有的原始资料和用这些数据、资料编制的预算值进行分析；负责对原始资料数据中的预测值进行核定和修正；对其他部门未能提供的费用组成内容进行预测，以便编制出比较全面的项目实施费用报告。

项目实施费用报告中涉及的有关部门，负责提供原始资料数据表内的预测值。编制项目实施费用报告需要以下原始资料：

项目现场费用汇总报告　　表 4-9

项目号：

业　主：

期末日期：

报告编号：

名称	控制估算	业主变更		内部费用转换	修正控制估算	预测费用总计	与修正控制估算的偏差	与前期报告的偏差	至本日应承付	至本日开支
		批准	待定							

1）直接材料和分包合同费用。

2）现场费用。

3）承包商公司本部费用。

以下各部门每月的人工时和直接费用预测：

① 设计部门；

② 采购部门；

③ 施工管理部门；

④ 项目管理部门；

⑤ 公司辅助管理部门；

⑥ 其他部门（技术性服务和管理性服务）；

⑦ 计划管理部门。

4）财务部门的资料，主要有：每月的人工时和直接费用预测；财务资料系统报告；公司本部服务工作账目资料（仅用于对业主的报告）。

5）承包商造价控制管理部门的资料，主要有：每月的人工时和直接费用预测；承包商公司本部服务工作追踪系统报告。

6）其他资料：

① 财务保险方面的资料有：费用资料系统报告（财务保险部分），保险部门的财务保险数据。

② 其他费用：

a. 财务：

a）费用资料系统报告（财务中除财务保险外的其他费用部分）。

b）所需杂项开支方面各种财务数据。

b. 许可证费及有关数据：

a）第三方要求支付的费用（包括由于追加任务所需的额外费用）。

b）用户追加的费用（追加任务所需的费用）。

c）合同保证中的有关费用（追加任务所需的费用）。

d）试运行费用和操作费用（追加任务所需的费用）。

③ 因追加任务引起的所需用，由有关部门承担的职责范围，例如；

a. 设计部门和采购部门分别提供因追加任务引起的承包商公司本部直接费用资料、分包合同费用资料以及承包商公司本部需要的其他数据和资料。

b. 造价部门提供需要的控制估算中因追加任务引起的其他费用。

c. 施工管理部门提供：

a）因追加任务引起的现场费用汇总；

b）需要的其他数据。

d. 财务部门提供：

a）其他因追加任务引起的月人工时和直接费用预测。

b）费用资料系统报告中因追加任务引起的其他费用。

c）为业主报告所需的其他账目资料。

④ 其他工作部门提供需要的其他数据。

7）分别填写《项目实施费用状态报告》、《项目实施费用汇总报告》。

【内容与格式】

项目实施费用报告一般由封面、编制说明以及《项目实施费用汇总报告》（表格）与《项目实施费用状态报告》（表格）组成，表格详见本章第 4. 3. 14 节。

【文案范例】

（略）

4. 2. 9　项目协调程序书

【基本概念】

1. 定义

项目协调程序书也称项目协调程序文件，是承包商项目部根据合同的分工和义务，建立承包商与业主之间联络和协调的文件。由于在工程项目的实施期内，特别是项目施工期内，参与现场施工的组织较多（详见图 4-6 现场施工管理的组织机构）。因此，协调各个

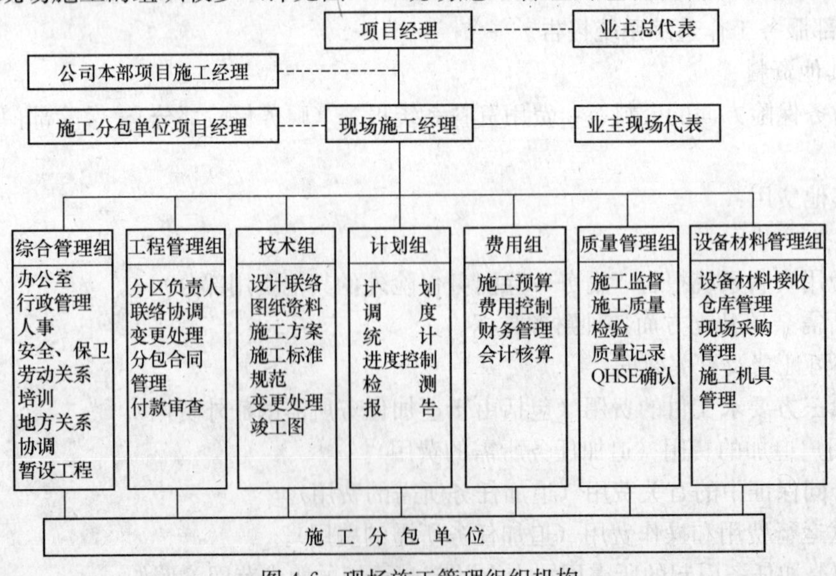

图 4-6　现场施工管理组织机构

方面的关系，就显得十分重要。

所以，项目协调程序书则是项目管理过程中非常重要的管理文件，特别是有经验的业主或承包商常把项目协调程序书视为比合同条款更易理解、更好操作的项目操作管理指南，但该文本不属于合同的范畴。

2. 目的和意义

在国际工程中，有经验的业主为了有效地履行合同和有序地进行项目管理（包括监督和配合承包商），都要求承包商编制项目协调程序书。协调程序书的编制和发表，有利于合同双方（或相关方）在项目管理过程中的沟通、协调、有序管理和易于达成共识，有利于减少认识上的差异和争议事项，较好的实施工程项目的建设。

3. 编制要求

项目协调程序书由项目经理负责编制，承包商总部、事业部项目管理部门审核，承包商总部分管副总经理批准。有时合同还规定，项目协调程序书必须经项目业主批准。所以，当项目协调程序书须经承包商总部批准后，必须报业主批准。一般情况下，项目协调程序书应在项目合同生效后一个月内编制完成，并通过项目业主批准后，发布实施，作为合同双方在项目管理过程中进行联络、沟通的依据。

项目协调程序书的基本内容是对合同条款中的重要内容和业主关注或要求的事项，作出进一步的澄清、明确或具体规定。项目协调程序书的内容与规定，不得违背合同条件及要求。

4. 项目协调程序书的发送

项目协调程序文件经业主批准后，由项目经理负责发放，其发放范围一般包括：业主（或监理工程师）；承包商总部、事业部分管副总经理；项目部现场经理、质量经理（质量工程师）、安全经理（安全工程师）、控制经理（项目工程师）、设计或技术经理、采购经理、施工经理、试运行或开车经理、财务经理、行政经理（项目秘书）各分包商及项目经理认为应发放的人员。

承包商与业主在各阶段中的主要协调事项内容、程序见表 4-10。

承包商与业主协调事项内容与程序表 **表 4-10**

<table>
<tr><th>业主</th><th>协调事项内容</th><th>承 包 商</th></tr>
<tr><td rowspan="4">项目初始阶段</td><td>项目启动和组织审查概念设计或工艺设计（工业项目）</td><td rowspan="4">项目初始阶段</td></tr>
<tr><td>商定项目协调程序</td></tr>
<tr><td>业主提供、确认项目、初步进度和费用（投资）计划</td></tr>
<tr><td>提供、确认项目计划、设计、采购、施工、试运行计划</td></tr>
<tr><td rowspan="9">设计与采购阶段</td><td>承包商分批或一次性提供基础工程设计资料（初步设计及概算）</td><td rowspan="9">设计与采购阶段</td></tr>
<tr><td>业主分批或一次性审查、确认基础工程设计资料（初步设计及概算）</td></tr>
<tr><td>提供、确认项目详细进度和费用（投资）计划</td></tr>
<tr><td>提供、确认合格厂商名单和设备、材料采购文件</td></tr>
<tr><td>按计划提供、确认施工招标计划</td></tr>
<tr><td>按计划进行施工招标、评标工作</td></tr>
<tr><td>分批提供、确认详细工程设计（施工图设计）有关文件及图纸</td></tr>
<tr><td>承包商提出申请施工开工报告</td></tr>
<tr><td>业主（含监理工程师）批准申请施工开工报告</td></tr>
</table>

续表

业主	协调事项内容	承包商
施工阶段	提供培训方案、操作手册、指导/编制试运行总体方案	施工阶段
	进行人员培训和生产准备	
	工程进度、质量检查、办理中间结算及付款	
	承包商建筑安装工程竣工、提出申请工程交工报告	
	业主（监理工程师）组织检查、办理工程移交证书	
试运行阶段	业主审查、批准试运行总体方案	
	业主负责组织试运行	
	指导试运行、服务和岗位监护	
	提出项目目标考核方法、标准、参加考核	
	共同组织考核及结果评价	
	承包商提出申请合同项目验收证书和竣工结算资料	
	签署合同项目验收证书，进行竣工结算支付	
保修期	承包商履行保修期责任	
	业主签发履约证书和最终决算支付证书	
	双方合同履行完毕、保函释放（关闭合同）	

注：表内"协调事项内容"中，凡是没有特殊标注外，协调主体的目标都是双方向协调。

【内容与格式】

项目协调程序书由格式由封面（封面内要注明：项目名称、承包商名称：编制人、审核人、项目负责人或项目经理、批准人、日期以及业主单位名称、审核人、批准人日期）、目录、正文、附件组成。

项目协调程序书的主要内容，举例如下：

××项目协调程序书

一、项目概况

（略）

二、工作范围与职责

1. 承包商的工作范围、职责

2. 业主的工作范围、职责。

3. 第三方（工程监理、第三方检验）的工作范围、职责。

三、项目管理工作

1. 函件

明确工程公司和业主双方约定的缩写及代号。

2. 工作联系方式

双方负责人及主要人员的姓名、地址、电话、传真等及其联系方式。

3. 主要会议及规定

(1) 业主（用户）启动会议。

(2) 项目进展汇报会议。

(3) 分包招标会议。

(4) 约定的其他会议。

4. 主要报告及规定

(1) 项目进展情况报告。

(2) 申请工程施工开工报告。

(3) 申请工程交工（移交）报告。

(4) 合同项目验收报告。

(5) 项目完工报告。

(6) 约定的其他报告。

5. 业主变更（用户变更）管理

规定处理业主变更的程序。

6. 项目编码系统

(1) 项目工作分解结构及编码。

(2) 项目组织分解结构及编码。

(3) 项目图纸、文件资料编码规定。

7. 标准和手册资料

(1) 项目使用的有关标准规范和工程规定的目录。

(2) 设计标准规范一览表。

(3) 施工标准规范和一览表（包括土建、安装）。

(4) 设备制造标准规范一览表。

(5) 其他与工程有关的标准规范一览表。

(6) 项目采用的手册、资料等。

四、设计

1. 设计范围

(1) 专利及专有技术。

(2) 工程公司负责的设计范围。

(3) 业主负责或自行委托的设计范围。

(4) 界面和接口衔接条件。

2. 工程项目基础资料

(1) 项目基础资料：区域规划、气象资料、厂区地形图、所需的工程地质和水文地质勘察报告和有关的地基基础试验报告。

(2) 原料及燃料供应、供水、供电、机电修协作及交通运输等协议文件和有关资料。

3. 工程规定：

(1) 工程公司提供的工程规定。

(2) 业主提供的工程规定。

(3) 非标准常用规定。

4. 可供业主审查和认可的设计文件（由双方商定）

(1) 工艺设计主要文件。

(2) 基础工程设计（或初步设计）主要文件。

(3) 合同规定或业主要求的详细工程设计（或施工图设计）有关文件。

5. 设备、材料请购单的审查范围和程序（指需送业主审查的部分）

6. 设计外部评审的范围和要求（指由业主或法定管理部门的评审）

7. 重大设计变更的认可程序（指需经业主认可）。

8. 确定备品备件的原则。

五、采购

1. 采购范围

(1) 工程公司的采购范围。

(2) 当业主指定供货厂商，宜指明由工程公司采购的设备材料的名称、规格、数量及双方的职责。

(3) 业主自行采购的范围。

2. 采购程序

(1) 一般设备材料的采购程序。

(2) 关键设备材料的采购程序。

(3) 特殊设备材料的采购程序。

3. 合格厂商的选择

(1) 合格厂商的条件。

(2) 合格厂商的确认。

4. 催交

(1) 货物的催交程序。

(2) 资料的催交程序。

5. 检验

(1) 根据设备的类别、性质确定是否需要委托第三方检验，检验项目、检验方式、判定依据及验收认可规则。

(2) 中间检验项目检验内容，业主参加方式，检验和试验结果的判定依据。

(3) 现场开箱检验项目，检验内容，业主参加方式及缺损确认。

6. 运输

(1) 国内运输要求。

(2) 国际运输要求。

(3) 需要业主配合的事项及条件。

7. 交接

(1) 明确交接方式和责任。

(2) 由业主提供设备材料的交接程序。

8. 备品备件

明确备品备件采购分工与采购程序。

9. 厂商资料的发送
(1) 发送给业主的厂商资料名录及份数。
(2) 由业主提供给工程公司的厂商资料。
六、施工
1. 施工管理范围
(1) 承包商负责组织施工管理的范围。
(2) 业主指定分包或负责自行委托的施工范围。
(3) 有关配合事项。
2. 保证连续施工的条件
(1) 项目建设协作条件。
(2) 业主代表或监理工程师现场工作。
3. 施工管理组织、机构及联系
(1) 承包商现场管理组织及负责人。
(2) 业主派驻现场的管理机构及负责人。
(3) 联系方式及管理制度。
4. 施工单位的选择
(1) 业主对施工招标过程的监督。
(2) 业主对投标人资格预审的确认（根据合同类型处理）。
(3) 业主参加施工开标、评标和议标工作。
5. 施工监督管理
(1) 业主对施工计划的确认程序。
(2) 业主对重大施工技术方案的确认程序。
(3) 业主对施工组织设计的确认程序。
6. 施工质量及现场 HSE 管理
(1) 质量管理制度的编制和确认。
(2) 质量控制点的确定。
(3) 隐蔽工程的检查和验收。
(4) 现场 HSE 管理规则。
7. 工程竣工及验收程序：
(1) 分部、分项或单项工程完工后，进行中间交工的条件和程序：
(2) 全部工程完工后，进行工程交工的条件和程序。
(3) 竣工验收证书。
七、计划和进度
(1) 项目计划
包括对设计、采购、施工、试运行计划的编制和确认。
(2) 项目主要进度目标控制计划的编制和确认
八、费用
(1) 正常情况费用支付程序。
(2) 特殊情况费用确认和支付程序。

(3) 费用变更的条件和确认程序。

九、财务

1. 财务管理

(1) 明确财务审批流程和权限。

(2) 财务计划及报表(格式及内容)。

(3) 发票管理程序(需要时)。

(4) 财务报告(需要时)。

2. 财务结算

(1) 中间结算的阶段、编报和审批程序。

(2) 竣工结算的编报和审批程序。

十、试运行与考核

(1) 试运行与考核工作范围。

(2) 试运行与考核工作组织:包括试运行考核阶段划分与职责分工、试运行总体方案、试运行计划、人员培训、操作手册、安全手册以及现场 HSE 的指导和监督等。

(3) 试运行考核工作程序:包括试运行考核程序、化验分析程序、试运行和性能考核程序。

(4) 项目验收:进行合同项目验收的条件和程序。

十一、文件的发送

(1) 承包商向业主发送的文件、资料目录和规定。

(2) 业主向承包商发送的文件、资料目录和规定。

【文案范例】

(略)

4.2.10 统计月报与项目经理部月报

【基本概念】

1. 统计月报

统计月报是统计报表的一种。统计报表是按统一规定的表格形式、统一的报送程序和报表时间,自下而上提供基础统计资料,是一种具有法律性质的报表。统计报表是一种以全面调查为主的调查方式,它是由政府主管部门根据统计法规,以统计表格形式和行政手段自上而下布置,而后由企业、事业单位自下而上层层汇总上报逐级提供基本统计数据的一种调查方式。

统计报表具有统一性、全面性、周期性、可靠性等特点。目前,我国统计报表是由国家统计报表、业务部门统计报表和地方统计报表组成,其中国家统计报表是统计报表体系的基本部分。

统计报表主要包括了月度、季度的定期统计报表和年度统计报表,报表内容涉及国民经济各行业各部门。

2. 项目经理部月报

由于在建筑业统计月报采取自下而上提供基础统计资料,然后由建筑施工企业或工程承包企业统一汇总上报的方式。所以，通常将来自最基层（项目部）的统计月报称为项目经理部月报，也有的称为项目经营简报。

3. 有关规定及报送程序

为了规范我国对外承包工程业务的统计工作，国家商务部在2010年12月31日下发了《商务部关于印发〈对外承包工程业务统计制度〉、〈对外劳务合作业务统计制度〉的通知》（商合发［2010］519号），规定了《对外承包业务情况》、《对外承包工程项目明细》、《对外承包工程项目匪类构成》三种统计月报和《对外承包工程企业经营情况》统计年报的表式以及填写、报送的制度。

基于我国国际承包商统计工作的需要，各企业都对来自于项目部的统计月报（简称项目经理部月报）作出了规定。一般情况下，项目经理部月报由各项目经理部相关人员填写，项目经理审核。公司总部直营项目报事业部项目管理板块，分支机构所辖项目报分支机构项目管理部门；有关计划、质量安全等事宜由现场经理负责填写，有关合约成本情况由合约估算人员填写；总部直营项目费用支出以及总部物资采购由财务部和采购中心负责提供数据；分支机构所属项目费用支出以及分支机构集中采购物资由分支机构财务部或者派驻项目财务人员以及分支机构物资采购部门填写。项目经理部月报属于承包商上报政府和上级单位的基础资料，由承包商统计管理部门统一汇总上报。一般每月上报时间为当月25日。

【内容与格式】

如前所述，《商务部关于印发〈对外承包工程业务统计制度〉、〈对外劳务合作业务统计制度〉的通知》（商合发［2010］519号）中，已经规定了《对外承包业务情况》、《对外承包工程项目明细》、《对外承包工程项目匪类构成》三种统计月报和《对外承包工程企业经营情况》统计年报的内容与表式。

另外，我国各承包企业也按照国家商务部和有关统计部门的规定，各自制定了国际工程项目部的统计月报的表式，有的称为项目经理部月报，也有的称为项目经营简报。

【文案范例】

详见本章第4.3.6节对外承包工程业务报表及第4.3.7节项目经理部月报。

4.2.11 项目经理与项目部其他重要报告

【基本概念】

报告通常指下级对上级有所陈请或汇报时所作的口头或书面的陈述。承包商项目部在工程项目的各个工作阶段的报告一般都属于工作报告。

根据定义，工作报告是指下级向上级机关汇报本单位、本部门工作情况、做法、经验以及问题的报告。工作报告主要是在汇报例行工作或临时工作情况时使用，是报告中常见的一种，除工作报告之外，还有情况报告和答复报告两类。

根据国际工程项目建设与管理的经验积累，承包商在项目实施阶段项目部的有关重要工作报告的名称、报告时间、编制人、审批人、发送部门等，详见表4-11。

项目部有关重要报告一览表 表4-11

类别	报告名称	报告时间	编制人	审批人	发送部门	备注
设计	设计进展报告	每月	项目部进度控制工程师或设计单位项目负责人	项目部设计管理负责人或设计单位负责人	项目经理、项目控制经理或项目部设计管理负责人、设计单位负责人	
	设计完工报告	设计完工后一个月	设计单位项目负责人	项目经理	项目部设计管理负责人、承包商公司主管副总经理、技术、质量等部门	
采购	采购订单状态报告	每月	采购合同管理人员	项目部采购经理	项目经理、项目部控制经理及其承包商业务主管部门	
	设备材料检验状态报告	每月	采购计划人员	项目部采购经理	项目经理、项目部控制经理、项目部质量经理及其承包商业务主管部门	
	设备材料运输与到货状态报告	每月	采购计划人员	项目部采购经理	项目经理、项目部控制经理及其承包商业务主管部门	
	设备材料费用状态报告	每月	采购计划人员	项目部采购经理	项目经理、项目部控制经理、项目部造价费用控制工程师及其承包商业务主管部门	
	采购完工报告	采购完工一个月后	项目部采购经理	项目经理	承包商公司总部、事业部采购、质量业务主管部及总部、事业部主管领导	
施工	项目施工费用进度计划执行情况报告	每月	施工计划人员	项目施工经理	项目经理、项目部控制经理、项目部造价费用控制经理及其承包商业务主管部门	
	施工劳动力月报	每月	施工计划人员	项目施工经理	项目经理、项目部控制经理、项目部造价费用控制经理及其承包商业务主管部门	可并入项目经理月报中
	施工完工报告	施工完工后二个月内	项目施工经理	项目经理	承包商总部、事业部业务主管部门及总部主管领导	

续表

类别	报告名称	报告时间	编制人	审批人	发送部门	备注
试运行	试运行报告	试运行结束一周内	项目试运行经理	项目经理	试运行管理公司领导、承包商运行、质量部门及承包商总部主管领导	
	投料试运行报告	投料试车结束一周内	项目试运行经理	项目经理	试运行管理公司领导、承包商运行、质量部门及承包商总部主管领导	
进度控制	项目进度控制执行效果报告	每月	项目部进度控制工程师	项目部控制经理	项目经理、承包商总部、事业部有关管理部门、主管领导	
	采购进度计划执行效果报告	每月	采购计划人员	项目采购经理	项目经理、项目部控制经理、承包商采购主管部门	
	施工进度执行效果报告	每月	施工计划人员	项目施工经理	项目经理、项目部控制经理	
费用	项目实施费用状态报告	每月	项目部造价、费用控制工程师	项目经理	承包商总部、事业部主管领导及有关主管部门	
	项目费用汇总报告	合同规定	项目部造价、费用控制工程师	项目经理	业主、承包商总部、事业部主管领导及有关主管部门	
综合检测或检查	设计情况检查报告	每月	项目部进度控制工程师	项目部设计主管	项目经理、项目部有关部门负责人	
	施工劳动力情况报告	每月	施工计划人员	项目施工经理	项目经理、项目部有关部门负责人	
	施工进度情况报告	每月	施工计划人员	项目施工经理	项目经理、项目部有关部门负责人	

本节将重点叙述项目经理在项目实施阶段起草或签发的重要工作报告，主要有：项目进展情况报告；申请工程施工开工报告；申请工程交工（移交）报告；合同项目验收报告；项目完工报告。

【内容与格式】

项目经理签署的项目进展情况报告；申请工程施工开工报告；申请工程交工（移交）报告；合同项目验收报告；项目完工报告。项目进度报告的内容与格式如下：

各施工阶段进展情况报告

项目进展情况报告分为对外和对内两种文件，分别向业主或承包商总部主管部门反映项目进展情况及需要承包商总部、事业部和业主协助解决的问题。对外报告根据合同类型及承包商与业主的协调程序的规定，在内部报告的基础上选择有关内容组成。项目进展情况报告的格式，由封面（封面内要注明：项目名称、编制人、审核人、项目负责人或项目经理、批准人以及单位名称、日期）、目录、正文、附件组成。项目进展情况报告呈报的时间为每月一次。项目进展情况报告项目控制经理组织编制，项目经理审批。按项目文件管理办法发送。

一、项目进展情况报告

（一）项目概况

（二）项目进展情况

1. 项目执行效果测量数据

2. 设计进展情况

3. 采购进展情况

4. 施工进展情况

5. 试运行及考核情况

6. 财务控制情况

7. 其他合同执行情况

（三）存在的问题

（四）对存在问题的处理意见

二、申请工程施工开工报告

（申请工程施工开工报告是反映施工准备工作完成情况，申请批准工程施工开工，并敦促解决部分存在的问题的文件。申请工程施工开工报告由项目部项目施工经理组织编制，项目经理审查，报承包商总部、事业部主管副经理及业主批准。申请工程施工开工报告呈报的时间为项目施工动员会议后，正式开工前4～6周）。

（一）工程概况

（二）申请施工开工依据

（三）工程内容：包括工程项目一览表和工程量一览表

（四）工程进度安排：包括计划开工日期和计划开工工程内容

（五）开工工程已具备的条件，包括：

1. 设计图纸、资料交付及交底情况

2. 设备材料订货及到货情况

3. 施工单位进点及施工准备工作落实情况

4. 施工场地准备情况

5. 施工组织管理工作准备情况

6. 地方开工手续办理情况

7. 资金安排情况

（六）尚需解决的问题及措施意见，包括：

1. 预付款或工程款的支付。

2. 地方协作条件等。

（七）附表：

1. 项目总进度计划

2. 施工进度计划

3. 项目管理机构及负责人名单

4. 重大施工方案一览表

5. 施工机具明细表

6. 设备、材料明细表

7. 施工组织设计

8. 施工人力安排一览表等

三、申请工程交工（移交）报告

（申请工程交工（移交）报告是项目部项目情况，申请办理工程交工手续。报告时间为工程项目按承包合同及设计文件全部建成并达到工程建筑安装验收标准要求时。申请工程交工（移交）报告由项目部项目施工经理组织编制，项目经理组织项目部质量、设计（或技术）、采购、试运行的职能经理和有关人员审核，报承包商总部、事业部分管副经理及业主批准）。

（一）完工工程及内容

（二）完工工程标准

（三）工程完工资料如下

1. 工程设计文件和审批文件

2. 设备、材料合格证书和检验记录

3. 施工技术档案资料

（四）遗留问题和处理意见

（五）工程交工组织工作建议

1. 组织领导

2. 资料准备

3. 工程竣工验收证书（工程移交证书见附表）

附表：工程竣工证书（工程接收证书）

（略）见本书第5章第5.3.7节。

四、合同项目验收报告

（合同项目验收报告是项目部反映项目试运行考核及竣工决算情况，申请办理合同项目验收及项目竣工决算工作的文件。合同项目验收报告由项目部项目试运行、财务经理和质量、安全经理组织编制，项目经理组织审核，经承包商总部营销、经营管理部会签、报承包商总部、事业部主管副经理及业主批准。合同项目验收报告呈报时间为工程项目交工完毕，试运行及考核结束，竣工决算资料准备完成）。

（一）概述

1. 工程概况：工程名称、建设地点、建设性质、建设规模、产品方案……

2. 承包合同概况：承包内容及范围、合同价款、计价类型……

（二）竣工工程一览表

（三）工程质量情况

1. 设计质量评审情况

2. 工程施工质量评审情况

3. 设备、材料质量评审情况

（四）生产指标考核情况

1. 生产能力指标考核情况

2. 产品质量指标考核情况

3. 消耗定额指标考核情况

4. HSE合规性考核情况

（五）资金、财务情况

1. 合同价款或批准的初步设计概算

2. 业主变更调整合同价款或批准的修正概算

3. 合同规定的调整条款和计算依据

4. 竣工决算汇总表

（六）遗留问题及处理意见

（七）工程保修期（缺陷责任期）及缺陷修复

（八）附表：

1. 生产指标考核证书（见表1）

2. 生产考核数据表（见表2）

3. 竣工决算汇总表（见表3）

4. 合同项目验收证书

（略）见本书第5章第5.3.8节。

生产指标考核证书 **表1**

合同编号	项目名称
生产考核时间：自 年 月 日起至 年 月 日止	
考核情况：	
考核结果评定：	
附件：生产考核数据表	
业 主	承包商
单位签章 代表签章	单位签章 代表签章

生产考核数据表 **表 2**

<table>
<tr><td colspan="3">合同编号</td><td colspan="2">项目名称</td></tr>
<tr><td colspan="5">生产考核时间：自　年　月　日起至　年　月　日止</td></tr>
<tr><td colspan="5">一、原料规格</td></tr>
<tr><td colspan="2">项 目</td><td colspan="2">规定规格</td><td>实际规格</td></tr>
<tr><td colspan="2"></td><td colspan="2"></td><td></td></tr>
<tr><td>考核项目</td><td>单 位</td><td>保证值</td><td>实际值</td><td>备 注</td></tr>
<tr><td>1. 日产量
2. 能耗
3. 消耗定额
a.
b.
c.
4. 产品质量
a.
b.
5. 模拟成本</td><td></td><td></td><td></td><td></td></tr>
<tr><td colspan="3">业 主</td><td colspan="2">承包商</td></tr>
<tr><td colspan="3">单位签章
代表签章</td><td colspan="2">单位签章
代表签章</td></tr>
</table>

竣工决算汇总表 **表 3**

编号	费用内容	合同价款	批准变更	预付款	中间结算已付款	预留质保金	待付款	备注
	设备费							
	材料费							
	施工费							
	设计费							
	技术服务费							
	其他费用							
	合计							

五、项目完工报告

（项目完工报告是根据项目部的总结，全面概述和评价项目的实施情况的报告。该报告主要指实施方案，执行效果，成功的经验及存在的问题，对今后组织和管理工作的改进意见或建议。项目完工报告由项目经理组织编写，按项目文件管理办法分发送承包商总部、事业部经理、副经理及有关部门及存档。项目完工报告呈报的时间为项目部项目总结后两周以内）。

（一）项目概述

1. 项目概况
2. 合同内容及范围
3. 计价类型
4. 批准的控制估算指标（即可控的预算指标）
5. 建设工期

（二）项目执行效果

1. 项目执行效果数据表和进展曲线
2. 完成主要工程量及工作量

（三）费用控制

1. 费用计划执行情况
2. 费用控制效果分析

（四）进度控制

1. 进度计划执行情况
2. 进度控制效果分析

（五）QHSE 控制

1. QHSE 计划执行情况
2. QHSE 控制效果分析

（六）人工时控制

1. 人工时计划执行情况
2. 人工时控制效果分析

（七）工作评述

包括报价、合同、设计、采购、施工、试运行等工作的评述

（八）与业主及分包商的关系

（九）对今后工作的建议

（十）附件

1. 设计完工报告
2. 采购完工报告
3. 施工完工报告
4. 试运行服务完工报告

【文案范例】

（略）

4.2.12 项目经理签发的会议纪要

【基本概念】

会议纪要是用于记载、传达会议情况和议定事项的公文。会议纪要不同于会议记录，会议纪要对企、事业单位、机关团体都适用。并具有纪实性、概括性和条理性。

在国际工程承包业务中，项目经理主持的会议，主要有：业主项目启动会议、项目开工会议、费用估算审核会议、项目进展情况（内部）审核会议、项目进展情况（向业主）

汇报会议、施工准备动员会议。这些由项目经理主持召开的会议，必须由项目部综合管理部门专人记录，并整理成会议纪要，经项目经理审核认可，并报承包商总部或事业部主管副经理审核后，送业主签字确认（承包商企业内部会议除外）。经双方签字认可后，按文件管理的办法分发业主（承包商企业内部会议除外）及承包商总部或事业部有关部门。

1. 业主项目启动会议

业主项目启动会议是在合同生效的前提下，进一步明确业主与承包商合同双方的职责和范围，承包商实施项目的规划和基础条件；进一步确认合同项目采用的标准及相关事项；确定双方的联系渠道和协调事项；商讨项目计划以及双方关心的有关问题。这是项目合同签约（生效）后与业主的第一次重要例会，标志着合同双方同意全面启动并认真推进项目的会议。为此，承包商要做好充分的会议准备工作。

业主项目启动会议召开的时间，通常在项目合同生效后 3～4 周内。会议由项目经理组织项目部主要成员研究，拟定参加人员名单和会议议程，准备项目协调程序方案、项目进度计划方案以及约定要提交（或展示）业主的相关资料，会议资料要在会前三天发给业主代表，供会议上研究。

会议由承包商授权的项目经理主持，会议参加人有业主总代表及有关人员；承包商法人代表（或授权人）、承包商总部或事业部有关负责人、有关部门代表以及项目部主要成员。并由项目部综合管理部门专人做好会议记录，并负责整理，报项目经理审核确认。

2. 项目开工会议

项目开工会议是项目部组织的开工会议，标志着项目实施工作的正式开始。通过会议使项目部人员了解合同的任务，并由项目经理发表项目实施的目标、工程项目统一管理规定和项目实施方案以及业主要求说明等，有秩序的协同开展工作。

会议召开的时间在工程合同生效后 4～5 周内，业主项目启动会议之后。

会议召开前由承包商项目开拓、投标小组或营销部门准备介绍合同背景及业主情况，并由项目经理编制项目计划方案报承包商总部或事业部主管副经理及有关管理部门审查批准后，再编制详细项目实施计划并形成项目开工报告文件，准备在项目开工会议上阐述。

项目经理为会议主持人，会议参加人有承包商各职能部门经理，项目开拓、投标小组或营销部门、经营管理部以及分管本项目的工作人员，项目部全体人员。会议由项目部综合管理部门专人做会议记录，会后一周内整理纪要，经项目经理审核后，按文件管理规定分发。

3. 费用估算审核会议

估算是费用控制的基础，估算的准确性对项目费用控制的关系重大。现代项目管理中费用估算是一个连续的动态过程，每次估算之后，项目经理必须组织审查，保证估算基础资料的有效性及估算方法的正确性，并根据估算的偏差幅度和风险分析决定不可预见费的安排和掌握。

费用估算审核会议必须在项目经理的主持下，在费用估算的各个阶段估算完成后的 1 周内召开。会议前造价、费用估算师要准备好估算基础资料及估算汇总表，项目的设计、采购、施工经理准备有关的设计、采购、施工最新数据资料，会前两天内要把相关资料发给参加审核会议的代表。会议的参加人员主要有：承包商总部或事业部有关部门的负责人、项目部项目控制经理、造价与费用估算师、工程师，项目的设计、采购、施工、试运行、财务经理和进度控制工程师等。

估算经会议审查同意后，其中批准的控制估算报承包商分管副经理批准（即成为项目可控的预算），其余估算由项目经理批准。然后将本阶段的最后变更和批准的估算按项目文件管理办法同时发表。会议由项目部综合管理部门专人做好会议记录，会后一周内整理纪要，经项目经理审核后，按文件管理规定分发。

4. 项目进展情况（内部）审核会议

项目进展情况（内部）审核会议是项目部内部例行的重要会议。主要是检查项目各项工作进展情况，及时研究解决执行中的偏差及存在的问题，使工程项目按预定的目标和计划顺利进行。

项目进展情况（内部）审核会议可每月召开一次。会前一周内项目部各主要成员向项目经理提交本部门项目进展情况报告，项目经理整理成项目进展情况备忘录并提出会议讨论内容，会前3天内发给与会代表。会议由项目经理主持，会议参加人员为项目部各主要成员（重大事项，必要时邀请承包商总部或事业部主管副总经理参加）。

会议由项目部综合管理部门专人做好会议记录，会后3天内整理纪要，经项目经理审批后按项目文件管理办法分发。

5. 项目进展情况（向业主）汇报会议

项目进展情况（向业主）汇报会议是项目部组织的定期与业主间联系的重要例会。由项目经理向业主通报自上次会议以来项目工程进展情况及存在的问题，特别是项目执行的外部条件问题。明确解决问题的方法、时间和单位，保证项目工作的顺利进行。

通常项目进展情况（向业主）汇报会议可每季度一次，或按协调程序规定的时间召开。

项目进展情况（向业主）汇报会议是项目经理在项目进展情况（内部）审核会议讨论的基础上，整理向业主通报项目进展情况的汇报资料和需要业主解决的问题，会前3天发给业主代表。

会议由项目经理主持，会议参加人员有：业主代表及有关人员，项目部有关人员。

会议由项目部综合管理部门专人做好会议记录，会议结束后3天内整理成会议纪要，经项目经理审核和业主认可后，按项目文件管理办法分发。

6. 施工准备动员会议

施工准备动员会议是项目部根据工程设计图纸，有关的设备、材料运抵现场的时间及施工准备情况，确定现场施工的开工日期的准备动员会议。会后向业主提出申请工程施工开工报告。

施工准备动员会议召开的时间为现场施工计划开工前5～7周。

会议召开前5周，设计部门或设计分包单位向采购和施工部门提出图纸的交付日期。会前1周采购部门向施工部门提交材料交货日期和运输周期，同时项目部进度计划工程师提交最新版的项目总进度计划。

施工准备动员会议的主持人为项目经理。会议参加人员有承包商市场开拓、营销部门及承包商总部或事业部经营管理部的有关人员，项目部的控制、设计、技术、采购、施工经理、进度控制工程师、现场施工管理等有关人员，施工分包单位有关人员等以及项目所在地管理部门和邀请社会有关阶层人员。

会议由项目部综合管理部门专人做好会议记录，会后3天内整理成会议纪要，按项目文件管理办法规定分发。

7. 其他

根据合同的具体规定，项目经理还需要主持或参加下列会议：

（1）计协调会议；

（2）设计开工会议（可纳入项目开工会议中）。

（3）工艺发表会议（指工业项目）及业主评审会议。

（4）内部审核会议。

（5）设计审查会。

（6）设计进展情况审核会议。

（7）采购进展情况审核会议。

（8）设备采购厂商协调会议。

（9）施工招标评审会议。

（10）现场施工协调会议（包括重要的“HSE”会议）。

（11）项目财务审核会议。

（12）承包商总部或事业部召开的项目审核会议。

【内容与格式】

1. 业主项目启动会议

业主项目启动会议的会议内容，主要有：

（1）承包商的工作内容和基础条件、项目采用的标准规范及相关事项。在合同和协议的基础上，进一步核实和明确下列主要内容：

1）承包工作范围和技术服务内容。

2）工艺设计基础规则（或初步方案）。

3）项目基础资料。

4）工程设计的任务和内容。

5）采购的任务和内容。

6）施工的任务和内容。

7）试运行指导、服务的任务和内容。

8）设计、设备材料、施工以及产品所采用的标准规范。

9）工厂总平面布置图。

10）关键设备材料数据表等。

（2）确定双方的联系渠道和初步协调事项，建立双方沟通及有效合作的内容和程序：

1）确定双方的授权代表（项目经理）和主要工作人员名单及联系渠道。

2）管理工作的协调内容和程序。

3）设计工作的协调内容和程序。

4）采购工作的协调内容和程序。

5）施工工作的协调内容和程序。

6）进度计划管理工作的协调内容和程序。

7）费用管理工作的协调内容与程序。

8）财务管理工作的协调内容和程序。

9）试运行与考核工作的协调内容和程序。

具体协调内容可参见本分册第 5 章第 11 节“编制项目协调程序”。

（3）项目计划工作

1）研究、确认项目进度控制方案和主要里程碑日期。

2）明确双方为实现项目计划特别是初始阶段应做好的工作。包括业主方面的资金准备，项目基础资料，办理地方许可和检查、验收的有关手续；工程公司方面建立、健全项目组织机构，拟定项目计划，开展工程设计和采购工作等。

业主项目启动会议的会议纪要格式见表 4-12。

会 议 纪 要 表　　**表 4-12**

项目名称：＿＿＿＿＿＿　业主单位：＿＿＿＿＿＿

建设地点：＿＿＿＿＿＿　承包单位：＿＿＿＿＿＿

项目合同编号：＿＿＿＿＿＿

文件编号：　日　　期：＿＿＿＿＿＿

发　　送：

<table>
<tr><td colspan="2">会议时间：</td><td colspan="2">会议地点：</td></tr>
<tr><td colspan="4">会议主持人：</td></tr>
<tr><td colspan="2">参加单位、部门：</td><td colspan="2">参加人：</td></tr>
<tr><td>会议内容及讨论事项</td><td colspan="3"></td></tr>
<tr><td>会议决议事项</td><td colspan="3"></td></tr>
<tr><td>会议纪要附件</td><td colspan="3"></td></tr>
<tr><td>会议记录人：
签字

日期</td><td>纪要整理人：
签字

日期</td><td>业主代表审批：
签字

日期</td><td>项目经理：
签字

日期</td></tr>
</table>

2. 项目开工会议

项目开工会议的主要内容，包括：

（1）项目开拓、投标小组或营销部门代表全面介绍合同情况：合同谈判背景，双方讨论的主要问题，最后达成的协议，合同的主要条款以及合同执行需要注意的问题。

(2) 项目经理作项目开工报告：阐明项目的任务、目标、原则和实施计划。主要内容如下：

1) 项目计划。

2) 项目初期工作进度计划。

3) 项目工程统一规定。

4) 项目工作全面实施的动员。

(3) 讨论和确定其他有关事项。

项目开工会议的会议纪要格式见表 4-13。

______会议纪要表 **表 4-13**

项目名称：__________ 文件、报告编号：____________

项目合同编号：________ 日 期：____________

发 送：

<table>
<tr><td colspan="2">会议时间：</td><td colspan="2">会议地点：</td></tr>
<tr><td colspan="4">会议主持人：</td></tr>
<tr><td>参加单位、部门：</td><td colspan="3">参加人：</td></tr>
<tr><td>会议内容及讨论事项</td><td colspan="3"></td></tr>
<tr><td>会议决议事项</td><td colspan="3"></td></tr>
<tr><td>会议纪要附件</td><td colspan="3"></td></tr>
<tr><td>会议记录人：
签字
日期</td><td>纪要整理人：
签字
日期</td><td>业主代表审批：
签字
日期</td><td>项目经理：
签字
日期</td></tr>
</table>

3. 费用估算审核会议

费用估算审核会议的主要内容，包括：

(1) 复核项目估算基础资料、项目原始重要的文件资料和上阶段已发生的业主变更和内部变更文件必须采用最新版本，反映项目进展的实际情况。

(2) 复核设计部门提出的各阶段设计文件，包括工程量、设备材料清单和本部门费用计划。

(3) 复核采购部门提出的设备材料询价、订货资料，当前设备材料价格、运输费用和发展预测。

(4) 复核施工管理部门提出的施工管理费用估算（人力、机具、材料、临时设施及管理费用）。

(5) 复核管理部门提出的各阶段、各部门人工时计划和管理费用计划。

(6) 审核费用估算师根据估算步骤和估算类型提出的本阶段费用估算汇总表。

(7) 审核确定估算的偏差幅度和必须考虑的未可预见费额度。

(8) 将上阶段估算与随后发生的业主变更和内部变更的总和与本次估算相比较，对比的差异，用办理业主变更或内部变更的方式予以解决。

费用估算审核会议纪要的格式与“项目开工会议 ”会议纪要的格式相同，见表4-13所示。

4. 项目进展情况（内部）审核会议

项目进展情况（内部）审核会议的主要内容，包括：

(1) 工程进度计划执行情况。

(2) 工程质量情况。

(3) 费用计划执行情况。

(4) 设备材料计划执行情况。

(5) 财务收支情况。

(6) 费用、进度检测情况和执行效果分析。

(7) 工程设计、物资采购供应、现场施工或试运行工作进展情况。

(8) 合同、协议执行的其他情况。

(9) 上次会议决定事项的执行情况。

(10) 本次会议需要讨论解决的问题和采取的措施，其中包括需提请公司或业主解决的问题。

项目进展情况（内部）审核会议纪要格式与“项目开工会议”会议纪要的格式相同，见表4-13所示。

5. 项目进展情况（向业主）汇报会议

项目进展情况（向业主）汇报会议的内容有：

(1) 项目经理介绍：.

1) 工程进展情况：工程设计、物资采购、现场施工、试运行工作进展情况。

2) 工程进度，质量、费用计划与执行情况（其中费用部分按合同类型处理）。

3) 工程外部条件：工程款支付、外汇、地方协作条件、交通运输、国外设备材料到货，报关，大件运输等情况。

4）项目重大变更的影响（争取业主认可）：工程内容、标准、物价重大变化、税收、不可预见因素等。

5）合同、协议执行的其他情况。

6）上次会议决定事项的执行情况。

7）存在的问题及需要双方协商讨论的事例，例如，工程款支付、进度计划调整、费用计划调整、设备材料询价、报价及设备检验、施工招标投标及工程验收、生产准备及试运行准备等。

(2) 双方讨论，确定有关事项。

项目进展情况（向业主）汇报会议纪要的格式与“业主项目启动会议”会议纪要的格式相同，见表4-12所示。

6. 施工准备动员会议

施工准备动员会议的内容有：

(1) 检查、确认有关的设计图纸的提交日期。

(2) 检查、确认基础施工需要的设备、材料的计划交货时间和运输周期。

(3) 检查、确认施工单位的施工准备情况。

(4) 检查、确认现场管理的组织机构、管理制度的建立情况。

(5) 根据设计图纸、设备材料预计交付和到货情况、施工准备及现场管理等情况，修订施工进度计划，确定各单元施工开工日期。

(6) 讨论决定现场开工前必须完成的其他工作和采取的措施。

(7) 必要时，议定现场开工仪式的有关内容及要求，按需要形成文件并认真实施。

施工准备动员会议纪要的格式与“项目开工会议”会议纪要的格式相同，见表4-13所示。

【文案范例】

（略）

4.2.13 索赔文件与索赔报告

【基本概念】

1. 定义

FIDIC合同1987年第4版、1999年版，1994年版分包合同格式等都没有规定索赔的定义，但多数学者将建筑和土木工程行业的索赔定义为除正常付款之外的额外付款要求或主张。大卫·查贝尔在《建筑合同索赔》一书中将索赔定义为：“在建筑行业，可将索赔定义为通常是承包商提出的一项要求延长合同期限，和/或根据建筑合同的明示或默示条款提出付款要求的权利主张。在施工行业，‘索赔’一词，一般用于描述承包商提出的除按正常合同规定付款之外的付款请求……这个词也用来描述根据建筑合同承包商要求延长工期的申请。”

2. 索赔的分类

根据不同的标准、从不同的当事人的不同角度出发，可以将索赔进行不同的分类：

在西方有关建筑和工程业的主要著作中，将索赔分为：

（1）依合同规定提出韵索赔。

（2）因合同产生或与之有关的索赔，或基于普通法的索赔。

（3）基于按劳计酬原则的索赔。

（4）通融索赔。

从承包商的立场出发，依合同规定提出的索赔主要有：

（1）工期延长索赔。

（2）费用索赔。

在建筑和土木工程施工合同中，承包商可以根据具体发生的造成延误或费用索赔的事件对索赔进行更加详细的分类，但总体而言，承包商对业主提出的合同项下的索赔主要是工期延长索赔和费用索赔两大类。

3. 菲迪克（FIDIC）合同条件下的索赔条款

鉴于目前在国际工程承包市场上，业主处于主导地位，承包商一直处于被动的服从地位。但是，有经验的国际工程承包商也有自己的合同策划的基本目标和企业经营战略。尽管业主在工程招标或议标的过程中，在使用菲迪克合同条件中删去了许多对招标人不利的条款，而有经验的承包商总会利用谈判的机会，争取合同的平等。因此，对菲迪克合同条件中有关索赔的使用，就显得十分重要了。所以，为了方便使用和加深对菲迪克（FIDIC）合同条件的最新文本（1999年9月第1版）《施工合同条件》中承包商索赔条款的认识，表4-14、表4-15分别列出《施工合同条件》（1999年9月第1版）下的索赔条款与隐含索赔条款。

《施工合同条件》（1999年9月第1版）下承包商的索赔条款 **表4-14**

序号	条款编号	条款的主要内容	可能调整的内容
1	1.9	延误的图纸或指示	C+P+T
2	2.1	进入现场权	C+P+T
3	3.3	工程师的指示	C+P+T
4	4.6	合作	C+P+T
5	4.7	放线	C+P+T
6	4.12	不可预见的物质条件（指外界条件）	C+T
7	4.24	化石	C+T
8	7.2	样品	C+P
9	7.4	试验（指检验）	C+P+T
10	8.3	进度计划	C+P+T
11	8.4	竣工时间的延长	T
12	8.5	当局造成的延误（指公共当局）	T
13	8.8；8.9；8.11	工程暂停；暂停的后果；拖长的暂停	C+T
14	9.2	延误的试验（指检验）	C+P+T
15	10.2	部分工程的接收（也指验收）	C+P
16	10.3	对竣工试验的干扰（指竣工检验）	C+P+T
17	11.2	修补缺陷的费用	C+P

续表

序号	条款编号	条款的主要内容	可能调整的内容
18	11.6	进一步的试验（指检验）	C+P
19	11.8	承包商检查	C+P
20	12.4	删减（指省略）	C
21	13.1	变更权	C+P+T
22	13.2	价值工程	C
23	13.5	暂列金额	C+P
24	13.7	因法律改变的调整	C+T
25	13.8	因成本改变的调整	C
26	15.5	雇主终止的权利（也称业主终止合同）	C+P
27	16.1	承包商暂停工作的权利	C+P+T
28	16.2；16.4	由承包商终止；终止时的付款；	C+P
29	17.3；17.4	雇主的风险；雇主风险的后果（也称业主）	C+P+T
30	17.5	知识产权和工业产权	C
31	18.1	有关保险的一般要求	C
32	19.4	不可抗力的后果	C+T
33	19.6	自主选择终止、付款和解除	C
34	19.7	根据法律解除履约	C

注：C表示索赔费用；P表示利润；T表示工期。

《施工合同条件》(1999年9月第1版）下承包商的隐含索赔条款　　表4-15

序号	条款编号	条款的主要内容	可以调整的内容
1	1.3	通讯交流（指通讯联络）	C+P+T
2	1.5	文件优先次序	C+T
3	1.8	文件的照管和提供	C+P+T
4	1.13	遵守条例、规则和法律	C+P+T
5	2.3	雇主的人员（也称业主）	C+T
6	2.5	雇主的索赔（也称业主）	C
7	3.2	由工程师付托（指工程师的授权）	C+P+T
8	4.2	履约担保	C
9	4.10	现场数据	C+T
10	4.20	雇主的设备和免费供应的材料（也称业主）	C+P+T
11	5.2	反对指定	C+T
12	7.3	检验	C+P+T
13	8.1	工程的开工	C+T
14	8.12	复工	C+P+T
15	12.1	需测量的工程	C+P
16	12.3	估价	C+P

注：C表示索赔费用；P表示利润；T表示工期。

4. 索赔文件

索赔文件是指承包商就如何索赔，陈述索赔的依据、事实、记录、工期计算和费用计算的文字资料。

【内容与格式】

索赔文件和索赔报告没有固定的格式。但总体而言，承包商的索赔文件分为：索赔意向通知书、索赔详情和支持文件、期中索赔报告和支持文件、最终索赔报告和支持文件。

1. 索赔文件的内容

(1) 索赔意向通知书。

索赔意向通知书是承包商在遭受合同条款规定的索赔事件，如不利的物质条件、不可抗力、干扰、工程师延误签发图纸等时，根据合同向工程师发出的一封索赔意向的函件。这封函件的内容只是通知工程师，承包商遇到了合同规定的延误和造成费用发生的事件，不需要提供索赔的金额和工期时间，也不需要提供详细的计算和支持文件。根据 FIDIC 合同新旧版红皮书的规定，承包商应在知道或应该知道索赔事件发生之日起 28 天内向工程师发出通知，否则丧失索赔权利。

(2) 索赔详情和支持文件。

索赔详情和支持文件是在承包商向工程师发出索赔意向通知后，在合同条款要求的时间内向工程师报告索赔的详情，并随附支持文件。这份文件要求承包商需要递交详细的索赔内容，包括但并不限于索赔依据的合同条款、索赔事件发生的事实、承包商所遭受的延误或干扰的时间及计算依据、承包商所遭受的直接的损失或费用以及计算依据等。支持文件包括合同条款、同期记录、工程师的指示、图纸、计划、进度、劳务、设备资料等，只要是承包商认为这些文件、资料或数据可以支持所提出的工期延长和费用索赔即可。

(3) 期中索赔报告和支持文件。

期中索赔报告和支持文件是工程进展到一定进度时，承包商将零星提出的或分散提出的工期延长和费用索赔进行分类、归纳总结，提出的一份具有对一个阶段索赔事件进行汇总的索赔报告。这份报告的基本要求是要叙述完整，对索赔事件进行定性和定量分析，提出承包商明确的工期延长和费用索赔主张，具有系统性和完整性，这也是该份索赔报告与索赔详情的区别所在。

(4) 最终索赔报告和支持文件。

最终索赔报告和支持文件是工程竣工时，承包商将所有施工过程中发生的索赔事件、工期延长和费用索赔进行最终分类总结，按照事件的性质归类所提出的一份最终的完整的索赔报告。最终索赔报告的要求与期中索赔报告相同。

2. 索赔报告

以下是某工程项目索赔的目录，承包商可参考这份索赔报告的体例编写索赔报告。

×工程项目掌赔报告　　（封面）

1.0　导言

1.1　当事人各方

1.2　工程

1.3　投标和合同价格

1.4 合同
1.5 计划
2.0 事实总结
2.1 现场占有权：工程的开工和竣工
2.2 延误和工期延长
2.3 未完工证书
2.4 直接损失或费用
2.5 支付和最终账单
2.6 缺陷
3.0 索赔的基础
4.0 索赔细节
4.1 导言
4.2 异常的气候条件—延误
4.3 建筑师指示—延误（D2）
4.4 附加工程—延误（D3）
4.5 对直接成本金额的延迟指示—延误（D4）
4.6 总结
5.0 损失和费用的评估
5.1 直接损失和/或费用索赔
5.1.1 延期
5.1.2 干扰
5.1.3 损失和费用的融资成本
5.1.4 编制索赔报告的成本
5.2 损失和/或费用和/或损害赔偿费总结
6.0 索赔声明
6.1 工期延长
6.2 损失和费用和/或损害赔偿费
6.3 保留金
6.4 合同价格的调整
6.5 误期损害赔偿费
6.6 孳生的融资成本

【文案范例】

（略）

4.2.14 项目技术管理手册

【基本概念】

1. 定义

项目技术管理是项目经理部在项目施工的过程中，对各项技术活动和技术工作的各种要素进行科学管理的总称。项目技术管理手册则是在项目经理的领导下，由项目总工程师主持编制的规定项目施工技术管理工作的要求、制度、流程、方法的技术文件。

2. 项目技术管理工作内容

项目技术管理工作内容主要包括：技术管理基础工作；施工技术准备工作；施工过程技术管理工作；技术开发工作；技术经济分析与评价等内容。

(1) 项目技术管理基础工作

项目技术管理的基础工作主要有：

1) 建立技术管理工作体系。

项目部必须建立以项目总工程师或技术负责人为首的技术业务统一领导和分级管理的技术管理工作体系，并配备相应的职能人员。一般应根据项目规模设项目技术负责人，如项目总工程师、工程师、技术员，其下设技术主管、工长和班组长，然后按技术职责和业务范围建立各级技术人员的责任制，明确技术管理岗位与职责、建立各项技术管理制度。

2) 建立健全施工项目技术管理制度。

项目部的技术管理应执行国家技术政策和企业的技术管理制度，同时，项目部根据需要可自行制定特殊的技术管理制度，并报承包商总部总工程师批准。施工项目的主要技术管理制度有：技术责任制度、图纸会审制度、施工组织设计管理制度、技术交底制度、材料设备检验制度、工程质量检查验收制度、技术组织措施计划制度、工程施工技术资料管理制度以及工程测量、计量管理办法、环境保护管理办法、工程质量奖罚办法、技术革新和合理化建议管理办法等。建立健全施工项目技术管理的各项制度，首先要求各项制度互相配套协调、形成系统，既互不矛盾，也不留漏洞，还要有针对性和可操作性；其次要求项目部所属各单位、各部门和人员，在施工活动中，都必须遵照所制定的有关技术管理制度中的规定和程序安排工作和生产，保证施工生产安全顺利进行。

3) 技术责任制。

项目部的各级技术人员都应根据项目技术管理责任制度完成业务工作，履行职责。其中项目总工程师或技术负责人的主要职责有：①主持项目的技术管理工作。②主持制定项目技术管理工作规划。③组织有关员熟悉与审查图纸，主持编制项目管理实施规划的施工方案并组织落实。④负责技术交底。⑤组织做好测量及其核定。⑥指导质量检验和试验。⑦审定技术措施计划并组织实施。⑧参加工程验收，处理质量事故。⑨组织各项技术资料的签证、收集、整理和归档。⑩领导技术学习，交流技术经验以及组织专家进行技术攻关。

4) 做好施工组织设计的编制与执行的工作。

3. 施工技术管理工作的要求

项目部施工技术管理工作的要求，主要有：

(1) 项目部在接到工程图纸后，按过程控制程序文件要求进行内部审查，并汇总意见。

(2) 项目总工程师或技术负责人应参与业主（或发包人）组织的图纸会审，提出设计变更意见，进行一次性设计变更洽商。

(3) 在施工过程中，如发现设计图纸上存在问题，或因施工条件变化必须补充设计，或需要材料代用，可向设计人提出工程变更洽商书面资料。工程变更应由项目总工程师或技术负责人签字。

（4）编制施工方案。

（5）技术交底必须贯彻施工验收规范、技术规程、工艺标准、质量验收标准等要求。书面资料应由签发人和审核人签字，使用后归入技术资料档案。

（6）项目部应将分包人的技术管理纳入技术管理体系，并对其施工方案的制定、技术交底、施工试验、材料试验、分项工程检验和隐检、竣工验收等进行系统的过程控制。

（7）对后续工序质量有决定作用的测量与放线、模板、预制构件吊装、各种基层、预留孔、预埋件、施工缝等应进行施工预检，并做好记录。

（8）各类隐蔽工程应进行隐检，做好隐检记录，办理隐检手续，参与各方责任人应确认、签字。

（9）项目部应按项目管理实施规划实施技术措施计划。

（10）项目部应设技术资料管理人员，做好技术资料的搜集、整理和归档工作，并建立技术资料台账。

4. 竣工资料的编制

竣工资料也称施工技术档案或施工资料，其编制属于技术管理工作的一部分。为突出资料管理对工程效益的影响，在项目技术管理手册中应单独提出。施工技术资料在工程项目施工中合理有序地随施工进度进行积累，其工作量约占工程造价1%。施工资料管理包括：试验、检测资料，施工原始资料等综合反映施工进度、质量、安全方面的各种资料。当工程竣工，经过对施工资料的整理与编制，施工资料就形成了竣工资料。

有关项目技术管理用表详见本章第4.3.15节。

【内容与格式】

项目技术管理手册的格式由封面（封面内要注明：项目名称、编制人、审核人、项目负责人、批准人以及单位名称、日期）、正文组成，其内容主要有：

1. 项目概况

（略）

2. 项目技术管理的内容

（略）

3. 项目技术管理的体系与职责

项目技术管理的责任体系，一般由项目总工程师、项目技术经理、项目工程师、施工工长、技术资料员、试验员等组成。

4. 项目技术管理的工作

项目技术管理的工作有图纸会审、技术洽商管理制度、施工组织设计管理制度、技术交底管理制度、材料试验管理规定、施工试验管理规定、工程预检管理制度、隐蔽工程验收管理制度、基础与结构验收记录管理制度、施工日志管理规定、竣工图管理规定以及其他技术资料归档内容及管理。

5. 项目技术管理工作的程序

（略）

6. 其他

【文案范例】

（略）

4.2.15　施工技术档案

【基本概念】

施工技术档案也称为施工资料，是工程项目建设过程、工程实体状况、工程建设技术、质量的最真实、最全面、最原始的记录。它是工程投产后的运行、维护、改造、扩建等方面工作与管理所必需的可靠依据。对承包商而言，它是对不断地总结和积累诸如设计、制造、施工、调试和生产运行的经验，不断地提高其水平都起着无可替代的作用。

在我国施工技术档案纳入建筑工程文件归档整理与资料管理的范畴，凡是国内的所有建设项目必须按照《建设工程文件归档整理规范》(GB/T 50328—2001)、《建筑工程资料管理规程》(DBJ01—51—2003)的要求执行。在国际工程承包业务中，许多国家对此也有不同的规定，通常也都在工程合同中作出相应的规定。

工程项目在建设工程中，通过和完成施工资料的积累，在完成建设以后，通过整理、编排形成完整的工程档案资料（也称竣工资料），作为将来运转和维护的参考。这也是工程师的一项任务，他在完成技术服务合同时，应向业主提出这一套档案资料。

从承包商的需要出发，亦应该为自己积累工程项目的全面档案资料，以备将来财务结算和总结的需要，并最后报送承包公司总部存档。这一套施工技术档案，要靠项目部在施工管理过程中积累、完工后整理形成。施工技术档案的积累、编排、整理、移交的工作流程如图4-7所示。

图4-7　施工技术档案的工作流程

【内容与格式】

在国际工程中，由于各国对施工技术档案的格式都有各自的规定，通常都会在合同或项目协调程序文件中作出规定。但是，施工技术档案的内容大体上都一致。

施工技术档案一般应包括下列内容：

(1) 全套的合同文件：包括招标文件，投标书，协议书，通 用及专用合同条款，施工技术规程，工程量清单，图纸以及中标通知书等。

(2) 施工过程中的往来重要函件及会议纪要：包括业主和工程师的来函，致工程师或业主信函，工程变更指令，施工索赔信函及资料，合同各方工作会议纪要，以及同工程师或业主的重要电话记录等。

(3) 施工技术资料及记录：包括施工组织设计，重大质量、安全事故分析及处理措施，施工重要部位（如隧洞掘进、基础开挖）的观测记录资料，重大技术问题的决策记录等。

(4) 施工质量记录及试验资料：包括施工各部位质量检查验收记录，质量事故处理记录，隐蔽工程验收记录，原材料质量试验记录，永久设备质量合格证明，主体结构重要部位检验记录等。

(5) 全套竣工图纸：包括所有施工详细的具体实施记录，修改后的工程图纸，图纸会审记录，地质勘探资料等。在每项工程竣工时，承包商都必须编制全套竣工图纸，报送工程师和业主。

(6) 重要的财务及成本资料：包括施工成本预算及实际支出记录，月进度款报告表，月付款记录，经济索赔报告资料，竣工财务报表，最终财务报表，工程结算单等。

(7) 施工进展重要记录及资料：包括施工进度计划及实施记录，天气或意外事件对施工进度影响的记录资料，申请工期延长的报告及批复函件，工程师拖期交付图纸的记录，业主对施工的干扰等。

(8) 项目部与承包商总部的重要往来函件：包括承包商总部对项目部的指示函或复函，项目部向承包商总部的月报及年度总结报告以及项目经理的请示报告等。

(9) 项目施工日志：建立项目施工日志是施工管理的一项重要制度，它将成为工程项目的大事记，对工程总结、索赔、结算及合同纠纷的处理等重大事项，有重要的参考价值。

施工日志也称施工备忘录，其具体内容与格式如下：

工程项目施工日志

1 外界要事

1.1 以往24小时内的天气和气温；预报的天气及气温；异常天气记述

1.2 工程所在国的重大新闻，如罢工、动乱、地震、飓风及其他重大灾

1.3 工程所在国的官员或业主代表视察工地，发表的主要谈话

1.4 银行、报社、电视台等来访者的反映或谈话的主要内容

2 施工现场

2.1 当日现场出工的工人人数及工种

2.2 出勤的主要施工设备台数

2.3 当日完成的工程量及主要工作项目

2.4 意外事故及其后果

2.5 施工不顺利的部位，拖延进度计划的天数

2.6 当日收到的指示、函件、图纸等文件

2.7 当日收到的材料及设备数量

2.8 雇佣的当地劳动力方面出现的问题

3 工程师（咨询、监理）

3.1 与工程师或其驻工地代表的会议纪要

3.2 与工程师来往的主要信件及其主要内容

3.3 工程师发来的书面或口头指示及其主要内容

3.4 致函工程师，请其确认口头指令

3.5 测量已完工程量时，工程师是否到现场，是否有指示

3.6 检查某重要施工部位时，双方是否均到场

3.7 工程师是否签发付款证书及结算、报销账单

3.8 承包商同工程师或业主发生的重大分歧意见记录

4 分包商及供货商

4.1 同分包商、供货商讨论问题的主要内容

4.2 同分包商、供货商来往函件及其主要内容

4.3 向分包商发出的书面或口头指示

4.4 分包商是否到场测量工程量

4.5 分包商是否到场检查施工质量

4.6 对分包商的付款情况

4.7 供货商供应材料或设备的质量情况

5 上级或承包商公司总部

5.1 同总部官员或来访者讨论问题的纪要

5.2 同总部来往的主要函件

5.3 当日收到的总部重要文件或电信

5.4 向总部关于收支款额的报告

以上施工日志，可由工地项目经理或指定的专人每天记录，形成制度。亦可根据以上内容制成表格，以简化填写手续。

(10) 施工现场日报表：施工现场日报表应由现场施工技术员坚持逐日填写，交项目部施工管理部门保管，作为结算或索赔的依据。

施工现场日报表的格式与内容，详见本章第4.3.11节。

【文案范例】

(略)

4.3 常用表式

本节以下所列项目策划书及常用表式均以中国××公司承建施工常用的表式，本书作为示例选用，表序号保持原有表号。

4.3.1 项目策划书

中 国××××公 司

____________项目策划书

版本：　　　　　　　　　　　　生效日期：

编制单位：

审　　核：
（合约商务）

审　　核：
（业务）

批　　准：

编制说明

1.《项目策划书》是编制投标文件和预算成本的依据，是项目实施的纲领性文件，是公司为项目进行资源调配和提供服务、支持的基本依据。

2. 由事业部组织投标的项目，《项目策划书》由事业部市场开拓板块组织编制，公司总部有关部门会签，事业部的主管合约商务副总和主管副总审核，事业部总经理批准。

3. 由事业型分支机构组织投标的项目，《项目策划书》由分支机构的市场开拓人员组织编制，分支机构有关部门会签分支机构的主管合约商务副总和主管副总审核，分支机构总经理批准。

4.《项目策划书》在投标阶段进行初步编制，在中标后进行完善和细化。投标阶段编制的《项目策划书》不进行会签审批，由事业部/事业型分支机构主管副总审批即可。

5. 原则上，投标阶段即应完成全部的《项目策划书》。不能全部完成时，则至少应完成其中的概况及总目标、总进度计划、现场管理人员流量、分包方案、施工机械及检测设备配置方案和技术方案等部分。

6. 分阶段招标的工程，《项目策划书》可按标段进行。

7.《项目策划书（2）——总进度计划》可用 Project 或业主制定的其他软件编制。

8. 开工前,事业部/事业型分支机构应就《项目策划书》向项目经理部和有关部门交底。

9.《项目策划书》由事业部/事业型分支机构负责分发和保管。

10. 本表由公司统一制定，使用者不得随意删减，但可根据需要适当增添。

项目策划书（1）——概况及总目标　　第　页　共　页

项目概况	项目名称： 业主名称： 设计人名称： 投资性质：□国拨　□企业自筹　□私人　□外资　□世（亚）行贷款　□其他： 工程类别：□公建　□厂房　□住宅　□路桥　□其他： 工程地点：____________________ 建筑面积（或项目规模）： 暂估工程总价： 承包方式：□ 总承包； □ 联合总承包，合作伙伴是： □ 分包，总承包商是： 合同工作内容/范围简述：
项目总目标	质量目标：□合同约定验收标准，□鲁班奖，□_____杯，□市优，□省/部优，□其他： 工期目标：计划开工日期__________，计划竣工日期__________ 总工期______日历天，区段工期（如果有）__________ 安全目标：杜绝死亡、重伤和重大事机械事故，一般事故频率不超过__________‰ 环保目标：节能降耗，减少污染，排放达标 成本目标：详见预算成本 技术目标：□ 完成__________技术成果，□创__________科学技术奖 其他目标：□创__________安全文明工地，□创__________ CI 样板工地

编制/日期：　　　　审核/日期：

项目策划书（2）——总进度计划

序号	分部分项工程名称	工期	年									年												年					
			4	5	6	7	8	9	10	11	12	1	2	3	4	5	6	7	8	9	10	11	12	1	2	3	4	5	6
1																													
2																													
3																													
4																													
5																													
6																													
7																													
8																													
9																													
10																													
11																													
12																													
13																													
14																													
15																													
16																													
17																													
18																													
19																													
20																													

编制/日期：　　　　　　　　审核/日期：

项目策划书（3）——现场管理人员流量

共 页 第 页

序号	岗位名称	人员数	推荐人选	工作时间																																			
				1	2	3	4	5	6	7	8	9	10	11	12	1	2	3	4	5	6	7	8	9	10	11	12	1	2	3	4	5	6	7	8	9	10	11	12
1																																							
2																																							
3																																							
4																																							
5																																							
6																																							
7																																							
8																																							
9																																							
10																																							
11																																							
12																																							
13																																							
14																																							
15																																							
16																																							
17																																							
18																																							
19																																							
20																																							
21																																							
	合计																																						

编制/日期：　　　　人力资源会签/日期：

项目策划书（4）——分包方案

第 页 共 页

序号	分包项目	分包工作内容	分包方式	分包商选择方式		候选分包商名单
			□包工包料 □ 劳务 □ 包工及部分材料 □ 其他	□ 公司（事业部/分支机构）选定 □ 项目选定 □项目选择公司批准 □ 其他	□ 业主选定 □ 业主指定我方签合同 □ 业主项目共同选定	
			□ 包工包料 □ 劳务 □ 包工及部分材料 □ 其他	□ 公司（事业部/分支机构）选定 □ 项目选定 □项目选择公司批准 □ 其他	□ 业主选定 □ 业主指定我方签合同 □ 业主项目共同选定	
			□ 包工包料 □ 劳务 □ 包工及部分材料 □ 其他	□ 公司（事业部/分支机构）选定 □ 项目选定 □项目选择公司批准 □ 其他	□ 业主选定 □ 业主指定我方签合同 □ 业主项目共同选定	
			□ 包工包料 □ 劳务 □ 包工及部分材料 □ 其他	□ 公司（事业部/分支机构）选定 □ 项目选定 □项目选择公司批准 □ 其他	□ 业主选定 □ 业主指定我方签合同 □ 业主项目共同选定	
			□ 包工包料 □ 劳务 □ 包工及部分材料 □ 其他	□ 公司（事业部/分支机构）选定 □ 项目选定 □项目选择公司批准 □ 其他	□ 业主选定 □ 业主指定我方签合同 □ 业主项目共同选定	

编制/日期：　　　　合约估算会签/日期：

项目策划书（5）——物资采购方案

第　页共　页

序号	物资名称	规格型号	估算数量	计量单位	物资采购单位（打√）					采购地点	候选供应商名单
					业主	采购中心	分支机构	项目	分包商		

编制/日期：　　　　　　　　物资会签/日期：

项目策划书（6）——施工机械及监测设备配置方案

第　页共　页

序号	机械设备名称	规格型号	配置数量	计量单位	使用时间	机械设备来源（打√）				备注
						公司自有	公司采购	外部租赁	分包提供	
A	施工机械									
B	监测设备（包括测量、试验、检验、监视等方面的仪器设备）									

编制/日期：　　　　　　　　机械会签/日期：

项目策划书（7）——办公设备配置方案

第 页 共 页

序号	办公设备名称	规格型号	单位	数量	进场时间	设备来源（打√）				固定资产内部编号
						内部调配	公司购买	项目购买	分包提供	
A	固定资产类									
1	汽车（轿车）									
	汽车（面包车）									
	汽车（小货车）									
2	空调（窗式）									
	空调（立式）									
3	计算机									
4	打印机									
5	复印机									
6	传真机									
7	电视机									
8	电冰箱									
	其他									
B	低值易耗品类									
1	电话机									
2	办公桌									
3	办公椅									
4	文件柜									
5	会议桌									
6	饮水机									
	其他									

编制/日期： 办公会签/日期：

项目策划书（8）——现场临建方案

第 页 共 页

序号	临建名称	规格/型号/做法	数量	单位	使用时间	来源
1	集装箱（业主/监理）					
2	集装箱（总包自用）					
3	集装箱（分包）					
4	会议室					
5	试验用房					
6	锅炉及备用发电机房					
7	厨房及食堂					
8	卫生间及淋浴					
9	仓库					
10	混凝土搅拌站/机用棚					
11	木工加工车间					
12	钢筋加工棚					
13	工具房					
14	急救室					
15	保安及门卫用房					
16	临时道路					
17	围墙含出口及大门					
18	公司标语/CI标志					
19	临时化粪池					
20	工人宿舍					
21	场地租赁					
22	其他					

编制/日期： 项目管理会签/日期：

项目策划书（9）——临水临电方案

第 页 共 页

序号	临建名称	规格/型号	配置数量	单位	使用时间	来源
1	主配电箱					
2	分配电箱					
3	电缆					
4	电线					
5	现场照明用广场灯					
6	电缆电线保护用管					
7	临时消防用水管					
8	室外消火栓					
9	室内消火栓					
10	消防用水箱					
11	施工用水管					
12	生活用水管					
13	排水管					
14	手提式电箱					
15	灭火器					
16	水表					
17	电表					
18	临水临电标识牌					
19	建筑物内部临时照明					
20	其他					

编制/日期：　　　　项目管理/日期：

项目策划书（10）——主要技术方案

第　页共　页

<table>
<tr><th>序号</th><th>方案内容</th><th colspan="5">方案及资源配置情况描述</th></tr>
<tr><td rowspan="4">1</td><td rowspan="4">降水方案</td><td>拟采用的降水体系</td><td colspan="3">主要工程量</td><td>备注</td></tr>
<tr><td>轻型井点降水</td><td colspan="3">井点数：___个，井距：___ m，井径：___ m，井深：___ m</td><td></td></tr>
<tr><td>管井与自渗砂井结合降水</td><td colspan="3">管井数：___个，井距：___ m，井径：___ m，井深：___ m. 滤水管径：___ mm，滤料：___ m^3，砂井数：___个，井距：___ m，井径：___ m，井深：___ m，滤料：___ m^3</td><td></td></tr>
<tr><td>……</td><td colspan="3"></td><td></td></tr>
<tr><td rowspan="4">2</td><td rowspan="4">基坑支护方案</td><td>拟采用的降水体系</td><td colspan="3">主要工程量</td><td></td></tr>
<tr><td>土钉墙支护</td><td colspan="3">土钉墙面积：___ m^2，墙厚：___ mm，混凝土强度等级：___，钢筋网：______，土钉共：___个（竖向间距：___ m，水平间距：___ m，长度：___ m，直径：___ mm. 钢筋：___），边坡坡度：___</td><td></td></tr>
<tr><td>护坡桩支护</td><td colspan="3">桩数：___个，桩距：___ m，桩径：___ m，桩深：___ m，混凝土强度等级：___</td><td></td></tr>
<tr><td>……</td><td colspan="3"></td><td></td></tr>
<tr><td rowspan="2">3</td><td rowspan="2">混凝土供应方案</td><td>拟采用商品混凝土部位</td><td colspan="3"></td><td></td></tr>
<tr><td>拟采用现拌混凝土部位</td><td colspan="3"></td><td></td></tr>
<tr><td rowspan="3">4</td><td rowspan="3">水平模板方案</td><td>拟采用的模板及支撑体系</td><td>模板选型</td><td colspan="2">主要配置量</td><td></td></tr>
<tr><td rowspan="2">梁板模板及支撑体系</td><td rowspan="2">梁板模板及支撑体系</td><td>采用___厚竹胶板（或木胶合板），碗扣架支撑系统/钢管系统</td><td>面板：___ m^2，木枋：___ m^3，碗扣架：___ t，钢管架：___ t</td><td></td></tr>
<tr><td>采用塑料或玻璃钢模壳，碗扣架支撑系统</td><td>模壳规格：___ mm×___ mm，配置数量：___套，碗扣架：___ t</td><td></td></tr>
<tr><td rowspan="5">5</td><td rowspan="5">竖向模板方案</td><td rowspan="2">墙模板体系</td><td rowspan="2">墙模板体系</td><td>采用___厚竹胶板（或木胶合板）</td><td>面板：___ m^2，木枋：___ m^3.</td><td></td></tr>
<tr><td>采用大钢模体系</td><td>大钢模：___ m^2（单位重量约：___ t/m^2）</td><td></td></tr>
<tr><td rowspan="2">柱模板体系</td><td rowspan="2">柱模板体系</td><td>采用T形（或L形）可调截面钢柱模</td><td>T形柱模共：___套，折合面积：___ m^2，（单位重量约：___ t/m^2），L形柱模共：___套，折合面积：___ m^2，（单位重量约：___ t/m^2）</td><td></td></tr>
<tr><td>采用___厚竹胶板（或木胶合板）</td><td>面板：___ m^2，木枋：___ m^3</td><td></td></tr>
<tr><td>……</td><td colspan="3"></td><td></td></tr>
</table>

续表

<table>
<tr><td>序号</td><td>方案内容</td><td colspan="5">方案及资源配置情况描述</td></tr>
<tr><td rowspan="7">6</td><td rowspan="7">脚手架方案</td><td>部位</td><td>拟采用的配置方案</td><td>主要物资需用量</td><td>使用时间</td><td></td></tr>
<tr><td rowspan="3">外脚手架</td><td>液压爬架方案</td><td>爬架____，爬架费用：______元。其他材料：钢管______t，扣件____t，密目安全网____ m^2，防坠安全网____ m^2，木跳板____ m^2</td><td></td><td></td></tr>
<tr><td>单立杆双排钢管脚手架</td><td>钢管：____t，扣件：____t，密目安全网____ m^2，防坠安全网____ m^2，木跳板____ m^2</td><td></td><td></td></tr>
<tr><td>双立杆双排钢管脚手架</td><td>钢管：____t，扣件：____t，密目安全网____ m^2，防坠安全网____ m^2，木跳板____ m^2</td><td></td><td></td></tr>
<tr><td rowspan="2">内脚手架</td><td>移动式脚手架</td><td>共____套</td><td></td><td></td></tr>
<tr><td>扣件式钢管脚手架</td><td>钢管：____t，扣件：____个，木跳板：____ m^2</td><td></td><td></td></tr>
<tr><td>……</td><td></td><td></td><td></td><td></td></tr>
<tr><td rowspan="11">7</td><td rowspan="11">冬期施工措施</td><td colspan="2">物资名称</td><td>规格</td><td>单位</td><td>数量</td></tr>
<tr><td colspan="2">电暖器</td><td></td><td>台</td><td></td></tr>
<tr><td colspan="2">冬施供暖用电量</td><td></td><td>kWh</td><td></td></tr>
<tr><td colspan="2">塑料布</td><td></td><td>m^2</td><td></td></tr>
<tr><td colspan="2">防火棉毡</td><td></td><td>m^2</td><td></td></tr>
<tr><td colspan="2">临时封闭三合板</td><td></td><td>m^2</td><td></td></tr>
<tr><td colspan="2">临时封闭木枋</td><td></td><td>m^3</td><td></td></tr>
<tr><td colspan="2">临时封闭彩条布</td><td></td><td>m^2</td><td></td></tr>
<tr><td colspan="2">结构冬施外加剂</td><td></td><td>/</td><td></td></tr>
<tr><td colspan="2">外加剂</td><td></td><td>/</td><td></td></tr>
<tr><td colspan="2">……</td><td></td><td></td><td></td></tr>
<tr><td rowspan="6">8</td><td rowspan="6">雨期施工措施</td><td colspan="2">物资名称</td><td>规格</td><td>单位</td><td>数量</td></tr>
<tr><td colspan="2">塑料布</td><td></td><td>m^2</td><td></td></tr>
<tr><td colspan="2">潜水泵</td><td></td><td>台</td><td></td></tr>
<tr><td colspan="2">橡皮排水管</td><td></td><td>m</td><td></td></tr>
<tr><td colspan="2">雨具</td><td></td><td>套</td><td></td></tr>
<tr><td colspan="2">……</td><td></td><td></td><td></td></tr>
<tr><td rowspan="4">9</td><td rowspan="4">成品保护措施</td><td colspan="2">物资名称</td><td>规格</td><td>单位</td><td>数量</td></tr>
<tr><td colspan="2">塑料布</td><td></td><td>m^2</td><td></td></tr>
<tr><td colspan="2">纤维板</td><td></td><td>m^2</td><td></td></tr>
<tr><td colspan="2">……</td><td></td><td></td><td></td></tr>
<tr><td>10</td><td>其他特殊技术措施（如果有）</td><td colspan="5">（如场外临设及租地；业主或专业分包对场地、临设、脚手架、机械设备的配合要求；其他特殊技术措施等）</td></tr>
</table>

编制/日期： 技术会签/日期：

项目策划书（11）——资金流量计划

（国内项目适用）　　　　第　页　共　页

序号	时　间	收入计划 人民币（元）	支出计划 人民币（元）	资金余额 人民币（元）
1	年月			
2				
3				
4				
5				
6				
7				
8				
9				
10				
11				
12				
13				
14				
15				
	合计			

说明：表中项目收入和支出情况均应根据项目工期、进度计划和测算的预计月完成工程量并考虑付款滞后条件进行编制，资金余额项目为负值的子项表示当期总部或经理部有资金垫付。为明确说明，请在上述表格完成后再分别绘制项目收入、项目支出和资金余额的折线图以明确预期资金变动趋势。

编制/日期：　　　　财务会签/日期：

项目策划书（11）——资金流量计划

（海外项目适用）　　　　第　页　共　页

序号	时　间	收入计划		支出计划		资金余额	
		美元	当地币	美元	当地币	美元	当地币
1	年　月						
2							
3							
4							
5							
6							
7							
8							
9							
10							
11							
12							
13							
14							
15							
合计							

说明：表中项目收入和支出情况均应根据项目工期、进度计划和测算的预计月完成工程量并考虑付款滞后条件进行编制，资金余额项目为负值的子项表示当期总部或经理部有资金垫付。为明确说明，请在上述表格完成后再分别绘制项目收入、项目支出和资金余额的折线图以明确预期资金变动趋势。

编制/日期：　　　　财务会签/日期：

项目策划书（12）——预算成本

第 页 共 页

E类——现场其他直接费成本（临时设施）

代码	成本子目	单位	工程量	单价	预算成本	备注
1	场地平整	m^2		A	#VALUE!	
2	提供给业主的现场办公室	间月		A	#VALUE!	
3	提供给合作伙伴的现场办公室	间月		A	#VALUE!	
4	总包现场办公室	间月		A	#VALUE!	
5	提供给分包商的现场办公室	间月		A	#VALUE!	
6	会议室	间月		A	#VALUE!	
7	试验用房	m^2		A	#VALUE!	
8	变压器房	m^2		A	#VALUE!	
9	锅炉及备用发电机房	m^2		A	#VALUE!	
10	厨房及食堂	m^2		A	#VALUE!	
11	卫生间及淋浴	m^2		A	#VALUE!	
12	仓库	m^2		A	#VALUE!	
13	混凝土搅拌机用棚	m^2		A	#VALUE!	
14	木工加工车间	m^2		A	#VALUE!	
15	钢筋加工棚	m^2		A	#VALUE!	
16	工具房	m^2		A	#VALUE!	
17	急救室	m^2		A	#VALUE!	
18	保安及门卫用房	m^2		A	#VALUE!	
19	临时道路	m^2		A	#VALUE!	
20	围墙含出口及大门	m		A	#VALUE!	
21	临时隔油池	个		A	#VALUE!	
22	临时化粪池	个		A	#VALUE!	
23	集装箱	个		A	#VALUE!	
24	集装箱安装/楼梯平台/进出现场	间		A	#VALUE!	
25	工人宿舍	m^2		A	#VALUE!	
26	工人宿舍家具	套		A	#VALUE!	
27	宿舍冬季取暖设备			A	#VALUE!	
28	场地租赁	m^2		A	#VALUE!	
29	现场全部临建在工程竣工时的拆除及清运	项		A	#VALUE!	
30	沉淀池（$2m^3$）	个		A	#VALUE!	
31	沉淀池（$10m^3$）	个		A	#VALUE!	
32	排水沟	m		A	#VALUE!	
	合计				#VALUE!	

编制/日期： 审核/日期：

项目策划书（12）——预算成本

第 页 共 页

E类——现场其他直接费成本（水费和电费）

				a	b	c	d	e	f	g	h	i	j
代码	成本子目	型号/规格/要求	单位	工程量	原 值	使用寿命（年）	本工程使用时间（月）	折旧率（%）	折旧金额	安装/铺设人工费	维修保养替换（元/月）	单位成本	预算成本合计
	公式							d/c /12	$b\times e$			$f+g+h\times d$	$a\times i$
1	电度表配电箱	500/5A 380/220V	台	0	A			B%				#VALUE!	#VALUE!
2	电源切换箱	600A	台	0	A			B%				#VALUE!	#VALUE!
3	RTO保险箱	9×400A	台	0	A			B%				#VALUE!	#VALUE!
4	总配电箱	200A 五回路	台	0	A			B%				#VALUE!	#VALUE!
5	二级配电箱	100A 五回路	台	0	A			B%				#VALUE!	#VALUE!
6	电力电缆	VV22-3×150+2×95	m	0	A			B%				#VALUE!	#VALUE!
7	电力电缆	VV22-3×120+2×70	m	0	A			B%				#VALUE!	#VALUE!
8	电力电缆	VV22-3×95+2×50	m	0	A			B%				#VALUE!	#VALUE!
9	电力电缆	VV22-3×70+2×35	m	0	A			B%				#VALUE!	#VALUE!
10	电力电缆	VV22-3×25+2×16	m	0	A			B%				#VALUE!	#VALUE!
11	室外投光灯	DDG-3.5型	套	0	A			B%				#VALUE!	#VALUE!
12	柴油发电机	315kW	台	0	A			B%				#VALUE!	#VALUE!
13	室外照明	6m电杆 250W 钠灯	套	0	A			B%				#VALUE!	#VALUE!
14	临时消防用水管	DN100 镀锌管	m	0	A			B%				#VALUE!	#VALUE!
15	临时照明	40W	set	0	A			B%				#VALUE!	#VALUE!
16	施工用水管	Φ25	m	0	A			B%				#VALUE!	#VALUE!
17	生产用水管	Φ32～Φ40	m	0	A			B%				#VALUE!	#VALUE!
18	消火栓箱	单头 Φ65	套	0	A			B%				#VALUE!	#VALUE!
19	排污管	Φ200～Φ300	m	0	A			B%				#VALUE!	#VALUE!
20	灭火器（干粉式）	ABC，8kg	个	0	A			B%				#VALUE!	#VALUE!
	零星		项	1								0.00	—
	合计												#VALUE!

编制/日期：　　　　审核/日期：

项目策划（12）——预算成本

第 页 共 页

F类——现场管理费

人员流量					
序号	一级科目	二级明细	预算标准	预算金额	成本构成说明
1	办公费			#VALUE!	
1.1		文具费			办公用品
1.2		书报资料费			参考书、定额等（不含30元/人月）
1.3		打印复印费			复印租赁费、复印纸、消耗材料等
1.4		影像费			胶卷、冲扩、摄像等费用
1.5		设备维修费			办公设备维修
1.6		市内电话费			
1.7		长途电话费			
1.8		手机费			
1.9		呼机服务费			
1.10		网络费用			网络使用的各种费用
1.11		电话装移机费			
1.12		工程图纸费			图纸复印、翻译、晒图等
1.13		邮寄费			文件邮寄、快递费用
1.14		软件费用			
1.15		低值易耗品摊销		#VALUE!	见附表
1.16		生活用品费			工地被褥生活日用品等
1.17		其他办公费			
2	业务招待费				
3	市场营销费用			—	
3.1		CI用品制作费			
3.2		内刊印制费			
3.3		媒体广告费			
3.4		展览宣传费			
3.5		宣传品制作费			
3.6		投标费			
3.7		投标补偿费			
4	交通费用			—	
4.1		办公出租车费			

续表

人员流量					
序号	一级科目	二级明细	预算标准	预算金额	成本构成说明
4.2		加班出租车费			
4.3		国内差旅费			
4.4		国外差旅费			
4.5		加油费			
4.6		停车过路费			
4.7		修理费			
4.8		年检保险养路费			
5	物业费			—	
5.1		房屋租金			
5.2		物业管理费			
5.3		房屋维修费			
5.4		物业水电费			
5.5		其他			
6	无形资产摊销			—	
6.1		土地使用权摊销			
6.2		其他无形资产摊销			
7	固定资产折旧			＃VALUE!	
7.1		房屋折旧			
7.2		办公家具折旧			
7.3		办公设备折旧		＃VALUE!	见附表11.2
7.4		车辆折旧			
7.5		其他固定资产折旧			
8	职员费用			—	
8.1		职工工资			
8.2		福利费			
8.3		工会经费			
8.4		养老统筹基金			
8.5		失业保险			
8.6		工伤保险			
8.7		住房公积金			
8.8		医疗保险			

续表

人员流量					
序号	一级科目	二级明细	预算标准	预算金额	成本构成说明
8.9		劳保费			
8.10		培训费			
8.11		人员借用费			
8.12		存档费			
8.13		招聘费用			
8.14		人员资审费			
8.15		误餐费			
8.16		其他费用			
9	其他费用			—	
9.1		董事会费			
9.2		资格审查费			
9.3		律师诉讼费			
9.4		会议费			
9.5		定额测定费			
9.6		仪器检测费			
9.7		坏账损失			
9.8		技术开发费			
9.9		咨询费			
9.10		其他			
10	税金			—	
10.1		印花税			
10.2		车船税			
10.3		房产税			
10.4		土地使用税			
10.5		契税			
项目运营成本合计				#VALUE!	

编制/日期： 审核/日期：

4.3.2 项目预算表

项目预算表包括下表所列各种用表。

表号	表 名
01	项目概况
02	项目收入及利润预算
03	项目现金流量预算
04	预算成本汇总表
05	分包成本
06	人工费成本
07	物资采购成本（当地物资）
08	物资采购成本（境外采购）
09	物资采购成本（周转材料）
10	机械设备使用成本（设备租赁）

续表

表号	表　名
11	机械设备使用成本（设备采购）
12	现场其他直接费成本
12.1	现场其他直接费成本（临时设施）
12.2	现场其他直接费成本（临水临电）
12.3	现场其他直接费成本（水电费）
12.4	特殊技术措施费
13	现场管理费
13.1	现场管理费（低值易耗品摊销）
13.2	现场管理费（办公设备折旧）
13.3	现场管理费（职员费用）
14	财务费用
15	勘察设计费成本
16	保修成本

项目预算填写说明

1. 封面填写举例：

预算编号：D-NOKIA-YS

D：国内事业部　O：海外事业部　C：基础设施事业部

项目名称：AAA 工程

2. 标注成本代码的项目对应公司财务 NC 系统。在编写项目预算时，不能改变编码，如无对应项目，请填入其他列项中。

3. 未标注成本代码，仅标注序号的项目，在编写项目预算时，可根据具体情况进行扩展和删减。

4. 填写 C 类物资成本和 D 类机械使用成本需对应物资科目表和机械科目表。

5. 填写 C 类物资成本和 D 类机械使用成本可插入三级科目细项，并汇总到成本代码对应的二级子目。

项目预算表（封面）

中国××公司项目预算

预算编号：

项目名称：　　AAA

编制日期：

编制/校对：

审核（主管副总/合约商务副总）：

责任人确认（项目经理）：

批准 1 或审核（事业部总经理）：

批准 2（公司总经理）：

项目概况 **项目预算表01**

<table>
<tr><td colspan="2">项目名称：AAA</td></tr>
<tr><td>项目基本概况</td><td>业主名称：
设计单位：
监理名称：
投资性质：□国拨 □企业自筹 □私人 □外资 □世（亚）行贷款 □其他：
工程类别：□公建 □厂房 □住宅 □路桥 □水务 □其他：
工程地点：
承包方式：□总承包 □联合总承包，合作伙伴是：________________ □分包，总承包商是：________________。
结构类型：________________檐 高：____m 层 数： 地上____层，地下____层
其他：____
建筑总面积：________ m² 总造价：________ 工期：总工期： 个月____年____月____日至____年____月____日
一期面积（如果有）：________ m² 造 价：________工 期： 个月____年____月____日至____年____月____日
二期面积（如果有）：________ m² 造 价：________工 期：个月____年____月____日至____年____月____日</td></tr>
<tr><td>说明和备注</td><td></td></tr>
</table>

编制（签名/日期）： 审核（签名/日期）：

项目收入及利润预算 **项目预算表02**

项目名称：AAA

类别	成本科目	测算金额	占合同金额比率	调整金额	调整情况简述/索引	调整后合计	备注
A	项目负责指标						
A.1	项目预算收入（合同额）	—	＃DIV/0!				
A.2	扣除：项目预算成本	＃VALUE!	＃VALUE!				见预算成本汇总表
A.3	项目预算税费及基金	—	＃DIV/0!				税金按各地规定计入
A.4	项目预算毛利/毛利率（利润指标）	＃VALUE!	＃VALUE!				
B	公司分析指标						
B.1	扣除：项目前期经营费用	—	＃DIV/0!				
B.2	投标费（中介费/标书费等）	—	＃DIV/0!				
B.3	总部管理费	—	＃DIV/0!				
B.4	项目预算利润	＃VALUE!	＃VALUE!				
说明和备注							

编制（签名/日期）： 审核（签名/日期）：

项目预算表 03

项目现金流量预算表

项目名称：AAA

	1月	2月	3月	4月	5月	6月	7月	8月	9月	10月	11月	12月	13月	14月	15月	16月	17月	18月	19月	20月	21月	22月	23月	24月
现金流入（收款）	100		350		700		400																	
现金流出（付款）	0	120	0	400	0	550	0	50	0	0	0	0	0	0	0	0	0	0	0	0	0	0	0	0
分包工程支出		120		400		550		50																
人工费支出																								
物资采购支出																								
机械设备使用支出																								
现场其他直接费支出																								
现场管理费用																								
财务费用																								
勘察设计支出																								
缴纳税金																								
本月现金净流入	100	−120	350	−400	700	−550	400	−50	0	0	0	0	0	0	0	0	0	0	0	0	0	0	0	0
累计现金净流入	100	−20	330	−70	630	80	480	430	430	430	430	430	430	430	430	430	430	430	430	430	430	430	430	430
累计现金流入	100	100	450	450	1150	1150	1550	1550	1550	1550	1550	1550	1550	1550	1550	1550	1550	1550	1550	1550	1550	1550	1550	1550

*注：现金净流入＝收款－付款－缴纳税金

编制（签名/日期）：　　　　审核（签名/日期）：

项目预算成本汇总表　　　　**项目预算表 04**

项目名称：AAA						
类别	成本科目	测算金额	调整金额	调整情况简述/索引	调整后预算成本合计	备注
A	分包成本	—				见附表 05
B	人工费成本	—				见附表 06
C	物资采购成本	—				见附表 07、附表 08 和附表 09
D	机械设备使用成本	＃VALUE!				见附表 10，附表 11
E	现场其他直接费成本	＃VALUE!				见附表 12 和附表 12.1 表 12.2，表 12.3，表 12.4
	项目风险基金	＃VALUE!				含在 E 类现场其他直接费成本中
F	现场管理费	—				见附表 13 和附表 13.1，表 13.2，表 13.3
G	财务费用	—				见附表 14
H	勘察设计费成本	—				见附表 15
I	保修成本	—				见附表 16，保修合同签定时测定进入
项目预算成本合计		＃VALUE!				
说明和备注						

编制（签名/日期）：　　　　　　　　审核（签名/日期）：

A 类—分包成本　　　　**项目预算表 05**

项目名称：AAA									
成本代码	成本项名称	对应工作内容简述	工程量清单索引号	预算成本	分包商名称	合同形式	调整数额	调整后预算成本	调整原因简述/备注
A01	分包成本 1							0.00	
A02	分包成本 2							0.00	
A03	分包成本 3							0.00	
A04	分包成本 4							0.00	
A05	分包成本 5							0.00	
A06	分包成本 6							0.00	
A07	分包成本 7							0.00	
A08	分包成本 8							0.00	
A09	分包成本 9							0.00	
A10	分包成本 10							0.00	
A11	分包成本 11							0.00	
A12	分包成本 12							0.00	
A13	分包成本 13							0.00	
…								0.00	
A70	分包成本 70							0.00	
分包成本合计				0.00				0.00	

编制（签名/日期）：　　　　　　　　审核（签名/日期）：

A类—分包成本之工程量清单 **项目预算表 05-1**

项目名称：AAA													
			a	*b*	*c*	*d*	*e*	*f*	*g*	*h*	*j*	*k*	*m*
子目代号	子目说明	单位	工程量	人工费			材料费			完整单价	人工费合计	材料费合计	子目合计
				人工耗量	人工单价	人工费	主材费	附材费	材料费				
						$c\times b$			$e+f$	$d+g$	$d\times a$	$g\times a$	$j+k$
	页计/总计												

编制（签名/日期）： 审核（签名/日期）：

B类—人工费成本 **项目预算表 06**

项目名称：AAA					
成本代码	成本项名称	对应工作内容简述	工程量清单索引号	预算成本	备注
B01	人工费成本 1				
B02	人工费成本 2				
B03	人工费成本 3				
B04	人工费成本 4				
B05	人工费成本 5				
B06	人工费成本 6				
B07	人工费成本 7				
B08	人工费成本 8				
B09	人工费成本 9				
B10	人工费成本 10				
B11	人工费成本 11				
B12	人工费成本 12				
B13	人工费成本 13				
B14	人工费成本 14				
B15	人工费成本 15				
B16	人工费成本 16				
B17	人工费成本 17				
B18	人工费成本 18				
B19	人工费成本 19				
B20	人工费成本 20				
…					
B50	人工费成本 50				
人工费成本合计				0.00	

编制（签名/日期）： 审核（签名/日期）：

C01类—物资采购成本之一（当地采购） **项目预算表07**

项目名称：AAA										
				a	*b*	*c*	*d*	*e*	*f*	*g*
成本代码	材料/物资名称	型号/规格	产地/品牌	预算数量	单位	交货地点	预算采购价格	运杂费	合计预算单价	预算采购成本
	计算公式								*d*+*e*	*f*×*a*
C0101	总述									
C0101001	临建设施-临建材料									
C0101002	临建设施-连接紧固件及钉类									
C0101003	建筑设备-工具耗材									
C0101004	重型建筑设备-起重搬运液压工具									
C0101005	建筑起重机、电梯和提升架									
C0101006	建筑脚手架和施工平台									
C0101007	建筑工具－劳保用品									
C0101008	建筑工具－试验测量工具									
C0101009	建筑工具－常用手动工具									
C0101010	建筑工具－电动工具									
C0101011	气动燃动工具									
C0101012	建筑施工现场障碍和围挡									
C0102	工地工程									
C0102001	石棉的抑制									
C0102002	土/石的锚定									
C0102003	沉箱									
C0102004	土方工程-土工膜									
C0102005	结构工程-土方回填									
C0102006	钢板桩									
C0102007	铁轨工程									
C0103	混凝土									
C0103001	混凝土原材料									
C0103002	混凝土掺合料									

续表

项目名称：AAA										
				a	*b*	*c*	*d*	*e*	*f*	*g*
成本代码	材料/物资名称	型号/规格	产地/品牌	预算数量	单位	交货地点	预算采购价格	运杂费	合计预算单价	预算采购成本
	计算公式								$d+e$	$f\times a$
C0103003	预拌混凝土									
C0103004	混凝土制成品									
C0103005	混凝土养护固化材料									
C0104	砌体工程									
C0104001	砂浆及勾缝料									
C0104002	黏土砌块									
C0104003	混凝土砌块									
C0104004	其他砌块									
C0104005	预制砌块板									
C0104006	防腐砖石									
C0104007	钢筋混凝土砌块									
C0104008	吸声砌块									
C0104009	玻璃砌块									
C0104010	石膏砌块									
C0105	金属									
C0105001	黑色金属及合金									
C0105002	装饰性金属制品									
C0105003	金属紧固件									
C0105004	铝型材									
C0105005	钢缆组件									
C0105006	铸件									
C0105007	伸缩金属控制制品									
C0105008	特殊金属合合金									
C0105009	金属结构									
C0105010	金属屋面									
C0105011	多孔金属									
C0106	木材和塑料制品									
C0106001	木材									
C0106002	暖气罩									
C0106003	窗帘盒									
C0106004	窗台板									

续表

项目名称：AAA										
				a	b	c	d	e	f	g
成本代码	材料/物资名称	型号/规格	产地/品牌	预算数量	单位	交货地点	预算采购价格	运杂费	合计预算单价	预算采购成本
	计算公式								d+e	f×a
C0106005	胶合板									
C0106006	木楼梯									
C0106007	木材单板和桁板									
C0106008	塑料制品									
C0106009	装饰板									
C0107	热力和湿气的保护隔离									
C0107001	防水和防潮									
C0107002	保温									
C0107003	防腐									
C0107004	屋面瓦									
C0107005	其他板材									
C0107006	卷材屋面									
C0107007	预制屋面特殊构件									
C0107008	密封胶、堵缝和密封									
C0108	门窗									
C0108001	钢制门									
C0108002	铝合金门									
C0108003	玻璃门									
C0108004	铜门									
C0108005	不锈钢门									
C0108006	金属推拉门									
C0108007	人防门									
C0108008	木门									
C0108009	塑钢门									
C0108010	卷帘门									
C0108011	工业门									
C0108012	自动门									
C0108013	钢窗									
C0108014	铝合金窗									
C0108015	木窗									

续表

项目名称：AAA										
				a	b	c	d	e	f	g
成本代码	材料/物资名称	型号/规格	产地/品牌	预算数量	单位	交货地点	预算采购价格	运杂费	合计预算单价	预算采购成本
	计算公式								$d+e$	$f\times a$
C0108016	塑钢窗									
C0108017	天窗									
C0109	玻璃装配									
C0109001	玻璃									
C0109002	艺术玻璃									
C0109003	玻璃制品									
C0110	玻璃幕墙									
C0110001	明框玻璃幕墙									
C0110002	隐框玻璃幕墙									
C0111	五金									
C0111001	装饰五金									
C0111002	紧急出口装置									
C0111003	滑动门、折叠门五金									
C0111004	闭门器、操作器									
C0111005	自动门装置									
C0111006	密封条及门槛									
C0111007	阻火及膨胀型门密封条									
C0111008	电子门锁系统									
C0111009	窗五金及特制品									
C0111010	垃圾间门的开门器									
C0112	装饰板材									
C0112001	龙骨系统									
C0112002	石膏类产品									
C0112003	金属吊顶									
C0112004	矿棉吸声吊顶									
C0112005	其他装饰板材									
C0113	防火材料									
C0113001	防火涂料									
C0113002	防火板									
C0113003	防火阻燃织物									

续表

项目名称：AAA										
				a	*b*	*c*	*d*	*e*	*f*	*g*
成本代码	材料/物资名称	型号/规格	产地/品牌	预算数量	单位	交货地点	预算采购价格	运杂费	合计预算单价	预算采购成本
	计算公式								$d+e$	$f\times a$
C0114	装饰面层									
C0114001	瓷砖类									
C0114002	马赛克类									
C0114003	油漆类									
C0114004	中层涂料类（内/外墙）									
C0114005	内墙涂料类									
C0114006	外墙涂料类									
C0114007	工业类涂料									
C0114008	壁纸壁布类									
C0114009	其他装饰面层材料									
C0115	地面装饰									
C0115001	木地板									
C0115002	石材									
C0115003	弹性地板									
C0115004	地毯									
C0115005	特殊地面材料									
C0116	特制品									
C0116001	卫生间隔断									
C0116002	格栅及网屏									
C0116003	架空地板									
C0116004	旗杆									
C0116005	标牌									
C0116006	活动隔断									
C0116007	采光罩									
C0116008	卫生间及淋浴间附件									
C0117	家具、设备和室内陈设									
C0117001	现代办公家具									
C0117002	窗饰									
C0117003	中国古典家具									

续表

项目名称：AAA										
				a	*b*	*c*	*d*	*e*	*f*	*g*
成本代码	材料/物资名称	型号/规格	产地/品牌	预算数量	单位	交货地点	预算采购价格	运杂费	合计预算单价	预算采购成本
	计算公式								$d+e$	$f\times a$
C0117004	馆场家具									
C0118	搬运设备									
C0118001	衡器									
C0119	运输服务									
C0119001	海运服务									
C0119002	内陆运输									
C0119003	航空运输									
C0119004	快递服务									
C0119005	清关服务									
C0119006	包装服务									
C0120	暖通空调									
C0120001	冷水机组									
C0120002	锅炉									
C0120003	空调机组									
C0120004	冷却塔									
C0120005	风机									
C0120006	风机盘管类									
C0120007	分体空调									
C0120008	空调水处理系统									
C0120009	空压系统									
C0120010	容器类									
C0120011	防火排烟阀									
C0120012	风口									
C0120013	散热器									
C0120014	燃油系统									
C0120015	风阀									
C0120016	新风换气机									
C0120017	冷凝水加压回收装置									
C0120018	空气处理设备									

续表

项目名称：AAA										
				a	*b*	*c*	*d*	*e*	*f*	*g*
成本代码	材料/物资名称	型号/规格	产地/品牌	预算数量	单位	交货地点	预算采购价格	运杂费	合计预算单价	预算采购成本
	计算公式								$d+e$	$f \times a$
C0120019	燃气系统									
C0121	给水排水									
C0121001	消防水系统									
C0121002	卫生洁具									
C0121003	消毒器									
C0121004	饮水设备									
C0121005	热水器（生活热水）									
C0121006	中水设备									
C0121007	泳池设备									
C0121008	水景设备									
C0121009	FM200 气体灭火系统									
C0121010	CO_2 自动灭火系统									
C0121011	厨房灭火系统									
C0121012	厨房设备									
C0122	水暖通用设备材料									
C0122001	水泵									
C0122002	管材									
C0122003	阀体									
C0122004	保温材料（机电）									
C0122005	热交换器									
C0122006	水箱									
C0122007	减震器									
C0122008	风管及烟道									
C0122009	水暖其他材料									
C0123	强电									
C0123001	灯具									
C0123002	防雷接地系统									

续表

项目名称：AAA										
				a	*b*	*c*	*d*	*e*	*f*	*g*
成本代码	材料/物资名称	型号/规格	产地/品牌	预算数量	单位	交货地点	预算采购价格	运杂费	合计预算单价	预算采购成本
	计算公式								$d+e$	$f\times a$
C0123003	接地系统									
C0123004	照明开关									
C0123005	插座									
C0123006	电铃									
C0123007	变配电设备									
C0123008	变压器									
C0123009	应急电源									
C0123010	柴油发电机组									
C0123011	备品备件									
C0123012	电线电缆									
C0123013	母线及母线槽									
C0123014	电缆桥架									
C0123015	电线管									
C0123016	电伴热系统									
C0124	弱电									
C0124001	消防报警及联动									
C0124002	卫星电视系统									
C0124003	程控交换机及电话系统									
C0124004	无线通信系统									
C0124005	综合布线									
C0124006	弱电电缆									
C0124007	闭路电视系统									
C0124008	门禁系统									
C0124009	巡更系统									
C0124010	边界防范系统									
C0124011	对讲系统									
C0124012	车库管理系统									

续表

项目名称：AAA										
				a	b	c	d	e	f	g
成本代码	材料/物资名称	型号/规格	产地/品牌	预算数量	单位	交货地点	预算采购价格	运杂费	合计预算单价	预算采购成本
	计算公式								$d+e$	$f\times a$
C0124013	变配电监测系统									
C0124014	空调自控系统									
C0124015	自动仪表及集散系统									
C0124016	屏幕系统									
C0124017	广播系统									
C0124018	视听系统									
C0124019	客户管理网络控制系统									
C0125	搬运系统									
C0125001	电梯									
	小计/合计									—

编制（签名/日期）： 审核（签名/日期）：

C02 类—物资采购成本之二（境外采购） **项目预算表 08**

项目名称：AAA														
						a	b	c	d	e	f	g	h
成本代码	材料/物资名称	型号/规格	产地/品牌	到货口岸	交货地点	预算数量	单位	到岸价	关税	增值税	国内运费	合计单价	采购成本合计
	计算公式											sum(c-f)	$g\times a$
C0201	总述												
C0201001	临建设施-临建材料												
C0201002	临建设施-连接紧固件及钉类												
C0201003	建筑设备-工具耗材												
C0201004	重型建筑设备-起重搬运液压工具												
C0201005	建筑起重机、电梯和提升架												
C0201006	建筑脚手架和施工平台												
C0201007	建筑工具-劳保用品												
C0201008	建筑工具-试验测量工具												

续表

项目名称：AAA														
						a	*b*	*c*	*d*	*e*	*f*	*g*	*h*
成本代码	材料/物资名称	型号/规格	产地/品牌	到货口岸	交货地点	预算数量	单位	到岸价	关税	增值税	国内运费	合计单价	采购成本合计
	计算公式											*sum* (*c*-*f*)	$g\times a$
C0201009	建筑工具-常用手动工具												
C0201010	建筑工具-电动工具												
C0201011	气动燃动工具												
C0201012	建筑施工现场障碍和围挡												
C0202	工地工程												
C0202001	石棉的抑制												
C0202002	土/石的锚定												
C0202003	沉箱												
C0202004	土方工程-土工膜												
C0202005	结构工程土方回填												
C0202006	钢板桩												
C0202007	铁轨工程												
C0203	混凝土												
C0203001	混凝土原材料												
C0203002	混凝土掺合料												
C0203003	预拌混凝土												
C0203004	混凝土制成品												
C0203005	混凝土养护固化材料												
C0204	砌体工程												
C0204001	砂浆及勾缝料												
C0204002	黏土砌块												
C0204003	混凝土砌块												
C0204004	其他砌块												
C0204005	预制砌块板												
C0204006	防腐砖石												
C0204007	钢筋混凝土砌块												
C0204008	吸声砌块												
C0204009	玻璃砌块												
C0204010	石膏砌块												

续表

项目名称：AAA													
						a	*b*	*c*	*d*	*e*	*f*	*g*	*h*
成本代码	材料/物资名称	型号/规格	产地/品牌	到货口岸	交货地点	预算数量	单位	到岸价	关税	增值税	国内运费	合计单价	采购成本合计
	计算公式											*sum* (*c*-*f*)	*g*×*a*
C0205	金属												
C0205001	黑色金属及合金												
C0205002	装饰性金属制品												
C0205003	金属紧固件												
C0205004	铝型材												
C0205005	钢缆组件												
C0205006	铸件												
C0205007	伸缩金属控制制品												
C0205008	特殊金属合金												
C0205009	金属结构												
C0205010	金属屋面												
C0205011	多孔金属												
C0206	木材和塑料制品												
C0206001	木材												
C0206002	暖气罩												
C0206003	窗帘盒												
C0206004	窗台板												
C0206005	胶合板												
C0206006	木楼梯												
C0206007	木材单板和桁板												
C0206008	塑料制品												
C0206009	装饰板												
C0207	热力和湿气的保护隔离												
C0207001	防水和防潮												
C0207002	保温												
C0207003	防腐												
C0207004	屋面瓦												
C0207005	其他板材												
C0207006	卷材屋面												

续表

项目名称：AAA													
						a	*b*	*c*	*d*	*e*	*f*	*g*	*h*
成本代码	材料/物资名称	型号/规格	产地/品牌	到货口岸	交货地点	预算数量	单位	到岸价	关税	增值税	国内运费	合计单价	采购成本合计
	计算公式											*sum* (*c*-*f*)	*g*×*a*
C0207007	预制屋面特殊构件												
C0207008	密封胶、堵缝和密封												
C0208	门窗												
C0208001	钢制门												
C0208002	铝合金门												
C0208003	玻璃门												
C0208004	铜门												
C0208005	不锈钢门												
C0208006	金属推拉门												
C0208007	人防门												
C0208008	木门												
C0208009	塑钢门												
C0208010	卷帘门												
C0208011	工业门												
C0208012	自动门												
C0208013	钢窗												
C0208014	铝合金窗												
C0208015	木窗												
C0208016	塑钢窗												
C0208017	天窗												
C0209	玻璃装配												
C0209001	玻璃												
C0209002	艺术玻璃												
C0209003	玻璃制品												
C0210	玻璃幕墙												
C0210001	明框玻璃幕墙												
C0210002	隐框玻璃幕墙												
C0211	五金												
C0211001	装饰五金												

续表

项目名称：AAA													
						a	*b*	*c*	*d*	*e*	*f*	*g*	*h*
成本代码	材料/物资名称	型号/规格	产地/品牌	到货口岸	交货地点	预算数量	单位	到岸价	关税	增值税	国内运费	合计单价	采购成本合计
	计算公式											*sum*(*c*-*f*)	*g*×*a*
C0211002	紧急出口装置												
C0211003	滑动门、折叠门五金												
C0211004	闭门器、操作器												
C0211005	自动门装置												
C0211006	密封条及门槛												
C0211007	阻火及膨胀型门密封条												
C0211008	电子门锁系统												
C0211009	窗五金及特制品												
C0211010	垃圾间门的开门器												
C0212	装饰板材												
C0212001	龙骨系统												
C0212002	石膏类产品												
C0212003	金属吊顶												
C0212004	矿棉吸声吊顶												
C0212005	其他装饰板材												
C0213	防火材料												
C0213001	防火涂料												
C0213002	防火板												
C0213003	防火阻燃织物												
C0214	装饰面层												
C0214001	瓷砖类												
C0214002	马赛克类												
C0214003	油漆类												
C0214004	中层涂料类（内/外墙）												
C0214005	内墙涂料类												
C0214006	外墙涂料类												
C0214007	工业类涂料												
C0214008	壁纸壁布类												
C0214009	其他装饰面层材料												

续表

项目名称：AAA														
						a	b	c	d	e	f	g	h
成本代码	材料/物资名称	型号/规格	产地/品牌	到货口岸	交货地点	预算数量	单位	到岸价	关税	增值税	国内运费	合计单价	采购成本合计
	计算公式											sum (c-f)	g×a
C0215	地面装饰												
C0215001	木地板												
C0215002	石材												
C0215003	弹性地板												
C0215004	地毯												
C0215005	特殊地面材料												
C0216	特制品												
C0216001	卫生间隔断												
C0216002	格栅及网屏												
C0216003	架空地板												
C0216004	旗杆												
C0216005	标牌												
C0216006	活动隔断												
C0216007	采光罩												
C0216008	卫生间及淋浴间附件												
C0217	家具、设备和室内陈设												
C0217001	现代办公家具												
C0217002	窗饰												
C0217003	中国古典家具												
C0217004	馆场家具												
C0218	搬运设备												
C0218001	衡器												
C0219	运输服务												
C0219001	海运服务												
C0219002	内陆运输												
C0219003	航空运输												
C0219004	快递服务												
C0219005	清关服务												
C0219006	包装服务												

续表

项目名称：AAA													
						a	*b*	*c*	*d*	*e*	*f*	*g*	*h*
成本代码	材料/物资名称	型号/规格	产地/品牌	到货口岸	交货地点	预算数量	单位	到岸价	关税	增值税	国内运费	合计单价	采购成本合计
	计算公式											*sum* (*c-f*)	*g*×*a*
C0220	暖通空调												
C0220001	冷水机组												
C0220002	锅炉												
C0220003	空调机组												
C0220004	冷却塔												
C0220005	风机												
C0220006	风机盘管类												
C0220007	分体空调												
C0220008	空调水处理系统												
C0220009	空压系统												
C0220010	容器类												
C0220011	防火排烟阀												
C0220012	风口												
C0220013	散热器												
C0220014	燃油系统												
C0220015	风阀												
C0220016	新风换气机												
C0220017	冷凝水加压回收装置												
C0220018	空气处理设备												
C0220019	燃气系统												
C0221	给水排水												
C0221001	消防水系统												
C0221002	卫生洁具												
C0221003	消毒器												
C0221004	饮水设备												
C0221005	热水器（生活热水）												
C0221006	中水设备												
C0221007	泳池设备												
C0221008	水景设备												

续表

项目名称：AAA													
						a	*b*	*c*	*d*	*e*	*f*	*g*	*h*
成本代码	材料/物资名称	型号/规格	产地/品牌	到货口岸	交货地点	预算数量	单位	到岸价	关税	增值税	国内运费	合计单价	采购成本合计
	计算公式											*sum*(*c*-*f*)	*g*×*a*
C0221009	FM200气体灭火系统												
C0221010	CO_2自动灭火系统												
C0221011	厨房灭火系统												
C0221012	厨房设备												
C0222	水暖通用设备材料												
C0222001	水泵												
C0222002	管材												
C0222003	阀体												
C0222004	保温材料（机电）												
C0222005	热交换器												
C0222006	水箱												
C0222007	减震器												
C0222008	风管及烟道												
C0222009	水暖其他材料												
C0223	强电												
C0223001	灯具												
C0223002	防雷接地系统												
C0223003	接地系统												
C0223004	照明开关												
C0223005	插座												
C0223006	电铃												
C0223007	变配电设备												
C0223008	变压器												
C0223009	应急电源												
C0223010	柴油发电机组												
C0223011	备品备件												
C0223012	电线电缆												
C0223013	母线及母线槽												

续表

项目名称：AAA													
						a	*b*	*c*	*d*	*e*	*f*	*g*	*h*
成本代码	材料/物资名称	型号/规格	产地/品牌	到货口岸	交货地点	预算数量	单位	到岸价	关税	增值税	国内运费	合计单价	采购成本合计
	计算公式											*sum* (*c*-*f*)	*g*×*a*
C0223014	电缆桥架												
C0223015	电线管												
C0223016	电伴热系统												
C0224	弱电												
C0224001	消防报警及联动												
C0224002	卫星电视系统												
C0224003	程控交换机及电话系统												
C0224004	无线通信系统												
C0224005	综合布线												
C0224006	弱电电缆												
C0224007	闭路电视系统												
C0224008	门禁系统												
C0224009	巡更系统												
C0224010	边界防范系统												
C0224011	对讲系统												
C0224012	车库管理系统												
C0224013	变配电监测系统												
C0224014	空调自控系统												
C0224015	自动仪表及集散系统												
C0224016	屏幕系统												
C0224017	广播系统												
C0224018	视听系统												
C0224019	客户管理网络控制系统												
C0225	搬运系统												
C0225001	电梯												
	小计/合计												—

编制（签名/日期）：　　　　　　　　审核（签名/日期）：

C03 类—物资采购成本之三（周转材料） **项目预算表 09**

项目名称：AAA

序号	周转材料名称	单位	预算工程量	租金（元/天）/原值	租赁时间（天）	方式		进/出场运费	预算成本	备注
						租赁	购买			
C03										
1	外脚手架用钢管	m								
2	外脚手架用扣件	个								
3	密目/防坠安全网	m^2								
4	木跳板	块								
5	外脚手架人工费	m^2								
6	满堂脚手架人工费	m^2								
	本页小计 / 合计								—	

编制（签名/日期）： 审核（签名/日期）：

D01 类—机械设备使用成本之一（设备租赁）　　　　项目预算表 10

项目名称：AAA											
				a	*b*	*c*	*d*	*e*	*f*	*g*	*h*
成本代码	机械设备名称	型号/规格	单位	数量	租赁价（元/月）	租赁期限（月）	运行费（含司机工资）（元/月）	安装/拆除	进出场费	每台/套总成本（元/月）	租赁成本合计
	计算公式							*lump sum* / *c*	*lump sum* / *c*	*b*+*d*+*e*+*f*	*a*×*c*×*g*
D01											
D0120001	塔式起重机	AAA	台	B	C	—			D	＃VALUE！	＃VALUE！
D0120002	施工升降机	AAA	台	B	C	—			D	＃VALUE！	＃VALUE！
D0120003	电动吊篮	AAA	台	B	C	—			D	＃VALUE！	＃VALUE！
D0120004	混凝土机械	AAA	台	B	C	—			D	＃VALUE！	＃VALUE！
D0120005	汽车起重机	AAA	台	B	C	—			D	＃VALUE！	＃VALUE！
D0120006	土石方机械	AAA	台	B	C	—			D	＃VALUE！	＃VALUE！
D0120007	路面机械	AAA	台	B	C	—			D	＃VALUE！	＃VALUE！
D0120008	中小型机械	AAA	台	B	C	—			D	＃VALUE！	＃VALUE！
D0120009	其他机械	AAA	台	B	C	—			D	＃VALUE！	＃VALUE！
D0120010	爬架、建筑模板、架料	AAA	台	B	C	—			D	＃VALUE！	＃VALUE！
											—
											—
											—
											—
											—
	小计/合计										＃VALUE！

编制（签名/日期）：　　　　　　　　审核（签名/日期）：

C02 类—机械设备使用成本之二（设备折旧） **项目预算表 11**

项目名称：AAA										
				a	*b*		*c*		*d*	
成本代码	机械设备名称	型号/规格	单位	配备数量	本工程使用时间（月）	原值	折旧月份	折旧标准（元/月）	折旧费合计	备注
D02										
D0220001	塔式起重机	YYY	台	0	0	A	B	＃VALUE!	＃VALUE!	
D0220002	施工升降机	YYY	台	0	0	A	B	＃VALUE!	＃VALUE!	
D0220003	电动吊篮	YYY	台	0	0	A	B	＃VALUE!	＃VALUE!	
D0220004	混凝土机械	YYY	台	0	0	A	B	＃VALUE!	＃VALUE!	
D0220005	汽车起重机	YYY	台	0	0	A	B	＃VALUE!	＃VALUE!	
D0220006	土石方机械	YYY	台	0	0	A	B	＃VALUE!	＃VALUE!	
D0220007	路面机械	YYY	台	0	0	A	B	＃VALUE!	＃VALUE!	
D0220008	中小型机械	YYY	台	0	0	A	B	＃VALUE!	＃VALUE!	
D0220009	其他机械	YYY	台	0	0	A	B	＃VALUE!	＃VALUE!	
D0220010	爬架、建筑模板、架料	YYY	台	0	0	A	B	＃VALUE!	＃VALUE!	
	合计								＃VALUE!	

编制（签名/日期）： 审核（签名/日期）：

E 类——现场其他直接费成本（现场费用）　　　　**项目预算表 12**

项目名称：AAA				
成本代码	成本子目名称	费用构成简述/计算公式	预算成本额	备注
E05				
E0501	保安费	____元/（人·月）×____人×____月		
E0502	试验费			
E0503	测量费			
E0504	现场清理费			
E0505	安全防护费			
E0506	排污费			
E0507	水费	见表 12.3	—	
E0508	电费	见表 12.3	—	
E0509	动力燃料费			
E0510	临时设施费	见表 12.1 和表 12.2	＃VALUE!	
E0511	保险费			
E0512	公共事业收费	环保、市容、卫生防疫、街道、市政等		
E0513	成品保护费	用于成品保护的材料及人工	—	
E0514	环境保护费		—	
E0515	特殊技术措施费	见表 12.4	—	
E0516	中标费			
E0517	项目风险基金			
E0599	其他零星直接费		—	
	工人注册及证件费用			
	治安联防费			
	小型工具费			
	出入证			
	竣工图费			
	样品费用			
	合计		＃VALUE!	

编制（签名/日期）：　　　　审核（签名/日期）：

E类——现场其他直接费成本（临时设施）　　项目预算表 12-1

项目名称：AAA						
序号	成本子目	单位	工程量	单价	预算成本	备注
1	场地平整	m^2	0.00	A	＃VALUE!	
2	提供给业主的现场办公室	间月	0.00	A	＃VALUE!	
3	提供给合作伙伴的现场办公室	间月	0.00	A	＃VALUE!	
4	总包现场办公室	间月	0.00	A	＃VALUE!	
5	提供给分包商的现场办公室	间月	0.00	A	＃VALUE!	
6	会议室	间月	0.00	A	＃VALUE!	
7	试验用房	m^2	0.00	A	＃VALUE!	
8	变压器房	m^2	0.00	A	＃VALUE!	
9	锅炉及备用发电机房	m^2	0.00	A	＃VALUE!	
10	厨房及食堂	m^2	0.00	A	＃VALUE!	
11	卫生间及淋浴	m^2	0.00	A	＃VALUE!	
12	仓库	m^2	0.00	A	＃VALUE!	
13	混凝土搅拌机用棚	m^2	0.00	A	＃VALUE!	
14	木工加工车间	m^2	0.00	A	＃VALUE!	
15	钢筋加工棚	m^2	0.00	A	＃VALUE!	
16	工具房	m^2	0.00	A	＃VALUE!	
17	急救室	m^2	0.00	A	＃VALUE!	
18	保安及门卫用房	m^2	0.00	A	＃VALUE!	
19	临时道路（固化）	m^2	0.00	A	＃VALUE!	
	临时道路	m^2	0.00	A	＃VALUE!	
20	围墙含出口及大门	m	0.00	A	＃VALUE!	
21	临时隔油池	个	0.00	A	＃VALUE!	
22	临时化粪池	个	0.00	A	＃VALUE!	
23	集装箱	个	0.00	A	＃VALUE!	
24	集装箱安装/楼梯平台/进出现场	间	0.00	A	＃VALUE!	
25	工人宿舍	m^2	0.00	A	＃VALUE!	
26	工人宿舍家具	套	0.00	A	＃VALUE!	
27	宿舍冬季取暖设备		0.00	A	＃VALUE!	
28	场地租赁	m^2	0.00	A	＃VALUE!	
29	现场全部临建在工程竣工时的拆除及清运	项	0.00	A	＃VALUE!	
30	沉淀池	个	0.00	A	＃VALUE!	
31	排水沟	m	0.00	A	＃VALUE!	
	合计				＃VALUE!	

编制（签名/日期）：　　　　审核（签名/日期）：

E类——现场其他直接费成本（临水临电）　　　　项目预算表 12-2

项目名称：AAA

序号	成本子目	型号/规格/要求	单位	*a* 工程量	*b* 原值	*c* 使用寿命（年）	*d* 本工程使用时间（月）	*e* 折旧率（%）	*f* 折旧金额	*g* 安装/铺设人工费	*h* 维修保养替换（元/月）	*i* 单位成本	*j* 预算成本合计
	公式							$d/c/12$	$b\times e$			$f+g+h\times d$	$a\times i$
1	电度表配电箱	AAA	台	0	A			B%				#VALUE!	#VALUE!
2	电源切换箱	AAA	台	0	A			B%				#VALUE!	#VALUE!
3	RTO保险箱	AAA	台	0	A			B%				#VALUE!	#VALUE!
4	总配电箱	AAA	台	0	A			B%				#VALUE!	#VALUE!
5	二级配电箱	AAA	台	0	A			B%				#VALUE!	#VALUE!
6	电力电缆	AAA	m	0	A			B%				#VALUE!	#VALUE!
7	室外投光灯	AAA	套	0	A			B%				#VALUE!	#VALUE!
8	柴油发电机	AAA	台	0	A			B%				#VALUE!	#VALUE!
9	室外照明	AAA	套	0	A			B%				#VALUE!	#VALUE!
10	临时消防用水管	AAA	m	0	A			B%				#VALUE!	#VALUE!
11	临时照明	AAA	set	0	A			B%				#VALUE!	#VALUE!
12	施工用水管	AAA	m	0	A			B%				#VALUE!	#VALUE!
13	生产用水管	AAA	m	0	A			B%				#VALUE!	#VALUE!
14	消火栓箱	AAA	套	0	A			B%				#VALUE!	#VALUE!
15	排污管	AAA	m	0	A			B%				#VALUE!	#VALUE!
16	灭火器（干粉式）	AAA	个	0	A			B%				#VALUE!	#VALUE!
	零星		项	1								0.00	
	合计												#VALUE!

编制（签名/日期）：　　　　审核（签名/日期）：

E类——现场其他直接费成本（水费和电费）　　项目预算表12-3

<table>
<tr><td colspan="7">项目名称：AAA</td></tr>
<tr><td>基本数据</td><td colspan="6">施工用电单价：　元/kWh　(p_p)
施工用水单价：　元/t　(p_w)
施工工期：　天　(t)
现场管理人员总数：　人　(a)
平均每天现场工人总数：　人　(b)</td></tr>
<tr><td>序号</td><td>说明</td><td colspan="3">计算方法</td><td>金额</td><td>备注</td></tr>
<tr><td>A</td><td>电费</td><td colspan="3"></td><td></td><td></td></tr>
<tr><td>1</td><td>施工用电</td><td colspan="3"></td><td></td><td></td></tr>
<tr><td>2</td><td>塔吊</td><td colspan="3">额定功率（kW）× 每天平均工作小时×工作天数</td><td></td><td></td></tr>
<tr><td>3</td><td>其他机械设备/机具</td><td colspan="3">上述公式× 同时使用系数</td><td></td><td></td></tr>
<tr><td>4</td><td>办公室及生活用电</td><td colspan="3">额定功率总和×平均每天工作小时数× t</td><td></td><td></td></tr>
<tr><td>5</td><td>现场照明用电</td><td colspan="3">总功率×8小时/天×t</td><td></td><td></td></tr>
<tr><td>6</td><td>合计（kWh）</td><td colspan="3"></td><td></td><td></td></tr>
<tr><td>7</td><td>总电费</td><td colspan="3"></td><td>0</td><td></td></tr>
<tr><td>B</td><td colspan="6">水费</td></tr>
<tr><td>8</td><td>施工用水</td><td>单位</td><td>工程量</td><td>每单位用水量（t）</td><td>总用水量</td><td>备注</td></tr>
<tr><td>9</td><td>现场搅拌混凝土用水</td><td>m^3</td><td></td><td></td><td></td><td></td></tr>
<tr><td>10</td><td>砌体用水</td><td>m^3</td><td></td><td></td><td></td><td></td></tr>
<tr><td>11</td><td>抹灰用水</td><td>m^2</td><td></td><td></td><td></td><td></td></tr>
<tr><td>12</td><td>刮腻子用水</td><td>m^2</td><td></td><td></td><td></td><td></td></tr>
<tr><td>13</td><td>水泥砂浆地坪用水</td><td>m^2</td><td></td><td></td><td></td><td></td></tr>
<tr><td>14</td><td>石灰消化用水</td><td>t</td><td></td><td></td><td></td><td></td></tr>
<tr><td>15</td><td>管道加压试水</td><td>t</td><td></td><td></td><td></td><td></td></tr>
<tr><td>16</td><td>混凝土养护用水</td><td>t</td><td></td><td></td><td></td><td></td></tr>
<tr><td>17</td><td>现场清洁用水</td><td>天</td><td></td><td></td><td></td><td></td></tr>
<tr><td>18</td><td>其他用水</td><td></td><td></td><td></td><td></td><td></td></tr>
<tr><td>19</td><td></td><td></td><td></td><td></td><td></td><td></td></tr>
<tr><td>20</td><td>办公室及生活用水</td><td colspan="3"></td><td></td><td></td></tr>
<tr><td>21</td><td>现场管理人员用水</td><td colspan="3">平均每人每天耗用量×a×t</td><td></td><td></td></tr>
<tr><td>22</td><td>现场工人用水</td><td colspan="3">平均每人每天耗用量×b×t</td><td></td><td></td></tr>
<tr><td>23</td><td>消防用水</td><td colspan="3">估计数</td><td></td><td></td></tr>
<tr><td>24</td><td>以上合计</td><td colspan="3"></td><td></td><td></td></tr>
<tr><td>25</td><td>超标用水罚款</td><td colspan="3">按照节水办公室规定</td><td></td><td></td></tr>
<tr><td>26</td><td>合计</td><td colspan="3"></td><td></td><td></td></tr>
<tr><td>27</td><td>考虑损耗/泄漏系数以后</td><td colspan="3"></td><td></td><td></td></tr>
<tr><td>28</td><td>总水费</td><td colspan="3"></td><td>0</td><td></td></tr>
<tr><td>29</td><td></td><td colspan="3"></td><td></td><td></td></tr>
<tr><td>C</td><td colspan="4">水电费合计</td><td>—</td><td></td></tr>
</table>

编制（签名/日期）：　　　　审核（签名/日期）：

E类——现场其他直接费（特殊技术措施费）　　　　项目预算表12-4

项目名称：AAA					
序号	费用说明	取该笔费用的原因	计算方法	金额	备注
1					
2					
3					
4					
5					
6					
7					
8					
9					
10					
11					
12					
13					
14					
15					
16					
17	合计			—	

编制（签名/日期）：　　　　审核（签名/日期）：

F类——现场管理费　　　　项目预算表13

项目名称：AAA					
人员流量					
成本代码	一级科目	二级明细	预算标准	预算金额	成本构成说明
F01	办公费			#VALUE!	
F0101		文具费			办公用品
F0102		书报资料费			参考书、定额等（不含30元/人月）
F0103		打印复印费			复印租赁费、复印纸、消耗材料等
F0104		影像费			胶卷、冲扩、摄像等费用
F0105		设备维修费			办公设备维修
F0106		市内电话费			
F0107		长途电话费			
F0108		手机费			
F0109		呼机服务费			
F0110		网络费用			网络使用的各种费用
F0111		电话装移机费			

续表

项目名称：AAA					
人员流量					
成本代码	一级科目	二级明细	预算标准	预算金额	成本构成说明
F0112		工程图纸费			图纸复印、翻译、晒图等
F0113		邮寄费			文件邮寄、快递费用
F0114		软件费用			
F0115		低值易耗品摊销		#VALUE!	见附表 13-1
F0116		生活用品费			工地被褥生活日用品等
F0117		其他办公费			
F02	业务招待费				
F0201		业务招待费			
F03	市场营销费用				
F0301		CI 用品制作费			
F0302		内部刊物印制费			
F0303		媒体广告费			
F0304		展览宣传费			
F0305		宣传品制作费			
F0306		投标费			仅用于财务资金部转账
F0307		投标补偿费			
F04	交通费用				
F0401		办公出租车费			
F0402		加班出租车费			
F0403		国内差旅费			
F0404		国外差旅费			
F0405		加油费			
F0406		停车过路费			
F0407		汽车修理费			
F0408		年检保险养路费			
F05	物业费			—	
F0501		房屋租金			
F0502		物业管理费			
F0503		房屋维修费			
F0504		物业水电费			
F0505		其他			
F06	无形资产摊销			—	
F0601		无形资产摊销			
F07	固定资产折旧			#VALUE!	
F0701		房屋折旧			
F0702		机械设备折旧		#VALUE!	
F0703		办公设备折旧		#VALUE!	见附表 13-2
F0704		车辆折旧			

续表

项目名称：AAA					
人员流量					
成本代码	一级科目	二级明细	预算标准	预算金额	成本构成说明
F0705		其他固定资产折旧			
F08	职员费用			—	见附表13-3
F0801		职工工资			
F0802		福利费			
F0803		工会经费			
F0804		养老统筹基金			
F0805		失业保险			
F0806		工伤保险			
F0807		住房公积金			
F0808		医疗保险			
F0809		劳保费			
F0810		培训费			
F0811		人员借用费			
F0812		存档费			
F0813		招聘费用			
F0814		人员资审费			
F0815		误餐费			
F0816		其他费用			
F09	其他费用			—	
F0901		董事会费			
F0902		资格审查费			
F0903		律师诉讼费			
F0904		会议费			
F0905		定额测定费			
F0906		仪器检测费			
F0907		坏账损失			
F0908		技术开发费			
F0909		咨询费			
F0910		其他			
F10	税金			—	
F1001		印花税			
F1002		车船税			
F1003		房产税			
F1004		土地使用税			
F1005		契税			
项目运营成本合计				#VALUE!	

编制（签名/日期）： 审核（签名/日期）：

F类——现场管理费（低值易耗品摊销）　　　项目预算表13-1

项目名称：AAA								
				a	*b*	*c*	*d*	
序号	低值易耗品名称	规格/型号	单位	配备数量	原值	摊销比例	成本合计	备注
	计算公式						$a\times b\times c$	
1	办公桌	AAA	张	0.00	A	100%	#VALUE!	
2	办公椅	AAA	把	0.00	A	100%	#VALUE!	
3	电脑桌椅	AAA	张	0.00	A	100%	#VALUE!	
4	电脑椅	AAA	把	0.00	A	100%	#VALUE!	
5	会议桌	AAA	张	0.00	A	100%	#VALUE!	
6	会议桌椅	AAA	套	0.00	A	100%	#VALUE!	
7	L桌	AAA	张	0.00	A	100%	#VALUE!	
8	文件柜	AAA	个	0.00	A	100%	#VALUE!	
9	电暖气	AAA	台	0.00	A	100%	#VALUE!	
10	电开水器	AAA	台	0.00	A	100%	#VALUE!	
11	淋浴器	AAA	台	0.00	A	100%	#VALUE!	
12	电话机	AAA	个	0.00	A	100%	#VALUE!	
13	照相机	AAA	个	0.00	A	100%	#VALUE!	
14	电视机	AAA	台	0.00	A	100%	#VALUE!	
15	冰箱	AAA	台	0.00	A	100%	#VALUE!	
16	洗衣机	AAA	台	0.00	A	100%	#VALUE!	
17	饮水机	AAA	台	0.00	A	100%	#VALUE!	
18	沙发+茶几	AAA	套	0.00	A	100%	#VALUE!	
19	对讲机	AAA	个	0.00	A	100%	#VALUE!	
20	保险柜	AAA	个	0.00	A	100%	#VALUE!	
21	会议室白板	AAA	套	0.00	A	100%	#VALUE!	
	合计						#VALUE!	

编制（签名/日期）：　　　　审核（签名/日期）：

F类——现场管理费（办公设备折旧） 项目预算表13-2

项目名称：AAA									
			a	*b*	*c*			*d*	
代码	固定资产名称	单位	配备数量	本工程使用时间（月）	原值	折旧月份	折旧标准（元/月）	折旧费合计	备注
1	台式电脑	台	0	0	A	B	＃VALUE!	＃VALUE!	
2	打印机	台	0	0	A	B	＃VALUE!	＃VALUE!	
3	传真机	台	0	0	A	B	＃VALUE!	＃VALUE!	
4	空调（窗式）	台	0	0	A	B	＃VALUE!	＃VALUE!	
5	空调（分体式）	台	0	0	A	B	＃VALUE!	＃VALUE!	
6	空调（柜机）	台	0	0	A	B	＃VALUE!	＃VALUE!	
7	局域网（服务器）	套	0	0	A	B	＃VALUE!	＃VALUE!	
8	电话交换机	套	0	0	A	B	＃VALUE!	＃VALUE!	
9	普通摄像机	台	0	0	A	B	＃VALUE!	＃VALUE!	
10	数码照相机	台	0	0	A	B	＃VALUE!	＃VALUE!	
	合计							＃VALUE!	

编制（签名/日期）： 审核（签名/日期）：

项目预算表 13-3

F类——现场管理费（管理人员工资和津贴）

项目名称：AAA														
		a	b	c	d	e	f	g	h	i	j	k	l	m
序号	组织机构及配备的人员	人数	工作时间	总时间	基本工资	奖金	收入调节税	健康保险	午餐补贴	现场津贴	探亲差旅费	住房公积金	每人每月总费用	合计
	计算公式		（月）	$a\times b$	（元/月）	元/年/12	$d\times20\%$	元/年/12	元/月	元/月	元/年/12	$(d+e)\times35\%$	$d-k$ 之和	$l\times c$
1	项目经理													
2	现场经理													
3	商务经理													
4	合同经理													
5	估算													
6	会计													
7	出纳													
8	物资/采购													
9	办公室/后勤													
10	结构工程师													
11	装修工程师													
12	机电工程师													
13	施工员													
14	安全员													
15	测量员													
16	文秘													
17	翻译													
18	绘图员													
19	仓库保管员													
20	公司人员													
21														
22														
	合计			0										—

编制（签名/日期）：　　　　审核（签名/日期）：

G类——财务费用　　　　项目预算表14

项目名称：AAA				
成本代码	成本子目名称	费用构成简述/计算公式	预算成本额	招标文件要求简述
G01	保函费用			
G0101	投标保函			
G0102	预付款保函			
G0103	履约保函			
G0104	保留金保函			
G02	贷款利息			
G0201	贷款利息			
G03	其他财务费用			
G0301	其他财务费用			
	合计		—	

编制（签名/日期）：　　　　审核（签名/日期）：

H类—勘察设计费成本 **项目预算表15**

项目名称：AAA				
成本代码	成本项名称	对应工作内容简述	预算成本	备注
H01	勘察费		0.00	
H0101	勘察成本1			
H0102	勘察成本2			
H0103	勘察成本3			
H0104	勘察成本4			
H0105	勘察成本5			
H0106	勘察成本6			
H0107	勘察成本7			
H0108	勘察成本8			
H0109	勘察成本9			
H0110	勘察成本10			
H02	设计费		0.00	
H0101	设计成本1			
H0102	设计成本2			
H0103	设计成本3			
H0104	设计成本4			
H0105	设计成本5			
H0106	设计成本6			
H0107	设计成本7			
H0108	设计成本8			
H0109	设计成本9			
H0110	设计成本10			
勘察设计费成本合计			0.00	

编制（签名/日期）： 审核（签名/日期）：

I类—保修成本 **项目预算表16**

项目名称：AAA				
成本代码	成本子目名称	费用构成简述/计算公式	预算成本额	备注
I01				
I0101	分包成本			
I0102	人工费成本			
I0103	物资采购成本			
I0104	机械设备使用成本			
I0105	现场其他直接费			
I0106	现场管理费			
I0107	勘察设计费			
	合计		—	

编制（签名/日期）： 审核（签名/日期）：

4.3.3 项目现金流量预算表

汇 总 表

项目现金流量预算表 01

项目名称：AAA																								
	1月	2月	3月	4月	5月	6月	7月	8月	9月	10月	11月	12月	13月	14月	15月	16月	17月	18月	19月	20月	21月	22月	23月	24月
现金流入(收款)	400	950	1500	2050	2600	3150	3700	4250	4800	5350	5900	6450	7000	7550	8100	8650	9200	9750	10300	10850	11400	11950	12500	13050
现金流出(付款)	100	100	100	100	100	100	100	100	100	100	100	100	100	100	100	100	100	100	100	100	0	0	0	0
分包工程支出																								
人工费支出																								
物资采购支出																								
机械设备使用支出																								
现场其他直接费支出																								
现场管理费用																								
财务费用																								
勘察设计费支出																								
保修费用支出																								
缴纳税金																								
本月现金净流入	300	850	1400	1950	2500	3050	3600	4150	4700	5250	5800	6350	6900	7450	8000	8550	9100	9650	10200	10750	11400	11950	12500	13050
累计现金净流入	300	1150	2550	4500	7000	10050	13650	17800	22500	27750	33550	39900	46800	54250	62250	70800	79900	89550	99750	1E+05	1E+05	1E+05	1E+05	2E+05
累计现金流入	400	1350	2850	4900	7500	10650	14350	18600	23400	28750	34650	41100	48100	55650	63750	72400	81600	91350	1E+05	1E+05	1E+05	1E+05	1E+05	2E+05
*注：现金净流入=收款−付款−缴纳税金																								

编制(签名/日期)：　　　　审核(签名/日期)：

现金流入(收款)　　　　**项目现金流量预算表 02**

项目名称：AAA																								
	1月	2月	3月	4月	5月	6月	7月	8月	9月	10月	11月	12月	13月	14月	15月	16月	17月	18月	19月	20月	21月	22月	23月	24月
现金流入(收款)	400	950	1500	2050	2600	3150	3700	4250	4800	5350	5900	6450	7000	7550	8100	8650	9200	9750	####	####	####	####	####	####
预付款	100																							
当期完成合计	300	150																						
累计完成	400	550	550	550	550	550	550	550	550	550	550	550	550	550	550	550	550	550	550	550	550	550	550	550
抵扣预付款																								
扣保留金																								
当期应付	400	550	550	550	550	550	550	550	550	550	550	550	550	550	550	550	550	550	550	550	550	550	550	550
累计应付	400	950	1500	2050	2600	3150	3700	4250	4800	5350	5900	6450	7000	7550	8100	8650	9200	9750	####	####	####	####	####	####

编制(签名/日期)：　　　　审核(签名/日期)：

项目现金流量预算表 03

现金流出(付款)

项目名称：AAA																								
	1月	2月	3月	4月	5月	6月	7月	8月	9月	10月	11月	12月	13月	14月	15月	16月	17月	18月	19月	20月	21月	22月	23月	24月
现金流出(付款)	100	100	100	100	100	100	100	100	100	100	100	100	100	100	100	100	100	100	100	100	0	0	0	0
分包工程支出	100	100	100	100	100	100	100	100	100	100	100	100	100	100	100	100	100	100	100	100	0	0	0	0
人工费支出	0	0	0	0	0	0	0	0	0	0	0	0	0	0	0	0	0	0	0	0	0	0	0	0
物资采购支出	0	0	0	0	0	0	0	0	0	0	0	0	0	0	0	0	0	0	0	0	0	0	0	0
机械设备使用支出	0	0	0	0	0	0	0	0	0	0	0	0	0	0	0	0	0	0	0	0	0	0	0	0
现场其他直接费支出	0	0	0	0	0	0	0	0	0	0	0	0	0	0	0	0	0	0	0	0	0	0	0	0
现场管理费用	0	0	0	0	0	0	0	0	0	0	0	0	0	0	0	0	0	0	0	0	0	0	0	0
财务费用	0	0	0	0	0	0	0	0	0	0	0	0	0	0	0	0	0	0	0	0	0	0	0	0
勘察设计支出	0	0	0	0	0	0	0	0	0	0	0	0	0	0	0	0	0	0	0	0	0	0	0	0
保修费用支出																								
缴纳税金																								

编制(签名/日期)：　　审核(签名/日期)：

项目现金流量预算表 04

现金流出(付款)1—分包

项目名称：AAA																									
成本代码	成本子目名称	1月	2月	3月	4月	5月	6月	7月	8月	9月	10月	11月	12月	13月	14月	15月	16月	17月	18月	19月	20月	21月	22月	23月	24月
A01	分包成本1	100	100	100	100	100	100	100	100	100	100	100	100	100	100	100	100	100	100	100	100				
A02	分包成本2																								
A03	分包成本3																								
A04	分包成本4																								
A05	分包成本5																								
A06	分包成本6																								
A07	分包成本7																								
A08	分包成本8																								
A09	分包成本9																								
A10	分包成本10																								
A11	分包成本11																								
A12	分包成本12																								
A13	分包成本13																								
…																									
A70	分包成本70																								
分包成本合计		100	100	100	100	100	100	100	100	100	100	100	100	100	100	100	100	100	100	100	100	0	0	0	0

编制(签名/日期)：　　　　审核(签名/日期)：

项目现金流量预算表 05

现金流出(付款)2一人工

项目名称：AAA

成本代码	成本子目名称	1月	2月	3月	4月	5月	6月	7月	8月	9月	10月	11月	12月	13月	14月	15月	16月	17月	18月	19月	20月	21月	22月	23月	24月
B01	人工费成本 1																								
B02	人工费成本 2																								
B03	人工费成本 3																								
B04	人工费成本 4																								
B05	人工费成本 5																								
B06	人工费成本 6																								
B07	人工费成本 7																								
B08	人工费成本 8																								
B09	人工费成本 9																								
B10	人工费成本 10																								
B11	人工费成本 11																								
B12	人工费成本 12																								
B13	人工费成本 13																								
…																									
B50	人工费成本 50																								
人工费成本合计																									

编制(签名/日期)： 审核(签名/日期)：

项目现金流量预算表 06

现金流出(付款)3一物资

项目名称：AAA

序号	材料/物资名称	1月	2月	3月	4月	5月	6月	7月	8月	9月	10月	11月	12月	13月	14月	15月	16月	17月	18月	19月	20月	21月	22月	23月	24月
1																									
2																									
3																									
4																									
5																									
6																									
7																									
8																									
9																									
10																									
11																									
12																									
13																									
14																									
…																									
物资成本合计																									

编制(签名/日期)：　　　　审核(签名/日期)：

项目现金流量预算表 07

现金流出(付款)4—机械

项目名称：AAA

成本代码	成本子目名称	1月	2月	3月	4月	5月	6月	7月	8月	9月	10月	11月	12月	13月	14月	15月	16月	17月	18月	19月	20月	21月	22月	23月	24月
D0120001	塔式起重机																								
D0120002	施工升降机																								
D0120003	电动吊篮																								
D0120004	混凝土机械																								
D0120005	汽车起重机																								
D0120006	土石方机械																								
D0120007	路面机械																								
D0120008	中小型机械																								
D0120009	其他机械																								
D0120010	爬架、建筑模板、架料																								
机械成本合计																									

编制(签名/日期)：　　　　审核(签名/日期)：

项目现金流量预算表 08

现金流出(付款)5—现场其他直接费

项目名称：AAA

成本代码	成本子目名称	1月	2月	3月	4月	5月	6月	7月	8月	9月	10月	11月	12月	13月	14月	15月	16月	17月	18月	19月	20月	21月	22月	23月	24月
E05																									
E0501	保安费																								
E0502	试验费																								
E0503	测量费																								
E0504	现场清理费																								
E0505	安全防护费																								
E0506	排污费																								
E0507	水费																								
E0508	电费																								
E0509	动力燃料费																								
E0510	临时设施费																								
E0511	保险费																								
E0512	公共事业收费																								
E0513	成品保护费																								
E0514	环境保护费																								
E0515	特殊技术措施费																								

续表

项目名称：AAA

成本代码	成本子目名称	1月	2月	3月	4月	5月	6月	7月	8月	9月	10月	11月	12月	13月	14月	15月	16月	17月	18月	19月	20月	21月	22月	23月	24月
E0516	中标费																								
E0517	项目风险基金																								
E0599	其他零星直接费	—																							
	工人注册及证件费用																								
	治安联防费																								
	小型工具费																								
	出入证																								
	竣工图费																								
	样品费用																								
其他直接费成本合计																									

编制(签名/日期)：　　　　审核(签名/日期)：

项目现金流量预算表 09

现金流出(付款)6—现场管理费

项目名称：AAA

成本代码	二级明细	1月	2月	3月	4月	5月	6月	7月	8月	9月	10月	11月	12月	13月	14月	15月	16月	17月	18月	19月	20月	21月	22月	23月	24月
F01	办公费																								
F0101	文具费																								
F0102	书报资料费																								
F0103	打印复印费																								
F0104	影像费																								
F0105	设备维修费																								
F0106	市内电话费																								
F0107	长途电话费																								
F0108	手机费																								
F0109	呼机服务费																								
F0110	网络费用																								
F0111	电话装移机费																								
F0112	工程图纸费																								
F0113	邮寄费																								
F0114	软件费用																								
F0115	低值易耗品摊销																								
F0116	生活用品费																								
F0117	其他办公费																								
F02	业务招待费																								
F0201	业务招待费																								
F03	市场营销费用																								

续表

项目名称：AAA

成本代码	二级明细	1月	2月	3月	4月	5月	6月	7月	8月	9月	10月	11月	12月	13月	14月	15月	16月	17月	18月	19月	20月	21月	22月	23月	24月
F0301	CI用品制作费																								
F0302	内部刊物印制费																								
F0303	媒体广告费																								
F0304	展览宣传费																								
F0305	宣传品制作费																								
F0306	投标费																								
F0307	投标补偿费																								
F04	交通费用																								
F0401	办公出租车费																								
F0402	加班出租车费																								
F0403	国内差旅费																								
F0404	国外差旅费																								
F0405	加油费																								
F0406	停车过路费																								
F0407	汽车修理费																								
F0408	年检保险养路费																								
F05	物业费																								
F0501	房屋租金																								
F0502	物业管理费																								
F0503	房屋维修费																								
F0504	物业水电费																								

续表

项目名称：AAA

成本代码	二级明细	1月	2月	3月	4月	5月	6月	7月	8月	9月	10月	11月	12月	13月	14月	15月	16月	17月	18月	19月	20月	21月	22月	23月	24月
F0505	其他																								
F06	无形资产摊销																								
F0601	无形资产摊销																								
F07	固定资产折旧																								
F0701	房屋折旧																								
F0702	机械设备折旧																								
F0703	办公设备折旧																								
F0704	车辆折旧																								
F0705	其他固定资产折旧																								
F08	职员费用																								
F0801	职工工资																								
F0802	福利费																								
F0803	工会经费																								
F0804	养老统筹基金																								
F0805	失业保险																								
F0806	工伤保险																								
F0807	住房公积金																								
F0808	医疗保险																								
F0809	劳保费																								
F0810	培训费																								
F0811	人员借用费																								

续表

项目名称：AAA

成本代码	二级明细	1月	2月	3月	4月	5月	6月	7月	8月	9月	10月	11月	12月	13月	14月	15月	16月	17月	18月	19月	20月	21月	22月	23月	24月
F0812	存档费																								
F0813	招聘费用																								
F0814	人员资审费																								
F0815	误餐费																								
F0816	其他费用																								
F09	其他费用																								
F0901	董事会费																								
F0902	资格审查费																								
F0903	律师诉讼费																								
F0904	会议费																								
F0905	定额测定费																								
F0906	仪器检测费																								
F0907	坏账损失																								
F0908	技术开发费																								
F0909	咨询费																								
F0910	其他																								
F10	税金																								
F1001	印花税																								
F1002	车船税																								
F1003	房产税																								
F1004	土地使用税																								
F1005	契税																								
现场管理费成本合计																									

编制(签名/日期)：　　　　审核(签名/日期)：

项目现金流量预算表 10

现金流出(付款)7—财务费用

项目名称：AAA

成本代码	成本子目名称	1月	2月	3月	4月	5月	6月	7月	8月	9月	10月	11月	12月	13月	14月	15月	16月	17月	18月	19月	20月	21月	22月	23月	24月
G01	保函费用																								
G0101	投标保函																								
G0102	预付款保函																								
G0103	履约保函																								
G0104	保留金保函																								
G02	贷款利息																								
G0201	贷款利息																								
G03	其他财务费用																								
G0301	其他财务费用																								
	合计																								

编制(签名/日期)：　　　　审核(签名/日期)：

项目现金流量预算表 11

现金流出(付款)8—勘察设计费用

项目名称：AAA

成本代码	成本子目名称	1月	2月	3月	4月	5月	6月	7月	8月	9月	10月	11月	12月	13月	14月	15月	16月	17月	18月	19月	20月	21月	22月	23月	24月
H01	勘察费																								
H0101	勘察成本 1																								
H0102	勘察成本 2																								
H0103	勘察成本 3																								
H0104	勘察成本 4																								
H0105	勘察成本 5																								
H0106	勘察成本 6																								
H0107	勘察成本 7																								
H0108	勘察成本 8																								
H0109	勘察成本 9																								
H0110	勘察成本 10																								
H02	设计费																								
H0201	设计成本 1																								
H0202	设计成本 2																								
H0203	设计成本 3																								
H0204	设计成本 4																								
H0205	设计成本 5																								
H0206	设计成本 6																								
H0207	设计成本 7																								
H0208	设计成本 8																								
H0209	设计成本 9																								
H0210	设计成本 10																								
勘察设计费成本合计																									

编制(签名/日期)：　　审核(签名/日期)：

项目现金流量预算表 12

现金流出(付款)9—保修费用

项目名称：AAA

成本代码	成本子目名称	25月	26月	27月	28月	29月	30月	31月	32月	33月	34月	35月	36月	37月	38月	39月	40月	41月	42月	43月	44月	45月	46月	47月	48月
I01	勘察费																								
I0101	分包成本																								
I0102	人工费成本																								
I0103	物资采购成本																								
I0104	机械设备使用成本																								
I0105	现场其他直接费																								
I0106	现场管理费																								
I0107	勘察设计费																								
保修成本合计																									

编制(签名/日期)： 审核(签名/日期)：

4.3.4 项目预算调整审批表

项目预算调整审批表

<table>
<tr><td colspan="2">本单编号：成本调整-</td><td>本单是该项目预算成本的第　　　次调整</td></tr>
<tr><td colspan="3">项目名称：</td></tr>
<tr><td colspan="3">项目成本最初额：</td></tr>
<tr><td colspan="3">调整原因描述：</td></tr>
<tr><td colspan="3">调整额度及其计算依据（附计算书）：</td></tr>
<tr><td colspan="3">其他佐证资料及附件名称（附资料复印件）：</td></tr>
<tr><td colspan="3">至本单止累计调整额度：</td></tr>
<tr><td colspan="3">至本单止项目预算成本累计总额：</td></tr>
<tr><td rowspan="6">审批会签</td><td>责任工程师</td><td>项目合约商务经理</td></tr>
<tr><td colspan="2">项目经理</td></tr>
<tr><td colspan="2">事业部合约估算</td></tr>
<tr><td colspan="2">财务部</td></tr>
<tr><td colspan="2">事业部主管副总经理</td></tr>
<tr><td colspan="2">事业部总经理/公司总经理</td></tr>
</table>

4.3.5 财务资金管理用表

包括：(1) 分包/供应商保函审核、撤销表
(2) 开具分包完税证明申请表
(3) 担保业务申请表
(4) 付款台账汇总表
(5) 项目收支台账
(6) 项目收款台账
(7) 分包商付款台账汇总表
(8) 供应商付款台账汇总表
(9) 对分包商付账台账
(10) 对供应商付账台账

分包/供应商保函审核、撤销表

年 月 日

项目名称		合同名称	
合同金额		保函比例	
担保银行		保函金额	
保函生效日期		保函失效日期	
保函业务种类	□保函审核 □保函撤销		
保函种类	□投标保函 □预付款保函 □履约保函 □保留金保函 □其他保函		
分包/供应商名称			
说明：			
项目合约经理			
项目/部门经理审核			
事业部主管副总经理			
财务资金部			

备注：

1. 分包商、供应商提供的保函的审核、撤销都应由项目按顺序填写本表，并说明初步审核意见后报财务资金部。
2. 分包商、供应商提供的保函原则上应为无条件、见索即付的保函。
3. 如分包商、供应商提供的保函条款经审核后不符合公司保函管理制度规定，须报事业部审核并提出意见。

开具分包完税证明申请表

业主	名称/电话		
	地　址		
项目	名称/电话		
	地　址		
分包	名称/电话		
	地　址		
	所属地税机关		
工程决算总金额		RMB:	USD:
分包合同名称/编号		RMB:	USD:
分包决算总金额		RMB:	USD:
本次开具完税证明的工程款金额		RMB:	USD:
累计支付分包工程款		RMB:	USD:

已开具完税证明资料	本次（第　次）	累计
代扣营业额	RMB:	USD:
代扣城建税	RMB:	USD:
代扣教育费附加	RMB:	USD:

责任人					
项目	合约商务经理				
	项目经理				
财务部	项目主管会计				
	财务经理				

签收	办税人员	
	项目合约经理	
	分包商	

担保业务申请表

<table>
<tr><td>申请部门</td><td></td><td>申请日期</td><td></td></tr>
<tr><td>工程项目名称（中文）</td><td colspan="3"></td></tr>
<tr><td>工程项目名称（英文）</td><td colspan="3"></td></tr>
<tr><td>受益人名称（中文）</td><td colspan="3"></td></tr>
<tr><td>受益人名称（英文）</td><td colspan="3"></td></tr>
<tr><td>受益人地址（中文）</td><td colspan="3"></td></tr>
<tr><td>受益人地址（英文）</td><td colspan="3"></td></tr>
<tr><td>项目金额</td><td></td><td>担保金额</td><td></td></tr>
<tr><td>预计项目开工日期</td><td></td><td>预计项目竣工日期</td><td></td></tr>
<tr><td>生效日期</td><td></td><td>失效日期</td><td></td></tr>
<tr><td>担保银行</td><td></td><td>最晚开具时间</td><td></td></tr>
<tr><td>开具担保种类</td><td colspan="3">□投标保函 □预付款保函 □履约保函 □保留金保函
□付款保函 □备用信用证 □资信证明 □信贷证明 □其他</td></tr>
<tr><td>担保开具方式</td><td colspan="3">□信开 □转开 □转递</td></tr>
<tr><td>转开/转递行名称、地址、联系电话、传真：</td><td colspan="3"></td></tr>
<tr><td colspan="4">工程项目简介及效益分析：
1. 工程情况介绍
2. 项目效益及风险分析
3. 项目管理方式（自营、分包、委托经营）及施工单位</td></tr>
<tr><td>分支机构财务经理</td><td colspan="3"></td></tr>
<tr><td>分支机构经理</td><td colspan="3"></td></tr>
<tr><td>事业部主管副总经理</td><td colspan="3"></td></tr>
<tr><td>财务资金部</td><td colspan="3"></td></tr>
<tr><td>事业部总经理</td><td colspan="3"></td></tr>
<tr><td>公司总经理</td><td colspan="3"></td></tr>
<tr><td colspan="4">备注：
1. 申请部门应提供资审、招标文件中有关项目基本情况及要求提供保函、资信证明、信贷证明等商务条款。
2. 如申请以总公司的名义对外出具担保，还应提供工程项目收支表。
3. 如申请出具的担保格式不符合公司出具担保的管理规定，则由财务资金部将本申请表交由公司总经理审核批准后方予以办理。</td></tr>
</table>

付款台账汇总表

项目名称：

编号	合同名称	供应商名称	合同总价	累计付款金额	累计付款比例
	供应商付款合计			0．00	
1		公司名称 1	0．00	0．00	＃DIV/0!
2					
3					
4					
5					
6					
7					
8					
9					
10					

项目收支台账

项目收支台账-01

项目财务信息汇总表

项目概况			
项目名称：			
合同金额：		变更后合同额：	
合同工期（天数）：		已完工期（天数）：	
提示			
工程进度：		收款进度：	
管理费用开支：		资金余额：	
收款			
收款合计：		收款完成率：	
付款			
1. 分包工程支出			
2. 人工费			
3. 材料费			
4. 机械使用费			
5. 其他直接费			
6. 管理费用		管理费用预算完成率：	
7. 财务费用			
8. 往来款项			
9. 备用现金余额			
付款合计：			
资金余额			
税前资金余额：		税后资金余额：	
税后资金余额/已完合同额：			
利润确认状况			
预计毛利：		预计毛利率：	
已结转毛利：		已结转毛利比例：	
未结转毛利：			

项目收支台账-02

项目收款台账

项目名称：

收款次数	收款凭证号	内 容	应收款	实收款	抵扣项		
					小计	税金	其他
		收款合计					
1							

项目收支台账-03

分包商付款台账汇总表

项目名称：

编号	合同名称	分包商名称	合同总价	累计付款金额	累计付款比例
	分包商付款合计				
1		公司名称1			

项目收支台账-04

供应商付款台账汇总表

项目名称：

编号	合同名称	供应商名称	合同总价	累计付款金额	累计付款比例
	供应商付款合计				
1		公司名称 1			

项目收支台账-05

对分包商付款台账

项目名称：　　保留金抵扣比例

分包商名称：　　税金基金抵扣比例

合同名称：　　竣工调试费抵扣比例

合同总价：　　是否提供预付款保函

累计已付：　　预付款保函到期日

付款次数	凭证号码	累计完成量	抵扣项					本次应付	本次实付
			预付款	保留金	税金	其他	扣款合计		
合计									

项目收支台账-06

对供应商付款台账

项目名称：	保留金抵扣比例
供应商名称：	税金基金抵扣比例
合同名称：	竣工调试费抵扣比例
合同总价：	是否提供预付款保函
累计已付：	预付款保函到期日

付款次数	凭证号码	累计完成量	抵扣项					本次应付	本次实付
			预付款	保留金	税金	其他	扣款合计		
合计									

4.3.6　对外承包工程业务报表

对外承包工程业务报表包括：

(1) 对外承包工程业务情况（CB1）

(2) 外对承包工程项目明细（CB2）

(3) 对外承包工程业务情况（CB3）

对外承包工程业务情况

表号：CB1

制定机关：商务部

批准机关：国家统计局

企业名称：　　　　　　　　　　　　批准文号：国统制〔2010〕215 号

组织机构代码：□□□□□□□□□-□　　　　有效期至：20　年　月

年　　月

指标 / 国家地区	新签合同份数（份）	新签合同额（万美元）		完成营业额（万美元）		外派人数（人）	月末在外人数（人）	新增项目所在国就业岗位（个）
		金额	其中设计咨询	金额	其中设计咨询			
甲	1	2	3	4	5	6	7	8
合计								
××国家地区								
××国家地区								

统计负责人：　　制表人：　　　　联系电话：　　　　报出日期：20　年　月　日

填表说明：1. 本表综合反映报告月份企业开展对外承包工程业务的国家（地区）分布基本情况。

2. 本表由企业于月后 2 日内报送省级商务主管部门或商务部。

3. “设计咨询”指新签合同额和完成营业额中企业承担地形地貌测绘，地质资源普查与勘探，建设区域规划，工程设计、生产工艺、技术资料和工程技术咨询，工程项目的可行性考察、研究和评估，工程监理，技术指导等部分的金额。

4. 新增项目所在国就业岗位：指报告期在执行国（境）外对外承包工程项目过程中，为项目所在国家（地区）新创造的各种就业岗位。包括：需雇用当地项目的管理、施工、后勤等岗位及按照所在国有关规定分包给当地公司而创造的就业岗位数量。

对外承包工程项目明细

表号：CB2

制定机关：商务部
批准机关：国家统计局
批准文号：国统制［2010］215号
有效期至：20 年 月

企业名称：
组织机构代码：□□□□□□□□－□

年 月

指标 项目	项目所在国（地区）	项目类别	签约日期	对外签约单位	项目实施单位	业主	资金来源
合计	甲	乙	丙	丁	戊	己	庚
××项目							
××项目							

新签合同额（万美元）	完成营业额（万美元）			外派人数（人）	期末在外人数（人）	新增项目所在国就业岗位（个）
金额	其中：设计咨询	金额	其中：设计咨询			

统计负责人： 制表人： 联系电话： 报出日期：20 年 月 日

填表说明：1. 本表综合反映报告月份企业对外承包工程业务项目的开展情况。

2. 本表由企业于月后2日内报送省级商务主管部门或商务部。

3. “项目类别”按制度第四部分中对外承包工程项目分类填列。

4. “签约日期”指对外承包工程项目的签约日期。

5. “对外签约单位”指与国（境）外业主签订合同的企业。

6. “项目实施单位”指具体实施对外承包工程项目的企业。

7. “业主”指与企业签订对外承包工程项目合同的项目发起人。

8. 项目资金来源：指企业承揽工程项目工程款的来源方，如项目所在国政府、世界银行、亚洲开发银行等。

9. “设计咨询”指新签合同额和完成营业额中企业承担地形地貌测绘，地质资源普查与勘探，建设区域规划，工程设计、生产工艺、技术资料和工程技术咨询，工程项目的可行性考察、研究和评估，工程监理，技术指导等部分的金额。

10. 新增项目所在国就业岗位：指报告期在执行国（境）外对外承包工程项目过程中，为项目所在国家（地区）新创造的各种就业岗位。包括：需雇用当地项目的管理、施工、后勤等岗位及按照所在国有关规定分包给当地公司而创造的就业岗位数量。

对外承包工程业务情况

表号：CB3

制定机关：商务部
批准机关：国家统计局
批准文号：国统制［2010］215号
有效期至：20 年 月

企业名称：
组织机构代码：□□□□□□□□□－□

年 月

指标 / 分类、项目	新签合同份数（份）	新签合同额（万美元）		完成营业额（万美元）		外派人数（人）	月末在外人数（人）	新增项目所在国就业岗位（个）
		金额	其中设计咨询	金额	其中设计咨询			
甲	1	2	3	4	5	6	7	8
合计								
一、房屋建筑项目								
××企业小计								
××国家（地区）								
十一、其他项目								
××企业小计								
××国家（地区）								

统计负责人： 制表人： 联系电话： 报出日期：20 年 月 日

填表说明：1. 本表综合反映报告月份企业开展对外承包工程、设计咨询业务的基本情况。

2. 本表由企业于月后2日内通过网络传输报送。

3. “设计咨询”指新签合同额和完成营业额中企业承担地形地貌测绘，地质资源普查与勘探，建设区域规划，工程设计、生产工艺、技术资料和工程技术咨询，工程项目的可行性考察、研究和评估，工程监理，技术指导等部分的金额。

4. 新增项目所在国就业岗位：指报告期在执行国（境）外对外承包工程项目过程中，为项目所在国家（地区）新创造的各种就业岗位。包括：需雇用当地项目的管理、施工、后勤等岗位及按照所在国有关规定分包给当地公司而创造的就业岗位数量。

4.3.7 项目经理部月报

项目经理部月报

编　　号：____________

项目名称：____________

报告期：____________年　月

编　　制：____________

审　　核：____________

报告日期：____________

中国×××××××××公司

填 写 说 明

1. “项目经理部月报”由各项目经理部相关人员填写，项目经理审核。公司总部直营项目报事业部，分支机构所辖项目报分支机构。

2. 有关计划、质量安全等事宜由现场经理负责填写，有关合约成本情况由合约估算人员填写。

3. 总部直营项目费用支出以及总部物资采购由财务部和物资中心负责提供数据；分支机构所属项目费用支出以及分支机构集中采购物资由分支机构财务部或者派驻项目财务人员以及分支机构物资采购部门填写。

4. 本月报附件属于公司需要上报政府和上级单位，需要一并填写；分支机构所属项目由分支机构自行确定是否填写。

5. 基础设施类项目可根据工程实际特点，就表中有关项目可进行适当调整。

6. 每月上报时间为本月25日。

项目基本情况

表号：项目报告-1.1

（总体情况）

项目名称：　　　　　　　　　　　　　　　　　　　　　　　　　　　　____年____月

业主名称：	业主代表：
监理名称：	监理代表：
总包商名称：	总包商代表：
设计单位：	驻工地代表：
合同形式：	签署日期：
合同内容：	支付方式：
工程概况：工程地点： 建筑面积：　　m^2，建筑总高度：　　m，结构类型： 地下层数：　　地上层数：	
经济指标：1. 原合同额：________ 当地币元＝　¥元＝　USD元 2. 至本期止合同变更额：________ 当地币元＝　¥元＝　USD元 3. 至本期止累计合同额：____—____ 当地币元＝　¥元＝　USD元	
合同工期：1. 原工期：　年　月　日至　年　月　日　共　月 2. 调整工期增加或减少　月 3. 调整后总工期：　年　月　日至　年　月　日　共　月 4. 实际开工工期：　年　月　日至　年　月　日　共　月	
进展情况：1. 至本期止工期因素：＃DIV/0!（开工总月数/累计工期月数） 2. 本期完成产值：____—____ 当地币元＝　¥元＝　USD元 3. 至本期止累计完成产值：____—____ 当地币元＝　¥元＝　USD元 4. 至本期止累计合同额：（含变更索赔额）____—____ 当地币元＝　¥元＝　USD元 5. 至本期止产值因素：＃DIV/0!（迄今为止完成产值/迄今为止累计合同额）	
质量目标：	完成情况：
安全目标：	完成情况：
创优目标：	完成情况：

项目经理：　　　　　　　　　　　　　　　　　　　　　　　　填表日期：

注：2003年1月1日至12月31日货币兑换比例：1USD＝8.28¥元＝80.95DNE.

项 目 基 本 情 况

（项目经理部职员情况）

表号：项目报告-1.2

项目名称：　　　　　　　　　　　　　　　　　　　　　　年　　月

序号	岗　位	姓名	计划工作起讫时间		人员流量（人月数）	实际工作起讫时间		备注
			起始月份	截止月份		起始月份	截止月份	
项目经理部自有职员								
1	项目经理							
2	项目执行经理							
3	合约商务经理							
4	估算工程师							
5	现场经理							
6	土建责任工程师							
7	土建责任工程师							
8	水暖责任工程师							
9	通风责任工程师							
10	电气责任工程师							
11	技术责任人							
12	技术工程师							
13	翻译							
14	财务							
15	安全员							
16	质检员							
17	材料员							
18	水电技工							
19	水电技工							
20	后勤							
21	保卫							
22	保卫							
	合计							
职能部门派驻人员								
1	技术责任工程师							
2	物资责任工程师							
3	实习职员							
	其他职员							
	合计							
项目人员合计								
备注	1. 职务栏起提示作用，项目根据实际情况填写。 2. 本期调出人员请在备注中注明调出日期。 3. 职能部门派驻人员在项目工作时间不足 1 月的不作记录。 4. 表中记录职员为公司直接发放工资人员为准。							

项目经理：　　　　　　　　　　（签字）　　　　　　　　　　填写日期：

表号：项目报告-1.3

项目基本情况

（本月完成及下月计划）

项目名称：　　　　　　　　　　　　　　　　　　　　　　年　　月

序号	单项工程子目	合同额	此前实际完成工程量	本月计划完成工作量	本月实际完成工作量	本月完成率（%）	至本期止实际完成工作量	累计完成率（%）	下月计划完成工作量	至下月末计划累计完成工作量	至下月末累计完成率（%）
1						#DIV/0!		#DIV/0!			#DIV/0!
2						#DIV/0!		#DIV/0!			#DIV/0!
3						#DIV/0!		#DIV/0!			#DIV/0!
4						#DIV/0!		#DIV/0!			#DIV/0!
5						#DIV/0!		#DIV/0!			#DIV/0!
6						#DIV/0!		#DIV/0!			#DIV/0!
7						#DIV/0!		#DIV/0!			#DIV/0!
8						#DIV/0!		#DIV/0!			#DIV/0!
9						#DIV/0!		#DIV/0!			#DIV/0!
10						#DIV/0!		#DIV/0!			#DIV/0!
11						#DIV/0!		#DIV/0!			#DIV/0!
12						#DIV/0!		#DIV/0!			#DIV/0!
13						#DIV/0!		#DIV/0!			#DIV/0!
14						#DIV/0!		#DIV/0!			#DIV/0!
15						#DIV/0!		#DIV/0!			#DIV/0!
	合计					#DIV/0!		#DIV/0!			#DIV/0!
计划执行情况自我评定：											
计划执行情况分析：											

项目经理：　　　　　　（签字）　　　　　　填表人：　　　　　　填表日期：　　年　　月　　日

项目分包情况

表号：项目报告-1.4

（分包合同（含劳务分包）执行及付款情况）

项目名称：　　　　　　　　　　　　　　　　　　　　　　　　年　月

序号	分包合同名称	分包商名称	合同价款	分包人数情况					分包合同价款变更情况			本期应付款	本月实际	下月计划	累计付款额	累计付款占合同总额百分比
				项目经理	月末人数	月末工程技术人员数	本月平均在场人数	分包商劳动报酬	本期分包申报额	本期确认额	累计确认额					
1																
2																
3																
4																
5																
6																
7																
8																
9																
10																
11																
12																
13																
小计：															—	

合约商务经理：　　　　　　　　　　　　　　　　　　　　填表日期：　　年　　月　　日

表号：项目报告-1.5

项目物资采购情况

项目名称：　　　　年　月

序号	物资名称	数量	单位	规格型号	策划采购方式	实际采购方式	采购价格	供方名称	本期应付款	本月实际	累计付款	下月计划	累计付款占合同总额百分比	备注
1														
2														
3														
4														
5														
6														
7														
8														
9														
10														
11														
17														
18														
19														
20	小计													

合约商务经理：　　　　填表人：　　　　填表日期：　　年　　月　　日

注：物资中心采购的物资由物资中心填写，物资合约商务经理审核。项目经理部汇总后统一上报。

项目设备租赁情况

项目名称：　　　　　　　　　　　　　　　　　　　　　　　　表号：项目报告-1.6

年　　月

序号	设备名称	数量	单位	规格型号	策划实施方式	实际实施方式	租赁价格	供方名称	本期应付款	本月实际	累计付款	下月计划	累计付款占合同总额百分比	备注
1														
2														
3														
4														
5														
6														
7														
8														
9														
10														
11														
17														
18														
19														
20	小计													

合约商务经理：　　　　　　　　填表人：　　　　　　　　填表日期：　　年　　月　　日

表号：项目报告-1.7

项目合同收入情况
（请款及收入情况）

项目名称：　　　　　　　　　　　　　　　　　　　　　　　　年　　月

序号	请款单编号	请款时间	期内完成工作量（含变更额）	应扣留款项				请款金额	批复时间	批复金额	收款时间	收款金额	备注
				预付款	保留金	税金	其他扣款项（备注内注明原因）						
1													
2													
3													
4													
5													
6													
7													
8													
9													
10													
	总计												
合同总价（含变更及索赔）：— 应收未收金额： 实际收款占合同总价%：#DIV/0!													
应收未收情况说明：													
其他需要说明的情况													

合约商务经理：　　　　　　　　　　填表人：　　　　　　　　　　日期：

项目间接费用支出情况　　表号：项目报告-1.8

（本月项目间接费及其他直接费支出情况及下月支出计划）

项目名称：　　　　　　　　　　　　　　　　　　　　年　　月

分项明细	代码	本月计划支出	本月实际支出	下月计划支出	开工以来累计支出	百分比%	备注
项目间接费用							
1. 办公费							
2. 差旅费							
3. 招待费							
4. 修理费							
5. 伙食费							
6. 当地工人工资							
7. 其他							
合计							
其他直接费							
1							
2							
3							
4							
合计							
管理费用合计	c						

注：由财务部/财务人员填写，如篇幅不够，可加行加页。

项目经理/日期：　　　　　　　　　　　　　　　　　　填表人/日期：

风险基金使用情况

表号：项目报告-1.9

项目名称：　　　　　　　　　　　　　　　　　　　　　　　　＿＿年＿＿月

序号	风险基金使用原因	使用时间	使用单编号	使用金额	分包商名称	使用额占基金总额百分比	备注
至本期基金累计							

注：备注栏中注明本期或此前

项目经理：　　　　　　　　　　　　　　　　　　　　　　　　填表人：

合约商务经理（签字/日期）：

表号：项目报告-1.10

项目合约商务情况

（预算成本执行情况）

项目名称：　　　　　　　　　　　　　　　　　　　　　　　　年　　月

分类	成本项	预算成本	调整数额	调整后预算成本	到本期成本费用	预算-实际	超支/节余原因简述
A	分包成本						篇幅不够时请附加页
B	人工费成本						
C	物资采购成本						
D	机械设备租赁成本						
E	现场其他直接费成本						
F	项目运营成本（间接费用）						
G	项目风险基金						
H	财务费用						
	合计						

本月预算成本执行情况说明：

合约商务经理：　　　　　　　　填表人：　　　　　　　　填表日期：　　年　　月　　日

业主认可工作量统计 **表号：项目报告-1.11**

项目名称： ______年______月

指标名称		收到批复日期	批复日期	工作量						批复内容摘要
				批复总量(万元)			其中自行完成(万元)			
				合计	合同内	合同外	合计	合同内	合同外	
业主批复工作量										
本月合计										
本年累计										
开工以来累计										
建筑工程	1.									
	2.									
	3.									
	本月合计									
	本年累计									
	开工以来累计									
	其中：本月装修装饰									
	本年累计装修装饰									
	本月装饰									
	本年累计装饰									
安装工程	1.									
	2.									
	3.									
	本月合计									
	本年累计									
	开工以来累计									
备注	1. 自行完成工作量为：总包与分包价差，总包管理费，非现行制度规定的基层填报单位完成的工作量，没有固定组织或不成建制的施工力量以及包工不包料(包清工)完成的工作量；2. 本报表用于报北京市统计局报表使用，特别是自行完成工作量，一定要填写清楚。报表报告期为1-11月为上月25日至本月25日，12月为上月25日至本月31日(收到甲方认可工作量)；3. 装饰装修产值：对新旧房屋及建筑物进行内外装修装饰。4. 工作量数字保留小数点两位。									

项目经理/日期： 合约商务经理/日期： 填表人/日期：

表号：项目报告-1.12

质量、安全与环境信息统计

统计单位名称：　　　　　　　　　　　　　　　　　　　　　　　　　　　　　　　统计年月：　　年　　月

单位名称	自年初累计验收鉴定的单位工程				优良品率(%)		质量事故次数(次)				质量事故损失金额(元)				一次交验优良品率(%)	
	合计		其中：优良的		按单位工程个数计算	按竣工房屋建筑面积计算	本月		自年初累计		本月		自年初累计		按单位工程计算	按房屋建筑面积计算
	个数（个）	房屋建筑竣工面积（m^2）	个数（个）	房屋建筑竣工面积（m^2）			合计	其中：重大事故	合计	其中：重大事故	合计	其中：重大事故	合计	其中：重大事故		

单位名称	全部职工平均人数(人)			伤亡人数(人)												受伤害人损失工作日（日）	直接经济损失（万元）		死亡率（‰）
	总计	本企业职工	分包人员	本　月						自年初累计									
				合　计		本企业职工		分包人员		合　计		本企业职工		分包人员					
				重伤	死亡	重伤	死亡	重伤	死亡	重伤	死亡	重伤	死亡	重伤	死亡		重伤	死亡	

单位名称	本月情况				自年初情况				其他说明
	环境事故次数	其中：被主管部门通报次数	其中：被主管部门处罚次数	直接经济损失（元）	环境事故次数	其中：被主管部门通报次数	其中：被主管部门处罚次数	直接经济损失（元）	

统计/日期：　　　　　　　　　　　　　　　　　　　审核/日期：

项目其他情况 **表号：项目报告-1.13**

项目名称： 年 月

1. 此前未提及的任何其他重要事宜报告：包括(工程进度、质量安全等事宜)
2. 公司职能部门存在问题
3. 需要总部支持事宜

项目经理/日期： 填表人/日期：

项目其他情况　　表号：项目报告-1.13(2)

项目名称：　　年　月

<table>
<tr><td colspan="2">4. 工程进度照片</td></tr>
<tr><td rowspan="8">照片张贴</td><td>标题：</td></tr>
<tr><td></td></tr>
<tr><td>时间：</td></tr>
<tr><td></td></tr>
<tr><td>地点：</td></tr>
<tr><td></td></tr>
<tr><td>说明：</td></tr>
<tr><td></td></tr>
<tr><td rowspan="8">照片张贴</td><td>标题：</td></tr>
<tr><td></td></tr>
<tr><td>时间：</td></tr>
<tr><td></td></tr>
<tr><td>地点：</td></tr>
<tr><td></td></tr>
<tr><td>说明：</td></tr>
<tr><td></td></tr>
</table>

项目经理/日期：　　填表人/日期：

4.3.8 物资采购用表

物资采购用表包括：

(1) 采购合同审批汇签单

(2) 采购招标文件审批汇签单

(3) 供应商资格预审表

(4) 施工设备（机具）需求计划

(5) 物资供应（采购）计划

(6) 物资进场验证记录

(7) 物资需求（申请）计划

(8) 物资样品报批计划

(9) 物资样品/样本送审表

(10) 项目物资采购信息统计台账

采购合同审批汇签单

编号：

<table>
<tr><td colspan="2">采购合同名称</td><td colspan="6"></td></tr>
<tr><td colspan="2">采购合同编号</td><td colspan="2"></td><td colspan="2">采购合同金额</td><td colspan="2"></td></tr>
<tr><td colspan="2">供应商名称</td><td colspan="2"></td><td colspan="2">使用项目</td><td colspan="2"></td></tr>
<tr><td colspan="2">主办单位</td><td colspan="2"></td><td colspan="2">主办人</td><td colspan="2"></td></tr>
<tr><td colspan="2">附件</td><td colspan="6">□无；□有，名称：</td></tr>
<tr><td rowspan="7">审核汇签</td><td colspan="2">审核单位</td><td colspan="2">修改意见</td><td colspan="2">审核人签名</td><td>日期</td></tr>
<tr><td colspan="2"></td><td colspan="2">□无；□有，详见文件标注
□有，详见附页说明</td><td colspan="2"></td><td></td></tr>
<tr><td colspan="2"></td><td colspan="2">□无；□有，详见文件标注
□有，详见附页说明</td><td colspan="2"></td><td></td></tr>
<tr><td colspan="2"></td><td colspan="2">□无；□有，详见文件标注
□有，详见附页说明</td><td colspan="2"></td><td></td></tr>
<tr><td colspan="2"></td><td colspan="2">□无；□有，详见文件标注
□有，详见附页说明</td><td colspan="2"></td><td></td></tr>
<tr><td colspan="2">合约估算</td><td colspan="2">□无；□有，详见文件标注
□有，详见附页说明</td><td colspan="2"></td><td></td></tr>
<tr><td colspan="2">财务部</td><td colspan="2">□无；□有，详见文件标注
□有，详见附页说明</td><td colspan="2"></td><td></td></tr>
<tr><td colspan="2">文本打印单位</td><td colspan="6"></td></tr>
<tr><td colspan="2">校对人</td><td colspan="2"></td><td colspan="2">校对日期</td><td colspan="2"></td></tr>
<tr><td colspan="8">公司总经理或其代理人批示：

签名/日期：</td></tr>
</table>

说明：1. 采购合同在签署前，合同文本必须经过列入本表格中的人员的审核。

2. 除合约估算、财务部外，其他审核人员职务由主办人根据《工程合同授权规定》填写。

3. 修改意见一栏，请在选定的“□”处画“√”。

采购招标文件审批汇签单

<table>
<tr><td colspan="2">工程名称</td><td colspan="3"></td></tr>
<tr><td colspan="2">招标文件编号</td><td></td><td>招标内容</td><td></td></tr>
<tr><td colspan="2">招标单位名称</td><td></td><td>招标时间</td><td></td></tr>
<tr><td colspan="5">说明：

采购主办人签名/日期：</td></tr>
<tr><td rowspan="7">审核
会签</td><td>审核单位</td><td>修改意见</td><td>审核人签名</td><td>日期</td></tr>
<tr><td>物资中心</td><td>□无；□有，详见文件标注
□有，详见附页说明</td><td></td><td></td></tr>
<tr><td>项目经理部</td><td>□无；□有，详见文件标注
□有，详见附页说明</td><td></td><td></td></tr>
<tr><td></td><td>□无；□有，详见文件标注
□有，详见附页说明</td><td></td><td></td></tr>
<tr><td></td><td>□无；□有，详见文件标注
□有，详见附页说明</td><td></td><td></td></tr>
<tr><td>财务部</td><td>□无；□有，详见文件标注
□有，详见附页说明</td><td></td><td></td></tr>
<tr><td>事业部合约
估算板块</td><td>□无；□有，详见文件标注
□有，详见附页说明</td><td></td><td></td></tr>
<tr><td colspan="5">批准人意见：

签名/日期：</td></tr>
</table>

说明：1. 采购合同在签署前，合同文本必须经过列入本表格中的人员的审核。

2. 除财务部经理、事业部合约估算板块经理外，其他审核人员职务由主办人根据《合同授权规定》填写。

3. 修改意见一栏，请在选定的“□”处画“√”。

供应商资格预审表

第1页 共2页

<table>
<tr><td>供应商名称</td><td></td><td>编　号</td><td></td></tr>
<tr><td>产品类型</td><td></td><td>法人代表</td><td></td></tr>
<tr><td>地　址</td><td></td><td>邮政编码</td><td></td></tr>
<tr><td>联系人</td><td></td><td>联系电话</td><td></td></tr>
<tr><td>Internet 网址</td><td></td><td>传　真</td><td></td></tr>
<tr><td>E—mail</td><td></td><td>成立日期</td><td></td></tr>
<tr><td rowspan="14">审核内容</td><td colspan="3">请提供营业执照和资质证书的复印件</td></tr>
<tr><td colspan="3">请提供产品质量证明文件（如检测报告等）</td></tr>
<tr><td colspan="3">请提供质量标准/规范的复印件或说明其标准的名称</td></tr>
<tr><td colspan="2">样品：□无；□有。样本：□无；□有</td><td rowspan="8">如为经销商，请提供生产厂家的相关资料</td></tr>
<tr><td colspan="2">生产许可证：□无；□有，请提供复印件</td></tr>
<tr><td colspan="2">是否有准用证要求：□无；□有，请提供证明文件</td></tr>
<tr><td colspan="2">是否有备案要求：□无；□有，请提供证明文件</td></tr>
<tr><td colspan="2">质量/环境/职业健康安全管理体系认证证书以及产品认证证书：
□无；□有，请提供复印件</td></tr>
<tr><td colspan="2">新技术、新产品的生产许可证：□无；□有，请提供复印件</td></tr>
<tr><td colspan="2">环保要求/标准：□无；□有，请提供相关文件</td></tr>
<tr><td colspan="2">职业健康安全要求/标准：□无；□有，请提供相关文件</td></tr>
<tr><td colspan="3">简述售后服务内容：</td></tr>
<tr><td colspan="3">简述近三年的年销售总量：</td></tr>
<tr><td colspan="3">是否能够提银行保函，如果可以，请说明提供担保的银行以及最大担保金额：</td></tr>
</table>

供应商资格预审表

第2页 共2页

<table>
<tr><td rowspan="11">审核内容</td><td colspan="5">近期产品应用情况（不仅限于我司项目）</td></tr>
<tr><td>已完工程名称</td><td>供应物资名称、规格型号</td><td>数量</td><td>合同金额</td><td>合同日期</td></tr>
<tr><td></td><td></td><td></td><td></td><td></td></tr>
<tr><td></td><td></td><td></td><td></td><td></td></tr>
<tr><td></td><td></td><td></td><td></td><td></td></tr>
<tr><td></td><td></td><td></td><td></td><td></td></tr>
<tr><td></td><td></td><td></td><td></td><td></td></tr>
<tr><td></td><td></td><td></td><td></td><td></td></tr>
<tr><td></td><td></td><td></td><td></td><td></td></tr>
<tr><td colspan="5">有关情况的说明：

供应商法人代表或授权人： 年 月 日 公章：</td></tr>
<tr><td colspan="5"></td></tr>
<tr><td colspan="6">以下内容由＊＊＊＊＊＊＊＊＊填写</td></tr>
<tr><td>物资中心审核</td><td colspan="5">供应商资质、供货能力、质量保证能力、满足环保和职业健康安全要求的能力：
□合格 □不合格
签名： 日期：</td></tr>
<tr><td>批准</td><td colspan="5">是否能参加供应商的选择：
签名： 日期：</td></tr>
</table>

施工设备（机具）需求计划

序号	设备机具名称	编号	规格型号	需求计划					备注
				数量	调遣/租赁/采购	调遣时间	采购/租赁时间	进场时间	

制表/日期：　　　　　　　　　　　　　　　　　　　　审批/日期：

物资供应（采购）计划

第 页 共 页

<table>
<tr><td colspan="2">项目名称</td><td colspan="2"></td><td colspan="2">申请计划编号</td><td></td><td>供应采购
计划编号</td><td></td></tr>
<tr><td>序号</td><td>物资名称及规格型号</td><td>主要技术要求</td><td>需求量</td><td>采购方式</td><td>采购时间</td><td colspan="2">候选供应商名单</td><td>备注</td></tr>
<tr><td rowspan="5"></td><td rowspan="5"></td><td rowspan="5"></td><td rowspan="5"></td><td rowspan="5">□招　　标
□邀请报价
□零　　星</td><td rowspan="5"></td><td colspan="2">1</td><td></td></tr>
<tr><td colspan="2">2</td><td></td></tr>
<tr><td colspan="2">3</td><td></td></tr>
<tr><td colspan="2">4</td><td></td></tr>
<tr><td colspan="2">5</td><td></td></tr>
<tr><td rowspan="5"></td><td rowspan="5"></td><td rowspan="5"></td><td rowspan="5"></td><td rowspan="5">□招　　标
□邀请报价
□零　　星</td><td rowspan="5"></td><td colspan="2">1</td><td></td></tr>
<tr><td colspan="2">2</td><td></td></tr>
<tr><td colspan="2">3</td><td></td></tr>
<tr><td colspan="2">4</td><td></td></tr>
<tr><td colspan="2">5</td><td></td></tr>
<tr><td rowspan="5"></td><td rowspan="5"></td><td rowspan="5"></td><td rowspan="5"></td><td rowspan="5">□招　　标
□邀请报价
□零　　星</td><td rowspan="5"></td><td colspan="2">1</td><td></td></tr>
<tr><td colspan="2">2</td><td></td></tr>
<tr><td colspan="2">3</td><td></td></tr>
<tr><td colspan="2">4</td><td></td></tr>
<tr><td colspan="2">5</td><td></td></tr>
<tr><td rowspan="4"></td><td rowspan="4"></td><td rowspan="4"></td><td rowspan="4"></td><td rowspan="4">□招　　标
□邀请报价
□零　　星</td><td rowspan="4"></td><td colspan="2">1</td><td></td></tr>
<tr><td colspan="2">2</td><td></td></tr>
<tr><td colspan="2">3</td><td></td></tr>
<tr><td colspan="2">4</td><td></td></tr>
</table>

编制人/日期：　　　　　　　　　　　　　　　　　　批准人/日期：

物资进场验证记录

编号：

项目名称								验证人		
序号	物资名称	规格型号	进货日期	进货量	验证（✓—合格，×—不合格，○—待确定）					
					外观	包装	合格证	厂商试验	验证日期	复试报告编号

物资需求（申请）计划

第　页　共　页

项目名称						计划编号	
序号	物资名称	规格型号	数量	单位	提交样品/样本时间	进场时间	产品要求
说明	1. 常规产品可不填写“产品要求”一栏。 2. 当业主、设计、监理等对产品有下列要求时，则应在“产品要求”中注明： ①验收标准或规范，也可提出图样作详细说明； ②对产品的质量、环境、安全等方面的要求； ③对产品加工过程的要求以及应提供的品质保证文件的要求； ④业主、设计指定的供应商/厂家/品牌等。						

编制/日期：　　　　审核/日期：　　　　批准/日期：

物资样品报批计划

项目名称			计划编号	
序号	样品名称	提交样品时间	提交要求的详细描述（含技术要求）	
说明	1. 样品提交时间应充分考虑业主/设计的工作流程。 2. 样品提交时间应尽量分散，除非有特殊要求可集中分批报送。 3. 提交要求的详细描述：要求提供样品的数量/份数、是否要求在现场制作样板、是否要求进行厂家考察等。			

编制/日期：　　　　批准/日期：　　　　确认/日期：

（项目经理部）　　　　（项目经理）　　　　（物资中心）

物资样品/样本送审表

项目名称：

<table>
<tr><td>致</td><td></td><td>收件人</td><td></td></tr>
<tr><td>自</td><td></td><td>提交日期</td><td></td></tr>
<tr><td>数据/样品</td><td colspan="3"></td></tr>
<tr><td>实际返回日期</td><td></td><td>合同要求最迟返回日期</td><td></td></tr>
<tr><td>提交编号</td><td></td><td>原提交编号</td><td></td></tr>
<tr><td colspan="4">我们请求贵方对以下事项进行审批</td></tr>
<tr><td>提交项目描述
（类型、规格、
型号等）</td><td colspan="3"></td></tr>
<tr><td>品牌/产地</td><td colspan="3"></td></tr>
<tr><td>设计要求</td><td colspan="3"></td></tr>
<tr><td>实际送审</td><td colspan="3"></td></tr>
<tr><td>送审品牌生产厂家</td><td colspan="3"></td></tr>
<tr><td>备注</td><td colspan="3"></td></tr>
<tr><td colspan="4">我方证明以上提交项目已经详细审核，正确无误，与合同一致
承包商职务及签名/日期</td></tr>
<tr><td colspan="4">审批意见</td></tr>
<tr><td>认可级别</td><td colspan="3">□A 提交认可；
□B1 批注认可（不要求重新提交）；
□B2 批注认可（要求重新提交）；
□C 未认可（要求重新提交）。</td></tr>
<tr><td colspan="4">批注意见

授权审批人职务及签名</td></tr>
</table>

注：业主对以上内容的审批并不减轻任何总承包商应履行合同的义务。

________项目物资采购信息统计台账

序号	物资名称	规格型号	单位	价格	数量	合同金额	付款条件	供应商名称	联系人	手机	电话	传真	地址	E-MAIL	网址	备注

4.3.9 施工设备管理用表

施工设备管理用表包括：

(1) ____年____月施工设备维修保养计划

(2) 施工设备进场验收记录

(3) 施工设备维修记录

(4) 施工设备事故报告单

(5) ____年机械设备大（项）修计划

(6) 机械设备大（项）修记录

(7) 施工设备台账

____年____月 施工设备维修保养计划

序号	设备名称	编号	规格型号	计划保修					承修单位
				类别	运转台时	停修时间	保养日期	备注	

制表/日期：　　　　　　　　　　　　　　　　　　　　审批/日期：

施工设备保养检查记录

年　月

项目名称			规格型号	
设备名称			设备编号	
日期	规程	保养点检内容		保养人签字
至日日				
至日日				
至日日				
至日日				
至日日				
至日日				
至日日				
至日日				
至日日				

说明：保养规程应填写日常、一级、二级保养。日常保养每行填写日期为一周。

施工设备进场验收记录

<table>
<tr><td>项目名称</td><td colspan="3"></td></tr>
<tr><td>设备名称</td><td></td><td>设备编号</td><td></td></tr>
<tr><td>规格型号</td><td></td><td>安装地点</td><td></td></tr>
<tr><td>设备来源</td><td></td><td>日　期</td><td></td></tr>
<tr><td colspan="4">产权单位/拆装单位资质情况：</td></tr>
<tr><td colspan="4">设备外观/出厂时间等基本情况：</td></tr>
</table>

<table>
<tr><td>现场验收内容</td><td>验收结果</td><td>现场验收内容</td><td>验收结果</td></tr>
<tr><td>金属结构连接状态</td><td></td><td>制动系统是否可靠</td><td></td></tr>
<tr><td>运行轨道是否牢固</td><td></td><td>润滑是否全面良好</td><td></td></tr>
<tr><td>操作系统是否灵活</td><td></td><td>接地电阻是否符合要求</td><td></td></tr>
<tr><td>传动系统是否平稳</td><td></td><td>承重钢丝绳情况</td><td></td></tr>
<tr><td>液压系统有无泄漏</td><td></td><td></td><td></td></tr>
</table>

<table>
<tr><td rowspan="4">相关人员签字</td><td>项目安全工程师</td><td></td></tr>
<tr><td>项目设备工程师</td><td></td></tr>
<tr><td>项目经理</td><td></td></tr>
<tr><td>物资基地工程师</td><td></td></tr>
</table>

施工设备维修记录

编号：

<table>
<tr><td>项目名称</td><td colspan="3"></td></tr>
<tr><td>设备名称</td><td></td><td>设备编号</td><td></td></tr>
<tr><td>规格型号</td><td></td><td>设备来源</td><td></td></tr>
<tr><td rowspan="2">发生故障时间</td><td rowspan="2"></td><td>报修时间</td><td></td></tr>
<tr><td>当班司机</td><td></td></tr>
<tr><td>故障部位</td><td></td><td>故障现象</td><td></td></tr>
<tr><td>维修人员到场时间</td><td></td><td>签字</td><td></td></tr>
<tr><td>检查结果及故障原因</td><td colspan="3">检查人：</td></tr>
<tr><td>维修内容</td><td colspan="3">维修人：</td></tr>
<tr><td>试运转时间</td><td colspan="3"></td></tr>
<tr><td>设备机长</td><td></td><td>维修日期</td><td></td></tr>
</table>

此表由设备维修人员填写

施工设备事故报告单

项目名称		事故发生时间	
设备名称		设备型号	
设备编号		设备来源	
机长		事故责任者	
事故发生 基本情况			
事故原因			
损失情况			
直接经济 损失价值			
处理情况			
对事故责任者 处理意见			
主管领导 审批意见			

此表由项目安全工程师填写。

______年机械设备大（项）修计划

序号	设备名称	编号	规格型号	计划检修				承修单位
				类别	至本次检修运转台时	总运转台时	检修日期	

制表/日期：　　　　审核/日期：　　　　批准/日期：

机械设备大（项）修记录

<table>
<tr><td colspan="2">设备名称</td><td></td><td>规格型号</td><td colspan="2"></td><td>设备编号</td><td colspan="2"></td></tr>
<tr><td rowspan="4">第　次大/项修</td><td>送修日期</td><td>检修内容</td><td>至本次检修运转台时</td><td>总运转台时</td><td colspan="3">承修单位及负责人姓名</td><td>修理费（元）</td></tr>
<tr><td></td><td></td><td></td><td></td><td colspan="3"></td><td></td></tr>
<tr><td>修复日期</td><td>修理结果及检修工时</td><td>验收情况及合格证号</td><td>保修期运转台时</td><td colspan="4">参加验收人签名</td></tr>
<tr><td></td><td></td><td></td><td></td><td colspan="4"></td></tr>
</table>

施工设备台账

序号	设备名称	规格型号	设备管理编号	生产厂家	出厂编号	购入日期	启用日期

编制/日期：

4.3.10 周转物资管理用表

周转物资管理用表包括：

（1）物资出库单

（2）物资入库单

（3）周转物资报废申清单

物资出库单

<table>
<tr><td>使用项目</td><td colspan="2"></td><td>本单编号</td><td colspan="2"></td></tr>
<tr><td>出库日期</td><td colspan="5"></td></tr>
<tr><td rowspan="2">运输形式</td><td colspan="5">□自运 □运输服务供应商：</td></tr>
<tr><td colspan="5">□其他：</td></tr>
<tr><td>出库性质</td><td colspan="5">□项目需求 □其他：</td></tr>
<tr><td>物资名称</td><td>规格型号</td><td>单位</td><td>数量</td><td>固定资产编号</td><td>备注</td></tr>
<tr><td></td><td></td><td></td><td></td><td></td><td></td></tr>
<tr><td></td><td></td><td></td><td></td><td></td><td></td></tr>
<tr><td></td><td></td><td></td><td></td><td></td><td></td></tr>
<tr><td></td><td></td><td></td><td></td><td></td><td></td></tr>
<tr><td></td><td></td><td></td><td></td><td></td><td></td></tr>
<tr><td></td><td></td><td></td><td></td><td></td><td></td></tr>
<tr><td></td><td></td><td></td><td></td><td></td><td></td></tr>
<tr><td></td><td></td><td></td><td></td><td></td><td></td></tr>
<tr><td></td><td></td><td></td><td></td><td></td><td></td></tr>
<tr><td></td><td></td><td></td><td></td><td></td><td></td></tr>
<tr><td></td><td></td><td></td><td></td><td></td><td></td></tr>
<tr><td>相关说明</td><td colspan="5"></td></tr>
</table>

编制/日期： 审核/日期：

交货人/日期： 收货人/日期：

物资入库单

项目名称			本单编号		
入库日期					
运输形式	□自运　□运输服务供应商：				
	□物资供应商（自行负责运输）：				
入库性质	□采购入库，采购部门：				
	□退场　□其他入库：				
物资名称	规格型号	单位	数量	固定资产编号	备注
相关说明					

编制/日期：　　　　　　　　　　审核/日期：

交货人/日期：　　　　　　　　　　收货人/日期：

周转物资报废申请单

<table>
<tr><td>报废地点</td><td colspan="3"></td><td>本单编号</td><td></td></tr>
<tr><td>物资来源</td><td colspan="3"></td><td>退库时间</td><td></td></tr>
<tr><td>报废物资名称</td><td>规格型号</td><td>单位</td><td>报废数量</td><td>使用寿命</td><td>已用年限</td></tr>
<tr><td></td><td></td><td></td><td></td><td></td><td></td></tr>
<tr><td></td><td></td><td></td><td></td><td></td><td></td></tr>
<tr><td></td><td></td><td></td><td></td><td></td><td></td></tr>
<tr><td></td><td></td><td></td><td></td><td></td><td></td></tr>
<tr><td></td><td></td><td></td><td></td><td></td><td></td></tr>
<tr><td></td><td></td><td></td><td></td><td></td><td></td></tr>
<tr><td>报废原因
及
处理意见</td><td colspan="5">签名：　　　　　　　　日期：</td></tr>
<tr><td>审核人</td><td colspan="3">审核意见</td><td colspan="2">签字日期</td></tr>
<tr><td>基地经理</td><td colspan="3"></td><td colspan="2"></td></tr>
<tr><td>物资中心经理</td><td colspan="3"></td><td colspan="2"></td></tr>
<tr><td>财务部经理</td><td colspan="3"></td><td colspan="2"></td></tr>
</table>

4.3.11 施工日报表

施工现场日报表

日期：　年　　月　　日　　星期

施工现场地点：	天气： 上午 下午
一、人工 工程师　　人；　　木工　　人；　　钢筋工　　人； 工长　　人；　　安装工　　人；　　力工　　人； 测量员　　人；　　机械手　　人；　　电焊工　　人； 其他　　人	
二、设备 推土机　　台；　　铲　车　　台；　　挖土机　　台； 装载机　　台；　　起重机　　台；　　自卸车　　台； 电焊机　　台；　　空压机　　台；　　发电机　　台； 其他　　台	
三、材料	
四、施工事项（工作内容）	
五、施工中遇到的问题及解决的办法：	
六、附注：	
登记人：	现场施工技术员：

项目经理；　　　　　　　　　　　　　　　　施工经理；

4.3.12 施工合同效益预算表

项目合同效益预算表

项目名称： 合同号： 编号： 号一（年月） X1币汇率： X2币汇率：

序号	预算说明	X1币(万元)	X2币(万元)	人民币(万元)	折人民币合计
1	一、出口合同总金额				
2	其中：1. 预付款或定金				
3	2. 进度款				
4	3. 质保金				
5	4. 延期收款				
6	5. 利息				
7	6. 其他				
8	二、支付合计				
9	其中：1. 土建费				
10	2. 安装费				
11	3. 材料、设备费				
12	4. 进转口部件费				
13	5. 现场采购				
14	6. 运输及运输保险费				
15	7. 设计费				
16	8. 技术服务费				
17	9. 咨询费				
18	10. 佣金或代理费				
19	11. 现场费用、税款				
20	其中：现场管理费				
21	工程现场税费				
22	12. 工程保险费				
23	13. 出口信用保险或口行风险金				
24	14. 资金占用利息				
25	15. 保函、担保等费用				
26	16. 项目国内税费				
27	17. 工程分包费				
28	18. 其他费用				
29	19. 不可预见费				
30	三、应收出口退税				
31	四、毛利(1－8＋30)				
32	五、毛利率(31/1)				
33	六、项目国内管理费用				
34	七、预计盈亏额(31－33)				
35	八、利润率(34/1)				
36	九、出口换汇成本				
37	十、取得全部增值税发票金额(价款＋税款)				
38	其中：税款				

业务员： 项目经理： 经营管理部： 财务部：

事业部经理： 总公司主管领导： 总公司总经理：

4.3.13 项目合同效益预算与实际对比表

合同效益预算与实际对比表

编制日期：　　　　　　　　　　　　　　　　　　　　单位：万美元、万元人民币

序号	项　　目	签约时项目预算	实际签定合同金额	实际签定合同金额占预算比例	实际合同金额与预算差额	实际收款与付款累计金额	实际收付累计金额占合同金额比例	实际收付款累计金额与合同金额差额
1	一、出口合同总金额							
2	其中：1. 预付款或定金							
3	2. 进度款							
4	3. 质保金							
5	4. 延期收款							
6	5. 利息							
7	6. 其他							
8	二、支付合计							
9	其中：1. 土建费							
10	2. 安装费							
11	3. 材料、设备费							
12	4. 进转口部件费							
13	5. 现场采购							
14	6. 运输及运输保险费							
15	7. 设计费							
16	8. 技术服务费							
17	9. 咨询费							
18	10. 佣金或代理费							
19	11. 现场费用、税款							
20	其中：现场管理费							
21	工程现场税费							
22	12. 工程保险费							
23	13. 出口信用保险或口行风险金							
24	14. 资金占用利息							
25	15. 保函、担保等费用							
26	16. 项目国内税费							
27	17. 工程分包费							
28	18. 其他费用							
29	19. 不可预见费							
30	三、应收出口退税							
31	四、毛利（1−8+30）							
32	五、毛利率（31/1）							
33	项目境外收汇累计金额							
34	调往境外项目工程款累计金额							
35	项目境外资金支出累计额							
36	项目境外资金余额［32+33−34］							

事业部财务核算人员：

事业部财务部经理：

4.3.14 项目实施费用报告用表

项目实施费用报告用表包括：

（1）项目实施费用状态报告

（2）项目实施费用汇总报告

项目实施费用状态报告(仅供承包商公司内部使用)

项目名称： 日期： 金额单位：万元

编号	名称	1	2	3	4	5	6	7	8	9	10	11	12	13	14	15	16	17	18	项目编号：
			批准的业主变更									逐月费用结算				承付款项费用				
		控制估算	业主已书面认可	待业主认可	内部费用转换	认可的预计费用	待结算费用	预计按账目向业主支付的费用	预计费用	账目费用与预计费用比较	批准的项目变更	按单据	按预测	当前实际费用	到完成时尚需要费用	确定	待定	公司风险费用	财务完成百分数(%)	业主名称：
1	设备																			
	……																			报告编号：
	……																			
2	土建																			编制人：
	……																			日期：
	……																			
3	电气																			
	……																			审核人：
4	暖卫																			日期：
	……																			
	……																			
																				项目经理：
																				日期：
																				备注：

注：名称按项目预算明细列出。

项目实施费用汇总报告（业主基数）

项目名称： 日期： 金额单位：万元

编号	名称	1	2	3	4	5	6	7	8	9	10
			批准的业主变更								
		控制预算	业主已书面认可	待业主认可	内部费用转换	认可的预计费用	总的预计费用	认可的预计费用的变化值	对前一周报告预计值的变化	到目前的承付款项费用总计	到目前的总开支

项目编号：	
报告编号	报告依据基础资料 日期： 版次：
业主：	
工艺设计时间： 实际完成时间：	
详细设计时间： 实际完成时间：	
项目经理：	
日期	
审核人：	
日期	
编制人：	
日期：	
第 页	共 页

4.3.15 技术管理用表

技术管理用表包括：
(1) 常用C类监视和测量装置校准办法
(2) 常用监视和测量装置检定周期表
(3) 工程检验批划分及验收计划
(4) 监视和测量装置台账
(5) 监视和测量装置检定计划表
(6) 施工方案审批汇签单
(7) 施工图（总包）送审表
(8) 施工组织设计审批汇签单

常用C类监视和测量装置校准方法

序号	装置名称	校准方法
1	尺	1. 外观检查：无翘曲变形和损伤 2. 用线锤检查尺边有无凹凸情况 3. 从中心线向两侧量取其间距相等，误差±0.5mm
2	塞尺	1. 外观检查：无损伤，刻画线清晰 2. 有经过校准的钢卷尺、量尺，刻画线长相一致，误差±0.5mm
3	百格网	1. 外观检查：无损伤 2. 有机玻璃制品，分格线清晰、透明度清晰 3. 轮廓尺寸误差在±0.5mm以内
4	直角尺	1. 外观检查：无损伤 2. 用几何作图法做出水平线与垂线 3. 将直角尺与图线对比，在250mm长度内，误差±0.5mm
5	水平尺	1. 外观检查：表面、棱角无损伤变形 2. 用经过校准的水平尺比较 3. 气泡偏离应小于1格
6	钢板尺（小于50cm）	对比检查：与检定合格的30m或50m钢卷尺进行比较 1. 将7.5m钢卷尺以标准拉力平铺拉直 2. 将钢板尺的末端与钢卷尺的相应读数比齐 3. 在零分划附近读出两尺的差数，限差±1mm
7	钢卷尺	对比检查：与检定合格的30m或50m钢卷尺进行比较 1. 将7.5m钢卷尺以标准拉力平铺拉直 2. 将被检定钢卷尺的末端与检定合格的钢卷尺的末端相应读数比齐 3. 在零分划附近读出两尺的差数，限差±2mm
8	水准尺（2m、3m、5m）（包括塔尺）	对比检查：与检定合格的30m或50m钢卷尺进行比较 1. 将7.5m钢卷尺以标准拉力平铺拉直 2. 将水准尺的末端与钢卷尺的相应读数比齐 3. 在零分划附近读出两尺的差数，限差±2mm

续表

序号	装置名称	校准方法
9	玻璃温度计	外观检查：使用中的玻璃温度计，汞柱显像应清楚鲜明，刻线清晰，汞柱不中断。符合上述要求即可使用
10	壁挂式玻璃温度计	1. 显像清楚鲜明，刻线清晰，汞柱不中断 2. 储水管存水量适度，布芯清洁湿润 3. 温度对照表刻线清晰
11	玻璃量筒、玻璃量瓶及玻璃量杯	外观检查：外观要求刻度清晰，无破裂
12	环刀	1. 外观检查：平整光滑，无锈蚀 2. 用检定合格的游标卡尺测量筒壁厚度与规格相符 3. 用检定合格的游标卡尺测量筒径与规格相符
13	混凝土试模砂浆试模	外观检查：内表面应平整光滑，不应有任何砂眼或缺陷
14	水泥试模	外观检查： 1. 模壁内应无残损、砂眼、生锈、变形等缺陷 2. 隔板和端板应对号组装，隔板与底板接触应无间隙，隔板和端板互相垂直
15	容重筒（砂、石）	外观检查：内表面平整光滑，无变形、无缺陷
16	容量筒（混凝土）	外观检查：外观平整光滑，两旁装有门把手，用金属制成圆筒
17	砂浆稠度仪	外观检查： 1. 刻度标尺清晰、无锈蚀、无弯曲变形 2. 滑杆下落自如 3. 指针实验开始前应指零
18	砂试验标准筛	外观检查： 1. 筛框平整光滑，无变形及折痕 2. 筛面封接处应能防止物料堵塞 3. 筛孔无破损
19	石子试验标准筛	外观检查： 1. 筛板平整无毛刺，安装时冲孔面朝上 2. 筛孔无破损
20	坍落度筒及捣棒	外观检查： 外表面平整光洁，内壁应光滑无凹凸部位并无变形 捣棒外表面光洁，端头呈圆形
21	水泥净浆标准稠度仪	外观检查： 1. 刻度盘，指针无锈蚀，刻度清晰 2. 滑杆、圆锥体下落自如并且试锥降至模顶面位置时指针应对标准尺零点
22	标准稠度与凝结时间测定仪	外观检查： 1. 刻度盘，指针无锈蚀，刻度清晰 2. 滑动部分能够滑动自如并且试锥降至模顶面位置时指针应对标准尺零点
23	水表	外观检查： 刻度盘，指针无锈蚀，刻度清晰
24	时间计电器	外观检查： 表面光滑、平整、无缺陷

常用监视和测量装置检定周期表

装置类别	装置名称	检定周期（月）
长度类	经纬仪、水准仪、内（外）径千分尺、游标卡尺、百分表厚度计	12
	钢卷尺（50m、30m）	12
力学类	地中衡、台秤、案秤、天平、砝码、电子秤、人体秤、压力试验机、万能试验机、拉力试验机、抗折机、乙炔表、氧气表、压力表	12
电磁类	万用表、电压表、电流表	12
	电桥、绝缘电阻测量仪、接地电阻测量仪	12
物理化学类	分光光度计	12
其他	回弹仪、水泥试验设备	12

工程检验批划分及验收计划

工程名称						
项目基本情况						
序号	检验批名称	检验批编号	验收单位	划分及验收依据	验收时间	验收人
编制： 审核： 日期：		项目经理： 日期：		业主（或监理）批准： 日期：		

监视和测量装置台账

登记单位：　　　　　　　　　　　　　　　　　　　　共　页　　第　页

序号	监视和测量装置名称	规格型号	精度	出厂编号	受控编号	检定周期	检定日期	检定日期	检定日期	当前所在地

制表/日期：　　　　　　　　　　　　审核/日期：

监视和测量装置周期检定计划表

序号	监视和测量装置名称	编号	规格	检定周期	上次检定时间	本次计划检定时间	使用单位
计划检定机构							
说明							

制表/日期： 审核/日期：

施工方案审批汇签单

<table>
<tr><td>文件名称</td><td>××项目××分部分项工程施工方案</td></tr>
<tr><td colspan="2">拟稿人（项目部技术工程师/责任工程师）/日期：</td></tr>
<tr><td colspan="2">审 核 意 见</td></tr>
<tr><td colspan="2">审核人（项目技术负责人）/日期：</td></tr>
<tr><td colspan="2">审核人（项目现场经理）/日期：</td></tr>
<tr><td colspan="2">审 批 意 见</td></tr>
<tr><td colspan="2">批准人（项目经理）/日期：</td></tr>
</table>

施工图（总包）送审表

SHOP DRAWING TRANSMITTAL 施工图总包送审表 OF SHOP DRAWING FOR APPROVAL 施工图的送审	Date of Submittal 提交日期：	
	合同要求最迟返回日期(Dateof Return)：	
	Actual Dateof Return 实际返回日期：	
	ATTN. 收件人	
TO 致：	Sign for 签收	
	Date 日期	
FROM 自：CHINA STATE CONSTRUCTION INTERNATIONAL CO.	Submittal No. 提交编号：	
	Prepared by 提交人	
PROJECT AND LOCATION 项目名称及地址	Previous Submittal No. 原提交编号：	
	New Submittal 新提交	
	Re-submittal 重新提交	

WE REQUEST FOR APPROVAL OF THE FOLLOWING ITEMS 我们请求贵方对以下事项进行审批：

SERIALNO. 序号	DRAWINGNO. 图号	INDEX	DRAWINGNAME 图名	APPROVAL CODE 认可级别	REMARK 备注

REMARKS 备注：	I certify that above submitted items have been reviewed in detail and are correct and in compliance with contract. 我证明以上提交项目已经详细审核，正确无误，与合同一致。
	NAME AND SIGNATURE OF CONTRACTOR 承包商签名
APPROVING AUTHORITY ACTION 审批意见	
ENCLOSURES RETURNED 返回附件：	NAME，TITLE AND SIGNATURE OF APPROVING AUTHORITY：授权审批人姓名、职务及签名
	DATE 日期：

APPROVAL CODES 认可级别	A	APPROVED AS SUBMITTED 提交认可
	B1	APPROVED AS NOTED(RESUBMISSION NOT REQUIRED)批注认可(不要求重新提交)
	B2	APPROVED AS NOTED(RESUBMISSION REQUIRED)批注认可(要求重新提交)
	C	NOT APPROVED(RESUBMISSION REQUIRED)未认可(要求重新提交)

施工组织设计审批汇签单

<table>
<tr><td>文件名称</td><td>××项目施工组织设计</td></tr>
<tr><td colspan="2">拟稿人（项目部技术负责人）/日期：</td></tr>
<tr><td colspan="2">审 核 意 见</td></tr>
<tr><td colspan="2">审核人（项目经理）/日期：</td></tr>
<tr><td colspan="2">审核人（事业部项目管理板块经理）/日期：</td></tr>
<tr><td colspan="2">审核人（公司技术中心总工）/日期：</td></tr>
<tr><td colspan="2">审 批 意 见</td></tr>
<tr><td>施工方法及技术措施部分：

批准人（公司技术中心经理）/日期：</td><td>其他部分：

批准人（事业部主管副总）/日期：</td></tr>
</table>

4.3.16　工程结算账单

工程结算账单

编号：

日期：　　　　　　　　　　　　　　　　　　　　　　　　　　　金额：元

序号	项目	至上期累计	本期	至本期累计	备注
1	完成工程量金额 其中：当地币部分 外汇部分				
2	扣除预付款 其中：当地币部分 外汇部分				
3	扣除保留金 其中：当地币部分 外汇部分				
4	扣除合同税 其中：当地币部分 外汇部分				
5	预扣所得税 其中：当地币部分 外汇部分				
6	其他扣除 其中：当地币部分 外汇部分				
7	扣除小计 其中：当地币部分 外汇部分				
8	本期支付数 其中：当地币部分 外汇部分				

批准：　　　　　　　　　　　　证明：　　　　　　　　　　　　制表：

（业主签字）　　　　　　　　（咨询工程师签字）　　　　　　　（承包商签字）

4.3.17 分包商进场验证记录

分包商进场验证记录

<table>
<tr><td colspan="2">项目名称</td><td colspan="5"></td><td colspan="2">验证人员</td><td colspan="3"></td></tr>
<tr><td rowspan="2">序号</td><td rowspan="2">分包商名称</td><td rowspan="2">分包商资质</td><td rowspan="2">进场日期</td><td rowspan="2">进场人数</td><td colspan="6">验证（✓—合格，×—不合格，○—待确定）</td></tr>
<tr><td>负责人及其资格</td><td>管理人员数量与资格</td><td>设备机具</td><td>特殊工种资格</td><td>相关证件</td><td>验证日期</td></tr>
<tr><td>1</td><td colspan="10"></td></tr>
<tr><td>2</td><td>验证结论</td><td colspan="9">经验正，该分包商为<u>　　合格</u>分包商，<u>　　允许</u>进场使用。
现场经理/日期：</td></tr>
</table>

4.3.18　伤亡事故调查报告

伤亡事故调查报告

一、企业详细名称：

地址：　　　　　　　　　　　　　　　　　　　　　联系电话：

二、国民经济行业：建筑业　　　　　　　　　　　经济类型：全民所有制

直接主管部门：

三、事故发生时间：　年　月　日　时　分

事故发生地点：

四、事故类别：　　　　　　　　　　　　　　　　事故严重级别：

五、伤亡人员情况：

姓名	性别	年龄	用工形式	工种/工龄	安全教育情况	伤害部位	伤害程度	损失工作日	备注

六、事故详细经过：

七、事故原因分析：

八、预防事故重复发生的措施：

九、事故责任分析与对责任者的处理意见：

十、参加调查人员：

姓名	单位	职务	姓名	单位	职务

十一、附件（事故现场照片、伤亡者照片、技术鉴定资料等）

4.3.19 环境因素台账

________环境因素台账

地点/活动	序号	环境因素	环境影响	影响程度	发生频次	时态	状态	是否合法	是否受控	备注
注：影响程度—轻微、一般、严重；发生频次—偶然、间断、持续；时态—过去、现在、将来；状态—正常、异常、紧急；是否合法—指是否符合有关法规的规定；是否受控—指是否有控制措施。										

编制/日期：　　　　　　　　审核/日期：

4.3.20 质量、环境与安全信息统计

质量、安全与环境信息统计

统计单位名称： 统计年月： 年 月

单位名称	自年初累计验收鉴定的单位工程				优良品率(%)		质量事故次数(次)				质量事故损失金额(元)				一次交验优良品率(%)	
	合计		其中：优良的		按单位工程个数计算	按竣工房屋建筑面积计算	本月		自年初累计		本月		自年初累计		按单位工程计算	按房屋建筑面积计算
	个数（个）	房屋建筑竣工面积（m^2）	个数（个）	房屋建筑竣工面积（m^2）			合计	其中：重大事故	合计	其中：重大事故	合计	其中：重大事故	合计	其中：重大事故		

单位名称	全部职工平均人数(人)			伤亡人数(人)												受伤害人损失工作日（日）	直接经济损失（万元）		死亡率（‰）
	总计	本企业职工	分包人员	本 月						自年初累计									
				合 计		本企业职工		分包人员		合 计		本企业职工		分包人员					
				重伤	死亡	重伤	死亡	重伤	死亡	重伤	死亡	重伤	死亡	重伤	死亡		重伤	死亡	

单位名称	本月情况				自年初情况				
	环境事故次数	其中：被主管部门通报次数	其中：被主管部门处罚次数	直接经济损失（元）	环境事故次数	其中：被主管部门通报次数	其中：被主管部门处罚次数	直接经济损失（元）	其他说明

统计/日期： 审核/日期：

4.3.21 危险源台账

×××项目危险源台账

序号	作业活动	危险源	可能导致的事故	判别依据	作业条件风险性评价				风险级别	现有控制措施	备注
					L	E	C	D			

注：判别依据中，a为不符合法律法规及其他要求；b为曾经发生过事故仍未采取有效控制措施；c为相关方有合理抱怨或要求；d为直接观察到可能导致事故的危险，且无适当控制措施；e为LEC法半定量评价。

编制/日期：　　　　　　　　　　审批/日期：

第5章 竣工试生产

5.1 概 念

竣工试生产也称竣工试验、试运行或称施工后期阶段，该阶段承包商的主要任务是组织竣工试验、组织工程交接、参加试运行服务和做好工程回访及保修服务。

1. 组织竣工试验

竣工试验是指在工程项目完成后，被业主接收前，按合同约定应由承包商负责进行的试验，通常指设备、管道的试压，电气及自控的调试，以及单机试运转等。在工程建设中，不同行业的竣工试验项目有所不同。通常竣工试验是指承包商已经按照设计图纸完成了全部施工任务，工程质量符合规定的技术标准要求，并经有关方面检查确认。

项目竣工试验、试运行期间的组织机构与工作关系如图 5-1 所示。

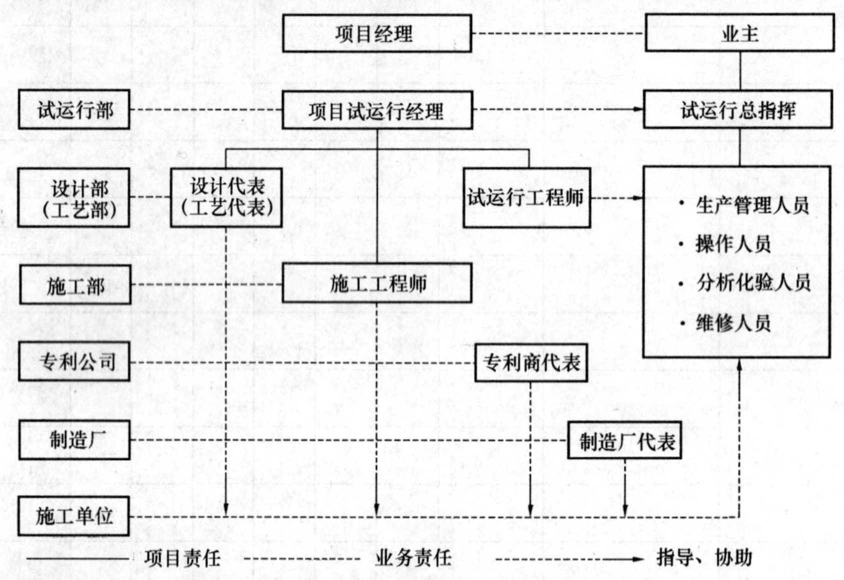

图 5-1 项目竣工试验、试运行期间的组织机构与工作关系图

以化工行业为例，承包商需要完成下列工作：

(1) 管道系统经压力试验合格。

(2) 设备经压力试验合格。

(3) 热机传动设备的冷对中；电动设备的单机（假物料）试运转。

(4) 电气设施的调试；电机的空运转。

(5) 仪表单体调试和回路核查。

(6) 待试系统与无关系统的隔离。

(7) 竣工试验的场地清理干净，具备试运行条件。

2. 组织工程交接

工程交接是施工单位完成建筑安装任务并通过竣工试验后，向业主办理移交工程管理权的手续。当工程的某独立部分系统或单元达到竣工条件时，可以分别办理中间交接手续；当合同范围内的全部工程达到竣工条件时，则办理工程竣工验收。

中间交接后的工程设施由业主负责保管、使用、维护，但并未解除总承包单位和施工单位对工程质量的责任，遗留问题仍由责任方负责处理。

当工程达到竣工标准时，业主或工程师签署《工程接收证书》，承包商整理完整的竣工文件和准确的竣工图移交业主归档。

3. 参加试运行服务

按工程总承包合同约定，总包单位和施工单位通常需参加试运行服务，包括预试运行和投料试运行（竣工后试验），处理试运行中出现的问题。

4. 做好工程回访及保修服务

工程项目建造完毕交付业主使用后，按照规定及合同约定，在工程质量及机械性能保证期内，承包商进入工程项目的保修阶段，应主动到业主处回访工程质量情况。如确因设计、设备、材料或施工质量留有缺陷而影响正常使用时，总承包商应及时组织责任方免费进行维修或更换。只有保修期满，承包商才能取得业主签发的《合同项目验收证书》，履约保函全部释放，工程合同宣告终止。

与此同时，承包商应认真组织参与施工管理工作的人员做好工程项目施工管理工作的总结、分析工作。其目的是总结经验、吸取教训，不断地提高建设工程施工管理水平，增强工程总承包竞争能力。

总之，在国际工程承包业务中，竣工验收试车阶段的常用文案、表式，都是围绕上述任务而服务的。其中：在本书第 4.2.11 节中对《项目完工报告》、《申请交工（移交）报告》、《合同项目验收报告》、《项目完工报告》的内容与格式，已经作了比较详细的叙述，本章不再一一介绍。

5.2 常用文案

5.2.1 试运行管理计划

【基本概念】

试运行是指工程项目完工后，各种设备已经具备试车（开通）条件，由业主组织的对设备、设施进行的安全测试、调试的活动。与此同时，考察设备系统的可靠性与安全性，在此期间业主、运营、生产单位在参与试运行的过程中，操作、管理人员与设备系统能较好地磨合，从而实现人、机、环境的最佳配合。

目前，在国际工程中，试运行已经成为工程项目建设过程中的一个独立的环节。项目进入试运行阶段，标志已完成竣工验收并将工程的管理权移交给业主方。承包商项目部在该阶段中的责任和义务，是按合同约定的范围与目标向业主提供试运行过程的指导和服务。对 EPC 交钥匙工程，承包商应按合同约定对试运行负责。

根据合同约定或业主委托，按合同约定和试运行目标要求，项目部向业主提供项目试运行的指导和服务。试运行管理内容一般可包括试运行准备、试运行计划、人员培训、试运行过程指导和服务等。其中：试运行的准备工作不仅包括人力、机具、物资、能源、组织系统、许可证、安全、职业健康及环境保护，以及文件资料等的准备，也包括试运行管理计划的编制与执行。

为确保试运行管理计划正常实施和目标任务的实现，项目部及试运行经理应明确试运行的输入要求（包括对施工安装达到竣工标准和要求，并认真检查其实施绩效）和满足输出要求（为满足稳定生产或满足使用提供合格的生产考核指标记录和现场证据），使试运行成为正式投入生产或投入使用的前提和可靠基础。

试运行计划应根据合同和项目计划，在项目初始阶段由项目部试运行经理组织编制，试运行计划应经业主确认或批准后实施。其中，人员培训工作在项目实施阶段开始执行，试运行前全部结束，确保相关的操作、管理人员在试运行中进入工作岗位。

【内容与格式】

试运行管理计划一般都采取书面叙述的格式，内含相关表格。其主要内容包括：

1. 总说明

项目概况、编制依据、原则、试运行的目标、进度、试运行步骤，对可能影响试运行计划的问题提出解决方案。

2. 试运行的组织及人员

提出参加试运行的相关单位，明确各单位的职责范围。提出试运行组织指挥系统和人员配备计划，明确各岗位的职责及分工。

3. 试运行进度计划

主要是试运行进度表。

4. 试运行费用计划

试运行费用计划的编制和使用原则，应按计划中确定的试运行期限，试运行负荷，试运行产量，原材料、能源和人工消耗等计算试运行费用。

5. 试运行文件及试运行准备工作要求

试运行需要的原料、燃料、物料和材料的落实计划，试运行及生产中必需的技术规定、安全规程和岗位责任制等规章制度的编制计划。

6. 培训计划

制定培训的范围、人员、方式、程序、时间以及所需费用等。

7. 业主及相关方的责任分工

通常试运行应由业主领导，组建统一指挥体系，明确各相关方的责任和义务。

【文案范例】

（略）

5.2.2 操作运行手册与调试大纲

【基本概念】

1. 操作运行手册

操作运行手册是指对工业项目以及城市给水、排水、污水等公用基础设施项目中的设备使用和管理，以及对作业的各个岗位的主要工作内容、岗位责任制、设备巡回检查路线以及各种类型设备的技术参数、配置情况、操作维护规范和常见故障及排除方法等内容作出具体、明确的规范性要求，是设备管理、使用、维护保养的规范性文本。

2. 调试大纲

调试大纲是工业项目以及城市给水、排水、污水等公用基础设施项目，全套装置启动调试工作的技术指导性、综合性文件。它规定了各分部调试、整套系统启动调试阶段的组织机构、职责分工、进度安排；调试工作的基本原则、工作程序、质量与安全准则和具体的措施等。

调试工作的任务和目的是：通过调试，使全套装置和整个系统达到设计最优的运行状态，各设备参数、性能指标达到设计的保证值，以使承包商顺利地将建设项目移交给业主或生产单位。

通常操作运行手册和调试大纲由业主负责组织、委托咨询工程师编制，承包商给予协助。但是，承担EPC总承包的项目，总承包商负责组织、委托设计单位编制，并由项目部试运行经理具体负责。

【内容与格式】

操作运行手册和调试大纲均为书面叙述的格式，封面注明工程项目名称；业主名称；施工单位；编制单位；编制人；审核；批准以及日期。

1. 操作运行手册

操作运行手册的内容主要包括：

（1）概述

（2）生产规模与指标

（3）工艺描述

（4）基本设计参数

（详细阐述主要设备的参数等）

（5）工艺文件与操作规程

（6）机械设备的安全操作及维护规程

（7）其他

（8）附件

2. 调试大纲

调试大纲的内容主要包括：

（1）前言

（2）调试的目的

（3）编制的依据

（除规范外，设备与装置的制造技术文件、设备厂家的供货合同规定的标准是重要的依据）

（4）主要设备及系统概况

（5）组织分工与职责

（6）调试必须具备的条件

（7）调试的内容与程序

(8) 调试的质量标准

(9) 安全、质量措施

(10) 主要控制方案

(11) 调试方案与措施

(12) 附件

3. 其他

由于操作运行手册和调试大纲的一些内容，特别是关于设备与装置的描述是一致的。再加上国内外对这两个文件，又没有强制性的格式与内容的要求，所以，有些工程中往往将这两个文件合并编写，本节在文案范例中，重点介绍某污水处理厂操作运行手册和调试大纲分别编写的案例。

【文案范例】

由于篇幅较长，本节则仅介绍《××国××污水处理厂生产运行、操作、调试及设备保养手册》目录，供读者了解其编写的结构与内容。

××国××污水处理厂生产运行、操作、调试及设备保养手册

1.6.1 高压一次回路及元件
1.6.2 低压一次回路及元件
1.6.3 软启动器
1.6.4 空载带电运行
1.6.5 负载试运行
第2章 设备运行、操作及维修养护方案
2.1 设备运行方案
2.1.1 设备运行总则
2.1.2 机械设备运行操作规程
2.1.3 电气设备运行操作规程
2.2 设备维护维修计划
2.2.1 机械设备维护保养总则
2.2.2 机械设备维护保养计划
2.2.3 电气设备维护保养总则
2.3 设备维修总则
2.3.1 设备维修技术
2.3.2 设备故障响应方案
2.4 自动控制系统运行及维护维修计划
2.4.1 自动控制系统概述
2.4.2 自动控制系统的运行和操作方案
2.4.3 自动控制系统的操作及规程
2.4.4 自动控制系统的维护维修计划
2.5 调整和改进检验及维护安排的程序和计划
2.5.1 设备检修计划制度
2.5.2 设备检维修委外管理办法
2.5.3 维修备品备件库存
2.5.4 日常运营所需的消耗性备品备件库存
2.5.5 事故抢修的备品备件库存
3. 附件
（略）

5.2.3 试运行方案

【基本概念】

试运行方案是在试运行管理计划的基础上，由承包商项目部试运行经理负责组织或协助业主编制的。

1. 试运行方案的编制原则

试运行方案编制的原则是：

(1) 编制试运行总体方案，包括生产主体、配套和辅助系统以及阶段性试运行安排。

（2）按实际情况进行综合协调，合理安排配套和辅助系统先行或同步投运，以保证主体试运行的连续性和稳定性。

（3）按实际情况统筹安排，为保证试运行计划目标的实现，及时提出解决问题的措施和办法。

（4）对采用第三方技术和（或）邀请示范操作团队时，事先征求专利商和（或）示范操作团队的意见并形成书面文件，指导试运行工作正常进展。

（5）对试运行前的准备工作要进行全面的检查

检查的内容包括生产系统、配套系统和辅助系统的全部安装和调试（或试验）工作是否已全部完成并达到规定指标，以此检查试运行的输入条件是否已经具备达到竣工验收标准。其中，承包商获得业主签发的“接收证书”，作为准予启动试运行阶段工作的证据之一。

2. 试运行实施

（1）项目部应检查试运行前的准备工作，确保已按设计文件及相关标准完成项目范围内的生产系统、配套系统和辅助系统的施工安装及调试工作，并达到竣工验收标准。

（2）项目部试运行经理应组织或协助业主落实试运行的技术、人员、物资等安排情况。

（3）项目部试运行经理应组织检查影响合同的考核指标达标，尚存在的关键问题及其解决措施是否落实。

（4）合同目标考核工作应由业主负责组织实施，项目部试运行经理及试运行服务人员参加并承担技术指导和服务。

（5）合同目标考核时间和周期按合同约定或商定，在考核期内当全部保证值达标时，合同双方或相关方代表应按规定签署考核合格证书。

（6）培训服务的内容应依据合同约定或业主委托确定，一般包括：编制培训计划，推荐培训方式和场所，对生产管理和操作人员进行模拟培训和实际操作培训，并对其培训考核结果进行检查，防止不合格人员上岗给项目带来潜在风险。

3. 保修与回访

（1）总承包企业要建立工程交接后的工程保修制度，工程保修应按合同约定或有关规定执行。

（2）在保修期内发生质量问题，项目部应根据总承包企业制定的工程保修制度和业主提交的“工程质量缺陷通知书”提供缺陷修补服务。

（3）项目部应在合同的“工程质量保修书”中，明确保修范围及内容、保修期限、保修责任、保修费用处理等。

1）保修期限（缺陷通知期限）应从竣工验收合格之日起计算，或按合同约定执行。

2）保修的经济责任和费用应由缺陷责任方承担或按合同约定处理。

（4）总承包企业应与业主建立售后服务联系网络，收集和接受业主意见，及时获取工程建设项目的生产运行信息，做好回访工作。

（5）工程回访工作应按照工程总承包企业有关回访工作管理规定进行，填写回访记录，编写回访报告，反馈项目信息，持续改进。

【内容与格式】

试运行方案为书面叙述的格式，封面注明工程项目名称；业主名称；施工单位；编制人；审核；批准以及日期。其主要内容如下：

(1) 工程概况。

(2) 编制依据和原则。

(3) 目标与采用标准。

(4) 试运行应具备的条件。

(5) 组织指挥系统。

(6) 试运行进度安排。

(7) 试运行资源配置。

(8) 环境保护设施投运安排。

(9) 安全及职业健康要求。

(10) 试运行预计的技术难点和采取的应对措施等。

(11) 其他或附件。

【文案范例】

(略)

5.2.4 工程竣工验收申请报告与工程竣工验收报告

【基本概念】

1. 工程竣工

工程竣工是指承包商已经按照合同的约定，完成了所有约定的工程量，工程项目已经全部建成，具备了投产运行或投入使用的条件，且资料齐全，并经业主、监理、设计、承包商等各相关单位签字认可，正式办理了固定资产交付使用手续。

2. 工程竣工验收

工程竣工验收是指工程项目竣工后，业主组织和会同设计、监理或工程师、施工、设备供应单位及有关部门，对该项目是否符合规划、设计要求，对建筑施工和设备安装质量进行全面检验，取得竣工合格资料、数据和凭证。应该指出的是，竣工验收是建立在分阶段验收的基础之上，凡是在施工实施阶段已经完成验收的检验批、分部、分项项目一般在房屋竣工验收时就不再重新验收。

工程项目的竣工验收是施工全过程的最后一道程序，也是工程项目管理的最后一项工作。它是建设投资成果转入生产或使用的标志，是全面考核投资效益、检验设计和施工质量的重要环节。也是全面考核施工建设工作，检查是否符合设计要求和工程质量的重要环节，对促进建设项目（工程）及时投产，发挥投资效果，总结建设经验具有重要的作用。

3. 工程竣工验收申请报告

工程竣工验收申请报告是承包商在工程完工后，向业主申请组织工程竣工验收的书面报告，它是决定工程能否验收的关键，它为工程竣工验收提供了可靠的依据和质量保证，与工程竣工验收报告是互相制约、紧密相连的。

4. 工程竣工验收报告

工程竣工验收报告是在工程竣工验收申请的基础上，工程项目竣工之后，经过相关部门成立的专门验收机构，组织专家进行质量评估验收以后形成的书面报告。

5. 竣工验收的工作流程

工程竣工验收工作流程如图5-2所示。

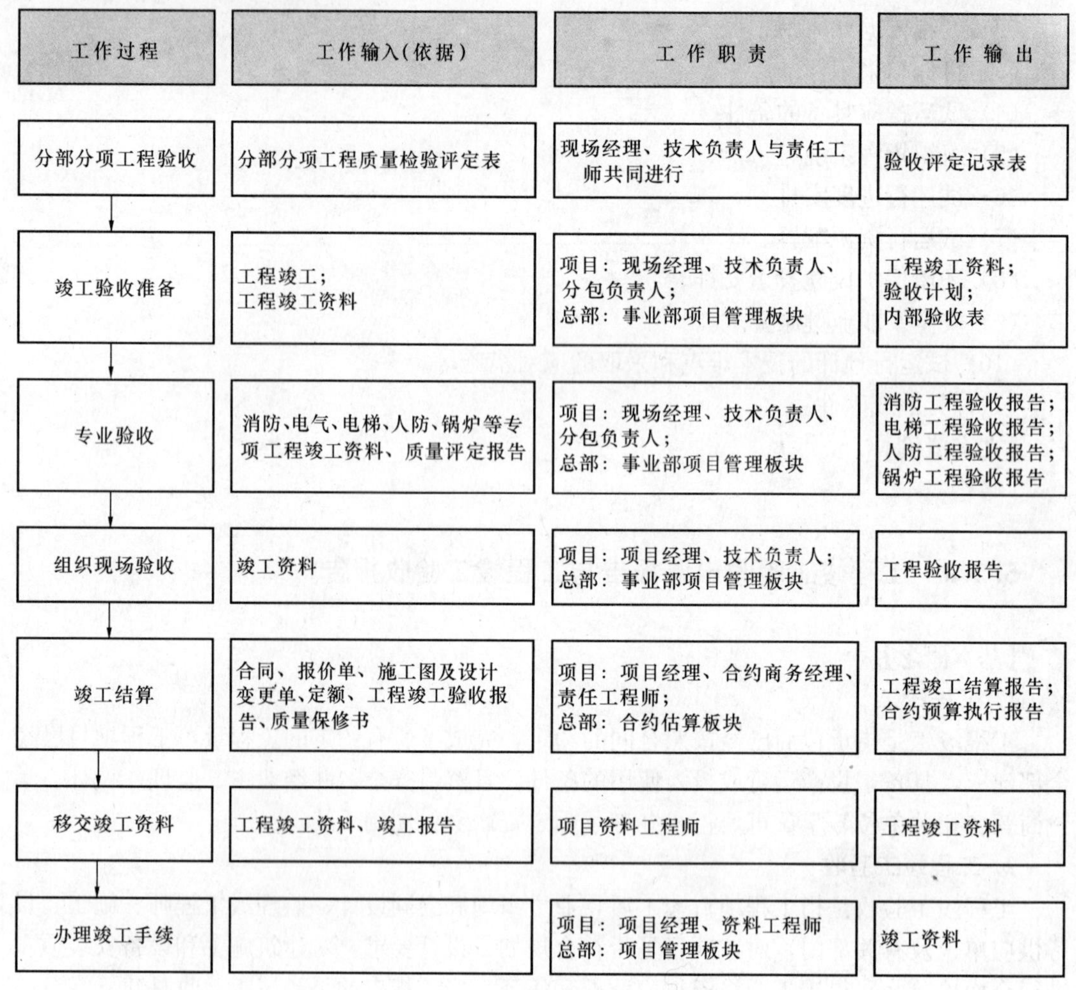

工作过程	工作输入(依据)	工作职责	工作输出
分部分项工程验收	分部分项工程质量检验评定表	现场经理、技术负责人与责任工师共同进行	验收评定记录表
竣工验收准备	工程竣工； 工程竣工资料	项目：现场经理、技术负责人、分包负责人； 总部：事业部项目管理板块	工程竣工资料； 验收计划； 内部验收表
专业验收	消防、电气、电梯、人防、锅炉等专项工程竣工资料、质量评定报告	项目：现场经理、技术负责人、分包负责人； 总部：事业部项目管理板块	消防工程验收报告； 电梯工程验收报告； 人防工程验收报告； 锅炉工程验收报告
组织现场验收	竣工资料	项目：项目经理、技术负责人； 总部：事业部项目管理板块	工程验收报告
竣工结算	合同、报价单、施工图及设计变更单、定额、工程竣工验收报告、质量保修书	项目：项目经理、合约商务经理、责任工程师； 总部：合约估算板块	工程竣工结算报告； 合约预算执行报告
移交竣工资料	工程竣工资料、竣工报告	项目资料工程师	工程竣工资料
办理竣工手续		项目：项目经理、资料工程师 总部：项目管理板块	竣工资料

图5-2 工程竣工验收工作流程

6. 竣工验收的主要环节

承包商项目部在工程竣工验收阶段工作的主要环节有：

（1）分部、分项工作验收

承包商要做好分部、分项的工作验收，尽管分部、分项工程验收已经在施工实施（或称工程实施）阶段完成，但是在竣工验收阶段，必须按照图5-3的工作流程，做好工作验收。

（2）成品保护

为确保工程产品质量水平满足交付要求，项目要做好成品保护工作。项目要制定成品保护管理制度，以明确施工各分包单位对成品保护的责任；要落实监护人员，明确保护区域和保护方法。

在与分包方签订合同或协议书时，要明确规定分包方所承包的成品保护责任。要注意

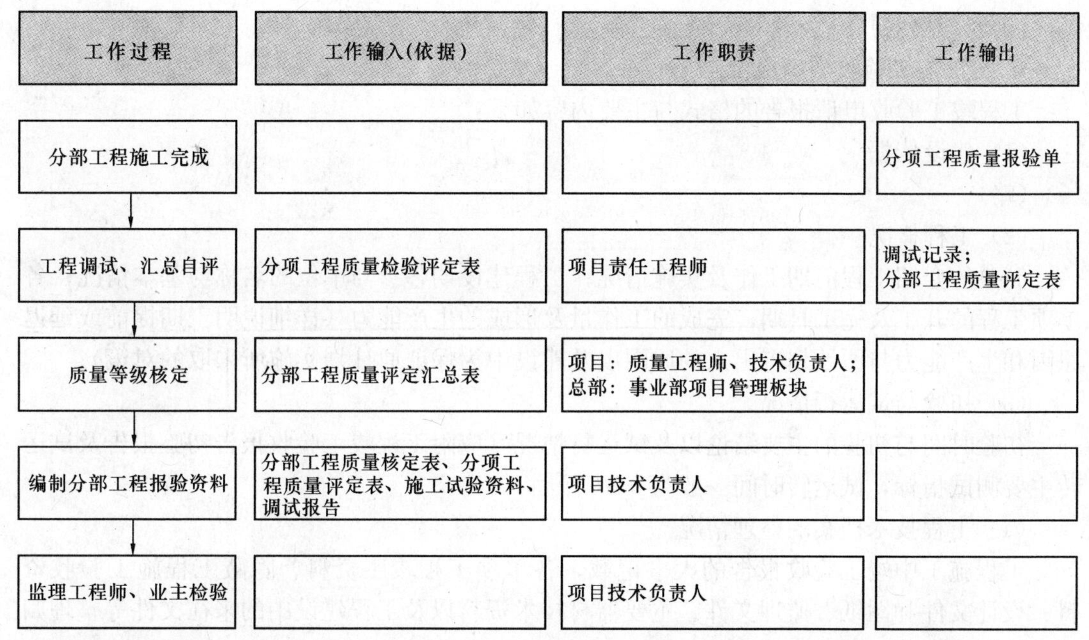

图 5-3 分部、分项工作验收流程

落实工序交叉作业或上下工序作业时成品保护的责任者。

对竣工阶段的成品保护，项目经理部建立 24 小时值班制度，预防不测事件的发生。特别要注意防盗、防火、消防及供水管线系统的监控及对卫生洁具的保护。要建立巡回检查制度，提高警惕，预防有意破坏活动的发生。对已具备竣工验收的房间和区域，采取临时封闭措施和设置提示标牌，限制和杜绝非关系人员的活动或使用。

（3）项目预检

当单位工程达到竣工验收条件后，项目经理要组织项目部进行自检、自评，填写工程竣工报验单，并与相关资料一起上报项目监理单位。

（4）承包商公司竣工预检

①项目部要向承包商公司事业部提出竣工预检申请；事业部组织有关人员进行工程竣工预验。

②项目部应完成单位（子单位）工程质量控制资料核查记录、单位（子单位）工程安全和功能检验资料核查及主要功能抽查记录、单位（子单位）工程观感质量检查记录。

③项目部在事业部组织预检后，填写单位工程质量竣工验收记录，由承包商主管副总签字并加盖公司印章。

④项目部据此编写《工程竣工验收申请报告》并提交给业主审批。

（5）业主组织竣工验收

项目部向业主提出《工程竣工验收申请报告》，并按合同要求与业协商竣工验收的时间，由业主组织竣工验收。当工程达到竣工标准时，业主、监理、设计、承包商以及项目部等相关单位在参加工程验收后，在验收记录表上签字。随后，业主或工程师签署《工程接收证书》，承包商将竣工资料整理与汇总移交业主归档。

【内容与格式】

1. 工程竣工验收申请报告

工程竣工验收申请报告的格式与主要内容如下：

（1）建设依据

（略）

（2）工程概况

简要的介绍工程前期工作及实施情况；工程建设期各参与单位的名称与基本情况；各单项工程的开工及完工日期；完成的工作量及形成的生产能力（详细说明工期提前或延迟原因和生产能力与原计划有出入的原因以及建设中为保证原计划实施所采取的对策）。

（3）初验与试运行情况

初验时间与初验的主要结论以及试运行情况（应附工程竣工验收报告初验报告及试运转主要测试指标，试运转时间一般为3～6个月）。

（4）工程技术档案的整理情况

工程施工中竣工验收报告的大事记载，各单项工程竣工资料、隐蔽工程施工验收资料、设计文件和图纸、监理文件、主要器材技术资料以及工程建设中的来往文件等整理归档的情况。

（5）竣工决算概况

概算（修正概算）、预算执行情况与初步决算情况，并对建设项目的工程竣工验收作出投资分析。

（6）经济技术分析

1）主要技术指标测试值及结论。

2）工程质量的验收分析，对施工中发生的质量事故处理后的情况说明。

3）建设成本分析和主要经济指标，以及采用新技术、新设备、新材料、新工艺所获得的投资效益。

4）投资效益的竣工验收分析，形成固定资产占投资的比例，企业直接收益，投资回报年限的分析，盈亏平衡的分析。

（7）投产准备工作情况

运行管理部门的组织机构，生产人员配备情况、承包商负责的培训情况及建立的运行规章制度的情况。

（8）收尾工程的处理意见（略）。

（9）对工程投产的初步意见（略）。

（10）工程建设的经验、教训及建议（略）。

2. 工程竣工验收报告

工程竣工验收报告的格式与主要内容如下：

（1）工程完成情况；

（2）验收条件检查结果；

（3）验收的组织；

（4）验收时间、地点和参加单位；

（5）验收结论。

【文案范例】

（略）

5.2.5 工程竣工总结

【基本概念】

1. 定义

总结是把一个时间段的工作进行一次全面系统的检查、评价、分析、研究，分析成绩、不足与经验教训。总结属于应用写作的一种文体。工程竣工总结是对整个工程建设与施工期间的工作进行全面系统的检查、评价、分析、研究，分析成绩、不足与经验教训，理性的思考与回顾。

工程竣工总结就是在工程项目竣工、交付后，在项目经理的主持下，组织项目部的有关人员对项目管理工作进行全面总结形成的书面文件。

2. 编制、审核及批准

一般情况下，工程竣工总结主要包括五部分：工程管理、合约预算管理、财务状况、技术管理、人事管理等相关内容。工程竣工总结的编制、审核及批准的分工如下：

（1）项目工程管理部分：由项目部现场经理组织编制，项目经理审核，事业部项目管理部门经理复核。

（2）项目合约预算管理部分：由项目部商务经理编制，项目经理、事业部商务合约部门经理审核。

（3）项目财务状况：由项目部财务经理负责编制，项目经理审核，事业部财务商务部门经理复核。

（4）项目技术管理部分：由项目部总工程师或技术负责人组织编制，项目经理审核，承包商总部技术中心或事业部项目管理部门复核。

（5）项目人事管理部分：由项目经理编制，人力资源部审核。

3. 工程竣工总结最后由事业部主管副总批准，然后形成报告，向承包商总部呈报。

【内容与格式】

工程竣工总结的格式属于应用写作的一种文体，没有特殊规定。但是封面要标注项目名称、实施单位、审核、编制与日期。其主要内容如下。

工程竣工总结

目录

前言

1 工程管理

1.1 工程概况

主要包括：业主、设计、监理单位的名称，工程规模，结构类型，开竣工日期，主要工程实物量，主要分包单位，主要材料耗用量等。

1.2 工程管理主要特点

主要施工阶段的划分及其组织实施的基本情况；

工程管理目标的实施情况（包括工期、质量、工程创优、现场管理、安全等目标）。

1.3 项目人员安排及其分工情况

1.4 施工管理的体会及对有关问题的分析

1.5 竣工后主要部位的照片6～8张（包括底片）

2 项目合约预算

2.1 经营管理概况

2.2 与业主的合同执行情况及效果

2.3 与分包的合同执行情况及效果

2.4 项目预算状况分析

2.5 与分包实际成本有关的数据资料

2.6 存在的不足及改进工作的建议等

3 项目财务状况

3.1 财务管理概况说明

3.2 工程财务收支情况总表

3.3 工程结算成本分析表

3.4 工程结算利润表

3.5 项目间接费用明细表

3.6 存在的不足及改进工作的建议等

4 技术管理

4.1 工程主要技术特点

特殊过程、关键工序、重点部位施工的主要方案设计及实施情况（附以必要的照片及其底片）；采用或推广新技术、新工艺、新材料的实施情况及效果（附以必要的照片及其底片）。

4.2 先进管理技术的应用及管理效果

4.3 技术方案一览表及电子版本

4.4 存在的不足及改进工作的建议等

5 项目人力资源管理

5.1 项目班子建设及运作情况

5.2 对项目人员的考核及评价

5.3 对具有培养发展前景人才的推荐意见

6 附件

6.1 项目财务竣工报告书

6.2 项目技术方案一览表

6.3 工程竣工总结报告汇签表

5.2.6 工程项目审计报告

【基本概念】

1. 定义

工程项目审计，是指承包商总部对所属事业部、分支机构或项目部承包的工程项目进行的审计。工程项目审计包括阶段审计、预（决）算审计及决算审计。

（1）阶段审计是指对工程项目执行过程的审计。

（2）预（决）算审计是指工程项目竣工，取得最终完工证书（FAC）或最终接收文件，并撤销履约保函后的审计。

（3）决算审计是指所有合同责任已完成，项目收汇完成，贷款本息全部归还，开出的保函已全部撤销，即所有收益及成本费用均可以准确计量后的审计。

工程项目审计，它在审计的目的、职能、内容、方法等方面都突破了财务审计的范围，是用审计的特殊方法和技术对工程项目进行综合的、系统的审查、分析，根据既定的工程项目标准评价项目经济效益的现状和潜力，提出提高经济效益的建议，促使其改善管理的一种审计活动。从审计内容上讲，工程项目审计应以工程项目的真实性、合法性审计为基础，以工程建设资金为主线，重点从投资决策、资金使用、项目管理和投资效益四个环节着手，从“经济性、效率性、效果性”三个方面对工程项目是否达到预期的经济效益及管理效果作出评价并提出改进建议，促进被审计单位和承包商改善经营管理、提高效益。

2. 工程审计的内容

（1）阶段审计主要内容

1）工程项目评审、审批程序的履行情况；

2）工程项目预算调整变动及实际控制情况；

3）工程项目的内、外合同的签定与执行情况；

4）工程项目进度、现场施工管理、实物资产管理、合同纠纷、索赔、理赔情况；

5）工程项目融资、对外付款审批及境外资金收支和财务情况；

6）工程项目收汇、出口退税、往来资金结算；

7）工程项目的效益实现；

8）工程项目档案管理；

9）相关内控制度的建立、执行情况，相关责任人的责任认定；

10）其他需要审计的事项。

（2）预决算审计和决算审计主要内容

1）财务预决算、决算报告的真实性、完整性、合规性；

2）预算调整依据及最终执行结果，经济效益评价；

3）交付使用的工程、成套设备质量、工期及验收情况；遗留问题的善后处理情况；

4）债权债务的清理、保函风险的解除、收尾工作及未决事项；

5）境外资产情况、资金结余情况、银行账户的清理情况；

6）延期收款回收情况、贷款的归还情况；

7）工程项目相关业务、财务资料的归档立卷情况；

8）相关内控制度的建立、执行情况；相关责任人的最终责任认定；

9）其他应审计的内容。

3. 工程审计的程序

工程审计的工作程序包括：

（1）审计立项。

根据承包商公司领导批准后的年度审计工作计划，确定审计立项。

(2) 成立审计组。

审计组可根据工作需要聘请有关部门人员参加。

(3) 制定审计方案。

审计组通过收集资料，根据工程进度、财务状况、内控制度执行等情况，确定审计重点，经承包商公司审计负责人批准后实施。

(4) 审计通知。

实施审计前7个工作日，向被审计项目所在工程承包事业部或子公司送达审计通知书，被审计单位应按通知书要求做好审前准备。

(5) 审计实施。

审计组按照审计方案开展审计工作。内部审计人员通过查阅业务纪录、会计报表、账簿、凭证资料，盘点实物资产，运用检查、抽样、询问、函证、分析等审计方法，获取充分、相关、可靠的审计证据，编制审计工作底稿，得出审计结论。

(6) 审计报告。

审计组在认真整理、汇总和深入分析工作底稿和相关资料的基础上，形成审计报告初稿。与被审计单位充分沟通后，经审计部负责人审定形成审计报告征求意见稿，向被审计单位征求意见。被审计单位应于收到审计报告征求意见稿10个工作日内反馈意见。最终的审计报告，经承包商公司主管领导和总经理批准后，主送被审计单位，同时抄送承包商公司有关职能部门。

(7) 后续审计。

承包商审计部门应跟踪检查审计意见及建议的落实情况。

(8) 审计档案。

审计工作结束后，对审计报告、审计底稿、原始资料、证明材料等相关文件进行整理，建立档案，及时归档。

【内容与格式】

工程审计报告的格式为公文式，其主要内容为：

(1) 项目基本情况。包括项目名称、项目类型、合同总价、合同签约时间、生效日期、完工日期、项目经理、工程进度、资金来源、保险、保函等情况。

(2) 项目执行情况。主要是对工期进度、工程项目效益有较大影响的变动情况（执行异常）、合同纠纷、索赔、理赔等情况。

(3) 项目资金来源与使用情况。包括项目收入、支出、债权、债务及施工现场资金、资产情况。

(4) 项目预算与实际执行情况。重点分析预算差异的调整。

(5) 项目盈亏情况。

(6) 相关内控制度建立和执行情况。

(7) 存在的问题及建议。针对审计发现的主要问题，提出意见和建议。

(8) 附件。

【文案范例】

（略）

5.3 常 用 表 式

5.3.1 项目收尾工作计划表（表5-1）

项目收尾工作计划表　　表5-1

年　月　日

项目名称			合同编号	
序号	工作项目	是否需要工作方案	部门与责任人	时间安排
1	工程移交申请			
2	工程资料档案移交			
3	办公、生活设施清理			
4	材料设备清理			
5	道路、场地清理			
6	工地或基地周边设施还原			
7	人员撤离			
8	合同收尾及结算清理			
9	项目保函、保证金清理			
10	分包工作清理			
11	项目成本还原工作			
12	项目总结			
13				
14				
编制人： 日期：		审核人： 日期：	批准人（项目经理）： 日期：	

5.3.2 工程结算单（表5-2）

工程结算单 表5-2

单位名称： 支付编号：

<table>
<tr><td colspan="2">工程名称</td><td colspan="3"></td><td>合同编号</td><td></td></tr>
<tr><td>序号</td><td>项目名称</td><td>单位</td><td>工程量</td><td>单价</td><td>合价</td><td>备注</td></tr>
<tr><td></td><td></td><td></td><td></td><td></td><td></td><td></td></tr>
<tr><td></td><td></td><td></td><td></td><td></td><td></td><td></td></tr>
<tr><td></td><td></td><td></td><td></td><td></td><td></td><td></td></tr>
<tr><td></td><td></td><td></td><td></td><td></td><td></td><td></td></tr>
<tr><td></td><td></td><td></td><td></td><td></td><td></td><td></td></tr>
<tr><td></td><td></td><td></td><td></td><td></td><td></td><td></td></tr>
<tr><td colspan="2" rowspan="2">合 计</td><td colspan="5"></td></tr>
<tr><td colspan="3">币种：</td><td colspan="2">大写：</td></tr>
<tr><td colspan="2">备注：</td><td colspan="5"></td></tr>
<tr><td colspan="2">项目经理：
经办人：
日期：</td><td colspan="3">项目总监：
经办人：
日期：</td><td colspan="2">业主：
经办人：
日期：</td></tr>
</table>

5.3.3 项目竣工财务报告

以中国××公司项目竣工财务报告为例。

项目竣工财务报告

编制单位：

编制：　　　　　　　　　　　　　　审核：

项目经理：　　　　　　　　　　　　年　月　日

批准：　　　　　　　　　　　　　　年　月　日

中国××公司

项目经营状况分析

编号：

项目名称：			业主名称：				合同总价：			
合同形式：			计划工期：				本单编号：			
序号	成本项名称	对应工作内容简述	预算制造成本(本栏由总部填写)			实际制造成本(本栏由项目填写)			预算与实际成本比较	
			a	b	c	d	e	f	g	h
			初始额	调整额	调整后总额	合同内	合同外	合计	成本降低额	降低百分比
	计算公式		* * *	* * *	$a+b$	* * *	* * *	$d+e$	$c-f$	$g/c\times100\%$
1	A：分包成本									
2	分包合同1(编号)									
3	分包合同2(编号)									
4	分包合同3(编号)									
5	分包合同4(编号)									
6	分包合同5(编号)									
7	分包合同6(编号)									
8	分包合同7(编号)									
9	分包合同8(编号)									
10	分包合同9(编号)									
11	(如不够，请在此插入行)									
12	B：物资采购/设备租赁成本									
13	物资采购成本	(请附清单)								
14	设备租赁成本	(请附清单)								
15	C：项目运营费用成本	(请附清单)								
16	D：其他可能的成本项	(请附清单)								
17	项目成本合计									
编制(签名/日期)：				审核(签名/日期)：						

工程财务收支状况总表

编号：

项目名称： 单位：元
总收入：
其中：主合同结算收入 索赔收入 其他收入
总支出：
其中：工程成本支出 其他支出
收支差额（税前总利润）
减：工程结算税金及附加
税后净利润：

工程结算成本分析表

编号：

项目名称：					单位：元
成本项目	明细	成本额	占成本总额比率	应付未付保留金	备　注
分包工程支出					
	（分包商名称，分包工程）				
人工费					
	其他零星				
材料费					
	主要材料 周转材料 其他零星				
机械使用费					
	其他零星				
其他直接费					
	临时设施 现场保安费 现场水电费 工程试验费 消防，安全 其他零星				
间接费用					
成本总额					

工程结算利润表

编号：

项目名称：			单位：元
项　目	明　细	金　额	
(1)主合同结算收入			
	原合同总价		
	合同变更		
(2)索赔收入			
	主要索赔收入		
	零星索赔收入		
减：(3)工程结算成本			详见工程结算成本分析表
	分包工程支出		
	人工费		
	材料费		
	机械使用费		
	其他直接费		
	间接费用		详见间接费用明细表
减：(4)工程结算税金及附加			(1+2)×税率
(5)主合同结算利润			(1)+(2)−(3)−(4)
主合同结算利润率			(5)/{(1)+(2)}
(6)其他收入			
	罚款收入		
减：(7)其他支出			
	财务费用		
(8)税后净利润			(5)+(6)−(7)
(9)税后净利润率			(8)/{(1)+(2)+(6)}

项目间接费用明细表

编号：

项目名称：　　　　单位：元

序号	项　目	金　额	占间接费用总额比率	备　注
1	办公费			
2	业务招待费			
3	差旅费			
4	职工工资			
5	福利费			
6	折旧费			
7	文体会议费			
8	低值易耗品摊销			
9	汽车使用费			
10	工会经费			
11	劳动保护费			
12	教育咨询费			
13	技术开发费			
14	广告宣传费			
15	税金			
16	补助费			
17	项目管理基金			
18	其他			
	合计			

5.3.4 工程竣工总结报告汇签表（表 5-3）

工程竣工总结报告汇签表

表 5-3
编号：

工程名称			开竣工时间	
工程地点			项目经理	
提交工程竣工报告时间				
竣工报告明细		部门核查		
1	工程管理报告	事业部项目管理部门	年 月 日	
2	项目经营活动分析报告	事业部合约商务管理部门	年 月 日	
3	项目财务状况分析报告	财务部	年 月 日	
4	项目工程技术管理总结报告	技术中心	年 月 日	
5	项目人事管理总结报告	人力资源部	年 月 日	
事业部经理意见	年 月 日			
总经理批示	年 月 日			

5.3.5 住宅使用说明书

住宅使用说明书

为维护住房消费者的权益，加强住宅售后服务管理，现将工程使用要求及注意事项说明如下：

住宅名称：
建设单位：
施工单位：
竣工日期：

一、建筑结构说明

本建筑产品按______度抗震设防；基础为______。楼层结构______，使用荷载标准值为______ kN/m^2，墙体材料为______，屋面为______，防水材料为______，阳台使用荷载标准值为______ kN/m^2，卫生间防水为______。

二、供电负荷

电表额定电流______安培，总负荷______千瓦；进户线______ m^2，保护零线______ m^2，照明回路______ m^2，负荷______千瓦；插座回路______ m^2，负荷______千瓦；空调回路______ m^2，负荷______千瓦。

三、使用说明

1. 装饰装修改造时，应征得房产管理部门或物业管理部门同意，并向原设计、施工单位咨询，不得拆除和破坏梁、板、柱及承重墙的任何部位。

2. 使用电器设备请提前核对电表、线路负荷、避免超负荷用电造成电路烧毁和引起火灾，造成损失。

3. 阳台存放物品时不得发生剧烈振动，以免阳台断裂。

4. 厨房、卫生间装修地面改造时，不得破坏防水层。在使用过程中，勿乱抛杂物，以免造成堵塞。

5. 非上人屋面严禁上人和堆放杂物，以免造成屋面损坏漏雨。

6. 用户对电器设备应按设备使用说明书的要求进行使用、维护、保养。

7. 暖气管道改造方案必须书面报物业管理部门批准，并经物业验收，以免影响其他用户采暖。

四、保修说明

1. 用户对本产品需保修或维修，应对开发公司或物业管理部门提出申请，以便及时安排维修。

2. 用户因使用不当造成的缺陷和破坏不属于保修范围。

3. 解决工程质量纠纷和损坏赔偿，按国家有关法律法规的规定执行。

4. 在保修期内，因房屋建筑工程质量缺陷造成房屋所有人、使用人或者第三方人身、财产损害的，房屋所有人、使用人或者第三方可以向建设单位提出赔偿要求。

本使用说明书每户（套）一份。

施工单位：
法定代表人（签字）

建设单位
法定代表人（签字）

年　月　日

5.3.6 工程接收证书（表 5-4）

建筑安装工程竣工证书（工程接收证书） **表 5-4**

<table>
<tr><td colspan="3">工程编号</td><td colspan="3">工程名称</td></tr>
<tr><td colspan="3">开工日期</td><td colspan="3">完工日期</td></tr>
<tr><td>主要设备、装置</td><td colspan="5"></td></tr>
<tr><td>主要工程量</td><td colspan="5">建筑面积（m^2）______
设备数量（台/吨）______
管道长度（m）______</td></tr>
<tr><td>工程质量评定意见：</td><td colspan="5"></td></tr>
<tr><td rowspan="8">未完成项目一览表</td><td colspan="2"></td><td rowspan="8">处理意见</td><td colspan="2" rowspan="8"></td></tr>
<tr><td colspan="2"></td></tr>
<tr><td colspan="2"></td></tr>
<tr><td colspan="2"></td></tr>
<tr><td colspan="2"></td></tr>
<tr><td colspan="2"></td></tr>
<tr><td colspan="2"></td></tr>
<tr><td colspan="2"></td></tr>
<tr><td>工程接收意见：</td><td colspan="5"></td></tr>
<tr><td colspan="2">业　主</td><td colspan="2">监理公司</td><td colspan="2">施工单位</td></tr>
<tr><td colspan="2">单位签章：
现场代表：
日期：</td><td colspan="2">单位签章：
现场代表：
日期：</td><td colspan="2">单位签章：
现场代表：
日期：</td></tr>
</table>

5.3.7 合同项目验收证书（表5-5）

合同项目验收证书 表5-5

<table>
<tr><td colspan="2">合同编号：</td><td colspan="2">项目名称：</td></tr>
<tr><td colspan="2">工程性质：新建、扩建、技改</td><td colspan="2">建设地点：</td></tr>
<tr><td>产品方案和建设规模：</td><td colspan="3"></td></tr>
<tr><td colspan="2">合同范围：
设计、采购、施工、试运行指导服务、总承包</td><td colspan="2">合同计价类型：
固定价、偿付价、其他</td></tr>
<tr><td colspan="4">主要工程量：
占地面积： 建筑面积：
设备台/吨： 管道长度：

主要材料消耗：
钢材 木材 水泥</td></tr>
<tr><td>开工日期</td><td>计划：
实际：</td><td>完工日期</td><td>计划：
实际：</td></tr>
<tr><td colspan="4">合同价款
（批准概算）： 调整合同价款
（批准修正概算）： 工程结算：</td></tr>
<tr><td colspan="4">保证指标
生产能力 保证值 实际值
消耗定额 保证值 实际值
A
B
C
产品质量 保证值 实际值
模拟成本 保证值 实际值</td></tr>
<tr><td>工程评定意见：</td><td colspan="3"></td></tr>
<tr><td>工程验收意见：</td><td colspan="3"></td></tr>
<tr><td colspan="2">发包方（业主）：
单位盖章：
代表人签字：
日期：</td><td>监理机构：
单位盖章：
代表人签字：
日期：</td><td>承包方：
单位盖章：
代表人签字：
日期：</td></tr>
</table>

5.3.8 售后服务用表（表 5-6～表 5-8）

工程保修记录表 表 5-6

编号：

项目名称	
业主名称	
保修负责人	
保修起止日期	
保修内容及完成情况： 保修负责人/日期：	
业主验收： 验收人/日期：	
业主的要求与期望：	

工程回访记录表　　**表 5-7**

编号：

<table>
<tr><td>工程名称</td><td colspan="3"></td></tr>
<tr><td>业主名称</td><td></td><td>竣工时间</td><td></td></tr>
<tr><td>工程地点</td><td colspan="3"></td></tr>
<tr><td>回访日期</td><td></td><td>回访负责人</td><td></td></tr>
<tr><td colspan="4">被访问人员的部门、职务及姓名：</td></tr>
<tr><td colspan="4">回访情况及需要解决的问题：

业主单位签字/日期：

回访负责人/日期：</td></tr>
<tr><td colspan="4">上述需要解决问题的处理结果：

事业部/日期：</td></tr>
</table>

业主投诉记录表

表 5-8

编号：

业主名称		投诉日期	
投诉方式	□来访；□电话；□来函；□诉讼；□其他		
投诉对象			
接待单位		接待人	
投诉内容			
处理意见	事业部经理：		
处理情况	处理负责人/日期：		
事业部验证	验证人/日期：